# 완전한 에니어그램
## THE COMPLETE ENNEAGRAM

비어트리스 체스넛 **지음**

이규민 · 한병복 · 박충선 **옮김**

본 도서는 에니어그램의 저변 확대와 학술문화보급을 위하여
한국에니어그램협회에서 연구사업의 일환으로 발행되었음을 알려드립니다.

# 목차

# 한국 번역본 출간을 위한 축하글

저의 역작 『완전한 에니어그램』The Complete Enneagram이 번역되어 한국의 에니어그램 독자들이 읽을 수 있게 됨을 대단히 기쁘게 생각합니다. 에니어그램이 인격 성장과 성숙을 위한 탁월한 이론인 이유는 동양과 서양을 비롯한 모든 문화권에 공히 적용되는 지혜를 담고 있기 때문입니다. 에니어그램은 모든 인간의 심층 내면에 들어있는 심오한 진리를 밝혀 드러내어줍니다.

두 번의 한국방문과 강연을 통해 내가 만났던 분들이 보여준 우정, 배려, 아름다운 영성에 깊은 감명을 받은 바 있습니다. 이 책을 정확하고 품위 있게 번역해 주신 세 분의 번역자들, 이규민, 한병복, 박충선 이사님과 한국에니어그램협회IEA-Korea 회장님, 이사님, 회원 여러분들께 깊은 감사를 드립니다.

에니어그램을 보다 정확하고 심도 있고 완전하게 이해하는데 이 책이 유용한 도움을 줄 것이라 믿습니다. 이 책의 내용을 정독함으로써 자신에 대한 명확한 이해와 인간에 대한 깊은 이해가 가능하게 될 것입니다. 모쪼록 많은 분들의 삶에 이 책이 의미 있는 기여를 할 수 있기를 기대하고 소망합니다.

독자 여러분의 인생여정 속에 은혜와 축복이 함께 하시길 빌며

비어트리스 체스넛 *Dr. Bea*

# 역자 서문

에니어그램 강의와 워크숍을 진행하면서 사람들로부터 이런 말을 들었습니다. "에니어그램은 재미있고 통찰이 깊어서 마음을 잡아끄는 매력이 있습니다. 하지만, 막상 공부하려면 생각보다 어렵고 복잡해서 쉽지가 않습니다."

에니어그램을 성격유형검사 이론으로만 여겼던 분들도 인간 내면에 대한 심오한 개념과 역동적 체계를 접하고는 에니어그램이 그리 만만한 대중이론만은 아님을 깨닫게 됩니다. 또한 국내외적으로 출간된 에니어그램 관련 서적의 엄청난 양에 놀라게 됩니다.

프린스턴신학대학원에서 교육심리 및 영성을 공부한 이후 인간발달, 인격성숙, 대상관계이론, 상담 및 영성 분야를 가르쳐 왔습니다. 인간에 대한 심도 있는 이론들이 많지만 그 중에서도 학문적 가치뿐 아니라 실제적, 실용적 가치가 탁월한 성격심리 및 영성이론 하나를 꼽으라면 저는 단연코 에니어그램을 추천합니다. 유대교 카발라 전통에 뿌리를 두고 있는 에니어그램은 2500년의 역사 속에서 사막교부들의 가르침, 수도원 전통, 헬라철학, 수비학, 현대 심층심리학의 지혜들이 무르녹아서 위대한 이론체계를 갖추게 되었습니다.

에니어그램은 오랜 역사를 통해 축적된 인류 문화유산의 보고寶庫인 동시에 포스트모던 시대가 추구하는 개별성과 공동체성을 하나로 묶어주는 일종의 '뫼비우스 띠'

Möbius Band 같은 인식론적 전환을 가능케 합니다. 동시에 가정, 학교, 교회, 사회 등의 모든 공동체에 그리고 교육, 상담, 코칭, 리더십, 인사관리 등 사람을 대하는 모든 분야에 실제적인 도움과 구체적 해결방안을 제시해줍니다. 이처럼 적용분야가 넓고 확장성이 뛰어난 이론이기에 많은 학자들이 자신의 관점에서 에니어그램을 다양한 방식으로 활용하고 있습니다.

나무가 많고 울창하면 큰 숲을 이뤄서 좋기도 하지만 때로는 숲 속에서 길을 잃기도 합니다. 울창한 숲 같은 에니어그램 세계에 확고한 이정표 같은 분이 있습니다. 세계적인 에니어그램 학자들 중에서도 대표적인 한 사람을 꼽으라 하면 단연 비어트리스 체스넛 박사를 들 수 있습니다. 체스넛 박사는 노스웨스턴대학교Northwestern University와 스탠포드대학교Stanford University에서 가르쳤을 뿐 아니라 국제에니어그램협회 회장과 국제에니어그램학회지 발행 책임편집인을 역임하였습니다. 심리학 및 커뮤니케이션학 강사로서의 탄탄한 학문적 기반 위에서 27년간 에니어그램 전문가로서 전 세계에서 명성과 찬사를 받고 있습니다. 한국에니어그램협회를 위한 컨퍼런스 주강사로서 2회에 걸쳐 통찰력 있는 강의와 임팩트 있는 워크숍을 통해 많은 깨우침과 감동을 안겨준 바 있습니다.

체스넛 박사의 대표 저서 『완전한 에니어그램』The Complete Enneagram은 그동안의 수많은 에니어그램 서적들이 부분적으로 다루었던 지혜들을 집대성했을 뿐 아니라 불완전하고 불명확했던 설명들을 온전하고 완전하게 제시함으로써 '에니어그램의 완결판'을 보여주고 있습니다. 에니어그램의 아홉 유형과 세 하위유형들을 순열-조합처럼 분석하는 동시에 위대한 종합을 시도하고 있습니다. 호메로스의 『오디세이아』Odysseia와 단테의 『신곡』La Divina Commedia에 등장하는 대표적 원형들을 에니어그램 유형Enneagram Personality과 연결시킨 것은 참으로 획기적입니다. 이는 체스넛 박사의 심오한 전문성과 탁월성을 보여주는 좋은 예입니다. 또한 자신의 수많은 워크숍을 통해 나타난 실제 인물들의 개인사와 가족사를 독자들과 공유함으로써 27가지 에니어그램 유형의 타당성과 현실성을 잘 입증해주고 있습니다.

　이러한 탁월한 학자의 강의와 워크숍 통역자로서 그리고 『완전한 에니어그램』의 공동번역자로 참여하게 된 것은 큰 기쁨이요 영광이 아닐 수 없습니다. 이러한 훌륭한 학자를 한국에니어그램협회에 초대하였을 뿐 아니라 대표저서가 번역될 수 있도록 행정적 기반을 마련해주신 한국에니어그램협회 김영자 회장님께 진심으로 감사드립니다. 체스넛 박사와의 깊은 신뢰 속에서 가교역할을 담당했을 뿐 아니라 번역을 위한 실무를 맡아주신 한병복 이사님께 감사드립니다. 대구대학교 교수로 재직하시면서 서울을 오가는 바쁜 와중에도 수준 높은 번역을 수행해주신 박충선 이사님께 감사드립니다. 완성도 제고를 위해 교정을 맡아준 우지연 박사님과 라파 에니어그램의 강소향, 권현숙, 김세경, 박지선, 서완실, 송혜영, 윤혜경, 이성애, 최지은 선생님께도 감사드립니다.

　또한 국제에니어그램협회 한국지부Korean Chapter of IEA인 '한국에니어그램협회'의 발전을 위해 노고를 아끼지 않으시는 임원 및 이사 여러분들께도 깊은 감사를 드립니다. 이분들의 도움이 없었다면 이 소중한 책이 번역 출간될 수 없었습니다. 그리고 편집과 출판을 기꺼이 맡아주신 연경문화사의 이정수 대표님에게도 감사드립니다.

　"사람은 책을 만들고 책은 사람을 만든다"는 말이 있습니다. 『완전한 에니어그램』이 사람들을 성격의 감옥에서 해방시킬 뿐 아니라, 역기능적 관계로 생겨난 왜곡과 상처들을 치유함으로써 보다 정의로운 사회, 보다 평화로운 사회, 그리고 '도토리 껍질'을 깨고 '거대한 참나무'Great Oak Tree를 향한 성장이 일어나는 사회가 되어가길 기원하며 역자 서문에 갈음하고자 합니다.

번역자를 대표하여 광나루 일우에서
이규민

한 알의 도토리에게 참나무로 성장해나가도록 가르칠 필요도 없고 또한 가르칠 수도 없다.
하지만 여건만 마련되면 도토리의 내재된 잠재력은 발현될 수밖에 없다.
인간도 마찬가지이다.
인간을 위한 여건만 마련되면 각자에게 주어진 잠재력이 발현된다.
…
인간은 빗나가지만 않으면 자아실현을 향해 자라나게 되어있다.

모든 생명체와 마찬가지로 인간도 '도토리에서 참나무로' 성장하려면 적절한 여건이 주어져야 한다.
인간도 성장을 위해서는 따뜻한 환경을 필요로 하는 것이다.
따뜻한 환경을 통해 내적 안전감과 내적 자유가 가능해지고,
이를 통해 자신만의 고유한 느낌과 생각을 소유할 뿐 아니라 그것을 자연스럽게 표출할 수 있게 된다.
인간은 타인의 선의를 필요로 한다.
타인의 선의는 인간으로 하여금 필요충족을 넘어서,
보다 성숙하고 온전한 사람이 되도록 안내하고 격려해주기 때문이다.
인간은 또한 자신의 열망뿐 아니라 타인의 의지와도 건강한 갈등을 벌이는 경험이 필요하다.
타인과의 사랑뿐 아니라 갈등을 통해 성장할 수 있을 때,
그는 비로소 자신의 참된 자아와 부합하는 바른 방향으로 성장하게 되는 것이다.

캐런 호니, 의학박사(MD)
『신경증과 인간성장: 자아실현을 향한 분투』 속에서

# 도입
# 알아차림과 에니어그램

산만해지려는 주의를 알아차려 다시 집중시키는 능력은
언제나 참된 판단과 성품을 기르려는 의지의 근원이 된다.
이런 능력이 없다면 그 누구도 자신의 삶을 살 수 없다.
이러한 능력을 기를 수 있는 교육이 있다면, 그것이 참된 교육이다.

– 윌리엄 제임스 William James, 심리학의 원리 Principles of Psychology

자극과 반응 사이에는 공간이 있다.
바로 그 공간 속에 우리가 반응을 선택할 수 있는 힘이 있다.
참된 성장과 자유는 우리의 선택에 달려있다.

– 빅터 프랭클 Victor Frankl

오늘날 많은 사람들이 "나는 왜 이런 행동을 하고 있는가?", "어떻게 해야 좋은 인간관계를 맺을 수 있는가?" 또는 "일을 할 때 어떻게 하면 더 나은 결과를 성취하고, 더 만족스러운 삶을 살아갈 수 있을까?"와 같은 질문을 하고 답을 찾고 있다.

우리는 삶에 긍정적인 변화를 주고 싶거나 그런 변화가 필요할 때, 자신을 더 깊이 알 수 있는 방법을 찾는다. 그 방법을 적용하여 일상생활에서 겪는 다양한 어려움을 이겨내고 싶기 때문이다.

내면의 성장을 위해 가장 중요한 것은 그동안 해오던 행동을 바꾸는 것이지만, 무의식적인 습관의 강력한 힘 때문에 변화하기는 매우 어렵다. 그러므로 행동을 바꾸기 위해서는 반드시 필요한 것이 있다. 그것은 자신이 하고 있는 말이나 행동을 객관적으로 관찰하고, 그렇게 하는 것을 이해할 수 있는 정신적, 감정적 여유를 내면에 만드는 능력이다. 자신의 생각과 감정을 무작정 따라가는 것이 아니라, 그 생각과 감정이 어떻게 작동하는지 볼 수 있는 능력이 출발점이 되어야 한다. 이 능력을 얻게 되면 어디에서 어떤 방식으로 습관에 사로잡혀 있는지, 다른 행동을 하기 위해서는 의식적으로 어떤 선택을 해야 하는지를 확실히 알게 된다. 이렇게 습관적인 행동의 원리를 성찰할 수 있는 정신적 여유 공간을 갖게 된다면, 우리는 자신에 대해 더 깊이 이해하게 될 것이다.

이 책의 주된 목표는 다음과 같다.

첫째, 고대 지혜의 가르침을 통해 자기이해가 왜 성장의 핵심이며, 이를 통해 어떻게 더 행복하고 균형 잡힌 삶을 살 수 있는가를 밝히고자 한다. 자기이해란 자신의 생각, 감정과 행동을 관찰하고 생각하며 수용하는 것이라 정의한다.

둘째, 자기이해를 확장하는 방법을 보여줄 매뉴얼과 이정표를 제공하고자 한다. 그래서 긍정적 변화를 이끄는 내면 작업을 시작하고 깊이를 더해 갈 수 있도록 한다.

자기이해가 깊어지면 삶을 크게 변화시킬 수 있다. 이 책은 당신 행동의 대부분을 형성하는 무의식적이고 자동적인 사고, 감정과 행동을 탐색하도록 도와줄 것이다. 또한 이 작업을 통해 더욱 의식적이면서도 결단력 있는 변화를 맞이하게 도울 것이다. 예로부터 오늘날까지 자기이해와 탐색 작업은 삶을 창의적이고 유연하며 온전하고 효과적이며 진정성 있고 만족스럽게 만드는 근간이 되어왔다.

# 인간의 공통된 진실:
## 우리는 모두 잠들어 있다

모든 사람은 저마다 독특한 잠재력을 부여받았지만, 유아기부터 프로그래밍 되어 있는 성격 패턴에 가려서 자신의 참된 본성에 대해서는 잠든 상태로 살아가고 있다. 다행인 것은 우리가 알아야 할 마음의 평화와 자유, 자기이해를 하는 방법 대부분이 수백 년 또는 수천 년 동안 고대의 가르침, 지혜, 신화, 그리고 상징 등에 암호화되어 내려왔다는 사실이다. 현대인은 그것을 어렴풋이 알고는 있지만, 암호를 쉽게 풀 수도 없으며 어떻게 변화해야 잠재력이 발현될 수 있는지도 알 수 없었다. 이 책의 목적은 이러한 심오한 지혜의 본질을 소개하고 설명하는 것이다.

우리가 성장하고 변화하기 위해서는 더 많은 의식적인 선택을 할 수 있는 능력이 필수적이다. 그래서 무엇보다도 이 고대의 가르침이 삶에서 어떻게 작동되고 있는지 알아야 한다. 참된 존재가 되기 위해서는 우리가 어디에서 왔는지, 정확히 어디에 있는지, 그리고 누구인지를 알아야만 한다. 우리의 무의식적인 패턴 중에는 자신이 생각하고 느끼며 행동하는 방식을 이해하고 자신에 대해 이미 잘 알고 있다는 거짓된 신념이 들어있다. 그러나 나는 우리가 그만큼 자신을 이해하고 있지 않으면서, 스스로가 누구인지 안다고 여기는 것 자체가 곧 문제의 일부라고 생각한다.

스스로를 알고 긍정적으로 발전하려면, 우리가 눈은 뜨고 있지만 잠들어있는 상태에서 행동하고 있다는 사실을 알아야 한다. 의식적 노력이 없다면, 우리의 삶은 매일 습관적인 패턴대로 기계적으로 작동한다. 잠자는 상태의 사람들은 자신이 자유롭게 살고 있다고 생각하지만 사실은 정반대이다. 우리는 생의 초기 프로그래밍대로 독특하고 전문적인 기계처럼 예측 가능하고 반복적인 패턴으로 반응하며 살아간다. 우리가 어떻게 초기 프로그램에 영향을 받고 있는지 의식적으로 이해하지 않으면, 프로그램화된 상태를 벗어나 성장할 수 없다. 우리는 늘 우리 자신에 대해 알지 못한다는 사실을 모르고 있다. 그리고 우리의 한계를 인지하지 못할 정도로 우리의 인식은 제한되어 있다.

인간의 행동이 무의식적이고 자동적으로 이루어진다는 개념은 서구 심리학이나 동양의 영적 전통 양쪽에 다 나타나 있다. 눈은 뜨고 있지만 잠들어 있는 상태는, 매일 습관적 행동을 반복하는 것을 보거나 '자동조종장치'가 작동하는 것을 볼 때 깨닫게 된다. 예를 들어 방에 들어왔는데 왜 들어왔는지를 모를 때, 이미 책을 한 장 넘겼는데 그 전장의 의미를 제대로 모를 때, 대화를 하고 있지만 생각이 허공을 맴돌 때, 그리고 중대한 일이 터졌지만 별다른 느낌이 없을 때 등 이 모든 것들이 다 우리의 자동적 습관이 작동하고 있음을 보여준다. 그러므로 깨어나기 위한 작업은 거창한 일을 하는 것이 아니라 일상에서 쉽게 접하고 행동하는 일들에 끊임없이 주의를 기울이는 것이며 이러한 상태는 계속 유지되어야 한다.

'의식 혼미'라는 심리학적 용어는 생존을 위한 방어기제 중 하나이다. 인간의 마음은 자동적으로 살아남기 위해, 또는 안전한 상태로 머물기 위해서 '잠들어 버리거나' 고통스러운 경험에서 자신을 분리한다. 인간은 대단한 피조물이지만 분명 한계가 있다. 주변에서 일어나는 모든 일에 대해 깨어있는 것은 불가능하며, 고통이나 위험을 최소화하고 안락감과 안전감을 높이는 사고방식과 행동방식을 배우는 것도 필요하다. 그러므로 깨어나서 스스로의 고통과 두려움을 마주보기를 회피하는 것은 초기의 생존과 안락함을 위해 당연한 일일지도 모른다. 그러나 성장하고 나이를 먹으면서 자신이 행동하는 방식을 점검하지 않는다면, 우리는 현재 어떤 사람이며 장차 어떤 사람이 될 수 있는가를 알 수 없게 된다.

자신을 바로 보지 못하고 잠들어 버리는 습관은 어디에서 시작되었는가? 우리는 무엇 때문에 이런 방식을 취하게 되었는가? 갓난아기는 모든 포유류 중에 타인 의존도가 가장 높아서 선천적으로 내재된 방어기제를 가지고 있으며, 이를 통해 너무 압도적이거나 해가 될 만한 심리적, 감정적 위협에서 자신을 보호하게 된다. 어린 시절에 필수적이었던 이 방어 및 대처전략은 성장하면서 독특한 패턴을 구성하게 되는데 사람들은 이 패턴을 통해 세계가 어떻게 작동하는지, 세상에서 살아남기 위해서는 어떤 행동을 해야 하는지에 대해 각자 다른 신념을 만들게 된다. 더욱이 이 패턴은 무의식적이고 자동적인 습관으로 굳어져 각자의 주의초점이 가는 방향과, 세상에서 상호작용하기 위한 조종 전략에 영향을 주는 것이다.

예를 들어 '착해야 한다'는 것에 대한 지속적인 압박 가운데 어떤 아이는 자신을 '완벽하도록' 해서 비판이나 벌을 피하는 대처전략을 계발할 수도 있다. 한편 같은 압박이라도 어떤 아이는 자신의 연약함을 숨기고 통제력을 행사하며, 두려움이 없는 사람처럼 보임으로써 자신을 보호할 수도 있다. 우리 각자는 자동적으로 특정 전략을 채택하여 자신을 위협으로부터 방어하는데, 이러한 전략이 모여서 성격을 형성하게 된다.

어린 시절 위험에 대처하기 위해 계발된 행동 패턴은 결국 자동적으로 나타나는 마음의 습관으로 변한다. 이런 습관은 이미 오래전에 사라져 버리고 지금은 전혀 문제가 되지 않는 위협에 대한 자동 반응이다. 어린 시절의 정서적 고통에서 보호받기 위하여 우리의 마음은 잠든 상태를 계속 작동시켜왔다. 그러나 성인이 된 후에도 우리는 자신의 내면에 대해 여전히 잠든 상태로 머물러있다. 우리의 뿌리 깊은 습관과 진정성 있는 삶을 향한 열망 사이의 불일치는 모든 고통, 불만족, 불행의 원천이 된다.

초기 대처전략은 보이지 않는 감옥이 되어 우리의 사고, 감정, 행동 방식에 제약을 가한다. 이런 전략이 몸에 밴 나머지, 우리는 얼마든지 다른 대안을 선택할 수 있는 능력이 있음을 망각하게 된다. 이런 식으로 우리는 스스로가 깨어있다고 생각하지만 결국 잠든 상태로 살게 된다. 우리도 알지 못하는 사이에 세상 안에서 창의적이고 의식적으로 살아갈 수 있는 자유를 잃어버린다.

많은 영적 전통들은 이러한 깨어남을 설명하고, 우리 스스로 의식적인 상태로 머물 수 있도록 수행을 시도해 왔다. 하지만 나는 자신을 불행하게 하는 무의식적인 패턴에서 벗어나기 위해 무엇보다도 스스로 자신의 삶을 살펴보아야 한다고 생각한다. 나의 경험은 다음과 같다.

나는 어릴 적부터 관계에 초점을 많이 두었는데, 타인을 행복하게 해줌으로써 안전을 느꼈기 때문입니다. 다른 사람의 비판이나 거절을 피하기 위해 나 자신을 매력 있고 상냥한 사람으로 만들었습니다. 나는 호감을 주는 행동을 하였고 타인에게 잘 맞추어서 나를 좋아하도록 만들었기에, 관계의 분리나 반감을 사는 일로 괴로워하지 않을 수 있었습니다. 이러한 것들을 인식하지 못하고 취했던 행동들은 나 자신을 감정, 필요, 욕구에 대해 잠든 상태로 머물게 했습니다. 만약 내 감정과 욕구를 주장한다면 나의 분노와 슬픔을 받아줄 수 없는 누군가와는 갈등을 겪게 될 수 있었기 때문입니다. 시간이 지나면서 순간순간 감정과의 연결을 잃어버리게 되었습니다. 대학원을 다닐 때 한번은 룸메이트가 내가 화를 내지 않는다고 말해주었습니다. 처음엔 놀랐지만 곧 사실임을 인정했습니다. 나는 생존 전략에 따라 다른 사람과 잘 지내기 위해 인간 관계에서 일어나는 모든 문제를 회피했습니다. 그래서 나는 내 감정의 자연스러운 흐름을 잃어버렸고, 내가 원하는 것과 필요로 하는 것도 알 수 없게 되었습니다. 내가 오랫동안 이렇게 살아왔음을 알지도 못했습니다.

어린 시절에 형성된 생존 전략은 성장 이후에는 걸림돌이 된다. 이런 생존 전략은 인생의 여러 상황을 다양한 방식으로 다룰 수 있는 나의 능력을 지나치게 좁은 관점에서 보도록 제한하기 때문이다. 우리는 어쩔 수 없이 어린 시절 효과가 있었던 초기 반응 패턴에 고착되고 이는 그 이후 매일을 살아가는 무의식의 원천이 되어버린다. 하지만 우리가 이러한 습관적인 행동 패턴을 알아차리려고 주의를 기울이면, 우리는 그런 행동 패턴을 정지시키는 '내면 작업'을 통해 벗어날 수 있게 된다. 때로는 습관을 살펴보고 그것이 왜 생겨났는지를 이해하는 것만으로도 고착에서 해방될 수 있다. 그러나 깊이 각인된 패턴을 가지고 있다면, 초기 프로그램을 완전히 극복하고 뒤집기 위해 더 오랜 시간의 내면 작업이 필요하다. 어느 경우이든 첫 번째 단계는, 우리 모두는 잠들어 있다는 것을 이해하고 어떻게 잠에 빠지게 되었는가를 알아차리는 것이다.

## 모든 인간의 공통된 또 다른 진실: 우리는 깨어날 수 있다

우리가 무의식적인 패턴들에 묶여있다는 기본적인 진실은 다행히도 또 다른 핵심적인 진실과 깊이 관련되어 있다. 즉, 이러한 '잠들어 있음'을 알아차린다면 '진정한 깨어남'이 가능하다는 것이다. 깨어나는 것은 가능할 뿐만 아니라 인간 안에 내재되어 있는 능력이다. 우리는 이 세상에 태어난 이후 형성된 성격 때문에 본질에 대해서는 잠들어 있지만, 의식적 성장과 변형을 위한 잠재력 또한 우리 본성의 한 부분을 형성하고 있다. 많은 고대 지혜의 전통에 의하면, 자신이 누구인가를 인식하기 위해 깨어나는 것이 인간의 삶의 목적이라고 한다.

당신의 감정, 사고, 행동의 자동적인 패턴은 당신을 항상 잠들게 하는데, 과연 어떻게 깨어날 수 있을까? 우리는 객관적으로 자신을 관찰하고 연구하는 방법을 통해 깨어날 수 있다. 이 과정은 우리가 진정 누구인지, 무슨 일이 일어나는지를 의식적으로 이해해서 자기이해를 점진적으로 발전시켜 나가도록 한다. 그러나 깨어남의 갈망이 우리 본성의 일부일지라도, 각성을 위해서는 지속적인 노력이 필요하고 방심하면 다시 잠들 수도 있다.

'자기관찰'은 우리를 잠든 상태에서 깨어나게 하며, 이는 의식적으로 자신의 무의식적인 상태를 자각하려는 노력에서 시작된다. 자신의 자동적인 사고, 감정, 행동 패턴을 살펴보는 연습은 객관적인 내적 자각 능력을 길러준다. 이러한 노력이 계속되면 시간이 지날수록 당신은 자동적으로 행동하거나 당신의 '프로그램'이 돌아갈 때 그것을 알 수 있는 능력이 생긴다. 이런 자기관찰을 통해 자신의 패턴을 의식과 분리시켜서, 그 패턴을 '좋다' 혹은 '나쁘다'로 판단하거나, 패턴에 함몰되지 않고 자동적인 사고, 감정, 행동을 살펴볼 수 있다. 사고의 패턴을 내려놓고, 의식적인 다른 선택을 할 수 있게 하는 정신적 여유를 갖기 위하여 당신은 사고의 고착에서 벗어나야 한다.

보통 우리는 일상적인 일에 익숙해져 있어서 스스로에 대해 의문을 갖지 않는다. 그렇기 때문에 처음에는 자신이 깜빡 잠드는 것을 포착하고, 자신을 의식적으로 관찰하기 위해서 거리를 두거나 객관성을 갖고 자신이 무엇을 하는지 관찰해야 한다. 그리고 이렇게 하기 위해서는 당신이 주의초점을 두는 것과 두지 않는 것이 무엇인지를 집중하여 보는 방식을 배울 필요가 있다.

심리학적 방법과 영적 가르침에서 명상은 자기성찰 역량을 계발하고 확장하며 의식적인 의도를 연습하는 데 최고의 방법이라고 말한다. 특히 명상은 당신의 '주의초점'을 알아차리고 의식적으로 안정화하는 능력을 기를 수 있게 해준다. 자기성찰과 자기탐구는 '내가 무엇에 주의를 기울이고 있으며 왜 그렇게 하고 있는가?'라고 자신의 생각, 감정, 행동을 묻는 것이 아니다. 이것은 '무엇을, 왜, 어떻게'에 관한 좀 더 심도 있는 질문이다.

또 다른 고대 전통에서는 기본적인 명상 수행은 '집중'으로 '최소 공간에 최대의 주의를 고정시키는 능력'을 통해서 가능하다고 말한다. 우리가 집중을 통해 사고의 자동적인 생각을 정지시킬 수 있는 능력을 계발하면, 우리 내면에는 우리의 자기관찰 노력을 지지하기 위해서 '침묵의 영역'이 만들어지기 시작한다.

자기관찰 실습은 지금 이 순간의 사고, 감정, 행동에 주의를 두는 것, 그리고 어쩔수 없이 어디로든 헤매고 있는 주의를 반복하여 불러들이는 것이다. 현재 당신의 생각, 감정 그리고 행동을 비판 없이 탐구하는 것은 일상의 반사적이고 습관적인 패턴에 사로잡혀 있는 것이 아니라, 당신이 선택한 '주의 대상'이 되는 것이다. 이러한 알아차림 활동을 통해 당신의 내면에 무슨 일이 일어나는지 의식하고, 자신에게 자주 주파수를 맞추고 결단력을 기를 수 있다. 신체적 운동의 반복과 마찬가지로 주의 근육attentional muscle은 당신의 주의가 어디로 가는지 알아차리고 그것을 당신이 의식적으로 선택한 초점으로 다시 돌아가려는 노력을 통해서 강화된다.

또한 '주의 근육'을 강화하는 과정은 당신의 '내면 목격자'를 보다 적극적으로 계발시킬 수 있다. 내면의 '의식적인 목격자'의 구축은 명상 훈련과 심리 치료의 핵심 구성요소이다. 명상 훈련과 심리 치료는 매우 단순하지만, 동시에 실행하기는 대단히 어렵다. '주의 근육' 훈련은 당신이 언제 어디서나 할 수 있는 간단한 활동을 통해 비교적 쉽게 실행할 수 있다. 그렇지만 실제로 실행하려면 꾸준히 노력하고 유지해야 되기 때문에 쉽게 느껴지진 않는다. '자기기억' 즉, 당신 자신에 대해서 끊임없이 의식적인 노력을 기울이는 것은 절대로 습관화되지 않는다. 그래서 주의 집중 능력의 제고, 주의 소홀에 대한 알아차림, 주의 재집중 능력을 계발하는 노력이 필요하다. 이러한 훈련을 반복해야 효과적으로 자기관찰과 알아차림을 할 수 있다.

다행히도 우리는 다양한 전공분야의 사람들이 이러한 자기발견이 인격 성장을 위한 필수요건임을 인정하는 시대에 살고 있다. 이런 기본원리들은 '인간의 성장과 행복을 증진시킬 수 있는 것은 무엇인가?'라는 질문을 던지는 심리 치료부터 영성, 철학, 뇌 과학, 리더십 훈련과 사업 개발에 이르는 다양한 분야의 사람들이 긍정적 변화, 효율성, 건강, 만족감을 고취시키는 요인으로 꼽고 있다. 과거에는 심리 치료사와 영적 지도자만의 영역이었던 '인간됨이 무엇을 의미하는지', '인간의 내면을 어떻게 계발해야 자유와 행복을 얻을 수 있는지'에 대한 생각이 이제는 모든 마음 연구자의 중심 주제가 되었다. 이 모든 것은 주의를 기울이는 능력의 계발에서 시작된다. 그렇게 하면 당신의 내면에서 일어나는 것을 보다 명료하게 이해할 수 있게 된다.

# 자기 알아차림의 이정표, 에니어그램

고대 그리스의 델포이 아폴로 신전에 새겨져 있는 격언인 '너 자신을 알라'는 심오한 철학적 가르침에 기반하고 있다. 이는 자연 세계와 인간의 잠재력의 근원이 우리를 둘러싼 물리적 환경과 더불어 우리 '자신'을 연구하는 것으로부터 시작된다는 것을 의미한다. 서구 문화의 초석이 되는 이 지혜는, 내면탐구로 인류를 연구하는 것(자신의 내면 영역을 이해하기 위한 작업)을 외부 세계에 대한 과학적 연구와 병행해야 하는 필수적인 프로젝트로 보았다.

지난 1세기 동안 몇몇 영성가가 오래전에 잃어버렸던 지혜를 재발견하였는데, 이는 인간의 행동원리에 대하여 명확한 시각을 전해주는 뛰어난 가르침이다. 이 가르침은 '9개의 도형'이라는 뜻의 에니어그램으로 불리고, 이 상징은 원 안에 9개의 점과 서로 연결된 화살표이다. 이 도형이 중요한 이유는, 이것이 성격유형 체계의 틀로써 27가지로 나타난 성격의 원형archetypes을 가지고 있다는 점이다. 최근 전 세계인들은 이 고대의 지혜를 진실하면서도 놀라우며 삶을 변화시키는 도구로 인식하고 있다.

단순하게 보면 에니어그램은 상호 연결되어 있는 아홉 가지 성격유형 시스템이다. 다음 그림에서 보다시피 이 아홉 가지 유형은 각각 네 개의 다른 유형들과 연결되어 있다. 에니어그램의 상징은 오래전부터 전해 내려왔으며 신비한 기원을 가지고 있는데, 수학적 용어로 표현된 우주의 몇 가지 기본 법칙을 표현한 것이기도 하다. 자연 세계에

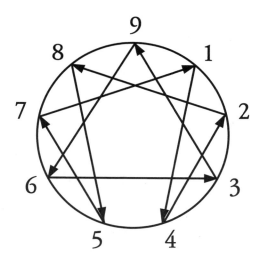

서 식별할 수 있는 패턴을 반영하고 있으며, 인간의 에고ego, 즉 성격에서도 식별할 수 있는 패턴을 포함한다.

　'원형'은 보편적인 패턴을 구별하고 이해할 수 있도록 돕는 모형 또는 전형이다. 칼 융Carl Jung에 따르면 원형이란 '불안의 전형적인 형태' 또는 '모든 인류에게 공통되는 정신적인 지각과 이해의 패턴'이다.[1] 융은 세계에 보편적인 원리가 있다는 시각을 갖고 있던 고대 그리스인의 영향을 받아 원형의 개념을 발견했다. 그들은 우주의 비전을 '어떤 태고의 본질 또는 초월적인 최초 원리의 질서정연한 표현'으로 나타내고 있으며, 원형을 '인간사의 혼란 속에 있는 보편 원리'[2]라고 보았다. 최근에는, 작가 캐롤린 미스 Carolyn Myss가 '우리 자신의 개인적인 원형'을 '우리 자신과 우리를 둘러싼 세상을 보는 심령의 렌즈'[3]라고 정의했다.

　에니어그램과 관련된 가르침의 핵심은 다른 신비주의, 심리 영성, 그리고 철학적인 전통과 같은 메시지를 가지고 있다. 그것은 '내면 목격자'를 계발하여 당신의 경험을 관찰하고 성찰하며, 이를 통해 더 깊은 자기이해를 가능하게 하고, 그 자기이해를 바탕으로 더 높은 의식의 상태를 달성하게 한다는 것이다. 에니어그램은 '내면 목격자'가 무엇에 집중해야 하는지 알려줌으로써, 자기인식을 더 잘하게 하며 변화하고 성장할 수 있는 방법을 제공한다.

우리가 스스로를 탐구하기 시작할 때, 에니어그램이 지침이 된다. 우리는 매일 많은 것들을 생각하고 느끼며 행동한다. 그 모든 것을 이해하는 데 에니어그램이 필요하다. 에니어그램은 인간의 성격을 구조화하는 원형적인 패턴에 대해 정확하고 객관적인 관점을 제공한다. 그렇기 때문에 에니어그램은 좀 더 깊은 수준에서 스스로를 이해하고자 길을 찾는 사람들에게 도움이 되는 적합한 이정표를 제공한다.

에니어그램은 세 가지 '지능의 중심', 아홉 가지 성격 '유형', 그리고 27가지 '하위유형'을 설명하고 있으며, 그것은 우리가 작동하는 방식을 정확하게 알려준다. 주된 개념은 당신의 사고, 감정, 행동 모두가 패턴이 되어 성격을 형성한다는 것이다. 에니어그램의 도움이 없으면 자신의 내면에 집중해서 주의를 기울여 보아도 이런 패턴들을 감지하기가 어렵다. 그것은 마치 물고기가 자신이 헤엄치고 있는 물을 '알아차리지' 못하는 것처럼, 당신이 너무나 오랫동안 그렇게 살아와서 '패턴대로 작동하는 것'을 보지 못하기 때문이다. 에니어그램은 당신에게 내재하는 이 성격 패턴을 볼 수 있도록 도와준다.

패턴은 어떻게 관찰하는가? 그리고 어떻게 긍정적인 변화를 이끌어 내는가? 사람들이 사용하는 상황 대처전략을 범주화하면 몇 가지 성격 그룹으로 나눌 수 있다.

에니어그램은 아홉 가지의 기본 성격 유형으로 나누며, 유형을 구성하고 있는 각 유형별 생각, 감정, 행동에 대하여 상세히 설명한다. 이것을 바탕으로 자신이 어떤 유형인지 알게 하고 유형별로 습관적인 패턴들이 어떻게 나타나고 있는지 보여준다.

에니어그램의 성격 묘사는 아홉 가지 유형의 주요 주제와 27가지 패턴을 알려준다. 일단 당신이 스스로의 행동을 관찰하여 에니어그램 유형 중에서 당신의 유형을 찾아보면, 당신은 사고, 감정, 행동의 패턴을 인지하고 이해할 수 있도록 도와주는 정보에 접근할 수 있게 된다.

우리는 복잡하고 변화하는 존재이며 에니어그램은 고정된 모델이 아닌 효율적인 성장도구이다. 에니어그램은 역학적인 변화를 보여주는 지도로써 우리의 습관이 어떻게 발달해왔는지 보여주고, 또 인식조차 하지 못했던 패턴화된 습관에서 노력을 통해 어떻게 자유로워질 수 있는지 알려준다. 당신은 성격유형을 이해할수록 자신의 패턴이 일어날 때나 혹은 패턴에 따라 행동하는 중에 알아차릴 수 있게 되며, 패턴이 만든 함정에서 스스로 벗어날 수 있게 해 준다.

나와 함께 작업한 고객 중에 맥스라는 이름의 40대 후반 변호사가 있었다. 그는 자신을 계속 의심했고 그로 인한 불안으로 고통을 받았으며, 이 지속적인 자기 의심 때문에 앞으로 나아가지 못했다. 그는 부인과의 관계도 별로 좋지 않아서 끝내려고 했지만 자신의 삶에서 아내를 분리하지 못했다. 그는 매순간마다 끊임없는 의문으로 스스로를 괴롭혔다. 그의 재능인 뛰어난 분석력 덕분에 변호사로 성공했지만 그는 자신을 가두는 부정적인 시나리오를 더 쉽게 상상했다. 자신이 근본적으로 '나쁘다'는 신념은 다른 사람들이 자신을 판단하며 비난한다고 상상하게 하는 원인이 되었다. 코칭 작업을 하는 과정에서 나는 그가 의문과 의심을 반복하는 사고 패턴을 갖고 두려움과 불확실성을 지속적으로 느끼는 '자기보존 6유형'임을 알아차렸다. 그는 친절하고 선한 의도를 가지고 있으며 지적인 사람이지만 결정적인 순간에 실수할 것이라는 최악의 시나리오를 습관적으로 상상해서 종종 마비가 되었다.

맥스의 딜레마를 이해하기 위해 에니어그램을 사용하여 그의 가장 중요한 내면 갈등을 다루었다. 그의 내면 갈등은 다음과 같다.

1) 자신이 나쁜 사람이기에 다른 사람이 자신을 거절하고 비난한다는 것
2) 중요한 시기에 자신의 입장에서 행동한다면 나쁜 일이 생길 것 같다는 것
3) 분석적 사고는 자신이 있지만, 모든 것을 의심하고 세상에서 안전한 것은 없다고 느끼는 정신적 습관 때문에 두려움과 불안에 갇힌다는 것

나는 에니어그램의 도움으로 맥스의 상태에 대해 정의를 내릴 수 있었다. 그는 스스로 자신의 핵심 이슈들을 이해했으며 그것을 해결하기 위한 방법도 알게 되었다. 그는 자기보존 6유형으로, 내적 권위에 대한 감각을 발달시키지 못했다. 또한 그의 아버지는 그에게 위협적이었고 그를 학대했으며 보호하거나 지지하지 않았다. 그래서 그는 과도한 방어 전략을 취했고, 그 때문에 스스로의 틀에 갇혀 있었고 통제를 당하게 되었다. 그는 자신의 뛰어난 분석적 사고를 사용해 확실함과 안전함을 자기 방식대로 생각하려 애썼지만, 끝없는 두려움과 의심의 고리에 갇혀 안전함과 확실함을 느낄 수 있는 방법을 찾을 수가 없었다. 더 큰 관점에서 사고 습관을 보는 방법을 배우고, 이런 생각에 맞서는 작업을 하면서, 그는 불안을 다루고 자신의 삶에서 앞으로 나아갈 수 있게 되었다.

에니어그램과 관련된 전통적 지혜에 따르면, 성격은 세상에서 안전하게 상호작용을 위해 필요한 '거짓 자아'라고 간주한다. 더불어 그 성격 때문에 우리가 우리의 '참 자아'와의 접촉을 잃어버린다는 것이다. 즉, 우리의 거짓 자아가 삶을 다루기 위해 선두에 나오게 되면서 참 자아는 배후에 묻혀버리는 것이다.

에니어그램에 따르면 거짓 자아나 성격의 문제는 우리가 성격과 자신을 지나치게 동일시하고 그것이 우리 존재의 전부라고 오해하는 것이다. 그러나 동시에 거짓 자아나 성격은 참 자아로 되돌아갈 수 있는 도구가 될 수 있다. 우리가 거짓 자아의 자동적 작동과 조건화된 성격을 꿰뚫어 보는 법을 배울 때, 우리는 그것을 분리해서 의식적으로 붙들고 작업할 수 있으며, 그리하여 좁은 시각에서 벗어나 창의적이고 유연하게 생

각할 수 있다. 에니어그램에는 이와 같은 방법으로 오랜 습관을 깨고 나와서 당신의 진정한 잠재력을 깨닫게 하는 비전과 길이 있다.

# 결론

에니어그램을 설명할 때, 이 책에서는 오스카 이차조Oscar Ichazo와 클라우디오 나란호Claudio Naranjo 두 사람의 저술을 직접적으로 활용하고 있다. 오스카 이차조는 1960년대 칠레에서, 광범위한 인간 변형 프로그램의 일부로써 에니어그램을 발전시켰다. 클라우디오 나란호는 인간 발달에 관한 심리학과 영적인 접근법에 대해 다양한 지식을 가진 정신과 의사로, 1970년대에 이차조로부터 모델을 배워서 에니어그램의 유형을 서구 심리학 언어로 번역하였다. 나란호는 1970년대에 버클리에서 시작하여 10여 년에 걸쳐 그 내용을 가르치면서 유형에 대한 설명을 다듬고 확장시켰다. 에니어그램이 전 세계로 퍼진 것은 초창기 나란호의 제자들 그룹에서부터이다. 현재 많은 다양한 저자들이 에니어그램에 대한 책들을 출간하였지만, 이 책은 주로 나란호의 유형과 하위 유형에 대한 기술 및 의식 계발 방법의 본질과 그것으로 수반되는 작업에 초점을 두고 있다.

그러나 이 책은 에니어그램이란 강력한 자기인식 도구를 탐구하기 위한 이차조와 나란호의 의미 있고 선구적인 공헌보다도 더 심오하고 더 넓은 토대에 기반을 두고 있다. 또한 이 책은 나 자신의 심리학 분야의 연구와 개인적 계발뿐만 아니라, 인간 존재라는 보다 위대한 목적에 대한 비전과 그것을 깨닫는 지도를 제공하는 고대의 전통적 지혜에 토대를 두고 있다. 나는 심리 치료사로서 공부를 했고, 개인적 '내면 작업'을 했으며 직접적으로 에니어그램 교사인 헬렌 팔머와 데이빗 다니엘에게 많은 수업을 받았다. 내가 이 책 전반에서 제시한 개념들은 헬렌 팔머와 데이빗 다니엘 두 사람에게 받은 수많은 주제와 그와 관련된 생각을 구체화한 것임을 미리 말해두고자 한다. 그들의 가르침은 곧 이 작업을 하는 나의 이해의 기반이기도 하다.

무엇보다 나는 심오한 전통적 지혜를 전승하고 시대를 초월한 진리를 조명하기를 소망한다. 이 작업을 통해 우리를 성장시키고 긍정적인 변화를 만들어내는 전통적 지혜가 현대적인 통찰과 통합되기를 바란다. 수 세기 동안 잃어버리고 있었던 깊고도 강력한 진리를 다시 끌어올리는 작업을 통해, 삶에서 성숙으로 가는 열쇠를 쥐고 자신을 계발하는 것에 우선순위를 매기도록 영감을 받기를 희망한다. '자신에 대한 작업'은 편안한 영역을 넘어서 스스로를 확장해 나가고, 잠든 상태로 머물고 싶은 것을 직면할 수 있도록 한다. 더불어 이 작업은 우리를 패턴에서 해방시켜 삶을 더 평화롭고, 활기차며, 진정성 있고, 의미 있는 방식으로 살아가게 해준다. 이는 서사시와 그리스 고전에서 시작한, 불멸의 존재를 향한 위대한 모험이기도 하다. 이 책을 통해 더 높은 자기 인식이라는 목표를 향해 전진하여 그것을 이루는 길을 분명히 보여주는 비전과 방법을 볼 수 있기를 바란다. 또한 여러분 고유의 성장 여정에 있어서 한 걸음 앞으로 나아가도록 영감을 주는 방식이 되기를 소망한다.

# 제 1 장
# 에니어그램: 성격의 본질을 이해하기 위한 틀

다른 사람에게 내가 가지고 있는 숨겨진 선물을
전달할 때 비로소 진정한 사람이 됩니다.
이 세상에서 자신의 본래 형상을 기억한다면
진정한 유산 속에서 살아갈 수 있습니다.

당신은 이 지구상의 불청객이 아닙니다.
당신은 수많은 우연 중의 하나가 아닙니다.
당신은 더 심오합니다.
당신이 빠져나온 어둠보다 더 위대한 곳으로 초대를 받았습니다.

이제, 산을 향해 열린 창문 너머
비스듬히 흘러들어오는 아침 햇살을 바라보며
당신의 연인에게 간절한 심정으로 알려주고 싶지 않으신가요?

그 가지가 자라서 당신의 미래를 향해 하늘로 펼쳐지기까지
당신이라는 씨앗 속에서 과연 어떤 형상이 기다리고 있을까요?

– 데이빗 와이트, "깨어있을 때 기억해야 할 것"
David Whyte, "What to Remember When Waking"

## 성격이란 무엇인가?

성격은 외부 세계와 접촉하면서 발달하는 종합적인 성품의 일부분을 말한다. 인간의 성격은 타고난 기질과 부모, 양육자, 가족, 친구 등 영아기의 만남으로 얻은 경험을 통하여 형성되며 신체적, 사회적, 문화적 환경의 영향을 받는다.

대부분의 사람들에게 성격이란 '우리가 어떤 사람인가'를 보여주는 것이라고 생각한다. 흔히 우리는 다른 사람들이 파악하고 있는 당신이라는 존재의 정체성이 곧 성격이라고 여긴다. 그러나 에니어그램에 따르면 당신은 당신의 성격 그 너머에 있는 존재다. 당신과 주위 사람들이 '자신'이라 여기는 성격은 당신의 일부분일 뿐이다. 서구 심리학에서와 마찬가지로, 에니어그램에서 성격은 연약하고 어린 당신의 '참된 자아'가 사람들 사이에서 적응하고 맞추며 살아남기 위해 발달시킨 '거짓 자아'라고 본다. 이는 성격이 자신의 욕구를 채우고 불안을 줄이는 데 도움이 되도록 '보상적' 또는 '방어적'으로 형성되었다는 관점이다.

## 에고ego이며 그림자인 성격
### 당신이 자신에 대해 보는 것과 보지 못하는 것

칼 융에 의하면 빛이 사물을 비추면 어둠이 드리우듯, 무의식적으로만 느끼던 자신을 의식적으로 보는 시각을 갖추게 될 때 성격의 사각지대에 있던 '그림자'를 볼 수 있다.[1]

스스로 '나쁘다'고 느끼는 특성, 즉 분노, 질투, 증오, 열등감이 당신의 그림자로 들어가서 무의식의 영역이 된다. 역으로, 자신의 부정적 특징에 초점을 두는 사람들은 자신들의 '긍정적인' 감정이나 성품을 그림자 속에 숨길 수 있다. 여기에서 그림자란, 자신이 갖고 있지 않다고 거부하는 모든 것을 의미한다. 그림자 속의 특성들은 우리가 인식하지 못하고 숨겨져 있지만 행동방식에는 큰 영향을 끼친다. 자신의 일부를 보지 못하는 것은, 삶에서 우리가 자신이라고 생각하는 인물상과 실제의 자신 사이에 차이가 있음을 의미한다.

그림자가 자신에게 불편한 감정을 일으키고, 자신이 나쁘다는 느낌이 들도록 하기 때문에 우리는 그림자를 억압한다. 그러나 그림자는 우리의 삶과 관계에 의도치 않은 문제를 일으키며, 우리가 인식할 수 없는 방식으로 영향력을 끼친다. '참' 자아의 계발은 우리로 하여금 그림자 요소까지 포함하여 우리 자신의 모든 부분을 알고 받아들이며 통합할 것을 요구한다. 에니어그램은 이런 작업을 하도록 도와줄 수 있다.

## 에니어그램의 전체적 조망

에니어그램은 억압된 그림자와 함께 사고, 감정, 행동의 의식적인 패턴을 설명할 수 있는 시스템이다. 그렇기에 의식적으로 당신의 맹점을 알아차리고 인정하며 받아들이는 작업에서 가장 곤란한 부분을 도와주는 훌륭한 도구이다.

나는 1994년 캘리포니아에 있는 스탠퍼드 대학교에서 열린 에니어그램 첫 번째 대회에 참석했다. 이 대회는 후에 국제에니어그램협회의 기반이 되었다. 세계 도처로부터 온 에니어그램 지지자들이 모인 이 자리에서, 프란체스코회의 신부이자 작가인 리처드 로어Richard Rohr는 놀랄 만한 이야기를 했다. 그는 에니어그램의 신비로운 상징을 '운명의 수레바퀴'에 비유했는데, 이는 필연적으로 흥망성쇠를 겪는 인생을 간단하게 보여주는 좋은 개념이다. 그의 연구에 따르면, 서구문화는 '상승'을 지향하고 있기에, 인생의 수레바퀴의 '하강'을 어려워한다고 했다. 에니어그램은 객관적으로 우리의 어두운 측면을 보여주고 다루면서 '하강'을 받아들일 수 있도록 도와주는 훌륭한 도구다.

로어 신부는 다음과 같은 심오한 진실을 설득력 있게 말했다. 인간이란 나쁜 부분을 피하고 싶어 하고 스스로에 대해 좋게 느끼기를 원하는 존재이다. 그러나 자신이 어떤 사람인지 이야기할 때, 자신의 그림자와 힘든 경험을 인식하고 긍정적으로 받아들이지 않는 한, 개인의 잠재력은 잠재력으로만 머물 뿐 성장은 멈추게 된다. 에니어그램은 습관적으로 프로그램화된 나쁜 부분과 좋은 부분을 볼 수 있도록 진실을 드러낸다. 또한 단절되고 고착된 우리 성격의 일부분을 스스로 연민을 갖고 작업하여, 진실한 자신 그대로를 끌어안을 수 있도록 도와준다.

# 에니어그램 성격 지도

에니어그램은 27가지의 체계를 지닌 방식으로 '거짓 자아'의 습관과 특징을 묘사하며, 성격의 특정한 패턴과 그림자들을 우리가 파악할 수 있도록 도와준다. 또한 에니어그램은 두드러진 '지능 중심' 즉, 몸/신체적 지능, 가슴/감정적 지능, 머리/지적 지능에 따라 성격을 파악한다. 이 세 가지 중심은 각각 3개의 성격유형들로 나뉘어 전체 9개의 기본 성격 유형을 형성한다.

지능 중심에 따라 그룹화된 성격유형과 그 유형들 간에 선을 연결하여 고대의 신비한 상징 기호인 에니어그램 도형이 만들어진다. 9개의 기본 성격 유형은 또 세 가지 본능과 결합해 27가지 '하위 유형' 성격으로 구별된다. 이 하위 유형은 인간이 보편적으로 갖고 있는 세 가지 주요 본능적 충동(자기보존, 사회적 상호작용, 일대일 유대)과 9개의 기본 성격 유형이 맞물려서 빚어낸 독특한 결과라 할 수 있다.

## 세 가지 중심

에니어그램의 전통적 지혜에 따르면, 인간은 '세 가지의 뇌를 가진 존재'이며, 이 세 가지의 뇌를 '지능의 중심'으로 사용한다. 이 중심들은 각각 진행, 표현, 지각을 의미하고, 각각 움직이거나 감지하는 것, 느끼는 것, 그리고 생각하는 것을 말한다. 각 중심의 기능은 긍정적으로 사용할 때와 잘못 사용했을 때의 결과가 다르다. 중심을 사용하는 방식은 우리가 주위의 세상을 해석하고 상호작용할 수 있도록 도와주기도 하고, 우리를 경로에서 벗어나게 만들기도 한다.

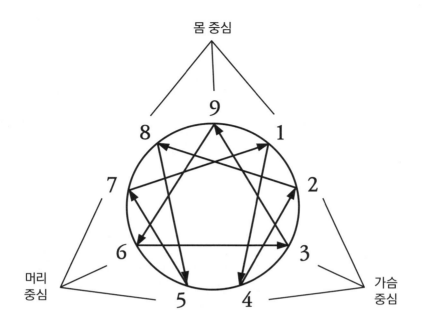

몸 중심(8, 9, 1유형)은 모든 신체적인 움직임의 중심과 본능적 기능에 부합하는 본능 중심을 포함한다. 생각이 당신을 움직일 때, 본능 중심이 활성화된다. 몸 중심은 장gut 중심이라고도 하는데, 여기서 나오는 충동은 올바른 행동으로 우리를 확실하게 이끌지만, 잘못되면 충동적인 행동 또는 관성에 젖은 행동으로 이끌 수도 있다.

가슴 중심 또는 감정 중심(2, 3, 4유형)은 감정을 느끼는 기능을 하며, 감정의 체험과 표현을 규제한다. 이것은 당신이 감정을 느끼고 공감을 통해서 다른 사람들과 연결되도록 해 준다. 그러나 과도하게 사용하거나 잘못 사용하면 과민함이나 무감각, 또는 감정적 조작으로 이끌 수 있다.

머리 중심 또는 지능 중심(5, 6, 7유형)은 생각하는 기능을 하며, 사고thoughts와 신념 등의 인지적 활동 경험과 표현을 규제한다. 이것은 감정을 배제한 분석과 추론에 필수적이지만, 분석하는 상황에 사로잡힌다면 당신을 마비시킬 수도 있다.

# 9가지 성격 원형들

에니어그램 이정표의 신뢰성은 각 성격의 묘사와 자동적인 패턴의 정확한 설명을 통해 나타난다. 각 유형은 습관적인 '주의초점' 즉, 가장 우세한 사고, 감정, 행동의 패턴을 갖고 있으며, 더불어 '격정'과 '주요 특징'을 보여준다.

---

## 격정

에니어그램의 각 성격유형은 감정상의 핵심 동기가 되는 아홉 가지 '격정'을 가지고 있다. 이 격정은 감정적인 또는 무의식적인 충동으로서, 살아남기 위해 무엇이 필요하며 어떻게 그것을 얻어낼 수 있는가에 대한 드러나지 않는 관점에 근거하고 있다. 격정은 결핍감에 의해 생겨나고, 그 때문에 기본적인 욕구를 채우려 애쓰지만 결코 채워지지 않는다. 이런 식으로 격정은 딜레마나 함정을 만들어내고 그 딜레마를 둘러싸고 성격이 형성된다.

격정의 역할을 이해하는 것은 에니어그램을 이해할 때 매우 중요한 부분이다. 왜냐하면 격정은 무언가에 대한 갈망을 채우기 위해 행동하게 하지만, 한편으로는 갈망을 충족시키는 것을 얻게 되면 진정한 성취를 방해하기 때문이다. 그래서 결국 성격에 대한 제한된 시야를 넘어서야만 우리가 진정으로 필요로 하는 것을 얻을 수 있다. 결과적으로 우리의 동기에 대해 의식할 수 있을 때에야 비로소 아무런 성과도 없는 이 순환에서 벗어날 수 있다.[2]

---

## 1. 몸 중심 하위유형

### 8유형

**주의초점** 8유형은 힘과 통제를 가지고 있는지의 여부 및 어떻게 힘과 통제를 행사하는지에 신경을 쓴다. 그들은 큰 그림은 잘 보지만 세부적인 것을 다루는 것을 싫어한다. 그들은 세상을 '강자'와 '약자'로 나누어서 보고, 약한 느낌을 회피하도록 '강자'와 자신을 동일시한다.

**사고와 감정의 패턴** 8유형은 감정적으로 화를 쉽게 내고 무의식적으로 취약한 감정을 회피한다. 그들은 두려움이 없는 것처럼 행동하고, 별다른 의미 없이 다른 사람들을 위협할 수 있다. 또한 통제하기를 좋아하고 세상을 흑백으로 바라보며 무엇이 최고이거나 진실인지를 안다고 생각하며 명령받는 것을 싫어한다.

**행동 패턴** 8유형은 많은 에너지를 가지고 있으며, 대단한 일을 진행할 수 있고, 필요할 때면 다른 사람들과 맞설 수 있으며, 자신이 돌보는 사람을 보호할 것이다. 그들은 일 중독자가 될 수 있고, 자신의 신체적 한계를 인정하지 않으며, 자신의 행동을 늦추게 하는 취약한 감정을 거부하며 때로는 병이 생길 때까지 과도하게 일을 할 수 있다.

**격정: 정욕**lust 정욕은 모든 자극에 대한 과도함과 강렬함으로 신체적인 만족을 통해 내면의 공허감을 채우려는 충동이다. 에니어그램 용어에서의 정욕은 과도하거나 지나친 정열을 의미하며, 성적 만족은 여러 만족의 원천 중 하나에 불과하다.[3]

## 9유형

**주의초점** 9유형의 초점은 주변과 다른 사람들에게 무슨 일이 일어나는지를 살피며, 갈등을 회피하고 조화롭게 하는 데 있다. 이들은 상대의 입장에서 상황을 받아들이기 때문에 자신의 주장을 하지 않는다.

**사고와 감정의 패턴** 9유형은 감정적으로 갈등을 만들지 않고 문제를 일으키지 않으며 다른 사람들과 잘 지내는 것에 신경을 쓴다. 그들은 감정적으로 안정되어 있고 감정의 고조를 잘 느끼지 않는다. 비록 이들은 분노가 기본 감정이지만, 자신의 분노를 잘 느끼지 못한다. 그들은 갈등이나 다른 사람에게서 멀어지는 것을 회피하면서 분노를 무의식적으로 멀리한다. 그래서 9유형의 분노는 고집을 부리거나 수동적 공격 행동, 또는 때때로 크게 폭발하는 것과 같이 억압된 형태로 새어 나온다.

**행동 패턴** 9유형은 흐름을 따라가는 것을 좋아하고 갈등의 씨앗인 자기표현을 무의식적으로 회피하고 다른 사람들의 의견에 순응하지만, 그 이후에 억눌렸던 욕망이 표면으로 나오면 수동적으로 저항한다. 그들은 통제는 싫어하지만 위계의 구조와 명확한 명령 계통은 좋아한다. 또한 그들은 훌륭한 중재자로 이슈의 모든 측면을 고려하는 능력을 가지고 있으며 갈등 관점에서 공통의 토대를 쉽게 찾을 수 있다.

**격정: 나태**laziness 나태는 특히 내면의 감정, 감각, 욕구를 알아차리는 일과 관련해서 활력을 쏟지 않고 대면을 거부하며 변화에 저항하고 노력하기를 싫어하는 면을 말한다. 여기서 나태는 행동하기를 싫어한다기보다는 내면에서 무슨 일이 일어나고 있는지를 돌아보아야 할 때에 자기 자신에게 무관심하고 타성에 젖어 있다는 의미다.

## 1유형

**주의초점** 프로이트 모델의 초자아Superego처럼, 1유형의 초점은 실수를(내면에서 만들어진 이상에서의 이탈 형태) 알아차리고 옳고 그름을 구별하며 규칙들과 구조에 의지하는 것에 맞춰져 있다.

**사고와 감정의 패턴** 1유형은 감정적으로 억제된 분노나 짜증, 그리고 분개를 자주 느낀다. 분노를 표현하는 것이 나쁘다는 신념과 충돌하기에 분노나 본능적인 충동은 누르는 편이며 분개, 짜증, 비판, 독선의 형태로 표현된다. 그들은 일을 하는 데 '올바른 방식'이 있고 모두가 완벽하게 되도록 노력해야 한다고 믿는다.

**행동 패턴** 1유형이 형식과 반복적인 행동에 의존하는 것을 보면, 그들의 행동이 경직되고 구조화되어 있는 것을 알 수 있다. 그들은 의지할 만하며 규칙들을 따르고 윤리적이며 열심히 일한다.

**격정: 분노anger** 감정적 격정으로 1유형의 분노는 완벽과 미덕을 추구하는 과정에서 해결책을 찾는 분개로서, 억압된 형태로 나타난다. 그들은 불완전한 방식으로 되어 있는 것들에 대해 적대감을 보이고, 일이 '어떻게 되어야 한다'는 자신의 이상에 따르도록 강요하는 경향이 있다.

## 2. 가슴 중심 하위유형

### 2유형

**주의초점** 2유형의 초점은 관계, 인정을 받는 것, 자신이 부인한 욕구를 충족시키기 위해 전략적으로 사람들에게 도움을 주고 되받는 것에 있다. 또한 이들은 주변에 있는 사람을 적극적으로 '읽어 내고', 상대의 선호와 기분에 맞추어 긍정적으로 연결되기 위해 잠재력을 극대화한다.

**사고와 감정의 패턴** 2유형은 감정적으로 거절을 두려워하고 다른 사람들에게 맞추려는 노력 때문에 자신의 감정을 자주 억압한다. 감정을 억압하지 않을 때는 분노, 슬픔, 불안, 상처의 형태로 나타날 수 있다. 이런 모순된 충동 때문에 2유형은 감정적인 갈등을 느낀다. 또한 이들은 다른 사람들이 좋아할 만한 방식으로 행복한 감정들을 표현한다.

**행동 패턴** 2유형은 긍정적이고 에너지가 많으며 친근하지만 때로는 이것이 우울함과 억압된 욕구를 감춘다. 그들은 특별히 다른 사람들을 돕거나 열정적으로 해야 하는 프로젝트에서 최선을 다해 열심히 일할 수 있지만, 쾌락을 추구하고 제멋대로 굴 수도 있다. 그들은 순교자의 역할을 할 수도 있고 다른 사람들을 얻기 위해서 그들의 욕구와 필요를 희생할 수 있지만 그것으로 인해 힘들어한다.

**격정: 교만**pride 에니어그램 용어로 교만은 자신을 부풀리기 위한 욕구이며, 유혹과 자기 격상을 통한 거짓 관대함으로 나타난다. 교만은 또한 자기 이상화와 과장이라는 패턴을 조장하고, 자신의 위치를 자각하면 평가절하와 자기비판으로 이어진다.

# 3유형

**주의초점** 3유형은 보편적인 성공의 이미지를 가지기 위해 목표와 일에 초점을 맞춘다. 그들은 자신과 일을 동일시하고, 하고 있는 일이 자신이라고 믿으며 진정으로 자신과의 연결을 잃어버린다.

**사고와 감정의 패턴** 3유형의 사고는 목표와 과업을 성취하기 위한 행함doing에 중심을 둔다. 가슴 중심이지만 이들은 무의식적으로 자신의 감정을 회피한다. 감정을 따라가는 것이 일을 하는 데 방해되기 때문이다. 만약 감정이 표면화될 정도로 삶의 속도를 늦추면, 자신의 존재가 아니라 다른 사람의 평가에만 매달려 왔다는 슬픔이나 불안감을 느낄 수 있다. 그들은 사람이나 물건, 일에 상관없이 자신의 목표를 방해하면 크게 분노를 표현한다.

**행동 패턴** 3유형은 일 중독자가 되는 경향이 있다. 그들은 단지 '존재'한 상태로 일을 천천히 하는 것을 어렵다고 느낀다. 이들은 목표를 달성하고 일을 완료하는 것에 집중하며 매우 생산적이고 효율적이다.

**격정: 허영**vanity 허영은 다른 사람들의 시각에 따라 살아가는 것[4] 또는 자신의 이미지에 대한 열정적인 관심이다. 허영은 3유형이 다른 사람들에게 거짓 이미지를 나타내는 동기가 된다. 어떤 이미지이든 간에 그 상황에 가장 성공적이고 적절한 이미지로 바꿀수 있다.

## 4유형

**주의초점** 4유형은 자기 자신과 다른 사람들의 감정, 그리고 대인관계의 연결과 단절에 주의를 둔다. 이들은 내면의 결핍감을 느끼기 때문에 외부에서 자신이 생각하는 이상적인 경험을 추구한다.

**사고와 감정의 패턴** 4유형은 감정을 폭넓고 진실하게 표현하는 것을 가치 있게 여긴다. 이들의 사고 패턴은 주어진 상황에서 잃어버린 것, 이상적인 것, 지금은 사용할 수 없는 무언가를 그리워하는 것이 중심이 된다. 그들은 진정한 감정에 뿌리를 둔 의미 있는 상호관계를 원하고, 감정적 경험을 예술적인 표현으로 해석하는 예리한 심미적 감성을 가지고 있지만, 우울감과 분노에 젖어 있고 이런 감정에 깊이 매몰되는 경향이 있다.

**행동 패턴** 4유형은 위축되고 내성적이거나, 에너지가 많고 적극적이거나, 아니면 양쪽 다일 수 있다. 그들은 감정적으로 직관적이고, 쉽게 공감하며, 강렬하다. 행동 패턴은 하위유형에 따라서 다양하지만 이들은 보통 갈등을 두려워하지 않고 무언가에 열정적일 때 지치지 않고 일하며 무엇인가 결핍된 것을 느끼고 그것에 대해서 표현한다.

**격정: 시기**envy 시기는 결핍되었다고 느끼는 것을 갈망할 때 생기는 것으로, 4유형에게는 유독 고통스럽게 다가온다. 그들의 시기는 내면 결핍으로 잃어버렸고 정말 필요하다고 여기는 것을 자신이 얻을 수 없다는 생각에서 나오며, 일반적으로 어린 시절의 상실감에서 온다.

## 3. 머리 중심 하위유형

## 5유형

**주의초점** 5유형은 지식이 힘이라고 믿기에 모든 상황을 감정적으로 접근하지 않고 주변에서 무슨 일이 일어나는지 관찰하기를 좋아한다. 그들은 다른 사람과 복잡하게 얽히는 것을 피함으로써 그들이 부족하다고 생각하는 시간과 에너지를 조절하고, 흥미로운 주제에 관한 정보를 축적하는 데 관심을 둔다.

**사고와 감정의 패턴** 5유형은 자신의 머릿속에 살고, 습관적으로 감정에서 분리되어 있으며, 다른 사람의 감정적 요구에 민감하다. 그들은 보통 감정의 폭이 좁고 자신의 감정을 잘 내비치지 않는다.

**행동 패턴** 5유형은 말을 잘 하지 않고, 내성적이며, 혼자 있는 시간이 많이 필요하고, 자신을 고갈시킬 수 있는 사람과 상호작용하기를 회피한다. 그들은 매우 분석적이고 객관적이며 지적인 흥미를 추구하는 데 많은 시간을 보낸다.

**격정: 탐욕**avarice 탐욕은 고갈의 두려움에서 벗어날 수 있는 시간, 공간 및 자원을 비축하여 보유하는 것이다. 그것은 더 많이 획득하려는 충동보다는 이미 가지고 있는 것을 지키려는 보유retentiveness의 충동이다.[5]

# 6유형

**주의초점** 6유형은 무엇인가 잘못될 수 있다는 생각과 그에 대한 대처를 준비하는 것에 주의를 둔다. 어린 시절 경험했던 위험을 아직도 두려워하고, 그에 대한 대처와 위협을 탐지하며 그에 맞는 전략을 세운다.

**사고와 감정의 패턴** 6유형의 하위유형은 매우 달라 큰 줄기로 말하기 어렵다. 왜냐하면 이들은 각각 두려움에 대항하는 세 가지 방식인 투쟁fight, 도피flight, 얼어붙음freeze으로 나타나기 때문이다. 분석적, 전략적 사고를 하는 그들은 안전을 느끼기 위해 불확실성을 관리하려 한다. 그들은 심할 경우에는 과잉 분석으로 마비가 올 때까지 철저하게 사물에 대해 생각한다. 이들은 머리 중심 중 가장 감정적이지만 두려움을 제외하고는 감정을 잘 느끼지 못한다.

**행동 패턴** 6유형은 다양한 방식으로 살펴보고, 경계하며, 권위에 대해 공통적인 방향성을 공유한다. 그들은 훌륭한 권위자에 대한 강한 갈망이 있지만 실제 삶과 관련된 권위는 의심하고 반항할 수 있다. 하지만 자신이 신뢰하는 사람에게는 충성스럽고 배려심이 있다. 그들은 열심히 일하지만 통제와 성취에 열중할 수 있으며, 일을 잘 끝내기 위해 괴로워할 수 있고, 성공의 두려움과 우유부단함에 갇힐 수 있다. 무엇이 잘못될 수 있는가를 끊임없이 생각하는 이들은 탁월한 문제 해결사의 자질이 있다.

**격정: 두려움fear** 두려움은 알 수 없는 위험에 대한 불쾌한 감정이고 생리적인 반응이다. 이 두려움은 보통 불안과 밀접하고, 하위유형에 따라 덜 인식하거나 더 인식될 수 있다. 불안은 위험의 원천을 알 수 없거나 인식할 수 없고, 자신의 마음에서 생길 수 있는 예상된 위험과 관련된 걱정, 긴장, 우려를 포함한다.

# 7유형

**주의초점** 7유형은 초점 자체를 긍정적인 감정에만 두거나, 부정적인 것을 긍정적으로 재구성하여 밝은 기분을 유지함으로써 불쾌한 감정들을 회피한다. 불편함에 대한 두려움은 이들이 빠른 사고를 하고 창의적으로 문제를 해결하며 미래의 긍정적인 가능성에 초점을 두게 한다.

**사고와 감정의 패턴** 7유형은 서로 다른 주제 사이에서 공통점을 찾아 연결하고 빠르게 떠올려 신속하게 상호연결시키는 사고를 한다. 7유형은 감정적으로 기쁜 감정이나 행복한 느낌을 좋아하고 두려움, 불안, 슬픔, 지루함, 고통과 같은 불편한 감정들에 대해 직면하기를 싫어한다. 그들의 태도는 '행복을 느끼기에도 모자란데 왜 고통을 느끼는가?'이다.

**행동 패턴** 7유형은 에너지가 많고, 속도가 빠르며, 획기적이고, 적극적이다. 그들은 수많은 흥미와 활동을 열정적으로 추진한다. 그들은 재미있는 계획과 많은 선택지를 경험하는 것을 좋아하기에 자주 들떠있고, 만약 계획이 바람직하지 않거나 옹호할 수 없으면 가장 즐거운 선택으로 바꾼다.

**격정: 탐닉**gluttony 우리는 흔히 탐닉을 너무 많이 먹는 행동이나 음식과 연결된 것으로 생각한다. 그러나 에니어그램 용어에서 탐닉은 하나 '더 경험하고자 하는 갈망'으로, 무엇이든지 쾌락을 가져다주는 것에 과도하게 빠지는 격정이다.

# 27가지 하위유형[6]

아홉 가지 성격유형은 각각 하위유형을 가지고 있는데, 이는 각 유형의 격정과 세 가지 본능 즉 자기보존, 사회적 상호작용, 일대일 유대 중 한 가지와 어떻게 결합되는가에 따라서 세 가지 버전으로 나누어진다.

격정과 가장 우세한 본능이 결합할 때, 좀 더 명확한 주의초점을 형성하면서 결합한 본능적 욕구를 반영하는 행동을 하게 된다. 따라서 이 하위유형은 인간의 성격을 묘사하는 아홉 가지 유형의 패턴에 세 가지 하위 집합이다.

## 세 가지 본능

**1. 자기보존** 자기보존 본능은 생존과 물질적 안정을 중심에 두고 행동한다. 이 본능이 강한 사람은 에너지가 안전과 안정에 관련된 쪽으로 향하고, 자원을 충분히 축적하며, 위험을 회피하고, 행복과 의식주에 대한 감각을 유지한다. 또한 특정 유형의 사람들은 이런 기본적인 관심이 충족되면, 다른 영역의 안전을 찾는다.

**2. 사회적 상호작용** 사회적 본능은 사회 집단 안에서 소속, 인정, 관계를 중심에 두고 행동한다. 이 본능은 자신이 속한 가족, 공동체, 집단이라는 무리와 함께 잘 지내게 한다. 이 본능은 특정 유형의 사람이 집단 내의 다른 구성원들이 집단에서 얼마나 힘을 가졌는지, 위치가 어디인지에 주의를 기울이게 만든다.

**3. 일대일 유대** 일대일 본능은 특별한 대상과의 관계의 질과 상태에 중심을 두고 행동을 한다. 때로는 성적 본능이라고 불리는 이 본능은 일반적으로 성적인 연결의 형성과 유지, 개인으로서의 매력, 유대를 향한 에너지를 지향한다. 이 본능을 가진 특정 유형의 사람은 사람과 연결된 일대일 유대를 통해 행복감을 찾는다.

사람마다 세 가지 본능이 모두 작동되지만 일반적으로 하나의 본능이 우세하다. 우세한 본능의 생물학적 충동이 격정과 결합할 때, 성격이 더욱 구체적으로 나타나고, 그를 통해 핵심 성격유형의 더 미세한 차이를 알게 된다.

---

### 역유형 Countertypes

아홉 유형 모두 격정의 에너지와 같은 방향으로 흘러가는 하위유형 두 가지가 있고, 격정의 주된 에너지 방향과 거꾸로 가는 유형이 하나 있다. 이 '격정의 반대' 유형을 세 가지 하위유형 중 역유형이라고 부른다. 예를 들어 '공포 대항' 일대일 6유형은 역유형 중 가장 쉽게 알 수 있는데, 이들은 두려워하지 않는다. 6유형의 격정은 '두려움'이지만 일대일 하위유형은 두려움에 대처하는 방식으로써 위협적이고 강함으로 두려움에 대항한다.[7]

---

## 하위유형의 간단한 소개

아래에 소개되는 하위유형 성격에 대한 간단한 소개는 에니어그램 구조에 대한 것이다. 하위유형에는 중요한 측면이 두 가지가 있다. 하나는 중심으로부터 각 성격을 정의하는 본능과 격정으로의 움직임이다. 다른 하나는 각 유형의 세 가지 하위유형 중 역유형이다. 우리는 이 각각의 성격들을 앞으로 나올 장에서 더 깊이 탐구할 것이다.

# 몸 중심 하위유형

## 8유형

### 자기보존8유형 만족 satisfaction

자기보존 8유형은 생존에 필요한 것을 얻는 데 초점을 두고, 그것을 통해 욕망을 표현한다. 그들의 최우선은 물질적 필요가 적시에 만족되길 바라는 욕구이고, 좌절을 견디지 못한다. 이들은 어려운 상황에서 생존하는 법을 알고 있으며, 자신이 필요한 것을 얻을 때 전능함을 느낀다. 그들은 8유형 중 가장 표현이 적고 자신의 몫을 잘 챙긴다.

### 사회적8유형 연대 solidarity 역유형

사회적 8유형은 다른 사람들을 위해 공격성과 욕망을 표현한다. 반사회적 성향이 강한 역유형인 8유형은 다른 하위유형보다는 더 충성스럽고 덜 공격적으로 보인다. 연대라는 명칭은 사람들이 보호를 필요로 할 때 도움을 제공하는 경향을 말한다.

### 일대일8유형 소유 possession

일대일 8유형은 사람들의 주의를 사로잡기 위한 욕구와 반항을 통해 욕망을 표현한다. 이들은 영향을 끼치고 통제하기를 원하는 강력하고 카리스마가 있는 캐릭터다. 물질적 안전을 추구하는 대신에 이들은 사람들과 물건을 지배하려고 한다. 소유라는 명칭은 전체 환경을 지배함으로써 힘을 느끼고자 전체 현장을 적극적으로 장악하는 것을 의미한다.

# 9유형

### 자기보존 9유형 식욕 appetite

지속적으로 자신의 감정, 욕구, 힘에 연결시키는 대신에 자기보존 9유형은 먹기, 잠자기, 읽기, 퍼즐 맞추기와 같은 일상적인 행동과 신체적 편안함에 융합하는 데 초점을 둔다. 이들은 추상적이기보다는 일상에 관심이 있는 실제적이고 구체적인 사람들이다.

### 사회적 9유형 참여 participation 역유형

사회적 9유형은 집단에 융합된다. 그들은 인생에서 다양한 집단의 한 부분이 되기 위해 열심히 일함으로써 자신의 내면과 연결해야 할 때 나태를 보인다. 재미를 추구하고 사교적이며 마음이 통해야 하는 이들은 일 중독자가 될 수 있고, 자신의 필요보다 그룹의 필요를 우선시한다. 이 높은 수준의 활동성이 이들을 역유형으로 만든다.

### 일대일 9유형 융합 fusion

일대일 9유형은 그들의 삶에서 중요한 사람과 융합함으로써 나태의 격정을 표현한다. 이들은 독립적으로 존재하기에는 너무 힘들다고 느끼기 때문에 다른 사람들의 감정, 의견, 태도를 무의식적으로 취한다. 이들은 친절하고 상냥하며 수줍어하는 경향이 있고 공격적이지 않다.

# 1유형

### 자기보존 1유형 걱정 worry

자기보존 1유형은 자신과 자신의 일을 더 완벽하게 하기 위해 열심히 일하는 것으로 분노가 걱정으로 표현된다. 이들에게 분노는 가장 억압하는 감정이다. 반동형성의 방어기제가 분노의 열기를 따뜻함으로 변형시켜서 친근하고 상냥한 성격으로 나타난다.

### 사회적 1유형 비적응성 non-adaptability

사회적 1유형은 무의식적으로 자신들이 완벽하다고 생각한다. 그들은 '올바른 방식'의 완벽한 모델이 되는 것에 초점을 두고 분노를 표현한다. 그들은 우월해야 한다는 무의식적인 욕구를 반영해 교사와 같은 사고방식을 가지고 있다. 이들의 핵심 주제는 통제이다. 분노의 열기를 차갑게 만들고, 분노의 절반 정도를 숨겨 놓는 차분하고 지적인 성격유형이다.

### 일대일 1유형 열의 zeal 역유형

일대일 1유형은 다른 사람들을 완벽하게 하는 데 초점을 두기 때문에 완벽주의자라기보다는 개혁가이다. 1유형 중 유일하게 드러내놓고 분노한다. 그들이 원하는 것을 얻고 타인을 개선하려는 강렬한 욕망을 통해서 분노가 표현된다. 그들은 개혁가 또는 열성분자의 사고방식으로, 자신에게는 그럴 자격이 있다고 느낀다. 이들은 올바른 방식의 이면에 있는 이유와 진리에 대한 고차원적인 이해를 가지고 있기에, 자신이 원하는 것을 얻을 수 있으며 사회를 변화시킬 권리를 가지고 있다고 믿는다. 역유형으로 그들은 겉으로 화를 내고 더 충동적이다. 충동과 분노를 억압하는 1유형의 반본능적인 역유형에 해당한다.

# 가슴 중심 하위유형

## 2유형

### 자기보존 2유형 특권 privilege 역유형

자기보존 2유형은 다른 사람들이 자신을 돌보아야 한다는 무의식적인 방식으로 어른 앞에 있는 아이처럼 현혹한다. 모든 사람들은 어린이를 좋아하기 때문에 이들은 특별한 대우를 받는 방식으로 어린아이의 시기가 지나서도 미성숙한 태도를 유지한다. 역유형으로서 타인과 연결되는 것에 관해서 더 두려워하고 양가감정이 있기 때문에 이들 안에 있는 교만을 보는 것이 쉽지 않다. '특권'이라는 명칭은 그들이 다른 사람들에게 도움 등을 주는 것이 아니라 존재 자체로 사랑받고 우선시 되고 싶은 욕구를 반영한다. 미성숙한 입장과 관련되어, 이들은 장난기 있고 무책임하며 매력적이다.

### 사회적 2유형 야망 ambition

사회적 2유형은 청중을 장악하는 데서 오는 만족감으로 교만을 드러내며 강력하고 지도자형으로 그룹과 상황을 현혹하는 사람들이다. 더 어른스러운 이들은 교만이 가장 명확하게 나타나며, 존경을 받기 위해 영향력 있고 유능한 사람이 되는 이미지를 계발한다. '야망'이라는 명칭은 사람들 사이에서 맨 위에 존재하고자 하는 욕구를 반영하고, 아주 높은 위치에 오름으로써 이익과 혜택을 취한다. 이들은 가장 '받기 위해서 주는' 사람들이며 관대함을 보일 때는 언제나 그 이면에 전략적 시각을 가지고 있다.

### 일대일 2유형 공격 aggressive / 유혹 seductive

일대일 2유형은 자신의 교만을 만족시키고 욕구를 채우는 방식으로 특정한 개인을 유혹한다. 팜므파탈의 원형과 비슷한데, 자신의 욕구를 채우고 원하는 것은 무엇이든지 줄 수 있는 방식으로 파트너를 매력적으로 유혹하는 고전적인 방법을 취한다. '공격/유혹'이라는 명칭은 매력적인 사람이지만 또한 어느 정도의 힘을 행사하기를 원하는 캐릭터를 암시한다. 삶에서 자신의 욕구를 충족시키는 방식으로 긍정감과 엄청난 열정을 고무하는 저항할 수 없는 사람이다.

## 3유형

### 자기보존 3유형 안전 security **역유형**

자기보존 3유형은 자신이 허영을 가지고 있지 않다고 여기지만 실제로는 허영이 있다. 또한 다른 사람들에 의해 존경받기를 원하지만 드러내놓고 인정을 구하는 것은 회피한다. 그들은 단지 좋게 보이는 것에 만족하지 않고 좋은 사람이 되려고 분투한다. 사람이 어떻게 살아야 하는지에 대한 완벽한 모델과 일치하도록 좋은 사람이 되려고 결심한다. 완벽한 모델이 되는 것은 미덕을 갖추어야 하는 것이고, 미덕은 허영이 없음을 의미한다. 그들은 열심히 일하고 효과적이며 생산적이고 좋은 사람이 되는 것을 안전감으로 생각하고 추구한다.

### 사회적 3유형 명성 prestige

사회적 3유형은 사람들에게 좋게 보이고 일이 완수되도록 성취하는 것에 초점을 둔다. 그들은 다른 사람에게 주목받고 영향을 행사하고자 하는 욕구를 통해 허영을 보여준다. 그들은 무대에서 스포트라이트 받는 것을 좋아한다. 이들은 효과적으로 사회적 계단을 오르고 성공을 이루는 법을 알고 있다. 이들은 3유형 중에서 가장 경쟁적이고 가장 공격적이며, 좋게 보이려는 욕구와 기업가나 영업사원 같은 사고방식을 가지고 있다.

### 일대일 3유형 카리스마 charisma

일대일 3유형은 다른 사람들을 지원하고 개인적인 매력을 통해 성취하는 것에 초점을 둔다. 이들은 자기보존 3유형처럼 허영을 부인하지 않고 사회적 3유형처럼 나타내지도 않지만, 그 사이 어딘가에 있기 때문에 매력적인 이미지를 만들고 자신에게 중요한 타인을 높여준다. 이들은 자신에 대해서 말하기를 어려워하고 종종 승진시키고 싶은 다른 사람들에게 초점을 맞춘다. 그들은 가족적인 사고방식을 가지고 있고 다른 사람들을 기쁘게 하려는 데 많은 에너지를 쏟는다.

# 4유형

### 자기보존 4유형 불굴 tenacity 역유형

자기보존 4유형은 고통과 오랫동안 함께 한다. 역유형으로 이들은 내면의 아픔에도 불구하고 극기심이 강하고 다른 사람과 아픔을 공유하지 않는다. 또한 고통을 견디는 법과 사랑을 받지 않고도 행하는 법을 배운 사람들이다. 시기심으로 살아가는 대신 자신에게는 부족하고 다른 사람들이 가지고 있는 것을 얻기 위해 열심히 일하는 것으로 시기를 나타낸다. 이들은 자신에게 많은 것을 요구하고 견디려고 하는 강한 욕구와 함께 노력하는 열정을 가지고 있다.

### 사회적 4유형 부적합 inadequacy

사회적 4유형은 다른 4유형들보다 더 예민하고 더 수치를 느끼며 더 고통받는다. 이들에게 시기는 수치심을 불러일으키며 더 강한 고통을 통해 자신의 욕구를 충족시키려 한다. 그런 방식으로 다른 사람을 현혹하는 전략을 사용함으로써 본인이 괴로워하며 우울을 느끼는 데에서 편안함을 경험한다. 시기는 자기 자신의 열등감에 초점을 두며, 희생자 역할을 선택하고 많은 한탄을 표현한다. 그렇기에 타인과 경쟁하지 않는 대신에 자신과 다른 사람을 비교하고 자신의 결핍을 찾는다.

### 일대일 4유형 경쟁 competition

일대일 4유형은 결핍의 고통스러운 감정을 스스로 없애려고 노력하는 무의식적인 방식으로 타인에게 고통을 준다. 또한 고통을 부정하고 수치스러워하기보다는 자신의 고통과 욕구를 더 잘 표현하고 다른 사람에게 요구한다. 최고가 되기를 추구하는 이들은 경쟁으로 시기를 표현하고 다른 사람들로부터 자신에게 필요한 것을 얻지 못하면 분노의 감정이 올라온다. 그리고 내면 결핍의 고통은 무의식적으로 원하는 것에 대한 시기로 나타난다.

# 머리 중심 하위유형

## 5유형

### 자기보존 5유형 은신처 castle

자기보존 5유형의 탐욕은 경계를 고수하려는 것으로 나타난다. 침입으로부터 자신을 보호하고 자신의 경계를 통제할 수 있는 성역에서 은둔하고 싶어 한다. 이들은 벽 뒤에 숨어 있고 그 벽 안에 생존에 필요한 모든 것을 가지고 있다는 사실을 안다. 또한 5유형 중 가장 표현이 적고 자신의 욕구와 필요를 제한하여 다른 사람에게 의존하는 것을 회피한다.

### 사회적 5유형 토템 totem

사회적 5유형은 감정적 유대보다는 가치를 공유하고 지식을 통해서 다른 사람들과 공통적 관심사를 연결시킴으로써 초이상 super ideal의 필요를 통해 탐욕을 표현한다. 이들의 탐욕은 지식과 연결되며, 인간관계의 지속에 대한 필요는 정보에 대한 목마름으로 대체된다. 토템(부족사회나 공동체 내에서의 숭배 대상 혹은 상징)은 고차원적인 아이디어에 대한 열정을 나타낸다. 고차원의 이상, 전문가를 이상화하는 욕구, 이들이 고수하는 궁극의 가치에 연결시킬 수 있는 지식의 추구 등에 대한 열정을 말한다. 그렇기에 의미 없는 삶을 피하고 궁극적인 의미를 추구한다.

### 일대일 5유형 자신감 confidence 역유형

일대일 5유형의 탐욕은 절대적인 사랑의 이상적인 전형을 찾는 것으로 나타나기에 로맨틱하다. 이들의 명칭인 자신감은 이상적인 신뢰를 충족시켜줄 수 있는 파트너를 찾기 위한 필요조건이다. 5유형들 중 가장 감정적으로 민감하고, 더 고통을 받으며, 좀 더 4유형과 유사하고 욕구를 더욱 표현한다. 이들은 여러 가지 면에서 사람과 단절되어 있지만, 예술적인 창작물을 통해 표현될 수 있는 활기찬 내면의 삶을 갖고 있다.

# 6유형

### 자기보존 6유형 따뜻함 warmth

자기보존 6유형은 두려움 때문에 다른 사람들과 함께 결합하고 우정을 추구하며 보호를 원한다. 이들은 보호적인 동맹을 추구하기에 따뜻하고, 친근하며, 신뢰할 수 있도록 노력하기에 '온화'라고도 불린다. 공포에 깊게 물든 이들은 분노 표현이 어렵고 확신이 없으며 스스로 의심을 많이 한다. 이들에게 두려움은 불안정으로 표현되고, 살면서 안전하다는 느낌을 갖기 위해 관계에 집중한다.

### 사회적 6유형 의무 duty

사회적 6유형의 두려움은 관념이나 추상적인 이유와 같은 자신만의 기준의 틀을 통해 불안을 통제하려는 욕구로 나타난다. 규칙이 무엇인지 아는 것과 권위에 복종하는 것은 세상 안에서 안전감을 느끼도록 돕는다. 자기보존 6유형과는 다르게 더욱 확실성을 가지고 있고 불확실에서 오는 불안을 다루기 위해 과도하게 확실함을 요구하며 정확성과 효율성에 초점을 둔다. 이들의 보호적 권위의 형태는 어떤 규범이라도 준수하는 것이다.

### 일대일 6유형 강함 strength / 아름다움 beauty 역유형

일대일 6유형은 더욱 강해지고 겁을 주는 두려움에 대항함으로써 그 두려움을 표현한다. 다른 사람들보다 자기 자신을 더 신뢰하며, 이들이 겁에 질릴 때는 최고의 공격이 최선의 방어라는 내면의 프로그램을 가지고 있다. 그렇기 때문에 적에게 거리를 두고, 무엇을 하든 어떻게 보이든 강력한 태도를 취한다. 그들의 불안은 공격에 대비해서 준비를 하고 기술을 향상시킴으로써 가라앉게 된다.

## 7유형

### 자기보존 7유형 당파의 수호자 keepers of the castle

자기보존 7유형은 유리함을 얻을 기회를 만들어내고 동맹을 형성하는 것을 통해 탐닉을 표현한다. 실용적이고 이기적인 이들은 생존을 지원하는 기회에 기민하고 인적 정보망을 통해 안전을 확보한다. 당파의 수호자라는 명칭은 자신의 욕구를 만족시키고 안전을 확보할 수 있는 동맹을 위한 당파적 네트워크 구축을 말한다. 발랄하고 쾌활하기에 즐거움을 누리고 원하는 것을 얻는 경향이 있다.

### 사회적 7유형 희생 sacrifice 역유형

역유형인 사회적 7유형은 다른 사람들에게 잘 해주려는 노력을 통해 탐닉에 대해 반대로 간다. 이들은 의식적으로 타인을 이용하지 않으려 하며, 다른 사람들의 욕구를 채우기 위해 자신의 욕구를 희생하고, 순수하며 좋은 사람이 되고자 하는 욕구 때문에 자신의 욕망을 희생시킴으로써 좋게 보이려 한다. 그들은 자신을 위해서는 적게 갖는 것이 미덕이라 보고 금욕적 이상을 나타낸다. 또한 세상에서 자신을 가치가 있고 활동적으로 만드는 방식으로 이상주의와 열정을 표현한다.

### 일대일 7유형 피암시성 suggestibility

일대일 7유형은 평범한 현실보다 더 나은 무언가를 상상하는 욕구를 통해 탐닉을 표현한다. 이상적인 세상을 탐닉하며, 상상대로 살고자 하는 열정을 가진 이상적인 몽상가이다. 그들은 사랑에 빠진 사람의 낙관적 시선으로 사물을 보고 장밋빛의 안경을 통해서 세상을 본다. 피암시성은 언제든지 순진하고 최면에 걸리기 쉬운 상태를 말한다. 쾌활하고 열정적인 이들은 즐거운 공상과 신나는 가능성에 초점을 두고 모든 것을 할 수 있다고 믿는다.

# 개인적 성장의 길을 그려보기

자신의 에니어그램 유형을 알고 난 후 대부분의 사람들은 '그럼, 이제는 어떻게 하면 좋을까?'라는 의문을 갖는다. 다음 설명은 에니어그램의 가장 우수한 부분으로 자신의 유형과 하위유형을 알았을 때, 그 정보를 가지고 긍정적인 변화를 만들기 위해 무엇을 할 것인지, 성장을 위한 변형의 예시이다.

먼저 우리가 하는 행동을 관찰하고 기억한 후에, 그런 행동을 하는 이유와 방식에 대해 자문해 본다. 오래된 습관은 적극적으로 작업하여 패턴에서 벗어나야 한다. 또한 최종적으로 우리가 의식적인 선택을 지속적으로 할 수 있는 수준에 이를 때까지 배움을 계속해 나가야 한다.

내면 성장여정의 첫 번째 단계는 당신이 성격과 동일시하는 것에서 벗어나서 자기관찰을 하는 것이다. 자기관찰은 마음의 공간을 만드는 작업이다. 성격 패턴의 작동을 관찰할 때에는, 마음속에 공간을 만들고 생각해야 한다. 이것은 당신이 행동하는 것에서 거리를 두고 느끼며 좀 더 객관적으로 바라볼 수 있게 해준다. 이런 작업은 핵심적인 습관이 패턴으로 나타날 때 그것을 인식할 수 있도록 해준다. 이번 장에서는 스스로를 관찰할 수 있는 각 유형의 패턴을 살펴보았다.

두 번째 단계는 자기탐구self-inquiry와 자기성찰self-reflection을 통해 당신이 무엇을 하는지를 더 깊이 보는 것이다. 자기탐구는 당신이 관찰하는 패턴의 원인과 결과를 이해하는 것이다. 이 책에서는 자기탐구의 과정을 시작하도록 돕기 위해 각 유형의 '핵심적인 이슈'를 파악하고, 그러한 이슈들을 해결하기 위해 '무엇을 해야 할지'에 관한 아이디어를 제공한다.

세 번째 단계는 자기계발이다. 자기계발은 변화를 이루어 내기 위해 적극적으로 작업하는 것을 수반한다. 당신 성격의 핵심 패턴에 대한 관찰과 이해를 통하여 방어적인 습관들을 극복하고 행동을 변화시킬 수 있는 힘을 가지게 된다. 핵심적인 패턴, 패턴의 원천, 패턴의 결과에 대해 의식하는 것을 통해 당신은 더 이상 무의식적이고 자동적인 행동과 그에 대한 반응에 사로잡히지 않게 됨으로써 새로운 선택을 할 수 있게 된다.

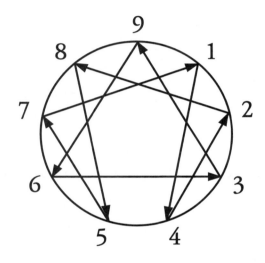

각 장의 마지막 부분에, 변형에 대한 두 가지 '에니어그램의 길'을 각 유형에 근거하여 설명하고자 한다. 그것은

1) 도형 내의 화살표를 따라가는 변화의 내면 흐름의 측면,

2) 계발의 길에서 알 수 있는 '악덕에서 미덕으로'의 과정이다.

즉, 당신의 악덕(무의식적인 격정의 작동)을 이해한 후 당신의 미덕(격정의 해독제)을 지향하는 작업을 시도하는 것이다.

내면 작업의 명확한 지침을 마련하기 위해서 에니어그램 도형을 사용하는 특별한 방법을 제안하고자 한다.[8] 도형에서 화살표는 심리적이고 영적인 측면에서 성장하는 각 유형의 특정한 길로 안내하며, 어린 시절 스스로 억압했던 경험과 중요한 특징들로부터 (이따금 안정감을 느끼기 위해) 벗어나게 해준다. 에니어그램 도형에 의해 표현된 이런 연결점들은 우리가 더 높은 고귀한 면을 구현하고자 두 가지 구체적인 목표를 설정할 수 있음을 알게 해 주고 우리의 내면 여정을 계속할 수 있게 해 준다. 핵심유형에서 움직여 나가는 화살은 우리가 더욱 전인적이 되기 위해 마스터해야 할 주요 도전들을 나타내고 있다. 핵심유형으로 들어오는 화살은 과거의 이슈들을 나타내며, 우리가 어린 시절에 단절시킨 것을 되찾아 화살표가 가리키는 길을 따라 앞으로 나아가는 행로의 기반을 마련하고 지지하기 위해서 통합할 필요가 있음을 의미한다.

핵심유형에서 나가는 화살을 그저 고통 속에서 쫓겨 다니는 '스트레스'나 '방어하는' 유형으로 보지 말고, 그 유형에서 쉽게 마주치는 어려움과 대면하는 것을 통해 성장을 위한 기회로 보도록 한다. 그리하여 '스트레스 성장점' 또는 '스트레스를 통한 성장'이라는 고귀한 면의 품성들을 의식적으로 드러내어 우리의 역량을 확장시킬 수 있는 방법들을 보여주고자 한다. 한편, '안전'이라 불리는 지점은 어린 시절에 묻어두고 떠나야 했던 우리의 일부분(그러나 종종 힘든 시기에 돌아가게 되며, 또는 안전의 원천이기에 돌아가기도 하는)을 나타내는 지점이다. 이는 우리가 좀 더 의식적으로 이러한 측면에 성장을 지지하기 위하여 다시 소유하는 방법을 제안하고자 한다. 이러한 방식으로 '자기계발' 영역에 있어서 이 내부 흐름의 지도를 명확히 하여 어떻게 각 유형이 이런 성장의 지도를 잘 활용할 수 있는지를 제안하고자 한다.

마지막으로 각 유형의 정서적 격정의 '해독제'로 성격의 흔들리는 격정(악덕) 아래에서 살고 있는 우리를 더 높은 미덕의 실현으로 인도해 줄 '악덕에서 미덕으로'의 길을 강조할 것이다. 더불어 참된 자신을 향해 걸어가는 이 악덕에서 미덕으로의 여정에 관하여 각 하위유형을 위한 보다 구체적인 과업을 제안하고자 한다.

# 결론

내가 바라는 것은 당신이 타고난 성격을 이해하고 그것을 확장하는 데 필요한 절차들을 배워서 에고에서 벗어난 자유의 길을 마음으로 그리며 실제로 행하는 것이다. 우리가 성격을 우리 존재의 전부로 보는 것이 아니라, 생존을 위해 필요한 기제로 볼 수 있다면, 우리는 이 '성격'을 넘어서서 우리의 더 높은 역량을 구현할 수 있을 것이다. 만일 우리가 알면서 하고 있는 행동들, 알기를 회피하고 있는 행동들, 그리고 결국은 우리를 제한하는 적응 전략들에 대하여 스스로에게 정직할 수 있다면, '인간 존재로서의 우리에게 맡겨진 과업'[9]에 참여하기 시작할 수 있을 것이다. 만일 우리가 성격 때문에 드리워진 그림자를 인식하고, 방어의 고통을 오히려 의식적으로 감당하면서 우리의 모든 존재를 받아들일 수 있다면, 우리는 우리가 가지고 있는 무한한 가능성을 펼쳐가게 될 것이다.

다음 장에서는 에니어그램의 뒤에 숨어있는 전통적 지혜의 이야기와 어떻게 그것이 개인의 발전을 위한 이 심오한 지도를 전해주는지를 살펴볼 것이다.

# 제 2 장
## 고대 가르침의 보편적 상징인 에니어그램: 인간 존재의 목적에 대한 영원한 지혜의 관점

대대로 전해지는 지혜는 특정 종교에 국한되지 않으며
모든 성스러운 길의 원천이다.
예로부터 지혜를 연구하는 학파들이 있었으며,
저마다의 고찰을 통해 지혜를 더 깊이 이해하고 전수해왔다.
이런 각 학파를 통해 전해오는 지혜가 땅속에 흐르는 물줄기가 되어
사람들을 안내하고 양육하며, 때로는 삶의 궤도를 수정하게 하면서
인간 역사 속에 흘러가고 있다.

— 신시아 부조Cynthia Bourgeault, 앎에 대한 지혜의 길The Wisdom Way of Knowing

오늘날 인류의 상태를 논하는 많은 이들은 사람들이 삶의 진정한 의미를 찾지 못해 고통을 받고 있다고 말한다. 우리는 더 많은 돈, 더 높은 지위, 더 깊은 내면의 평화를 얻으려고 노력하지만, 우리를 행복하게 해줄 수 있다고 여겼던 것들이 종종 아무것도 아님을 보게 된다. 모든 풍요로움은, 나와 다른 사람을 알고 사랑하며 인간 사회와 우주에서 우리의 역할을 이해하도록 돕는 진리를 깊이 경험하는 것을 오히려 어렵게 만든다.

에니어그램 이면에 있는 지혜의 가르침은 인간의 목적과 가능성에 대한 보편적인 이해를 기반으로 강력한 비전과 매우 효과적인 성장의 길을 제시한다. 이와 비슷한 내

용은 수많은 고대 철학적 가르침과 전 세계의 영적 전통의 뿌리가 되는 가르침에서 널리 사용되고 있다. 뿐만 아니라 이 지식은 종교 연구학자인 휴스턴 스미스Huston Smith가 인류의 일치성human unanimity에 대한 '잊혀진 진실'이라고 묘사했던 인간의 변화에 대한 관점 및 변화과정에도 적용된다. 이 지식은 '너 자신을 알라'는 경고에서 시작되었으며, 자신을 알아가는 작업의 이정표가 된다.

스미스의 주장은 이 영원한 지혜가 우리가 누구인지 확신을 갖게 해주고, 살아가는 데 필요한 '패턴' 또는 '현실 모델'을 제공한다는 것이다. 에니어그램은 세계 여러 종교와 그 종교들이 전승하는 지혜 전통의 기저를 이루는 공통적 메시지를 쉽게 풀어서 보여준다. 저자가 강조하고 있는 것과 동일한 전통을 이해하면서 '우리 시대를 위한 실행 가능한 패턴'을 발견하게 된다.[1]

이번 장에서는 에니어그램에 대한 대략적 소개를 통해 이 속에 흐르는 고대의 지혜를 알고 자신의 방향을 결정할 수 있도록 인도하고자 한다. '에니어그램 속 고대의 지혜'란 말은 올더스 헉슬리Aldous Huxley가 정의한 '지속성을 가진 철학'의 이야기다. 그의 철학은 '영혼 속에 있는 신성한 실재 혹은 그 신적인 실재와 동일한 어떤 것을 찾아내려는'[2] 형이상학적 철학이자 실용적인 심리학이며, 이를 통해 우리의 잠재력을 나타낼 수 있다.

비록 최근까지 맥이 끊겼으나 이 유구한 지혜는 수 세기 동안 존재해 왔다. 이 지혜는 그 전승을 위해 비밀스러운 암호로 전해졌고 에니어그램은 그중의 하나이다. 그러므로 에니어그램의 형태와 더불어 상징화되어 있는 다른 형태의 의미를 탐색함으로써, 우리는 일상생활의 불안을 줄이고 삶의 의미와 목적을 분명히 할 수 있다.

# 에니어그램으로 표현된
# 유구한 지혜의 가르침

자신을 변화시키는 단계는 스스로를 아는 것에서 시작된다. 정확히는 오랫동안 행해 왔던 일정한 패턴과 폐쇄된 관점을 인지하는 것이다. 신시아 부조의 책 「앎에 대한 지혜의 길」에는 이러한 옛 지혜 전통의 본질을 확연히 보여주는 이야기가 소개된다.

옛날 옛적에, 도토리 왕국이 오래된 참나무 밑에 자리 잡고 있었습니다. 왕국은 현대적이고 굉장히 서구화되어 있었기 때문에, 백성들은 결의에 차서 사업을 시작하였습니다. 그들이 중년이 되자, 베이비붐 세대의 도토리들은 자기계발 코스에 참여하였습니다. 세미나 중에는 '당신의 껍질에서 얻을 수 있는 모든 것'이라는 과정이 있었습니다. 나무에서 떨어질 때 멍이 들었던 도토리들의 상처와 회복을 위한 프로그램도 있었습니다. 도토리 껍질에 오일 마사지를 하고 윤을 내주는 휴양 시설도 있었고, 장수와 행복을 위한 다양한 도토리 맞춤형 치료법도 있었습니다.

어느 날 왕국 한가운데에 지나가던 새가 뜬금없이 작고 못생긴 도토리를 떨어뜨리고 갔습니다. 그 도토리는 모판도 없었고 더러웠으며, 다른 동료 도토리에게 부정적인 인상을 주었습니다. 그는 참나무 옆에 쭈그려 앉아 꿈같은 얘기들을 늘어놓기 시작했습니다. 그가 나무 위쪽을 가리키면서 말했습니다. "우리는… 저… 나무야!"

대부분의 도토리는 그의 말이 망상 또는 헛소리라고 생각했지만, 몇몇은 흥미를 보였습니다. "말해 봐, 우리가 어떻게 저 나무가 된다는 건지"라고 하자, 그 도토리는 아래를 가리키며 말했습니다. "글쎄, 우리가 땅속으로 들어가서 무엇을 해야 하지 않을까… 그리고 껍질을 깨야지."

"정신이상자 아니야?" 다른 도토리가 말했습니다. "정말 미쳤어, 그렇게 되면 우리는 더 이상 도토리가 아니잖아."[3]

이 '도토리 이야기'는 작게는 에니어그램 이면에 있는 지혜 전통을, 크게는 영원한 철학에 의거하여 우리 인간의 상황을 풀어 설명한다. 의식적인 자기계발 작업을 하기 전에는 우리는 아직 씨앗인 것이다. '도토리'에서 '참나무'로 변화하기 위해서는 땅속으로 들어가야 한다. 다시 말해 보호막이 열리고 깨어져야만 하는 것이다. 우리가 끊어버린 감정, 맹점, 그림자 특성을 의식적으로 통합해서 성격이라는 제한된 외부 껍질을 떨쳐 버리고 본연의 모습으로 성장해야 한다. 자신의 본성이 부분적으로 이것을 가능하게도 하지만, 잠재력을 완전히 발현하기 위해서는 의식적인 노력이 필요하다. 그리고 에니어그램은 이런 좁고 불확실한 여정에서 길잡이가 되어준다.

우리는 세상에서 더 나은 모습이 되기를 절실히 원하는데 이를 위해서는 깨어있을 수 있는 능력을 더 높여야만 한다. 그 방법을 알려주는 지식이 존재한다. 인간 '존재'에 대한 철학적 비전과 존재의 변화를 이루기 위한 방법은 몇 가지 기본 요소를 포함하고 있고, 여기서는 그 방법에 대해 정리하고자 한다.

## 비전: 인간과 보편적인 지혜의 관점

이 고대 지혜의 우주적 관점은 각 사람에게 더 높은 수준의 존재임을 의미하는 '신성한 불꽃'이 있다고 본다. 이것은 살아 있는 우주의 나머지 부분들과 상호 연결되는 고유한 능력을 말한다. 그리고 인간의 삶, 자연, 그리고 우주가 동일한 규칙, 원리, 그리고 패턴에 의해 정해진 것으로 본다. 그러한 패턴을 보고 이해함으로써 우리는 자신 안의 온전함을 되찾고 자연 세계와의 통합과 조화에 대한 감각을 발견할 수 있다.

우리는 나이가 들면서, 스스로를 '개인적인 에고'와 동일시한다. 개인적인 에고는 생존을 위해 필요한 거짓 자아(도토리)이며, 더불어 장차 우리가 될 수 있는 더 큰 자아(참나무)를 실현하기 위해 필요한 내면작업의 매개체이기도 하다.

그러나 영원한 지혜의 전통은 자신을 깊이 알고 경험하려는 집단의 노력을 할 때 거짓 자아와 의식의 나머지 부분을 유용하게 분리할 수 있음을 가르쳐준다. 우리 안에 있는 내면 목격자의 순수한 알아차림과 거짓 자아의 습성 사이의 공간을 통해, 프로그래밍 된 성격과 실제 자신을 탈동일시dis-identification할 수 있고, 더 높은 자아(참나무)의 안내와 지지를 통해 더욱 의식적인 선택이 가능한 공간을 마련할 수 있다.

올더스 헉슬리는 자신의 철학을 통해 이러한 비전을 말했는데, 이는 힌두교 사상의 중심 관용구인 '그것이 당신이다'라는 개념에서 나왔다. '그것이 당신이다'라는 어구는 모판이 없는 도토리가 다른 도토리들에게 하는 말이다. 즉 그들이 도토리에서 끝나는 게 아니고, 사실은 잠재된 참나무라는 것이다. 여기서 '그것'은 우리가 '신성의 근원', '도'道, '실존의 절대 원칙'이라고 부르는 어떤 것이다. 이런 근원이 우리에게 내재되어 있다는 개념을 통해 고대 철학이 주장하는 또 다른 개념을 볼 수 있다. 다름 아닌 우리 각자가 더 높은 자아를 발견하고 '진정한 나'를 찾아내는(그리고 진정한 자신이 되는) 것이 인간의 목적이라는 개념이다.

## 지혜의 길: 에니어그램으로 그려지는 인간 변형 과정의 지혜 관점

더 큰 자유, 평화 그리고 온전함으로 가는 지혜의 길은 스스로를 알고자 하는 노력에서 출발한다. 다만 자기이해는 훈련과 고된 노력이 필수이기 때문에, 다른 어떤 준비보다 적극적인 태도와 열정이 필요하다. 본인이 하고 싶어 해야 하고, 그렇기에 과정 내내 자신을 지탱할 수 있는 동기가 필요하다.

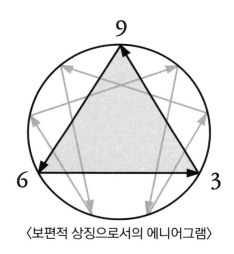

〈보편적 상징으로서의 에니어그램〉

지혜의 길은 에니어그램 내부 다이어그램의 세 가지 기본 단계를 전제로 한다. 3유형과 연결된 핵심 변형 주제를 상징하는 첫 번째 단계는 자기관찰을 통해 성격과 탈동일시하는 것이다. 6유형으로 표현되는 두 번째 성장 단계는 에고의 방어가 완화될 때 생겨나는 두려움과 감정적 고통을 받아들이는 것이다. 이를 통해 당신은 방어적인 태도를 내려놓고 자신의 그림자를 통합할 수 있다. 9유형으로 상징되는 세 번째 성장 단계는 초월과 연합을 향해 적극적으로 노력하는 것이다. 따라서 당신은 성격의 제한된 관점을 넘어서서 더 큰 온전함과 평화 속으로 녹아들 수 있다.[4]

## **1단계** 자기관찰을 통해 성격과 탈동일시하기

　이 단계에서는 명상 훈련을 통해 정신을 고요하게 하고 자신을 관찰하는 내면 공간을 만들 수 있다. 이 내면 공간을 통해 의식적인 목격자와 당신이 관찰하는 패턴 사이를 분리하도록 만들 수 있다. 결과적으로 당신은 자신 내면에서 성찰 공간을 손쉽게 만들 수 있으며, 당신이 잡혀있던 오래된 습관과 패턴에서 느슨해질 것이고, 당신은 다른 선택을 할 수 있는 능력을 갖게 될 것이다.

　성격의 욕망, 격정 및 고착에 습관적으로 초점을 두는 거짓 자아에서 탈동일시하기 위해서는 겸손을 계발해야 한다. 성격은 모든 영역에서 지배하길 원하며 그 자리에 머물러 있기 때문이다. 그러나 눈을 뜨고 있으나 잠들어 있는 사람이나 기계처럼 성격은 행동할 수 있는 능력이 상당히 제한되어 있으며 성장에도 제약이 있다. 이것을 깨닫게 된다면, 그 순간부터 좀 더 효과적인 개인 성장 프로그램을 시작할 수 있다. 당신이 성격의 지배에 도전할 때, 당신 안에 의식적으로 끌리는 중심을 세우는 과정이 시작된다. 그것은 더 높고 훌륭한 자아, 또는 본질적인 자아의 핵심이다.

## **2단계** 자기방어를 완화하며 두려움과 감정적인 고통을 받아들이기

성격과 성격의 방어에서 탈동일시(성격의 지배에 도전)하면서 의식이 성장하는 과정에 참여하면 필연적으로 두려움이 몰려오게 된다. 변화의 다음 단계는 (두려움에 의해 제자리에 머물려는) 성격의 일반적인 패턴으로 되돌아가지 않고 이 두려움에 직면하려는 의지를 갖는 것이다. 의식적으로 자신의 방어 이면에 있는 감정적인 영역을 경험함으로서, 당신의 그림자(부인하고 회피한 감정)를 통합하고 성장할 수 있다.

우리는 종종 인정하기 싫어하지만 적당한 정도의 의식적인 고통은 성장의 밑거름이 된다. 자신을 진실로 아는 것과 굳어져 버린 성격을 넘어서는 것은 자신이 좋아하지 않거나 보지 않으려 하는 부분을 통합하는 것을 의미한다. 우화 속의 도토리와 마찬가지로, 더 높은 자아를 향한 성장은 일종의 개방이 필요하므로 성격의 껍질을 깨면 당신이 누구인지에 대해 더 깊은 진실이 드러날 수 있다. 두려움은 방어적인 모습을 줄이고 개방성을 늘리는 도중에 일어나는 자연스러운 반응이며, 변화에 대한 저항을 포함하여 다양한 형태를 취할 수 있다. 이러한 두려움은 인정할 필요가 있지만, 그것 때문에 의식적으로 두려움에 직면하는 작업을 통해 성장할 수 있는 능력을 저해하지 않도록 해야 한다.

자신의 무의식적인 패턴을 인식하고 성격이 회피하려는 감정들을 느끼게 되면 당신은 그동안 자신을 방어하기 위해 무의식적으로 소비한 에너지를 풀게 된다. 그러나 이것은 동시에 완충 장치 없이 직접 감정을 느끼게 되는 것을 의미한다. 그것이 이 지혜의 전통이 성장의 길은 힘든 작업이며 많은 노력과 겸손이 필요하다고 가르치는 이유이다. 그래도 당신에게 더 깊은 진실과, 방어기제가 막아온 감정을 피하지 않고 마주할 용기가 있다면, 당신에게는 온전하고 새로운 존재가 될 가능성이 싹트게 된다.

## **3단계** 초월과 연합을 향해 적극적으로 노력하기

자기관찰, 자신에 대한 연구, 자기계발의 훈련을 계속 유지할 수 있다면, 점차적으로 깨어난 자아로 살 수 있는 더 큰 자유, 연결성, 균형, 온전함 및 창의성을 얻을 수 있다. 이러한 더 높은 자아는 우리가 성격에서 벗어나는 작업과 우리의 두려움과 고통을 직면할 때, 누구나 도달할 수 있는 더 의식적이고 통합된 상태를 나타낸다. 의식적인 내면작업을 통해 자신보다 더 큰 무언가와 통합되고 성격과 탈동일시될 때, 존재의 더 높은 상태를 경험할 수 있다. 9유형의 '높은 측면'의 주된 주제가 제시한 것처럼, 이는 진정한 자아와 다른 사람들 및 자연 세계와 연합하는 더 큰 경험에 이르도록 가능성을 열어준다.

방어기제는 고통에서 우리를 보호해 주지만, 동시에 사랑을 받고 다른 사람들과 진정한 유대 관계를 맺는 긍정적인 경험도 막는다. 그렇기에 방어기제를 느슨하게 하면 할수록 사랑과 연결된 깊은 경험을 더 수용적으로 받아들이게 된다. 일을 처리하는 데 단 한 가지 방법에만 사로잡혀 있는 것이 아니라, 만물의 원형의 전략과 강점을 불러낼 수 있는 더 큰 능력을 키울 수 있게 된다.

이후로 이 고대 지혜의 전통과 관련된 비전과 과학기술이 에니어그램에서 어떻게 살아났는지 설명할 것이다. 곧 알게 되겠지만, 에니어그램은 그 메시지뿐 아니라 수학적이고 기하학적인 구조를 통해 이 지혜의 길을 상징화하고 있다. 이것은 이 고대의 비전이 구현되는 과정을 자연의 보편적 법칙으로 표현하고 있으며, 또한 그것을 이루는 방법을 제시한다.

# 보편적 상징의 에니어그램:
## 수학적 언어와 신성한 기하학을 통해 표현된 고대의 지혜

고대 지혜의 전통에 따르면, 인간의 변형에 대한 우주적인 비전과 거기에 도달하는 기술은 원형archetypes과 수학의 언어에 담겨 있는 보편적인 법칙을 통해 전달되어 왔다. 더 오래된 지혜와 접촉한 고대 철학자들에게 수학과 기하학은 우주에 대한 깊은 이해의 단서를 제공하는 전형적인 원리를 보여주었다. 단지 '상업의 하인'으로 취급되지 않도록 숫자와 수학 원리는 자연 속에 계시된 의미 있고 순환하는 패턴의 관점에서 연구되었다.

피타고라스와 플라톤은 숫자와 형상이 신성한 원리를 상징한다고 믿었다. 그들에게 수학은 계산뿐만 아니라, 자연의 '심오한 우주적 규범의 설계'의 중심이었다.[5] 고대 그리스에서 수학은 철학에서 예술과 심리학에 이르기까지 지식의 전 영역의 기초로서 연구되었다. 초기의 철학자들은 수학의 기호들이 '우리 내면의 심리적이고 신성한 영적 구조의 지도'[6]를 제공한다고 보았다. 에니어그램을 구성하는 상징적인 힘은 기하학을 신성한 것으로 보는 고대 전통에서 유래한다. 그 대상이 꽃잎이 되었든 양치식물의 펼쳐짐이 되었든 조개껍질의 치수가 되었든 또는 인간 정신의 발달과정이 되었든 간에, 수학은 원형적인 패턴이나 생명체의 성장과정을 구조화하는 질서를 드러내는 신성한 것으로 보았다.[7]

## 에니어그램의 상징적 의미

'에니어그램'이라는 단어는 '아홉 개의 점이 있는 도형'을 뜻하며, 에니어그램을 상징하는 도형은 원 안에 새겨진 아홉 개의 점이 있다. 이 도형의 정확한 기원은 알려지

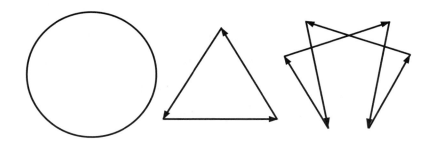

지 않았지만 상징은 수천 년 전에 만들어진 것으로 보인다. 이것은 세 가지 상징적인 도형으로 원circle('1의 법칙' 또는 '통합'을 상징), 내면 삼각형('3의 법칙' 또는 '삼위일체'를 상징), 및 헥사드 hexad('7의 법칙' 또는 음계의 옥타브에 명시된 과정의 단계들을 상징)로 구성되어 있다. 기본적으로 이 기호는 원 또는 통일된 전체에 3의 법칙과 7의 법칙의 결합으로 구조화되어 있다. 원은 영원을 상징하고, 3의 법칙은 창조를 나타내며, 7의 법칙은 순환적이고 규칙적인 기능을 말한다. 이 상징들이 합쳐져 끊임없이 발전하고 있는 우주에 살고 있으며 자연 세계에서 진화하는 다양한 형태 뒤에 숨은 본질적인 통합이 있다는 생각을 전달한다.

에니어그램 상징의 깊은 의미와 힘은 우주에서 자연적으로 발생하는 패턴들의 표현이 반영된다. 에니어그램과 관련된 정보를 제공하는 주요한 인물 중 한 명인 구르지예프G.I.Gurdjieff는 '에니어그램을 활용할 수 있는 사람은 책과 도서관이 전혀 필요하지 않다'라고 주장했다. 그는 자신의 학생들에게 다음과 같이 말했다. '모든 것이 에니어그램에 포함되어 있고 에니어그램을 통해 읽을 수 있다. 사람이 사막에서 고독을 느끼더라도, 모래 속에서 에니어그램의 흔적을 찾을 수 있을 것이며, 우주의 영원한 법칙을 읽을 수 있다.'[8] 그는 에니어그램을 고대의 영적 대가들이 시간과 세대에 걸쳐 인류와 우주의 '객관적 지식'을 전달하기 위해 설계한 많은 상징 중 하나라고 이야기 했다.

우리는 인간 지식의 최전선에 현대 사회가 있다고 생각하고 있고, 사실 대부분의 영역에서 그렇기도 하다. 그러나 구르지예프에 따르면 우리가 오래전부터 전해왔던 우주의 본질에 대한 정보를 잃어버렸다고 한다. 이 지식을 소유한 사람들은 그것을 미래 세대가 이해할 수 있는 형식으로 전달할 수 있는 방법을 모색하였다. 즉 이야기와 비유로, 에니어그램과 같은 다이어그램을 사용하여 한 학파에서 다른 학파로, 한 시대에서 다음 시대로 변질 없이 전달될 수 있도록 한 것이다.[9]

## 원과 1의 법칙

고대 수학 철학자들에게 단일성은 원의 형태로, '수학적으로 표현 가능한 신비한 경험과 철학적인 개념'이었다.[10] 그렇기에 에니어그램 도형을 둘러싸고 있는 원은 단일성, 온전함, 우주의 자연 질서를 나타낸다. 우리가 인지하지 못했더라도 '모든 것은 하나'라는 생각이나 만물의 기저에 단일성이 있다는 개념은 어떤 숫자를 1로 곱하거나 나눌 때 그 수는 그대로 남아있다는 것과 상통한다. 즉 '단일성은 만나는 모든 것의 정체성을 항상 보존한다.'[11] 원으로 표현된 1의 법칙은 무 차원(점이나 근원)에서 시작하여 모든 방향으로 동등하게 확장되는 우주의 창조 과정에 대한 은유이다.

단일성과 과정의 순환적 특성을 상징하는 것 외에도 원을 통해 표현된 1의 개념은 특정 과정이나 영역 주변의 경계를 나타내는 울타리에 대해 무엇인가를 말하고 있다. 따라서 에니어그램의 원은 각 개인의 발달 과정을 둘러싸는 것으로 볼 수 있다. 원 안은 성격의 유한한 본성을 암시하며, 원 밖은 조건화된 성격의 이해를 넘어서 존재하는 '무한'을 의미한다.[12]

# 내면 삼각형과 3의 법칙

3triad은 만물의 완성된 형태이다.

– 게라사의 니코마코스Nichomachos,
그리스 新피타고라스 학파의 철학자이자 수학자

에니어그램의 내면 삼각형은 3의 법칙을 나타낸다. 3의 법칙은 능동적인 힘, 수동적인 힘, 중립(조화)의 힘을 말한다. 이 세 가지 힘은 모든 창조에 개입되어 있다. 일상적인 예로 범선을 들 수 있다. 배는 수동적인 힘, 바람은 능동적인 힘, 그리고 돛은 힘의 중립 또는 조화의 힘이다. 물리학자는 힘의 이러한 삼위일체를 '작용, 반작용, 결과'[13]라고 부른다.

구르지예프는 모든 현상이 이 세 가지 힘의 발현이라고 말했다. 한 가지 또는 두 가지 힘만으로는 그 어떤 것도 생산할 수 없다고 한다. 무언가가 같은 장소에 갇히고 성과를 내지 못하거나 완성에 이르지 못한다면, 이는 종종 세 번째의 힘이 부족하기 때문이다. 우리가 에고에 근거한 관점을 초월하지 못한다면, 그것은 이 세 번째 힘을 인지할 능력이 없기 때문이다.

사람이 어떤 변화를 이루는 데 필요한 것이 무엇인지 살펴보면 심리적 성장에서도 3의 법칙이 작용한다는 것을 알 수 있다. 담배를 끊고, 갈등을 해결하며, 체중을 줄이고, 역동적인 관계를 변화시키는 등 일반적으로 우리는 무언가를 바꾸기 위해 힘든 시간을 가진다. 이것은 습관적이고 기계적인 방식으로 일어나는 일에 우리가 반작용을 가하고 있기 때문에 어려운 것이다. 거기에 우리가 '세 번째 힘'을 개입시킬 수 있다면, 작용과 반작용 이외의 어떤 것이 역할을 하게 될 것이고, 우리는 변화를 만들어낼 수 있다.

미하엘 슈나이더Michael Schneider는 '양극은 갈등을 중재하고 양극성의 분열을 치유하며 분리된 부분을 온전하고 성공적인 전체로 변화시키는 제3의 중재 요소에 의해 균형을 이룬다.'[14]고 말하였다. 적절하게 선택된 세 번째 요소는 양극을 통합하고 그들이 연합하는 관계를 만들어낸다.

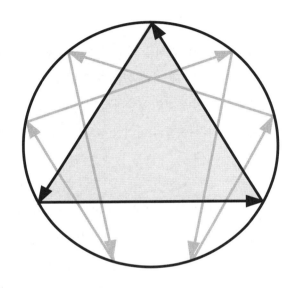

원이 1을 나타내는 도형인 것처럼, 삼각형은 3의 법칙의 기하학적인 표현이다. 3의 법칙의 보편적 중요성은 전 세계의 주요 영적 가르침에도 많이 나타나는 '삼위일체'에서 볼 수 있다. 고대의 신화들과 현재의 종교에서도 3요소의 예가 많다. 힌두교에는 창조자 브라마Brahma, 수호자 비슈누Vishnu, 파괴자 시바Shiva가 있다. 또한 기독교에서 삼위일체는 하나님의 세 '인격'으로 아버지, 아들, 성령이며 셋 전부를 일컫는 말이다. 붓다는 우리 인간이 무지(또는 망상), 갈망, 혐오라는 세 가지의 독에서 기초한 업보karma를 만들어 삶과 죽음의 끝없는 순환에 갇혀있다고 설파하였다.

이러한 형태는 에니어그램의 세 가지 핵심 포인트와 평행을 이룬다. 무의식 또는 무지가 화두인 9유형, 혐오감aversion이 기저의 움직임이 되는 6유형, 갈망과 관련되어 있는 3유형의 관계와 유사하다. 이뿐만 아니라 우리는 수많은 3요소threefoldness를 주변에서 찾을 수 있다. 출생, 삶, 죽음이라는 삶의 세 단계, 공간의 세 측면(길이, 넓이, 높이), 그리고 시간(과거, 현재, 미래)이 그러하며 색의 삼원색도 그러하다.[15]

에니어그램 시스템도 역시 '3요소'라는 중요한 표현을 가지고 있다. 에니어그램의 내면 삼각형에는 세 점으로 표기된 세 개의 '뇌' 지능 중심[16]이 있다. 그리고 세 개의 중심 각각과 연관된 세 가지 유형이 있다. 이렇게 하여 생긴 아홉 가지 유형에도 또한 각각 3개의 하위유형이 있다. 총 27개의 성격 유형은 전체적인 '심리적 에니어그램'을 설명하고 있으며 수학적으로는 3×3×3이라는 3의 세제곱으로 표현된다. 더불어 우리가 내면의 변화를 일으키기 위해 의식적으로 사용할 수 있는 특정한 방법으로 세 가지 주요 유형이 있다. 핵심유형과 에니어그램의 화살로써 '내부 흐름'에 의해 핵심유형에 연결된 다른 두 유형이다.

에니어그램의 내면 삼각형은 심리적으로 우리 안에 어떤 일이 일어날 때 반드시 필요한 세 가지 측면을 상징한다. 그 세 가지 힘은 전진하는 힘, 저항하는 힘, 그리고 둘을 중재하고 한데 모으는 조화의 힘이다. 3유형은 상황을 앞서서 주도하는 힘을 보여준다(적극적으로 '하는 것'에 초점을 둔다). 6유형은 저항하는 힘으로 대립을 나타낸다(질문, 의구심 및 시험을 통해 저항하는 경향이 있다). 9유형은 화합하는 힘이다(다양한 생각들을 모아 조화를 만들고 합의에 이르는 성향이다).[17]

## 헥사드와 7의 법칙

격정에서 자유로운 사람은
세상 만물의 신호를 지켜본다.
그 신호를 볼 수 있는 사람은
그 리듬에 양보한다.
격정을 갈망하는 사람은
그 신호에 눈이 멀어
원인은 보지 못하며 오로지 결과만 보고 있을 뿐이다.

그런 식으로 모든 앎이 시작된다.

— 노자, 데이비드 버크David Burke 번역
도덕경 제1장 기원Origins

3의 법칙은 새로운 일이 일어날 때 존재하는 힘을 상징하지만, 7의 법칙은 일들이 일어나는 과정이나 일련의 단계를 보여준다. 에니어그램에 숨어있는 지혜의 전통은 '창조의 법칙'과는 구별되는 '질서의 법칙'이 있음을 보여준다. 즉, 창조는 특정 방식으로 순서가 정해져 있다는 것이다. 3의 법칙은 목적을 갖고 의도적으로 만드는 무언가를 나타내는 반면, 7의 법칙은 변형의 순환적 과정을 묘사한다.

고대 수학자들을 숫자 7을 변형의 상징으로 간주했다.[18] 7의 법칙은 우주에서 유일하게 불변하는 것은 '변화한다는 것'이라는 고대 그리스 철학자들의 신념을 통해 볼 수 있다. 헤라클레이토스Heraclitus는 '만고불변의 진리는, 모든 것은 끝없는 변화의 과정에 종속되어 있다.'는 유명한 말을 남겼다. 즉 누구도 같은 강물에 두 번 발을 담글 수 없다는 것이다.[19]

에니어그램 화살들의 움직임은 변형과정에서 순환의 특정한 단계를 나타낸다.

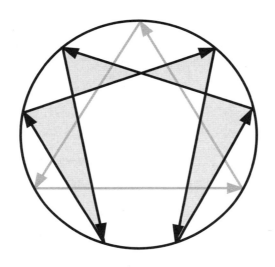

'헥사드'의 선들로 상징하는 변형주기의 흐름은 변화의 과정을 도식화해서 보여준다. 이 변화의 과정은 도교의 중심 경전인 도덕경에 묘사된 '도'나 '길'의 의미로 표현된 자연적 과정의 유기적 전개에 비유될 수 있다. 그러므로 에니어그램으로 나타나는 성격은 이 자연스러운 변화의 길을 따라 한 지점에 걸려 있거나 고착되어 있는 형태로 볼 수 있다. 이 지점은 우리가 자신을 보호하기 위한 방어기제이지만, 또한 그 자연적인 흐름이나 인생의 리듬에 저항하는 것이기도 하다.

## 9의 중요성

9는 일상과 초월적인 무한 사이의 경계를 나타낸다.

– 미하엘 슈나이더Michael S. Schneider,
우주를 구성하는 초보자 안내서: 자연, 예술, 과학의 수학적 원형

에니어그램의 원에서 9는 유한하거나 현세적인 속성을 가진 인간의 삶(성격에 의해 경험되는)과 인간의 의식 너머에 있는 무한함(성격의 제한된 관점에 의해 고착된 인간의 이해를 초월한 우주의 더 큰 진실) 사이의 경계로 볼 수 있다. 9는 특별한 정체성을 가지고 있는 십진수의 마지막 숫자이다. 그래서 9는 특정한 노력으로 얻게 될 가장 높은 성취를 형상화한 것이다. 9는 최대치의 경계선이다.

고대 그리스인들은 9를 '수평선'이라 불렀다. 그들에게 9는 어떤 상황의 필수 요소들을 둘러싸고 전체로 결속하고 있음을 나타냈다. 블레이크A.G.E.Blake는 에니어그램 도형 안의 '정점 9는 특별하다'고 설명했다. 왜냐하면 9는 원의 시작과 끝을 나타내며 전체의 형태를 보여주기 때문이다. 이것은 실현되어야 할 목적의 원천이다.[20]

우리는 에니어그램의 9가지 유형과 다양한 고전 문맥에서 발견되는 고대 지혜의 특정 요소 사이에 많은 관련성을 발견할 수 있다. 예를 들어 카발라Kabbalah에 의하면 알 수 없는 신성의 본질은 '생명의 나무'라고 불리는 다이어그램으로 그려져 있다. 이 나무에는 10개의 세피로트Sefirot, 또는 신성한 원리를 나타내는 숫자가 있으며, 그중 9개는 에니어그램의 9가지 원형과 직접적으로 상응한다(10번째인 케테르Keter는 에니어그램보다 상위에 있으며 메시아의 영혼을 반영하고 인간의 인격과 관련이 없다).[21]

호메로스Homeros의 서사시 『오디세이아』Odysseia는 오디세우스가 트로이 전쟁 후에 귀향하기 위해 원정길에 올라 방문하게 되는 9개의 다른 '땅'에 관한 이야기로 구성되어

있다. 이들 각 9개의 장소는 오디세우스가 집으로 돌아가는 자신의 여정을 계속할 때 반드시 극복해야 하는 장애물들을 제시한다. 이 귀향의 전형적인 여행은 진정한 자아인 '집'을 향해 가는 내면의 여행을 빗댄 것이다. 놀랍게도 9개의 땅에 대한 특징과 그곳에 사는 사람들은 에니어그램이 설명하는 9가지 성격의 화두 및 특성과 정확히 일치한다. 오디세우스는 에니어그램의 반시계 방향으로 여행하는 방식으로 정확히 같은 순서로 그 땅들을 방문한다. 이 작품과 호메로스의 또 다른 서사시 『일리아스』Ilias에서는 사람의 정체성을 드러내는 주요 특성(성격)이 보통 실패의 원인이 된다. 이것은 우리가 에니어그램의 성격유형에서 볼 수 있는 것을 정확히 반영한다. 각 성격의 탁월한 '강점'은 동시에 치명적인 결함 또는 가장 심각한 장애가 될 수 있다.

마찬가지로 우리는 단테Dante의 서사시 『신곡』La Divina Commedia에서 인간이 천국에 도착하지 못하도록 하는 '죄' 또는 무의식적인 패턴에서 에니어그램의 9가지 격정을 발견한다. 단테의 지옥, 연옥, 천국의 3중 구조와 지하세계의 도덕적 지형도에서 각기 다른 공간에 있는 9가지의 충위는 에니어그램이 나타내고 있는 동일한 주제 중에서 일부를 강조한다. 진정한 자신의 상실로 인한 탈동일시(지옥), 자기 문제를 정화시켜 나가는 과정으로 의식적인 수행을 통한 정화(연옥), 현상의 자기를 넘어서 참된 자기를 구현하는 초월(천국)이 바로 그것이다.

인페르노는 주인공인 순례자 단테가 다양한 종류의 '죄'에 대해서 얻게 되는 교훈을 묘사하고 있는데, 이는 에니어그램에서 말하는 격정의 무의식적인 충동을 말한다. 단테는 '무의식' 또는 그림자인 '지하세계'에서 격정의 본질과 그 결과를 시적으로 그려낸다. 그러므로 이 고전은 가장 깊은 그림자의 측면에서 시작하여 인간의 성격을 탐구하고 있는 것이다. 유형에 관해 설명하는 다음 장에서 지옥의 예시들을 통해 우리가 알아차리려는 의식적인 노력을 하지 않을 때 나오는 아홉 가지 유형의 핵심에 있는 격정의 특징과 그 결과를 볼 수 있다. 이렇게 우리가 내버려 둔 무의식의 충동에 대한 처벌은 우리가 그림자를 직면하는 작업을 수행해내지 못 할 때 각자의 무의식의 '지하세계'로 빠지게 하는 것이다.

# 에니어그램에 암호화된 고대 지혜의 현대적 재발견

내가 1990년에 처음 에니어그램을 만났을 때, 그것이 나에 대해서 설명해주는 내용의 정확성과 특유함에 놀랐다. 그 뒤로 이 시스템에 매료된 수많은 사람들처럼, 나도 에니어그램이 어디에서 왔는지 알고 싶었다. 에니어그램의 기원을 배움으로써 나는 그것이 주는 통찰력을 더 깊이 이해할 수 있었다.

에니어그램 상징에 대한 현대적인 정보 제공자이자 그루지예프의 제자인 베넷. G. Bennett은 이 '영원한 자기 재생적 우주의 비밀'이 4천 년도 훨씬 전 메소포타미아에서 현자의 성직자단에 의해 발견되었으며 그 이후 세대를 거쳐 전해 내려왔다고 말한다.[22]

지난 세기 에니어그램의 재발견은 구르지예프, 오스카 이차조 및 클라우디오 나란호의 작업을 통해 이루어졌다. 세 사람 모두 심리적, 영적 성장 작업의 맥락에서 소그룹 학생들에게 에니어그램과 관련된 개념을 소개했다. 구르지예프는 1900년대 초 러시아와 유럽에서, 오스카 이차조는 1960년대 칠레에서, 나란호는 1970년대 이차조와 잠깐 공부를 한 후 캘리포니아 버클리에서 에니어그램을 소개하기 시작했다.

이 사람들은 누구이며, 에니어그램과 그 뒤에 숨어있는 지식에 관해 무엇이라고 말하였는가? 이 세 사람의 독특한 가르침을 간략히 살펴봄으로써 에니어그램에 담긴 고대 지혜의 가르침(깨달음)의 본질을 더 잘 이해하고자 한다.

# 구르지예프

구르지예프는 19세기 초부터 러시아와 유럽의 학생들에게 에니어그램의 상징과 '제 4의 길'이라 불리는 실제적인 자기 내면작업을 가르쳤다. 그가 전한 '은밀한' 지식의 체계는 스스로도 여러 가지 기원에서 왔다고 말했지만, 주로 신비주의 전통에서 전해져 왔다. 그러나 그는 세 가지 지능 중심과 연결된 세 가지 유형에 대하여 논의하는 것을 제외하고는 에니어그램 상징을 심리적인 유형들과 연관 짓지 않았다.

그는 1866년경 러시아 지배하의 아르메니아에서 태어났다. 그의 아버지는 그리스 음유시인이었고 그의 아버지가 '인류의 과거로 거슬러 올라가는 구전'의 계승자로 참여했다고 말했다.[23] 그는 청년기에 중동, 아시아, 이집트, 북아메리카 등지를 폭넓게 여행하면서 종교, 철학, 주술, 정치, 신비주의와의 접촉을 통해 평범한 사람들이 접근할 수 없었던 다양한 비밀 단체와 밀접한 관계를 맺었다.[24] 그렇게 여행과 배움을 마치고 1914년 러시아에서 가르침을 시작하였다.

구르지예프의 가르침 중에서 오늘날까지 논란이 되는 것은 사람들의 일상적인 사고에 도전하는 방법으로, 자신을 표현하게 하고 이를 고의적으로 혼란스럽게 만드는 것이다. 그는 의도적으로 학생들의 습관적인 성격 반응을 유발시켜 그들이 기계적이고 자동적인 기제에 고착되어 있다는 것을 증명해 보였다.

그는 인류가 잠든 상태에서 살고 있다고 가르쳤다. '제4의 길'에 대한 그의 접근 방식은 자기이해를 통해 기계적 작동(방어기제)에서 벗어나는 방법을 찾을 수 있다는 가능성을 제시했다. 기계의 작동을 멈추는 것은 가능하지만, 그렇게 하기 위해서는 먼저 그 기계에 대해 아는 것이 필요하다. 실제로 기계는 스스로를 알지 못한다. 기계가 스스로에 대해 안다면, 그 순간부터 더 이상 기계가 아니다. 적어도 이전과 같은 상태의 기계는 아니다. 이미 자신의 행동에 대해 책임을 지기 시작한다.[25]

이어서 그루지예프는 '자신에 대한 내면작업'이 힘든 노력을 요구한다는 사실을 강조하였다. 왜냐하면 성격은 기계적으로 작동하면서 우리의 상태를 가능한 잠든 상태로 돌아가게 만들기 때문이다. 그는 '성격'이란, 우리가 삶의 현실에 반응할 때 받게 될 충격을 완화하는 다양한 방법들로 이루어졌다고 했고, 그래서 우리가 세상에서 실제적으로 할 수 있는 것에 대해 일종의 환상을 가지도록 한다고 했다. 우리가 적극적인 자기 관찰과 의도적인 '자기기억' 작업을 할 때, 결국 우리의 성격과 관련된 기계적인 상태를 넘어서 발전할 수 있다는 것이다.

그루지예프는 또한 각 사람이 성격의 작동에 중심이 되는 '주요 특징'을 가지고 있는데 그것을 격정이라고 부른다고 말했다. 그는 격정을 '거짓 성격을 작동시키는·바퀴의 축'[26]에 비유하면서 모든 사람이 각각 해야 하는 내면 작업은 '이 주된 결함에 맞서 싸우는 것'으로 이루어져 있다고 했다. 여러 사람들이 서로 다른 주요 특징을 갖고 있다는 사실은, 하나의 일반적인 규칙만으로는 성장이 되지 않는 이유를 설명해 주고 있다. 즉, 한 사람에게 유용한 것이 다른 사람에게는 해로울 수 있다는 것이다. 어떤 사람이 너무 말을 많이 하면 그는 침묵을 유지하는 법을 배워야 한다. 그러나 말을 해야 할 때 침묵하는 사람은 말하기를 배워야 한다.[27]


## 오스카 이차조

오늘날 널리 알려지고 사용되는 심리학적 유형의 에니어그램은 오스카 이차조의 연구에서 나온 것이다. 그는 원래 볼리비아 태생이며, 1950년대부터 60년대까지는 칠레에서 자신이 만든 심리적, 영적 계발 방법을 가르쳤다. 그는 우리가 지금 알고 있는 '성격의 에니어그램'의 핵심 아이디어를 원형분석Protoanalysis이라는 이름으로 가르쳤다. 이 것은 인간의 변화를 가져오기 위해 그가 독창적으로 계발한 작업의 일환으로 과학, 이성 및 합리성을 토대로 고안된 방법론이다.

이차조는 에니어그램 모델에 대해 자신이 계발했다고 할 뿐 특정 출처를 언급하지 않았지만, 곳곳에서 아리스토텔레스와 신플라톤주의의 철학이 보이고 근동 및 극동지역, 특히 아프가니스탄의 연구에 영향을 받은 것으로 보인다. 그는 탐색과 연구를 통해 알게 된 여러 근원으로부터 아리카 학파Arica School의 기반을 마련했다고 말했다.

이차조의 원형분석은 질문에 근거한다고 설명한다. 즉 '인류는 무엇인가?', '인류의 최고의 선은 무엇인가?', '인간의 삶에 의미와 가치를 주는 진실은 무엇인가?'[28]와 같은 것이다. 그는 참여자에게 정신세계를 연구하고 측정하며 분석하는 것 외에 다른 어떤 것에 대한 믿음을 요구하지 않기 때문에 자신의 작업이 과학적이라고 말한다. 1978년 그와 인터뷰한 기자가 아리카 학파에 대한 설명을 요청했을 때 그는 이렇게 말했다.

"아리카는 정신에 대한 새로운 이론을 제시합니다. 그것은 과학적 이해력의 새로운 방법을 제공합니다. 그리고 아리카는 정신에 관한 이론이므로 인간의 잠재력을 최대치로 끌어올리기 위해 정신을 충만하고 맑게 만드는 방법을 발전시켜왔습니다. 우리가 정신에 대해 완전하고 전체적인 지식을 가짐으로써 문제를 보다 빠르고 쉽고 명확하게 해결할 수 있게 하는 것이 아리카의 목표입니다."[29]

이차조의 학파가 만들어진 지 40년이 지난 오늘날, 그의 가르침은 인간 정신과 그 초월 가능성에 대해 분명한 관점을 나타낸다. 이차조의 '고착 에니어그램'(아리카에서 사용하는)은 정신의 조기 손상과 그에 상응하는 보상기제로부터의 결과를 심리적 특성으로 그룹화하여 설명한다. 그는 독창적으로 학생들이 자신의 고착을 통해 작업하도록 지시했다. 그는 고착이 '우리의 정신이 그릇된 쪽으로 기울었거나 집중되거나', 완전히 채색된 결핍(또는 채워지지 않은 욕구나 외상)에 기반하여 성격유형을 정의한다고 말했다.[30] 아리카 학파의 가르침에 따르면, 개인은 세 가지 지능 중심 각각에 고착이 있다. 그러므로 그들은 각 중심의 어느 지점에서 고착되는지를 결정하는 특정한 공식에 따라, 트리픽 Trifix(성격 유형의 3화음)으로 각 중심에서 하나씩이라고 보고 성격을 설명한다(예를 들어, 나의 트리픽은 2-7-1이다).

또한 구르지예프와 이차조는 성격과 관련된 고착 행동이나 에고를 기계적이라고 말한다. 즉, 에고로 조건화된 행동은 완전히 기계적인 모습이거나 행동의 자동화가 극도로 분명하고 반복적이다.[31]

## 클라우디오 나란호

클라우디오 나란호는 칠레에서 태어나 미국에서 훈련받은 정신과 의사이다. 그는 1970년 칠레의 아리카를 여행했을 때 오스카 이차조에게 에니어그램 모델을 배웠다. 이 여행 이후, 나란호는 캘리포니아 버클리에서 심리적이고 영적인 계발을 지향하는 그룹(구루지예프의 작업을 암시하는 일명 '진리를 추구하는 사람들'SAT, Seekers After Truth이라 불림)을 만들었다. 그는 그룹의 구성원들에게 에니어그램을 기밀로 유지하도록 요청했지만 결국 유출되었고, 에니어그램 성격유형을 설명하는 첫 저서가 1980년대 후반에 출판되면서 대중에게 알려졌다.[32]

다양한 면에서 나란호는 에니어그램의 의미를 인식하고 많은 대중에게 알린 입지적인 인물이며, 1970년대 미국에서 행해진 인간의 잠재능력 회복 운동의 핵심적인 역할을 했다. 그는 현재 상태와 신체의 인식을 강조한 실존적 심리요법의 한 형태인 게슈탈트 치료의 창시자인 프리츠 펄스Fritz Perls와 함께 일했다. 이차조와 함께 에니어그램의 고착에 대하여 연구할 당시 나란호는 정신분석 심리학, 실존적 치료법, 카렌 호니Karen Horney의 성격이론, 구르지예프의 '제4의 길', 수피즘, 불교 명상 등 개인 성장과 관련된 광범위한 이론에 대해 심층적인 지식을 이미 계발하고 있었다. 그는 성장을 위한 촉매제로써 에니어그램의 유용성을 인식했을 뿐만 아니라, 더 나아가 에니어그램을 발전시켰다. 자신의 직관적인 이해를 사용하여 자기계발에 대한 기존의 정신적, 영적 접근 방식에 따라 에니어그램을 전파했다.

나란호는 이차조가 이룬 업적의 가치를 알았고, 그것을 인간 발전에 관한 자신의 광범위한 관점과 통합했다. 또한 이차조가 독창적으로 계발한 '원형 분석적'인 (에니어그램) 과정을 기반으로 성격에 대해 훨씬 더 섬세한 설명을 기술했다. 이차조와 마찬가지로 그는 에니어그램을 독립된 도구로 보지 않고, 오히려 사람들이 자신의 패턴과 습관을 이해하고 넘어서는 데 도움이 되도록 고안된 더 포괄적인 자기작업의 한 부분으로 가르쳤다.

그의 저술들을 통해, 나란호는 서구의 심리학과 동양의 영적 수행의 서로 다른 다양한 이론적 동향을 이해하고 그것을 통합할 수 있는 중요한 이론으로 에니어그램을 소개했다. 이 책은 에니어그램 성격유형과 그 하위유형에 대한 나란호의 해석을 기반으로 하고 있다. 비록 그가 이 모델의 근원이 이차조에게서 나왔다고 공적을 돌리고 있지만, 세계적으로 출판된 많은 에니어그램 책의 내용은 대부분 나란호의 작업에 직접적인 근거를 두고 있다.


# 결론:
## 우리는 어디에 있으며 어디에 있고 싶어 하는가


에니어그램에 암호화되어 있는 지혜의 전통과 동일한 기본 개념은 다양한 형태로 인류 역사 전반에서 나타난다. 인간 존재에 대한 끊임없는 질문을 탐구하는 철학적 전통에서 '존재의 근거'로 인류의 관계를 정의하는 동양의 영적 문서까지, 그리고 귀향 여정의 출발점으로써 자신으로부터 멀어짐을 묘사하는 서사시에서 서양 심리학의 통찰에 이르기까지 이 지식은 기록된 역사 전체에 메아리친다.

에니어그램은 온전함의 모델을 보여준다. 에니어그램을 이루는 각 점들은 개인의 성격을 나타낼 뿐 아니라 보편적인 원형의 요소를 특징짓는다. 또한 각 점들은 고착된 부분을 느슨하게 하고 초월했을 때 원형보다 높은 측면을 나타내는 차원과, 무의식적인 자동 상태에 있을 때 '고착된' 수준의 기능을 나타내는 낮은 측면에 대한 가능성의 범위를 나타낸다.

그러므로 영속적인 철학과 에니어그램 지도에서 말하는 성장은 단절되어 있는 그림자 측면과 우리의 두려움을 통해 고통을 겪고 그로 말미암아 더 높은 잠재력을 발휘하는 작업을 하면서 스스로를 관찰하는 과정이다. 에니어그램의 원형과 각각의 귀향을 향한 여정을 소개하는 다음 장에서 성격의 발달, 각 유형이 취하는 세 가지 하위유형, 그리고 자유를 향한 길을 기술할 것이다. 이 시대를 넘어 우리 자신을 확인함으로써, 우리는 이 고대의 전통에 동참하고 인간 의식의 수준을 높이기 위한 공동의 노력에 기여할 수 있다.

# 제3장
## 9유형의 원형: 유형, 하위유형, 성장경로

고향의 반대말은 멀리 떨어진 타향이 아닌 망각이다.

— 엘리 위젤Elie Wisel

9유형의 원형archetype은 비록 그것이 그들의 내적 환경과의 접촉 상실을 의미한다 하더라도, 자신의 안락함과 평화를 위해서 될 수 있는 한 자기 외부 환경과의 조화를 추구하고자 한다. '융합'이나 '연합'이라는 단어가 의미하는 것처럼, 9유형은 외부환경과의 융합 및 자신의 내적 존재에 대한 둔화된 감각을 통해서 평온함 및 연결감을 유지하려 한다.

비단 이들뿐 아니라 인간 모두가 가진 경향성에 대한 하나의 전형prototype을 9유형이 보여주는데, 이것은 곧 '전체 흐름과 보조를 맞춤으로써 순항하는 배를 좌초시키지 않으려는' 내적 인식에 대한 경향성을 의미한다. 이 책의 서론에서 밝힌 것처럼, 이러한 경향성은 인간 모두가 가진 기본적 성향 중 하나이다. 인간은 누구나 일상에서 경험하는 불편감이나 고통을 경감시키기 위해 자신의 의식을 둔감시키려는 경향을 지니고 있다. 우리 모두는 종종 가장 저항이 적은 길을 취하고 싶은 유혹을 느낀다. 9유형은 편안히 머물러 있고 변화를 거부하고 쉬운 일을 하고자 하는 모델을 대변한다. 그것은 곧 남들과 잘 지내기 위해서 자신의 우선순위에 대해 무감각하거나 자신을 주장하지 않게 되는 것을 의미한다. 이들은 자신에 대해 무감각한 채 일종의 자동 반응에 따라 살아가고자 하는 인간의 보편적 경향성을 나타낸다.

9유형의 원형은 모든 인간 사회 속에서 개인보다는 집단을 우선시하는 문화, 즉 일종의 관료주의적 성향을 보여준다. 보다 큰 사회적 기구들이 변화를 거부하는 상황 속에서도 이와 똑같은 원리가 작용한다. 무의식적 현상유지, 창의적 결정 불가능, 혁신과 진화를 가능케 하는 본래의 역동적 원리로부터의 단절 등이 이처럼 변화를 거부하는 요인이 된다.

에니어그램 도형 속에 있는 9유형은 적응력 있고 친화적이며 편안한 유형이다. 이들의 장점은 긴장과 갈등이 어디에서 일어나는가를 찾아내고 그러한 긴장과 갈등을 완화하고 해결할 수 있는 능력으로 대변된다. 9유형은 포용, 합의, 조화를 중시하기 때문에 이들은 서로 다른 관점들을 이해하고 가치를 부여하며 중재함으로써 논쟁을 해결하고 평화를 유지할 수 있다. 타인을 진심으로 보살펴주고 비이기적이며 주위의 모든 사람들이 존중받고 수용됨을 느낄 수 있도록 타인들에게 변함없는 지원을 제공하는 것이 9유형의 탁월한 능력인 것이다.

하지만 다른 모든 원형적 성격과 마찬가지로, 9유형의 강점은 그 속에 '치명적 약점' 또는 '아킬레스건'을 동시에 지니고 있다. 이들은 타인이 원하는 것에 지나친 주의를 기울이고 주위 사람들에게 지나치게 양보하려 하기 때문에 스스로 자기 길을 걸어가는 것을 힘들어한다. 즉, 다른 사람들에게 지나칠 정도로 자신을 맞춤으로써 자신의 진정한 욕구와 관심이 무엇인지 의식하지 못한다는 것이다. 평안함을 유지하기 위해 갈등을 피하고 다른 사람들에게 자신을 맞춤으로써 자신의 내적 음성을 듣기가 어렵게 된다. 이들은 자기 자신으로부터 깨어남으로써 자신의 내적 방향성을 찾을 수 있게 된다. 자기 자신을 위한 결단과 행동을 함으로써, 다른 사람들에게 적응하려는 노력과 함께 자신을 위한 행동을 조화시킬 수 있게 되는 것이다.

## 호메로스의 작품, 『오디세이아』에 나오는 9유형
## 로토파고이 족

『오디세이아』는 '고향으로 돌아가는 것'의 중요성을 보여주는 고전적 이야기이다. 여기에서 고향으로 돌아간다는 말은 '참된 자기를 찾는 여행'을 의미한다.[1] 『오디세이아』의 주인공인 오디세우스는 자기 고향으로 안전하게 돌아가는 것을 주된 목표로 삼고 여행을 시작한다. 『오디세이아』 속에 나오는 상징으로서의 '고향'은 특정 장소가 아닌 마음의 상태를 의미한다. 즉, '고향'은 자신의 참된 모습이 무엇인지를 깨닫고 그 참된 본성을 구현하는 상태를 의미한다. 고향으로서의 참된 자기는 '모든 원하는 것과 선택의 근원'이다.[2]

트로이 전쟁이 끝난 후에 오디세우스와 그의 부하들이 트로이를 떠나 집으로 돌아가는 길에 제일 먼저 도착한 곳이 '연Lotus을 먹는 자들의 땅'이다. 연을 먹는 사람들은 연이라고 불리는 음식을 먹고 사는 평온하고 친절한 사람들이며 유쾌하다. 이들은 자신을 무기력하게 만드는 약초인 '연'을 먹음으로써 아무런 욕망도 느끼지 않고 살아간다. '진정한 자기'를 잊고 살고 있기에, 가야 할 길이 무엇인지 모르고 그저 살아갈 뿐이다. 자신이 누구인지, 어떤 존재가 되어야 하는지도 모른다. 이들은 인생의 갈림길에서 어느 길을 택해야 할지 모른 채, 그곳에 멈춰서 있을 수밖에 없다.

연을 먹는 사람들은 오디세우스 부하들에게도 연을 먹으라고 권하고, 이 연은 그들이 가야 할 고향이 어디인지 망각하도록 만든다.[3] 연을 먹고 약효에 취한 부하들은 이들의 땅에 그냥 머물러 살고 싶어 한다. 이때 오디세우스는 그들을 모아서 고향으로 향하는 배를 타게 만든다. 그는 부하들을 줄로 묶어서 배에 앉힘으로써 다시 항해를 계속하도록 한다.

'고향에 돌아간다는 것'의 의미를 알지 못하면, 참된 자기에게로 돌아가는 힘든 여행을 해야 할 필요성도 느끼지 못한다. '연을 먹는 사람들'은 9유형을 의미한다. 이들은 참된 자기의 모습, 즉 참된 자신이 무엇을 필요로 하는지 자신의 욕구가 무엇인지 알지 못하기 때문이다. 자신이 누구인지를 알고자 하는 숭고한 가능성에 대한 욕구 없이는 인생의 초점을 잃고 만다. 인생의 나침반 없이는 행동해야 할 동기나 나아갈 방향을 찾을 수 없게 되고 목표 설정도 할 수 없게 된다. 고향으로 돌아가고자 하는 분명한 욕구가 없으면 그냥 편하고 쉬운 길을 택해서 '연을 먹는 사람들의 땅'에서 편안히 머무는 길을 선택하는 것이다.

# 9유형의 성격구조

에니어그램 도형의 제일 위쪽에 자리 잡은 9유형은 '장 중심'에 속한다. 9유형은 분노와 함께 질서, 구조, 통제라는 주의초점focus of attention과 연결되어 있다. 8유형이 분노 에너지를 과도하게 사용하는 반면, 1유형은 분노 에너지 때문에 힘들어하고, 9유형은 분노 에너지를 너무 사용하지 않는다. 9유형은 분노 에너지를 다루는 방식으로 자신의 성격이 형성되지만, 거의 이들은 분노를 느끼지 않는다고 말한다. 물론 가끔은 분노가 심하게 표출되는 경우도 있다.

인간은 누구나 분노의 감정을 지니고 있지만, 9유형은 습관적으로 그들의 분노 감정과 접촉하는 것을 회피하려 한다. 그 이유는 9유형이 편안히 머무는 것에 집중하고자 하는데 분노는 다른 사람들과 쉽사리 갈등을 초래하기 때문이다. 이들은 장 중심으로 분노 에너지에 기반을 둔 유형이지만 자신의 분노를 제대로 다루지 않기 때문에, 9유형의 분노 에너지는 여러 형태의 수동적 공격 형태의 모습으로 표출된다. 특히 통제에 대한 9유형의 대응방식은 다음과 같은 두 가지 모습을 동시에 보이게 된다. 즉, 통제로 인해 얻게 되는 지원을 좋아하면서도, 통제받는 것에 대해 수동적으로 저항하는 모습을 동시에 보인다. 겉으로는 타인들의 통제에 그런대로 잘 순응하는 것처럼 보이지만 사실은 그렇지 않다는 것이다.

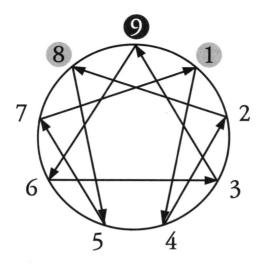

9유형은 장형 중 하나이기에 자신의 환경을 감각적으로 인지한다. 이들은 또한 직감gut knowing과도 연결되어 있지만, 역설적으로 9유형은 다른 장 중심에 비해 직감과 단절되어 있다. 9유형의 인지방식이 장에 근거함에도 불구하고, 그들의 성격구조가 분노를 잠재우는 방식으로 이루어졌기 때문이다.

장 중심들은 자기 내면의 심리적 욕구를 잘 깨닫지 못하는 '자기망각' 상태에 있다고 할 수 있다. 8, 9, 1유형은 자신의 신체적 필요에 수반되는 심리적 타성 때문에 자기 자신의 욕구를 종종 잊어버리곤 한다. 8, 9, 1유형은 자신의 필요와 욕구가 무엇인지를 잊은 채 휴식을 잊고(8유형), 놀이와 즐거움을 잊고(1유형), 우선순위와 선호, 의견을 잊고(9유형) 살아간다.

## 9유형의 어린 시절 대처전략

9유형은 종종 어린 시절 자신의 의견이 무시되는 가정에서 자라났다고 이야기한다. 가족 구성원 중 다른 사람이 자신의 견해를 너무나 강하게 표출하기 때문에, 혹은 자기 의견을 드러내지 않는 것이 다른 구성원과 조화롭게 지내는 방책이라고 생각했기 때문에 조용히 지냈던 경우가 많다. 이처럼 무시되었거나 스스로 억눌렀던 경험 때문에 이들은 다른 사람들의 의견을 잘 따르고 함께 평안하게 지내는 데 익숙하다. 이들에게 갑자기 의견을 묻게 되면 자기가 무엇을 원하는지 명확하지가 않아서 다른 사람이 정해주는 것을 더 편안해 하는 경향이 있다.

9유형은 연합을 향한 채워지지 않는 갈망이 있다. 이것은 자기 자신의 존재와 개별성을 인정해주고 지지해주는 타인과 연결되거나 하나가 되고자 하는 갈망이다. 이들은 어린 시절에 자신이 필요로 하는 관심과 돌봄을 충분히 받지 못했거나, 자신의 욕구와 취향이 충분히 받아들여지지 않은 경험을 했던 경우가 많다. 이들은 형제자매들이 많거나 그중에서도 중간쯤에 태어났거나 부모 중에 한 사람이 너무 많은 통제와 힘을 행사했던 경우가 많다. 그래서 이들은 자기주장을 하기보다는 다른 사람들과 긍정적 관계를 형성하기 위해서 자기주장을 유보하는 성격을 형성하게 된 것이다.

각각의 경우가 무엇이든 간에 9유형은 자기 자신의 욕구를 유보하고 자기 자신을 망각하는 대처전략을 사용한다. 이들의 대처전략은 자신이 원하는 것을 취하지 않는 아픔과 함께 갈등을 피하고 평화를 얻기 위해 남들에게 지나치게 맞추는 방식을 취한다. 이들이 갈등을 피하는 것은 곧 갈등이 분리와 이별을 초래하게 될 것이라는 생각 때문이다. 어린아이들에게 있어서 관계는 생명유지를 위해 중요한 요소다. 9유형 아이는 갈등을 줄이고 자신의 생존을 위해 중요한 유대감을 유지하려고 사람들 사이를 중재하는 역할을 떠맡게 된다.

9유형의 대처전략은 다른 사람들에게 지나치게 순응하고 적응하는 것인데, 이는 무의식적인 방식으로 이루어진다. 자신의 욕구는 무시한 채 타인이 원하는 것을 들어주는 것이다. 자신의 욕구를 내려놓은 채 자기 주위 사람들의 욕구들을 두루 맞추고 화합시키는 방식으로 그들의 주의가 집중된다. 이들은 자신의 강렬한 감정이나 선호가 다른 사람과의 갈등을 유발할 것이기에, 어떻게 해서든지 다른 사람들과 적대적 관계를 피하려고 노력한다. 그 결과 9유형은 자기 내면과의 진정한 연결을 잃어버리게 된다.

## 자기보존 9유형 마크

저는 4형제 중의 막내였습니다. 아버지는 체격이 크고 비판적이며 늘 화가 나 있었고, 목소리가 크고 낮았으며 항상 표정이 일그러져 있었습니다. 아마도 일대일 1유형이었던 것 같습니다. 제 어머니는 9유형으로서 가정의 화목을 유지하기 위해 많은 애를 썼습니다. 남편이 원하는 것을 주로 들어주었고 남편의 화를 돋우지 않으려고 여러모로 배려하였습니다. 어린 저는 집안에 지켜야 할 규칙들이 있음을 알았는데, 그 규칙들은 아버지가 정해놓은 규칙들이었습니다. 저의 표현과 주장들은 아버지가 수용할 수 있는 한도 내에서만 허용되었습니다. 그 한도를 초과하는 것은 곧 아버지의 비판과 분노의 대상이 되는 것을 의미하였습니다.

형은 세 명이었는데, 그중 한 명은 1유형이었고 두 명은 9유형이었습니다. 형들은 모두 아버지 뜻을 따라서 저의 문법, 행동, 의견 등을 교정해주었습니다. 아버지의 분노는 저를 불안하게 하였고, 어머니를 힘들게 하였습니다. 저는 아버지를 화나게 하지 않는 것이 저와 아버지, 어머니의 관계성을 유지하는 데 중요한 것임을 알아차렸습니다. 가장 분명하고 손쉬운 방식은 무조건 아버지가 원하는 뜻을 따라주고 맞춰주는 것이었습니다.

## 9유형의 주요 방어기제 분리

9유형은 자신의 내적 고통에 무감각해지려는 인간의 보편적 경향성을 드러낸다. 마찬가지로, 9유형이 방어기제로 사용하는 분리dissociation 또한 인간의 보편적 방어기제이다.

어린아이가 경험하는 불편감이나 고통에 대한 대응 방식을 토대로 해서 성격 또는 방어기제가 형성된다. 트라우마나 격심한 고통이 찾아올 때 '분리'는 적절한 방어기제가 될 수 있다. 더 이상 참아낼 수 없는 고통이나 힘겨운 기억에서 자신을 분리함으로써 자신을 보호할 수 있기 때문이다. 하지만 분리라는 방어기제를 생존의 위기 상황이 아닌 경우에도 습관적으로 자주 사용하게 되면, 우리의 내적 존재와의 접촉을 상실하게 만든다. 내적 존재와의 분리가 일어나면 우리는 더 이상 성숙과 성장의 길로 나아갈 수 없게 된다.

가끔 '마취'라고 표현되는 것처럼, 9유형은 의식의 둔감화로 자기 자신을 여러 방식으로 잠재움으로써 자신을 심리적인 고통과 불편함으로부터 분리한다. 9유형은 읽기, 먹기, 퍼즐 맞추기, TV 보기 등의 다양한 행위에 자신을 밀어 넣음으로써 자신의 욕구, 감정, 필요로부터 자신을 분리하고 회피하는 경향이 있다. 9유형은 수다 떨기, 농담하기 등의 사소하고 본질적이지 않은 것에 자신을 몰아넣음으로써 분리, 소속감 결핍, 의견 묵살 등으로 겪는 고통을 덜려고 한다. 이를 통해 무의식적으로 자기 자신과의 대면, 타인과의 상호작용, 그리고 인생에서 진실한 경험을 하는 것을 회피하는 것이다.

## 9유형의 주의초점 focus of attention

9유형은 자신의 주의를 주로 다른 사람들, 주위에서 생겨나는 일들, 갈등 회피, 조화 이루기 등에 맞춘다. 이들은 먼저 다른 사람들이 원하는 것에 주의를 기울기 때문에, 자신의 선호를 언급하기보다는 다른 사람들의 선호의 흐름에 자신을 맞추는 것을 좋아한다. 주위 환경과 잘 맞추는 9유형의 특성은 이들로 하여금 불편을 피하고 일종의 방어적 또는 인위적 평화를 만들어낼 수 있도록 해준다. 하지만 삶의 한 부분에 집중적으로 주의를 집중하게 되면 반대로 다른 편에 대한 집중도는 떨어지게 마련이다. 9유형의 주의가 주로 주위 사람과 주위 환경에 집중되기 때문에 자기 자신의 내적 삶에 대한 주의가 결핍될 수밖에 없다.

자기 주위에 일어나는 상황들에 잘 부합하려는 전략에 기초하는 9유형은 주위 사람들과 환경이 갈등 상황인지 평온한 상황인지를 파악하는 데 주의가 집중된다. 따라서 다른 사람들과의 갈등이나 단절을 피하기 위해서 다른 사람들의 생각과 관점들을 자신의 것으로 수용하고 받아들인다. 결과적으로 9유형은 다른 사람들의 생각과 관점을 심도 있게 이해하고 파악할 수 있기 때문에 중재를 위한 탁월한 능력을 가지게 된다. 이들은 서로 대립되는 의견들 사이에 들어있는 공통점을 쉽게 발견할 수 있고 그러한 공통점에 기초한 중재안과 협상을 이끌어냄으로써 사람들 사이에 평화를 유지하고자 한다.

'타인지향적' 습관을 가진 9유형은 주위의 사람들의 생각, 느낌, 욕구들에 집중하는 나머지 자기 자신의 생각, 느낌, 욕구들에 대해서는 주의를 덜 기울인다. 타인의 경험이 자기 인식의 전면에 들어와 있기 때문에 실제로 자기가 원하는 것이 무엇인지 명확하지 않은 경우가 많다. 그래서 "당신은 저녁으로 뭘 먹고 싶어요?"라고 9유형에게 물으면 "글쎄, 잘 모르겠네요, 당신은 뭘 먹고 싶으세요?"라고 반문하는 경우가 종종 있다.

자기 자신이 아닌 다른 사람들에게 주의를 집중하는 습관이 있기에, 9유형은 자신의 존재가치를 중요시하지 않고 다른 사람들의 관심과 주목을 받으려 하지 않는 경향이 있다. 다른 사람들이 더 중요하고 비중 있게 여겨지기 때문에 자신의 의견을 전면에 내보이지 않는다.

9유형은 자신의 내적 결정이 다른 사람들의 욕구들과 엮어져 있기 때문에 분명한 내적 결정을 찾아내는 데 어려움을 겪는다. 일전에 나는 9유형 사람이 자신이 원하는 것을 소리 내어 말할 수 있도록 돕는 그룹 활동에 참여한 적이 있다. 그룹멤버들은 계속해서 9유형 멤버로 하여금 자기가 원하는 것을 말해보라고 종용하였다. 그때마다 9유형 멤버는 그 그룹이 원하는 것이 곧 자기가 원하는 것이라고 답하는 것을 볼 수 있었다.

9유형의 주의는 주위 환경에 나타나는 다양한 우선순위의 즉각적 필요에 의해서 쉽게 변화된다. 그 결과 자기가 집중하였던 주의의 중심이 주변적인 것으로 흩어지곤 한다.[4] 다른 사람 및 다른 업무들이 자기 자신과 자신의 업무보다 더 중요한 관심의 대상이 된다. '마치 분명한 자기 경험이나 자기 실체를 보지 않으려는 것처럼', 9유형은 여러 방식으로 주의가 분산되는 것을 볼 수 있다.[5] 9유형이 스스로 자기 뜻에 따라 행동해야 한다는 것은 행위에 대한 불안감으로 인해 스트레스가 될 수 있다. 이들은 행위에 대한 부담감을 피하기 위해서 덜 중요한 일들로 자기 자신을 분주하게 만들게 된다.

## 9유형의 감정적 격정 나태

9유형의 격정은 나태이다. 나태, 게으름, 태만, 심리적 무기력, 무지 등은 모두 참된 자기 자신에 대해 잠들어 있는 상태를 의미한다. 나태는 인간 모두가 가지고 있는 특성으로, 자신의 내면과 행동에 대해 무의식적인 자동성, 습관성, 반복성을 가짐으로써 무감각해지는 것을 의미한다. 충분히 깨어 있기만 하면 자신의 행동을 얼마든지 변화시킬 수 있음에도 불구하고 자신의 감정, 신념, 경험 등에 대해 주의를 기울이지 않는 것이 곧 나태함이다. 9유형에게 있어서 '심리적 무기력'은 곧 감정의 둔화, 자기 욕구에 대한 무감각, 자기 욕구에 대한 무접촉, 자기 의견을 표현하지 않음, 그리고 자기 뜻을 실천하지 않음 등의 형태로 나타난다.

『에니어그램의 격정과 덕목』The Enneagram of Passions and Virtues이란 책을 통해 마이트리 Sandra Maitri는 9유형의 격정인 나태를 이렇게 정의한다. 9유형의 나태는 '자신에 대한 부주의', '자기 소홀', '자신의 내적 생명에 대한 억누름' 등이다.[6] 이들의 나태는 우리가 흔히 생각하는 일반적 게으름과는 다르다. 일하려 하지 않고 이리저리 게으름을 피우는 것과는 다르게 9유형의 나태는 자기 자신에 대해 주의를 기울이지 않는 형태의 게으름이다.

9유형의 격정을 나타내는 최초의 단어는 무관심acedia이었다. 이는 4세기경 기독교 명상 전통에서 사용하던 단어이다. 무관심은 행동을 하지 않으려는 육체적 게으름이 아니라 영혼의 게으름을 의미한다.[7] 나란호는 무관심을 심리학적으로 '마음의 내면적 활동을 멈추고, 보려 하지 않고 변화하려 하지 않는 상태'로 정의한다.[8] 9유형들은 자신의 내적 생명에 대해 민감하게 깨어 있으려 하지 않기에 자신에 대한 감각을 잃어가고 있음에도 불구하고 그것을 깨닫지 못하는 경우가 많다.

나란호는 9유형의 '심리적 무기력'의 특성에 대해 계속해서 언급한다. 이것은 열정과 열의를 잃은 상태이며 내적 깊이와 상상력의 부족으로 통찰력을 잃은 상태이다. 심리적 나태는 감정의 둔화를 초래함으로써, 자신을 드러내려 하지 않고 소통하려 하지 않으며 온화하고 편안한 상태에 머무르려 하는 것을 의미한다.

심리적 게으름은 자기 자신의 내면의 소리를 듣지 못하도록 한다. 이것은 내면 관찰자를 잠식eclipse시킨다.[9] 심리적 게으름이라는 격정에 휘둘림으로써 9유형은 무의식적으로 자기 자신을 망각하게 된다. 자신의 감정, 본능, 본능적 충동을 파악할 수 있는 능력이 약화된다. 결과적으로 자기 자신을 보려 하지 않고 자신의 내적 경험과 접촉하지 않으려는 경향성을 띄게 된다.[10] 이로 인해 자신의 내면에 대해 알아차릴 수 없게 된다. 자기 내적 깨달음이 가능하려면 이러한 내적 형태에 대한 알아차림이 있어야만 한다. 이런 알아차림이 없이는 '도토리 껍질' 속에 갇힌 채 머물게 된다. 이 껍질을 깨고 나와야만 비로소 자신의 욕구가 무엇인지 느낄 수 있고 접촉할 수 있게 되는 것이다.

## 9유형의 인지적 오류
### 사이좋게 잘 지내는 것만이 유일한 길이다

우리는 자기 자신의 습관적 사고방식 속에 갇혀 살아가곤 한다. 이러한 사고방식은 자신의 신념, 감정, 행동에 지대한 영향을 준다. 우리의 습관적 사고방식은 세상을 보는 관점이 바뀐 후에도 지속될 만큼 우리 내면에 단단히 들러붙어 있다. 격정이 한 유형의 감정적 동기를 형성한다면, 인지적 고착 혹은 인지적 오류는 한 유형의 사고과정을 점유한다.

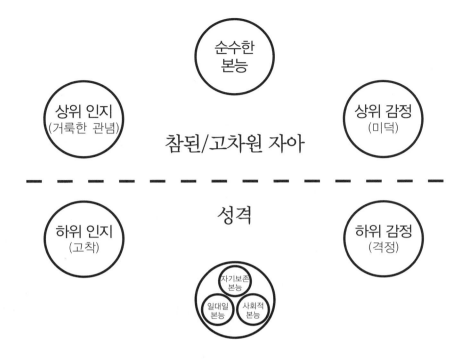

9유형에게 있어서 인지적 고착은 나태sloth라는 격정을 불러일으킨다. 여기에서 말하는 인지적 '고착'이란 자신을 우선적으로 고려하지 않으려는 인지적 습관을 가리킨다. '나태'라는 격정은 자신의 내적 경험에 대해 무감각하도록 만든다. 한편 이차조는 9유형의 인지적 고착을 태만indolence이라 하기도 했는데 여기서의 '태만'은 자기 자신을 무시하고 소홀하게 만드는 것을 말한다. 나태 혹은 태만이라는 고착 때문에 9유형은 자신을 망각하고 살게 되는 것이다.

제롬 와그너Jerome Wagner라는 심리학자는 다음과 같이 말한다. 9유형은 어린 나이에 소홀히 여김을 받고 소속감 결핍을 경험하였기 때문에, 자신은 별로 중요하지 않고 그다지 기여할 것이 없다는 사고방식을 형성하게 되었다는 것이다.[11] 9유형은 자신이 그다지 중요하지 않다는 신념 때문에 자신의 내적 음성에 귀를 기울이지 않고 자신을 소홀히 여기곤 한다.

와그너는 게으름이라는 격정과 관련하여 9유형이 다음과 같은 신념을 내적 원칙으로 삼는다고 말한다.[12]

- 나에게는 별로 문제가 되지 않는다. 이렇게 하는 편이 더 쉽고 편하다.
- 나의 생각과 감정은 별로 중요하지 않다. 그래도 괜찮다. 다른 사람들이 나보다 더 강한 감정을 느끼기 마련이다.
- 화를 내거나 흥분하는 것은 좋지 않다. 그렇게 되면 다른 사람들과의 관계가 깨어지기 때문이다.
- 나 자신에게 충실하기보다는 친절하고 평화로운 것이 더 중요하다.
- 분노를 표현하는 것은 좋지 않다. 다른 사람과 긍정적인 관계를 깨뜨리기 때문이다.
- 내가 다른 사람들에게 드러나지 않는다면 나는 안전하다.
- 내가 무엇을 원하는지 잘 모르겠다. 하지만 그것은 별로 중요하지 않다.
- 내가 원하는 것을 알 수 있는 방안이 없다.
- 내가 무엇을 원하는지 찾는 것과 나의 욕구를 표출하는 것은 내가 필요로 하고 내가 연결되기 원하는 사람들과 나 사이를 갈라놓게 만든다.
- 내가 원하는 것을 주장해서 문제를 일으키기보다는 다른 사람들이 원하는 것을 따라가는 것이 더 쉽고 편하다.

9유형은 갈등을 피하는 것이 최선이라고 생각하며, 종종 '배를 좌초시켜서는 안 된다'라고 생각한다. 또한 자기 때문에 관계가 깨어져서는 안 된다고 여긴다. 이들이 이러한 신념들을 가지고 있는 한, 그들은 저항 없이 타인들이 원하는 것을 내어줌으로써 평온하고 안락한 상태에 머물고자 하는 경향성을 벗어날 수 없다.

## 9유형의 함정

**편안함에 머무는 것은 점차 불편함을 초래한다**
**자신을 혼수상태에 두는 것은 갈등을 피하는 좋은 방법처럼 보인다**

다른 모든 유형과 마찬가지로, 9유형 역시 고착으로 인한 일종의 '정신적 수면'의 상태에 빠지게 된다. 이러한 고착은 자신의 성격만으로는 해결하기 어려운 내면적 '함정'과도 같다.

9유형은 가능하면 편안함과 안락함을 유지하고자 하지만, 갈등을 피하고 자기 욕구에 대한 인식을 피하는 것은 편안함과 안락함을 불가능하게 만든다. 왜냐하면 이러한 자세는 결국 불협화음을 초래하기 때문이다. 편안함을 추구하는 것은 불편함을 초래한다. 그 이유는 편안함만을 추구하는 것은 삶의 기본 진실을 위배되기 때문이다. 때로는 갈등이 훨씬 건설적일 뿐 아니라 재통합의 가능성을 지니고 있다. 또한 자신의 진실한 감정을 표현함으로써 보다 깊은 유대감을 형성할 수 있게 된다.

9유형에게 있어서 화합을 유지하고자 하는 열망은 점차 자신의 의식, 생동, 열정을 무력하게 만든다. 이것은 인생을 보다 적극적으로 살아가지 못하도록 만든다. 너무 다른 사람들에게 맞추기만 하는 것은 점차 불만족을 초래하게 된다. 이것은 수동적 공격의 모습으로 나타나고 수동적 공격행동은 결국 9유형이 피하고자 하는 갈등을 유발하게 된다.

## 9유형의 대표적 특징

### 1. 타인을 향한 지나친 순응과 연합

9유형의 두드러진 특징은 다른 사람들의 뜻과 생각에 대한 과잉 순응over-adjustment의 경향이 있다는 것이다. 이들은 적당히 순응하기보다는 자신의 위치와 필요를 잊은 채 다른 사람들에게 완전히 맞추는 경향이 있는데 이것은 주위 사람들이 미처 자각하지 못한 채 이루어진다. 9유형은 사람들 사이에 중재를 이끌어내는 동시에 자신의 욕구와 필요를 망각한 채 갈등이라는 것을 완전히 덮어버리고 넘어가고자 한다.

9유형의 양보와 순응은 자기 욕구를 채우는 것을 끝없이 연기하고 뒤로 미루는 것과 연결된다. 이러한 자기부인은 과잉 순응에서 비롯된다. 이에 대해 나란호는 '세상에 대한 과잉 순응은 너무나 힘든 것이어서 일종의 자기망각self-forgetfulness을 필요로 한다.'[13]고 묘사한다.

9유형은 다른 사람들과의 연합을 시도하는데 그 의미는 무엇일까? 연합은 타인의 입장, 감정, 욕구를 마치 자신의 입장, 감정, 욕구인 것처럼 느끼는 것을 의미한다. 이렇게 되면 자신과 타인 사이의 경계가 불분명해지는 문제가 야기된다. 이렇게 되면 자신의 의제agenda와 타인의 의제를 구분하기가 어려워지고, 자신이 정말 원하는 것이 무엇인지를 발견하기 어려워진다.

9유형은 무의식적으로 어린 시절 가능했던 공생적 유대symbiotic bond 관계를 유지하고 싶어 한다. 따라서 이들에게 있어서 완전한 분리는 일종의 재앙처럼 느껴질 수 있다. 이들은 늘 다른 사람들과의 관계성을 유지하려 하기 때문에, 타인과 자신이 분리될 때 마치 존재감을 잃고 여기저기 방황하는 것 같은 느낌을 받게 된다. 이들은 자신의 이러한 특성을 깨닫지도 못한 채, 자기에게 중요한 의미가 있는 사람들과의 연결을 유지하기 위해 모든 노력을 기울인다. 그 결과 자신의 내적 욕구와 진실에 대해 무감각해지게 된다.


## 2. 체념

9유형이 사용하는 대처전략은 자신의 욕구를 포기하는 것이다. 이것은 무의식적으로 자신의 욕구가 무엇인지 인지하는 것 자체에 대한 포기를 의미한다.


9유형은 자기주장을 내세우는 것은 좋지 않다는 신념을 가지고 있다. 나란호는 '이들은 마치 생존하기 위해 죽은 체하는 전략을 구사한다. 이것은 마치 살기 위해서 죽어지내는 것과도 같다.'[14]라고 주장한다. 이들의 핵심신념은 자기 자신의 주장을 하는 것은 옳지 않기에 자신의 욕구에 대한 게으름과 체념을 필요로 한다는 것이다. 이들은 자기욕구를 포기하고 다른 사람들과 함께 어울려 지내는 것이 훨씬 더 편하다고 느낀다.


## 3. 무던함/상냥함

9유형이 다른 사람들과 맞추기 위해 참된 자기 자신으로부터 분리되는 것은 문제임이 분명하다. 하지만 9유형의 장점은 주위 사람들 모두가 그들을 좋아할 뿐 아니라 함께 지내기 편한 사람, 즐거운 사람으로 받아들여 준다는 것이다. 이들은 대체로 다른 사람들을 힘들게 하거나 많은 요구를 하지 않고 감정적으로 무던할 뿐 아니라 우정과 지원의 견고한 근원이 된다. 타인과의 갈등이나 긴장을 유발하지 않는 습관으로 인해 이들은 무던함과 상냥함의 대명사가 된다.


물론 9유형의 무던함, 상냥함, 관대함은 그에 따른 대가를 치른다. 그들도 자신의 의견과 분노를 지니고 있기 때문이다. 평소에는 무난한 것처럼 보이지만, 자기가 원하지 않는 일을 하게 되거나 자기방식대로 일이 되지 않을 때 이들은 매우 고집스러워지고 퉁명스러워진다. 하지만 9유형은 대체로 느긋하고 재미를 추구하는 경향을 지니고 있다.

### 4. 우유부단함

9유형은 종종 꾸물대거나 우유부단하다는 문제와 씨름하게 된다. 호메로스의 '연을 먹는 사람들'처럼, 이들은 자신의 내면과의 연결이 차단된 것처럼 보일 때가 있다. 따라서 어떤 결정을 내려야 할 때 많은 어려움을 겪기도 한다. 일상적인 일들은 비교적 결정하기가 쉽지만, 자신의 직업, 행동, 인생진로를 결정해야 할 때는 많은 어려움을 겪게 된다.

9유형은 자기가 좋아하는 것이 무엇인지를 발견하는 것보다 자신이 싫어하는 것이 무엇인지를 발견하기가 훨씬 더 쉽다고 느낀다. 즉, 자기가 원하는 것은 몰라도 자기가 원하지 않는 것은 잘 알 수 있다. 다른 사람들이 원하는 것에 적응을 잘 하던 9유형이 때로는 다른 사람들이 원하는 것을 조용히 거부할 수 있다.

## 9유형의 그림자

9유형의 맹점은 그들의 나태와 연결되어 있다. 또한 다른 사람들과 잘 지내기 위해 자기 내면의 욕구를 의식하지 않으려는 내적 전략과도 연결되어 있다. 자신의 욕구, 감정, 의견, 내적 진실에 대한 깨달음은 9유형의 그림자 영역이라 할 수 있다. 이것을 그림자 영역이라고 부르는 이유는 다음과 같다. 즉, 편안함, 안전, 다른 사람들과의 유대를 유지하기 위해서 자기의 내적 욕구에 대해 무의식적으로 회피하는 방어기제가 있기 때문이다. 9유형이 스스로 분명한 입지를 가지고 자신의 취향과 강한 감정을 표출하기는 쉽지 않다. 이들은 타인들과 원만하게 어울리고자 하기 때문에 자기 자신에 대해서는 '잊어버리고' 지내는 경우가 많기 때문이다. 원하는 것이 무엇인지를 물어보면 이들은 종종 잘 모르겠다고 답하곤 한다.

9유형은 자기에게 중요한 의미가 있는 사람들과 맞서고 싶지 않기에 자신의 의견,

욕구, 감정을 표현하려 하지 않는다. 따라서 이들의 의견, 욕구, 감정은 그림자 속에 감추어져 있다. 갈등과 긴장은 곧 분열로 나아간다고 믿기에 갈등과 긴장을 유발할 수 있는 자기 욕구와 감정을 부정하고자 한다. 따라서 이들의 내적 삶은 일종의 맹점으로 남게 된다. 솔직한 토론이나 정당한 갈등이 요청되는 경우에도 이들은 그것을 인지하지 못하는 경우가 많다.

9유형 그림자 속에 숨겨져 있는 분노는 종종 수동적 공격의 형태로 표출된다. 즉, 고집불통, 꾸물댐, 짜증 등의 형태로 이들의 분노가 나타나는 것이다. 그러나 이들은 자기가 그렇게 하고 있다는 사실을 인식하지 못한다. 다른 장 중심들과 마찬가지로 이들은 남으로부터 지시받는 것을 싫어한다. 다른 사람의 요구를 거절하면 갈등이 생길까봐 '예'라고 답하지만 실상은 '아니오'인 경우가 많다. 다른 사람들이 자기에게 지시하는 것을 이런 식으로 거절하여 자신의 독립성과 자율성을 지켜내는 것이다. 타인들에게 잘 맞춰주는 것 같으면서도 다른 사람의 통제는 피하지만, 정작 자신은 이러한 일련의 역동을 의식하지 못한다.

9유형의 그림자 속에는 분노 외에 변화에 대한 욕구가 들어있다. 예를 들면, 직업 찾기, 경력 전환, 관계 단절하기 등을 들 수 있다. 뭔가 결단을 해야 하고 행동해야 하고 변화를 만들어야 하는 욕구가 이들의 그림자이다. 이들은 갈등과 긴장을 피해 현재 상황을 유지하고자 하는 타성에 젖어 있는 경우가 많기에 이러한 욕구가 그림자 속에 들어 있는 것이다.

9유형은 과한 관심을 부담스러워하고 이타적이기 때문에 인정을 원하는 모습은 맹점으로 남을 수 있다. 이들은 타인들의 주의가 자신에게 집중되는 것을 싫어한다. 자기가 좋은 일, 훌륭한 일을 하고 나서도 마찬가지이다. 타인들의 관심과 주의가 자신에게 집중되는 것을 피하기 위해서 그 일을 이룬 공로를 다른 사람들에게 돌리는 경향이 있다.

## 9유형 격정의 그림자
## 단테의 지하세계에서 나타나는 나태

에니어그램의 관점에서 분석해 볼 때, 단테의 지하세계 묘사 속에서 9유형의 모습을 찾아볼 수 있다. 단테가 표현한 지옥 속에서 나태는 매일 시간을 허비하고 자연적인 힘과 주도성을 행사하려 하지 않기 때문에 커다란 죄이다. 이들의 나태는 9유형이 갖고 있는 분노와 저항을 표현하거나 느낄 수 없도록 만든다. 따라서 순례자Pilgrim는 나태가 처벌받을 수밖에 없는 죄임을 알게 된다. 이것은 스틱스Styx라는 더러운 강물 속에서 나태가 분노와 함께 처벌받는 것을 가리킨다. 분노의 죄인들은 더욱 적극적으로 서로를 때리고 찢고 싸우는 반면, 나태의 죄인들은 자기가 더러운 강물 속에 들어있음을 드러내는 것 외에 아무것도 하지 않은 채 더러운 강물 속에서 부글부글 물방울만 내뿜고 있다.[15]

> 끈적거리는 강물 밑에 탄식하는 영혼들이 있네.
> 그들은 수면 밑에서 부글부글 물방울만 뿜어내네.
> 당신은 볼 수 있네. 이 영혼들을.
>
> 끈적거리는 강물 밑에서 그들은 외치네.
> "우리는 신선한 공기를 마실 수 있을 때 게을렀었네.
> 게으름의 연기가 우리 심장을 마비시켰네.
> 이제 우리는 더러운 구정물을 마시며 게으르게 누워있다네."
>
> 그들은 더 이상 노래를 할 수 없네.
> 그것은 꾸룩꾸룩 구정물 마시며 외치는 소리일 뿐이라네.

'나태'는 늪같이 더러운 스틱스 강의 '끈적거리는 물'처럼 분노의 격정에 묶여 있다. 하지만 1유형의 명백한 분노와 달리, 9유형의 분노는 더 깊게 은폐되어 있다. 단테는 나태를 탄식하는 영혼sighing souls으로 묘사한다. 9유형의 분노가 일상 속에 깊게 은폐되어 있는 것처럼, 단테의 스틱스 강 속에서 나태는 강물 밑에서 부글부글 물방울만 뿜어내고 있는 것이다.

---

# 9유형의 세 가지 하위유형

9유형의 격정은 나태이다. 여기에서 말하는 나태는 단순한 게으름을 뜻하는 것이 아니다. 이러한 나태는 자신의 내적 존재로부터 나오는 힘과 에너지를 활성화시키지 않으려는 일종의 심리적 저항을 의미한다. 이것은 자신의 내적 감정, 감각, 욕구를 알아차리려 하지 않는 경향성이다.

9유형의 세 가지 하위유형 속에 공통적으로 이러한 심리-영적 나태가 들어 있다. 세 하위유형은 이러한 심리-영적 나태를 세 가지 다른 방식으로 표출한다. 즉, 자기보존, 사회관계, 일대일 유대라는 본능 중에 어느 것이 우세한가에 따라 다른 방식으로 표출된다는 것이다. 9유형이 가지는 무의식적 욕구를 통해 나태의 격정이 분출된다. 이들은 자기 자신의 존재감각으로부터 회피하기 위해서 무의식적으로 자신을 타인이나 사물과 연합시키려 한다. 이들이 자신의 존재감각으로부터 회피하고자 한다는 것은, 다른 말로 표현하면 자신의 참된 존재감각과 연결될 때 발생하는 고통을 회피하고자 한다는 것이다.

9유형의 세 가지 하위유형들은 모두 일종의 '연합'을 필요로 한다. 다만 그들이 연합하는 대상이나 방식이 다를 뿐이다. 이들은 연합 또는 병합을 통해서 자기 내면에 결여되어 있는 위로와 연대감을 찾고자 한다. 자기보존 9유형은 자신의 신체적 위안과 활동에 융합한다. 사회적 9유형은 자신이 속한 그룹과 융합한다. 일대일 9유형은 다른 사람들과 융합한다. 이처럼 9유형은 자기 외부의 대상에 주의를 집중함으로써 자신의 내적 감각에 직접적으로 연결되는 것을 피한다. 9유형 내 세 가지 하위유형의 공통점은 모두가 자신을 포기하고자 하는 경향성을 지닌다. 이러한 자기포기는 자신의 감정, 필요, 욕구 등에 대해 무감각, 나태함의 형태로 나타난다.

## 자기보존 9유형 식욕

자기보존 9유형은 이차조와 함께 나란호가 명명한 '식욕'으로 표현할 수 있다. 자기보존 9유형의 깊은 동기는 물질적 필요를 채움으로써 세상 속에서 안정감을 얻고자 하는 것이다. 자기보존 9유형은 먹기, 읽기, 게임 하기, TV 보기, 잠자기, 일하기(그 일이 자신에게 위안을 주는 것일 경우) 등을 통해 만족을 얻는다.

어떤 종류의 활동이든지 이들은 자기가 만족했던 구체적인 경험과의 융합을 통해 일종의 안위와 자기보호의 필요를 채우려 한다. 자기가 좋아하는 방식과 활동에 집중함으로써 자신의 내적 존재에 대한 관심을 회피하는 것이다. 즉, 자신의 내적 존재와 연결되기보다는 일상의 식욕 충족과 연결됨으로써 자기존재의 대체물을 통한 대리만족을 추구한다.

자기보존 9유형은 세상 속에서 잠재적 갈등이나 과잉자극을 경험하기보다는 자신의 경험을 좀 더 친숙한 일상적 평안의 방식으로 대체하고자 한다. 외부 세계에서 예측할 수 없거나 복잡한 일들에 휘말리기보다는 안정된 활동 속에서 자신을 편안하게 만드는 것이 훨씬 쉬운 일이기 때문이다.

여기에서 말하는 '식욕'은 단지 음식과 관련된 것을 뜻하지 않는다. 이것은 다양한 물질적 필요의 충족을 통해 만족감을 느끼고 싶어 하는 욕구를 의미한다. 평안, 지원,

안정된 구조의 느낌을 주는 모든 것 즉 음식 외에도 호감 있고 재미있는 모든 것들을 향한 욕구를 뜻한다. 뭔가 단순하고 직접적이며 구체적인 물질적, 물리적 필요의 충족과 같은 것이다. 이것들을 자신이 즐길 수 있도록 만드는 것이다. 내가 아는 자기보존 9유형에 해당하는 사람은 자신의 다이어트와 건강유지 프로그램을 구체적이고도 일상적인 형태로 지속하고 있었다. 그녀가 속한 운동그룹은 서로가 서로를 잘 아는 상호 밀접한 공동체였다. 구성원 모두가 매일 아침 일찍 모여서 함께 운동하고 주기적으로 체중감량을 위한 프로그램에 참여하도록 서로를 격려하였다. 그들은 잘 계획된 프로그램에 함께 참여하였다.

자기보존 9유형은 구체적인 것을 좋아한다. 너무 추상적이거나 철학적인 개념들보다는 즉각적인 경험을 선호한다. 이들은 '심리학적인 성찰'이나 자기를 들여다보는 일보다는 경험적이고 실제적인 일들을 선호한다. 이론보다는 경험이 훨씬 쉽다고 생각하지만, 자신의 경험을 말로 풀어내려 하지 않는다. 그들은 자기 내면에서 일어나는 것들을 남들에게 그다지 언급하지 않는다.

나란호는 '식욕'이 일종의 과도한 '피조물의 특성'이라고 설명한다. 마치 '나는 먹는다. 고로 존재한다', '나는 잠잔다. 고로 존재한다'처럼 생존을 위한 경험들을 통해서 '존재'의 문제를 대체하려는 경향성을 나타낸다는 것이다. 마치 자기에게 결여된 일종의 결핍감처럼, 자기 삶이 드러내는 구체적 사실들이 추상적 사고들보다 훨씬 더 중요하게 느껴지기 마련이다. 이들은 보다 단순하고 직접적인 경험을 중시하는 삶을 살아간다.

다른 하위유형들에 비해 자기보존 9유형은 자기 혼자만의 시간이 더 많이 필요하다. 물론 다른 하위유형들과 마찬가지로 이들 역시 다른 사람들과 자기 주위 환경들에 많은 주의를 기울이고 영향을 받는다. 하지만 이들은 기본적으로 자기 혼자 있을 때 보다 편안해하고 스스로 단단해진다고 느낀다. 혼자 있음으로 인해 자기의 경험과 활동이 보다 편안해지고 온전해진다고 느낀다. 이들은 약간 냉소적으로 자기를 비하하는 독특한 유머 감각을 가지고 있다.

9유형들은 다정한 사람들이지만 그들 마음 깊은 곳에서 자신은 사랑받지 못하고 있다고 느낀다. 그들은 일종의 자기포기를 통해 다른 사람의 사랑을 필요로 하지 않는다고 생각한다. 자기보존 9유형은 사랑에 대한 욕구를 포기하는 대신 다른 욕구들을 충족하고자 한다. 이들은 자기포기에 대한 보상으로써 뭔가 재미있는 활동으로 욕구를 대체하고자 한다. 이 유형이 재미와 명랑함을 추구하는 이유는 어린 시절부터 사랑보다는 재미를 통해 보상받고자 하는 시도와 연관되어 있다. 물론 이러한 것들이 이 유형을 사랑스럽게 만들어주는 요소가 된다.

자기보존 9유형은 적극적이고 직관적이다. 이들은 묘한 힘과 에너지를 표출한다. 세 가지 하위유형 중에 가장 8유형에 가까운 모습을 띤다. 여간해서 행동에 나서려 하지 않는 모습 때문에 8유형으로 오해되지는 않는다. 하지만 자기보존 9유형은 분명한 에너지를 가지고 있다. 이들은 일대일 9유형보다 훨씬 자기주장이 강하고 뚜렷하다. 자기보존 9유형은 다른 하위유형에 비해서 짜증을 잘 내고 고집이 완고하며 다른 사람의 옳음을 받아들이기 어려워한다. 또한 다른 하위유형에 비해서 과도함을 지닌다. 이들은 화를 자주 내지는 않지만, 문제를 야기하는 사람에게 화가 났을 때 일종의 '중재자의 분노'를 표출하게 된다.

**자기보존 9유형**
**다니엘**

저는 어린 시절 중서부 지방에서 자라났으며 사람들은 저를 '잘 먹는 아이'라고 불렀습니다. 이 호칭은 일종의 칭찬 같은 것이었습니다. 실상 나에게 있어서 먹기는 늘 즐거움의 원천이었습니다. 스트레스를 받게 되면 먹기에 더 탐닉하게 되었습니다. 20대 초반에 정치 캠페인에 관여했던 적이 있는데 그때 2~3개월 사이에 12킬로나 체중이 늘게 되었습니다. 나에게는 음식이 일종의 애정결핍에 대한 보상과도 같다는 것을 깨닫게 되었습니다. 지금은 먹기보다는 그 사랑을 나 자신에게 주는 방법을 배우고 있습니다.

잠자기 또한 내게 참 중요합니다. 잠자기는 생리적 욕구이기보다는 일종의 탈출구입니다. 내 친구 중에 9유형인 친구가 이런 말을 해주었습니다. 그는 논쟁에 휘말려 너무나 화가 난 나머지 잠을 자야만 했다는 것입니다. 나는 이 것이 무슨 말인지 너무나 잘 압니다. 일상의 반복적인 경험들도 또한 위안이 됩니다. 수년 동안 컴퓨터를 켤 때마다 나는 똑같은 방식으로 일상을 반복하였습니다. 제일 먼저 이메일을 체크하고 그다음에 5개의 사이트를 순서대로 방문합니다. 하루에도 수차례씩 이러한 일을 되풀이하였습니다. 종종 매우 중요한 일들을 처리해야 할 때도 여전히 그 일들을 처리하기 전에 너무나 익숙한 5개의 사이트를 순서대로 방문하여 안정감을 느낀 후에야 일을 할 수 있었습니다.

혼자 있는 것이 위안이 됩니다. 왜냐하면 먹기, 잠자기, TV 보기 등을 하기에는 혼자인 것이 매우 편리하고 좋기 때문입니다. 하지만 편리한 것이 좋은 것만이 아님을 깨닫게 되었습니다. 특히 자율성과 자기 자신에 대한 감각을 발달시킬 때, 편안함에 머무는 것이 도움이 되지 않음을 알게 되었습니다. 무엇보다 나 자신과 잘 조화를 이루어야 할 필요가 있음을 깨닫게 되었습니다. 이것은 쉬운 일이 아닙니다. 왜냐하면 나 자신의 내적 갈등이 해결되지 않은데다가 나 자신의 위치가 무엇인지도 명확하지 않기 때문입니다.

사람들은 내가 8유형이 아니냐고 내게 묻습니다. 다른 9유형보다 행동에 옮기는 것을 잘 하는 데다가 보다 적극적으로 내 주장을 펼치기 때문입니다. 물론 이것은 내게 칭찬처럼 들립니다. 하지만 나는 의도적으로 8유형 날개를 쓸 뿐입니다. 이를 통해 나의 분노를 경험하고, 행동함으로써 나 자신을 표현하고 나를 계발해나가고 있는 것입니다.

## 사회적 9유형 참여 역유형

사회적 9유형은 자신이 속한 그룹과의 융합을 통해 나태라는 자신의 격정을 표출한다. 이들은 자신이 속한 그룹의 이익을 위해 열심히 일하고 자기의 필요보다 그룹의 필요를 더 우선시한다. 이들은 다른 사람들과 잘 어울리는 유형이며 자신이 속한 그룹의 일원임을 느끼고 싶어 한다. 하지만 이들의 무의식 속에는 자신이 그 그룹에 온전히 속해 있지 않은 것 같은 느낌을 가지고 있다.

사회적 9유형이 그룹 속에 참여하고자 하는 욕구가 강한 것은 실제로는 자신이 그 그룹 속에 속해 있지 않은 것처럼 느끼기 때문이다. 이것 때문에 이들은 다른 사람들에게 관대하게 대하고 구성원의 자격을 얻기 위한 방법으로 그룹의 필요를 만족시키기 위해 모든 것을 희생하는 식으로 과도하게 애쓰는 것이다. 자기의 소속감이 분명치 않기에 소속감에 대한 필요가 더 강하게 올라오는 것이다. 그룹에 속하고 포함되기 위해서 무언가를 더 열심히 해야 할 것 같은 느낌이 들게 되는 것이다. 그래서 다른 사람들보다 2배 이상의 노력을 기울이게 된다.

사회적 9유형은 그룹의 멤버십 티켓을 얻기 위해 상당한 열정과 열심을 가지고 있다. 이들은 때로는 일에 중독될 수 있고 열심히 일하며 계속해서 많이 줄 필요를 느낀다. 그들의 노력은 단지 일에 그치는 것이 아니라, 그룹을 향한 그들의 우정과 사회성에 대한 표현이다. 이들은 다른 사람에게 부담을 주지 않고자 하기 때문에 자신의 고통을 여간해서 드러내어 보이지 않는다. 또한 자기가 속한 그룹을 위해 봉사하는 것이 얼마나 많은 노력과 에너지를 필요로 하는지 남들에게 보이려 하지 않는다. 이들은 이기적이지 않고 관대한 사람들이며 다른 사람들이 보이는 기대에 보답하기 위해서 자신을 희생하면서 다른 사람들의 필요를 채운다. 이들은 자신이 속한 그룹이 무엇을 필요로 하는지 알고 그것에 부응한다.

다른 하위유형들은 수동적이고 정적인 데 비해서 사회적 9유형은 외향적이고 적극적이다. 사회적 9유형을 역유형이라고 부르는 이유가 바로 여기에 있다. 이들은 자기가 속한 그룹을 위해 싸울 수 있는 내적 동기가 있고 자기표현을 잘 하며 단호하다. 사회적 9유형은 힘이 있고 외향적이다. 따라서 이들에게는 흔히 9유형에게 나타나는 무력감이 없는 것처럼 보인다. 하지만 이들 역시 그 속에 자신의 필요와 욕구가 무엇인지 깨닫지 못하는 일종의 나태함이 들어있다.

사회적 9유형들은 이타적이고 선하며 자신들에게 주어진 책임을 완수하고자 애쓰기에 좋은 리더가 될 수 있다. 이들은 훌륭한 중재자가 되어, 모든 사람의 입장을 이해하고 의견을 조율함으로써 그룹 내의 갈등을 잠재울 수 있다. 이들은 리더로서 많은 노력과 많은 일들을 수행하며, 많은 스트레스를 견딜 수 있어서 일종의 '인간 펀치백'이라고 불릴 정도이다. 이들은 다른 사람과의 관계성 유지를 위해서 자신의 것을 기꺼이 내어놓고 헌신한다. 이들의 이러한 모습 속에는 갈등, 분리, 평정심 또는 조화의 상실, 버려짐 등에 대한 두려움이 자리 잡고 있다.

사회적 9유형들은 상황을 통제하고 싶어 하고 많은 말을 한다. 그룹을 위해 열심히 일하기 때문에 자기 자신을 위한 시간이 부족하기 때문이다. 이들은 자기 자신을 제외한 모든 것들을 위해 충만한 삶을 살고 싶어 한다.

사회적 9유형들은 그룹에의 소속감을 통해서 자신의 정체감과 실재감을 얻게 된다. 그렇지 않으면 이들은 자신의 존재 또는 존재감각에 대해서도 의심하게 된다.

사회적 9유형들은 표면적으로 즐겁고 행복하다. 하지만 그들의 즐거운 외면의 속에는 무소속에 대한 감각이 남아 있기에 그들의 무소속감은 일종의 슬픔을 담고 있지만 다른 사람들에게는 그러한 슬픔을 표출하지 않는다. 하지만 이들은 자신의 이러한 상황을 직접적으로 느끼지 않는다. 이들은 너무 슬프지도 너무 기쁘지도 않은 중간적 감정의 상태를 유지한다. 이들은 자신의 감정과 감각으로부터 어느 정도 떨어져서 거리를 유지하고 있는 것이다.

사회적 9유형들은 언뜻 3유형처럼 보일 수 있다. 이들은 겉으로 열심히 일하거나 스트레스를 받지 않는 것처럼 보인다. 하지만 3유형과 달리 자신에게 주의가 집중되는 것을 내켜 하지 않고 그룹을 위해 봉사하되 자신의 이미지를 부각하거나 칭찬을 받기 위해서 일하지 않는다. 이들은 또한 2유형처럼 보일 수 있다. 다른 사람들의 필요를 채우는 데 열심이기 때문이다. 하지만 2유형처럼 다른 사람들의 인정과 감사를 얻으려는 욕구가 많지 않으며 정서적으로 훨씬 더 안정되어 있다.

**사회적 9유형**
**마야**

저는 5명의 형제자매와 함께 대가족의 일원으로 자랐습니다. 저는 가족들 속에서 갈등을 줄이고 관용, 이해, 일치를 만들어내려 노력하였습니다. 저녁 식사를 하다가 대화와 논쟁이 과열되면 종종 중간 입장을 취하곤 하였습니다. 각 사람의 관점을 이해하고 설명함으로써 의견들을 수렴하고자 하였습니다. 구성원들의 의견을 조율하는 일종의 리더 역할을 수행했던 것입니다. 고등학교 때 여러 그룹을 대표하는 회장이 되었습니다. 젊은 시절부터 배구팀을 비롯해서 팀워크와 화합을 도모하는 그룹들을 창설하였습니다. 현재에도 늘 주위 환경과 특히 새로운 멤버들을 잘 보살핍니다. 나 자신을 포함해서 모두가 서로 잘 화합하고 적응할 수 있도록 돕습니다. 전체 그룹에 영향을 끼치는 결정을 할 때, 저는 최종 결정을 하기 전에 다양한 의견들을 다 듣고 종합해서 그것들을 아우르는 과정을 가집니다. 주위의 분위기를 감지하기 위해서 늘 촉각을 곤두세우고 있습니다.

## 일대일 9유형 융합

일대일 9유형은 무의식적으로 늘 타인을 필요로 한다. 이들은 자기 내면에 결핍된 '존재감'을 타인과의 융합을 통해서 얻고자 한다. 이들은 자기 마음대로 자기 방식으로 행동하는 것은 너무 과도한 것이라고 믿기 때문에 무의식적으로 타인과의 관계성을 통해 존재감을 키워나간다. 이들은 다른 사람들의 의제가 곧 자신의 의제라고 여기는데, 이렇게 하는 것이 훨씬 더 편하고 안전하기 때문이다.

일대일 9유형은 자기 삶의 열정에 연결되어 있지 않다. 따라서 이들은 타인과 융합함으로써 삶의 열정을 유지하려 한다. 이들은 자기에게 중요한 사람과 밀접한 관계 속에 있을 때, 자신의 경험과 그 사람의 경험 사이에 아무런 경계가 없는 것처럼 느낀다. 타인과의 융합은 그 사람의 느낌, 태도, 신념, 행동까지도 자신의 것으로 느끼게 되는 형태를 취한다. 이들은 일종의 고독과 유기의 느낌을 스스로 지니고 있다. 이러한 고독과 유기는 자신이 아닌 다른 사람에 의해 해결될 수 있다고 느끼는 것이다.

일대일 9유형의 이러한 모습은 다음과 같은 이유 때문에 문제가 된다. 참된 융합은 두 사람 사이에 함께 이루어지는 실재로서, 무엇보다 우선은 각자가 자신의 발로 확고하게 설 수 있어야 한다. 자신의 발로 선다는 것은 자기 인생의 목적의식을 가지고 그에 맞게 스스로 살아내는 것을 의미하는데, 일대일 9유형은 스스로 자신의 발로 서는 것을 어려워하는 것이다.

일대일 9유형은 다양한 상대와 융합을 시도한다. 파트너, 부모, 친구, 중요한 타인과의 융합을 통해 인생의 목적을 발견하고자 한다. 자기 내부에 그러한 목적의식이 결여되어 있음을 회피하고자 하는 무의식적인 노력의 일환이다. 이들은 자신의 정체성이 명확하지 않음을 느낀다. 자기 삶에 분명한 인생 구조가 세워져 있지 않음을 느낀다. 따라서 무의식적으로 타인과의 융합을 통해 이러한 결핍들을 채우고자 한다.

일대일 9유형은 매우 친절하고 따뜻하고 상냥하다. 9유형 중에 가장 부드럽고 자기 주장을 하지 않는 유형이다. 참된 자아가 아닌 성격유형으로부터 나오는 모든 돌봄이 그런 것처럼, 이들의 부드러움도 어느 정도는 진실한 것이 아니다. 다른 하위유형보다도 일대일 9유형은 자신의 주도성과 참된 동기를 파악하는 데 어려움을 느낀다. 이들은 자신이 원하는 것을 발견했다 하더라도, 그것이 타인과의 갈등을 야기하는 것이라면 그것을 실천하는 데 많은 어려움을 느낀다.

일대일 9유형은 어린 시절의 분리경험에 대한 상처를 가지고 있기에 이러한 고통으로부터 자신을 보호하려 한다. 이러한 무의식적 노력은 경계선들을 인정하려 하지 않는 모습으로 나타난다. 이것은 자신의 소외, 고독, 개별성에 대한 인식을 회피하고자 하는 시도이다.

일대일 9유형은 '나는 중요한 타인과 함께할 때 내가 될 수 있다'라고 느끼곤 한다. 이들은 중요한 연결과 융합을 유지하기 위해 자기 자신이 아닌 타인의 필요를 충족시키려 한다. 중요한 타인과의 관계성이 위협받게 될 때, 이들은 자신이 중시하는 관계성에 영향을 미칠 수 있는 모든 것들을 회피하려 노력한다. 이러한 노력은 일종의 수동적 공격의 형태로 나타나게 된다.

일대일 9유형은 4유형처럼 보일 수 있다. 이들은 4유형처럼 슬픔을 느끼고 관계성 속에서 슬픔과 우울을 경험하며 표현하기 때문이다. 이들이 타인과의 관계성 속에서 자신의 중심을 발견한다는 것은 다음과 같은 것을 의미한다. 이들은 자기에게 중요한 타인의 정서와 욕구에 민감하고 관계성 속에 들어 있는 밀고 당김의 역학에 민감하다는 것이다. 이들은 또한 4유형처럼 자기감정의 변화 이상으로 타인의 감정 변화에도 민감하다.

일대일 9유형은 또한 2유형처럼 보일 수 있다. 자기 속에 확고한 자기에 대한 감각을 지니지 못하고 중요한 사람과의 관계성 속에서 자기정체성이나 자기이해를 발견하게 되기 때문이다. 하지만 2유형은 타인과의 관계 속에서 자신의 이미지를 구축하는 데 더 많은 관심이 있지만 일대일 9유형은 그렇지 않다. 또한 2유형은 사람들의 집중적인 관심을 받는 데 익숙하지만 일대일 9유형은 그렇지 않다.

**일대일 9유형**

**신시아**

9유형에게 나타나는 나태의 모습은 저에게는 게으름보다는 무능력의 모습으로 경험했습니다. 나 자신의 내면으로 깊이 들어갈 수 없고 내면과 연결될 수 없었습니다. 사실, 내적 존재에 연결되는 것을 두려워했고, 보다 정확히 말하자면 내 속에 아무것도 없음을 발견하는 것이 무서웠습니다. 저는 특별한 타인과의 유대감 속에서 안전하다고 느낍니다. 가장 우선적인 것은 어머니와의 연결입니다. 어머니는 제가 누구인지, 누구여야 하는지, 무엇을 느끼고 생각해야 하는지를 가감 없이 말씀하셨습니다. 그분과의 사이에는 별다른 거리가 존재하지 않았습니다. 어머니가 압도하고 지배했다고 여기기보다는 어머니와 제가 하나로 연결되어 있었기에 어머니의 반대나 거절을 결코 느낄 수 없었던 것입니다.

어머니와의 연결이 차단될 경우 내가 원하는 것이나 필요로 하는 것을 알 수 없다는 불안이 느껴졌습니다. 이러한 불안은 어머니가 원치 않는 것을 내가 원하거나 행하게 되면 어머니가 나를 버릴 것이라는 공포에 대한 반영이었음을 깨닫게 되었습니다. 어머니와의 연결 그리고 어머니와의 융합을 통한 보호감은 저로 하여금 조화가 깨지는 일을 겪지 않을 것이라는 확신을 주었습니다. 어머니에 대한 불순종이 초래할 거부와 분노는 끔찍한 것이기에, 그러한 불순종에 대해서는 생각조차 하지 않았습니다.

하지만 조금씩 나이가 들어감에 따라서 어머니와의 연결이 친구나 파트너와의 연결로 대체될 수 있다는 것을 발견하게 되었습니다. 누군가 나를 이끌어주고 내가 무엇을 어떻게 해야 하는가를 일러주는 사람과 함께 있을 때 마음이 편하고 잘 맞춰갈 수 있었습니다. 그러한 관계가 훼손되거나 단절되는 것에 대해 늘 염려하였습니다. 그 관계를 잘 유지하기 위해서 저는 동의하며 동조하였습니다. 저의 생각이 중요한 타인과 다를 경우 제 의견을 피력할 수 없었습니다. 상대방이 도움이나 협조를 요구하면 저는 언제나 그것을 수행하였습니다. 사춘기 시절에 저는 강렬한 자기 거절을 느끼게 되었습니다. 나는 내가 분명한 개성을 지니고 있지 못함을 알았고 그러한 개성을 가진 사람을 부러워하였습니다. 내가 소중한 사람과의 융합을 느끼게 되면 동시에 그러한 융합에 대한 저항감을 느끼게 되었습니다. 무엇을 어떻게 하라는 말을 듣게 되면 평소의 내 성격과 달리 수동적 공격성을 보임을 알게 되었습니다. 최악의 경우에는 파트너에게 부정을 행하는 것처럼 보이거나 일탈을 향해 가는 것처럼 보이기도 하였습니다.

다행히도 제 파트너와 완전한 융합을 통해 자신을 용해시키는 정도에 빠지지는 않았습니다. 어린 시절 어머니의 지나친 통제에 대한 반발로 나를 통제하기에는 감성적으로 멀리 떨어져 있는 남자들을 파트너로 삼게 되었지만 내 영혼과는 공명하지 않았습니다. 무의식적으로는 여전히 그들이 통제해주기를 바랐던 적도 있었습니다. 저를 완전히 통제해서 제가 여전히 방향과 목적 없이 그냥 수동적으로 순응할 수 있는 파트너를 원하는 마음도 있었지만, 그렇지 않은 파트너와의 관계성을 통해서 저는 자기의식과 목적의식을 서서히 발전시켜 나갈 수 있었습니다.

오랫동안 나 자신과 함께 머무는 법을 배워 왔습니다. 그 깊이가 더해져서 중년기에 이르러 비로소 나의 나됨을 기뻐할 수 있게 되었습니다. 명상을 소중히 여기게 되었고 훌륭한 공동체의 일원이 되었습니다. 어쩌다 한 번씩은 누군가가 나에게 해야 할 것을 알려주었으면 하고 바랄 때가 있기는 하지만 이것은 사소한 일들에 관한 것일 뿐입니다. 나의 나됨에 대한 감각은 그것이 긍정적인 것이든 부정적인 것이든 간에 과거 어느 때보다 분명합니다. 나의 성격과 성품이 분명히 존재하고 그것은 다른 사람들에게도 분명히 알려져 있습니다. 과거의 모든 경험 덕분에 나는 지금 다른 사람의 처지를 이해하고 공감할 수 있게 되었고 잘 훈련된 직관을 소유하게 되었습니다. 다양한 관점과 의견들을 동시에 바라볼 수 있게 되었고 나 자신의 의견과 느낌을 분별할 수 있게 되었습니다. 그리고 서로 의견이 다름에도 불구하고 다른 사람들과의 관계성이 잘 유지될 수 있음을 신뢰하게 되었습니다. 하지만 여전히 다음과 같은 점들이 남아 있음도 잘 알고 있습니다. 홀로 설 수 있는 능력과 독립성에서 많은 진보를 이루었지만, 내게 용기를 불어넣어 주는 특별한 타인 없이 홀로 과감히 시도해보지 않은 일들도 여전히 많이 남아 있다는 것입니다. 예를 들면 외국 여행을 혼자서 하거나 주택 구매를 혼자서 하는 일과 같은 것들입니다.

# 9유형을 위한 성장작업
## 개인적 성장경로 그리기

9유형은 자기 자신에 대한 명료화가 이루어짐에 따라, 평화와 조화를 위해서 자신의 욕구를 부정하는 잘못된 기제에서 벗어나는 법을 배우게 된다. 이렇게 함으로써 자기 자신의 내적 세계와의 든든한 연결이 이루어져야 한다. 자기 자신의 필요와 욕구를 정당하게 주장하는 법을 배워야 하고 자기 스스로 힘 있게 행동하는 법을 배워야 한다. 다른 사람들에게 적응하기 위해서 자기를 망각하는 습관에서 벗어나야 한다.

우리는 모두 자신의 습관적 성격유형에 대해 알아차려야 한다. 우리 자신에 대해 잘 살펴볼 수 있도록 끊임없이 의식적 노력을 기울여야 한다. 우리가 살펴본 것의 근원과 의미에 대해 성찰해야 한다. 그리고 자동적 반응과 경향성을 멈출 수 있도록 성장을 위한 작업을 지속해나가야 한다. 9유형은 다음과 같은 성장작업이 필요하다. 다른 사람들과 잘 지내기 위해서 자신의 깊은 내면적 자아에 대해 둔감하고자 하는 경향성을 살펴보아야 한다. 자신의 느낌과 욕구를 피해서 편안한 상태를 유지하려 하는 방식이 무엇인지 탐구해야 한다. 다른 사람들과 연결되고자 하는 노력 이상으로 자기 자신과 연결되려 하는 노력을 기울여야 한다. 9유형에게 있어서 자신의 욕구에 접촉하기, 자신의 힘을 사용하기, 스스로 자신의 의사에 따라 행동하기가 특별히 중요하다.

이제 9유형의 성격적 특성과 족쇄에서 벗어나서 자신의 유형 및 하위유형이 가진 높은 가능성을 구현할 수 있는 방안들에 대해 살펴보고자 한다.

**자기관찰**
## 작동 중인 성격을 관찰함으로써 동일시에서 벗어나기

자기 관찰은 매일의 삶에서 자신이 무엇을 생각하고 느끼며 행동하는지 새로운 시각으로 볼 수 있도록 하는, 일종의 내적 거리두기이다. 9유형이 일상 속에서 반복되는 자신의 생각, 느낌, 행동들을 기록하면서 다음과 같은 핵심 패턴을 고려해야 한다.

### 1. 다른 사람들과 잘 지내기 위해서 자신을 망각하는 것

다른 사람이 당신에게 '당신이 원하는 것'을 물을 때 당신의 응답이 무엇인지 생각해보라. 당신이 그 응답을 알 수 없다면 다음과 같은 것을 주목해보라. 알지 못한다는 것이 무슨 의미인가? 자기가 원하는 것이 무엇인지 알 수 없을 때 그 느낌은 어떤가?

분명한 우선순위가 있음에도 비교적 덜 중요한 일들 때문에 주의가 분산되는 것을 살펴보라. 자신이 수동적 공격 행동을 취하는 방식을 살펴보라. 자기가 화를 내는 이유와 단서를 살펴보라. 자기 자신에 대해 무감각하게 될 때 자신의 행동을 관찰하라.

## 2. 편안함을 택하고 분리를 피하기 위해 갈등을 회피하는 것

자신이 긴장을 완화하고 갈등을 중재하고 부조화를 회피하기 위한 모든 방식들을 관찰하라. 이를 위해 어떤 일들을 시도하는가? 갈등과 위협이 생길 때 어떤 마음이 드는가? 어떤 일들이 자신을 불편하게 만드는가? 편안함을 유지하기 위해 어떤 시도를 하는가?

## 3. 자신의 우선순위에 대한 무감각

무언가를 해야만 하는데 하지 않을 때 어떤 상황이 발생하는지 살펴보라. 자기 자신을 어떻게 산만하게 하는가? 무엇을 회피하는가? 무언가를 결정해야 할 때 마음속에서 어떤 일이 일어나는지 살펴보라. 결정을 못 하고 우물쭈물할 때 어떤 일이 생기는가? 변화가 있을 때 어떤 일이 생기는가? 그에 대한 당신의 반응은 어떠한가?

자기탐구와 자기성찰
### 자기이해의 확장을 위한 자료 수집

9유형이 이러한 것들을 관찰할 때 성장경로로 나아가기 위한 다음 단계는 이러한 패턴을 더 잘 이해하는 것이다. 이런 패턴이 생기는 이유는 무엇인가? 어디에서부터 왔는가? 어떤 목적이 있는가? 이러한 패턴은 어떤 면에서 당신을 오히려 곤란하게 만드는가?

종종, 습관의 근본적인 원인을 들여다보는 것만으로도 충분히 패턴을 깨고 나올 수 있다. 습관이 아주 깊이 뿌리내린 경우에도 그 속에 들어있는 방어기제의 원인을 파악함으로써 비슷한 패턴에서 벗어날 실마리를 얻을 수 있다.

다음과 같은 질문을 고려할 때, 9유형이 비슷하게 빠지는 패턴의 근원, 작동방식, 결과에 대한 통찰력을 가질 수 있을 것이다.

### 1. 이러한 패턴이 생겨난 원인과 이유는 무엇인가?
#### 이러한 습관적인 패턴들이 9유형에게 어떠한 도움을 주는가?

이러한 습관의 근본원인과 전략을 이해함으로써 9유형은 자신의 다음과 같은 특성을 더 잘 알아차릴 수 있게 된다. 즉, 불편하고 고통스러운 경험을 피하기 위해 자신의 내적 욕구에 대해 무감각해지려는 방법과 동기를 알아차릴 수 있게 된다. 9유형이 자신의 어린 시절 이야기를 나눌 수 있는 기회가 있다면 그리고 자신의 내적 욕구에 대한 무감각이 어떤 점에서 도움이 되었는가를 나눌 수 있다면, 그들은 자신에 대해 더욱 민감할 수 있고 자신의 극복 방안에 대해 더 잘 이해할 수 있을 것이다. 9유형이 자신의 욕구에 대해 둔감한 이유, 이러한 둔감함이 어떤 점에서 보호책이 되는지 통찰하는 것이 필요하다. 이것을 통해 내적 욕구에 대한 무감각과 둔감함이 자신의 심리적 안정과 생존에 어떻게 도움이 되는가를 깨닫게 될 것이다. 이 과정에서 9유형은 참된 자기true Self 속에 들어있는 생명력과 창조성을 잃어버린 채 자신의 성격적 틀에 갇혀 있음을 깨닫게 될 것이다.

### 2. 고통스러운 감정에서 자신을 보호하기 위해 어떤 패턴들이 고안되었는가?

모든 성격유형은 자신을 고통스러운 감정으로 보호하기 위해서 만들어낸 하나의 보호막과도 같다. 여기에서 말하는 고통스러운 감정은 카렌 호니Karen Horney가 '근본적 불안'이라고 부른 것과 일치한다. 이것은 자신의 기본적 필요가 충족되지 않은 데서 야기되는 감정적 스트레스의 고착인 것이다.

9유형은 자기 자신을 고통스러운 감정으로부터 분리시키는 전략을 사용한다. 이러한 분리를 통해 마치 자기 자신은 존재하지 않는 것처럼 만드는 것이다. 자기가 필요로하는 지지, 인정, 연결성을 얻지 못함으로써 생겨난 고통스러운 감정을 이러한 분리를 통해서 잊어보려는 것이다.

하지만, 이러한 방식은 값비싼 대가를 치르게 된다. 그것은 곧 자신의 참된 내적 삶으로부터의 분리와 단절인 것이다. 자신은 잊어버리고 남들에게 맞추면서 자기가 계속해서 회피하고자 하는 감정이 무엇인가를 발견할 수 있어야 한다. 그렇게 함으로써 자기가 계속해서 둔감하게 있을 것인지 아니면 깨어나 있을 것인지에 대해 더욱 분명한 결정을 내릴 수 있게 된다.

### 3. 내가 왜 이런 행동을 하는가?
#### 내 속에서 9유형의 패턴이 어떤 식으로 작동하는가?

이러한 습관들이 어떤 방식으로 작동하는가를 관찰함으로써 9유형의 세 하위유형들이 일상 속에서 방어기제들을 어떻게 사용하는지 발견하게 된다. 이들은 자신의 내적 욕구와 감정들을 어떤 식으로 누르고 있는지, 참된 자기로부터 어떤 식으로 주의를 분산시키고 있는지를 주의 깊게 관찰해 보아야 한다. 이렇게 함으로써 다른 사람들과 잘 어울리기 위해 자기를 망각하고자 하는 자신의 내적 동기를 알아차리게 된다.

9유형은 자기가 원하는 것을 이루고는 싶은데, 실제로는 노력을 의도적으로 회피하는 자신의 모순된 모습을 발견할 수 있어야 한다. 이것은 놀라운 발견이 될 것이다. 윌리엄 제임스의 유명한 명언을 떠올릴 수 있어야 한다. '결정해야 하는 데 결정하지 않는 것, 이것 또한 하나의 결정이다.' 9유형은 '자기가 언제, 왜 포기하는지', '자기가 원하는 것을 발견하기가 왜, 어떻게 어려운지', '스스로 용감하게 행하기가 왜, 어떻게 어려운지' 이해할 수 있어야 한다. 이렇게 함으로써 자신의 습관을 바꾸고 변화시킬 수 있는 새로운 토대를 형성할 수 있게 된다.

## 4. 이러한 패턴의 맹점은 무엇인가?

### 9유형으로 하여금 그러한 맹점을 보지 못하게 하는 것은 무엇인가?

9유형이 자기이해를 높이기 위해서는, 자신의 성격 특성이 나타날 때 자신이 보지 못하는 것이 있음을 명심해야 한다. 9유형은 강박적일 정도로 자신을 생각하지 않는다. 그래서 이들은 자신의 필요, 욕구, 우선순위에 대해 충분한 주의를 기울이지 않는다. 자신의 욕구가 자신의 레이더에 포착되지 않으면 자신을 돌보거나 자신이 원하는 것을 이루기가 어렵다. 자신의 분노, 열정, 힘을 사용하지 못한다면, 어떻게 자신을 보호하면서 세상 속에서 자기 위치를 확고히 할 수 있을까? 자신의 분노에 대해 둔감하다면 어떤 상황이 일어날까? 자신의 분노를 수동적 공격의 형태로 표출하거나, 아니면 계속해서 쌓아 놓았다가 한꺼번에 발작적으로 터뜨리게 될 것이다. 물론 이것은 자신에게 상당한 해가 되는 일이다. 자신의 필요와 욕구에 소홀하면 9유형은 자신의 긍정적 특성을 발휘하지 못하며, 다른 사람들에게도 긍정적인 영향력을 발휘하지 못하게 된다. 자신의 맹점이 무엇인지 살펴봄으로써 자신을 무시하고 늘 타인을 앞세우는 습관에서 벗어날 수 있게 될 것이다.

## 5. 이러한 패턴의 결과나 영향은 무엇인가?

### 이러한 습관은 내게 어떠한 걸림돌이 되는가?

9유형의 인간관계에는 다음과 같은 아이러니가 나타난다. 늘 타인의 관심사를 중시하면서 관계를 유지하다 보면, 오히려 그 관계가 시들해져버린다는 것이다. 자기 자신의 내면을 보다 선명하게 알지 못하면, 사랑하는 사람들에게 자신을 정확히 알릴 수 없으며 자신이 진정 원하는 것도 얻을 수 없다. 그렇게 되면 서로의 관계성이 제한을 받게 되고 그 결과 공허하고 불만족스러운 관계가 되고 만다. 또한 내면에서 자연스럽게 일어나는 분노를 인식하지 못하면, 다른 사람에게 수동적 저항과 공격을 하게 된다. 그렇게 되면 자신에게 해가 될 뿐 아니라 다른 사람의 분노를 야기시킨다. 자신의 내적 세계를 연결하는 자기 존재감을 형성하지 못하면, 타인으로 하여금 자신을 비하하도록 허용하게 된다.

# 보다 높은 의식을 지향하기

자신의 성격유형과 관련하여 깨어나기 원하는 사람은 다음과 같은 작업을 필요로 한다. 자신이 하는 모든 것들에 대해 보다 많은 의식과 주의를 기울여야 한다. 즉, 보다 의식적으로 그리고 보다 선택적으로 생각하고, 느끼고, 행동해야 한다. 자신의 습관적 행동들을 관찰함으로써 그러한 습관적 행동의 원인, 과정, 결과에 대해 어느 정도 알게 된 후에 9유형이 실천해야 할 것들에 대해 제시해보고자 한다.

이 부분은 다음과 같이 세 가지 영역으로 나뉘는데, 각각 에니어그램 시스템과 연계된 세 가지 성장 과정에 해당한다.

1) '자기관찰' 영역에서 설명한 것처럼, 자신의 습관과 자동 반응을 벗어나기 위해 실천해야 할 사항
2) 성장의 지도로 에니어그램 화살을 사용하는 방법
3) 해당 유형의 격정(악덕)을 이해하고, 의식적으로 그 반대인 해독제의 역할을 하는 더 높은 수준에 있는 유형의 '미덕'을 향해 나아가는 방법

## 9유형의 대표적인 세 가지 습관과 여기서 벗어나기 위한 실천사항

### 1. 다른 사람들과 잘 지내기 위해서 자신을 망각하는 것

### 1) '자기 기억하기'를 연습하라

의식적 자기 작업을 수행하기 위해 구르지예프가 지적한 첫 번째 사항은 '늘 자신을 기억하기'였다. 이것은 무엇보다 자기 자신을 돌아보고, 자신을 느끼고, 자신에 대한

의식을 놓지 말라는 것이다. 우리는 늘 자신을 기억하는 법을 배워야 한다. 자기 자신에 대해 무감각한 9유형에게 있어서 이것은 특히 중요하다. 생각하고 느끼고 행동할 때늘 깨어 있도록 의식적 노력을 기울여야 한다. 자기 기억하기는 자기 망각에 대한 가장좋은 해독제인 것이다.

### 2) 자신이 무엇을 원하는지 스스로 물어보라. 또는 타인에게 물어봐 달라고 요청하라

주기적으로 자기가 무엇을 원하는가를 묻는 것을 훈련하라. 처음에는 답답하고 실망스러울 수 있다. 자기가 무엇을 원하는지 잘 모르는 경우가 많기 때문이다. 하지만답을 발견하고자 하는 마음으로 계속해서 이 질문을 하다보면 어느 시점에는 이에 대한 답을 발견하는 순간이 온다.

일전에 나는 남편이 9유형인 부부와 작업을 했던 적이 있다. 그 남편은 자기 아내가자기에게 원하는 것이 무엇이냐고 물었던 것이 많은 도움이 되었다고 했다. 이와 마찬가지로 타인에게 질문해달라고 부탁하는 것은 많은 도움이 된다.

마음의 내적 나침반과 스스로 접촉하는 데는 시간이 많이 소요될 수 있다. 하지만타인이 내게 '무엇을 원하느냐?'고 묻는 것은 내가 답을 지니고 있음을 전제하는 것이거나, 최소한 내가 선호하는 것이 있음을 전제하는 것이기에 내적 자기와 접촉하는 데많은 도움이 된다.

### 3) 정말 알 수 있을 때까지는 아는 것처럼 연출하기

만일 자기가 원하는 것이 무엇인지 모를 때에는 일종의 연출을 해보는 것도 좋다.자기가 무엇을 원하는가에 대한 내적 인지에 어려움을 겪는 내담자들을 위해 심리치료를 시도했던 적이 있다. 나는 그들에게 일종의 추측이나 연기를 해볼 것을 권유하였다.자기가 무엇을 원하는지 이미 아는 것처럼 연기했을 때, 그들은 종종 탁월한 추측을 해내곤 하였다. 자기가 무엇을 원하는지 잘 몰라도 마치 아는 것처럼 연출을 해서 한번 말해보라. 계속 반복하다 보면 자기의 필요와 욕구를 어렴풋이나마 알 수 있는 통로가 점점 더 분명하게 열리는 것을 경험하게 될 것이다.

## 2. 편안함 유지 및 분리거부를 위해 갈등을 회피하는 것

### 1) 자신과 타인 사이의 친밀감을 위해 갈등의 필요성을 인정하라

9유형은 자신의 8유형 날개를 활용할 필요가 있다. 타인과 언쟁을 하는 것은 상대방을 더 잘 알기 위해 필요한 방법이 될 수 있다. 이것을 통해 서로를 보다 신뢰하는 법을 배울 수 있고 서로의 차이를 규명함으로써 관계를 강화할 수 있다. 자신의 생각을 표출하는 즐거움을 누리는 법을 배워야 한다.

### 2) 자신의 분노와 접촉해보고 그것을 보다 직접적으로 표현해보라

자기감정의 회피를 통해 편안함을 유지하는 것은 자신의 중요한 부분을 거부하거나 무시하는 것이다. 자신의 분노는 자신의 힘과 연결되어 있고 삶을 향한 열정과 연결되어 있다. 자신의 분노를 경험하는 것이 꼭 그 분노를 표현하는 것을 의미하지는 않는다. 하지만 분노를 만나고 분노를 경험하는 것은 자신의 욕구와 감정을 더욱 분명하게 표현하는 법을 배울 수 있게 해준다. 이것은 관계성을 해치기보다는 관계성을 개선시켜 준다. 사람들은 직접적이고 분명한 것을 좋아한다. 좋은 것이 좋다는 식으로 지나갔다가 뒤늦게 불일치와 부조화를 만드는 것보다, 차라리 처음부터 자신의 의사를 분명히 말하는 것이 관계를 더 건강하게 만든다.

### 3) 피드백을 주고받음으로써 갈등 다루는 법을 배워가라

9유형인 매튜는 이렇게 주장한다. 9유형에게 있어서 피드백을 주고받는다는 것은 곧 갈등 유발을 의미한다는 것이다. 우선 신뢰할 수 있는 대상과 서로 피드백 주고받기를 연습해보라. 처음에는 아주 작고 가벼운 것부터 시작해서 조금씩 피드백의 강도를 높여보라. 자신의 내적 힘을 조금씩 키워가면서 피드백의 결과를 받아들일 수 있는 힘과 인내력을 키워보라. 피드백이나 갈등이 곧바로 관계의 단절로 연결되는 것은 아니다.

### 3. 자신의 우선순위에 대한 무감각:
### 편안함에 안주하는 것은 결국 불편을 초래한다는 것을 기억하라

편안함만을 추구함으로써 결국은 불편함을 초래할 수밖에 없는 것이 현실이다. 인생의 자연스러운 변화와 발전에 대한 저항이 초래하는 결과가 무엇인가를 꿰뚫어 볼 수 있는 눈이 필요하다. 인생의 변화에 대해 긍정적이고 적극적인 대처와 적절한 대응이 있어야만 한다. 새로운 가능성 모색을 위해 자신이 무엇을 원하는가를 물어봐 달라고 주위 사람에게 부탁하라. 그들은 내가 무엇을 해야 할 것인가를 알려주는 것이 아니다. 단지 나에게 물어봐 주는 것이다. 선택하지 않는 것은 그 자체가 하나의 선택임을 기억하라. 행동의 결과뿐 아니라 무행동의 결과가 무엇인지 생각해보라. 선택과 행동이 가져올 긍정적 결과에 대해 상상해보라. 자신이 원하는 것을 얻기 위해서는 반드시 행동해야 함을 스스로 자신에게 상기시키라.


## 9유형의 화살표를 이용한 성장경로

제1장에서 이미 화살표의 '내면 흐름' 모델을 소개하였는데, 이것은 에니어그램 도형 내의 역동적 움직임의 한 측면을 나타낸다. 각 유형들은 '스트레스를 통한 성장' 지점과 '아이-가슴-안전' 지점으로 연결되며, 화살표는 각 유형을 위한 성장경로를 보여준다.

* 각 유형에서 화살표를 따라 나아가는 방향은 '스트레스-성장' 발달의 경로이다. 이 과정은 성격유형이 제시하는 구체적인 도전과제를 보여준다.

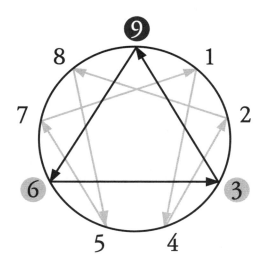

* 각 유형에서 화살표를 받는 방향은 '아이-가슴' 지점으로 어린 시절부터 지속된 이슈와 과제를 나타낸다. 단절되어 온 부분을 의식적으로 인정하면 과거에 해결하지 못한 일에 붙잡혀 있지 않고 벗어나 앞으로 나갈 수 있다. 이러한 '아이-가슴' 지점은 우리가 무의식적으로 억압한 안전의 특성을 표현하며, 이 특성은 가끔 스트레스의 상황이나 안전을 필요로 하는 시기에는 위안을 얻기 위해 물러나기도 하지만, 의식적으로 통합해야만 하는 특성이다.

9유형이 6유형으로 나아감
## 성장과 확장을 위해 6유형의 '스트레스-성장' 지점을 의식적으로 사용하기

9유형의 성장경로는 6유형의 도전 과제와 접촉할 필요가 있다. 9유형은 믿음과 용기라는 내적 자원을 갖고 행동할 때 뭔가 잘못될 수 있다는 두려움, 불안, 생각, 감정에 대한 분명한 인식을 필요로 한다. 9유형이 6유형 방향으로 움직이면 불편함과 함께 불안과 위협을 느낀다. 이러한 감정은 9유형으로 하여금 무감각에서 깨어나 자기보호를 위해 행동하도록 자극한다. 이를 통해, 9유형은 문제 파악과 위협 해소를 위해 행동하게 되고 자기 욕구를 반영하도록 긴장하게 된다. 편안함을 위한 나태가 9유형의 안전과 안녕에 위협요소임을 생각할 때, 6유형으로의 움직임은 9유형으로 하여금 분별 있게 행동하도록 자극한다.

이렇게 되면 9유형은 건강한 6유형의 도구를 사용할 수 있다. 즉, 자기방어를 위해 분석과 활동을 시도한다는 것이다. 6유형은 위협을 감지하여 안전을 유지하는 능력을 지니고 있다. 6유형의 이러한 특성은 9유형이 안전에만 머물거나 비본질적인 것 때문에 주의가 흩어지지 않게 해준다. 6유형의 분석력과 지적 활동은 9유형이 자기 삶에 일어나는 현상을 분석하게 하고 자기 망각에서 깨어나도록 도와준다. 6유형의 통찰력은 9유형이 자기 속에서 일어나는 것들을 바라볼 수 있도록 해준다.

### 9유형이 3유형으로 돌아감
**'아이-가슴' 지점을 의식적으로 사용하여**
**어린 시절의 이슈들을 다루고 앞으로 나아갈 수 있도록 안전감을 찾기**

9유형의 성장경로는 이들이 자신의 목표를 실천하는 능력을 회복하도록 인도해준다. 이들은 어렸을 때 성취 및 적극적 행동의 특성이 억압되었던 경향이 많다. 목표와 야망 대신에 타인들과 잘 어울리는 방식을 통해 대처전략을 취득한 것이다. 이들은 자신의 욕구와 중요한 타자의 욕구 사이에 하나를 택할 때, 타인의 욕구를 선택하고 자신의 목적을 포기함으로써 문제없이 지내는 방식을 취해왔을 가능성이 높다.

9유형은 자신이 3유형으로 움직이는 게 필요하다는 것을 깨닫지 못할 때에는, 자신이 무언가를 적극적으로 수행한다는 것에 대해 일종의 불안감을 느낀다. 하지만 9유형도 훈련과 수행을 통해서 타인들과의 적응뿐만 아니라 자신의 성취를 위해 적절한 균형이 필요함을 깨닫고 점차 3유형으로 움직이는 것을 시도한다. 9유형은 '아이-안전' 지점의 특성에 주목하면서, 자신이 어렸을 때 세상 속에서 적응하고 살아남기 위해 자기 욕구에 대해 무감각했음을 점차 깨닫게 된다. '3유형으로의 회귀'는 과거에 놓아 버렸던 주도성과 자기 행동의 감각을 되찾게 됨을 의미한다. 따라서 3유형으로의 회귀는 안전감을 향한 진보이기도 하다. 이것은 어린 시절 회피했던 것을 다시금 포용하는 것이다. 이는 9유형이 6유형을 향해 움직여가면서 자신 및 자신의 욕구를 향해 깨어나는 것과 유사하다.

3유형의 특성을 포용하면서 9유형은 자기에게 주의를 기울일 필요가 있음을 깨닫는다. 또한 자신의 가치와 성취 추구가 중요함을 깨닫는다. 갈등이나 타인의 과도한 요구를 회피하는 방식으로 살아왔던 9유형이 3유형의 장점을 포용함으로써 긍정적으로 자기 목표를 추구하는 법을 배우게 된다. 또한 자기가 다른 사람들에게 어떤 이미지로 비춰지는가에 관심을 갖게 된다. 9유형이 자신의 3유형적 '아이─안전' 지점을 사용하게 되면 자기 속에 들어있는 행동능력을 구현하는 동시에, 타인들의 관점들을 잘 이해하고 수용하는 능력을 발휘할 수 있게 된다. 또한 자기 자신의 욕구도 함께 포괄하여 효율성과 생산성을 이룰 수 있게 된다.


## 악덕에서 미덕으로
## 나태/게으름을 인정하고 바른 행동을 추구하기

악덕에서 미덕으로 개선되는 과정은 에니어그램이 중요한 공헌을 보여준다. 이것은 각 유형의 의식 수준을 높여주는 일종의 수직적vertical 성장경로이다. 9유형의 악덕(또는 격정)은 '나태'이며, 미덕은 '바른 행동'이다. '악덕에서 미덕으로의 전환'을 말하는 성장 이론은 다음과 같은 것을 의미한다. 우리의 악덕인 격정이 어떤 방식으로 작동하는가를 명확히 알면 알수록 미덕의 구현을 위해 더 의식적으로 나아갈 수 있다는 것이다. 즉, 우리의 무의식적 습관과 고착된 패턴에서 벗어나게 될수록, 보다 높은 의식수준인 우리의 참나무 자아oak tree─Self를 향해 자라나가게 된다는 것이다.

9유형이 자신의 나태에 대해 더 잘 알게 되고 그것을 의식화하면 할수록, 나태의 해독제인 미덕을 활성화할 수 있게 된다. 9유형의 미덕인 '바른 행동'은 다음과 같다. 즉, 보다 높은 능력을 발휘함으로써 9유형이 성취할 수 있는 최적 수준에 도달하게 되는 것이다.

9유형의 '바른 행동'은 자신의 필요와 욕구를 깨닫고 그것을 성취해 나갈 수 있도록 깨어 세상에 참여하며 온전히 그 안에 거하는 존재방식이다. 이는 자신의 우선순위와 함께 가장 중요한 욕구에 목표를 맞출 뿐만 아니라, 자신의 내적 생명력에 연결되어서 활발하게 깨어나는 능력을 포괄하는 것이다. 자기 망각 속에 빠져 들지 않고 자기 자신을 늘 기억하는 것이며, 깜박 잠들었다가도 다시금 깨어나서 계속해서 움직여 나가는 것이다. 규칙적으로 자기존재의 중심과 연결되고 세상 속에서 힘 있게 결단력 있게 살아가는 것이다.

또한 9유형이 바른 행동을 구현한다는 것은 다음과 같은 것을 의미한다. 자기에 대해 무감각하고 외부의 대상과 융합하는 행동에서조차 자신을 정기적으로 일깨울 수 있을 정도로, 늘 자신을 점검하고 깨어있기 위해 내면 작업을 계속해나가는 것이다. 자신의 존재와 연결되어서 자기 힘의 원천에서 행동하고 세상 안에서 의식을 가지고 살아가는 것이다. 우리는 모두 다 악덕과 미덕의 수직선을 오르내리며 살아간다. 수행을 해나가면서 우리 의식 수준이 점점 올라가다가는 어느 순간 스트레스를 받게 되면 도로 밑으로 내려 떨어지고 만다. 당신이 9유형이라면, 바른 행동을 추구하는 것은 자신의 존재에 대해 점점 더 많이 알아차리게 되는 것을 의미한다. 이는 곧, 자신의 자연적 충동이 자신의 독특한 경험에 기초한 선을 실천하기 위해 스스로 결단하고 행동하는 것을 의미한다. 바른 행동에 집중할 때, 9유형은 자신과 타인의 행복을 위해 세상 속에서 자신의 욕구를 표현해나가도록 의식적인 능력을 강화하게 된다.

9유형은 '악덕에서 미덕으로의 전환'을 통해 호메로스가 말한 것처럼 자신의 목소리를 알아차릴 수 있게 되며, 자신의 감정, 본능, 욕구에 대해 깨어나게 된다. 이를 통해 자신의 내적 관찰자를 강화시킴으로써 9유형은 공동체의 삶 속에 이전보다 더 의식적인 참여를 할 수 있게 된다.

## 9유형이 악덕에서 미덕으로 성장하기 위한 하위유형별 작업

자신의 격정을 관찰하고 해독제를 찾는 작업은 각 하위유형에 따라 다르게 나타난다. 의식적인 자기 내면작업의 길은 '의지, 훈련, 은혜'라는 말로 그 특징을 설명할 수 있다.

즉, 성격 패턴에서 벗어나려는 '의지', 성장을 위한 노력의 '훈련', 그리고 의식적, 긍정적 방식으로 미덕을 실현하기 위해 작업할 때 찾아오는 '은혜'인 것이다. 나란호가 각 하위유형이 성장을 위해 애쓰고 노력해야 하는 측면들이 각각 다르게 나타난다고 말한다. 이러한 통찰은 에니어그램의 각 하위유형을 이해하는 데 크게 유익하다.

### 자기보존 9유형

자기보존 9유형이 나태에서 바른 행동으로 가는 성장경로는 다음과 같다. 자신의 분노에 대해 의식적인 접촉을 자주 시도하라. 자신의 관심에 대해 깊이 살펴보고 대화하고 실천하라. 자신의 분노감정을 회피하지 말고 직접 느껴보고 작업해보아야 한다. 그렇게 함으로써 자신의 열정과 힘에 대해 더욱 분명히 연결된다. 자신의 분노에 대해 더 알아차리게 되면 자신의 힘과 강인함에 대해서도 더 잘 연결될 수 있다. 이를 통해서 자신이 원하는 것을 포기하지 않고 열심히 노력하여 성취할 수 있게 된다. 자신이 원하는 것을 보다 직접적으로 추구하게 되면 자신의 깊은 욕구를 충족시킬 수 있고 자신의 존재감을 강화시킬 수 있다. 자신의 힘과 열정에 더욱 직접적으로 연결될수록 사랑받을 수 있도록 자신을 더 많이 개방할 수 있게 된다. 여태 경험해왔던 방식의 거짓 연대가 아닌 참된 연대를 통해 더욱 깊어짐으로써 참된 실현을 가능케 된다. 안락한 활동에만 머무는 가벼움이나 서로를 옭아매는 그릇된 사랑 대신 참된 사랑을 경험할 수 있게 되는 것이다. 이렇게 함으로써 자신의 참된 감정을 느낄 뿐 아니라 참된 사랑을 통해 보다 의식적인 유대가 가능하게 된다.

## 사회적 9유형

사회적 9유형이 나태에서 바른 행동으로 가는 성장경로는 다음과 같다. 자신의 즐거움과 다정함 속에 숨어있는 슬픔과 접촉하라. 자기가 속한 그룹에 헌신하는 반면 자신의 개인적 성장을 등한시하는 특성을 알아차려 보라. 사회적 9유형은 일을 줄이고 대신 다른 사람들에게 자신에 대해 더 많이 나눌 수 있어야 한다. 특히 자신의 필요, 욕구, 감정에 대해 깊이 있게 나눠 보라. 사회적 9유형에게 있어서 바른 행동은 자신의 심층 내면에서 무엇이 일어나고 있는가를 알아차리고, 자신의 슬픔, 분노, 불편함을 편안하게 다른 사람과 나누는 것을 의미한다. 다른 사람들을 돕고자 하는 욕구를 잠시 내려놓고 자신의 내적 동기에 따라 움직일 필요가 있다. 평온함을 유지하기 위해 자기 내면에 일어나는 것들을 감추는 일을 그만 멈춰야 한다. 가족과 공동체의 필요를 만족시키기 위해 일하는 동시에 자신의 유익을 위해서도 일할 수 있어야 한다. 자기 내면에서 일어나는 유기, 갈등, 평화의 상실에 대한 두려움을 인지하라. 그러한 느낌과 감정들을 인정하고 그러한 감정과 함께 머물러 있어보라. 이렇게 함으로써 자기 자신을 사랑하고 지원할 수 있게 된다. 당신이 그룹의 일원임을 느껴보고 사람들이 당신의 성실한 봉사를 인정하는 것을 느껴보라. 이렇게 함으로써 당신이 그룹 속에 제대로 소속되어 있음을 느껴보고 싶어 하는 자신의 필요를 채울 수 있게 된다.

## 일대일 9유형

일대일 9유형이 나태에서 바른 행동으로 가는 성장경로는 다음과 같다. 자신이 타인과 융합되기보다 스스로 홀로 서고자 하는 심층적 필요를 인식하고 그에 따라 행동하라. 타인을 통해 자신의 존재감을 찾지 말고 가능하면 홀로 있는 시간을 더 많이 만들어야 한다. 좋은 관계를 유지하기 위해 자기도 모르게 자신의 생각, 의지, 욕구를 포기하곤 하는 모습을 살펴보라. 자기와 가까운 사람들과 자기 사이의 건강한 경계를 설정하고자 노력하라. 참된 자기와 단절되어 있는 상태를 알아차려 보라. 자기 자신의 존재의식과 목적의식을 정립하라. 타인과의 융합이 사실은 진정성 있고 성숙한 관계를 허물어뜨리는 것임을 인식하라. 융합이 완전한 연대처럼 보일 수 있지만 실상은 그렇지 않다. 융합은 결국은 하나의 환상에 불과하다. 자신을 포기하고 지나치게 자신을 타인에게 적응시켜버린 모습이기 때문이다. 그것보다는 자신의 참된 필요, 욕구, 경험, 감정 그리고 무엇보다 자신의 목적의식에 접촉할 수 있어야 바른 행동을 할 수 있다. 아무리 자신에게 중요한 타인일지라도 나와는 다른 존재라는 것을 인식하라. 자신의 존재가 타인들과 차이를 만드는 방식에 주목하라. 자신의 개별성과 독특성을 드러내기 위해 자신 있게 목소리를 내는 모험을 감행하라. 자신의 선호와 선망에 기초하여 관계성을 형성하라. 이렇게 함으로써 자신의 '참된 자아'와의 건강한 접촉이 이루어지고, 훨씬 만족스러운 관계성을 형성할 수 있다. 이것은 진정한 자기 자신으로 살아가면서, 그러한 자신이 수용되고 존중받는다는 것을 느끼며 살아갈 수 있는 방법이다.

## 결론

에니어그램의 아홉 가지 성격유형은 이 세상 속에서 다른 사람들과 함께 살아가기 위해 그리고 난관들을 극복하기 위해 자신을 고착화시키고 참된 자기를 어느 한 방향으로 굴절시킨 일종의 편향성이다. 이 장에서 다룬 9유형의 성장경로는 우리의 나태를 변화시키는 방법을 제시해준다. 또한 이 장은 참된 자기 자신으로 깨어나기 위해서 자신의 무감각을 변화시키고 참된 목적의식과 에너지를 활성화시키는 방안을 제시하였다. 자신의 심리-영적 무기력에서 깨어나서 자신의 성장과 변화를 향해 나아갈 때, 에니어그램은 어떠한 가능성이 펼쳐질 수 있는가를 보여준다. 이러한 가능성은 무엇보다 자기관찰, 자기계발, 자기관리를 향한 노력을 통해 나타나게 된다.

# 제4장
## 8유형의 원형: 유형, 하위유형, 성장경로

참된 친구는 앞에서 공격한다.

— 오스카 와일드Oscar Wilde

8유형의 원형은 겁 없음, 힘, 강함 쪽에 숨어서 자신의 연약성과 약함을 부인하고자 하는 것이다. 이러한 원형은 자아의 본능적 충동을 거리낌 없이 드러내고 자신을 제한 하는 것은 밀쳐 내려는 경향이 있다. 이들은 지배와 강렬함으로 특징되는 '팽창적 해결' 의 방식으로 통제하고자 주의를 기울인다. 이러한 접근은 축소된 자아보다는 영광된 자아로 인식한다.[1]

이러한 원형의 숨은 그림자는 프로이트의 원초아id 또는 프로이트와 융의 원초적 욕 구libido와 유사한 모습으로 존재한다. 원초아나 원초적 욕구는 인간의 본능적 충동 속 에 들어있는 강력한 힘을 설명해준다. 인간으로 하여금 자신의 생리적 필요를 방해받 지 않고 충족시키려 하는 추동력과 힘을 의미한다. 따라서 8유형의 원형은 '어떤 권위 에 의해서도 방해받지 않으려는 충동이나 욕망'을 드러내어 준다. 이것은 '자연 상태에 서의 원초적 욕구' 또는 '인간의 의식이 기초하는 본능적 근거'와도 같은 것이다.[2]

프로이트는 원초아를 심리의 일부로 인정하면서 이것이 '성적, 공격적인 본능적 충 동의 저장소'를 대변한다고 보았다.[3] 원초아는 '충동의 즉각적 만족을 추구하는' 쾌락 원리에 따라 움직인다.[4] 즉, 8유형은 인간심리의 역동적 체계 속에 들어있는 강렬한 충동에너지를 전달해준다. 원초아는 기본적으로 성적 에너지의 기반을 형성하고, 본능적 필요를 채우기 위한 행동을 촉발하는 에너지, 욕망, 시도를 그 속에 포함하고 있다.

하지만 나란호는 8유형에 대해 다음과 같이 지적한다. 이들이 프로이트 식의 표현을 따르자면 원초아적 특성을 가지고 있어서 '다른 유형들보다 본능적 존재'인 것처럼 보일 수 있으나 실상은 그렇지 않다는 것이다. 8유형이 본능 그 자체를 드러내기보다는 본능과 좀 더 친숙한 에고를 가지고 있기 때문이다.[5] 이들은 '원초아에 의해 지배되기보다는' 초자아에 저항한다는 것이다. 즉, 일종의 '내면 감시자' 또는 '부모와 사회의 기준 및 금지규정'을 관장하는 심리체계에 반항하는 것이다.[6]

본능적 움직임 속에서 생겨나는 자연스러운 자발성과 자유는 건강한 자아의 특징이라 할 수 있지만, 8유형은 높은 차원의 자아가 아닌 '도토리 자아'와 같은 모습을 보여준다. 사회의 규정이나 확립된 권위(마치 1유형의 원형 같은)에 저항하는 것은 자유롭거나 자발적인 것이 아니기 때문이다. 나란호는 다음과 같이 규명해주고 있다. 억압 반항counter repression에 기반을 둔 이들은 자신의 욕망을 보호하는 한편 제약을 견디기 힘들어한다. 8유형의 과도한 본능적 충동 에너지는 이들로 하여금 감각적 경험을 열망하도록 만든다. 1유형이 인간 내면의 '반본능적 힘'을 대변한다면, 8유형은 인간 내면의 '친 본능적 힘'을 대변한다.

본능적 충동 외에도 8유형의 원형은 남성적 원리 즉 아니무스animus적 측면을 대변한다. 2유형이 '내면의 여성적' 원리를 구현하고 있다면, 8유형은 남성과 여성 속에 공히 들어 있는 '남성적' 원리와 관련이 있다. '행동과 합리성을 중시하면서 폭력에 대해 둔감한 경향이 있는 서양 문화 속에서 남성적 원리의 특성을 발견할 수 있다'[7]고 나란호는 지적하고 있다.

본능적 충동을 막는 내적, 외적 힘들을 제거하여 자신이 필요로 하는 것을 얻고자 하는 경향성, 그리고 커지고 싶어 하는 경향성의 원형이 곧 8유형의 원형이라 할 수 있다. 산드라 마이트리는 이렇게 주장한다. 8유형의 원형은 '몸, 충동, 생물적 요구'와 부합하려는 우리의 경향성을 나타낸다는 것이다.[8] 3유형이 모든 인간이 가진 성격을 드러내 주고, 4유형이 그림자의 편만성을 드러내 주는 것처럼, 8유형은 모든 이들이 생육하고 번성하고자 하는 필요와 충동성을 드러내 준다.

8유형은 강렬하고 적극적이고 강력하고 정욕적이다. 이처럼 존재 아래층의 욕구는 확립된 권위, 규칙, 전통의 압제적 권위에 저항하고자 하는 특성을 자극한다. 이들의 심리적 특성은 외적 힘과 제약에 저항하도록 이끌어간다. 이것은 자신의 지배를 관철하려는 방안인 동시에 압제와 싸워 약자를 보호하고자 하는 방안이기도 하다. 이러한 원형은 '정의를 기관들에 맡기기보다는 내 손 안에 두어야 한다'고 믿는 사람들에게 많이 나타난다.[9]

8유형의 원형은 우리는 모두 자신의 약함이나 왜소함을 거부하고 자신이나 타인을 위해 필요한 일을 수행할 능력이 있다고 스스로 믿고 싶어 한다. 또한 자신의 필요를 충족시키고 자신을 보호하고자 할 때 내적, 외적 제약들을 무시하려는 경향성을 모두가 가지고 있다는 것이다.

에니어그램 체계 속에서 8유형들은 강하고 힘이 있고 두려움이 없다. 이들은 정의에 관심이 있고 억압받고 빈곤한 자들을 보호하고자 하며 공정하고 정의감 있고 권위가 있다. 또한 의사소통이 상당히 직접적이고 '허튼 소리'를 싫어한다. 이들은 진리를 중시하고 필요할 경우에 다른 사람과 직면하며 건설적 갈등을 피하려 하지 않는다. 타고난 리더십이 있고 정직하고 직접적이고 일을 수행해야 할 때 효율적이며 재미있고 관대하고 강렬하다. 이런 특성으로 인해 이들은 재미있는 일행과 좋은 친구가 될 수 있다. 그리고 자신이 돌보는 사람이나 대의를 위한 수호자이며 근면한 일꾼이며 큰 그림을 보는 사람이다. 이들은 무질서 속에서 질서를 끌어내고 중요한 일들을 수행하기 위해 많은 에너지를 투입하지만, 적절한 한계와 경계선을 지키지 않는다. 실상 8유형의 강력함은 글자 그대로 강력함이다.

하지만 다른 모든 원형적 성격과 마찬가지로, 8유형의 강점은 그 속에 '치명적 약점' 또는 '아킬레스건'을 동시에 지니고 있다. 이들의 힘과 능력은 스스로 약하다고 느끼거나 취약한 느낌을 극복해보려는 과잉 보상적 성격을 지니고 있다. 따라서 자신이나 다른 사람이 부드러운 느낌이나 취약성을 드러내는 것을 비판한다. 이들은 참된 힘이 취약성에 대한 인정으로부터 나온다는 것을 모르기 때문에 취약성을 거부하고 자신의 강력함을 드러내려 한다. 또한 인간의 정상적 연약성에 대한 균형 잡힌 인정 없이 강력함만을 드러내는 것이 끼치는 부정적 영향력을 인지하지 못한다. 그리고 강렬하고 재미를 추구하지만, 고압적이고, 조급하고 좌절을 견디기 힘들어한다. 그럼에도 불구하고 이들은 자신의 힘과 능력을 자신의 약함 및 취약성과의 의식적인 균형을 이루게 될 때 종종 용기 있고 위대한 리더, 파트너, 친구가 될 수 있다.

## 호메로스의 작품, 『오디세이아』에 나오는나오는 8유형
## 외눈박이 괴물 키클롭스

자유, 겁 없음, 힘, 분노, 방종 등과 같은 8유형의 특성이 가장 선명하게 구현된 인물이 키클롭스이다. 오디세우스와 그의 동료들이 트로이 전쟁에서 고국으로 돌아오는 길에 두 번째로 도착한 곳이 바로 키클롭스들이 사는 땅이었다. 키 크고 막강한 키클롭스들은 회의나 협의회라고는 없는 일종의 '무법한 짐승들'이었다. 이들은 각자가 자기 자신에게 법이었고 이웃을 전혀 돌보지 않는 자들이었다.[10] 그리고 자기가 원할 때는 언제나 원하는 것을 취했다. 이들에게는 수치심, 죄책감, 양보라고는 없었다. 이들은 남들이 뭐라고 여기든 전혀 개의치 않았다.[11]

이러한 거대한 괴물들이 사는 땅은 자연의 풍요가 넘치는 땅이었다. 그 땅은 마치 엄청난 자연 에너지가 넘쳐흐르는 것 같았다. 누가 돌보지 않아도 온갖 종류의 가축들이 뛰놀고 있었고 곡식들은 엄청난 대풍작을 이루고 있었다. 키클롭스들은 이러한 풍요를 최대한 즐기고 시기하며 그것을 지킨다.

오디세우스와 일행은 엄청나게 크고 먹을 것이 잔뜩 들어있는 동굴에서 키클롭스의 우두머리인 폴리페무스와 마주치게 된다. 그들은 폴리페무스에게 제우스가 보장하는 탄원의 자비를 베풀어 달라고 간청한다. 하지만 폴리페무스 같은 괴물들은 그것이 신이든 인간이든 전혀 두려워하지 않았다.

> 신을 두려워하고 신의 분노를 피하라고 말하는 것을 보니 너는 바보이거거나 이방인임이 분명하구나! 우리 키클롭스들은 제우스나 제우스의 천둥번개 방패나 그 어떤 신도 눈 하나 까딱하지 않는다. 우리가 훨씬 더 많은 힘을 가지고 있기 때문이다. 내가 스스로 원하지 않는 한, 제우스의 분노가 두려워서 너희들을 살려두는 일은 없을 것이다.[12]

자기 말을 확증이나 하듯 폴리페무스는 오디세우스의 일행들을 한 명씩 잡아먹기 시작하였다. 그러나 폴리페무스는 자신의 강력한 힘만 알았지 자신의 취약성에 대해서는 전혀 알지 못했다. 폴리페무스의 지나친 식욕과 자연적 한계성이 곧 실패의 원인이 될 수밖에 없었다. 오디세우스는 폴리페무스에게 강력한 포도주를 연거푸 먹임으로써 그를 잠에 곯아떨어지게 만들었다. 그리고 오디세우스 일행은 불로 달궈진 대못을 박아서 그의 눈을 멀게 한 후, 털이 북실북실한 양들 밑에 숨어서 그 동굴을 겨우 빠져나오게 되었다. 폴리페무스가 할 수 있는 것은 온 힘을 다해서 바다에 바윗돌을 내던짐으로써 엄청난 분노를 표출하는 것뿐이었다.

8유형의 성격은 자기가 원하는 것을 추구하는 정욕의 원형을 대변한다. 이는 규칙을 깨거나 권위에 저항하는 식의 반사회적 태도를 지지하는 개인적 능력의 실현과 같은 것이다. 이러한 개인적 힘은 과도하며 방종적인 것일 수밖에 없다. 『오디세이아』에 나오는 키클롭스 이야기는 억제되지 않은 식욕과 분노는 생명을 넘어서는 엄청난 힘을 가진 동시에 결국은 파멸을 초래한다는 것을 보여준다.

# 8유형의 성격구조

8유형은 장 중심에 속하며, 핵심 감정인 분노와 힘 및 통제가 연관되어 있다. 에니어그램의 상층에 위치한 장 중심에 속하는 세 유형은 모두 '자기 망각적' 특성을 가지고 있다. 특히 자신의 필요와 취약성에 대해 자기 망각적이다. 9유형을 중심으로 장 중심에 속한 세 유형들은 기본적으로 분노와 통제에 대한 관계성을 중심으로 이루어져 있다. 9유형은 분노를 소홀히 다루고, 통제에 대한 조용한 저항으로써 수동적 힘을 행사한다. 1유형은 자신의 분노와 갈등을 벌인다. 1유형은 분노하는 것이 좋지 않다고 생각하기에 그것을 억제하다가는 마침내 격노의 형태로 표출하게 된다. 1유형은 규칙, 구조, 바른 행위 등을 고수함으로써 통제를 유지한다. 반면 8유형은 분노 에너지에 쉽게 접근하고 분노를 과도하게 나타나고, 충분히 생각하지 않고 자신의 분노를 충동적으로 표현한다. 통제와 관련해서 살펴본다면 8유형은 자신의 취약성을 거부하고 현 상황을 통제하기 위한 직접적 방법으로써 힘을 과도하게 사용한다.

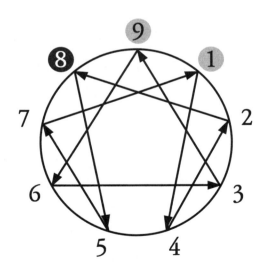

8유형의 주의는 자연스럽게 힘과 통제에 집중된다. 누가 그것을 가지고 누가 그것을 가지지 못했는가? 그것은 어떻게 사용되고 있는가? 사람들은 이들이 '많은 에너지'를 가지고 있고 상당한 개인적 힘과 능력을 가지고 있다고 느낀다. 이들은 다른 사람들로부터 그가 다소 위협적이라는 말을 듣게 될 때 놀라곤 한다. 자기는 전혀 겁을 주고자 한 적이 없기 때문이다. 또한 그 존재 자체로서 어떤 힘과 능력을 분출하고 있기 때문에 그 주위에 있는 사람들은 위협적인 느낌을 8유형을 향해 투사한다.

8유형은 선천적으로 많은 에너지를 가지고 있기 때문에 큰 그림을 그리거나 큰 비전을 가지고 생각하는 경향이 있다. 이들은 앞을 향해 직선적으로 나아가는 경향이 있고 세세한 것 또는 남들이 자신에게 바라는 것에 주의를 기울이는 것을 싫어한다. 또한 자신이 통제할 수 있을 때 가장 편안해 한다. 이들은 세상이 '강자'와 '약자'로 나뉘어져 있다고 믿고 자신이 선택해야 하면, 자신을 강자와 동일시한다.


## 8유형의 어린 시절 대처전략

어떤 8유형들은 자신이 갈등이 심하거나 전투적인 환경에서 자라났다고 술회한다. 이런 환경에서 살아남기 위해서는 빨리 강해지고 성숙해져야 했다고 한다. 이들은 자신이 아이처럼 순진한 상태에 머물러 있을 수 없었다고 말한다. 즉, 순수성을 박탈당했던지 아니면 폭력이나 방기의 상태에서 아이로서 요청되는 보호를 받지 못했다고 고백한다. 또한 형제자매가 많은 집안의 막내이든지 체구가 가장 작은 아이였던 경우도 있다. 8유형 아이의 관점에서 보면 자신의 작음을 거부함으로써 자신의 생존을 지킬 수 있었던 것이다. 자기보다 더 크고 강한 페르소나를 택함으로써, 자기가 필요로 하는 사랑, 돌봄, 보호를 제공해주지 않는 세상 속에서 살아남는 법을 배우게 된 것이다.

8유형은 어린 나이에 이미 강해지도록 요구를 받을 수 있다. 자기 자신 또는 옆에 있는 누군가를 보호하기 위해서 이들은 아동기를 너무 일찍 끝내고 강한 자아를 키우게 된 것이다. 많은 8유형들은 자신의 필요를 채우기 위해서 스스로 문제를 해결하고, 이른 나이에 자기 환경을 통제하는 법을 배운 것이다. 나란호는 이렇게 주장한다. 8유형에 대해 받은 나의 인상은 다음과 같다. 다른 성격유형들보다 8유형의 가정이 가정불화와 폭력이 더 많았을 가능성이 있다. 이런 경우에는 무감각, 강인함, 냉소가 더 많이 생겨날 수밖에 없다.'[13]

이런 경우에 아이는 어떤 방식으로든지 힘과 통제에 기초한 극복전략을 계발해나가게 된다. 이 아이의 극복전략은 자신의 취약성을 거부하고 자신의 강함에 대한 분명한 신념형성을 중심으로 이루어진다. 차차 성인이 됨에 따라 8유형은 자기가 어린 시절 불의 앞에 무기력하게 당했던 기억을 되살리면서, 정의를 자기의 두 손에 쥐고 정의의 이름으로 힘을 행사하게 된다.[14]

'공격은 최선의 방어'라는 생각에 따라 도전이 주어지게 될 때, 8유형은 저절로 '강한' 능력 발휘하게 된다. 이러한 '큼직함'은 영향력 있고 힘 있는 8유형의 현존에 의해 일종의 성격으로 이어지고, 자신의 실제 크기보다 더 큰 힘을 발휘하는 것처럼 보이곤 한다. 그 이유는 8유형의 과도한 식욕(음식, 음료, 쾌락, 섹스 등)과 과도한 행동(과식과 과음, 밤늦게까지 깨어있기, 과로하기 등)으로 인한 것이다.

8유형은 어린 시절부터 스스로 힘이 있는 것처럼 느껴야 했고 자신의 취약함을 거부하는 법을 배워야 했기에, 스스로 규정을 정하고 타인들이 자기에게 가하는 제약을 무시할 수 있다고 종종 느낄 수 있다. 이들은 외적인 실재를 자기 방식으로 인식하는 경향이 있다. 이런 것들이 무의식적으로 객관적 사실에 대한 인식에 영향을 주기 때문에 객관적 실재와 자신이 생각하는 진리를 혼동할 수 있다. 이러한 자세는 다음과 같은 요인들로 인한 것이다. 즉, 강한 의지와 함께 주위 사람들 중에 자신이 가장 강력한 사람으로 보고, 자신이 상황을 바라보는 방식만이 단 하나의 유일한 방식이라고 판단한다.

어려운 상황이나 인물에 대하여 힘 있고 영향력을 발휘하는 방식으로 상황 극복전략을 구성하기 때문에, 이들은 다른 사람들이 보기에 우두머리 행세를 하거나 통제적인 것처럼 보인다. 하지만 정작 자신은 직접적이고 정직할 뿐이라고 생각한다. 그리고 자신이 필요로 하거나 원하는 것을 취하고 자신의 보호를 필요로 하는 사람들을 보호하는 일에 점점 능숙해진다. 이것은 자신의 생존전략을 계발해나감으로써 가능해진다. 이들은 힘, 위협, 공격 등을 통해 자신의 목표를 성취한다. 다른 어떤 유형들보다 8유형은 자신이 필요하다고 느끼면 다른 사람들을 직면하거나 투쟁하고자 한다.

자신의 취약성에 대한 자각을 줄임으로써 이들은 스스로 자신이 강력하고 천하무적인 것으로 느끼게 된다. 이들은 '자기 망각적' 유형이기에 자신의 육체적 필요나 인간적 한계를 축소시키는 경향이 있다. 이렇게 함으로써 이들은 열심히 일할 뿐 아니라 상당한 책임을 떠맡게 되며 이렇게 함으로써 그들의 건강과 복지에 피해를 입을 수 있다.

나란호가 지적한 것처럼, '통제하고자 하는 욕구의 이면에는 무력감에 대한 두려움이 들어 있으며 이런 두려움이야 말로 8유형이 가장 고통스러워하는 것'이다.[15] 이러한 성격은 '방어를 위해 공격'하는 삶의 방식으로서 타인들을 통제하려는 의지와 힘에 의존되어 있다. 이들은 특히 타인에 의해서 기만되었다고 느낄 때, 카렌 호니가 표현한 '보복적 승리'를 위한 강렬한 욕구가 이들에게 존재한다. 이차조는 이러한 성격을 가리켜서 '보복적 자아'라고 부른다. 이것은 8유형이 어린 시절 힘에 맞서 싸우고 싶어 했던 심리를 그 속에 담고 있다. 나란호는 '8유형의 복수심 뒤에 들어있는 힘은 강력한 충동과 부족한 억제력의 조합'이라는 것이다. 이것 외에도 8유형 내면에 들어있는 연약성과의 접촉이 부족한 것도 하나의 요인이 된다고 주장한다.

제 부모님은 강력하고 카리스마가 있었습니다. 아버지(7유형)는 모든 '사회 규정'을 부적절한 것으로 여기셨습니다. 그는 자기가 원하는 대로 행했고 마치 스스로 신인 것처럼 여겼습니다. 어머니(4유형)는 상류층의 삶을 동경하셨고 아빠의 무분별한 행동들에 대해 씁쓸해 하셨습니다. 이로 인해 두 분 사이에 격렬한 논쟁이 수년간 지속되었지만 남들 앞에서는 이런 모습을 드러내지 않았습니다.

부모님이 여행을 할 때에 주로 오빠를 데리고 다니셨고 저는 유모와 함께 집에 남겨졌습니다. 오빠는 부모님의 대를 이어받을 '상속자'로 여겨졌고 유모는 오빠를 거의 숭배하다시피 했습니다. 유모가 나의 기본적인 필요를 채워주었지만 나는 늘 뒷전이었고 그녀는 늘 오빠와 더 많은 시간을 보내곤 했습니다. 내가 애기였을 때 유모차에 실린 채 여러 시간을 정원의 한쪽 구석에 잊어진 채 방치되곤 했습니다. 오빠와 내가 아주 어렸을 때, 오빠는 늘 못살게 굴었고 저는 그의 샌드백이 되곤 했습니다. 오빠에게 맞지 않으려고 그의 심부름을 했고 어른들은 이런 저를 가리켜서 오빠의 '개인비서'라고 불렀습니다. 어렸을 때부터 이런 일이 계속되었습니다. 부모님은 집에 없든지, 싸우든지 하셨고, 편애 받는 오빠는 자기 멋대로 행동했습니다. 나는 세상은 어차피 불공평하다고 생각했고 살아남기 위해서는 강해져야만 한다고 생각했습니다. 저의 연약성과 순수성은 결코 존중되거나 돌봄을 받지 못했습니다. 7살 때부터 학교 기숙사에서 지내게 되었는데 이러한 상황을 인지하고 받아들여야 했고 나보다 어리거나 약한 애들을 돌보고 보호하기 시작했습니다.

지금도 내 몸을 통해서 저의 경험을 기억하고 있습니다. 불의 앞에서 나는 턱을 악물고서 마치 전쟁용 갑옷을 입은 것처럼 몸에 힘을 주곤 했습니다. 그때 일을 마치 지금 경험하는 것처럼 불공정함에 대해 저항하게 됩니다. 이러한 이야기를 아주 직설적으로 쓰고 있는 저를 바라봅니다. 아이의 순수성과 연약성에 대해 가슴을 열 수 있는 공간이 없습니다. 나는 지금도 어느 정도 그렇지만, 어린 시절의 따뜻하고 부드럽고 민감했던 나 자신을 보호하고 싶습니다. 하지만 이제 나 자신이 왜 그럴 수밖에 없었는지를 보다 깊게 그리고 더 많이 이해할 수 있습니다. 그 어린 나이에 왜 내가 스스로 강해지고 굳세져야만 한다는 결심을 하게 되었는지 말입니다!

## 8유형의 주요 방어기제 부인

8유형이 주로 사용하는 심리적 방어기제는 부인denial이다. 특히, 자신의 약점을 감추고 강하게 보여야 할 필요가 있을 때 이러한 방어기제가 나타난다. 스스로에게 자기는 어떤 도전도 받아들일 수 있다는 메시지를 주기 위해서, 이들은 자신이 가진 연약성을 습관적으로 부인한다. 자신의 약점이나 연약성에 잡혀 있는 한, 결코 싸움에서 강해지거나 이길 수 없기 때문이다. 스스로 어떠한 약점도 인정하지 않아야만 자신을 막강한 존재로 느낄 수 있고, 자신은 결코 상처받지 않는다는 자신감이 있어야만 싸움을 이기고, 상황을 지배하며, 어려운 환경에서 살아남을 수 있다는 것이다.

심리학자 낸시 맥윌리엄스는 부인의 의미를 다음과 같이 설명한다. 즉, 어린아이가 겪는 불쾌한 일을 처리하기 위해서, 스스로 '그러한 일이 일어나고 있음을 수용하기를 거부하는 것'이다.[16] 이렇게 함으로써, 불편하거나 고통스러운 사실들이 거부되고 거짓된 것으로 치부된다. 예를 들어서 사랑하는 사람의 죽음처럼 커다란 재앙 앞에서, 경험 당사자가 그것을 인정하려 하지 않고 거부하는 것이다. 이러한 소식을 접한 사람의 첫 번째 반응은, '그럴 리가 없다' 또는 '그것은 사실이 아니다'라는 거부이다.

8유형과 관련된 또 다른 흔한 자기 방어기제는 전능한 통제이다. 아이가 엄마의 반응을 촉발함으로써 '자기가 원하는 일이 이루어지도록' 유도할 때, 아이는 일종의 전능한 통제를 경험하게 된다. 아이가 배가 고프면 그 아이는 울기 시작하고 그 울음 때문에 엄마는 먹을 것을 주게 된다. 무서울 때는 엄마가 와서 지켜준다. 어린 시절부터 엄마와의 융합을 통해서 아이는 자기가 세상을 통제하고 있다는 감각을 가지기 시작한다. 나중에 어른이 되어서야, 일종의 부인과 함께 분명한 자기주장의 상호작용을 통해서 일들을 내 생각한 대로 만들어가고 있음을 깨닫게 된다. 이들은 상황을 통제함으로써 자기가 원하는 방식으로 일의 진행을 바꾸어 갈 수 있다고 믿곤 한다. 즉, 현실의 제약에 굴복하지 않고 자신이 원하는 방법으로 일의 진행을 조종해낼 수 있다고 상상하는 것이다.

## 8유형의 주의초점

갈등을 다루어주고 필요를 채우기 위해 자신의 연약성을 부인하고 커지고 강해지려는 8유형의 극복전략은 결국 힘, 통제, 불의 등에 대해 주의를 기울이게 된다. 이들 중 대부분은 새로운 상황 속에서 누가 힘이 있고 힘이 없는지를 재빨리 파악할 수 있는 능력이 있다.

힘과 관련한 이러한 차이를 인지하는 능력은 8유형으로 하여금 다음과 같은 것들에 대해 재빨리 대응할 수 있도록 해준다. 즉, 사람들이 부당하게 학대당하거나 자기가 돌보는 사람이 보호를 필요로 하게 될 때 즉시 대응할 수 있다. 특히 뒤에 다루게 될 사회적 8유형에게서 이러한 특징이 뚜렷하게 나타난다. 이들은 남을 보호하고자 하는 초점을 가지고 있는데, 이 속에는 일종의 부분적 투사가 들어있다. 즉 자기가 거부한 자신의 연약성을, 보호와 지지를 필요로 하는 연약한 사람에게 투사하고 있다는 것이다. 이런 방식을 통해 그들은 자신의 무의식적 필요에 반응할 수 있게 된다. 즉, 자신의 연약성으로 인한 고통을 느끼는 것 대신에 다른 약한 사람을 돌보고자 하는 무의식적 필요에 반응하는 것이다.

8유형은 많은 자극을 필요로 하고 또 원한다. 그래서 이들은 즐거움 및 다른 형태의 만족에 대한 필요를 채우기 위해 많은 주의를 기울인다. 또한 좌절을 견디기 어려워해서 일종의 성취를 위한 자신의 환경을 면밀히 검색한다. 재미있는 사람, 재미있는 일들, 먹을 것과 마실 것들, 정복할 수 있는 도전적 상황들을 찾게 된다. 8유형의 격정은 정욕이고, 그 의미는 육체적 필요를 채우려는 강력한 충동을 의미한다. 이러한 충동은 자신의 욕구 충족에 주의를 기울이게 만든다.

8유형은 자신의 영향력과 힘에 저항하는 것을 극복하고자 하고 권위를 행사하고자 한다. 이들은 불의를 타파하고 타인을 보호하며 악행 하는 자를 몰아내고 불의한 권력으로부터 힘을 빼앗는 등 그런 상황과 사람들에게 저절로 끌리게 된다.

마지막으로, 8유형은 이 세상을 하나의 거대한 비전 또는 가능성이 있는 광범한 시각에서 바라보는 경향이 있다. 이들의 큰 관점은, 자신의 큰 힘과 에너지 그리고 실제보다 자신의 힘과 권위를 더 크게 바라보는 것과도 일치한다. 또한 큰 그림을 봄으로써 무질서에서 질서를 만들어내고 싶어 한다. 이들은 대체로 일들을 바라보는 자기의 시각과 함께, 중요한 일을 가능케 하는 자기의 능력에 대해 자신 있어 한다.

## 8유형의 감정적 격정 정욕

8유형의 격정은 정욕이다. 나란호는 정욕을 다음과 같이 정의한다. 즉, 정욕은 '성뿐만이 아니라 모든 자극 속에서 이루어지는 과도함을 향한 격정이며 강렬함을 추구하는 격정이다. 이러한 자극들은 다양한 활동, 불안, 빠른 속도, 큰 음악소리의 즐거움 등을 포함한다.'[17] 흔히 사람들은 정욕을 성과 관련지어 생각하지만, 8유형의 정욕은 나란 호의 말처럼 감각적 자극이나 육체적 필요의 충족처럼 다양한 형태의 굶주림을 의미한 다. 8유형은 자기 욕구의 만족을 향한 지칠 줄 모르는 열망을 가지고 있다. 이는 즐거움 추구를 향한 당당한 태도를 의미한다. 에니어그램 유형들에게서 나타나는 감정적 격정 은 충동을 의미한다. 8유형의 격정은 삶에 대한 장벽 없는 접근과 모든 형태의 즐거움 에 대한 강렬한 추구로 나타난다. 이러한 접근은 육체적 접촉, 좋은 음식, 금제taboo를 넘어서기, 물질적 위안, 고된 일의 열매 등을 통해 나타난다. 과도함을 향한 격정은 이 들로 하여금 자신의 능력을 발휘하고 힘을 느낄 수 있는 상황으로 이끌어 간다. 정욕은 이들로 하여금 극복할 수 있는 도전과 즐길 수 있는 쾌락을 찾아 나서도록 한다. 정욕 은 이들로 하여금 극단을 향해 과도한 방향으로 나아가게 한다. 나란호는 '이들은 억압 당하거나 욕망의 중간에 멈춰 서기보다는 자신의 욕망을 보호하고 그 욕망과 같은 편 에 서고자 하며 이들은 자신의 충동을 억압하기보다는 자신의 내적 억압자와 싸우고자 한다'고 말한다.[18]

나란호는 다음과 같이 주장한다. 정욕 그리고 정욕의 표시가 되는 강렬함, 밀착, 육 체적 방종은 8유형의 성격구조의 핵심과 밀접하게 연결되어 있다. 이것은 또한 정욕 밑 에 들어 있는 감각운동 신체성sensori-motor physicality과 연결되어 있다. 자기 성격의 기반으로 서의 신체와 일차적으로 연결된 사람들 그리고 자신의 육체적 힘에 대한 느낌과 표현을 기반 으로 생존전략을 짜는 사람들은 육체적, 감각적 충족을 우선시하기 마련이다. 마이트리는 이 것을 이렇게 설명한다. 에니어그램에서 말하는 정욕의 의미에 대한 가장 온전한 이해는 아마 도 과도하게 육체적인 경향성이라고 할 수 있다.[19]

8유형의 정욕적 기질은 '쾌락주의, 자극이 부족할 경우에 쉽사리 빠져드는 지루함, 흥분을 향한 열망, 조급함, 충동' 등으로 나타난다.[20] 정욕은 이들을 쾌락주의로 몰고 간다. 쾌락주의는 이들에게 있어서, 의지와 힘의 투쟁으로 얻게 된 상급이거나 쾌락과 만족을 위한 투쟁으로 얻게 된 보상과도 같은 것이다. 따라서 8유형에게 있어서 정욕은 무조건 육체적 쾌락을 추구하는 것이 아니라 오히려 강렬함을 향한 격정 그리고 과도함을 향한 권리와 같은 것이다.

## 8유형의 인지적 오류
**내 생각에 나는 강력하고 막강하다**
**내가 말했기 때문에 그것은 진실하다**

우리는 흔히 우리의 신념, 감정, 행동에 영향을 미치는 습관적 방식에 붙잡혀 있다. 우리의 관점을 형성하는 성격 모델이 옳지 않음을 깨달은 후에도 이러한 방식이 지속되곤 한다.[20] 격정이 감정의 동기를 좌우한다면 '인지적 고착' 또는 사고의 '자기망각'은 사고의 과정을 좌우한다.

8유형의 핵심주제는 통제이다. 정욕의 격정뿐 아니라 정욕을 지지하는 사고방식은 어린 시절의 상처로부터 생겨난다. 즉, 힘을 오용한 권위자 때문에 어린 시절에 상처를 받음으로써 이러한 문제가 야기된다는 것이다. 이런 상처를 극복하고자 하는 8유형의 반응은 다른 누구보다 더 강한 사람이 되고자 하는 과잉보상으로 나타난다. 강한 사람이 됨으로써 남에게 지배당하지 않을 수 있기 때문이다. 이는 곧 8유형이 자신의 힘과 능력에 대한 믿음을 지지하는 가정 및 사고를 유지할 필요가 있음을 의미한다.

8유형의 태도(자기망각)와 연관된 핵심신념 및 사고방식, 즉 자기는 약하지 않을 뿐 아니라 강하다고 생각하는 신념은 이들의 자신감과 막강함을 유지시키는 사고와 연관되어 있다. 이러한 사고의 고착은 연약성과 부드러움의 중요성을 지적으로 최소화한다. 8유형 역시 다른 사람들과 마찬가지로 애정을 필요로 하고 또 원하지만, 자신의 힘과 강함을 유지해주는 신념을 놓치지 않으려 한다. 이러한 신념은 타인을 지지해주어야 하는 그들의 필요를 무가치한 것으로 만든다.

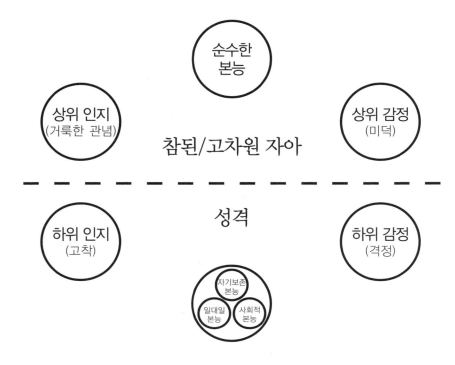

8유형의 내면이 통제, 정의, 약함의 회피에 기반해 있기에, 이들은 다음과 같은 신념과 원리를 유지하려 한다.

  □ 거친 세상에서 살아남으려면 강해야 한다.
  □ 약하거나 연약해지는 것은 나쁘다. 약한 사람들은 존중받을 가치가 없다.
  □ 나는 다른 사람들보다 강하고 능력이 있다.
  □ 나는 내가 원하는 것을 무엇이든 할 수 있다.
  □ 아무도 나에게 무엇을 하라고 지시할 수 없다.
  □ 내가 원하는 것을 제한 할 수 있는 힘을 아무도 가지고 있지 못하다.
  □ 타인들이 내게 씌우려는 억압에 굴복하지 않는다.
  □ 나는 일이 되게 할 수 있는 힘과 내가 원하는 것을 할 수 있는 힘이 있다.
  □ 어떤 것이 좋다면, 더 많은 것은 더 좋다.
  □ 해야 할 일을 하기 위해선 가끔 정해진 규칙을 깨고 자신의 규칙을 만들 필요가
    있다.

□ 나는 일도 열심히 하고 놀기도 열심히 한다.

□ 때로 나쁘게 구는 것도 나쁘지 않다.

□ 강한 자들은 약자들을 이용하는 경향이 있다. 나는 내가 돌보는 사람들을 보호한다.

□ 나는 갈등을 좋아하지는 않지만, 다른 사람들을 직면할 수 있다. 앞으로 나아가서 원하는 것을 얻고 누군가를 보호하고 불의와 싸우기 위해선 직면이 필요하기 때문이다.

8유형의 이러한 신념과 생각은 그를 힘 있고, 자신 있고, 권위적인 표현을 할 수 있게 한다. 이들은 외적 권위로부터 독립된 권위를 계발시켜 나간다. 이러한 마음상태에 고착될 경우 즉 일종의 '자기망각' 상태에 놓이게 될 때, 이들이 자기 자신을 객관적으로 살펴보는 것이 매우 어렵게 된다. 보다 큰 그림을 바라봄으로써, 참된 자신을 향한 보다 깊고 부드러운 감정을 기초로 한 '존재의 고향'에 도달하기가 어렵게 되는 것이다.

## 8유형의 함정

**연약성을 회피하는 것은 당신을 연약하게 만든다**

다른 유형들과 마찬가지로, 8유형의 인지적 고착은 이들을 일종의 악순환 속에 빠져들게 한다. 이는 곧 한계가 있는 성격이 결코 해결할 수 없는 근본적인 '덫'에 빠져드는 것을 의미한다.

8유형의 기본적인 내적 갈등은 다음과 같다. 이들은 자신의 연약성을 거부하고 주변을 통제하고자 하지만, 자신의 한계를 인정하지 않음으로써 자신을 더욱 취약하게 만든다. 즉, 자신의 육체적 한계를 인정하지 않고 너무 지나치게 일하거나 놀이에 몰두함으로써 결국 신체적인 질병에 걸리고 만다는 것이다. 또한 특정 상황에 대한 힘과 통제를 위해 애쓰게 될 때, 이들은 외교능력의 가치를 무시함으로써 결국은 그 상황에 대한 통제를 하지 못하게 된다. 이처럼 8유형의 자기 연약성에 대한 거부나 무시는 결국 이러한 연약성이 드러나는 것을 막지 못한다. 자신의 약점에 대해 인식하지 못할 때, 그러한 인식실패의 결과로써 특정 상황이 영향을 받을 수밖에 없다.

8유형은 어떻게 해서든 자신의 무기력함을 회피하기 위해 자신이 감당할 수 없을 만큼 많은 힘을 발휘함으로써 이들은 오버하게 되고 적개심과 오해를 불러일으키게 된다. 이들이 자신의 민감성을 거부할 때 타인들에게도 민감하지 못하게 된다. 따라서 타인들 역시 그들에게 무감각하게 대함으로써 일종의 공격의 악순환을 되풀이하게 된다.

8유형은 자신의 힘과 의지력으로 세상 속에서 영향력을 발휘하고자 한다. 하지만 이들의 힘과 의지력 과잉은 스스로를 해침으로써 자신의 대의도 손상시키고 만다. 따뜻한 감성에 대한 공감 능력 부족은 타인들과 보다 깊은 연결을 갖는 것을 어렵게 만든다.

## 8유형의 대표적 특징

### 1. 분노를 기꺼이 직면하기

에니어그램 도형의 상단부를 차지하는 '분노 중심' 중에서도, 8유형은 9유형이나 1유형에 비해서 직면하기, 분노하기, 적대감정 표출하기 등을 함에 있어서 별 어려움이 없다. 일대일 4유형이나 일대일 6유형을 제외하고는 8유형이 다른 어떤 유형보다 쉽게 분노를 표출한다. 이들은 분노가 단지 강력한 에너지일 뿐이라고 느끼고, 타인의 분노에 별로 위협을 느끼지 않는 유형에 속한다. 또한 종종 갈등을 선호하는 유형으로 묘사되지만, 대부분의 8유형은 갈등을 좋아하는 것이 아니라 필요할 경우에는 기꺼이 갈등에 참여할 수 있고 또 참여하고자 한다고 주장한다.

8유형이 쉽게 분노할 수 있고 쉽게 갈등에 참여할 수 있다는 것은 역설적으로 이들이 굳이 그렇게 할 필요가 없음을 의미한다. 이들은 몸 중심에 강력하게 연결되어 있고, 존재 자체로 힘과 견고함의 분위기를 전달하고 있기에 굳이 화를 낼 필요가 없다. 그리고 굳이 공격성을 표출하지 않아도 기초가 든든하고 자신의 길을 취할 수 있고 자신을 이해시킬 수 있다. 이들은 쉽게 분노를 표출할 수 있기에 두려움이 없는 것처럼 보이지만, 사실은 두려움에 의해 동요되지 않으며 습관적으로 연약한 감정을 거부하는 것일 뿐이다. 이러한 겁 없음은 아무런 말을 하고 있지 않아도 힘 있고 강한 것처럼 보이게 만든다.

8유형이 타인들을 시험하고자 하는 것은 종종 타인들의 진정한 동기를 확인하고자 하는 (의식적 또는 무의식적) 시도인 것이다. 갈등을 통해서 이들은 다른 사람들의 특성, 진정한 의도, 힘을 행사하는 방식을 발견하게 된다. 흔히 사람들의 고정관념과는 달리, 8유형은 분노나 갈등을 좋아하는 게 아니고 다른 유형들보다 분노나 갈등상태에 비교적 쉽게 들어가게 되는 것일 뿐이다. 이들은 오히려 타인들에게 더 가까이 접근하기 위한 일환으로 갈등을 사용할 수도 있다. 그리고 당신과 갈등을 벌인 후에는, 그 갈등의 결과에 따라 오히려 당신을 이전보다 더 신뢰하게 될 수도 있다. 어떤 이들은 스스로 싸움의 좋은 기회를 즐길 수 있었다고 말하곤 한다.

8유형이 분노를 표출한 후에는 종종 빨리 분노를 해소해 버리곤 한다. 분노 에너지를 표출한다는 것은 그 에너지가 일단 방출된 것이기에 분노가 가라앉게 된다. 2유형, 1유형, 9유형과는 달리 8유형은 분노를 표출한 후에 그것에 대해 후회하거나 죄책감을 느끼지 않는다. 화를 낸 건 낸 거고, 화를 낸 후에는 일단 모든 상황이 다 지나가 버린 것이기 때문이다.

## 2. 반항성

8유형의 주요 특성을 묘사함에 있어서 나란호는 '정욕은 쾌락의 억제에 대한 강력한 반발로, 일종의 반항 요소가 그 속에 들어있다. 반항은 다른 어떤 유형보다 8유형에게서 가장 뚜렷하게 드러나는 특징이다.'라고 주장한다.

혁명적 운동가의 원형인 이들이 반항하는 것은 자기 위에 있는 권위를 쉽게 인정하지 않겠다는 의미를 담고 있다. 권위자들에 의해 설정된 규칙이나 전통을 거스르고자 하는 자세는 그 자체가 이미 반항의 모습인 것이다. 나란호는 '권위에 대한 퉁명스러운 불인정은 곧 불량스러움을 택하는 것을 의미한다.'[22]고 설명한다. 그들이 규칙을 따르지 않고 전통적, 위계적 방식을 거스르기를 두려워하지 않기에 불량한 것처럼 보일 수 있지만 정작 자신이 그다지 심하게 또는 공개적으로 반항하고 있다고는 생각하지 않는다. 이들은 단지 타인들이 자기에게 원하는 것처럼, 권위에 굴복하고 싶지 않은 자세를 취할 뿐이고 스스로 자신에게 권위가 되기 때문에, 자기 생각에 적합한 대로 규칙을 세우기고 하고 어기기도 하는 것이다.

나란호가 심리학적 용어를 통해 지적한 것처럼, 일반적으로 권위에 대한 반항은 아버지 면전에서의 반항으로까지 소급해서 추적해볼 수 있다.[23] 아버지는 가정 속에서 권위의 원형이기 때문이다. 많은 8유형들은 자기 아버지로부터 좋은 것을 기대할 수 없음을 일찌감치 알게 된 개인적인 역사를 가지고 있다. 그래서 이들은 암묵적으로 부모의 힘을 인정하지 않게 된다.[24] 가장 분명한 권위를 인정하지 않게 될 때, 자신의 권위를 가장 높거나 유일한 권위로 주장하는 것은 손쉬운 일이다.

## 3. 처벌과 복수

나란호는 이차조를 인용하면서 8유형이 주로 복수에 주의를 기울인다고 주장한다.[25] 하지만 나란호는 이들이 늘 공개적으로 적의에 차 있는 것은 아님을 분명히 한다. 나란호에 의하면, 8유형은 종종 분노에 차서 앙갚음을 함으로써 짜증을 해소해버린다.[26] 이것은 곧 즉각적으로 당면한 상황을 되갚아주는 것이다. 이에 덧붙여 나란호는 이렇게 주장한다. 8유형의 보복적 특성은 어렸을 때 경험했던 무력감이나 고통에 대한 반응으로, '자기 힘으로 정의를 실현하고자 하는' 오래된 그리고 존재 깊숙이 자리 잡은 특성인 것이다.

8유형은 타인에 의해 상처를 받게 될 때, 그러한 상처의 고통을 내면에 받아들이려 하지 않는다. 고통을 느낀다는 것은 자기가 자동적으로 피하고 싶어 하는 연약성을 인정하는 것이기 때문이다. 그래서 상처의 고통을 느끼기보다는 복수에 주의를 집중함으로써 무의식적으로 자신의 감정을 밖으로 발산한다. 자신의 주의와 에너지를 복수에 집중함으로써 8유형은 자신의 고통스러운 감정을 보다 강력한 힘의 과시로 대체하는 것이다. 8유형은 상처보다는 복수를 훨씬 더 편안한 경험으로 느낀다.

자기에게 상처를 준 사람에게 복수하고 싶어 하는 경향성은 정의에 대한 8유형의 관심과도 연결되어 있다. 이들은 타인에 의해 저질러진 잘못들을 바로 잡고 싶어 한다. 8유형의 정의와 공정성에 대한 초점은, 자기가 보호하고 싶은 사람들을 착취하고 상처 주는 자들을 향한 복수심이 불타오르게 만든다.

### 4. 지배

8유형은 자신이 적극적으로 결정하든 안하든 간에 상황들을 손쉽게 지배할 수 있다. 자동적으로 힘과 강함을 통해 상황을 대처하는 전략으로 인해 이들은 그냥 거기에 존재하는 것만으로도 상당한 힘을 가지게 된다. 늘 적극적일 뿐 아니라 필요할 때는 쉽게 공격적이 됨으로써 의도하지 않더라도 쉽게 타인들을 지배할 수 있다.

8유형은 상황을 통제하고 싶어 하나 분명히 인정된 리더가 있는 경우에는 상황을 통제하는 능력을 늘 발휘하지는 않는다. 하지만 리더십의 공백이 있는 경우 그 공백을 채울 준비가 되어 있다. 지배하고 싶어 하는 그들의 경향성은 자신이 약하거나 무방비의 위치에 놓이는 것을 피하고자 하는 보상적 노력을 대변한다. 당신이 연약한 감정을 피하고 싶어 한다면, 연약한 감정을 느끼게 만드는 사람을 힘으로 물리치는 것은 하나의 좋은 전략이 될 수 있다.

재미있는 현상은, 8유형은 힘을 발산하기에 주위의 사람들이 종종 8유형에게 통제권을 넘겨준다는 것이다. 사람들은 종종 책임을 떠맡을 수 있는 능력 있는 사람을 찾기를 좋아한다. 어떤 경우에는 8유형이 가진 자연적 힘에 눌린 나머지 어떤 사람들은 그들이 밀어붙이고 지배적이고 고압적이라고 분개하기도 한다.

### 5. 무감각

8유형은 인지적으로 무감각할 수 있다. 이러한 무감각은 두려움, 아픔, 약함 등의 연약하고 부드러운 감정들을 축소시키려는 이들의 경향성에서 기인한다. 무의식적으로 이런 감정들을 멀리하려 하기에 결과적으로 강력하고 비감성적인 자세를 견지하게 된다. 또한 공격적 태도를 취할 뿐 아니라 자신을 위협하는 사람을 밀어낼 준비를 갖추기 위해 연약한 감정과의 접촉을 줄이게 될 것이다. 이러한 상황으로 인해 감정적으로 방어적 자세를 취하는 것을 가리켜서, 남들은 '무감각한,' '냉담한,' '위협적인,' 또는 '무자비한'이라는 명칭을 붙이게 된다.

### 6. 자율성

8유형은 자신의 독립성과 자율성을 중시한다. 나란호가 지적한 것처럼 이들은 보다 분명하게 자신의 자율성을 이상화하며, 약하게 보이고 싶지 않고 연약한 위치에 놓이고 싶지 않기에 남에게 의존하는 것을 거부한다. 이러한 성향 때문에 타인을 필요로 하는 경험이나 감정을 피하려 하고 독립적인 행동을 하고자 한다.

남에게 지시받기보다는 남을 통제하고자 하고, 의존적 관계로 인한 연약성에 둔감한 사람에게 있어서, 타인을 의지하는 처지에 놓인다는 것은 아주 끔찍한 일이다. 8유형은 불굴의 특성을 지니고 있기에 수동적 의존은 이들에게는 일종의 저주와도 같은 것이다.

### 7. 감각운동적 지배

나란호는 8유형이야말로 가장 '감각운동적' 특성을 지니고 있다고 주장한다. 이는 곧 8유형이 자신의 신체에 기반해 있고 '지금 여기'의 감각에 기초해 있음을 의미한다. 즉, 운동감각과 신체중심의 활동을 한다는 것이다. 이들은 주로 현재를 중심으로 초점이 맞춰져 있기 때문에 지금 당장 자극이 되는 것과 구체적인 것에 주목한다.

감각운동경험이 탁월하다는 것은 곧 이들이 사고나 감정보다 행동에 관여한다는 것을 의미한다. 이들의 움직임은 무엇보다 행동으로 나타난다. 행동 및 자기주장의 경향성으로 인해, 행동하기 전에 너무 오랫동안 자신의 행동에 대해 곰곰이 살피려 하지 않는다. 나란호는 이러한 특성을 '현재를 강력하게 움켜잡는 것이며, 심미적, 영적 경험의 미묘성에 둔감한 반응을 보이는 것이고, 기억, 관념, 예측 등에 대해 조급함을 보이는 것'이라고 설명한다.[20] 이들에게 있어서 가장 실제적이고 흥미진진한 것은 즉각적, 경험적인 방식으로 자신의 신체감각을 자극하는 것이다.

8유형들은 마치 키클롭스들처럼 충분히 깊이 생각하기보다는 행위에 너무 의존하는 경향성이 나타날 수 있다. 8유형이 담대하고 강력하게 행동하는 익숙한 방식에만 고착되면 보다 미묘한 접근이 요청되는 상황을 간과하게 되기 쉽다.

## 8유형의 그림자

각 유형들은 저마다의 맹점들을 가지고 있다. 이러한 맹점은 각 유형의 생존전략과 주의초점 속에 결여되어 있는 특성을 의미한다.

8유형은 자신의 연약성과 취약성을 드러내는 정보들을 무시하거나 축소하는 경향이 있다. 이러한 전략은 어린 시절에 자기를 무시하거나 괴롭히는 강자들로부터 위협을 받았던 상황에서는 잘 기능할 수 있다. 하지만 이들이 성인이 되면 이러한 전략의 그림자로 인해 많은 문제가 생겨난다. 우리는 인간이기에 모두가 연약성을 지니고 있지만, 8유형은 자신의 연약성을 심지어 자기 자신에게조차 감추려 한다. 대신에 힘, 끈기, 막강함의 토대 위에 자기 인생을 건축하고자 한다. 그 결과 이들은 자신의 약함, 연약성, 민감성, 도전 등에 대해 거의 무감각하게 된다.

8유형은 자기가 돌보거나 책임져야 할 대상을 매우 잘 보호해준다. 그래서 힘없는 사람들을 보호하기 위해 자신의 힘을 사용하게 될 때, 이들은 종종 자신의 연약성을 상대방에게 투사하게 된다. 약함과 연약성을 자신이 아닌 다른 사람이 가진 것으로 보고 그러한 경험을 자신과 상관없는 것으로 만듦으로써, 8유형은 그러한 것들을 자신으로부터 분리시키는 동시에 여전히 연약성을 다룰 수 있는 기회를 얻는다. 이것은 8유형의 용기와 관대함의 진정성을 보여주지만, 이것은 또한 이들이 자신의 연약성에 대해 무감각한 상태로 머물게 하는 역할을 하기도 한다.

8유형이 강한 성격을 가지고 있기에 이들은 자신의 힘이 미치는 영향력을 잘 알아차리지 못한다. 즉, 다른 사람에게 미치는 자신의 영향력이 가진 특성이 그들에게는 일종의 맹점으로 작용한다. 또한 의도하지 않았음에도 불구하고 다른 사람들에게 위협이 될 수 있다. 이들은 주어진 상황이 필요로 하는 것 이상의 힘들을 행사하곤 하며, 긍정적인 측면에서 매우 직접적일 수 있다. 하지만 때로는 그것이 상처가 될 정도로 둔감하고 퉁명스러울 때도 있고 자신의 직접성이 어떤 아픔이나 상처를 주는지를 깨닫지 못한다.

8유형은 정말 열심히 일한다. 이들은 자신의 연약성과 한계에 대해 둔감하기 때문에 탈진할 때까지 일하게 된다. 쉴 줄 모르고 일에 전념한 나머지 마침내 신체적으로 병이 들거나 상해를 입는 경우도 있다.

정욕 에너지는 8유형을 종종 재미나 놀이에 과도할 정도로 빠져들게 한다. 인간으로서의 연약성은 이들의 그림자 속에만 머물러 있기 때문에, 건강한 경계선에 대해 전혀 의식하지 못한다. 이러한 쾌락추구는 삶과 즐거움을 향한 그들의 열정을 드러내어주지만 과도한 파티에 빠져들기도 한다. 그들의 쾌락추구는 고통이나 연약한 감정을 회피하고자 하는 과잉보상 때문에 생겨난다. 스스로 약하다고 느끼거나 약하게 보이고 싶어 하지 않기에, 이들은 자신의 연약함을 거부한다. 대신에 과도한 먹기, 마시기, 친교 등에 빠져들게 되는데 이것은 자신의 건강과 관계성에 문제를 초래하기도 한다.

8유형은 실재reality를 일반적 또는 구체적으로 어떻게 해석하는가 하는 것과 관련하여 맹점을 가지고 있다. 이들은 자신이 보고 싶어 하는 방식에 부합하지 않는 진실이나 실재의 중요한 측면을 거부하는 경향이 있다. 이러한 협소한 관점은 자신이 감당할 수 없을 만큼 많은 힘을 동원하는 또 다른 모습이기도 하다. 즉, 자신의 개인적 진실을 객관적 진실과 동일한 것으로 만듦으로써 그 차이를 분간할 수 없게 만드는 것이다.[28] 이들은 자신이 모든 면에서 올바르다고 믿을 수 있다. 또는 자신의 견해가 일어나는 상황에 대한 올바른 해석이라고 믿을 수 있다. 하지만 실제에 있어서 이들은 모든 자료와 상황들을 정확하게 보거나 온전하게 보지 못하고 있는 경우가 많다. 이러한 충동들은 자기가 실수하거나 잘못했을 때 그리고 사과해야 할 때를 올바로 인식하기 어렵게 만든다.

8유형은 인생이 자극적이지 않을 때 지루함을 느낀다. 이들은 '지루함'의 경험이 초래하는 감정들을 회피하기 위해서 갈등, 강렬함, 과도함 등을 추구하기도 한다. 이들이 지루함에 대해 불평할 때, 이것은 보다 심오한 감정에 대한 무의식적 회피가 그 속에 들어있는 경우가 종종 있다. 재미와 자극은 공허, 불안, 혼돈, 슬픔 또는 무기력감으로부터 벗어날 수 있게 해준다. 이런 감정들은 모두 8유형의 맹점에 해당한다. 강렬함,

자극, 재미를 찾는 것은 이러한 것들이 그들의 맹점적인 감정들을 잊을 수 있게 해주기 때문이다. 8유형의 격정은 정욕이다. 정욕은 곧 재미, 자극적 경험, 일 등에 대한 엄청난 욕구가 있음을 의미한다. 이러한 충동과 과도한 탐닉은 연약성, 약함, 어두운 감정들을 눌러 놓을 수 있다. 이들은 이러한 어두운 감정들을 무의식적으로 거부하고 그림자 속으로 밀어 넣는 것이다.

## 8유형의 격정의 그림자
### 단테의 지하세계에서 나타나는 정욕

탐식과 마찬가지고 정욕이라는 격정은 '이성을 식욕의 노예가 되게' 만든다.[29] 8유형의 경우, 이러한 그림자에 해당하는 격정은 다양한 욕망에의 무절제한 탐닉이며 특히 감각적 탐닉이라 할 수 있다. 이들이 빠지게 된 지옥은 다음과 같이 묘사된다. 정욕적인 영혼은 더 이상 어떤 통제도 불가능하게 되고 이들의 영혼은 흑풍에 휩싸여서 완전히 갇혀 버리고 만다.

그 끔찍한 성난 폭풍은 영혼들을 휩쓸어 쓸어버린다. 영혼들을 징계하기 위해 휘감아서 후려치고 있는 것이다. 이들이 다시 폭풍에 의해 심판대로 휘몰아쳐 돌아오게 되자, 그 영혼들은 소리치고 탄신하며 고통에 찬 울음을 울면서 여전히 하나님의 전능한 힘에 대한 신성 모독적 말들을 내뱉는다.[30]

정욕적인 자들은 자신의 욕망에 빠져들게 된 너무나 많은 핑계들을 가지고 있다. 단테의 『신곡』에 나오는 순례자는 정욕적인 자의 유혹적인 사랑이야기에 빠져든 나머지 정신을 잃게 된다. 8유형의 그림자 속에 들어있는 정욕은, 단테의 지하세계 속에서는 그 어떤 제한도 할 수 없는 충동의 끈질긴 고집의 모습으로 묘사된다. 또한 정욕적인 자는 지하세계 속에서도 끝없이 거부하고 절대로 회개하지 않는 인물로 등장한다. 8유형 그림자의 상징인 정욕적인 자가 가진 유일한 유감은 징계를 받는다는 사실 뿐이다.

# 8유형의 세 가지 하위유형

8유형의 세 하위유형은 각각 정욕의 격정을 다른 방식으로 보여준다. 자기보존 8유형은 생존을 위해 자기가 필요한 것들을 강렬하게 추구한다. 사회적 8유형은 타인들을 보호하고 불의를 행하는 자들과 맞선다. 일대일 8유형은 도발적 방식으로 사회적 관습에 맞서는 열정적 카리스마적 모습을 보인다.

자기보존 8유형은 8유형 중에서도 가장 방어적이고 가장 무장된 모습이 두드러진다. 자신의 필요를 채우기 위해서는 무엇이든지 하고자 하는 이들은 자기욕구와 욕구의 충족 사이에 가장 빠른 길을 찾아내기 위해 자신의 힘을 사용한다. 사회적 8유형은 보다 부드럽고 덜 공격적이며, 타인들을 보호하고 사회적 대의를 위해서 힘을 사용한다. 일대일 8유형은 가장 반항적인 8유형으로서, 권위에 맞서게 되고 자신의 강렬함을 과시함으로써 사람들을 자기에게로 끌어들인다.

## 자기보존 8유형 만족

자기보존 8유형은 생존을 위해 필요한 것들을 얻고자 하는 강한 욕구를 통해 정욕을 표출한다. 이러한 유형에게 적합한 명칭은 '만족'이다. 또한 물질적 필요를 채우려는 강한 열망을 가지고 있으며 좌절을 못 견디고 자기의 필요와 욕망을 즉각적으로 채우지 못하는 상태를 어려워한다. 이러한 조급함으로 인해 이들은 무자비한 모습을 보인다. 자신이 욕구를 추구할 때, 그리고 자신의 길을 방해하는 사람들과 함께 어울려야 할 때 이런 모습이 드러난다.

자기보존 8유형은 그것에 대해 별로 말도 하지 않은 채 자기가 필요로 하는 것을 직접 추구해야 할 것 같은 강박감을 느낀다. 이들은 호들갑이나 설명 없이도 일을 되게 하는 법을 알고 있고 8유형 중에서도 가장 자기표현을 하지 않기에 말도 적게 하고 자신을 드러나게 행동하지 않는다. 이들은 일을 되게 하는 것과 일을 방해받지 않고 처리하는 것에 주된 관심이 있다.

자기보존 8유형의 주된 필요는 자기 자신을 돌보고 자기 필요를 채우는 방법을 찾는 과장된 능력이라 할 수 있다. 자신의 필요를 채우려는 주된 관심으로 인해 일종의 과장된 이기적인 모습을 표출한다. 이들은 그 어떠한 필요도 충족시킬 수 있는 전능감을 스스로 느끼고 있기 때문에, 자신의 욕망을 반대하는 그 어떤 감정, 사람, 생각, 제도도 부적합한 것으로 여기고 그것이 무엇이든 간에 맞서게 된다.

이들은 가장 어려운 상황 속에서도 살아남을 수 있는 방법을 알고 있고 타인들로부터 자신이 원하는 것을 취하는 방법을 안다. 나란호는 가끔 자기보존 8유형을 '생존'이라는 이름으로 불렀는데, 자기생존과 자기욕구 충족을 위해서 필요한 물질적 지원을 얻어내는 데 탁월하기 때문이다.

자기보존 8유형은 일을 처리하는 방법을 알고 있다. 나란호에 의하면, 이들은 타인들과의 거래 속에서 우위를 점하는 법을 안다. 그리고 강하고 힘 있고 직접적이고 생산적이며, 타인들이 자신의 통제와 보호에 의존하도록 타인들 속에 의존성을 만들어낸다.

이들은 모든 8유형 중에 가장 자기보호와 자기무장이 많은 유형이다. 이런 점에서 5유형과 비슷하다고 할 수 있다. 조용하면서도 힘을 소유하는 경향이 있고, 자신에 대해 설명할 필요를 느끼지 않고도 힘을 가지고 소통해내는 생존자들이다. 이들에게 친절함이나 선의가 존재하지 않으며 자신의 필요를 채우려는 강한 욕구로 인해 감정의 세계를 무가치한 것으로 만든다. 이들은 자기가 타인에게 야기하는 피해에 대해 인식하지 못한다.

이들은 왜 그런지도 알지 못한 채 복수를 추구한다. 이런 점에서 자기보존 8유형은 사회적 8유형이나 일대일적 8유형과는 다르다. 사회적 8유형이나 일대일적 8유형은 복수를 하고자 하는 구체적이 이유를 가지고 있기 때문이다. 이들은 사회적 8유형보다(특히 남자인 경우에) 더 공격적이고, 일대일 8유형보다 공개적으로는 덜 도발적이고 덜 카리스마적이다.

자기보존 8유형은 종종 일대일 8유형과 유사하게 보일 수 있다. 이 두 유형은 자신의 것을 취하고자하는 급박한 필요의 느낌과 연결된 에너지를 보여주기 때문이다. 하지만 나란호는 일대일 8유형은 지나치게 사회성 과잉인 반면, 자기보존 8유형은 기본적으로 사회성 결핍의 모습을 보인다고 말한다. 즉, 자기보존 8유형은 사회적 규범을 반대하거나 규칙을 어기는 것을 별로 신경 쓰지 않는다. 일대일 8유형도 자신이 원하는 것을 추구함에 열심이 있지만 여전히 사회적 규범을 따르고자 한다. 하지만 자기보존 8유형은 사회적 관습을 별로 신경 쓰지 않고 자신의 열망을 위해서 자신의 규칙을 만들곤 한다.

**자기보존 8유형**

**재닛**

나는 나 자신에 대해 늘 강한 책임감을 느껴왔습니다. 내 인생에서 내가 필요로 하는 것을 얻기 위해서 다른 아무에게도 의존하고자 하거나 의존할 수가 없었습니다. 이를 위해서 여러 해 동안 경제적 독립을 이루는 데 초점을 맞춰왔습니다. 나의 삶을 위해 일, 경력, 돈을 버는 것은 그 무엇보다 가장 중요했습니다. 첫 번째 결혼에 실패한 후 근 10년간 이것은 가장 중요한 목표가 되었습니다. 이를 위해서는 그 어떤 장기간의 개인적 관계성도 희생할 수 있을 정도였습니다. 그렇다고 해서 상당한 부자가 되려는 야심이 있었던 것은 아닙니다. 그보다는 경제적으로 건강해서 심리적 안정감을 느낄 수 있어야 하고 차를 사고, 집을 사고, 휴일에 어디를 가고 하는 것을 선택할 수 있는 통제 능력을 가지는 것이 중요했습니다. 나는 구두쇠도 아니었고 돈을 쌓아 놓지도 않았고 돈을 책임 있고 센스 있게 사용했습니다. 수년 전부터 재정상담사를 통해서 연금계획, 주택할부금, 투자금 등에 대한 도움을 받아왔습니다.

　나는 나보다 11살 연하의 남자와 두 번째 결혼을 하였고, 근 20년 간 내가 돈을 벌어서 생활함으로써 돈과 관련되어 있는 한 '힘'을 행사해왔습니다. 남편과의 이런 관계적 역동성이 수년에 걸쳐서 조금씩 변화되긴 했지만, 여전히 재정에 관한 한 더 많은 주의를 기울이는 사람은 나 자신입니다. 스트레스를 받을 때 나의 불안과 염려는 주로 우리 부부가 경제적 어려움에 처해서 집을 잃게 되고 무기력해지는 것을 상상하게 되는 것입니다. 물론 수 년 간의 신중한 계획 덕분에 이런 일은 결코 생기지 않을 것입니다.

## 사회적 8유형 연대 역유형

　사회적 8유형은 8유형의 하위유형 중에 역유형에 해당하는데, 이는 8유형의 모순적 유형이기 때문이다. 8유형의 원형은 사회적 규범에 반기를 들지만, 사회적 8유형은 보호와 충성을 향해 나아가고, 생명과 다른 사람을 돕는 방식으로 자신의 정욕과 공격성을 표현한다.

　이들은 '사회적 반사회성'을 지니고 있다. 자기보존 8유형과 대조적으로, 사회적 8유형은 보다 친근하고 보다 충직하고 덜 공격적이며 도움을 주는 8유형이다. 이들은 보호하고 돌볼 뿐 아니라 사람들에게 가해지는 불의에 대해 관심을 지니고 있지만, 사회의 규칙에 대해 일종의 반사회적 모습을 표출하기도 한다.

　이러한 유형은 아버지로부터 어머니를 지키기 위해 강해지거나 과격해진 아이를 대변한다고 나란호는 주장한다. 이들은 자신을 어머니와 동일시하면서 가부장적인 힘과 연관된 모든 것들에 항거한다. 원형적으로 볼 때 이런 유형은 아버지로부터의 사랑을 포기하고 어머니와 연합을 이룬 아이를 대변한다.

사회적 8유형은 힘이 센 사람들에 의해 약한 사람들이 핍박당하거나 착취당하는 상황을 간파하는 예민함이 있다. 이러한 상황을 보게 되면 이들은 힘이 없는 사람들을 보호하기 위해 행동하게 된다. 칼 마르크스는 사회적 8유형으로서 자본주의의 강력한 비판자이며 노동자 계급의 연대를 위한 주창자이다.

전반적으로 사회적 8유형은 다른 8유형들에 비해서 부드럽고 외향적이고 화를 좀 더 절제한다. 이들이 반항하는 방식은 좀 덜 공개적이고 적극적이며 끊임없이 행동함으로써 자신을 망각하곤 한다. 또한 프로젝트 및 사물 모으기에 있어서 지나칠 정도로 과하다.

사회적으로 이들은 그룹에 부여하는 힘을 좋아하고 보다 개인적인 관계성 속으로 들어가는 것을 어려워한다. 극단적인 경우에 이들은 과대망상적 경향성을 띨 수 있다. 친밀한 관계성 속에서 이들은 유기abandonment에 대한 두려움을 가진 파트너에게는 덜 헌신하는 모습을 보인다.

이들은 너무 어린 나이에 보호자 역할을 떠맡게 되었기 때문에 사랑과 돌봄에 대한 자신의 필요에 대해 잘 의식하지 못한다. 이러한 유형의 사람들은 타인을 돌보고 보호하는 능력을 계발해왔기 때문에, 사랑에 대한 자신의 필요를 포기하고 대신에 무의식적으로 힘과 쾌락을 향한 보상적 움직임으로 대체하곤 한다. 대체로 모든 8유형들은 자기가 사랑을 필요로 한다는 것을 잘 의식하지 못한다. 사회적 8유형이 다른 8유형들에 비해서 좀 더 부드럽긴 해도, 이들도 역시 자신이 사랑과 돌봄을 필요로 한다는 것과 관련해서는 맹점을 가지고 있다.

사회적 8유형은 언뜻 보면 8유형처럼 보이지 않는다. 이차조는 사회적 8유형을 가리켜 '우정'이라고 불렀지만, 나란호는 '공모' 또는 '연대'라고 불렀다. 나란호가 이렇게 이름을 붙인 이유는, '우정'은 좀 더 일상적이고 긍정적인 의미를 지니고 있음에 비해, 사회적 8유형의 '자아 게임'은 보다 무의식적인 성격유형을 그 속에 지니고 있기에 이렇게 이름붙인 것이다. 나란호에 의하면 사회적 8유형의 주된 충동은 일종의 충성심과 같은 것이다. 이들은 8유형 중에 가장 지적인 유형인 동시에 가부장적 주류 문화에 대한 반항적 특성을 가진다. 사회적 8유형의 반항은 권위와 지성의 혼합적 형태를 취한다. 그 이유는 가부장적 사회의 주된 권위가 충동과 과잉에 대한 지적intellectual 통제를 장려하기 때문이다. 일대일 8유형이 8유형들 중에 가장 반지성적인 특성을 가진 반면, 사회적 8유형은 권위의 힘에 반항하는 특성을 가진다. 이는 억눌린 사람을 보호하고자 하는 사회적 8유형의 열망에서 발생하는 것인데, 이것은 곧 모성적 돌봄의 양육을 필요로 하는 개인적 무의식을 그 속에 반영하고 있다.

사회적 8유형 남성은 9유형처럼 보일 수 있고, 사회적 8유형 여성은 2유형처럼 보일 수 있다. 하지만 사회적 8유형은 여전히 9유형이나 2유형과는 구별된다. 사회적 8유형은 직접적이고 강력하고 기꺼이 갈등에 뛰어들고자 할 뿐 아니라, 타인을 보호하고 지지하기 위해 더 많은 힘과 통제를 사용하기 때문이다.

**사회적 8유형 애니**

나는 늘 다른 사람을 위해 무언가를 하고 있습니다. 지금하고 있는 이 일이 끝나는 대로 바로 나 자신을 위해서 하고 싶은 일을 하겠다고 마음먹습니다. 내가 에니어그램을 처음 접했을 때 2유형이라고 생각했습니다. 왜냐하면, 내 자신에게서 분노나 지배의 필요성을 느끼지 못했기 때문이고 분노를 두려워했으며 내 속에 숨어있는 공격성을 알아차리지 못했던 것입니다. 남을 돕고자 하는 나의 노력이 당사자들에게는 통제처럼 느껴졌다는 것을 알지 못했습니다. 만일 그들이 내 도움을 거절하고 불평했다면 상처를 입었을 것입니다.

나는 종종 그룹의 리더 위치로 이끌리곤 합니다. 그리고는 그 일이나 프로젝트의 완성을 위한 최선의 길이 뭔지 이미 안다는 생각에 깜짝 놀라게 됩니다. 고등학교 시절에 이런 것들을 피하기 위해서 이런 말들을 하기 시작하였습니다. '나는 리더가 아니야. 이 일을 위해 나를 바라보지 말란 말이야.' 하지만 소용이 없었습니다. 어떤 일이 이루어야만 할 때, 특히 그것이 다른 사람들에게 유익한 일일 경우, 나는 결국 관여하게 되었고 그 일을 완수하게 되었습니다.

나는 늘 남들에게 친절해보였지만 인생의 늦은 시기까지도 나의 연약함을 함께 나눌 '가장 가까운' 친구가 없었습니다. 나는 도움, 배려, 위로가 필요하다는 사실을 받아들이기가 어렵습니다. 남들을 보살피고 남들을 위해 많은 일을 하고 있음에도 불구하고, 그들이 나를 위해 무언가를 하도록 허락하지는 않습니다. 종종 뒤돌아보는 일 없이 관계를 청산하곤 하는데 우정을 유지해나가는 것은 내가 아니었습니다. 나는 우정이 주는 친밀함을 갈망하는 동시에 그것을 두려워합니다. 친밀함이 생기게 되면 어떤 상황에서도 그 사람을 돌봐야만 할 것 같은 의무감을 느끼게 되기 때문입니다.

나에 대한 다른 사람들의 반응에 종종 놀라고 상처받곤 했습니다. 그래서 나는 남들에게 '너무 과하거나' 또는 개인영역을 침범하는 일이 없도록 조심하며 일합니다. 남들이 나에 대해 이렇게 느끼는 경우에는 그들이 나를 오해하고 있다고 느낍니다. 이런 역학 때문에, 그들이 편안해질 수 있도록 나의 에너지와 영향력을 조심해서 성찰하지만, 내가 타고 나면서부터 가지고 있는 에너지, 충동, 과단성을 좋아합니다. 내게 있어서는 너무 많은 계획을 세우지 않고 어떤 한 방향으로 움직여 가는 편이 더 쉽습니다. 그 후에 필요하면 얼마든지 수정을 할 수 있기 때문입니다. 늘 몸을 적극적으로 움직이고, 팀 스포츠와 개인스포츠 둘 다 함께 참여해 왔습니다.

다행히 나는 심리치료사가 되었습니다. 심리치료사로서 많은 임상경험을 해왔습니다. 상대방의 경험을 경청하고 그들이 가진 진실을 그들에게 반영해주고 준비된 마음으로 그들에게 도움을 제공해왔습니다. 나는 스스로 마음이 열려 있음을 잘 알고 있지만 다른 사람들이 나에게 주는 사랑과 감사를 받아들이는 것이 훨씬 어렵게 느껴집니다. 보다 중요한 것은, 그들 역시 그들의 인생을 잘 살아갈 수 있는 지혜와 능력을 지니고 있음을 신뢰하는 법을 배우게 되었다는 것입니다.

## 일대일 8유형 소유

일대일 8유형은 강한 반사회적 경향성을 지니고 있고, 드러내놓고 반항함으로써 정욕을 표현하는 도발적 특성을 보인다. 이들은 말과 행위를 통해서 자기의 가치는 일반규범과 다르다고 주장하며 8유형 중에 가장 반항적이고 가장 감성적이기도 하다.

이들은 내놓고 반항적이기에 다른 사람들 눈에 나쁘게 비쳐지는 것도 선호하고 최소한 그것을 염려하지 않는다. 또한 자신의 반항적 모습에 대해 별로 죄책감을 느끼지 않는 경향이 있다. 관습의 흐름을 거스르거나 법과 규칙을 중시하지 않는 것은 이들에게는 일종의 자기 자존심과도 같은 것이다.

일대일 8유형 중에 많은 이들이 어린 시절에 부모님 모두 또는 한 사람으로부터 관심과 애정을 받지 못했거나 무시를 당했던 경험이 있다. 그래서 이들은 의식적 혹은 무의식적으로 아버지나 어머니의 권위를 인정하지 않기로 마음먹게 된 것이다. 이러한 권위에 대한 최초의 반항이 이들의 가진 반항적 경향성의 기본 틀이 된 것이다.

일대일 8유형에게 주어진 이름이 곧 '소유'이다. 여기에서 말하는 소유는 전체 상황을 전적으로 지배하는 것으로, 이는 곧 사람들의 주의를 적극적으로 자기에게 쏠리게 하는 것을 의미한다. 이들은 '소유'의 개념이 의미하는 것처럼 전체 상황을 적극적으로 떠맡음으로써 전체의 중심이 되고자 한다. 그리고 모든 사람들의 주의를 소유함으로써 자신의 힘을 느끼고 싶어 한다. 이들이 던져주는 메시지는 '내가 있어야 비로소 세상이 움직이기 시작한다'는 것이다.[31]

일대일 8유형은 다른 사람들을 지배하고 우위에 서고자 하는 욕구를 표현한다. 이들은 어느 사람이나 어떤 것에 대해서도 통제를 놓치려 하지 않으며, 말을 통해서 사람들에게 영향력을 주고 싶어 한다. 이들에게 있어서 그것이 사람이든 물질이든 모든 것이 소유의 대상이 된다. 이들이 추구하는 것은 물질적 안정이 아니고 사람, 사물, 상황에 대해 힘을 행사하고자 한다.

이러한 힘을 쥐고 유지하는 동안 이들은 매우 흥미롭고 매력적인 인물이 될 수 있다. 이들의 힘은 일종의 강렬함과 유혹의 형태로 나타난다. 이것이 일대일 8유형을 다른 8유형들과 구별되는 특성인 것이다. 나란호는 이것을 가리켜서, 일대일 8유형은 그들의 깃털 속에 더 많은 색깔들을 지니고 있다고 묘사한다. 이들은 직선적인 동시에 사람들을 끄는 힘이 있기에 사람들을 유혹하는 상당한 능력을 가지고 있다.

이들은 강렬할 정도로 사랑, 섹스, 과도한 쾌락 등을 추구하고 모험, 위험, 도전, 아드레날린이 솟구치는 스릴을 좋아한다. 또한 열정적인 행동을 좋아하기 때문에 약하고 의존적이고 느린 사람들을 못 견뎌 한다.

이들은 8유형 중에 가장 감정적인 유형이어서, 이들의 열정이 때로는 다른 8유형들과는 매우 다른 형태의 감정으로 표출되어서 사람들을 깜짝 놀라게 한다. 그리고 열정과 감정이 앞선 나머지 종종 지성이 함께 작용하지 않는 경우가 있다. 물론 일대일 8유형들도 매우 지성적인 경우가 많지만, 이들은 성찰보다는 열정과 행동을 통해서 자신의 뜻을 표현하는 경향이 있다.

이들은 상황을 감정적으로 깊게 느낀다. 이러한 능력은 좋은 관계 형성에 많은 도움이 되지만, 관계성이 잘 풀리지 않을 경우 이러한 감성적 특성이 문제가 된다. 낭만적 관계 속에서 파트너가 자기에게 의지하도록 만들거나, 파트너를 자기 삶의 에너지의 중심인 것처럼 대한다. 파트너에게 충성을 원하지만 자신은 파트너에게 반드시 충실하지는 않을 수 있다. 영국의 헨리 8세가 그 예이다. 이들은 자기 연인뿐 아니라 친구, 사물, 장소, 상황 등을 대할 때도 소유 관계를 유지하는 경향이 있다.

일대일 8유형은 확실히 8유형으로 인식되며 다른 유형으로 혼동되는 일이 드물다. 간혹 일대일 8유형이 일대일 4유형처럼 보이는 경우가 있다. 일대일 4유형도 화가 나 있고 감정적이고 상대방을 압박하는 경향이 있기 때문이다. 하지만 일대일 4유형이 내적 결핍감을 지니고 있음에 비해, 일대일 8유형은 내적 자신감이 과할 정도로 충만해 분명하게 구분이 가능하다.

**일대일 8유형**

**케시**

일대일 8유형으로서 내 주위에 내가 신뢰할 수 있고 또 그들도 나를 신뢰해주는 작은 그룹을 만드는 것을 좋아하지만, 사람 수가 너무 많아지면 나는 불편함을 느껴서 뒤로 빠지게 됩니다. 사람들과 모든 것들을 나의 내적 범위 속에 두고 싶어 합니다. 혹 사람이 많아져서 이것이 더 이상 불가능해지면 약간 '비정상적 상태'가 됩니다.

내가 뒤로 빼기 시작하면 나와 가까운 사람들은 내가 너무 많은 사람들에 의해 압도되기 시작할 때 그것을 분명히 알아차립니다.

한편, 나는 내 주위의 사람들을 '돌보려고' 하는 것 같습니다. 나의 일대일 본능으로 인해서 마치 내가 주위의 사람들을 지배하고 통제하려고 하는 것처럼 느끼게 만들 수 있습니다. 나의 힘이 다른 사람들에게 미치는 것에 대해 늘 잘 의식하고 있지만, 사람들은 자신이 나에게 빠져 들어가는 유혹을 뿌리치기가 어렵다고 말합니다. 나는 카리스마가 있어서 사람들의 찬사를 갈구하지 않고서도 충분히 사람들을 내게로 끌어당길 수 있습니다. 사람들은 나를 마치 '지도자'처럼 여기고 대체로 사람들을 잘 인도하고 사람들은 의심 없이 잘 따릅니다. 사람들은 그들을 향한 나의 힘이 마치 일종의 마약과 같다고 말하는데, 이런 일은 내가 알지 모르는 상태에서 생겨납니다.

나의 일대일 본능은 내가 사람들의 일상적 경계선을 넘어서도 그들이 불편을 느끼지 않는 드문 사람이 되도록 만듭니다. 사람들을 잘 돌봐주기에 그들은 보호를 받고 안전하다는 느낌을 받게 됩니다. 나와 가까운 한 사람이 나에게 이런 말을 한 적이 있습니다. "당신과 함께 있는 사람들은 당신의 말을 의지하게 되고… 당신의 승인을 받으려 하고… 경외감을 가지고 당신에게 복종하며 압도되는 것을 느낍니다. 당신은 당신과 동등한 누군가를 끊임없이 찾고 있는 것 같은 느낌이 듭니다. 누군가 당신에게도 이러한 느낌을 제공할 수 있는 사람 말입니다."

사람들은 내가 성적 매력을 발산한다고 말합니다. 물론 분명히 성적으로 매력적입니다. 나는 성에 대해서 공개적으로 그리고 정직하게 말합니다. 아마도 이것이 일종의 충격요법이 될 수도 있지만 결코 공격적인 뜻을 지닌 것은 아닙니다. 이것은 정직하고 아름다운 나의 모습이며 나의 연약성을 드러내는 것이기도 합니다. 나와 같은 방에 있으면 나의 성적 존재감 또는 생명력을 느끼지 않을 수 없다고 사람들은 이야기합니다. 아마도 이것이 나를 두드러지게 만드는 것 같고 나의 카리스마는 저항하기 어렵습니다.

일대일 8유형에 대한 나란호의 설명은 정확합니다. 우리 일대일 8유형의 색깔은 다른 8유형보다 더 선명하기 때문입니다. 일대일 8유형으로서 보호해야 하고 보호받아야 할 필요에 의해 에너지가 고갈되지 않는 한, 나의 색깔은 밝게 빛나고 삶을 향한 강한 열정과 에너지가 있습니다. 나의 에너지는 풍부하고 대담합니다. 나의 유혹 능력은 강렬한데, 내가 다른 사람들에게 주는 것을 나도 필요로 하기 때문에 연약해지는 것을 두려워하지 않습니다. 이러한 특성이 나를 재능 있는 리더와 교사가 될 수 있게 한다고 믿습니다.

# 8유형을 위한 성장작업
## 개인적 성장경로 그리기

8유형은 자신을 알아차리는 작업을 점점 더 많이 하게 됨에 따라 자기를 제한하는 덫으로부터 해방될 수 있다. 자신의 부드러운 측면을 더 잘 들여다보고, 사고와 감성을 통해 자신의 행동을 길들이고, 자신의 충동과 영향력을 완화시킴으로써 이러한 해방이 가능하다.

자신의 습관적 특성을 알아차리기 위해서는 자신을 계속적으로 관찰하고자 하는 지속적이고 의식적인 노력이 필요하다. 자신이 관찰하는 대상의 의미를 성찰함으로써 자기 성격 속에 나타나는 자동적 경향성을 억제할 수 있도록 노력하게 된다. 8유형에게 있어서 이러한 작업은 다음과 같은 것을 포함한다. 즉, 자신의 연약성과 의존성을 회피하고 자기 힘을 과시하려 하는 방식들을 관찰하기, 자신의 어린 시절에 경험하였을 뿐 아니라 지금도 진행 중인 깊은 상처들을 부인하고 강인해짐을 통해 과잉 보상하는 방식 고찰하기, 자신의 강함과 자율성을 자신의 깊은 감성과 관계형성능력에 맞추어 균형 맞추기 등을 포함한다. 자신의 연약성과 이 직접적 관계성을 계발하고 자신의 강점을 다소 약하게 보이도록 만드는 것이 8유형에게는 매우 중요한 작업이다.

이제 8유형의 성격적 특성과 족쇄에서 벗어나서 자신의 유형 및 하위유형이 가진 높은 가능성을 구현할 수 있는 방안들에 대해 살펴보고자 한다.

**자기관찰**
## 작동 중인 성격을 관찰함으로써 동일시에서 벗어나기

자기 관찰은 매일의 삶에서 자신이 무엇을 생각하고 느끼며 행동하는지 새로운 시각으로 볼 수 있도록 하는, 일종의 내적 거리두기이다. 8유형이 일상 속에서 반복되는 자신의 생각, 느낌, 행동들을 기록하면서 다음과 같은 핵심 패턴을 고려해야 한다.

### 1. 외적 권위에 반항하고 내적 외적 한계를 부인하기

당신이 모든 형태의 권위보다 자신을 더 높게 놓으려는 경향성을 관찰해보라. 당신 속에 있는 어떤 것이 이러한 경향성을 유발시키는지 살펴보라. 관습적 한계를 당신이 어떻게 수용하지 않는지 그리고 관습적 권위를 당신이 어떤 식으로 인정하지 않는지 생각해보라. 이러한 거부가 어떤 형식을 취하는지 살펴보라. 당신이 자신을 스스로 절대권위인 것처럼 생각하고 행동할 때, 어떤 것들을 하는지 또한 자신을 지나치게 대단하게 생각함으로써 자신에 대해 가지게 되는 생각과 믿음에 대해 살펴보라. 자신을 남보다 우월하게 생각함으로써, 이러한 것들에 대해서는 의심하거나 질문하지도 않는 경우가 허다하다. 당신이 자신의 연약성을 거부하는 것으로 인해 자기 과대망상이 심해지는 것은 아닌지 스스로 돌아보라. (당신은 자신의 '작음'을 억압하고 있는가? 이로 인해, 자신이 '커지고자'하는 무의식적 충동을 가지게 되는가?) 당신이 언제 반항적이 되는지 그리고 당신이 반항할 때 어떤 일이 일어나는지 관찰해보라. 그것이 외적인 것이든 내적인 것이든, 당신이 자신의 한계를 수용할 수 없을 때 그것이 당신 자신을 해롭게 하고 당신에게 상처 주는 구체적인 예들을 주의하여 살펴보라. 제약을 수용하거나 자신을 온건하게 만들기를 꺼려함으로써 생겨나는 결과들을 자세히 보라.

## 2. 거부된 무기력과 연약성에 대한 과잉 보상으로써 힘과 능력에 집중하고 행동하기

당신이 힘과 강함으로 도피하는 방식들을 관찰하라. 이러한 도피가 무기력, 연약성, 불능 등의 깊은 감정을 회피하거나 과잉보상하고자 하는 노력의 일환임을 알아보라. 당신이 언제 화가 나는지 그리고 언제 그 화를 외적으로 표출하고 싶은 충동을 느끼는지 살펴보라. 당신을 내세우고 세상 속에서 당신의 힘을 표출하고자 할 때 당신이 어떤 일을 하는지 생각해보라. 당신이 다른 가능성과 상황이 제기하는 연약성에 대한 고려 없이 강력한 행위를 하게 되는 때와 그 방식들을 살펴보라. 연약성의 느낌을 피하고자 하는 일환으로써 대체로 당신의 힘을 어떤 방식으로 사용하는지 알아보라. 상황들에 대해 직면을 사용하고 자기만족을 위해서 마구 밀어붙이고자 하는 당신의 충동에 대해 관찰하라. 당신의 공격적 표현을 자제하기가 어렵다고 느낀다면 왜 그러한가에 대해 생각해보라. 당신의 삶에서 충동이 어떤 역할을 하는지 살펴보라. 당신이 어떤 행동을 하기 전에 그에 대해 생각하기를 회피하는 경향에 대해 알아보라.

## 3. 연약한 감정과 타인에 대한 의존을 회피하고 거부하기

당신이 연약한 감정을 인식하거나 소유하기가 얼마나 어려운지 관찰하라. 만일 당신이 넓은 범위의 다양한 감정을 소유하도록 스스로에게 허락한다면 당신이 스스로를 약한 존재로 판단하고 있지는 않은가 살펴보라. 이러한 판단이 초래하는 결과에 대해서도 알아보라. 당신의 부드러운 감정에 대한 당신의 생각들을 살펴보라. 당신이 '연약성'이라는 딱지를 붙이는 감정적 경험을 회피하기 위해서 어떤 식으로 합리화하는지 생각해보라. 타인과의 관계성 속에서 당신이 힘 있는 위치와 자율성을 어떤 식으로 유지해나가는지 관찰해보라. 당신의 생각이 틀릴 수 있고 당신이 택한 관점이 취약할 수 있는 있음을 고려하지 않고, 어떤 경우에 당신의 견해만이 옳다고 주장하는지 알아보라. 당신의 연약성을 자기 자신으로부터도 숨겨보고자 하는 당신의 생각들에 대해 관찰하라. 특히 당신의 연약성을 스스로 느끼게 될 때, 자신이나 타인에게 극단적으로 냉혹하게 대하는 경향성에 대해 살펴보라. 당신은 부드러운 감정을 느끼지 않기 위해 어떤 일을 하는지 살펴보라.

## 자기이해의 확장을 위한 자료 수집

8유형이 이러한 것들을 관찰할 때 성장경로로 나아가기 위한 다음 단계는 이러한 패턴을 더 잘 이해하는 것이다. 이런 패턴이 생기는 이유는 무엇인가? 이러한 패턴은 어디에서부터 왔는가? 어떤 목적을 갖고 있는가? 어떤 면에서 당신을 오히려 곤란하게 만드는가? 종종, 습관의 근본적인 원인을 들여다보는 것만으로도 충분히 패턴을 깨고 나올 수 있다. 습관이 아주 깊이 뿌리내린 경우에도 그 속에 들어있는 방어기제의 원인을 파악함으로써 비슷한 패턴에서 벗어날 실마리를 얻을 수 있다.

다음과 같은 질문을 고려할 때, 8유형이 비슷하게 빠지는 패턴의 근원, 작동방식, 결과에 대한 통찰력을 가질 수 있다.

## 1. 이러한 패턴이 생겨난 원인과 이유는 무엇인가?
### 이러한 습관적인 패턴들이 8유형에게 어떠한 도움을 주는가?

8유형은 방어적 습관양식의 근원과 이러한 양식이 작동하는 방식을 이해함으로써, 자신의 인간적 연약성을 거부하고 자신의 힘을 다른 방식으로 표출하는 방식에 대해 더 잘 이해할 수 있는 기회를 얻는다. 연약성에 대한 반동형성으로 자신이 보이는 부인과 저항을 성찰함으로써 이들은 자신이 왜 이런 방어기제를 사용하는가에 대한 통찰을 얻을 수 있다. 8유형이 자신의 어린 시절 경험을 솔직히 이야기한다면, 이들은 약함보다는 강함이 자신의 생존과 안녕 유지에 더 많은 도움을 주었음을 깨닫게 된다. 또한 자기 마음의 '내적 아이'를 조용히 묻어 두어야만 했음을 깨달음으로써 자기 자신에 대해 더 많은 이해와 연민을 가질 수 있게 된다. 약한 자를 징계하는 세상에서 살아남는 방법이 '강하게 나오는 것'[29]이었음을 깨닫게 될 때, 이들은 왜 여전히 자기가 '공격이 최선의 방어'라는 전략을 사용하는가를 보다 잘 이해하게 된다.

## 2. 고통스러운 감정에서 자신을 보호하기 위해 어떤 패턴들이 고안되었는가?

인간의 모든 성격은 당사자를 고통스러운 감정으로부터 보호한다. 이런 고통스러운 감정은 카렌 호니가 '기본적 불안'이라고 명명한 감정을 포함하는데, 이것은 기본적 필요가 충족되지 않는 감정적 스트레스에 사로잡히는 것을 의미한다. 8유형은 자신의 작고 연약함과 관련된 고통스러운 감정을 거부하는 생존전략을 사용한다. 이들은 힘과 불가침의 상황에서 안전감을 발견하기에, 두려움과 기타 연약한 감정들을 무의식적으로 억압한다. 이들이 세상에서 습관적으로 하는 행동은 불의 앞에서의 무기력한 경험이나 어린 시절에 받았던 학대에 대한 과잉보상의 형태로 나타난다. 그들이 그때 상처받았던 것처럼, 그들은 타인들을 상처를 주고자 한다. 그들이 그때 무기력했던 것처럼, 그들은 어떻게 해서든지 연약함을 피하기로 작정하였다.[30]

8유형의 성격을 형성했던 패턴은 어린 시절에 경험했던 고통스러운 감정에 대한 거부, 회피, 방어라는 수단이다. 공격의 우선시와 공격모드로의 쉬운 전환은, 이들의 민감성과 연약성을 부정하는 세상 속에서 작아지기만 하는 고통스러웠던 감정들(무기력, 두려움, 슬픔, 어색함 등)을 무시하게 만들어준다.

## 3. 내가 왜 이런 행동을 하는가?

### 내 속에서 8유형의 패턴이 어떤 식으로 작동하는가?

세 하위유형의 양식이 어떤 방식으로 작동하는지 살펴봄으로써, 세 하위유형은 매일 자신의 방어 양식이 어떤 방식으로 드러나는가에 대한 알아차리기를 더해갈 수 있다. 스스로를 관찰하는 8유형은 자기가 보다 부드럽고 연약한 감정과 필요들을 회피하고 있으며 그 대신에 힘, 위협, 독립성과 같은 보상적 자세를 가지고 외부 세계를 대하고 있음을 알아차리게 된다. 자신의 초기 양식에 대한 통찰은 8유형으로 하여금 거침, 적극성, 강함 등의 극복전략을 필요로 하는 자신의 내적 동기를 알아차릴 수 있게 해준다. 이들이 자신의 심오하고 소중한 부분을 습관적으로 그리고 철저히 회피하는 방식을 살펴보는 것은 일종의 변화에 눈을 뜨는 경험이다. 8유형은 연약성을 거부하는 것이 자신을 얼마나 생기 없게 하고 사랑과 관계성을 방해하는지, 전인적이지 못하게 하는지를 살펴봄으로써, 자신의 보다 부드럽고 슬픈 감정을 수용하고 인정하는 방향으로 동기부여를 할 수 있다. 그리고 이것이야말로 진정한 자신의 아름다운 모습을 드러내는 것이다.

## 4. 이러한 패턴의 맹점은 무엇인가?

### 8유형으로 하여금 그러한 맹점을 보지 못하게 하는 것은 무엇인가?

자기지식을 더하기 위해서는, 8유형이 자신의 성격 프로그램이 작동될 때 자기가 보지 못하는 것에 대해 스스로 상기할 필요가 있다. 힘의 감각 속에서 즐거움을 추구하는 이들은 힘을 통한 안전의 추구라는 이름하에 강력한 자세로 전체 감정의 범위와 관계적 필요성을 회피하고 있다. 연약한 감정, 민감성, 사랑과 돌봄의 필요성에 대한 접촉이야말로 깊은 관계 형성을 위한 필수요소임을 인정함으로써 8유형은 많은 유익을 얻을 수 있다. 이러한 특성이야말로 사람들이 당신을 돌볼 수 있게 해주고 당신에게 가까이 접근할 수 있도록 해준다. 당신이 자신의 고통, 슬픔, 외로움, 부적절함을 느끼지 못하게 하면 할수록, 타인들이 이러한 감정을 느낄 때 당신이 그들과 공감할 수 있는 능력이 감퇴되어버리고 만다. 자신의 깊은 내면과 접촉할 수 없게 되면 사람들과의 관계를 형성하기가 그만큼 어렵게 된다. 지나친 강력함은 당신이 사랑하고 사랑받고 성장할 수 있는 가능성을 차단해버리고 만다. 강력함으로부터 얻게 되는 자유는, 당신이 어렸을 때 자신의 어린 모습을 거부하고 하루빨리 커지고 싶도록 만들었던 바로 그 패턴, 즉 무시의 패턴을 반복하도록 해줄 뿐이다. 당신의 부드러운 면을 무시하는 습관을 극복하려면, 자신이 보지 못하는 것을 살펴볼 수 있도록 주의를 집중하라. 연약성의 개방이 주는 유익들을 찾게 됨으로써, 8유형은 자기방어를 위해 부인했었던 돌봄이 가능하게 될 것이다.

### 5. 이러한 패턴의 결과나 영향은 무엇인가?
#### 이러한 습관은 내게 어떠한 걸림돌이 되는가?

둔감함을 통해 안전을 추구함으로써 오히려 타인과 깊은 관계를 맺는 최선의 방법을 차단한다는 점이 8유형의 아이러니이다. 사람들은 자신의 가장 깊은 연약성을 타인과 공유함으로써 안전감을 느낄 때 가장 건강하고 깊은 관계를 형성한다. 하지만 당신이 자신의 부드러운 감정과 민감성을 인식하지 못한다면, 인간적인 기쁨, 자극, 강렬함을 어떻게 경험할 수 있을까? 쾌락을 추구하는 이들이 재미와 모험의 최고 근원으로부터 자신을 무의식적으로 차단하는 것은 비극이라 할 수 있다. 재미와 모험의 최고 근원은 곧 인간적 연결과 친밀감에 대한 전적이고 온전한 경험이기 때문이다. 건강한 인간적 사랑이 줄 수 있는 심오한 만족은 자신의 온전하고, 연약하고, 비방어적인 자아에 대한 인식 없이는 얻기 어렵거나 불가능한 것이다. 당신이 자기 자신을 이런 방식으로 알 수 없다면, 당신을 좋아하고 사랑하는 사람들에게 당신을 알게 할 수 없다.

# 보다 높은 의식을 지향하기

자신의 성격유형과 관련하여 깨어나기 원하는 사람은 다음과 같은 작업을 필요로 한다. 자신이 하는 모든 것들에 대해 보다 많은 의식과 주의를 기울여야 한다. 즉, 보다 의식적으로 그리고 보다 선택적으로 생각하고, 느끼고, 행동해야 한다. 자신의 습관적 행동들을 관찰함으로써 그러한 습관적 행동의 원인, 과정, 결과에 대해 어느 정도 알게 된 후에 8유형이 실천해야 할 것들에 대해 제시해보고자 한다.

이 부분은 다음과 같이 세 가지 영역으로 나뉘는데, 각각 에니어그램 시스템과 연계된 세 가지 성장 과정에 해당한다.

1) '자기관찰' 영역에서 설명한 것처럼, 자신의 습관과 자동 반응을 벗어나기 위해 실천해야 할 사항
2) 성장의 지도로 에니어그램 화살을 사용하는 방법
3) 해당 유형의 격정(악덕)을 이해하고, 의식적으로 그 반대인 해독제의 역할을 하는 더 높은 수준에 있는 유형의 '미덕'을 향해 나아가는 방법

## 8유형의 대표적인 세 가지 습관과 여기서 벗어나기 위한 실천사항

### 1. 외적 권위 및 내적·외적 제한들에 대한 거부, 반대, 반항

#### 1) 제한에 대한 반항이 어떻게 자기제한으로 이어지는가를 살펴보라

자신의 자유에 대한 제한을 거부하는 것이 어떻게 스스로를 더 제한하게 되는가를 보게 될 때, 8유형은 스스로 덜 방어적이 되고자 하고 자신을 세상에 더 내어놓는 모험

을 시도해볼 생각을 하게 된다. 이들이 흔히 생각하는 것과 달리, 작고 부드러운 도토리는 자기생존을 위해 딱딱한 각질 속에 숨어 있으려 하지만, '보다 높은 차원' 또는 '참나무 자아'로 자라나려면 자신의 작고 부드러운 모습을 잘 이해하고 수용하는 것이 필요하다.

8유형은 자기가 도움받을 수 있는 현장에 잘 나타나지 않는다. 그 이유는 자기 외에는 배움의 권위에 복종하고 싶지 않기 때문이다. 이러한 8유형의 반항적 경향성은 다소 이해할 만하다. 어린 시절에 권위적 인물이 자신을 힘들게 했던 경험에서 이러한 반항적 경향성이 생겨났기 때문이다. 자기 자신을 배움, 돌봄, 포용의 외적 권위보다 더 높게 놓음으로써, 8유형은 종종 외롭거나 혼자 남아 있게 된다. 이들은 외로움과 홀로 됨의 고통을 충분히 느끼도록 자신을 허용하지 않는 경우가 많다. 8유형은 타인들로부터 주어지는 안내, 보호, 돌봄을 수용할 수 있는 길을 찾음으로써 유익을 얻게 된다. 비록 처음에는 그것이 일종의 통제처럼 여겨질지라도, 외부로부터 주어지는 도움을 물리치고자 하는 마음을 완화시킬 필요가 있다.

**2) 진리에 대한 권위를 누가 가지고 있는가에 대한 당신의 관점을 넓히라**(또는 당신이 틀리지 않음을 어떻게 알 수 있는가?)

8유형은 종종 '내가 그것을 말했기 때문에 그것이 옳다'라는 생각에 빠지기 쉽다. 스스로를 힘 있는 사람이라고 보는 데 익숙해질 때, 당신이 사실은 모든 것의 권위자가 아니라는 사실을 인정하기 어렵게 된다. 자신을 승자라고 믿음으로써 이들은 자기가 생각하는 대로 모든 것을 믿어버리는 일종의 자기기만에 빠지게 된다. 또한 자기가 객관적 진리를 말한다고 믿기 때문에 권위 있는 인물인 것처럼 보이고, 이들은 다른 사람들이 그들을 그런 것처럼 믿도록 만들 수 있다. 결국, 이처럼 자기만의 진리에 집중하는 습관으로 인해서 무엇이 실제 옳은 것인지 판단하기가 어렵게 된다.

산드라 마이트리가 지적한 것처럼, 자신에 대한 당신의 감각이 주로 물리적인 것에 근거해있기 때문에 당신의 실재감각은 당신이 생각하는 것보다 더 왜곡되어 있을 수 있다. '물리적인 것이 우리가 인지하는 실재의 유일한 차원일 경우에, 우리는 우리가 대상들을 있는 그대로 본다고 믿기 쉽다. 하지만 실상은 왜곡된 렌즈를 통해서 대상을 보고 있을 뿐이다.'[34] 마이트리는 이렇게 주장한다. '현대 학문 중에 가장 인정받는 과학에 있어서조차도, 사물을 있는 그대로 보는 객관성은 우리의 물리적 감각들을 통해 인지되고 측량되는 사실에 신뢰를 표하는 것을 의미할 뿐이다.'[35] 진리의 유일한 근원으로서의 물리적인 차원에 대한 과학의 의존은 여전히 다음과 같은 것을 인정한다. 즉, 관찰자가 측정되는 대상에 대해 어떠한 기대를 가지는가 하는 것이 측정의 결과에 영향을 미친다는 것이다. 이와 마찬가지로, 8유형은 진리를 판단함에 있어서 자신의 감각과 자기 성격 속에서의 감각적 기반을 굳게 신봉한다. 하지만 그들의 이러한 자세는 타인들과는 다른 자기 자신의 제한된 '진리관'일 뿐이다. 타인들의 관점들 역시도 타당한 관점이 될 수 있다.

이러한 이유로 인해, 8유형도 가끔씩 자신의 권위를 의심해보는 것이 중요하다. 그리고 힘과 지식의 외적 근원에 대해 습관적 반항을 하지 않는 것도 중요하다. 이들은 자신이 객관적 진리를 가지고 있다고 생각하기보다는 타인의 다른 의견을 수용하고 용납함으로써 성장해나갈 수 있다. 당신이 가끔은 틀릴 수 있음을 확인하고 인정할 수 있다면, 자신의 실수경험에 대해 스스로 개방할 수 있는 훈련을 통해서 스스로의 자신감을 심화시켜 나갈 수 있다.

### 3) 제한에 대해 배우라

극단적으로 말해서, 제한을 가지고 있지 않음은 그 자체가 하나의 제한이 될 수 있다. 당신이 인간으로서의 정상적인 제한성 없이 일을 점점 더 열심히 하게 된다면 당신은 자신을 해치게 되거나 병에 걸리게 된다. 과도한 먹기, 마시기, 놀기를 하게 되면 결국은 자신과 타인에게 피해를 입히게 된다. 8유형은 적당함과 적절한 제한을 거부함으로써 자신의 건강, 자유, 관계성, 복지를 위협하는 모험을 감행한다. 자신이 스스로 강해져야 하고 반항적이어야 하는 이유에 대해 더 많이 알아차리게 될수록 이들은 자기가 늘 강할 필요는 없다는 사실을 수용할 수 있게 된다. 이러한 훈련은 이들에게 많은 도움이 된다. 이들은 제한에 대한 건강한 관계성을 발달시킴으로써 '도토리 껍질'같은 자기성격의 제한적 보호로부터 벗어나 자유를 누릴 수 있게 된다.

## 2. 거부된 무기력과 연약성에 대한 과잉 보상으로써 힘과 능력에 집중하고 행동하기

### 1) 행동하기 전에 먼저 머리와 가슴과 상의하라

우리가 하는 행동들에 대해 의식하게 되고 현명해진다는 것은 다른 형태의 정보들을 고려하는 것을 필요로 한다. 8유형은 충분히 생각하거나 느끼기 전에 먼저 행동으로 옮기는 경향이 있다. 이들은 자신이 재빨리 혹은 충동적으로 행동에 옮기는 것을 보게 될 때, 보다 많은 정보를 얻기 위해서 속도를 늦추고 상황을 좀 더 분석하고 자신의 감정을 살펴봄으로써 유익을 얻을 수 있다.

### 2) 근원적 감정의 단서로 당신의 공격성을 사용하라

8유형의 유리한 점 중 하나는 다른 어떤 유형보다 자신의 분노와 공격성에 보다 쉽게 접근할 수 있다는 것이다. 분노에 대한 이러한 연결은 힘과 유리한 점을 제공해준다. 하지만 동시에 이것은 그러한 분노를 유발하는 연약한 감정을 숨기는 역할을 하기도 한다. 우리는 누구나 상처를 받게 될 때 분노감을 느낀다. 이러한 분노감정 밑에 무엇이 있는가를 살피는 것은 이들로 하여금 고통과 무기력감에 접촉할 수 있도록 한다. 8유형은 자신의 분노를 유발하는 연약한 감정을 보다 명확히 이해할 수 있을 때, 보다 유능하고 건설적인 지도자가 될 수 있다. 또한 자신의 분노가 은폐하고자 하는 상처받기 쉬운 감정들임을 느끼도록 탐구, 인지, 허용하는 훈련을 통해 상당한 도움을 얻을 수 있다. 이렇게 함으로써 이들은 자신을 보다 깊게 이해하게 되고 자신의 분노를 유발하는 상처를 다룰 수 있는 보다 많은 정보를 얻을 수 있다.

### 3) 연약성과 약함을 위대한 능력의 표현으로 재구성하라

8유형과 마찬가지로 서양문화는 힘과 강함을 좋은 것으로 보는 반면, 무기력이나 두려움처럼 약함 또는 상처받기 쉬운 감정을 나쁜 것으로 이해한다. 하지만 이러한 가치판단은 서양문화의 성격적 원형의 산물일 뿐이고 결코 객관적 진리는 아니다. 모든 감정들은 나름의 정당성을 갖는다. 감정은 '옳고 그름'이나 '좋고 나쁨'의 문제가 아니다. 8유형은 단지 '약한' 방식의 감정이나 행동 대신에 '강한' 감정과 행동을 통해 세상과 소통하려 함으로써 균형을 깨뜨리고 있는 것이다. 이들은 자신의 전 존재와 소통하지 못하고 있고 자신이 될 수 있는 모든 가능성을 향해 자라나가는 것을 스스로 차단하고 있다. 따라서 8유형은 '자신을 참된 연약성으로 나아가게 하려면 상당한 힘을 필요로 한다'는 반직관적 사상의 진정성을 인식하는 것이 대단히 중요하다.

## 3. 연약한 감정과 타인에 대한 의존을 회피하고 거부하기

### 1) 연약성과 의존을 회피하는 자신을 발견하라

8유형은 자신의 연약성과 타인 의존을 습관적, 자동적으로 거부한다. 이들은 종종 연약성과 의존이라는 측면이 자신에게는 존재하지 않는 것처럼 여길 수 있다. 하지만 자신에 대해 알아차리기 시작하고 자신의 성격적 양식에 대한 의식화를 계발해나감에 따라, 자신의 연약성을 회피하기보다는 자기 내면에 통합시킴으로써 참된 내적 강인함을 드러낼 수 있는 기회를 가지게 된다. 자기가 자신의 연약성과 의존을 어떻게 거부하는지를 바라보고 자신의 부드러운 감정에 대한 깊이 있는 경험을 포용하는 8유형은 자신의 전체 자아를 가지고 대인관계와 상호작용에 참여할 수 있다. 이렇게 함으로써 이들은 진정으로 강해질 수 있고 이러한 진정성을 보다 심오하고 영적으로 성숙한 방식으로 보호할 수 있게 된다.

## 2) 정기적으로 당신의 감정적 깊이를 탐구하라 그리고 당신의 감정을 보다 많이 경험할 수 있도록 배려하라

8유형들은 화가 난 채로 아침에 눈을 뜬다는 말을 일전에 들은 적이 있다. 이들은 감정적으로 조급함, 초조함, 좌절, 격노 등과 같은 분노 특성에 머무는 경향이 있다. 또한 부정적인 감정이나 제한적 자기고백에 빠져들지만 않으면, 다른 어떤 유형보다 흥분된 낙관적 감정을 유지하기 쉽다. 하지만 이들은 느낌에 충실하게 되더라도 고통, 슬픔, 좌절, 혼돈, 두려움, 상실과 같은 연약한 감정을 잘 느끼지 않거나 거의 느끼지 않는다. 8유형은 스스로 강력해지고 커지기 위해서 연약성을 부정하려는 것을 중심으로 생존전략을 구성하기 때문에, 다른 어떤 유형들보다 무장을 하고 있다.

의식적으로 자신의 감정적 깊이를 경험하고자 노력할 때, 성장, 관계성, 현재 상황에서 생동감을 위한 역량이 넓어진다. 이런 이유 때문에 스스로 자기가 아직 지각하지 못하는 것들에 대해 어떻게 느끼는가를 주기적으로 물어보는 것이 도움이 된다. 이런 예민한 과정 속에서 타인들의 도움을 통해서, 자신의 모든 감정에 대한 자신의 방어를 완화시키는 방법을 배울 수 있게 된다. 이것은 보다 많은 애정과 긍휼의 마음을 일깨우는 실천방안이기도 하다.

## 3) 사랑을 위한 필요를 보다 의식화시키라

대부분의 8유형은 사랑을 위한 자신의 필요를 의식화하는 것을 어려워한다. 이들에게 있어서 참된 사랑을 주고받음에 있어서의 주된 장애요인은 사랑을 포기하는 것이다. 어린 시절부터 사랑은 자기에게 잘 주어지지 않는 것이기에 사랑이 주는 위안을 찾기보다는 힘과 쾌락을 찾는 것이 더 낫다는 생각을 견지해왔다. 또한 사랑받기를 기대하는 것은 어리석거나 유약한 것이라고 믿기 때문에, 자기 내면이 필요로 하는 사랑의 중요한 측면을 차단하게 된 것이다. 하지만 모든 사람은 사랑에 의해 움직인다. 성격이라는 것도 결국은 사랑에 대한 일종의 방어기제인 것이다. 우리의 '도토리' 자아로부터 자라나기 위해, 우리는 우리가 사랑을 원하고 필요로 함에도 불구하고 사랑을 거부하고 밀어내는 방식들에 대해 점점 더 명료하게 알아차릴 필요가 있다. 8유형에게 있어서 그들이 사랑을 포기하게 된 방식에 대해 적극적으로 살펴보는 것은 대단히 중요한 일임에 틀림없다. 만일 그들이 사랑을 위한 자신의 열망을 다시금 깨달을 수만 있다면, 참된 사랑이 필요로 하는 신뢰와 연약성에 대하여 마음을 열 수 있게 될 것이다.

## 8유형의 화살표를 이용한 성장경로

제1장에서 이미 화살표의 '내면 흐름' 모델을 소개하였는데, 이것은 에니어그램 도형 내의 역동적 움직임의 한 측면을 나타낸다. 각 유형들은 '스트레스를 통한 성장' 지점과 '아이-가슴-안전' 지점으로 연결되며, 화살표는 각 유형을 위한 성장경로를 보여준다.

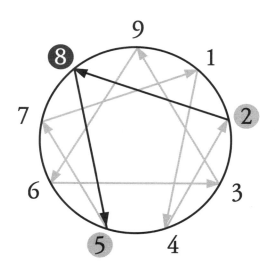

＊각 유형에서 화살표를 따라 나아가는 방향은 '스트레스-성장' 발달의 경로이다.
　이 과정은 성격유형이 제시하는 구체적인 도전과제를 보여준다.

\* 각 유형에서 화살표를 받는 방향은 '아이-가슴' 지점으로 어린 시절부터 지속된 이슈와 과제를 나타낸다. 단절되어 온 부분을 의식적으로 인정하면 과거에 해결하지 못한 일에 붙잡혀 있지 않고 벗어나 앞으로 나갈 수 있다. 이러한 '아이-가슴' 지점은 우리가 무의식적으로 억압한 안전의 특성을 표현하며, 이 특성은 가끔 스트레스의 상황이나 안전을 필요로 하는 시기에는 위안을 얻기 위해 물러나기도 하지만, 의식적으로 통합해야만 하는 특성이다.

### 8유형이 5유형으로 나아감
## 성장과 확장을 위해 5유형의 '스트레스-성장' 지점을 의식적으로 사용하기

8유형을 위한 내면 흐름 성장경로는 5유형을 통해 구체화된 도전에 직면하게 해준다. 이것은 '비애착'을 계발하기 위해 내적 자원을 정렬시키는 방안으로, 행동과 사고 사이에 그리고 전진과 후퇴 사이에 일종의 균형을 맞추기 위한 것이다. 이처럼 8유형이 5유형으로 움직이는 것은 강렬한 스트레스에 대한 격렬한 반응을 나타낸다. 이것은 8유형의 힘과 행동에 대한 정상적인 의존이 실패하게 되었을 때, 이들이 취하게 되는 일종의 후퇴 모드이다. 정상적으로 늘 자기표현을 하는 8유형에게 있어서 5유형의 경험은 일종의 벙커와도 같다. 즉, 위협을 느끼거나 심각한 좌절을 겪었을 경우에 이러한 벙커가 일종의 피난처가 된다. 5유형의 지점은 8유형에게 멀리 떨어진 안전한 곳으로 후퇴할 수 있도록 일종의 보호를 제공해준다. 이곳에서 8유형은 힘과 능력을 행사하기보다는 자신을 재정비하게 된다. 이러한 5유형의 경험은, 그것이 의식적으로 그리고 주의 깊게 다루어지게 될 때, 8유형으로 하여금 자신의 필요를 채우기 위해 힘, 공격, 대담한 행동에 의지하기보다는 멀리 떨어져서 주의 깊은 분석을 할 수 있는 능력을 계발할 수 있도록 해준다.

이런 방식을 취하는 8유형은 건강한 5유형이 사용하는 도구들을 사용할 수 있게 된다. 즉, 자기보호와 자기표현을 위한 분석적 기술, 에너지와 자원들의 효율적 사용이 가능하게 된다. 5유형의 자세는 관찰, 객관적 사고, 경계선에 대한 주의 깊은 집중에 기초해 있으며 충동, 과도함, 위협을 향한 8유형의 경향성에 균형을 유지시켜 준다. 5유형의 사려 깊은 내적 자원의 사용은 8유형으로 하여금 자신이 행위 속에 적절함과 자기규율에 대한 의도적인 주의집중을 할 수 있도록 도와준다. 5유형의 정신적 활동, 주의 깊은 연구, 계획적 특성들은 8유형으로 하여금 행동하기 전에 자신이 원하는 것에 대해 보다 철저하게 생각할 수 있도록 도와줄 수 있다. 5유형이 자동적으로 자기 자신의 안전을 중시함으로써 위험으로부터 안전한 거리를 유지하는 방식은, 8유형으로 하여금 자신의 '내적 아이'를 잘 돌볼 수 있는 의식적 능력을 계발할 수 있도록 도와준다. 혼자만의 시간, 적극적인 자기규율, 개인적 공간 등을 중시하는 5유형의 모습은 8유형이 완력과 과잉행동에 습관적으로 의지하는 성향에 균형을 유지할 수 있게 해준다.

## 8유형이 2유형으로 돌아감

### '아이-가슴' 지점을 의식적으로 사용하여
#### 어린 시절의 이슈들을 다루고 앞으로 나아갈 수 있도록 안전감을 찾기

8유형을 위한 성장경로는 그들로 하여금 타인들과의 공감 및 인정을 향한 자기개방 능력을 회복시키도록 촉구한다. 타인들에게 보여지고 사랑받고자 했던 8유형의 어린 시절 충동은 그가 어렸을 때 충분히 인정되거나 지원받지 못한 것을 반영한다. 어린 시절에 이들은 애정을 필요로 하는 연약성과 아무에게 아무것도 필요로 하지 않는 힘 사이에 하나를 택해야 할 것처럼 느꼈을 것이다. 그리고 이 둘 중에 힘 있는 위치에 서는 것을 자신의 은신처로 택했던 것이다.

2유형으로의 움직임에 대한 알아차림 없이도 8유형은 2유형이 흔히 사용하는 '얻기 위해 주기' 그리고 매력과 도움을 통해 '유혹하기'를 사용할 수 있다. 2유형은 타인과의 연결을 위한 방안으로써 타인을 위해 강박적으로 그리고 대범하게 무엇인가를 행하고 충고를 해주거나 육체적 애정을 표현하곤 한다. 8유형은 스트레스 상황에서 관계성을 통한 위안을 얻으려는 무의식적 탐구에 의해 2유형을 향해 움직여갈 수 있다. 이것은 평소에 자신이 필요치 않다고 느꼈던 사랑의 필요성을 다시금 되찾기 위한 행위일 수도 있다. 산드라 마이트리는 이렇게 주장한다. '자신의 담력을 테스트하길 좋아하는… 그리고 지배적이고 통제하는 삶을 좋아하고 역경을 넘어서길 좋아하는 강인하고 허튼 짓 안 하는 8유형의 마음속에 도움을 필요로 하고 집착하고 외로운 작은 2유형의 아이가 들어 있다. 이 아이는 사랑받고 싶고 안기고 싶은 마음이 간절하다.'[36]

의식적으로 길을 찾아 가게 되면, 8유형은 2유형으로의 움직임을 발달론적으로 활용할 수 있다. 이를 통해서 타인들의 감정과 필요 그리고 자신의 감정과 필요 사이에 적절하고 건강한 균형을 다시금 확립할 수 있게 된다. 8유형은 어린 시절 세상 속에서 생존하기 위해서 자기 마음속에서 거부해야 했던 필요들을 이해하기 위해 '아이-가슴' 지점의 특성에 주의를 기울여야 한다. 8유형이 2유형으로 되돌아가는 움직임은 위로, 사랑, 돌봄, 그리고 관계 형성을 위해 타인들에게 적응하고 맞추려는 잠시 억압되었던 필요성을 다시금 의식적으로 일깨우는 방안이 된다. 8유형은 종종 자신의 독립성을 중시한 나머지 '나는 남들이 나에 대해 어떻게 생각하든 상관 안 해'라는 자부심을 가지게 된다. 하지만 8유형의 이러한 태도는 무신경한 세상에 대응하는 일종의 자기방어 체계인 것이다. 이런 점에서, 2유형으로의 움직임은 8유형에게 있어서 사랑을 통한 안전감의 탐색인 동시에 자신이 그동안 거부해왔던 자신의 중요한 부분을 다시금 포용하고 통합하는 방안이 될 수 있다.

2유형의 특성을 포용함으로써 8유형은 스스로에게 '타인들이 나에 대해 생각하고 느끼는 것에 관심을 갖는 것도 괜찮아', '사랑, 이해, 애정, 용납을 향한 나의 필요도 중요해'와 같은 것을 의식적으로 일깨울 수 있게 된다. 힘과 자율성의 태도 속에서 타인과의 사랑과 연결의 필요성을 숨기는 것 대신에, 8유형은 2유형의 좋은 점을 자기의 것으로 만듦으로써 애정과 지원의 관계성을 향한 통로를 개방할 수 있게 된다. 8유형은 타인들의 필요를 채워주고 타인들을 향한 자신의 애정과 돌봄을 보다 의식적으로 표현하기 위해 2유형의 지혜를 사용할 수 있다. 이런 방식으로, 8유형은 세상 속에서 담대하게 행동할 수 있는 강점뿐 아니라 자기도 돌봄과 지지를 필요로 한다는 연약성을 함께 느낄 수 있는 능력 사이에 균형을 유지할 수 있다. 8유형은 돌봄과 애정을 향한 자신의 내적 필요를 인정할 뿐 아니라, 사랑을 주고받는 관계성 속에 깊이 참여할 수 있는 통로를 개방하는 방안으로 2유형의 '아이-가슴' 지점을 활용할 수 있다.

## 악덕에서 미덕으로
### 정욕에의 접속과 순수를 향한 지향

악덕에서 미덕으로의 발달경로는 에니어그램 지도의 가장 중심 되는 공헌 중 하나이다. 이것은 각 유형의 보다 높은 의식수준을 향한 '수직적' 성장경로를 강조해주기 때문이다. 8유형의 경우, 이 유형의 악덕(혹은 격정)은 정욕인 반면 미덕은 순수이다. '악덕에서 미덕으로의 전환'을 통해 전달되는 성장이론은 다음과 같은 것이다. 즉, 우리의 격정이 어떤 방식으로 작동하는 하는 것과 보다 높은 미덕의 체현을 위해 어떻게 의식적으로 작업해나가야 하는가를 알아차릴수록, 우리 자신의 성격유형이 가진 고착된 양식(도토리 껍질)과 무의식적 습관으로부터 해방되어서 '보다 높은 측면' 또는 '상수리나무-자아'를 향해 진보해나갈 수 있게 된다.

8유형이 자신의 정욕에 대해 잘 알게 되고 그것을 보다 의식화시킬 수 있는 능력을 계발해나감에 따라, 이들은 자신의 미덕을 활성화시키기 위해 더 많은 노력과 작업을 할 수 있게 된다. 이러한 미덕은 그들의 정욕의 격정에 대한 '해독제'가 된다. 8유형에 있어서 순수의 미덕은, 8유형이 자신의 보다 높은 능력을 의식적으로 드러냄으로써 얻을 수 있는 존재의 특성을 보여준다.

순수란 곧 죄의식 없음, 마음의 순결성 그리고 동물적 지혜와 자연의 흐름에 자연스럽게 연결되어 있는 존재방식을 의미한다. 이러한 높은 미덕은 우리 인간 기능의 본능적 혹은 동물적 수준을 일깨우는 능력을 포괄한다. 이것은 만물의 자연 질서 속에 들어 있는 순수한 근원으로부터 흘러나오는 것들을 보고 느낄 수 있는 능력인 것이다.

'원초아' 또는 '리비도'와 같은 8유형은 모든 동물들의 생명을 일깨우는 본능적 에너지, 순수 그대로의 성적 에너지를 드러내어 준다. 이것은 우리로 하여금 우리 육체적 자아의 강력한 에너지를 활용할 수 있도록 해준다. 하지만 우리의 육체적 에너지가 자아를 위해 사용되는 경우에, 우리 자아가 가진 자아 방어적 성격구조로 인해서 그 에너지는 왜곡되고 제한될 수밖에 없다. 조건화된 성격의 한 부분으로서의 정욕은 우리 인간이 생명의 한 종species으로서 살아가기 위해 필요로 하는 것들을 취할 수 있도록 하는 충동을 활성화한다. 하지만 현대사회에서 우리가 필요로 하는 것을 열정적으로 취하는 충동 뒤에는 '불량함' 이상의 무엇인가가 들어 있다. '죄'라는 관념 그리고 제한되지 않은 본능적 충동에 대한 두려움은 섹스나 다른 충동들을 잘못된 것으로 규명하는 문화적 사상을 만들어왔다. 이것은 인간이 인간의 동물적 지혜를 추종하는 것보다 더 근본적인 것이 없을 경우에 더욱 그러하다. 8유형 성격이 자연적으로 저항하게 되는 것은 바로 이러한 동물적 충동에 대한 비난과 문화적 억압인 것이다.

이런 의미에서 순수는, 동물적 충동의 행동과 육체적 만족을 위한 본능적 충동에 대해 보다 의식적이 되는 능력을 나타낸다. 또한 순수는 본능적 움직임에 따라 밀고 당기는 자아를 보호하기 위해 덫에 걸린 생명에너지를 해방시키는 능력을 나타낸다. 본능의 억압에 대해 저항하는 방식을 알아차리는 것을 통해, 우리는 육체적 충동과 관련해서 우리를 좀 더 자연스러운 '실재의 흐름' 속에서 이해하고 경험할 수 있게 된다.[37]

8유형으로서 순수를 구현한다는 것은, 자기의 정욕이 자신을 어떻게 이끌어 가는지를 검증해냈다는 것을 의미한다. 당신은 이제 자신의 무의식적 경향성에 대해 좀 더 알아차릴 수 있도록 작업을 수행했다는 것이다. 당신의 무의식적 경향성은 다음과 같은 것을 포함한다. 즉, 타인들과 타인들이 만든 규칙들을 거스르게 되고, 그 결과 당신의 보다 깊은 감정과 순수성에 대한 감각을 잃어버리게 되는 것이다. 순수의 상태에 도달한다는 것은 지적, 감성적, 육체적 차원 모두에서 자신의 생명력과 직접적으로 연결되어 있음을 의미한다. 즉, 자신을 드러내기 위해서 힘이나 강함의 과시를 일종의 도피처로 삼을 필요가 없음을 의미한다. 오히려 자신의 필요를 위해서 타인들과 교류할 때 자신의 충동과 의도의 순수성을 깊이 신뢰할 수 있게 된다.

마이트리는 이차조를 인용하면서 순수를 다음과 같은 경험이라고 정의한다. 즉, 순수는 실재와 실재의 흐름에 연결된 경험이며 기억, 판단, 기대 없이 매 순간 신선하게 응답하는 한 사람으로서의 순전한 존재 경험이라는 것이다.[38] 8유형에게 있어서 정욕을 방출하면서도 순수의 상태를 지향한다는 것은 다음과 같은 것이다. 즉, 그들이 실재의 자연스러운 방출에 적응하는 동시에 너무 많게 되는 것, 너무 많이 원하는 것, 너무 적게 받는 것, 과거의 상처를 재경험하는 것 등을 두려워하지 않고 오직 현재에 머무는 것을 의미한다. 순수를 지향함으로써 8유형은 자신의 욕망과 연결된 어떤 죄의식이나 교만으로부터 해방될 수 있다. 또한 이를 통해서 자신의 생명력에 대한 직접 경험을 향해 개방될 뿐 아니라, 그 생명력이 자기 자신, 타인, 자신을 둘러싼 세계와 연결되어 있음을 경험하도록 개방된다.


## 8유형이 악덕에서 미덕으로 성장하기 위한 하위유형별 작업


자신의 격정을 관찰하고 해독제를 찾는 작업은 각 하위유형에 따라 다르게 나타난다. 의식적인 자기 내면작업의 길은 '의지, 훈련, 은혜'라는 말로 그 특징을 설명할 수 있다.[39] 즉, 성격 패턴에서 벗어나려는 '의지', 성장을 위한 노력의 '훈련', 그리고 의식적, 긍정적 방식으로 미덕을 실현하기 위해 작업할 때 찾아오는 '은혜'인 것이다. 나란 호가 각 하위유형이 성장을 위해 애쓰고 노력해야 하는 측면들이 각각 다르게 나타난다고 말한다. 이러한 통찰은 에니어그램의 각 하위유형을 이해하는 데 크게 유익하다.

## 자기보전 8유형

자기보존 8유형은 광범위한 감정들을 허용하는 법을 배움으로써 정욕으로부터 순수로의 성장경로를 밟을 수 있다. 타인들과 자신의 생각과 감정들을 나누고 자신의 필요충족과 연관된 신뢰감을 좀 더 계발하는 것이 필요하다. 이들은 행복한 삶을 살기 위해 필요한 자원들의 필요를 중심으로 한 긴박성을 종종 느끼고 늘 '혼자 스스로의 길을 가야' 할 것처럼 생각한다. 그리고 자신이 원하고 필요로 하는 것들을 얻기 위해서 열심히 일한다. 이러한 충동을 이루기 위해서, 자신이 강하고, 자기 의존적이고 자기 지원적이 되기 위해 필요한 능력과 기술들을 계발시켜 나간다. 하지만 이런 자세는 자신의 필요를 채우는 것과 관련하여 불안정성을 덜어주는 것이 아니라 심화시킬 수 있다. 이러한 (주로 무의식적인) 불안정성은 부인될 뿐 아니라, 이들이 자율적이 되어야 한다는 믿음 속에서 과도하게 열심히 일함으로써 과잉 보상하는 방식을 취하게 된다. 자기보존 8유형은 속도 늦추기, 타인을 좀 더 의지하기, 자신의 필요를 채우기 위해 너무 많은 노력이나 에너지를 소비하기보다는 자신의 능력을 신뢰하기 등을 통해서 순수를 향해 성숙해갈 수 있다. 그것이 돈, 자원, 사랑, 우정이든 무엇이든 간에 당신이 필요로 하는 것과 원하는 것들을 타인들과 더 많이 소통하는 능력을 키워야 한다.

## 사회적 8유형

사회적 8유형은 자신이 타인들을 돌보고자 하는 똑같은 방식으로 자기 자신을 돌보는 법을 배움으로써 정욕으로부터 순수로의 성장경로를 밟을 수 있다. 이들은 보호와 지원에 대해 자기가 거부했던 필요들을 채우기 위한 일환으로써 타인들을 보호하고 지원하는 것에만 주로 관심의 초점을 맞춘다. 따라서 자기 속의 내면 아이와 그 아이가 필요로 하는 사랑과 안전의 필요성에 대해 보다 적극적으로 그리고 정기적으로 알아차림을 통해 순수를 구현시키는 것이 중요하다. 이러한 8유형은 자신이 어떤 방식으로 사랑과 돌봄에 대한 자신의 필요를 세상 속에서 강해지기 위한 행동으로 대치시켜 왔는가를 알아차리는 만큼 성장하게 된다. 이들은 자신을 순수한 아이로 바라볼 필요가 있고, 모든 아이들은 사랑, 돌봄, 보호가 필요하고 본래적으로 순수하다는 것을 생각하는 관점을 갖는 것은 중요하다. 자기 자신을 사랑, 돌봄, 연약성이 필요한 존재로 보는 순수함에 개방하는 것은, 사회적 8유형이 세상에서 생존하기 위해 하루빨리 자라려고 포기했었던 내면 아이를 재통합할 수 있도록 도와준다. 사랑, 돌봄, 연약성이 필요한 존재로서 자신을 볼 수 있는 것은 사회적 8유형의 어린 시절에는 불가능한 것이었다.

## 일대일 8유형

일대일 8유형은, 자신이 사랑할 만하고 '충분히 좋은' 사람임을 상기할 뿐 아니라 타인의 헌신을 끌어내기 위해 스스로 도발적, 우월적, 특별한 존재가 되지 않아도 됨을 배움으로써 정욕으로부터 순수로의 성장경로를 밟을 수 있다. 이들은 반항과 사람들의 관심을 얻으려는 필요 뒤에 숨은 이유들을 탐구함으로써 도움을 얻게 된다. 힘 있는 카리스마를 사용하는 일대일 8유형의 방식은 필요로 하는 사랑과 관심을 받지 못한 아이의 상처에 대한 일종의 방어책이 될 수 있다. 당신의 내면에 도움이 필요한 외로운 아이를 재통합할 수 있다면, 현재 상황을 통제하고 모든 것의 중심이 되고자 하는 방어적 필요에서 해방될 수 있도록 자신을 허용해야 한다. 당신은 당신의 힘, 열정, 감정 에너지 면에서 공헌할 것들을 상당히 많이 가지고 있다. 하지만 당신이 당신의 깊은 감정, 필요, 의도의 순결함과 순수성의 감각을 지속할 수 있을 때, 당신의 일과 관계성을 통해서 더 많은 힘과 현존을 구현할 수 있게 된다. 이것이야말로 순수의 참된 마음이며 강력한 잠재력인 것이다. 당신이 이러한 정신을 당신의 일속에 가져올 때 그리고 당신의 열정적 공간을 타인들과 의식적으로 공유할 때 당신은 진정으로 강력해질 수 있다.

## 결론

8유형은 작고 연약한 것이 통하지 않을 때, 우리가 필요한 것을 얻기 위해 크고 강해져야만 하는 방식을 대변한다. 이와 마찬가지로 8유형의 성장경로는 우리에게 다음과 같은 것을 보여준다. 즉, 어떤 방식으로든 우리의 본능적 충동 뒤에 있는 정욕적 에너지를, 우리가 누구이고 우리가 무엇이 될 수 있는가에 대한 신뢰와 목적의 감각으로 변환시킬 수 있는가를 보여준다. 8유형의 세 하위유형 속에서 우리는 동물적 힘의 제한에 대한 정욕적 반항을 연약한 감정 및 사랑을 향한 순수한 필요로 변환시킬 수 있는 구체적인 성격유형을 볼 수 있게 된다. 이처럼 8유형은 자기관찰, 자기계발, 자기지식의 연금술을 통해 자연 세계와의 화합 속에서 흘러나오는 존재를 구현함으로써 순수의 아름다움을 우리에게 가르쳐준다.

# 제5장
# 7유형의 원형: 유형, 하위유형, 성장경로

그들을 화려함으로 현혹시킬 수 없다면, 황소로 당황하게 하라.

— W. C. 필즈W.C. Fields

인간은 자신의 선택에만 충실하다.

— 빌 마Bill Maher

7유형은 삶의 불편, 어둠, 부정적인 면으로부터 주의를 돌리게 하는 여러 다른 형태의 즐거움을 찾는 사람들의 원형이다. 이 원형의 욕구는 지성, 상상, 매력, 열정을 사용하여 고통의 경험에 대하여 방어하고 낙관적 시각을 통해 두려움을 회피하는 것이다.

융의 푸에르puer 또는 천진한 아이divine child라는 개념은 이 원형의 또 다른 형태이다. 이것은 '미래에 대한 희망의 상징으로 삶의 잠재력, 새로움 그 자체, 까부는 행동, 즐거움, 놀이'이다.[1] 융은 이 원형을 책임, 그리고 거기에 동반되는 헌신, 부담, 어려움들을 회피하고자 하는 방법으로 성장을 거부하는 '영원한 아이'로 특징 짓는다.

이 원형적 성격은 '인간의 경험에 활기를 불어넣고, 매력적이며, 생기발랄한 요소'인[2] 삶의 더 밝은 측면에 주로 초점을 맞추면서 인간 경험의 어두운 그림자 측면은 회피한다. 7유형 성격과 푸에르 원형은 상당히 긍정적인 이상주의, 젊은이다운 열정, 미래의 희망에 집중한다. 이 원형의 어두운 측면은 분리, 노화, 죽음의 고통을 직면하는 것에 대해 무의식적으로 원하지 않는다.

이들은 어둠 대신에 삶의 긍정적 부분들, 밝은 면, 빛에 초점을 두는 우리 모두 안에 있는 성향을 나타낸다. 4유형이 그림자 즉, 없는 부분이나 나쁘게 느껴지는 것에 초점을 맞추는 성향을 드러내는 것처럼 7유형은 그림자를 피하는 방법을 통해 빛을 바라보는 우리의 한 부분을 상징한다. 신남, 행복과 같은 긍정적 감정을 향한 이끌림과 슬픔, 두려움, 고통 같은 불편한 감정에 대한 어려움은 보편적 경험이다. 산드라 마이트리가 설명하듯이, '고통에 대한 강한 혐오감과 쾌락을 향한 이끌림은 우리 몸에 견고히 내장되어 있다.'[3] 우리는 모두 어느 정도는 고통스러운 감정을 외면하는 방식으로 유쾌한 감정에서 도피처를 찾는다.

더 높은 차원에서 진수에 통달한 지혜의 전통적인 시각에서는 우리가 '좋고' '나쁘고' 또는 '긍정적' '부정적'이라는 이름을 붙인 것의 대부분을 중립적 용어로 정의한다. 우리는 때로 화난 사람을 '나쁘다'고 생각하지만, 분노는 본래 부정적인 것이 아니기 때문에 이런 서로 다른 감정 상태에 대한 가치 판단은 문화적으로 형성된 것이고 동물적 본능의 결과이다. 쾌락을 향한 우리 이끌림과 고통을 향한 혐오감은 보편적인 인간 욕구이다. 그러나 만약 우리가 '나쁜' 것과 '고통스러운' 것에서 자동적으로 거리를 둔다는 것을 인식하지 못한다면, 우리는 우리 내면의 성장을 방해하게 될 것이다.

고통은 개인적 발달을 향한 욕구에 동기를 부여하는 한 부분이고, 의식적으로 알아차리는 괴로움은 성장 과정의 핵심 부분이다. 대부분의 사람들은 괴로움을 완화시키고 행복을 찾기 위해 '내면 여정'이라는 어려운 작업을 하기로 결정한다. 우리는 2장 비유에 나오는 도토리가 '땅 밑으로 들어가 그 껍질이 깨져야' 하는 것처럼 이 여정의 과정 중에 두려움과 어린 시절의 고통을 직면해야 한다. 누구든지 온전한 자신이 되기 위해서 즉, 진정한 '참나무 자아'로 확장되기 위해서 우리는 빛뿐만 아니라 어둠 속에서도 지혜와 진실을 보는 용기를 구해야 한다. 그리고 진정한 발전을 위해 우리는 두려움과 그림자를 대면해야 한다. 이 어려운 진실은 7유형의 성장경로로 우리를 일깨워준다.

7유형의 원형은 쾌락을 향해 나아가고, 고통에서 멀어지는 여러 가지 측면들을 보여준다. 이들은 힘든 감정적 상태에서 합리화라는 지성으로 자동적으로 물러나고, 삶의 어두운 면을 피하기 위한 방식으로써 재미와 자극적인 경험을 적극적으로 찾는다. 또한 빠르게 움직이고 생각하며 불편에 대해 무엇이든지 그것을 앞지르거나 뒤집으려고 한다.

이들은 보통 유쾌하고, 낙관적이며, 독창적이고, 모험적이며, 재미있고, 상상력이 풍부하다. 나의 7유형 친구들 중 한 명은 스스로에 대해 파티에서 재미를 찾고 여자들을 잘 다룬다고 자주 말하곤 하였다. 사람들과 상황 안에서 최선을 보는 재능을 가졌으며, 자신이 하는 일에 즐거움과 열정을 불어넣는다. 또한 창의적이고 혁신적이며 여러 아이디어와 옵션들을 생각해 내는 유연한 사고를 가졌고, 친근하며 밝고 에너지가 많은 것이 특징이다. 이들 특유의 '초능력'은 긍정적 사고로 거의 어디에서나 흥미로운 아이디어와 긍정적 가능성을 보는 능력이다.

7유형의 재능과 강점은 또한 '치명적 결함'이나 '아킬레스건'이 되기도 한다. 왜냐하면 이들의 '부정적인 무엇'을 '긍정적인 무엇'으로 재구성하는 재능이 이들로 하여금 자신의 긍정적 틀에 들어맞지 않는 중요한 데이터를 무시하도록 만들기 때문이다. 비록 이들이 재미있고 유쾌한 동료이긴 하지만, 문제를 직면하고 갈등의 고통이나 불편을 다루어야 할 때는 관계 속에서 어려움을 겪는다. 브레인스토밍에서는 탁월한 반면 삶의 일상적이고 지루한 측면에는 반감이 있어 장기 프로젝트를 회피하고, 산만하며 무책임하고 헌신하지 않는 사람이 되기도 한다. 또한 깊은 감정과 힘든 상황들을 거부하기 때문에 삶에서 앞으로 나아가기가 어려울 때가 많다. 그리고 힘든 현실을 피상적이거나 지나치게 낙관적인 방법으로 도피한다. 그러나 7유형들이 긍정적이고 열정적인 삶의 시각을 더 광범위한 감정 속에 깊이 연결하여 균형을 잡을 수 있으면, 활기차고 영감을 주는 헌신적인 파트너이자 친구가 될 수 있다.

## 호메로스의 작품, 『오디세이아』에 나오는 7유형
### 아이올리아 섬과 바람의 지배자 아이올로스

오디세우스와 그의 부하들이 아이올리아 섬에 닿았을 때 7유형 전형을 보게 된다. 이 사치스러운 섬은 고정된 곳이 없고 바람의 지배자인 아이올로스가 움직이는 대로 돌아간다. 아이올로스 사람들은 떠다니는 동안 끊임없는 향연과 축제들을 즐긴다. 삶은 있는 상태 그대로 쉽고 즐거우며 편안하다.

아이올로스는 오디세우스의 문제에 대한 쉽고 편한 해결책을 가지고 있다. 그는 서풍을 제외한 모든 바람을 주머니에 잡아넣고 오디세우스의 배를 잘못된 방향으로 불어보내는 '나쁜 바람이 없도록'[4] 만들어 그 주머니를 그의 배에 보관하도록 한다. 그리고 나서 오디세우스와 그의 배들이 서쪽에 있는 고향으로 나아가도록 서풍을 자유롭게 풀어준다.

이렇게 도움을 받아 그리스인들은 10일 동안 쉼 없이 항해를 하여 마침내 이타카에 들어오게 된다. 오디세우스는 밤낮으로 닻줄을 움직이느라 지쳐서 피로에 나가떨어진다. 그가 잠든 동안 부하들은 바람이 든 주머니에 호기심이 생기고 그 안에 보물이 있을 것이라고 생각한다.

선원들은 자기들끼리 중얼거리기 시작했다. "난 획득한 황금과 보물을 가지고 고향으로 돌아갈 줄로 확신했는데, 세상의 사랑을 다 받은 우리 선장이 얻은 행운을 봐. 그가 트로이에서 고향으로 가져가는 귀한 물건들을 좀 봐. 그런데 묵묵하게 똑같이 고생한 우리들은 빈손으로 돌아가네."[5]

오디세우스가 자는 동안 선원들은 주머니를 열면서 '아이올로스가 황금과 은을 주었을 테니 우리가 조금씩 가져가도 괜찮겠다'고 마음을 먹는다. 그러나 황금은 없었으며 그 안에 있던 '바람'만 모두 풀어주게 되었고, 세찬 폭풍이 일어나 배들은 모두 아이올리아 섬으로 돌아가고 만다.

이들의 배가 아이올리아 섬으로 돌아온 것이 섬에 사는 사람들에게는 기분만 망친 꼴이 되었다. 섬에 사는 사람들이 평판이 나쁜 사람들임을 증명하듯이 오디세우스의 간청은 소용이 없었고, 그와 부하들은 평화로웠던 그 섬에서 쫓겨난다.

분명 7유형 성격에서 나오는 창의적인 낙관주의와 혁신적 생각은 모든 사람의 항해에 바람을 불어넣을 수 있다. 새로운 만남, 감각적인 쾌락, 그리고 재미있는 경험이 삶을 살 가치가 있게 만드는 커다란 일부분이다. 그러나 오디세우스의 부하들이 발견한 것처럼 삶의 편안함만 취하는 데에 초점을 맞추면 문제가 일어난다. 세상 걱정은 없애버리거나 회피해야 할 일뿐이라고 여기기에 어떤 사람도 진실로 자신만의 개인적인 아이올리아 섬을 가질 수는 없다. 끝없는 향연의 땅 표면에서 출렁이는 생활은 항상 또 다른 방식의 표류에 불과할 것이다.

# 7유형의 성격 구조

에니어그램의 좌측에 위치한 7유형은 '머리 중심'에 속하며, 두려움이라는 핵심적인 감정과 안전에 대한 염려와 관련이 있다. 비록 이들은 '두려움'에 속해있지만, 두려워하지 않으며 두려움을 그다지 느끼지 않을 수 있다. 세 유형으로 이루어진 이 그룹 안에서 6유형은 두려움에 과잉행동하고, 5유형은 기술적으로 그것을 피함으로써 사전에 막아내며, 7유형은 자신의 두려움을 과소평가 한다. 이들은 지성으로 스스로를 방어하고, 주요 대처전략은 두려움과 관련 감정들로부터 멀어지게 하는 방향으로 작동한다.

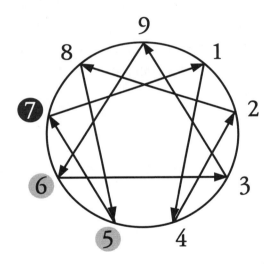

7유형은 '원숭이 사고'처럼 뚜렷하게 구별된 패턴을 가지고 있다. 이 스타일은 사고가 빠르고 자동적으로 형성되는 연계에 따라 이 생각에서 또 다른 생각으로 재빠르게 전환한다는 특징이 있다. 이들은 서로 달라 보이는 주제들 사이의 연결고리와 유사점들을 손쉽게 찾는 합성하는 사고synthesizing minds를 가지고 있다.

7유형은 다른 머리 중심 유형들과 잠재된 안전에 관한 걱정을 공유하지만, 행복한 감정, 긍정적 시각, 즐거운 경험들을 향해 나아감으로써 불안과 두려움을 피한다. 이들의 주요 초점은 즐거움(재미있는 활동들, 감각적인 쾌락들, 흥미로운 생각거리 등)을 찾는 것이다.

## 7유형의 어린 시절 대처전략

7유형 중 많은 이들이 행복한 어린 시절을 가졌다고 기억한다. 이들의 어린 시절이 실제로 즐겁고 걱정이 없을 수 있지만, 일부 7유형의 경우 분명 선택적 기억이 실제보다 과거를 더 좋게 만든다. 이들의 핵심 대처전략은 어두운 측면을 피하고 밝은 측면에 집중하기 위해서 자동적으로 부정적인 것을 긍정적인 것으로 재구성하기 때문에 이 장밋빛 회상은 놀라운 일이 아니다. 나란호가 때로 '그러한 경우에서의 기억은 괴로움을 부인하기 위해 공상을 떠받친다.'고 말했다.[6]

이들은 어린 시절의 만족감을 자주 경험하긴 하지만 실제로 대처하기에는 어려운 상황, 즉 두려움을 유발하는 사건들도 경험했었다고 말한다. 특정 시점에서 '낙원에서의 추락'이 자주 있었는데, 이 경험이 아이로 하여금 안전하고 전지전능하다고 느꼈던 초기 발달 단계로 돌아감으로써 자신의 두려움에 무의식적으로 대처하는 동기가 되었다. 기분이 좋고 통제한다는 감각을 가졌던 약간 더 이전의 심리적 단계로 물러나고 되돌아감으로써 7유형은 더 행복하고 안전하다고 느끼는 경험으로 도피한다. 그때부터 불안감, 두려움, 고통이 떠오르려고 하면 같은 전략을 대입한다. 즉 자동적으로 문제에서 물러나 사고와 감정을 자극적이고 재미있고 즐거운 상상의 경험으로 나아가게 하고 자신이 이렇게 전환하고 있다는 것을 의식적으로 알아차리지 못한다.

따라서 7유형은 즐거운 생각, 공상, 계획과 관련된 긍정적인 어떤 것을 향해 나아감으로써 현실의 괴로운 측면들로부터 물러서는 무의식적 생존 전략을 채택한다. 이 방어는 아이(후에 성인)에게 고통과 다른 불편한 감정들을 회피하는 효율적 전략을 제공한다. 또한 이들이 적극적 상상력, 긍정적 기질, 독창적 사고 같은 기술과 강점들을 계발하도록 이끈다. 그러나 가혹한 현실을 회피하는 것은 이들로 하여금 자연스럽게 도전할 수 있는 상황들 속에서 어려운 감정들을 다루거나 심지어 알아차리는 것을 힘들게 만든다. 자동적으로 그러한 일을 회피하는 것이 습관적이고 무의식적이 된다. 이들 삶의 전략 이면에서 작동하는 생각은 '행복할 수 있는데 왜 슬프거나 불안하거나 불편하기로 선택하겠는가?'이다. 나쁜 것보다 좋은 것을 느끼기 위해 그들은 계속해서 선택하고 결정하는 것을 좋아하고, 다른 방식의 생각은 불합리하게 여긴다.

많은 7유형의 과거를 보면 한쪽 부모, 주로 어머니와 좋은 관계고 다른 쪽 부모, 아버지와는 훨씬 도전적인 관계였던 경우가 많았다. 나란호가 설명하듯이, 이들은 공통적으로 지나친 지배와 엄격함을 사랑의 부재로 경험하고 이런 권위는 나쁜 것이라는 판단뿐 아니라 정면으로 대응하기에는 너무 강력하다고 느끼는[7] 권위주의적인 아버지를 가진 경우가 많았다. 어머니, 또는 어머니 역할을 한 인물과 관련해서 이들의 전형적인 가족 패턴은 그들을 '과잉보호하는, 허용적인, 관대한'[8] 사람으로 경험한 경우가 자주 있었다. 그러나 성 역할은 일부 사례에서 바뀔 수도 있다. 즉 어머니가 '아버지 같은' 권위주의적 역할을 하고 아버지가 더 다정하게 여겨졌을 수도 있다.

자신이 경험하는 부모를 바탕으로 이들은 권위가 외부로부터 오는 제약과 통제와 똑같다는 생각을 일찍이 갖는다. 그리고 이들은 8유형과 함께 명령 듣기를 가장 싫어하는 유형들 중 하나이다.

7유형은 생각 속으로 후퇴하는 반응을 하는데 더 구체적으로 말하자면, 긍정적 미래, 최고의 시나리오, 자극적인 아이디어와 옵션을 상상한다. 이 주의분산은 불쾌한 감정들을 유발할 수 있는 잠재적이고 부정적인 현실에서 선회하는 방식으로 작동한다. 따라서 이들은 눈앞의 골칫거리를 긍정적이고 자극적인 지적 경험으로 재구성하는 능

력을 발달시킨다. 이런 방식으로 이들은 나란호의 말처럼, '지성을 통해 자신을 방어'
한다.⁹⁾

　나쁜 감정이나 어떤 종류의 불편함으로 빠지는 것을 피할 수 있고 통제의 위험을 만
나는 전략적 방법으로써 '부드러운' 형태의 저항, 재미, 즐거운 시각을 배운 이들은 쾌
락을 추구하는 사람이나 달변가가 된다. 흥미롭고 참여하는 경험을 통해 자극을 찾는
이들의 추구는 단순히 마음이 열려 있고 탐험적인 것을 넘어 현재의 불편함에 방어하
는 방식으로 나타난다. 즉, 이들은 부족한 이 곳에서 전도가 유망한 저 곳으로 간다.¹⁰⁾
또한 자동적으로 앞으로 기대되는 일들을 생각함으로써 현재 당면한 불편함을 다루는
것을 회피한다. 그리고 불쾌한 감정들에 붙들리고 자신의 통제를 뛰어넘는 환경에 의
해 제약받을까봐 더 깊은 두려움에서 미래의 가능성들과 선택에 스스로 주의를 돌리는
데 초점을 둔다.

**7유형**

**샘**

　샘은 7명의 형제자매들 중 막내였고 어머니로부터 사랑
을 가장 많이 받았습니다. 그는 바로 위의 형제보다 8살이
어렸습니다. 어머니는 샘이 아버지와의 힘든 결혼생활에 대한
보상이 되어주길 원했습니다. 샘은 부모님의 갈등 사이에 끼었던 어린 시절의
삶을 기억합니다. 어머니는 그를 정말로 사랑하지만, 아버지는 매우 화가 나
있고 항상 큰소리친다는 느낌을 받았습니다. 종종 두 사람은 싸웠고 다툼 한
가운데에 놓이곤 하였습니다. 이런 힘든 상황에서 샘은 자신의 생각 속으로
후퇴했습니다. 책을 많이 읽었고, 가고 싶은 곳들과 하고 싶은 일들을 꿈꾸었
습니다.

　언제가 심한 싸움이 있은 후에 어머니가 아버지로부터 떨어져 있고 싶어서

그를 데리고 호텔로 갔던 것을 기억합니다. 어머니는 울고 있었고, 그는 창문을 내다보면서 내리는 비에 빠져들었던 것을 회상합니다. 그는 슬픈 상황이었지만 빗방울의 아름다움에 강렬하게 매혹되었습니다.

샘이 9살이었을 때 어머니가 돌아가셨고, 자신을 별로 원하지 않는 아버지와 남겨지게 되니, 내면의 불안이 증가하였고 계속해서 상상 속에서 피난처를 찾았습니다. 지금까지도 그는 논쟁과 갈등을 좋아하지 않습니다. 자신이 변호사로서 법정에서 사람들과 대면할 때 그의 높은 에너지와 빠른 사고를 자산으로 사용하면서도, 사적인 삶에서는 갈등을 그다지 잘 다루지 못합니다. 그는 혼자 있을 때 느낄 수 있는 모든 불안은 그저 무시할 뿐이고, 친구들과 어울릴 때는 '카리스마'로 긴장합니다. 샘은 여전히 독서를 많이 하고 상상 속으로 후퇴하며 머릿속에서 상황을 미화하여 그의 삶에서 일어나고 있는 불편한 일들로부터 도망칩니다.

## 7유형의 주요 방어기제 합리화와 이상화

상황을 손쉽게 긍정적 측면으로 재구성하는 특징은 7유형의 주된 방어기제인 합리화rationalization, 이상화idealization와 연관이 있다. 방어로써의 합리화는 무슨 일이든 자신이 하고 싶은 일을 하는 것에 대한 훌륭한 이유를 찾고, 어떤 식으로든 자신이 원하는 대로 대상을 바라보며, 자신이 믿고 싶은 대로 믿는 것을 의미한다. 나란호는 어니스트 존스Ernest Jones를 인용하여 '합리화는 태도나 행동의 인지되지 못한 동기에 대한 이유를 만들어내는 것'이라고 말한다.[11]

우리 모두는 우리가 하는 일이나 우리에게 일어난 일들에 대한 이론적 지지를 만들어서 합리화한다. 이는 우리로 하여금 무언가 불운한 일이 일어났을 때, 또는 우리에게 이롭지 않은 일이지만 하고 싶을 때 느낄 수 있는 고통에서 자신을 보호해 준다. 만약 좌절을 겪었다면 '좋은 배움의 경험이었어'라고 생각할 수 있고, 이는 패배나 실패의 느낌을 더 쉽게 피하도록 해준다. 만약 케이크를 한 조각 더 먹고 싶은데 건강이나 다이어트의 이유로 먹으면 안 된다는 것을 안다면, 스스로에게 '겨우 작은 한 조각일 뿐이야' 또는 '내일 아침에 10km 달릴 거니까 괜찮아'라고 말할 수 있다.

합리화를 사용하는 이들은 자신이 행동하거나 생각하거나 느끼고 싶은 것이 무엇이든지 합당한 이유를 찾을 수 있다. 그리고 하고 있는 일에 대한 합리적 근거가 당신의 행동과 관련된 나쁜 감정들로부터 당신을 보호하는 방어 역할을 하며, 당신이 하고 있는 일과 연결된 당신의 진정한 동기와 감정과의 직접적 연결을 막을 수 있다.

긍정적 측면에서 상황을 바라보고 싶어 하는 태도는 이들에게 이상화라는 방어기제를 사용하게 한다. 이상화는 사람과의 경험을 실제보다 더 좋게 인식하도록 해주며, 초긍정적 특성을 갖게 한다. 이는 그들로 하여금 사람이나 대상이 가지고 있는 모든 결함 또는 그것이 불러일으킬 수 있는 긍정적이지 않은 감정들을 처리하는 일을 피하도록 해준다.

물론 어떤 측면에서 이상화는 누군가를 사랑할 때 나타나는 정상적 요소라고 할 수 있다. 어린이들은 누군가가 자신을 사랑하고 안전하게 지켜 주리라고 믿고 싶을 때 부모를 이상화한다. 그러나 7유형이 이상화를 할 때, 함께 있는 사람에 대해 자연스럽게 가질 수 있는 안 좋은 감정을 방어하기 위해 그럴 때가 많다. 이렇게 되면 이상화는 이들이 실제로 갖고 있는 관계 대신에 상상의 관계 속에 이들을 머무르게 할 수 있다. 이는 이들로 하여금 자신의 생각 속에 만든 이상화된 (상당히 긍정적인) 버전이 변색되지 않도록 (모르는 사이에) 피상적인 관계에 머물고 상대방이 누구인지에 대한 더 깊은 경험을 회피하도록 이끌 수 있다.

## 7유형의 주의초점

7유형은 자기지향적인 경향이 있다. 다른 사람들에게 더 초점을 맞추는 2유형과 9유형 같은 유형들과 대조적으로 이들은 자신의 내적 경험과 욕구, 특히 자신의 생각에 주로 집중한다. 이들의 심리적 방어의 주요 모델은 공상과 긍정적인 정신적 가능성들 속으로 도망치는 것이며, 자신만의 계획과 좋아하는 것에만 주의를 기울인다. 이 습관은 내면의 사고 과정을 지시함으로써 경험을 다루는 데 필수적이다. 또한 이들로 하여금 (무의식적으로) 이들의 (정신적) 지성을 다른 사람을 조종하는 데에 사용할 수도 있는데, 이들은 자동적으로 자신의 욕구, 필요, 자기이익에 초점을 맞춤으로써 자연스럽게 자신의 의제를 주장하기 때문이다.

7유형은 자동적으로 상황 속의 긍정적 데이터에 주의를 기울이며 최고의 시나리오가 전개되는 것을 볼 때까지 '잔에 물이 반이나 찼다'는 식으로 자기 생각 속에서 그것을 강조하고 확장시킬 수 있다. 무의식적으로 고통을 회피하고자 하는 동기가 있는 이들은 좋은 기분을 가지고 낙관적이고 싶어 하기 때문에 환경 안의 부정적 데이터를 간과하거나 경시하고, 대신에 긍정적으로 머물도록 도움을 주는 데이터에 집중한다.

특징적으로 즐거움을 추구하는 이들은 무한한 가능성의 세상이 내 앞에 펼쳐져 있다고 생각한다. 가능한 언제나 최대한 활기찬 분위기를 유지하고 싶어 하기 때문에 삶이 제공하는 최고, 즉 최상의 음식, 최고의 와인, 가장 흥미진진한 장소와 활동을 경험하는 데에 초점을 맞춘다. '미식가' 또는 '모험가'라는 이들의 또 다른 설명어들은 적절하다. 이들은 삶을 끝없는 기회들의 측면에서 바라보며 자극적인 경험과 가능성들을 상상하고 그것을 향해 나아가는 것이 쉽다. 이들의 열정과 매혹될 준비가 되어 있는 상태가 여러 다른 취미나 사적인 흥미를 추구하는 활동적인 사람으로 만든다.

7유형은 가장 낙관적인 사람이고, 습관적으로 미래에 가능한 상황에 주의를 집중하며 새롭고 자극적인 경험을 목말라하는 매력적인 공상가일 수 있다. 이들은 진심으로 스스로 상상하는 것을 전부 실현시킬 수 있고, 열망하는 것은 무엇이든 획득할 수 있다고 믿는다.

이런 식으로 미래지향적인 성향은 이들로 하여금 자신이 바라는 모습의 긍정적 비전을 기반으로 상상된 현실 속에 살게 해준다. 이상화된 비전은 현재에 존재하거나 현재를 느끼는 것에 대항하여 완충제 역할을 한다. 즉 이들은 미래의 계획에 대해 생각하기 때문에, 현재에서 일어나고 있는 지루하거나 부정적인 현실을 경험하지 않아도 된다. 나의 7유형 친구는 하루를 지내기 위해 '언제나 기대할 무언가가 필요하다'고 말한다.

이들은 즐거운 것을 하기 위해 옵션이 많은 것을 좋아하는데 이는 즉석에서 가장 원하는 옵션을 선택할 수 있기 때문이다. 여러 가능성들을 가지고 있으면서, 만약 특정 계획을 지킬 수 없거나 내키지 않으면 자동적으로 관심이 최고의 선택으로 이동한다. 이 유연성이 이들로 하여금 헌신을 하지 않도록 만들 수 있다. 이들에게 헌신을 약속하라고 요구하면 이들은 열정적으로 '그래'라고 말하겠지만, 진심은 '아마도'라는 의미이다. 또한 생각 속에서 최고의 선택을 분류하기에, 때때로 또 다른 가능성이 더 나은 경험을 제공하면 마지막 순간에 약속을 취소해야 한다. 그리고 잠재적 불편함에서 벗어나는 능력이 실생활의 제약으로 인해 제한되는 것을 싫어한다. 이들은 일종의 부드럽게 표현하는 반권위주의적 태도를 갖는데, 가령 윗사람 또는 아랫사람이 어떤 식으로든 자신을 통제하는 것을 막기 위해서 계층구조 안에서 권위와 동등해지려고 할 수 있다.

이들은 서류작업이나 집안일 같은 반복적인, 본질적으로 제한적인 일에 대한 격렬한 반감을 갖고 제약을 싫어한다. 지겨움에 대한 혐오감은 이들로 하여금 반복되지 않거나 지루한 세부사항들에 초점을 맞추지 않는 일에 끌리도록 만든다. 가능하면 이들은 작업 업무를 재미있는 일로 규정하거나 재구성할 것이며, 그렇게 해서 심지어 일도 시간을 보내는 즐거운 방법으로 바꾼다. 이들의 지루함이나 침체를 회피하는 습관은 멀티태스킹 성향을 부추기고, 여러 가지 일들(일련의 사고와 활동)을 동시에 진행한다.

## 7유형의 감정적 격정 탐닉

7유형과 연관된 격정은 탐닉이다. 그러나 에니어그램 격정으로서의 탐닉은 많은 양의 음식을 섭취하고자 하는 욕구로 정의하지 않는다. 에니어그램에서는 탐닉을 훌륭한 식사, 사람들과의 즐거운 상호작용, 흥미로운 대화, 신나는 여행 계획 같은 모든 종류의 자극적인 경험을 향한 (충족되지 않는) 갈증이라고 여긴다. 그래서 나란호는 모든 격정들이 내면의 공허함을 채우기 위한 시도로 작동한다고 말한다. 이 의미에서 탐닉은 내재된 두려움이나 불안한 느낌을 보상하기 위한 시도로서 가능한 최상의 경험을 받아들이려는 욕구로 나타낸다. 산드라 마이트리는 탐닉이 최대한 많은 것들을 맛보고 싶은 욕구의 동기가 된다고 말한다. 즉 '더 원하는' 상태가 무엇인가를 갖기는 하는데 채워지지는 않는다. 소화보다 '섭취'가 초점이기에 이들의 경험에 대한 탐닉은 일반적으로 불만족을 낳고, 이는 더 큰 자극을 추구하게 된다.[12]

나란호는 탐닉이 '즐거움을 향한 격정'이라고 묘사한다. 그는 만약 우리가 탐닉을 더 광범위하게 이해한다면, 이것이 일종의 쾌락주의와 유혹을 느끼기 쉬운 상태로 이루어지며 결국 이들의 성장을 억제할 수 있다고 설명한다. 그리고 모든 격정들이 핵심적인 동기이자 궁극적 함정이라는 특질을 가지고 있지만, 특히 이들은 자신의 즐거움을 추구하는 데 확신에 차 있고 매력적인 성향으로 인해 처음에는 탐닉을 장애물로 보기 어려울 수 있다. 그들은 마치 '좋은 시간을 갖는 일이 잘못인가요?'라고 물을 수 있다.

탐닉의 격정은 이들로 하여금 조금 더 즐거움에 있고, 더 기분 좋게 해주며, 더 흥미진진한 경험을 갈망하게 만든다. 이상주의와 신남의 특징은 재미와 모험의 더 독특하고 비상한 형태를 찾는 것이다. 7유형의 즐거움과 재미를 추구하는 낭만적인 태도는 다른 사람들에게 매력적으로 보인다. 삶이 가능성으로 가득한 흥미진진한 세계라고 믿는 7유형의 신념에 다른 사람들은 끌리게 되지만, 이것으로 인해 그들과 깊은 관계를 맺기 어려울 수 있다. 이 즐거움이 가득한 경험에 대한 탐닉의 문제는 '불만족스러움이 만족으로 완벽하게 가려져 있다'는 점과 '열정 뒤에는 좌절이 숨어 있다'는 점이다.[13] 경험을 향한 이들의 탐닉은 괴로움과 공허함을 회피하고자 하는 욕구에서 일어나지만, 탐닉이 사실 이들의 괴로움 그 자체이다.[14] 이들의 행복에 대한 탐닉은 두려움, 특히 고통에 대한 두려움에서 도망치는 방법이기 때문이다.

따라서 탐닉이 7유형으로 하여금 끊임없이 새롭고 더 나은 형태의 여흥과 자극을 찾도록 부추기지만, 이 '더 원하는' 강박이 궁극적으로 공허하게 만든다. 전략 자체가 이들이 느끼길 원하지 않는 감정들에 대한 방어이기 때문에 즐거움의 추구는 충분한 만족감으로 이어지지 않는다. 제한되지 않겠다는 욕구에도 불구하고, 이들은 '생각의 안전을 제거하는' 대상을 경험함으로써 감정을 제약한다.[15] 이들은 정신적 자극에 탐닉을 추구함으로 자신에게 허용하지 않는 두려움을 행동화하며 동시에 자신을 위로하고 진정한 감정을 만나는 것을 막는다. 이들은 깊이 관계 맺고 싶다고 이야기하면서도, 동시에 그것을 두려워하며 탐닉이 그들을 계속 맴돌도록 몰아넣는다.

## 7유형의 인지적 오류
**내가 좋고 너도 좋다고 믿는 것이 언제나 좋은 것은 아니다**

우리는 모두 자신의 신념, 감정, 행동에 영향을 주는 습관적 사고방식에 갇혀있다. 이러한 사고방식은 우리의 전반적 시각을 만들어내는 정신적 모델이 더 이상 정확하지 않을 때도 계속된다. 격정이 성격의 정서적 동기를 형성하는 반면, '인지적 고착' 또는 '인지적 오류'는 성격의 사고 과정을 만든다. 7유형의 삶은 유쾌한 분위기를 유지하고, 옵션들을 가지며, 낙관적이라는 생각에 집중함으로써 탐닉의 격정을 뒷받침하는 신념들이 중심이 된다.

이들 성격의 전략과 패턴의 영향력 아래에서 7유형은 긍정적 측면에 초점을 맞추게 만들고 정신적으로 자신의 고통에 다가가는 것을 방어하도록 도와주는 신념을 전심으로 잡고 있다. 이들의 삶에 대한 이 인지적 접근은 만약 이들에게 선택이 없고 행복하게 머물기 위해 에너지를 쏟지 않으면, 견딜 수 없을 만큼 고통스러운 경험에 사로잡힐 것이라는 깊은 무의식적 두려움을 나타낸다. 긍정적인 태도, 행복, 즐거움을 향한 인지적 초점 아래에서 이들은 지루함, 불안, 슬픔, 우울, 불편, 고통의 감정에 빠질까봐 두려워한다.

따라서 다음의 구조화 원칙들이 7유형의 주의초점에 있으며 이것을 지지한다.[10]

□ 나는 내가 생각할 수 있는 재밌거리에 대한 즐거운 선택을 항상 할 수 있어야 기분이 좋을 것이다.
□ 만약 내가 긍정적 경험을 계획하고 획득하는 것에 집중하지 않으면, 나는 피하고 싶은 고통스러운 감정에 잡힐 것이다.
□ 내가 고통, 불편, 지루한 감정들을 경험하도록 스스로 허용한다면, 내가 오랫동안 심지어 영원히 잡혀있을 것 같아서 그런 경험을 피해야만 한다.
□ 부정적인 경험에 갇히는 것은 어떤 대가를 치르더라도 피해야 할 일이다.

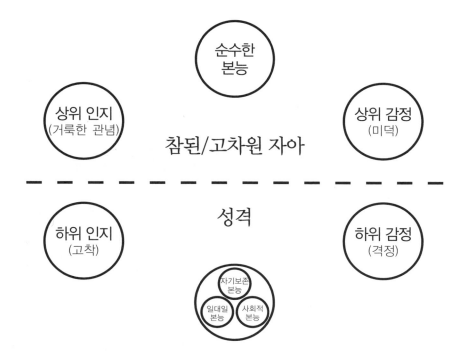

□ 만약 내가 긍정적인 것에 집중하고 즐거운 경험들을 추구하면 고통과 다른 부정적 감정들을 회피할 수 있을 것이다.

□ 모든 종류의 제약은 부정적 감정으로 이끌기에 피해야 하며 또 피할 수 있다.

□ 하나의 자극적 경험에서 다른 자극적 경험으로 옮김으로써, 불편함을 멀리 하고 삶을 신나게 유지할 수 있다.

□ 행복할 수 있는데 불편하게 사는 사람이 누가 있겠는가? 행복하고 낙관적인 분위기를 유지하는 것은 현명하고, 합리적이며, 가치 있는 목표이다.

□ 나는 좌절, 슬픔, 고통의 감정을 견딜 수 없을 것이다. 그래서 항상 밝은 측면을 바라봄으로써 그것들을 피해야 한다.

□ 삶은 좋고 재미있는 것을 가능한 많이 샘플링하는 것과 같다.


이 7유형 핵심 신념들이 일정 부분 긍정적이고 삶을 지지하긴 하지만, 훨씬 명백하게 부정적인 정신적 구조 원칙만큼이나 해롭고 제약적일 수 있다. 반직관적으로 보일 수 있는 방식으로 이들은 긍정성을 유지하기 위해 '부적응' 또는 '자멸하는' 신념을 가질 수 있다. 이들의 과도한 긍정성은 사실 우리가 피할 수 없는 삶의 고통을 회피해도, 삶을 충만하게 살 수 있다는 환상을 영속시키기 위해 설계된 대처전략이다.

## 7유형의 함정
### 과도하게 행복에만 초점을 맞추는 태도는 불행으로 이끌 수 있다

각 유형마다 뚜렷하게 나타나듯이, 7유형의 인지적 오류도 성격을 계속 같은 자리에서 맴돌게 한다. 이것은 성격으로 해결할 수 없는 한계로 내재적 '함정'을 나타낸다. 산드라 마이트리가 관찰한 대로, 이들이 '고통에서의 도망침은 결국 자체적인 괴로움을 만들어낸다.'[17]

이들의 대처전략과 그와 연관된 주의초점을 고려할 때, 7유형은 쾌락의 추구를 통해 고통을 회피하는 습관과 영원히 고통에서 벗어날 수 없다는 현실 사이의 갈등에 결국 붙잡히고 만다. 이들이 불편을 회피하기 위한 방어 전략이 힘든 감정과 현실을 피한다고 그것들을 사라지게 만들지 못한다는 사실을 마침내 깨달았을 때 이들은 우울해진다.

쾌락에 집중함으로써 고통을 회피하려는 것이 우리에게 불가피하게 더 많은 고통을 안겨준다. 나쁜 일을 피한다고 그것이 사라지지 않으며, 다만 카펫 밑으로 쓸어 넣어서 나중에 누군가의 발에 걸린다. 삶의 어려움에 스스로 집중할 수가 없어서 현재 당면한 문제들을 다루지 않으면, 필연적으로 도전과제들이 누적되어 넘쳐서 삶을 더욱 어렵게 만들 것이다.

비록 삶의 고통을 회피하고 싶은 유혹을 이해할 수 있지만, 7유형은 삶의 어두운 측면을 무시하려고 함으로써 이들의 불편함과 내재된 두려움을 영속시킨다. 빛은 항상 그림자를 드리우는 것처럼, 이들이 그토록 추구하는 삶의 밝은 측면에는 이들이 보길 거부하는 그에 상응하는 어두운 면이 있다.

삶의 전략이 밝은 측면에 집중하면 어두운 측면이 사라질 것이라는 망상적 생각을 바탕으로 하고 있을 때, 뜻밖의 실망과 실패에 자신을 당황할 만큼 몰아넣게 된다. 상황을 밝게 유지하는 것은 재미와 움직임의 용이함을 위해 매력적인 선택이지만, 인간의 삶과 인간관계에 내재된 도전과제들을 직면하는 일을 피하는 데에 사용하였을 때는 상황이 심각하거나 어두워지곤 한다. 그리고 나쁜 일을 경험하지 않으면, 어떻게 온전히 좋은 것의 진가를 알 수 있겠는가?

## 7유형의 대표적 특징

### 1. 자기지향적 성향

에니어그램 시스템에서 각 유형 양식의 초점은 자기지향이거나 타인지향이거나, 또는 둘 다일 수 있다. 이 구별은 각 성격이 자기 자신 안에서 일어나는 일이나 다른 사람 안에서 일어나는 일, 또는 그 둘 다에 주의초점이 맞춰져 있다는 의미이다.

7유형의 경우 주의초점은 자신의 내적 경험인 생각, 선호 내용, 욕구, 필요, 감정이다. 이 주의초점의 패턴은 자신의 내면세계 내용물이 주된 초점 대상이기 때문에 '자기지향'으로 설명된다. 이 습관은 이들이 원하는 것, 필요로 하는 것에 주로 집중하게 만들고 즉각적 방식으로 행동하게 한다. 본질적으로 중립적인 다른 특성과 마찬가지로, 이 성향도 좋은 것일 수 있다. 예를 들어 7유형은 자신이 원하고 필요로 하는 것을 알고 있기에 더 쉽게 얻을 수 있다. 그리고 다른 특성들과 마찬가지로, 이 자기지향성 역시 문제를 일으킬 수 있는데, 특히 인간관계에서 7유형은 자신이 원하는 것을 우선시하여 다른 사람들의 필요를 인지하고 반응하는 데에 실패한다.

## 2. 긍정적 재구성/낙관주의

7유형은 긍정적이지 않은 측면에서 인지될 수 있는 상황들을 긍정적으로 재구성하는 데에 뛰어나다. 습관적으로 자신의 기분을 유쾌하게 유지하고 자동적으로 '밝은 측면'에 주의를 두는 이들은 낙관적이다. 즉 의식적으로 크게 노력하지 않고도 부정성을 긍정성으로 쉽게 재구성한다.

세상에 대한 경험을 이상화하는 이들의 성향을 고려할 때 재구성은 자연스럽게 나타난다. 긍정적 관점에서 상황을 구성하는 경향은 긍정적 데이터를 확대하고 부정적 데이터를 최소화하는 성향과 함께 나타나며, 이 전략은 상황과 사람들을 실제보다 더 좋게 볼 수 있도록 해 준다.

성격의 대처전략들이 가진 대부분의 요소들과 마찬가지로, 재구성하는 것은 '긍정적' 용도가 있다. 사람들에게 동기를 부여하고 그 시각을 유지하는 데 상당히 효과적인 방법이 될 수 있는데, 가령 외부 환경이 높은 사기를 유지하기 힘들 때 유용하다. 또한 일부 사람들이 처음에는 부정적으로 보는 상황 속에 숨어 있는 좋은 점에 대한 중요한 진실을 드러나게 할 수도 있다.

그러나 대부분의 습관적 패턴처럼 재구성 역시 문제가 될 수 있다. 이들이 '부정적'이라고 딱지 붙인 실질적이고 중요한 무언가를 바라볼 때 기분 나쁜 느낌이 들어서 그것을 방어하기 위해서 현실을 재구성할 때이다. 긍정적 재구성하기는 이들로 하여금 비판적 눈이 가장 필요한 바로 그 순간에 비판성을 정지시킨다. 모든 것을 좋다고 만들어버리고 어려운 무언가에 대처해야 하는 실질적인 필요를 부인하는 방법이 될 수 있다. 그리고 이는 현재 벌어지고 있는 상황과 긍정적 결과를 보장하기 위해 할 수 있거나 해야 하는 일을 더 깊이 이해하기 위해 필수적인 '부정적' 데이터를 제거할 수 있다.

마지막으로 이들에게 공통적으로 나타나는 낙관주의와 이상주의는 상상과 현실을 혼동하게 할 수 있다. 이들은 너무나 자동적이고 자연스럽게 일어나고 있는 상황을 자신의 상상이라는 긍정적 시야를 통해 바라보기 때문에 긍정적 그림에 들어맞지 않는 사건이나 사람들의 중요한 요소들을 오역하거나 간과할 수 있다. 밝은 측면을 바라보는 태도가 사회적으로 수용되고, 많은 사람들이 상식처럼 여긴다. 그래서 이들에게는 겉으로 보이는 유순한 또는 가치 있는 행동이 에고의 맥락에서 너무 멀리까지 갈 수 있음을 이해하는 일이 중요하다. 성격 패턴은 무의식적이기 때문에 7유형은 상황을 긍정적 측면에서 끊임없이 재구성하는 행동에 내재된 문제를 보지 못할 것이다.

### 3. 쾌락주의

7유형의 초점은 쾌락주의를 통해 즐거움이 가득한 삶의 목표가 괴로움을 회피하도록 합리화한다. 당신의 핵심 가치 중에 즐거움을 추구하는 그 자체가 중요하고 바라는 목표라면, '탐닉적인 쾌락 편향'을 부추기게 되고,[18] 보다 깊은 동기에 대해 궁금하지 않을 수 있다.

쾌락주의를 정상이라고 여기면, 당신은 고통에서 쾌락으로 향하는 이유에 대해 준비된 이론을 가지게 된다. 그리고 이들의 쾌락을 추구하는 활동들이 느끼고 싶지 않은 중요한 감정들로부터 주의를 분산시켜 주는 만큼, 쾌락주의는 그 자체가 정당한 목적이 되며 온갖 방식으로 일어나는 모든 회피 사례들을 정당화해준다. 이런 식으로 7유형은 괴로움을 멀리하면서도 여전히 충만하고 만족한 삶을 살 수 있도록 이들의 환상을 뒷받침해 주는 즐거움을 위해 삶의 가치에 대한 철학을 만들어낸다.

쾌락주의적 태도를 온전히 받아들임으로써, 일반적으로 어린 시절의 즐거움과 제멋대로 하던 경험을 통해 사랑받는다고 느꼈기에 습관적으로 쾌락과 사랑을 혼돈할 수 있다.[19] 그 결과 이들은 사랑이라고 무의식적으로 생각하는 자기방종적인 경험에 자주 빠질 수 있다. 진정한 사랑과 쾌락을 영속시키는 것은 필연적으로 행복한 감정뿐만 아니라 모든 범위의 감정들을 경험하려는 적극적인 의지를 필요로 한다. 쾌락은 이들로 하여금 쾌락주의적인 삶의 방식이 사랑과 근접한 경험을 줄 수 있다고 믿지만, 실은 그렇지 못하다. 이런 식으로 고착화된 7유형은 자신이 깊은 사랑의 경험을 하고 있다고 믿을 수 있지만 현실에서는 단지 인간관계에서 일어날 수 있는 감정의 쾌락주의적 표층만을 스치듯 지나가고 있는 것이다.

### 4. 저항성

자신이 원하는 것을 자신이 하고 싶을 때 하며 다른 사람들에 의해 제약이 부과되는 것을 싫어하기에 이들은 근본적으로 반권위주의자이다. 그러나 공공연한 갈등과 그로 인해 일어날 수 있는 불쾌한 감정들을 좋아하지 않기 때문에, 이들은 은밀한 형태의 저항성을 드러낸다. 나란호는 7유형이 '반권위주의적' 자세보다는 '반관습적 성향'을 가졌다고 묘사한다.[20] 왜냐하면 이들은 권위를 향해 '암묵적으로 저항'하는 형태를 채택하며, 이것이 이들의 '관습적 편견을 향한 예리한 눈'을 통해 나타나고 흔히 '해학적인 출구'를 찾기 때문이다.[21] 이들의 저항은 '대결적이거나 직설적이기보다는 익살맞다.'[22]

반관습적 성향은 권위에 대해 공개적으로 반대하지 않고 암묵적으로 권위에 의문을 던진다. 이들은 불편을 낳을 수 있는 싸움을 일으키기보다 유머, 지적 조종, 외견상의 묵인을 통해 제약을 가하는 권위 인물을 매료시킨다. 반관습적 시각은 또한 관습적 행동을 완전히 내버리지 않은 채로 전형적인 일의 실행 방법에 의문을 제기하도록 한다. 공공연한 반대는 잠재적으로 제약을 가하는 권위주의적 주의를 더 끌어들이는 부정적 역효과가 있을 수 있기에 윤리적으로 유연성 있는 이들은 이를 피하고자 한다. 나란호가 말했듯이 이는 7유형을 운동가보다 혁명 이면의 이데올로기적 힘으로 여기게 한다.[23]

일반적으로 7유형은 밝고 친근한 사람들로서 '권위에 그다지 관심을 기울이지 않으며 은근히 권위는 나쁘다고 가정한다.'[24] 6유형이나 8유형처럼 권위에 대항한 분명한 투쟁에 참여하는 편은 아니고 '그저 권위에 주의를 두지 않는다.'[25] 이들은 부모, 배우자, 상사, 부하들의 잠재적으로 억압하는 영향력 아래에 있는 일상에서 보통은 가능하지 않은 자유로 마음대로 행동하길 바란다. 나란호는 이들이 '비계층적 심리적 환경' 안에서 산다고 언급했다.[26] 외부 권위에 의해 속박받는 것에 민감한 이들은 '반대보다 외교적'인 태도를 취한다.[27]

이들은 권위를 너무 진지하게 받아들이지 않기에 잠재적 폭군을 친구로 만들 수 있고 권위 인물은 이들의 제멋대로 하는 행동을 놔둔다. 이와 유사하게 이들은 권위자가 되는 것이 불편하며, '동시에 겸손의 외관을 가정하고' 창의성과 동료 관계를 통해 영향을 발휘하는 편을 선호한다.[28] 이들은 자기 자신과 다른 사람들에게 상당한 자유를 허용하고 이들의 좌우명은 '나는 내 식대로 살고 당신은 당신 방식대로 살게 하자'이다.[29]

## 5. 집중과 훈련 부족

한계를 회피하려는 이들의 성향은 집중과 자기훈련을 유지하기가 어렵다. 이들이 주의초점을 매우 빠르게 전환하는 능력은 창의적 사고를 높이지만, 동시에 한 번에 한 가지 일에 집중하는 것이 어렵다는 의미이다. 또한 스스로에게 관대하며 내적, 외적 자극 모두에 상당히 주의가 산만하다. 그 결과 어떤 지루한 작업을 완료하는 데 드는 시간 동안 처음부터 끝까지 집중하는 데에 어려움을 겪는다.

이들은 자주 제한적이고 절망스러운 이 세상을 있는 그대로 보는 대신에 이상화된 렌즈를 통해 바라본다. 미래에 대한 상상 만들기와 현재의 좌절과 지루함을 참지 못하는 태도가 주의산만을 만드는 원인이다. 또한 즐거움을 지연시키는 것을 좋아하지 않고 지금 할 수 있는 재미있는 무언가가 있으면, 즐거운 무엇을 하기 위해 즐거움이 덜한 작업을 미룰 수 있도록 합리화할 방법을 찾는 것이 쉽다.

## 7유형의 그림자

7유형은 삶 속에 내재된 고통과 불편, 특히 고통스러운 감정을 느끼는 데에 맹점을 가지고 있다. 많은 측면에서 밝음에 초점을 맞추고 그것에 드리우는 어두움의 그림자는 보고 싶어 하지 않는다. 이들의 성격이 가진 시각은 경험의 더 어두운 측면을 직면하는 것에 주저하며, 고통스럽거나 무서운 감정을 회피하려 한다. 이들은 고통과 다른 나쁜 감정들로부터 멀어지고픈 인간의 기본적 충동으로 우리 모두의 심리적 방어의 기반을 형성하는 반응을 보여준다.

많은 7유형이 두려움이나 우울 또는 다른 고통스러운 감정에 붙들리는 무서움이 있다고 말한다. 즉, 자신의 더 깊은 고통을 느끼도록 마음 열기를 허용하면 그 안에 영원히 갇힐 것이라는 신념이 있다. 내면에 있는 무의식적인 두려움은 고통을 의식적으로 경험하는 데 드는 잠재적 가치, 특히 개인적 성장을 위한 것을 그림자 속에 가두며, 즐거움, 선택, 미래를 향한 비전, 자유에 집중하는 동기가 된다. 이들의 쾌락을 향한 의식의 초점은 불쾌한 경험들을 피하도록 돕는다. 많은 선택들에 대한 의식적 욕구는 이들로 하여금 불편한 상황들을 피해 움직일 수 있는 잠재적 출구가 된다. 또한 미래의 가능성들을 향한 초점은 현재의 어려운 감정들에서 도망치게 해 준다. 자유에 몰두함으로 특정한 고통스러운 현실에 머물도록 강요받지 않아도 된다고 이들을 안심시킨다.

무엇보다 두려움과 불안 그 자체가 이들의 많은 행동을 부추기는 데도 불구하고 맹점으로 남아 있다. 비록 이들이 머리 중심의 '두려움'에 속하지만, 자주 두려움을 느끼지 않는다고 말한다(그러나 보다 자기인식을 잘하는 사람은 때로 막연하거나 내면에 깔려 있는 불안감을 의식할 수도 있다). 두려움이 7유형의 그림자 속에 갇히면, 그것이 정신적 자극, 움직이고 생각할 만한 재미있는 일들, 미래의 모험을 찾는 것으로 행동하게 한다. 이런 방식으로 이들은 습관적으로 자신의 고통과 더 나아가 자신의 감정적 깊이와 정기적으로 만나기를 회피한다.

공포에 대한 두려움과 지루함에 대한 강한 혐오감을 가지고 있지만, 이것은 이들을 그림자 속으로 밀어 넣어 버리는 공허함과 불편함을 경험 하는 것에 대한 저항이다. 이들은 삶의 빠른 속도를 유지하는 것으로 알려져 있고 말도 빠르고 생각도 재빠르게 한다. 또한 움직이는 것을 좋아하는데, 이는 '지루하다'고 여기는 무엇이든 피하고 싶은 욕구를 반영한다. 그러나 이들의 지루함을 피하고 싶은 욕구에는 속도를 늦추거나 고요함 속에 조용히 앉아 있는 일에 대한 잠재적이고 무의식적인 두려움이 숨어 있다. 이는 불편한 감정이 떠오를 수 있기 때문이다.

7유형이 의식적으로 가벼움, 재미, 행복에 초점을 두지만, 사람들이 자신을 진지하게 여기지 않는 것에 민감할 수도 있다. '가벼워지려' 하는 이들의 태도는 다른 사람에게는 '시시하게' 보여질 수 있다. 실질적이고 참여하는 사람으로 보이고 싶지만 다른 사람들은 이들을 표면적이거나 어중간하다고 생각할 수 있다. 이 인식이 거꾸로 이들로 하여금 진지할 수 있는 능력을 부인하게 만들거나 불편함 앞에서 실제에 눈뜨지 못하게 만들 수 있다. 이들의 긍정적 경험과 즐거움에 대한 탐닉은 자신을 기분 좋은 것들로 완전히 채우지 않았을 때 느낄 수 있는 두려움을 감추기 위한 방법이다.

## 7유형 격정의 그림자
### 단테의 지하세계에서 나타나는 탐닉

탐닉의 격정은 정욕과 마찬가지로 방종에 대한 죄이다. 탐닉의 그림자는 습관적으로 편안함을 좋아하고, 흥분을 찾으며, 쾌락을 쫓는 욕구에 이유를 준다. 단테의 인페르노에서 탐닉은 완전한 박탈의 경험을 토대로 지상의 영혼을 처벌한다.

우리는 쏟아지는 장대비에 휩싸인 습지를 가로질렀고, 우리 발은 인간의 형상처럼 보이는 공허함을 누비고 있었다. 죄인 한 사람 한 사람이 땅에 뻗어 있는데, 어떤 사람이 우리가 지나가는 것을 본 순간 재빨리 일어나 똑바로 앉았다. 나는 말했다. "당신이 여기에서 겪는 고통이 아마도 당신을 알아볼 수 없을 정도로 망가뜨린 것 같소. 전에 당신을 본 기억이 없소. 하지만 이 통탄할 장소, 더 나쁜 곳은 있을 수 있겠지만 이보다 더 더러운 곳은 없을 이런 고문으로 고통받는 이 슬픈 곳에서 슬퍼하라고 보내진 당신은 누구인지 말해 주시오."[30]

단테의 이미지는 오만과 쾌락에 대한 과도한 탐닉의 욕구가 더러운 배설물 안에서 영원한 불편을 겪는 꼴로 벌을 받는 모습을 보여준다. 포석처럼 한데 뭉쳐져 배고픔으로 아우성치는 이들에게 이제 유일하게 넘쳐나는 것은 그들을 덮고 있는 역겨운 점액질뿐이며, 악취 나는 비와 우박의 끝없는 폭풍우 아래에서 극심한 불편함을 겪는다.[31]

순례자 단테가 본 것처럼, 다른 격정의 고착들은 더 고통스러운 결과들을 받을 수 있지만, 억제되지 못한 식욕에 가해지는 고통보다 더 수치스러운 벌은 없다. 따라서 단테는 탐닉의 어두운 면을 상징적으로 전달한다. 당신의 쾌락을 향한 무의식적 탐닉이 고삐가 풀리면, 이는 필연적으로 불편으로 이어진다. 수준이 더 낮은 에고 성격의 식욕은 만족될 수가 없으며, 우리 격정의 과도함을 내려놓을 수 있을 때만이 충족되고 더 수준 높은 존재로 올라간다.

# 7유형의 세 가지 하위유형

7유형의 세 가지 하위유형은 각각 탐닉의 걱정을 표현하거나 그에 반응하는 서로 다른 방식을 나타낸다. 자기보존 7유형은 쾌락, 만족을 주는 기회들, 동맹 네트워크의 구축을 통해 안전을 찾는다. 사회적 7유형은 다른 사람에게 봉사함으로써 일종의 반탐닉을 표현한다. 일대일 7유형의 탐닉은 궁극적 관계와 상상할 수 있는 최고의 경험들을 찾는 이상주의에 맞춘다.

7유형의 세 가지 하위유형에 따라서 탐닉의 서로 다른 세 가지로 발현되며, 각각은 우세한 본능 욕구에 따라 달라진다. 자기보존 욕구가 우세하면 탐닉이 가족 구성원, 친구, 동료들과의 가까운 네트워크에서 안전하고 잘사는 기회를 찾는 데 동기를 갖는다. 사회적 본능이 우세하면, 다른 사람을 위해 자신의 필요를 희생함으로써 탐닉에 반하는 모습을 보인다. 그리고 일대일 연결에 대한 욕구가 우세하면, 즐거운 경험을 향한 탐닉이 현실을 지나치게 긍정적인 방식으로 보는 성향을 만들어내는 과도한 열정적인 성격으로 나타난다.

## 자기보존 7유형 　당파의 수호자

자기보존 7유형은 동맹 형성을 통해 탐닉을 표한다. 이들은 일반적으로 자신의 필요를 충족시켜줄 파벌을 만들고, 신뢰하는 사람들을 의지하며 그들을 모아서 일종의 가족 네트워크 중심이 된다. 또한 자신이 소중하게 여기는 사람들로 일종의 대리 가족을 만드는데, 여기에서 이들은 전형적으로 특권 위치를 차지한다.

이들은 매우 실용적이고 네트워킹에 뛰어나며, 자신이 원하는 것을 얻고 좋은 거래를 찾는 일에 능하다. 즉 기회주의적이고 사익을 쫓으며, 실용적이고 계산적이며, 영리한 경향이 있고, 자기 자신을 위해 이득을 창출할 수 있는 기회가 눈에 쉽게 들어온다. 이런 측면에서 나란호는 이들이 매 기회마다 좋은 거래를 만드는 데 탐닉이 사용된다고 설명한다.

이들은 언제나 좋은 기회를 찾아 귀를 쫑긋 세우고 있다. 또한 자신이 필요하고 원하는 것을 얻기 위해서, 그리고 자신을 위해 그런 일이 일어나도록 만드는 방법을 잘 알고 있다. 그것이 적절한 사람들이거나 가장 이득을 볼 수 있는 인맥이든, 혹은 운 좋은 직장의 기회를 찾는 것이든, 이러한 방법을 무엇이든 가지고 있고 현실적이며 사회적으로 능하다.

자기보존 7유형은 비즈니스 인맥과 네트워크를 손쉽게 만드는데, 자신의 생존을 뒷받침해 줄 기회들이 오는지에 주의를 기울이고 경계하기 때문이다. 이들은 기회를 향해 주의를 기울이고 있지 않으면, 그 기회들을 잃을 것이라고 여긴다. 이 자기보존의 주제는 '잠든 악어는 악어백이 된다'라는 속담으로 잘 표현한다. 이들의 동맹에는 자기이익 요소가 있는데, 그것을 부인할 수도(그 사실에 대해 의식하지 못하고) 있고 또는 인정할 수도 있다. 나란호는 이 관계 속에는 일종의 상호 이익이 있으며, '내가 당신을 봐주면, 당신이 나를 봐줄 것이다'라는 생각이 있다고 말한다. 이런 방식의 관계가 갖는 부정적 측면으로 부패의 요소가 나타날 수 있다.

태도 면에서 이들은 쾌락주의적 플레이보이 자질과 닮았고 유쾌하며 붙임성이 있고 다정하며 친근하고 말이 많은 경향이 있다(말하기를 좋아한다). 이들은 즐거운 경험을 최대한 많이 하고픈 자신의 욕구에 대한 일종의 탐욕과 참을성 없음을 보여주며 모든 것을 맛보고 싶어 한다. 또한 주목받지 않게 모든 것을 통제하고 조절하느라 많은 에너지를 소모하고 대부분 자신이 원하는 것을 챙기고 떠난다.

이들의 지배적인 특징은 즐거움을 사랑하는 성향과 자신이 안전하다고 느끼기 위해 얻을 수 있는 것에 초점을 둔 자기이익이 두드러진다. 그러나 안전을 추구하는 과정에서 욕망과 욕구를 혼동할 수 있다. 일반적으로 생존을 지원하는 돈과 다른 공급 물품을 포함하여 많은 자원을 가져야 한다고 느끼는 사람들이며, 부족감을 느낄 경우 공포감이 온다.

나란호에 따르면 이들의 세 가지 주요 고착은 전략, 저항, 고립이지만, 매우 인기 있는 성향이기 때문에 이 성격을 고립되었다고 보기 힘들 것이다. 그러나 이들의 전략적이고 사고의 특성으로 인해 두드러진 자기이익과 함께 더 깊은 수준에서는 다른 사람들로부터 고립될 수 있다.

이들은 친절하고 관대한 느낌을 구하며, 모든 사람이 자신에게 의지한다고 느끼는 것을 좋아하며 전지전능하다고 느낄 수 있고 때로 사람들을 이용할 수도 있다. 또한 일반적인 규칙들은 적용되지 않기에 자신에게 적용되는 법은 없으며, 자신이 원하는 대로 할 수 있다고 생각한다. 이런 식으로 자신의 자유를 주장하고 자기이익을 지원하기 위해 원하는 일은 무엇이든 하는 능력은 세상 속에서 더 안전하게 느끼게 해 준다.

이들의 쾌락을 향한 욕구와 쾌락주의적 방종은 때로 어머니의 자궁으로 돌아가고 싶은 일종의 회귀 강박으로 보일 수도 있다. 그리고 완벽한 즐거움이라는 일종의 태곳적 또는 유토피아적 낙원 상태를 추구하는 일에 삶을 바친다. 긍정적이고 자극적인 경험들을 추구하는 데에 있어 이들은 삶의 보다 힘든 부분들로부터 성 관계, 음식, 술을 탈출구로 이용할 수 있다.

자기보존 7유형과 일대일 7유형은 서로 구분하기가 쉽다. 왜냐하면 자기보존은 실용적이고 물질적이며 훨씬 현실적이고 감각적으로 탐닉한다. 반면 일대일 7유형은 이상주의적이며 '천상적'이고 열정적이며, 긍정성과 높은 이상이라는 두 측면에서 위를 바라본다. 두 성격 모두 과도한 것에 초점이 맞춰져 있는데 자기보존은 훨씬 은밀하고 약으며 실용적인 반면, 일대일 7유형은 걱정 없이 가벼운 마음으로 즐기는 사람 쪽에 가깝다.

　　일대일 7유형과 대조적으로 자기보존은 냉소적이며 불신하기에 그렇게 이상주의적이지 않고 쉽게 최면에 걸리는 속이기 쉬운 사람들이 아니다. 이들은 보다 실질적이고 구체적이며 약삭빠르고 전략적이다. 이들은 때로 두려움을 느끼거나 심지어 피해망상적일 수 있다는 점에서 6유형 요소도 보일 수 있지만, 이것이 이들의 고정된 모습은 아니다. 그리고 역설적으로 이들은 실제 성행위보다 상상된, 이상화된 교감에 더 초점을 맞추는 일대일 7유형보다 훨씬 적극적으로 다가가고 유혹한다. 자기보존 7유형의 성격이 '플레이보이'나 '플레이 걸' 유형의 사람으로 음식이나 성관계를 즐기는 반면 일대일 7유형은 사물의 향기만으로 족할 수 있다.

　　자기보존 7유형은 다른 7유형에 비해 헌신을 약속하는 데 어려움을 덜 느낄 수 있다. 예를 들어 많은 자기보존 7유형이 결혼한 지 여러 해 되었다거나 오랫동안 동반자와 견고한 관계를 맺고 있다고 말한다. 또한 그룹에 참여하는 경우, 만약 이들에게 어떤 시점에서 무언가 필요한 것을 줄 수 있는 자원이 있음을 알 때 오래 갈 수 있다. 이들은 종종 가까운 관계를 맺는 것을 투자이고 마치 은행에 돈을 저축하는 것처럼 본다. 즉 어떤 특정 종류의 도움이 필요할 때 의지할 수 있는 누군가가 언제나 있는 것이다. 그런 이유로 자신이 참여하는 그룹과 제휴하는 네트워크 안에서 매우 적극적이다.

　　나란호는 이들에게서 영적 열망은 그다지 공통적으로 나타나는 편은 아니라고 설명한다. 이들은 자주 종교를 거부하며 아무것도 믿지 않는 경향이 있고 보다 실용적이며 물질적이고 저항적이다. 이들은 매우 유쾌하고 친근하지만, 자신의 감정에서 단절되어 있으며 감각적이고, 현실적이며, 즐거움을 주고 심각함이 없이 마음이 가벼운 모습을 보여준다. 그러나 돈을 벌고 동료들과의 네트워크 구축을 통해 안전을 찾는 일에 있어서는 강렬한 자기이익을 드러낸다.

이들이 일대일 본능을 두 번째로 우세한 본능으로 가질 때 6유형에 가깝게 보일 수 있으며(더 고립적이고, 지나치게 신중하며, 전략적), 사회적 본능이 두 번째 자리에 올 때는 너그러운 8유형처럼 보일 수 있다(사람 중심적이고 충동적). 그러나 6유형과 달리 이들은 끊임없이 긍정적이며 자신의 이익 추구를 통해 안전을 찾는다. 그리고 8유형과 대조적으로 이들은 항상 인지하지 못할지라도 더 깊은 곳에서 올라오는 생존 두려움이나 불안에 의해 동기부여가 된다.

**자기보존
7유형**

조

내 안에는 탐닉적인 부분이 있는데, 그것은 어린 시절에 삶은 본래 무상하다고 이해한 데에서 비롯되었습니다. 잃어버린 기회는 쉽게 다시 얻을 수 없습니다. 그래서 중학교 졸업이 다가오고 고등학교에 갈 준비를 하고 있을 때, 내 우선순위들의 경중을 가늠해보고 최대한으로 살기 위해 직업과 삶을 계획해야 한다는 사실을 알았습니다. 그래서 중학교 2학년이 되었을 때, 나는 우선순위를 정했습니다. 나의 우선순위는 1) 가능한 삶을 최대한으로 즐기면서 살기, 2) 다른 사람들도 그렇게 살도록 돕기, 3) 이 과정에서 다른 사람들에게 상처 주지 않기였습니다.

의과 대학 입학과 그 다음의 여정은 삶의 질적인 측면에서 봤을 때 고통스러운 희생이 따랐습니다. 나의 즐거움을 미뤄놓은 채로 지적 관심 대부분을 의학에 쏟으면서 외과 의사가 되는 것이 멋진 경험이라 생각하면서 공부 속에 묻혔습니다. 힘든 과정을 견딘 것은 완벽한 삶에 대한 명확한 비전 때문이었습니다. 성형외과 의사로서 평생 누릴 장기간의 즐거움과 안전을 비교하면 단기간의 놓친 경험보다는 의사가 되기 위한 고난들이 가치 있어 보였습니다. 균형을 맞추기 위해 짧은 휴식 시간 동안 열심히 놀았고 주말이나 쉬는 날 밤에는 친구들과의 재미있는 시간을 한순간도 놓치지 않기 위해 애썼습니다.

외과 의사가 되기 위해 치른 희생들이 쉽진 않았지만, 지금은 나의 '사명 선언서'를 달성하였고 가장 놀랄 만한 자리에 있습니다. 멋진 삶의 혜택을 수확하는 동안 최소한의 피해로 최대한의 이득을 얻었습니다. 예술가인 내 아내를 말할 수 없이 사랑하고, 우리는 배를 타고 항해도 하며 유기농 채소도 함께 키웁니다. 포도를 키우고 와인을 만드는 도전적인 작업을 즐기고, 미적으로 아름답고 자족적인 집을 만들고 있습니다. 일에서 그리고 놀이에서도 더욱 더 그 시간의 보상들을 누리고 있습니다. 이런 삶보다 좋은 삶이 있을까요?

그러나 여러 다른 차원에서 삶을 더 강렬하게 경험하는 것이 의미가 있기 때문에 나의 감정이 이상적인 수준만큼은 닿아있지 않다는 사실을 알고 있습니다. 사랑, 공감, 그리고 다른 감정들이 나의 의식에 차오를 때 그 경험을 즐기긴 하지만, 보통은 훨씬 지적인 영역에서 상당히 행복하게 지냅니다. 또 가끔 두려움이나 불안이 생기지만, 그 존재들은 그다지 받아들이고 싶지 않습니다. 직관과 감정들에 귀 기울이는 법을 배웠지만, 경고 신호가 나타나지 않는 한 부정적 기분에 머무는 것을 좋아하지 않습니다.

## 사회적 7유형 희생 역유형

사회적 7유형은 역유형으로서 일종의 '반탐닉'을 보여주는 순수한 성격을 나타낸다. 이들은 다른 사람을 부당하게 이용하는 것을 의식적으로 피한다는 점에서 탐닉을 거스른다. 나란호는 이들이 자신 안에서 탐닉의 성향을 감지할 수 있지만 마치 스스로를 반탐닉적인 사람으로 규정하기로 결심한 것과 같다고 말한다.

만약 탐닉이 더 바라는 태도나 상황에서 얻을 수 있는 모든 것을 이용하고 싶은 태도라면, 탐닉에는 착취의 조짐이 있다. 그래서 역유형으로서 이들은 선하고 순수하고 싶어 하며 자신의 탐닉적인 충동대로 행동하지 않는다. 또한 과도하게 넘치는 것이나 지나치게 기회주의적인 것을 피하고 싶어 하고, 이들에게 있을 수 있는 다른 사람을 착취하려는 무의식적 성향에 반하는 사람들이다.

따라서 탐닉을 이타적인 행동 안에 숨기려고 애쓰기 때문에 알아차리기 힘들 수 있다. 또한 쾌락이나 다른 사람을 이용하는 방식으로 자신의 사익을 위해 행동하고 싶은 이끌림을 느낄 때 올라오는 죄책감을 이타적인 행동을 통해 정화시킨다.

사회적 7유형은 자신과 세상의 이상적 모습을 추구함으로써 자신의 사익이나 이득에 초점을 두는 것을 피하며 더 나은 사람이 되기 위해서, 고통이나 갈등이 없는 더 나은 세상을 만들기 위해 자신의 탐닉을 희생한다. 나란호의 설명처럼 이들은 이상을 추구하기 위해 자신의 욕구를 뒤로 한다.

탐닉에 반하려고 노력하면서, 실제로 지나치게 순수해질 수 있다. 순수함을 간직 하려는 이들의 노력은 자신의 식습관, 건강, 영성에 대해 걱정하는 정도까지 갈 수 있다. 흥미롭게도 나란호는 이들이 종종 채식주의자일 수도 있다고 말한다.

순수함과 반탐닉을 향해 싸우면서, 일종의 고행자(또는 5유형)처럼 이상을 표현하고 자신을 위해서는 아주 적은 물질로 생활하는 것을 미덕으로 여긴다. 자신의 선함을 증명하려고 더 많이 바라는 탐닉적인 욕구에 대항함으로써 다른 사람들에게 더 많이 주고 자신을 위해서는 덜 갖는다. 이들은 더 큰 케이크 조각을 원하면서도, 그 충동을 억제하고 대신에 가장 작은 조각을 가져오고, 큰 부분은 다른 사람들을 위해 남겨둔다.

이들은 그룹이나 가족 안에서 많은 책임을 짐으로써 다른 사람을 위해 탐닉을 희생한다. 이들은 이상적인 봉사를 행하기 위해 자신의 욕구는 연기한다. 이들의 명칭이 '희생'인데 이는 기꺼이 봉사하겠다는 의지를 의미한다.

그러나 이처럼 외관상 순수하고 이타적인 성격 전략 속에서 에고가 받는 보상은 무엇일까? 이들의 에고 전략의 일부는 자신의 희생으로 선하게 보이길 원하고 갈망한다는 것이다. 또한 자신의 희생에 대해 숨겨진 탐닉이 있고 사랑과 인정을 갈망하며 이 갈증은 충족시킬 수가 없다. 그래서 자신의 희생으로 결함과 결점을 감추고, 인정과 존중이나 사랑을 얻기 위해 이용하는데, 자신의 욕구와 기분을 정당화하는 것과 그에 따라 행동하는 것이 옳다고 느껴지지 않기 때문이다. 이들의 희생과 봉사는 찬사를 바라는 이들의 욕구를 위해 내어주는 대가이다.

다른 사람에게 감사와 인정을 얻으려는 성향에 더하여, 좋은 이미지를 갖고, 갈등을 완화시키며, 다른 사람들이 빚을 지도록 만든다. 그러나 이 동기들은 이들로 하여금 비교적 피상적인 관계로 들어가게 한다.

자신의 희생에 대한 인정을 받고 싶은 마음과 동일선상에서, 이들은 돕는 역할을 하고, 봉사하며, 고통을 경감시키는 일에 관심을 갖는다. 그러나 다른 사람의 고통을 경감하는 데 끌리는 반면, 그 자신에게는 그렇게 하지 않는다. 다른 사람을 돕는 행동은 아마도 자신의 고통을 외부 어딘가로 투사시켜서 안전한 거리에서 그것을 풀려는 수단일 수 있다. 그들은 다른 사람을 위해 항상 '존재'한다. 또한 특정한 목적을 위해 프로젝트를 관리하고 에너지를 동원시키는 능력이 있는 관대한 성격이며 헌신적인 봉사를 할 수도 있다.

사회적 7유형은 이기심에 대한 내면의 금기를 가지고 '좋은 아이' 또는 '좋은 사람'으로 보이고 싶어 한다. 그리고 표면적인 선 안에 사익을 숨기는 행동에 대해 억압된 죄책감을 가질 수 있다. 자신이 인지하지 못한 탐닉에 대해 단절시킨 것을 다른 사람에게 투사하여 그들이 충분히 헌신하지 않는다고 판단할 수 있다. 이들은 이타주의와 자기이익을 뒤섞어버렸기 때문에 자신을 신뢰하지 못한다. 즉 자신의 더 깊은 동기를 '나쁘다' 또는 '자기이익'이라고 비판할 수 있다.

사회적 7유형은 매우 이상주의적이지만, 이들의 이상은 환상, 선한 의도, 독창성의 혼합으로써 행동에 동기부여를 하는 '지적 중독' 기능을 한다. 그래서 세상을 개선시키기 위해 삶에 적용시키고 싶은 이상 안에서 매우 적극적이며 활성화될 수 있다. 즉, 이들은 자신이 더 수용될 수 있기 위해 이타주의, 이상주의, 헌신, 희생에 많이 투자한다. 또한 합리화라는 방어로 자신이 하는 일을 이타주의와 이상주의라는 이름으로 지지한다. 이들의 이상주의는 일부 합리화시키는 이데올로기에 바탕을 두며, 신념들 중 어느 하나라도 잘못되었다고 증명되면, 그저 그것을 또 다른 이론적 설명으로 대체하고 나서 그 변화를 진화라고 설명한다. 이를 볼 때, 그들은 궁극적으로 냉담과 공허함으로 이어질 것을 두려워하기 때문에 이상주의를 잃는 것에 대해서 내면에 깔린 공포가 있을 것이다.

이상주의를 통해 스스로에게 하는 동기부여에 둔 초점은 '구원자'가 되길 원하는 형태로 나타날 수 있다. 이들은 때로 인간에게 너무 많은 것을 바라는 마음에 대해 순진하고 비현실적이라고 스스로를 비판할 수 있다. 그리고 사실 어느 정도 청춘이나 사춘기 같은 특성을 갖는다. 또한 도발적이고 밝으며 단순할 수 있고, 과업이 너무 까다로우면 게으를 수 있다. 이에 더하여 자기 자신의 게으름, 편안함을 좋아하는 성향, 자기애를 의식하지 못할 수도 있다.

나란호는 열정, 이상주의, 사회적 기술을 이들 성격의 세 기둥이라고 설명한다. 이들은 더 나은, 더 자유로운, 더 건강한, 더 평화로운 세상을 상상하며 (뉴 에이지 문화) 종종 자신의 비전에 대해 과도한 열정을 표출하며 완벽한 미래에 대한 상상을 할 수 있고 열정을 통해 자신이 원하는 것을 조종하는 성향이 있다. 표면적으로 이들은 매우 유쾌해 보이며 불협화음과 갈등을 회피한다.

인간관계에서, 사회적 7유형은 상대방에게 고통을 주고 싶지 않은 강한 바람과 헌신하기 두려운 마음 사이에 붙잡혔을 때 도전과제로 느낄 수 있다. 순수하고 싶고 자신의 이상주의적 입장을 유지하고 싶어 하는 성향과 동시에, 순수하고 완벽한 일종의 낭만적 사랑을 찾는다. 또한 무의식적으로 자신의 파트너보다 '더 낫거나' 더 순수하다는 오만한 위치에 선 다음에 파트너가 완벽해지기를 기대한다. 이들은 친밀한 관계로 인해 생긴 더 깊은 감정들을 다루는 일에 어려움을 겪을 수 있다.

이들의 열정과 유쾌함 그리고 다른 사람을 돕고 봉사하고자 하는 두드러진 욕구 때문에 2유형처럼 보일 수 있다. 그러나 2유형이 다른 사람에게 주로 초점을 맞추고 자신과는 그다지 연결되지 않는 반면 이들은 여전히 자기지향적이고, 심지어 희생하기로 결심할 때조차도 자신이 원하는 것이 무엇인지 알고 있다. 돕고자 하는 이들의 욕구는 인정을 바라는 욕구만이 아니라 자기이익에 반하고자 하는 마음에서 비롯되기 때문에 다른 사람이나 더 숭고한 선을 섬기려고 애쓰는 수고에도 불구하고 자신의 필요와 욕구에 대해 보다 직접적으로 안다. 이들은 매우 순수한 사람들이며 이런 측면에서 이들은 1유형처럼 보일 수도 있다. 그러나 이들의 순수함은 박수를 받기 위한 선함, 사회적 합의에 바탕을 둔 완벽이나 순수함의 이상적 모습에 도달하고자 하는 욕구이다(1유형의 내면에서 생성된 '옳은' 것에 대한 감각과 반대로).

## 사회적 7유형 — 러스티

7유형에 대해 가장 잊기 쉬운 사실은 두려움이 우리를 움직이며 안전이 모든 선택의 이유이라는 점입니다. 우리는 절망을 겉으로 나타내기를 어려워합니다. 사회적 7유형인 나에게 '희생'은 그다지 불편함 없이 드러납니다. 왜냐하면 광범위한 가능성들의 범위 속에서는 어떤 보물이라도 큰 덩어리의 한 소모품입니다. 이 사실은 외관상 어떤 이타주의적인 이유나 비밀스러운 자기보상이든 모든 원인이나 수고에 적용됩니다.

탐욕스러운 사람보다는 좋은 사람으로 보이고 싶은 욕구는 나를 수많은 자선 단체에 참여하도록 하였습니다. 비록 내가 실제로 속하지 않은 그룹에 가입하더라도 단체에서 얻는 안전함과 확실성의 느낌을 좋아합니다. 내가 순회 중인 연극단에 혼을 불어넣기 위해 얼마나 헌신했는지에 상관없이, 결국 마지막에는 독백 공연을 하기 싫다는 이유 때문에 안전한 은신처를 떠나 새로운 곳으로 향하였습니다. 사회적 7유형이 2유형처럼 보일 수 있지만, 장단 맞추고 동의하는 행동을 그만하고 싶다는 깊은 충동 때문에 (진실로 자신의 닻을 내리지 못하고) 뒤에 남겨질 아픔이 얼마나 힘들지 상관하지 않고 많이 참여했던 만큼 많이 떠났습니다. 내가 떠난 후 또 얼마나 잔물결 하나 없이 조용할지도 개의치 않았습니다.

4유형이나 7유형이 가진 자기애를 인정하기 위해 고심하다가 나의 선함, 미덕, 아름다움 그리고 나의 반성으로 본 악한 면, 나쁜 면, 부적절함 모두를 살펴보는 일이 결국 지나친 검토의 똑같은 함정으로 끌고 간다는 사실을 알아차렸습니다. 그래서 나 자신을 위해서 내 밖으로 나가기 위한 여러 노력의 일환으로 순차적으로 참여하고 떠나고를 반복한 것이 여러 차례 정점에 이르게도 하고 궁지에 몰리게도 하였습니다. 무수한 프로젝트, 계획, 탈출용 비상구를 겪으면서 그 분야에서 빠져나가는 방법으로, 기이한 유사성과 독특한 통찰을 이해하기 쉽게 설명하고 한 조각으로 잇는 능력을 갖게 되었습니다. 예를 들어 나는 캠프에 혼자 덜시머(타악기의 일종)를 가져간 사람이었고, 뉴욕 시 매디슨 가에 있는 A&D(기업 인수 후 개발) 쇼룸을 관리하는 와이오밍에서 새로 온 직원이었으며, 장로교회 성가대 속의 퀘이커Quaker였습니다. 나는 옆문으로 살짝 들어가 상황을 휘저어 놓고, 크고 작은 기여를 하며 몇 가지 미덕을 찾은 후 거기에서 나왔습니다.

## 일대일 7유형 피암시성

일대일 7유형은 더 수준 높은 세상의 것으로 자신이 상상하는 이상적인 세상처럼 대상을 낙관적으로 보는 것에 대한 탐닉을 갖는다. 또한 삭막하고 평범한 현실보다 더 나은 무엇을 상상하고 싶어 하는 몽상가이고, 일상의 현실을 미화한다. 그리고 과도하게 열의를 보이며, 대상을 이상화하고, 세상을 실제보다 나은 곳으로 보고자 한다. 이들의 탐닉은 이상화의 필요로 표출된다.

이들은 이 세상 것보다 훨씬 고도화된 차원의 대상에 더 관심을 갖고 하늘을 지상에서의 탈출로 보며, '현세적'이기보다 '천상적'이다. 그래서 꿈을 꾸고 일상을 이상화하며 미화하려는 근심 없는 그저 밝고 즐기려는 사람이 된다. 이런 성향 때문에 매우 이상주의적이고 다소 순진할 수 있다.

일대일 7유형은 사랑에 빠진 사람이 가진 낙관주의로 대상을 바라보는 경향이 있다. 이들은 자신이 사랑에 빠졌을 때 모든 것이 더 좋아 보이며, 무의식적으로 삶의 불쾌할 수 있는 부분들을 피하는 방법으로 이상적이고 긍정적인 경험에서 피난처를 구한다. 또한 자신도 모르는 채로 남아 있는 불편하거나 무서운 감정들로부터 주의를 돌리기 위해 상당히 긍정적인 인생관에 초점을 맞춘다.

나란호는 이들이 사랑에 빠지면 장님이라고 할 수 있다는 점에 동의한다. 그래서 다소 지나친 열정과 낙관주의를 보이면서 상황의 긍정적 데이터에 불균형적으로 과한 주의를 기울인다. 또한 매우 강렬하게 사랑에 빠질 수 있고 꿈과 상상을 통해 자신의 세상과 관계 맺으며 세상의 이상적인 모습을 상상하며 이 낙관적 시각이 진짜라고 믿을 수 있다.

이런 식으로 일대일 7유형은 공상해야 하거나 꿈을 꿔야 하거나 장밋빛 안경이 필요한 성향이고 지나치게 행복한 경향이 있다. 그래서 현실 속에 살면서 마법 같은 공상을 하는, 즉 실제 외부에 존재하는 세상이 아니라 생각 속에서 만든 세계에서 살아야 하는 성향을 보인다. 이는 삶의 고통, 지루함, 두려운 부분을 부인하거나 피하고 싶은 무의식적 욕구를 반영한 과잉보상으로 보인다. 이런 종류의 감정에 붙잡히는 것을 두려워하는 성향이기에 낙관주의가 피신처로 된다.

이들의 꿈꾸려고 하는 성향은 이상화의 한 형태이다. 즉 삶을 이상적인 모습이나 상상하는 모습으로 보고 싶은 마음, 그리고 평범하고 그다지 흥미롭지 않은 현실보다 꿈꾸거나 상상하는 세상 속의 달콤함을 위해 살고자 하는 성향이다. 이들은 일어날지 모르는 나쁘거나 어려운 일들에는 전혀 주의를 기울이고 싶어 하지 않는다.

일대일 7유형은 '나는 괜찮다. 모든 것이 괜찮다'고 생각한다. 나란호는 이런 사고방식이 7유형이 아닌 다른 모든 사람들에게도 건강유지에 도움이 된다고 설명한다. 또한 이들은 성장하면서 일종의 고통스러운 경험을 했으며 그런 고통의 느낌에 반하는 방어로써 밝은 느낌을 받아들였다. 그리고 무의식적으로 더 깊은 고통을 인지하고 느끼는 것에서 방향을 우회하는 방법으로써 행복이나 과도하게 부풀려진 행복한 기분에서 방어적으로 피난처를 찾는다. 이는 마치 불편한 감정으로부터 도망치는 의미로 사물 위에서 가볍게 걷거나 맴도는 것과 같다.

이들에게 주어진 '피암시성'이라는 명칭은 기꺼이 정신적으로 유연하고 상상력이 풍부해지고자 하는 상태를 시사한다. 그러나 속기 쉽고, 최면에 잘 걸리고, 열정적이기 쉽다. 나란호는 이들의 인지적 방어가 암시, 공상, 환상으로 이루어진다고 말한다. 이들은 순진하게도 사람들이 사실대로 모든 것을 말하고, 매우 신뢰할 수 있다고 믿으며, 세상과 사람을 과도하게 긍정적이고 아름다운 관점에서 바라본다. 그래서 이상적인 미래를 향해 달려가고 잠재적으로 불편하거나 고통스러운 현재로부터는 도망친다. 이들에게서는 감정과 본능보다 사고와 상상이 널리 퍼져 있음을 보여준다.

일대일 7유형은 말하는 것을 좋아하는 사람이며 장황하고 자신의 담화에 스스로 흥분하며, 내용은 일련의 '멋진 아이디어와 가능성들'로 특징지어진다. 또한 어떤 것에서도 영향 받지 않는 근심걱정 없는 광대의 역할을 하기도 한다. 반어적 유머를 사용하는 경향이 있으며, 현실도피주의자일 수 있고, 유혹과 유머를 통해 한계를 시험한다. 그리고 수용, 감탄, 인정을 구하며, 유혹을 통해 능숙하게 조종한다.

이들은 많은 것을 계획하고 즉석에서 결정하며 자신이 뭐든지 할 수 있다고 믿고 자신의 즐거움을 보장할 성공적인 전략들을 계획하거나 착수해야겠다고 느낀다. 그러나 한 번에 많은 시나리오를 펼치며 무언가를 포기해야 하는 어려움에 대해 불안을 경험할 수 있다. 그리고 외적으로는 동시에 여러 분야에서 일을 하고 많은 활동에 참여해서 차분하지 못하고 불안한 에너지를 가질 수 있다. 이들의 신남과 불안은 현실에 대한 지각을 흐려지게 할 수 있다. 때로 수동공격성을 통해 저항하는데, 자신의 상상 속에서 사는 경향 즉, 그들이 희망하는 대로 생각하고 실제 세상에서는 행동을 취하지 않는 경향이 있다.

일대일 7유형은 세상을 엄청난 기회가 있고 더 많이 취할수록, 더 즐길 수 있는 시장으로 본다. 그래서 빵집에 가서 모든 빵을 한 입씩 맛보고 싶은 사람처럼 많은 경험들을 할 수 있는 가능성에 대해 신나하며 모든 것이 흥미진진하고 멋지다고 생각한다. 또한 아무것도 빠뜨리거나 놓치지 않고, 모든 것을 손에 넣을 수 있는 데에서 만족감을 찾는다.

우리가 예상하는 바와 달리, 이들은 사랑의 본질에 초점을 맞추기 때문에 성관계에는 그다지 집중하지 않는다. 매우 쉽게 사랑에 빠지지만, 일종의 이상화된 궁극적 연결을 얻는 일에 관심이 있기 때문에 누군가와 성관계를 갖는 일에는 그다지 관심이 없다. 성적 관심 그 자체가 이 유형의 경우에는 주로 머릿속에 머문다. 한편으로 그들에게는 성적 관심이란 정상적이지만, 다른 한편으로는 신비한 일치로 향하는 더 큰 문을 열어주는 약속이다.

일대일 7유형은 더 숭고한 세상의 것들에 탐닉하고, 이것이 몽상가로 만들며 영적이거나 형이상학적 경험뿐만 아니라 비범하거나 진수에 통달한 대상에 끌린다. 현세의 평범한 것은 이상화된 정신적 현실 속에 사는 사람에게는 견디기 매우 어려울 수 있기 때문에 반복적이거나, 시시하거나, 지루한 활동들은 매우 싫어한다.

이들에게 현세의 일은 노력이 들기에 지루하거나 따분하다고 느낄 수 있는 반면, 생각은 아무런 마찰 없이 너무나 쉽게 작동한다. 실제로 하는 것보다 무엇인가를 상상을 하는 편이 훨씬 쉽고 편안하기 때문에 일종의 현세적 게으름에 빠진다.

**일대일
7유형**

아담

나는 일대일 7유형의 설명에 깊이 동조합니다. 물건이나 물질에 대해 탐닉해본 적은 없지만 이상, 배움, 좋은 에너지에 대해서는 탐닉을 합니다. 괜찮다고 느끼기 위해, 나는 긍정적으로 '신이 난' 느낌을 가질 필요가 있습니다. 사실 고등학교 시절 내 별명이 '열정 아담'이었습니다. 삶의 대부분 측면들에 신나며, 열정을 다른 사람들에게 전파시킵니다. 이런 특징은 나이 들면서 다소 부드러워지긴 했지만 상당히 일관되게 남아 있습니다.

또한 내가 상당히 로맨틱하다고 생각했고, 내 생각 대부분이 4유형과 상당히 일치합니다. 나는 깊이 사랑하고, 사랑에 빠지는 것을 좋아하고, 언제나 사랑을 갈망했기에 아내 될 사람을 고를 때 매우 신중했습니다. 이 중요한 결정에 대해서 확실하게 해야 했고, 감사하게도 잘 선택했습니다. 우리가 함께 한 11년이 넘는 시간 동안 그녀에게 빠져 있습니다. 지금은 현실이 된 모습이 이전에 내가 상상하고 마음속에 품으면서 많은 시간을 보내던 꿈이었는데, 이제는 이런 것들이 이 하위유형에서 온다는 것을 알고 있습니다.

지루한 것과 수다가 견디기 어렵고, 집안일을 매우 싫어합니다. 내가 집안일을 할 수 있는 유일한 방법은 혼자 있을 때 자극을 주는 강연을 MP3로 들으면서 내 주의를 분산시키고 허드렛일을 하는 것입니다. 그러면 최소한 배우기라도 합니다. 그러면 완전히 시간 낭비는 아니었고 내 배움에 대한 탐닉도 충족됩니다.

마지막으로, 이상적 은퇴에 대해 공상하면서 상당한 시간을 보냈습니다. 나의 경우 이상적 은퇴란 나의 사랑하는 아내와 함께 하는 여행, 많은 지적 자극, 끊임없는 재미, 그리고 아내와 깊이 연결되어 많은 시간을 보내는 것입니다.

# 7유형을 위한 성장작업
## 개인적 성장경로 그리기

궁극적으로 7유형이 자기 자신에 대해 작업하고 자기인식이 더 깊어지면, 이들은 피상적인 쾌락을 추구하고 자신의 더 깊은 경험을 누리는 것을 회피하는 함정에서 탈출하는 법을 배운다. 그리고 속도를 늦추고 스스로에게 현존하며, 자신의 두려움과 고통의 가치에 대한 진가를 인정하고, 자신의 깊은 내면과 연결될 때 오는 환희를 찾을 수 있다.

우리 모두는 습관적 성격 패턴에서 깨어나기 위해 자신을 관찰하려는 의식적인 노력, 관찰한 것의 의미와 근원을 성찰하며, 자동적인 성향을 거스르기 위해 적극적인 작업을 지속적으로 노력해야 한다. 7유형에게는 편안함에 머물기 위해 자기 자신(그리고 삶)의 더 깊은 부분을 회피하는 방식을 관찰해야 한다. 또한 고통에 대해 방어하고 쾌락을 찾을 때 자신과 어떻게 연결을 잃어버리는지 탐구하며, 자신에게 다시 연결되고 더 심오하며 즉각적인 차원에서 삶에 다시 참여하도록 적극적 노력을 해야 한다. 특히 이들에게는 도망치려고 하는 것을 직면하고 자신을 무섭게 만드는 두려움을 통합할 때 진정한 기쁨, 만족, 활력이 온다는 사실을 이해하면서 내면 작업에 따르는 고통을 견디는 법을 배우는 일이 중요하다.

이제 7유형의 성격적 특성과 족쇄에서 벗어나서 자신의 유형 및 하위유형이 가진 높은 가능성을 구현할 수 있는 방안들에 대해 살펴보고자 한다.

**자기관찰**
## 작동 중인 성격을 관찰함으로써 동일시에서 벗어나기

자기 관찰은 매일의 삶에서 자신이 무엇을 생각하고 느끼며 행동하는지 새로운 시각으로 볼 수 있도록 하는, 일종의 내적 거리두기이다. 7유형이 일상 속에서 반복되는 자신의 생각, 느낌, 행동들을 기록하면서 다음과 같은 핵심 패턴을 고려해야 한다.

### 1. 고통에서 도망치기 위한 수단으로 쾌락에 집중하는 태도

당신의 속도가 빨라지고 즐거움을 주리라고 기대되는 경험을 향해 나아갈 때 무슨 일이 일어나는지 관찰하라. 특정한 즐거움을 경험하도록 부추길 때 당신의 동기가 무엇인지 더욱 명확하게 보도록 노력하라. 어떤 불편함을 주는 위험을 피하기 위해 재미를 향해 움직이고 있는지, 그리고 정확히 무엇에서 도망치려고 하는지 스스로에게 물어보라. 또한 어떤 불편한 이야기를 피하기 위해 대화 중에 주제를 바꾸는지 알아차려라. 그리고 고통스러운 감정이 떠오를 때 도망갈 수 있는 방법을 어떻게 찾는지 살펴보라. 열정이 일어나거나 활동이나 계획 세우기의 속도가 빨라질 때 어떤 일이 일어나고 있는지 관찰해 보라. 당신은 무엇을 향해 나아가고 있는가? 무엇에서 도망치고 있는가? 재미를 향한 탐색이 심해지거나 별로 흥미롭지 않은 무엇에 집중하고 있는 동안 스스로 자극적인 아이디어로 주의를 분산 시킬 때 어떤 동기가 당신을 움직이고 있는지 생각해 보라. 객관적으로 고통스러운 무슨 일인가가 일어났을 때 당신의 감정을 탐구해 보고, 그에 반응하여 당신이 어떻게 하는지 유의하여 살펴보라. 특정 경험을 부정적인 틀 안에 넣고 그렇게 함으로 회피하는 행동을 정당화(또는 합리화)함으로써 당신이 그 경험들의 가치를 떨어뜨리는 방식을 알아차려라.

## 2. 방종 및 사랑의 제약과 자유를 혼동하는 태도

당신이 '부드러운 저항'을 할 때 무슨 일이 일어나는지 관찰해 보라. 당신에게 기대를 갖는 파트너나 친구의 '권위'를 당신 삶 속에서 어떻게 경험하는지 살펴보라. 당신이 어떤 식으로 선택을 하는지 그리고 다른 사람이 당신에게 부과하는 속박에 어떻게 반응하는지 알아차려라. 어떤 종류의 일들에 제약을 받는다고 느끼는가? 이런 인식된 또는 실제적인 제약에 어떻게 반응하는가? 다른 사람에 의해 속박 받는다고 느끼는 경험과 연결된 두려움이나 불안에 주파수를 맞추기 위해 노력하라. 불편함에 붙들리는 것과 관련된 두려움을 알아차리고 그 이유가 무엇인지 생각해 보라. 제약에 대한 두려움을 부채질하는 것은 무엇인가? 당신이 정말로 원하는 것이 사랑일 때 어떤 식으로 쾌락에 빠지는지 관찰해 보라. 편안함을 찾는 수단으로써 방종에 빠지는 방식을 알아차려라. 당신이 제약을 사랑의 부족과 동일시하고 방종을 사랑과 동일시하는지 알아차리고 그 이유를 생각해 보라. 어떤 고통스러운 경험이 쾌락을 향한 추구를 강화시키는 듯이 보일 때 당신 안에서 무슨 일이 일어나고 있는지 살펴보라. 가장 가까운 사람들에게 당신이 진정으로 무엇을 원하는지 생각해 보고, 진실로 그들이 사랑이나 관심을 원하는 데 재미있는 일로 밀어 넣지는 않는지 유의해 보라.

## 3. 현재에 머물기를 피하는 방식으로 미래를 위해 살거나 미래 속에 사는 성향

미래에 초점을 둘 때 무슨 일이 일어나는지 관찰해 보라. 미래의 모험을 계획해야겠다는 강박을 느낄 때 당신의 더 깊은 동기를 탐구해 보라. 미래에 대한 당신의 비전이 어떤 모습인지 알아차리고 현재 일어나고 있는 일로부터 도망치는(또는 보상하기 위한) 방법으로써 어떻게 기능하는지 알아차려라. 나중에 무슨 일이 일어날지에 초점을 두고 있을 때 지금 무슨 일이 일어나고 있는지를 생각해 보라. 지나치게 유토피아적이거나 낙관적인 미래 시나리오를 상상하는 성향이 있는지 관찰해 보라. 이런 긍정적이고 미래적인 그림을 만들 때 더 깊은 차원에서 동기부여하는 것은 무엇인가? 상상 속의 미래가 그토록 좋은 점이 정확하게 무엇인가? 당신이 벗어나려고 애쓰는 구체적인 무엇이 있는가? 당신의 속도를 줄이고 무슨 일이 일어나는지, 특히 어떤 감정이나 느낌이 올라올 때, 관찰하려고 노력하라.

**자기탐구와 자기성찰**
### 자기이해의 확장을 위한 자료 수집

7유형이 이러한 것들을 관찰할 때 성장경로로 나아가기 위한 다음 단계는 이러한 패턴을 더 잘 이해하는 것이다. 이런 패턴이 생기는 이유는 무엇인가? 어디에서부터 왔는가? 어떤 목적을 갖고 있는가? 이러한 패턴은 어떤 면에서 당신을 오히려 곤란하게 만드는가? 종종, 습관의 근본적인 원인을 들여다보는 것만으로도 충분히 패턴을 깨고 나올 수 있다. 습관이 아주 깊이 뿌리내린 경우에도 그 속에 들어있는 방어기제의 원인을 파악함으로써 비슷한 패턴에서 벗어날 실마리를 얻을 수 있다.

다음과 같은 질문을 고려할 때, 7유형이 비슷하게 빠지는 패턴의 근원, 작동방식, 결과에 대한 통찰력을 가질 수 있을 것이다.

## 1. 이러한 패턴이 생겨난 원인과 이유는 무엇인가?
### 이러한 습관적인 패턴들이 7유형에게 어떠한 도움을 주는가?

이들의 방어 패턴의 근원과 대처전략이 어떻게 작동하는지 이해하면, 7유형은 더 깊고 어두운 경험들을 무엇 때문에 그리고 어떻게 피하는지와 상황의 표층에서 어떻게 맴도는지 더 잘 인식하게 된다. 만약 이들이 자신의 어린 시절을 이야기할 수 있고 대처방법으로써 두려움과 고통에서 물러났던 상황을 찾는다면, 이들은 행복하기 위해 그런 전략을 키웠을 어린 자신에 대한 연민을 가질 수 있다. 이들의 습관적 패턴 발달의 '방식과 이유'를 탐구하는 일 역시 7유형에게 행복 추구가 역설적으로 더 온전하고 풍요로운 삶의 경험을 방해하는지에 관해 더 큰 시야를 제공할 수 있다. 가벼움이 경험의 중요한 측면들을 실제로 가린다는 통찰을 얻음으로써 7유형은 자신의 성격 양식이 편안하게 머무는 데에는 도움이 되지만 가장 깊은 내면의 생명력과의 연결을 단절시킨다는 것을 알아차릴 수 있다. 고통에서 벗어나고 자유를 필요로 하는 것이 어린 시절에 어떤 보호 기능을 했는지 살펴보는 일은 비록 자기 자신은 자유롭다고 믿을 때에도 한계가 있는 성격의 '도토리 껍질' 속에 갇혀 있는지 보게 해준다.

## 2. 고통스러운 감정에서 자신을 보호하기 위해 어떤 패턴들이 고안되었는가?

우리 모두에게 있어서 성격은 고통스러운 감정에서 우리를 보호하기 위하여 작동하는 것이며, 이는 심리학자 카렌 호니가 언급한 '근본적 두려움' 즉, 기본욕구가 충족되지 못한 감정적 스트레스에 대한 집착을 포함한다. 그러나 이들의 경우 구체적인 '거짓 자아' 성격은 정확하게는 고통스러운 감정의 인식을 피하도록 설계되었다. 7유형의 성격은 종종 어린 시절에 충분한 보호나 적절한 보호를 받지 못한 것에 대한 반응으로 발달된다. 즉 고통, 슬픔, 두려움, 불안, 시기, 부적당 같은 어려운 감정들을 느껴야 하는 것에서 주의를 돌리기 위해 방어적으로 작동한다. 7유형은 모든 성격들이 어느 정도는 좋은 감정들을 생성하고 거기에 집중하도록 함으로써 나쁜 감정들로부터 우리를 보호하는 방식의 원형을 강하게 가지고 있다. 그리고 이것이 보통 어린 시절에는 필요하지만, 성인으로서 건강한 인간관계를 형성하고 자연스럽게 성장하기 위해서 우리는 고통에 대한 어린 시절의 방어가 어떻게 우리의 보다 충만한 발현을 막는 장애물이 되었는지 살펴보아야만 한다.

### 3. 내가 왜 이런 행동을 하는가?
#### 내 속에서 7유형의 패턴이 어떤 식으로 작동하는가?

이들의 패턴이 현재에 어떻게 작동하고 있는지 성찰함으로써 7유형의 세 하위유형은 자신이 불편하게 느낄 때 어떻게 스스로 주의를 분산시키는지 또는 어떻게 피난용 탈출구를 계획하는지를 더 많이 알아차릴 수 있다. 만약 이들이 헌신을 피하는 행동을 하던 중에 자기 자신을 의식적으로 포착한다면, 긍정적 자극에서 편안함을 찾도록 자신을 부추기는 더 깊은 동기를 알아차릴 수 있다. 7유형에게는 자신이 자동적으로 쾌락의 추구로 관심을 돌릴 때 자기 자신의 활력 그리고 다른 사람과의 연결에 대한 더 깊은 감정을 스스로에게서 박탈하는 것을 알아차리게 되면 잠에서 깨어나게 된다. 자신의 사고 습관을 추적함으로써 이들은 자신의 오랜 습관에 남아 있는 행동이 비록 재미와 신남을 약속한다 하더라도, 가질 수 있는 모든 이상적 경험을 방해하는지 볼 수 있다. 7유형은 자신의 성격 패턴이 앞으로 나아가는 일을 어떻게 그리고 왜 억제하는지 바라볼 때 훨씬 완전한 충족감을 향한 문을 연다.

### 4. 이러한 패턴의 맹점은 무엇인가?
#### 7유형으로 하여금 그러한 맹점을 보지 못하게 하는 것은 무엇인가?

자기이해를 진정으로 높이기 위해서, 자신의 성격 프로그램이 상황을 몰아갈 때 '보지 못하고 있는 것'이 무엇인지 알아차리는 것이 중요하다. 7유형은 기분을 좋게 해 주고 자기 관심을 끄는 대상에 초점을 둔다. 그러나 자신의 자유를 주장하고 제약을 벗어나는 방법으로써 자신의 우선순위에 주의를 기울일 때 다른 사람들의 필요와 원하는 것에는 충분한 관심을 기울이지 않을 수 있다. 이들의 의도는 순수하고 긍정적이지만, 자신의 더 깊은 감정에 닿기를 꺼려하기에 무의식적으로 다른 사람과 나눌 수 있는 공감을 회피한다. 이에 더하여 자신의 그림자 속에 밀어 넣어 둔 힘든 감정들로부터 멀리 가는 습관은 오히려 이들이 피하고자 하는 바로 그 고통스러운 경험에 붙잡히도록 만들 수 있다. 자기 자신이 고통과 불편에 연결되는 가치를 보지 못하면, 성장과 확장으로 나아가기 힘들다. 만약 정상적으로 존재하는 감정, 두려움, 슬픔이 사각지대라면, 당신은 깊고 효과적이며 생기 있는 관계를 어떻게 만들어낼 수 있겠는가? 그 안에 붙잡힐까봐 두려워서 자신의 더 깊은 감정들을 보지 못하고 그 감정들이 표면으로 떠오르도록 허용하지 못하면 당신이 누구인가에 대해 깨어나기는 어렵다. 당신이 보지 못하는 것을 찾는 데 초점을 두면 언제나 기분이 좋아야 하는 습관에서 나오는 데에 도움이 되고 전체를 느낄 수 있는 당신의 능력을 깨닫게 해준다.

## 5. 이러한 습관의 결과나 영향은 무엇인가?
### 이러한 습관은 내게 어떠한 걸림돌이 되는가?

7유형 전략의 역설은 항상 행복하게 머물려고 애씀으로써 성장 및 인간 감정의 전 범위를 경험하는 것과 성장하는 능력을 제한한다는 사실이다. 당신이 행복한 것에만 관심을 가지면, 당신의 '도토리' 성격의 제한된 속박을 넘어 성장하는 내면의 작업을 할 수가 없다. 왜냐하면 '지하로 내려가' 당신의 껍질이 깨져 열리도록 허용할 욕구나 꿋꿋함이 없기 때문이다. 2장에서 설명했듯이, 우리 모두에게 있어 존재 상태로의 성장경로는 반드시 두려움, 고통, 그리고 우리가 세상에서 생존하기 위한 대처전략으로 받아들일 때 피하도록 배운 모든 감정들을 통과해야만 한다. 의식적으로 또는 무의식적으로 삶의 긍정적 측면만 경험하기로 결심하면, 깨어나 참된 자아라는 집으로 돌아가는 모든 내면 여정의 일부인 '영혼의 어두운 밤'을 통과하는 것을 스스로 막게 된다. 당신이 어두운 감정을 끝까지 느끼고 누구인가에 대해 그 어두운 감정이 주는 정보를 받아들이며 그 감정을 흘려보내서 직면하지 못한다면, 도토리 껍질을 깨뜨릴 수 없기에 그 안에 있는 미래의 참나무도 드러낼 수 없다.

# 보다 높은 의식을 지향하기

자신의 성격유형에서 깨어나기 원하는 사람은 다음과 같은 작업을 필요로 한다. 자신이 하는 모든 것들에 대해 보다 많은 의식과 주의를 기울여야 한다. 즉, 보다 의식적으로 그리고 보다 선택적으로 생각하고, 느끼며, 행동해야 한다. 자신의 습관적 행동들을 관찰함으로써 그러한 습관적 행동의 원인, 과정, 결과에 대해 어느 정도 알게 된 후에 7유형이 실천해야 할 것들에 대해 제시하고자 한다.

이 부분은 다음과 같이 세 가지 영역으로 나뉘는데, 각각 에니어그램 시스템과 연계된 세 가지 성장 과정에 해당한다.

1) '자기관찰' 영역에서 설명한 것처럼, 자신의 습관과 자동 반응을 벗어나기 위해 실천해야 할 사항
2) 성장의 지도로 에니어그램 화살을 사용하는 방법
3) 해당 유형의 격정(악덕)을 이해하고, 의식적으로 그 반대인 해독제의 역할을 하는 더 높은 수준에 있는 유형의 '미덕'을 향해 나아가는 방법

## 7유형의 대표적인 세 가지 습관과 여기서 벗어나기 위한 실천사항

### 1. 고통에서 도망치기 위한 수단으로 쾌락에 집중하는 태도

### 1) 고통에서 쾌락으로 옮겨가는 성향에 더욱 유의하도록 하라

자동적으로 고통에서 쾌락을 향해 어떤 방식으로 움직이는지 지속적으로 관찰할 때만 이 탈출 경로가 사실은 환상임을 알 수 있다. 불편을 견딜 수 있는 첫 번째 단계는

쾌락으로 빠지는 속도를 늦추고 그 일이 어떻게 일어나는지 바라보는 것이다. 그리고 고통의 조짐을 느꼈을 때 부인하거나 피하거나, 그렇지 않으면 떠나는 자기 자신을 더욱 유념하며 바라볼 수 있다면, 이들은 힘든 경험들에 머물기로 의식적 선택을 하고 그 선택으로 살아남고 성장할 수 있음을 배울 수 있게 된다.

### 2) 바람이 든 자루를 보물이라고 오인하지 말라

선원들이 보물이 든 자루가 가져다 줄 즐거움에 탐욕을 부려 오디세우스와 그들이 다시 아이올리아 섬으로 밀려 돌아간 것처럼, 이들은 편파적으로 쾌락에만 초점을 맞출 때 스스로에게 더 많은 고통을 만드는 위험에 빠진다.[30] 종종 엄청난 가능성을 가지고 한 상상의 도피 즉, 우리 생각 속에서 정교하게 묘사한 아름다운 그림은 실제로는 아무것도 아니다. 단지 당신이 즐거움에 집중할 수 있고 울타리 다른 편에 있는 더 푸르른 초원을 상상할 수 있다고 해서 당신이 진심으로 삶을 살고자 할 때 거기에 동반되는 고통을 경험하지 않아도 된다는 의미는 아니다. 또한 즐거움을 주는 경험, 긍정적인 정신적 그림, 파티 계획에 잠김으로써 힘든 감정들을 다루는 것을 피할 수 있다고 믿는 한, 자신의 내면의 여정에서 많은 진보를 이룰 수 없을 것이다.

### 3) 당신이 즐거움과 쾌락을 위해서만 살 때 오는 고통을 인지하라

재구성하기를 좋아하는 7유형은 자신의 즐거움 속에 있는 고통과 지나친 쾌락이 주는 고통을 알아차릴 때 중요한 진실에 눈을 뜰 수 있다. 역설적으로 보이겠지만, 스스로 자신의 두려움을 대면하고 고통과 만나도록 허용하면 삶과 인간관계의 더 큰 즐거움으로 이어질 수 있다. 또한 너무 많은 좋은 것들은 오히려 일종의 고통을 낳는다는 결과를 자주 상기하게 되면 이들은 즐거움을 통해 고통을 피해야 한다는 믿음을 역전시키고 내면의 전 영역을 횡단하도록 마음을 더욱 여는 작업을 할 수 있게 된다.

## 2. 방종 및 사랑의 제약과 자유를 혼동하는 태도

### 1) 불안은 해방의 부작용임을 알아차려라

철학자 소렌 키에르케고르Soren Kierkegaard는 '불안은 자유의 어지러움'이라는 유명한 말을 남겼다. 7유형은 불안이 제약 없는 자유를 갈구함으로써 탈출해야 하는 무엇이 아니라 자유에 내재된 일부라는 사실을 스스로에게 상기시키는 것이 중요하다. 불안에서 도망치는 대신에 그것을 다루며(그 근원을 이해하는 것) 불안을 작업하면 진실로 거기에서 자유로워지도록 도울 수 있다.

### 2) 사랑과 쾌락 사이의 차이를 배워라

만약 쾌락을 얻는 일이 어린 시절에 사랑 받는다고 느끼게 했던 유일한 방식들 중 하나였다면 사랑과 쾌락을 혼동할 수 있다. 이들이 인간관계에서 '행복'하기 위한 방식으로 쾌락에 초점을 맞추는 동안 진정한 사랑과 인간관계는 행복하거나 즐거운 부분들만이 아니라 상대방과의 경험에 당신의 전부를 함께하도록 요구한다. 그리고 자신이 사랑의 대체물로 쾌락과 재미의 추구를 이용하고 있음을 알아차림으로써 성장할 수 있다. 현대 심리학자들은 인간이 주로 쾌락을 향한 충동에 의해 동기부여를 받는다는 프로이트의 개념인 '쾌락 원리'로부터 벗어났다. 쾌락이 이들에게 주요 동기이긴 하지만, 프로이트 이후의 이론가들은 인간의 만족에서 주로 중요한 점은 쾌락이 아니라 다른 사람과의 연결의 질이라는 현명한 개념을 제시하였다.

### 3) 자유와 연결을 균형 잡는 방법으로써 다른 사람의 마음을 생각해 보아라

위에서 설명한 대로, 이들은 주로 자신의 필요, 느낌, 욕구에 주의를 기울인다. 다른 사람을 향해 의식적으로 주의를 두는 법을 배움으로써 자유를 향한 강박적 욕구와 사람들과 함께 머무는 능력에 균형을 잡도록 도움을 받을 수 있다. 7유형은 상당히 관계 중심적이고 사람들을 향해 적극적으로 다가간다. 하지만 사람들과의 연결을 추구하는 것은 이들의 핵심적 성격 습관들에 동기를 부여하는 바로 그 쾌락을 향한 방어적 충동에서 비롯된다. 또한 자극을 통해서 피난처를 찾기 위한 수단이 아닌, 자기 자신이 경험하는 충만함을 상대방과 보다 친밀한 관계로 이끌 수 있는 방법으로 인간관계 속에 더 깊이 잠기는 법을 배우는 일이 중요하다. 종종 이는 즐겁고 흥미롭지만, 많은 경우 그렇지 않기도 하다. 그리고 자신의 친구와 파트너의 기쁨만이 아니라 저조한 기분과 고통스러운 고군분투와도 진실로 '함께 하는' 법을 배움으로써 성장한다.

## 3. 현재에 머물기를 피하는 방식으로 미래를 위해 살거나 미래 속에 사는 성향

### 1) 당신이 '지금'에서 벗어나서 '그 다음'으로 가는 모든 방식들을 살펴보라

이들에게 자신이 고통에서 멀어지기 위해 쾌락으로 향하는지 관찰하고 살펴보는 일이 중요하듯이 또한 현재의 순간에서 도망치기 위해 어떤 식으로 미래에 집중하는지를 알아차림으로써 더 깨어있을 수 있다. 7유형은 미래의 상상에 빨려 들어가는 자신을 알아차릴 때 자신이 갈망하는 것을 어떻게 현재로 가져올 수 있을지 살펴보도록 노력하라. 내일이나 다음 주 대신에 오늘에 집중하려고 노력하라. 도주를 계획하거나 미래의 이상화된 여정으로 떠나고 싶은 충동이 현재의 '모습'을 받아들이기 어려워하고 있다는 신호임을 알아차려라. 내가 가장 좋아하는 시인 중 한 명인 엘리엇T. S. Eliot은 4편의 시가 계속되는 「4개의 사중주」The Four Quartets에서 현재 순간에 살 수 있는 것이 얼마나 중요한지 강조한다. 이 시에서 그는 7유형이 주의를 기울이면 좋을 내용으로 '추억이나 욕구'에만 집중함으로써 우리가 진실로 살 수 있는 유일한 '자리'인 현재의 순간을 피하면 우리 스스로에게서 삶을 박탈한다는 내용을 아름답게 전달한다. 엘리엇은 그가 '회전하는 이 세상의 정점'이라고 부른 현재의 순간을 더 의식하고 '과거의 시간과 미래의 시간에 대해 많이 생각하지 말라'라고 말한다. 엘리엇은 '지금', 의식적으로 살고 사랑할 수 있는 우리의 유일한 가능성에서 벗어나는 이 위험한 성향을 시적으로 그려내면서 이렇게 적는다. '욕망 그 자체가 움직임이고 그 자체로는 바람직하지 않으며 사랑 그 자체는 움직이지 않고 움직임을 멈추게 해줄 뿐이다.'[33]

## 2) 고통과 다른 불편함 감정들을 온전히 경험하도록 하라

대부분 사람들을 내면 성장 작업으로 이끄는 것은 고통의 경험이다. 가장 직접적이면서 가능한 효과적으로 사람을 도우려는 심리치료사로서, 선배 치료사로부터 '고통을 따라가라'는 조언을 많이 받았다. 만약 당신의 고통스러운 감정의 경험을 온전히 허용할 수 없다면 성장에 수반되는 작업을 하는 데에 필요한 동기를 갖기가 매우 어렵다. 고통을 온전히 느끼길 주저하는 이 태도가 7유형 원형인 소년의 특성 중 일부이며, 또한 '영원한 아이'인 피터 팬을 통해 그려진다. 이들 성격의 또 다른 면인 '성장하지 않기를 바라는' 것 역시 사실이다. 모든 성격 유형마다 성장 과정에 저항하는 자신만의 전형적 방법들이 있으며, 이들의 경우에는 좋은 감정에 머물고 나쁜 감정에는 들어가지 않는 형태를 취한다. 따라서 이 사실을 앎으로써 이들은 자신의 충만한 모습이 되기 위해 '진정한 자아'로 돌아가는 여정에 동기를 부여해 줄 고통을 더 온전히 마주할 방법을 찾기 위해 결연히 노력을 해야 할 것이다. 묵상을 통해서든, 다른 사람의 지지를 통해서든, 이를 지원하는 수련들을 섞어서 수행하든, 이들은 자신의 고통을 느끼는 법을 배울 수 있을 때 크게 도움을 얻을 것이다.

## 3) 현재 속에 사는 위험을 무릅쓰라

7유형이 자신의 고통스러운 감정을 위한 공간을 더 만들기 시작할 수 있는 한 가지 간단한(그렇지만 언제나 쉽지만은 않은) 방법은 현재를 사는 연습을 하는 것이다. 자신의 몸으로 돌아오고 자신의 호흡을 놓치지 않도록 지속적으로 스스로에게 상기시키는 일 또는 자신이 어떻게 느끼고 있는지 확인하는 일은 이들로 하여금 지금 일어나고 있는 일로부터 도망치지 않도록 도울 수 있다. 미래를 기반으로 한 공상에 사로잡히는 성향을 의식적으로 알아차리고 지금 이 순간의 멋진 것들을 보도록 스스로에게 도전하는 연습은 이들의 속도를 늦추고 '지금 여기에 머물고자' 하는 노력을 돕는다. 그리고 만약 이런 일이 어렵다면(또는 '지루하다면') 자신을 지원해 줄 사람에게 도움을 구하라. 또한 이들이 더 차분해지고 현존하는 법을 배우면, 그 훈련으로 떠오를 수 있는 힘든 감정에 대해 추가로 지원을 찾길 원할 것이다. 이는 현재 순간에 구현된 (모든) 감정들에 대한 더 깊은 경험 바로 그것이 이들의 '참나무 자아'라는 더 높은 역량과 더 큰 기쁨으로 가는 입구가 된다는 사실을 볼 수 있도록 할 것이다.

## 7유형의 화살표를 이용한 성장경로

제 1장에서 이미 화살표의 '내면 흐름' 모델을 소개하였는데, 이것은 에니어그램 도형 내의 역동적 움직임의 한 측면을 나타낸다. 각 유형들은 '스트레스를 통한 성장' 지점과 '아이-가슴-안전' 지점으로 연결되며, 화살표는 각 유형을 위한 성장경로를 보여준다.

* 각 유형에서 화살표를 따라 나아가는 방향은 '스트레스-성장' 발달의 경로이다. 이 과정은 성격유형이 제시하는 구체적인 도전과제를 보여준다.
* 각 유형에서 화살표를 받는 방향은 '아이-가슴' 지점으로 어린 시절부터 지속된 이슈와 과제를 나타낸다. 단절되어 온 부분을 의식적으로 인정하면 과거에 해결하지 못한 일에 붙잡혀 있지 않고 벗어나 앞으로 나갈 수 있다. 이러한 '아이-가

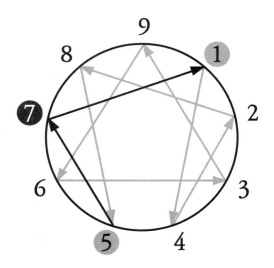

슴' 지점은 우리가 무의식적으로 억압한 안전의 특성을 표현하며, 이 특성은 가끔 스트레스의 상황이나 안전을 필요로 하는 시기에는 위안을 얻기 위해 물러나기도 하지만, 의식적으로 통합해야만 하는 특성이다.

**7유형이 1유형으로 나아감**

## 성장과 확장을 위해 1유형의 '스트레스-성장' 지점을 의식적으로 사용하기

7유형을 위한 내면 흐름의 성장경로는 1유형이 가지고 있는 도전과 직접적으로 관련이 있다. 높은 수준의 선good을 위한 행동을 취하는 데 초점을 맞추는 한 방식으로 더 큰 의미에서 이상적이고 '옳은' 것에 대한 더 명확한 개념을 인식할 수 있게 한다. 당연히 이들은 1유형으로 가면서(잠재적인 완벽주의 또는 자기 비판을 하면서) 불편함으로 불안과 좌절을 느낄 수 있다. 그러나 유념하며 다루어진 1유형의 경험은 7유형의 꿈과 상상에서 나와서, 기준과 한계를 훨씬 현실적으로 수용하도록 도울 수 있다. 무의식적으로 이런 일이 이루어졌을 때, 이 변화는 규칙과 정기적 일상에 의해 부과된 제약에 대해 준수하거나 불안한 저항으로 나타날 수 있다. 그러나 훨씬 의식적으로 되면 이들에게 기준과 정밀함을 바탕으로 한 지지구조의 가능성을 열어주어 7유형이 자신의 이상을 실현하도록 도울 수 있다. 상상된 또는 이상화된 미래를 위해 사는 데 사로잡히는 대신 이들은 현재 속에서 훨씬 실용적인 방법으로 계획을 행동으로 옮기도록 해 줄 구체적인 제약을 수용하는 방법을 찾을 수 있다. 따라서 '선' 또는 '완벽함'의 더 큰 개념 속에서 창의적 발명을 향한 이들의 충동을 표현하고 실제로 자신이 하는 일의 기반을 다지는 것이 1유형의 수준 높은 측면에 의해 고취될 수 있다. 이들의 미래 계획하기와 놀이를 향한 초점은 극단적인 경우 진지하고 훈련된 방식으로 나아가지 못하도록 막을 수 있다. 1유형으로 나아감으로써 이들은 자신이 상상하는 가능성을 훨씬 실질적이고, 성취가능하며, 세련되게 만들 수 있다.

7유형이 이런 방식으로 의식적으로 작업하면 건강한 1유형이 사용하는 도구들을 쉽게 쓸 수 있다. 즉 근면함, 훈련, 책임감, 건설적 목적을 위한 구조의 사용에 대한 직관적 감각 같은 자질들이다. 1유형은 자신의 사익보다 더 커다란 공공의 선에 대한 이상주의적 헌신으로 7유형에게 이기심과 이타심 사이에서 건강한 균형을 잡도록 영감을 줄 수 있다. 그래서 7유형의 비전이 숭고한 명분에 더 유용하게 들어맞고 기여할 수 있다. 1유형의 질서, 구조, 리듬에 대한 타고난 이해가 7유형의 계획과 창의적 아이디어들을 실행할 수 있도록 도우며, 이들의 꿈을 현실로 만들 수 있는 절차와 과정을 제시한다. 이들은 1유형의 세부사항에 대한 집중에서 오는 지루함이나 시시함에 저항할 수 있지만 1유형의 더 수준 높은 측면을 의식적으로 통합하면 일을 되게 하는 방식으로 실용성과 열정을 결합하는 것을 배울 수 있다. 비록 자유를 사랑하는 7유형이 처음에는 1유형의 판단과 평가라는 성향을 불편하게 느낄 수 있지만, 1유형의 타고난 객관적, 비판적 분석에 대한 성향이 7유형의 상상적 비전을 구조화하고 모든 제약을 향한 이들의 저항을 제어하도록 도울 수 있다.

따라서 만약 7유형이 1유형으로의 움직임으로 인해 지나치게 꼼꼼해지고 통제하는 스트레스로 인한 성향을 조절할 수 있다면, 즉 스케줄대로 지키는 능력과 구조적인 제약 안에서 일할 수 있는 가운데 힘의 감각을 발견할 수 있다면, 이들은 적절한 통제와 규율로 창의적 사고를 할 수 있는 재능으로 수준 높은 통합을 이룰 수 있다. 7유형이 1유형의 잠재적 과잉 통제와 7유형의 타고난 통제 불능에서 균형 잡을 수 있을 때, 7유형은 진지함과 가벼움의 '완벽한' 결합을 성취할 수 있으며 성장의 더 수준 높고 건강한 차원을 보여줄 수 있다.

### 7유형이 5유형으로 돌아감

**'아이-가슴' 지점을 의식적으로 사용하여**

**어린 시절의 이슈들을 다루고 앞으로 나아갈 수 있도록 안전감을 찾기**

7유형의 성장경로는 5유형의 특징인 물러나서 숙고하는 능력과 건강한 구속을 되찾는 것이다. 7유형은 어린 시절에 두려움을 피하고자 혼자만의 공간으로 물러났는데 그것이 괜찮지 않다는 경험을 가졌을 수 있다. 또한 두렵다는 자연스러운 느낌과 물러나고 싶은 열망이 수용되지 않음을 알 수 있었기에, 이들은 외부 권위의 잠재적 제약을 해제시키려고 자신의 매력을 통해서 세상을 헤쳐 나가는 데에 더욱 적극적이 되었을 수 있다. 이런 저런 이유로 이들에게는 두려움을 드러내거나 귀중한 자원을 붙잡고 있는 욕구를 내보이는 것이 안전하지 않거나 바람직하지 못했을 것이다. 그래서 이들은 휴식을 취하거나 자신의 입장을 굳히고 내면의 지지를 만들어낼 안전한 장소를 찾기 위해 물러날 수 있는 안전한 상태나 스트레스 상황에서 5유형으로 간다. 5유형으로의 움직임은 덜 사회적이고 덜 외향적이고 싶은, 즉 경계를 더 치고 사회의 소용돌이로부터 안전하게 떨어져 있고 싶은 바람을 나타낸다.

이런 이유로 '5유형으로 돌아가는 것'은 7유형이 다른 사람들로부터 떨어져서 지나친 사회적 활동의 욕구를 조절하는 길이 될 수 있다. 5유형의 수준 높은 측면으로 의식적으로 움직이는 것은 떠있는 상태를 가라앉히는 방식으로 더 내면을 향하고 자신의 생각에 몰두할 수 있도록 건강한 방식을 찾는 데 도움이 될 수 있다. 어린 시절에 억압해야 했던 7유형의 자연스러운 부분을 5유형이 가지고 있기 때문에, 강박적으로 회귀할 수도 있다. 그래서 7유형은 과도하게 낙관적이고, 지나치게 열정적인 사교성과 5유형의 철저한 움츠림 사이를 오가는 패턴에 빠질 위험이 있다. 7유형이 불안하거나 무의식적인 방식으로 5유형으로 돌아갔을 때는 이들이 과한 행동과 지나친 활동에서의 탈출로써 일시적으로 쉬는 것이기에 그다지 건강한 의미의 사생활과 내면의 고요함을 회복하는 것은 아닐 것이다. 또한 산드라 마이트리에 의하면 보통 즐거운 7유형은 5유형으로의 이동을 상실과 내면의 공허감에 대한 두려움이 동기가 된 어린아이 같은 내면의 결핍감으로 경험한다.[34]

그러나 의식적으로 길을 찾아가면 이들은 5유형의 성장으로 움직일 수 있다. 자극적인 사회 세계에 참여하고 싶은 욕구와 사회 무대로부터의 건강한 물러남을 통한 휴식과 활력, 회복의 필요 사이에서 건강한 균형을 수립할 수 있다. 7유형은 내면 고갈을 두려워하지 않고, 사적인 즐거움을 누리며, 물러나고, 몸을 숨기고 싶은 욕구를 의식적으로 존중함으로써 이들이 억압했던 내면 아이에 있는 5유형의 수준 높은 측면의 자질들에 초점을 맞출 수 있다. 즉, 이완되고 싶은 마음을 갖고 외교와 유머를 통해 외부 세계를 관리하지 않아도 되는 것이다. 7유형은 가끔 물러나서 내면 자원과 통합해도 괜찮다고 스스로에게 의식적으로 상기시킬 수 있다. 이런 방식으로 스스로 안심시킬 수 있으면, 이들은 5유형의 내면의 고요함을 향한 충동을 1유형으로 가는 성장경로에서 앞으로 나아가도록 지지하는 데에 재통합시킬 수 있다. 이런 식으로 7유형은 자신의 주의를 의식적으로 외부 세계에서 내면 세계로 돌릴 수 있다. 자신의 에너지를 어떤 식으로 쓰고 싶은지와 더 경제적으로 쓸 수 있을지 그리고 스스로를 보다 유념하여 보살필 수 있을지에 대해 보다 객관적이고, 신중하며, 숙고된 결정을 내릴 수 있다. 이는 산만해지지 않고 자신의 삶에서 무슨 일이 벌어지고 있는지 깊이 생각하는 의미로 종종 혼자 있고 싶은 욕구를 존중하는 것이다. 이런 식으로 이들은 1유형으로의 의식적인 움직임과 연관된 성장을 향한 도전에 참여할 수 있도록 내적 지지의 원천으로서 과거에는 무시하였던 것들을 이제 다시 필요로 하게 된다.

## 악덕에서 미덕으로
### 탐닉에서 벗어나 절제를 추구하기

악덕에서 미덕으로 변화하는 여정은 에니어그램 지도가 크게 기여할 수 있는 한 부분으로, 각 유형이 시도해 볼 수 있는 더 높은 자각 상태로의 '수직' 성장의 길을 보여준다. 7유형의 경우 이들의 악덕(격정)은 탐닉이며, 그 반대인 미덕은 절제이다. 이 '악덕에서 미덕으로의 전환'이 전해주는 성장 이론은 다음과 같다.

우리의 격정이 작동하는 방식을 더 많이 알아차리고 의식적으로 더 높은 수준의 미덕을 구현시키도록 작업할수록, 유형의 무의식적 습관과 고착된 패턴에서 더욱 자유로워져 우리의 더 높은 측면, 즉 '참나무 자아'로 향해 발전할 수 있다는 것이다.

7유형의 탐닉에 대해서 더 익숙해지고 그것을 더욱 인식하는 능력을 키울수록 이들은 탐닉의 격정에 대한 '해독제'인 미덕을 행하는 데 집중함으로써 작업을 진전시킬 수 있다. 이들의 경우 절제의 미덕은 더 수준 높은 역량을 의식적으로 드러내 보임으로 달성할 수 있는 존재 상태를 나타낸다.

절제는 더 원하는 욕망의 만족할 줄 모르는 압박에서 자유로워지는 존재 방식이다. 성격은 내면의 공허함을 채우고자 하는 필요를 중심으로 구조화된다. 이는 우리가 괜찮다고 느끼기 위해 필요로 한다고 여기는 것을 얻을 수 있게 도움으로써 근본적인 불안이나 불안정의 느낌을 덜어준다. 7유형은 우리 모두가 가진 좋은 기분을 느끼고 싶고 기분 나쁜 것은 피하고 싶은 욕구를 보여준다. 이들의 전형적인 쾌락을 향한 추구는 우리가 안전하지 못하고 충분히 보호받지 못하고 있다는 두려움에 반하는 방식이다. 즉, 우리가 기분이 좋으려면 필요하다고 생각하는 것으로써 음식, 성 관계, 즐거운 시간, 지적 자극을 더 얻고 싶은 충동을 통해 내면의 만족감을 느끼길 바라지만 이 만족이 절대 채워지지 않는다는 점이다. 이들의 딜레마는 자신을 기분 좋게 만드는 것을 찾고 또 찾기는 하지만, 결코 충족되지 못한다. 우리 삶의 시각이 성격(도토리 껍질)의 제한된 시각으로 막혀 있으면 우리가 만족을 느끼기 위해 필요한 것을 절대로 얻을 수 없기 때문이다.

이런 관점에서 봤을 때 절제는 이들 성격 문제에 대한 해답을 제공해주는 더 수준 높은 태도이다. 절제하게 됨으로써 우리는 쾌락에 대한 중독과 고통에서 도망치고 싶은 마음을 초월한다. 기분 좋게 해주는 것들로 자신을 더 많이 채우려고 노력함으로써 필요로 하는 것을 찾을 수 있다는 성격을 바탕으로 한 신념이 거짓이라는 사실을 보게 된다. 산드라 마이트리는 '우리 자신을 채워질 필요가 있는 공허함으로 생각하기보다

는 여정 그 자체로 여기기 시작해야 한다.'라고 말했다.[35]

그렇다면 7유형에게 있어 절제에 초점을 두는 일은 자신의 진실한 경험에 머물기 위해 즐거운 경험 탐색을 내려놓는 작업을 의미한다. 고통에서 도망치고 쾌락을 향해 내달리며 더 취하려고 손을 뻗거나 도망치려고 하는 마음 없이 그 순간에 참다움과 진실을 알아차려야 한다. 절제는 이들에게 그것이 신체적 욕구든, 지적 활동이든, 영적 여정이든 관계없이 즐거운 경험들의 '고조된 기분'을 쫓는 일을 내려놓을 수 있게 한다. 따라서 '절제'라는 말이 보통 술을 마시지 않거나 다른 각성물질을 섭취하지 않는다는 뜻으로 사용되지만, 이들의 미덕으로서의 절제는 이보다 큰 의미를 갖는다. 마이트리는 이차조의 말을 인용하여 절제를 몸에게 '그 비례의 감각'을 주는 것 그리고 '그 순간 견고하게 현실적으로 필요한 만큼보다 그 이상도 이하도 취하지 않는' 상태라고 설명한다.[36]

7유형으로서 절제를 구현하는 일은 당신이 쾌락주의적 탐닉 편향을 의식화하기 위해 알아차리고 열심히 작업해서 '불만족스러운 여기에서 기대로 가득 찬 저기'로[37] 당신을 데려다 줄 쾌락을 향한 충동을 누그러뜨리는 선택을 할 수 있는 지점까지 갔다는 뜻이다. 절제를 달성한다는 의미는 당신의 진실한 감정, 생각, 감각이 있는 지금 여기의 현실에 더 발을 딛고 있을 수 있다는 뜻이다. 당신의 참된 만족은 하루살이 같은 쾌락을 추구하는 일보다 당신의 진실한 경험을 소중히 여기는 데에 있다는 사실을 이해하기 시작했다는 것이다.

7유형이 '악덕에서 미덕으로' 작업을 통해 자신이 어떤 식으로 나쁜 기분을 느끼지 않고 좋은 기분을 느끼고 싶어 하는지 알아차리면, 이들은 긍정적인 것을 붙잡고 싶어 하는 두려움과 불안정에 눈을 뜰 수 있는 힘을 갖는다. 자신의 두려움, 그리고 자신이 갖고 있을 수 있는 다른 고통스러운 감정들을 인정하고 온전히 경험함으로써 이들은 현존을 통해 기쁨과 잘 사는 감각을 찾을 수 있다. 그런 믿음으로 고통에 저항하고 싶은 압박을 극복하고 대신에 더 깊은 자신에 대한 진실에 마음을 열 수 있는지를 모두에게 예시로 보여준다.

## 7유형이 악덕에서 미덕으로 성장하기 위한 하위유형별 작업

자신의 격정을 관찰하고 해독제를 찾는 작업은 각 하위유형에 따라 다르게 나타난다. 의식적인 자기 내면작업의 길은 '의지, 훈련, 은혜'[38]라는 말로 그 특징을 설명할 수 있다. 즉, 성격 패턴에서 벗어나려는 '의지', 성장을 위한 노력의 '훈련', 그리고 의식적, 긍정적 방식으로 미덕을 실현하기 위해 작업할 때 찾아오는 '은혜'인 것이다. 나란호가 각 하위유형이 성장을 위해 애쓰고 노력해야 하는 측면들이 각각 다르게 나타난다고 말한다. 이러한 통찰은 에니어그램의 각 하위유형을 이해하는 데 크게 유익하다.

### 자기보존 7유형

자기보존 7유형은 안전을 위해 추진하는 방식인 자기이익이 무의식적으로 더 커다란 영역의 경험으로부터 스스로를 차단하는지 관찰하고 인정함으로써 탐닉에서 절제로 나아갈 수 있다. 당신이 알아차리지 못하고 있는 두려움과 불안을 바탕으로 어떻게 삶에서 중요한 것에 대한 초점을 협소하게 만들고 있는지 알아차려라. 그리고 나서 보다 깊은 동기들의 존재를 경험하는 일에 마음을 여는 작업을 하라. 어떤 식으로 기회에 대해 관심을 기울이고 있는지 알아차리고, 당신의 그런 경향이 생존하거나 편안함을 유지하기에 충분할 만큼 갖지 못했다는 더 깊은 두려움을 보여주는 잠재적 신호로 인지함으로써 절제를 향해 나아갈 수 있다.

다른 사람과 관계를 맺을 때 당신의 행동에 영향을 끼치는 모든 동기들과 내재되어 있는 감정들을 의식하는 작업을 해보라. 자기보존과 쾌락을 향한 당신의 충동을 완화시키는 첫 단계로써 모든 불안과 고통을 표면에 떠오르도록 하라. 당신의 필요와 자기이익의 추구가 다른 사람에게 부정적 방식으로 영향을 줄 수 있다는 사실을 인지하라. 당신이 하고 싶은 일은 무엇이든 하고 필요한 것은 무엇이든 손에 넣는 것이 당신의 시야를 좁아지게 하거나, 고의는 아니지만 다른 사람에게 끼치는 피해를 정당화하고 합리화하는 방식을 탐구해 보라. 당신의 모든 부분과 더 의식적으로 연결됨으로써 가까운 사람들이 주는 즐거움 속으로 더 깊이 잠겨보도록 하라. 당신의 감정들을 모두 받아들이고 허용하는 작업을 할수록, 당신과 다른 사람들의 온전한 경험을 향한 전체적이고 온전한 개방에서 오는 가장 커다란 기쁨을 다시 기억하게 될 것이다.

## 사회적 7유형

사회적 7유형은 그들이 의식적으로 하는 행위 이면에 동기를 더 알아차림으로써 탐닉에서 절제로 나아갈 수 있다. 자기 자신을 이기적이거나 자기지향적이라고 판단하지 말고, '선함'으로 당신의 희생이나 도움을 인정받고 싶은 욕구를 더 많이 알아차리도록 하라. 당신 안의 탐닉 또는 반탐닉의 양극성을 관찰하고 작업하며, 그 내면의 역학 속에 어떤 두려움과 필요가 내재되어 있는지 마음을 열고 살펴보도록 하라. 당신이 부추기고 있다고 인정하지 않는 감정과 동기들에 주의를 기울이라. 스스로에게 당신의 모든 필요와 감정을 타당하고 중요하다고 받아들이도록 지지하라. 그리고 어떤 식으로 이기심을 죄로 여기는지와 내면의 갈등과 어두운 동기들을 회피하는지 살펴보라.

당신이 이타주의와 자기이익을 어떻게 혼동하는지 솔직하게 도전하라. 당신의 더 깊은 동기들에 대한 진실을 표면에 드러나도록 하면서 동시에 밝혀진 모든 자기이익에 대해 스스로 '나쁘다'고 판단하지 않도록 노력하라. '좋은' 사람으로 비치지 않는 것에 대한 두려움이 진실을 알아차리는 데 방해가 되지 않도록 하라. 당신이 어떻게 열정을 통해 조종하며 당신의 이상주의를 지적 중독으로 이용하는지 인지하라. 그리고 당신이 내면의 공허감을 밀어내는 방식으로써 당신의 이상주의와 그룹에 대한 봉사라는 이상에 어떤 식으로 집착하는지 눈을 떠보도록 하라. 당신의 가치나 본질적 선함에 대한 의심을 느낀다면, 함께 머물도록 스스로를 지지하여라. 선한 의도를 인정해 주고, 모든 의도와 한계들을 연민의 마음으로 바라보도록 여유를 가져라.

## 일대일 7유형

일대일 7유형은 현실보다 자신의 상상 속에서 살 때 그 사실을 알아차리고 그렇게 행동하는 이유와 자신의 내면에서 일어나는 일을 탐구함으로써 탐닉에서 절제로 나아갈 수 있다. 이들은 상상과 현실 사이를 구별하는 것을 배워야 한다. 또한 현실을 미화하고 사람들과 대상을 이상화하고 싶어 하는 당신의 욕구를 이해하며, 그런 경향 이면의 동기와 감정을 탐구하라. 당신의 성장과 발전을 막고 있는 상상을 '논리적 주장'과 합리화로 동일시하는 것을 경계하라. 무언가에 대하여 장밋빛 색안경을 쓴 시각이 깊은 좌절이나 두려움을 감추는 행동임을 인지하고 보다 깊은 감정들을 발견하는 작업을 하라. 현실 세계에서 당신이 원하고 필요로 하는 것을 더 얻어내고 상상 속에서 그것을 대체하지 않아도 될 수 있게 좌절을 견디는 법을 배우라.

어떤 종류든 당신이 수동공격으로 저항하고 있는지 알아차리고, 그렇게 하는 이유가 무엇인지 탐구해 보라. 두려움, 슬픔, 분노를 포함하여 더 깊은 감정들과 접촉하는 작업을 하라. 당신이 관계를 개선시키기 위해 노력한다고 생각은 하지만, 실제로는 단지 당신의 상상 속에서 '노력하고' 있을 때에 스스로에게 솔직해져라. 현실 속에서 무언가에 실망했을 때, 이상화에 미치지 못했을 때, 그리고 불안이 현재 일어나고 있는 일에 대한 당신의 시야를 가릴 때 마음을 열고 인식해 보라. 당신이 느끼고 있는 불안을 열정과 쾌락으로 행동하는 대신에 그 불안과 직면하도록 스스로를 지지하여라.

## 결론

　7유형은 두려움과 나쁜 감정 속에 자신을 함정에 빠뜨릴 것처럼 보이는 세상에 대처하기 위해 고통을 느끼는 일을 피하고 쾌락에 초점을 둔다. 이들의 성장경로는 완전한 자신의 모습으로 성장하기 위해 모든 '선함'과 '나쁨'에 온전히 깨어나도록 고통에 대한 알아차림을 어떻게 사용할지 보여준다. 이들의 각 하위유형에서 우리는 두려움에 대한 고통과 공포에 무의식적 반감을 자기관찰, 자기계발, 자기수용, 자기인식의 연금술을 통해 보다 높은 역량에 마음을 열게 된다. 그리고 우리의 모습과 느낌을 가지고 현실에서 살 수 있는 온전히 깨어난 능력으로 바꿀 수 있을 때 어떤 일들이 가능한지를 이해하게 된다.

# 제6장
## 6유형의 원형: 유형, 하위유형, 성장경로

최상의 순간에도 '안전'은 영원하지도 않고 분명하지도 않다.

– 알란 왓츠Alan Watts

용기는 단순히 미덕 중의 하나가 아니라,
시험의 순간에 나타나는 모든 미덕의 형태이다.

– C. S. 루이스Lewis

6유형은 임박한 위협에 대한 두려움을 느꼈을 때, 자신의 강함이나 다른 사람의 보호를 통해 안전을 찾으려는 사람의 원형을 보여준다. 그리고 이들은 두려운 세상에서 위험을 탐색하여 친구를 만들거나 도피 또는 투쟁을 통해 두려움과 불안을 방어적으로 관리한다.

6유형은 성격에서 탈동일시dis-identify를 통해 벗어나고자 할 때, 인간으로서 자연스럽게 올라오는 두려움에 직면하여 안전을 찾고자 하는 전형이다. 모든 성격 유형은 각각 다른 방법으로 두려움을 느끼지만, 이들은 '우리가 성격과 동일시하는 한, 두려움 속에서 산다고 생각'한다.[1] '도토리 자아'는 두려움 없는 인생을 알지 못하고 오직 '참나무 자아'만이 두려움과 불안을 넘어서 성장할 뿐이다.

에니어그램 상징의 내면에 있는 삼각형의 6유형은 에고를 초월하기 위해 우리 모두가 거쳐야 하는 변형과정의 기본 단계를 보여준다. 습관적인 패턴을 관찰한 후에,

3유형의 상징인 에고 성격과 분리되거나 탈동일시할 수 있다. 우리는 직면한 두려움을 벗어나기 위해 모든 내면 작업을 다 해야만 하며, 에고를 놓음으로써 야기되는 불안을 다루고, 자신을 방어할 때 올라오는 감정에 대해 맞서야 한다.

6유형은 자신의 방어를 내려놓을 때 생기는 심리적 두려움에 빛을 비출 수 있다. 용기 있게 스스로를 연약하고 무방비인 상태로 둘 때 불안은 불가피하게 올라오지만, 참자아와의 통합을 향해 성장하고자 한다면 그 불안은 반드시 극복되어야 한다. 산드라 마이트리는 오늘날 대다수가 삶의 주요 초점으로 음식과 쉼터를 구하지 않게 되면서 예전보다 생존 자체에 훨씬 덜 집중하고 있음에도 불구하고 '오늘날의 상황이 두려움을 줄여주지는 않는다.'[2]는 사실을 강조한다.

그래서 6유형은 커다란 세상에서 미약한 인간으로, 사람들이 이해할 수 있는 두려움에 대한 반응으로 자신을 보호하기 위해 어릴 때부터 성격을 발달시키고 두려움을 줄이기 위해 노력하는 인간의 보편적인 성향의 원형을 보여준다. 심리학자는 인간 발달의 초기 단계에서 '기본적인 신뢰'[3]가 행복감을 느끼는 데 필요한 요소라고 이야기한다. 만일 처해진 환경에서 어느 정도의 신뢰와 믿음을 갖지 못하면, 우리의 내재된 능력을 계발하고 삶을 살아내기가 어렵거나 불가능하다.

'투쟁 또는 도피'라는 말처럼, 6유형은 두려움에 대한 보통 사람의 기본적인 반응을 보여준다. 때로 '얼어붙음'은 '투쟁, 도피'와 같이 두려움에 대한 기본 반응에 포함된다. 두려움이 올라오는 위험한 순간은 사람을 동물처럼 기민하게 만든다는 점에서 인간의 필수적인 생존 기제임이 분명하다. 6유형의 하위유형은 두려움에 대한 세 가지의 기본적이고 뚜렷한 반응이 성격을 어떻게 형성하는지 보여준다.[4]

세 종류의 6유형은 자연 세계와 문명사회에서 두려움에 대한 특별한 반응들을 나타내고 있다. 두려움을 느낄 때 이들은 도망가거나, 거칠게 맞서 싸우거나, 또는 강하다고 생각하는 누군가의 도움을 찾는다. 이런 특징들 때문에 한 가지 성격의 기준으로 그들을 설명하기 어려우며 하위유형에 따라 극명하게 다를 수 있음을 보여준다. 두려움과 관련된 복잡한 감정, 사고와 행동적 패턴이 이들을 세 가지의 아주 다른 방식으로 동기화한다.

6유형의 주제는 일반 사회에서 '우리 대 그들'이라는 자세, 권위주의 및 모든 형태의 위계 구조라는 힘의 역동성으로 표현된다는 것을 알 수 있다. 나란호는, 어린아이의 눈에 거인처럼 보이는 부모의 존재에서 작고 하찮게 느껴지는 어린 시절의 경험을 바탕으로 두려움을 권위와 힘에 연결시킨다. 아버지라는 인물은 대부분 가정에서 권위의 원형적 상징이다. 그래서 부자관계는 권력관계나 상사와 부하간의 관계를 경험하는 것의 표본으로서 기능한다.[5] 나란호에 의하면, 두려움은 사회에서 지배자와 피지배자의 관계를 형성한다.[6]

6유형은 탁월한 분석력을 가지고 있으며, 신뢰하는 사람들에게는 대단히 충성스럽고 변함없는 친구가 될 수 있고, 훌륭한 전략가, 분쟁 중재자, 문제 해결사가 될 수 있다. 불안감을 기저에 깔고 살아가는 것에 익숙한 그들은 오히려 위기 상황에서 침착하고 효과적일 수 있다. 또한 착취하는 권력에 대항하는 용기 있는 반역자가 될 수 있으며, 약자를 위한 신실한 지지자가 될 수 있다. 그리고 타고난 직관으로 사람을 잘 읽고, 그들 특유의 '초능력'으로 사기를 간파해내며, 이면의 동기와 숨은 의제들을 감지해내는 재능이 있다.

6유형의 재능과 강점은 또한 '치명적인 결함'이나 '아킬레스건'이 되기도 하다. 이들은 비판적으로 생각하는 사람인 동시에 의심과 끝없는 질문, 과도한 분석으로 마비될 수 있다. 그리고 계획과 준비에 뛰어나지만 최악의 시나리오와 잘못될지도 모른다는 생각에 지나치게 초점을 두기에, 일을 추진하고 행동을 취하는 데 실패할 수 있다. 그들은 과도하게 걱정하고 불안이 자신을 몰아가도록 내버려두거나 공격성과 위험한 행동으로 두려움을 부인함으로써 스스로 걸려 넘어질 수 있다. 또한 정곡을 찔러서 권위에 문제를 제기하거나 존경하는 권위에 대한 의심, 불신, 반항을 고착시킬 수도 있고, 역으로 생각에 사로잡혀 우유부단해질 수도 있다. 그리고 정확한 직관과 다른 사람에 대한 자신의 투사된 두려움 사이에서 혼란스러워할 수도 있다.

진정한 통찰과 명료한 분석으로 무의식적인 형태의 두려움과 불안을 행동으로 나타내는 자신의 경향을 조절할 수 있을 때, 6유형은 현명하고 사려 깊으며 충성스러운 친구이자 동지이고 상담자가 될 수 있다.

## 호메로스의 작품, 『오디세이아』에 나오는 6유형
## 라에스트리고니언 재앙

오디세우스와 그의 일행은 여정 중에 끔찍한 상황을 많이 만났지만, 라에스트리고니언족과의 만남이 가장 무서운 재앙이었다.

6일 밤낮 노를 저은 후에, 오디세우스는 12척의 배를 이끌고 평화로워 보이는 항구에 정박했다. 그의 정찰병들은 왕의 딸을 만났고, 그녀는 그들을 성으로 인도했다. 정찰병들은 성에 들어서는 순간, 라에스트리고니언의 괴기스러운 왕비를 보고 겁에 질렸다. 그 왕비는 왕을 불렀고, 두 거인들이 정찰병들을 공격하여 그들 중 한 사람을 찢어서 잡아먹었다.

살아남은 사람들이 배로 도망쳐 오자, 수많은 라에스트리고니언 거인들이 항구로 쫓아왔다. 거인들은 12척의 배를 향해 바위들을 퍼부었다. 오직 극도의 공포에서 나오는 힘만이 오디세우스 선장의 배를 구할 수 있었다.

'노를 저어라. 지금 노를 젓거나 죽거나!' 죽음의 공포에서 모두가 하나 되어서 파도를 헤쳐 나갔다. 망망대해로 나아가는 환희여, 저 선명하게 돌출된 절벽이여… 나의 배만 외롭구나. 나머지는 모두 침몰되었구나. 아… 함대가 가라앉았구나.[7]

라에스트리고니언족은 아무것도 두려워하지 않아도 될 만큼 충분히 강력한 존재였지만, 자신들을 긍정적으로 보지 않는 사람은 틀림없이 적이라 가정하여 공격했고 즉각적으로 반응했다. 마치 6유형 성격의 부정적인 면을 과도하게 표현한 상징처럼, 부정적인 전망에 고착되어 단지 위협만을 본다. 어려움에 대비하는 그들의 경계가 편집증 수준까지 가며, 일단 두려움에 사로잡히면 합리적인 설명과 실제 진실이 무엇인지 조사하기 위한 시간을 내지 못한다.[8]

# 6유형의 성격 구조

에니어그램의 내면 삼각형의 왼쪽 코너에 위치한 머리 중심의 가운데인 6유형은 안전과 두려움이라는 핵심 감정과 관련되어 있다. 이들은 세상이 위험하고 불확실하다는 경험을 하면서, 잘못될 수도 있다는 생각과 잠재적인 문제들을 해결하기 위해 전략을 짜고 준비를 해야 한다는 생각에 초점을 맞춘다. 그들의 사고는 진짜 있을 법한 위험과 머릿속에서 상상하는 어려움에 중점을 둔다. 그래서 어떤 경우라도 자신의 내면에서 발생하는 부정적 예측에 대한 걱정을 멈추기가 어렵다.

두려움이 6유형의 주요 특징일 뿐 아니라 머리 중심의 핵심 감정을 나타내는 반면에, 두려움에서 나오는 행동을 인식하는 수준은 다양하다. 어떤 6유형은 두려움이 다양한 방어 습관을 일으킨다는 사실을 의식적으로 알아차리지 못할 수도 있다. 머리 중심의 세 유형은 자신의 성격을 형성한 어린 시절의 두려움과 관계가 있다. 5유형이 다른 사람에 대한 필요를 최소화하고 분리시키는 반면, 7유형은 긍정적이며 신나는 것에 초점을 맞추고, 6유형은 위협과 불확실한 결과를 이해하려고 노력하기에 나쁜 일이 일어나는 것을 막을 수 있게 된다.

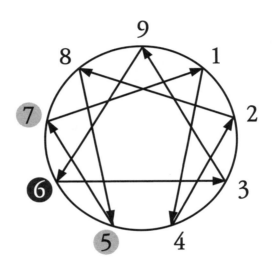

## 6유형의 어린 시절 대처전략

6유형의 성격은 주로 어린 시절 다른 종류의 지속적인 위협 상황을 경험했을 수 있다. 그들은 어릴 때 세상이 위험한 곳이라고 느끼는데, 대부분이 알코올 중독자였거나, 정신적으로 병들었거나, 폭력적이었거나, 자신을 지켜주기에는 너무 약했던 부모와 함께 살았던 이야기를 한다. 또한 자신에 대한 기대가 자주 바뀌고, 위험한 환경에 처하거나 주기적인 체벌 등을 경험했을 수도 있다.

믿을 수 없고 예측할 수 없으며 일관성 없는 보호자와 함께 살면서, 6유형의 아이는 위험이나 위협에 대한 신호를 주는 작은 단서를 집어내는 전문가가 되는 데 초점을 맞춘 대처전략을 계발한다. 그 후로 무슨 일이 일어날 것인가를 알 수 있도록 도와주는 신호를 감지하는 일에 뛰어나게 된다. 그래서 미리 준비하도록 하고, 준비하는 것이 아니라면 미리 대책을 강구하여 자신에게 오는 도전과 두려운 상황을 처리하게 해 준다. 이런 기술은 외부 세계로부터 정보를 받아들이고 처리하는 아이의 기본적인 방식을 형성한다.

6유형은 다른 사람의 부정적이거나 위협적인 의도를 보여주는 미묘하거나 미묘하지 않은 신호를 잡아내는 정보를 받아들이고 구분하는 방식을 발달시키게 된다. 혹시 언제, 누가, 자신을 해칠까를 예측하는 것은 안전하게 살아가기 위해 애쓰는 방식이 되었다. 결국 이러한 자동적 분류 절차는 불일치를 탐지하거나 사물의 표면 이면에 있는 것은 무엇이든지 탐지하고자 하는 데에 맞추어져 있다.

의식적이든 무의식적이든, 6유형은 세상의 부정적인 데이터를 지각하고, 발생하기도 전에 생길 수도 있는 위험하거나 문제가 될 만한 일을 조심하고 생각하는 데 초점을 둔다. 그래서 상상을 통해서 그들 스스로는 전원을 끌 수 없는, 어려움을 감지하는 레이더를 계발하게 된다. 이 습관은 그들을 고도로 직관적이고 분석적으로 만들지만, 이런 성향들은 최악의 시나리오, 사고, 투사 및 자기실행 예언에 편향될 수 있다. 또한 거짓된 현상 이면에 있는 것을 감지하는 데 능하지만, 위협과 의심에 대한 내면의 느낌을 너무 확신하여 존재하지 않는 위험을 생각 속에서 만들어내기도 한다.

위에서 언급했듯이, 6유형의 두려움에 대한 생존 반응은 '투쟁 또는 도피' 반응과 유사하다. '도피'(두려워하는/공포 순응) 전략은 도망가거나, 숨거나, 위축하거나, 다른 사람의 보호를 구하는 것이다. '대항'(두려움을 부정/공포 대항) 전략은 위험의 근원을 알아차리고 힘과 위협으로 두려움을 다루는 것이다. 두려움에 반응하는 스펙트럼 중간에 세 번째의 생존 전략이 있는데, 공포 순응과 공포 대항의 혼합형이며, 권위에 복종하거나 밀착해서 안전을 찾고자 한다. 이러한 권위는 실제적인 사람일 수도 있고, 일련의 안내 규칙이나 참고 사항인 지식 체계, 행동의 기준인 이념 등과 같이 '사람이 아닌' 권위가 될 수도 있다.

위협적이고 일관성이 없는 권위적 인물을 경험한 자신의 인생사에 비추어 볼 때, 6유형은 진정으로 훌륭한 권위를 무의식적으로 원하지만 실제 삶에서는 권위에 문제를 제기하거나 저항한다. 자신에게 군림하는 어떤 사람도 습관적으로 의심하기에 그들의 방어 전략은 일반적으로 친숙하지 않은 다른 사람, 특히 권위적 인물에 대한 경계를 포함한다. 그러나 중요한 사실은 권위에 관한 이런 접근법에 있어서 하위유형에 따라 매우 다르게 나타난다. 자기보존 6유형(공포 순응)은 가장 조용하고 회피적인 성향이며, 사회적 6유형은 가장 순종적으로 순응하며, 일대일 6유형(공포 대항)은 가장 경쟁적이고 반항적이다. 그러나 이러한 사실에도 불구하고 세 가지의 하위유형 모두 특정 상황에 놓이면 의심이 많아지고 권위에 반항하는 경향을 갖고 있다.

종종 6유형의 권위에 관한 문제는 어린 시절에 권위적인 아버지와 과잉보호하는 어머니를 경험하면서 나타날 수 있다. 위협적인 아버지상은 거부 또는 체벌에 대한 아이의 두려움을 강화시키고 불안하게 한다. 그리고 과잉보호하는 어머니는 세상이 안전하지 않고, 외부의 위협에 대처할 만한 내적 자원이 없다는 메시지를 아이에게 전달한다. 또한 6유형 아이에게 아버지가 계시지 않거나 아버지의 역할이 약했을 수도 있지만, 계셨다면 아버지의 우세한 성향이 하위유형에 영향을 줄 수도 있다. 나란호는 영웅을 숭배하고 불안해하는 경향이 있는 6유형(자기보존 또는 사회적)은 종종 자신이 가지지 못한 좋은 아버지에 대한 과도한 요구를 드러낸다고 한다. 반면에 자기 스스로에 대해 과장이나 영웅적인 견해를 가진 6유형(일대일)은 아버지와 경쟁의식을 경험했을 (또는 나약한 아버지의 자리를 대신했을) 가능성이 있다고 말한다.[9]

그래서 어린 6유형은 위협을 직면했을 때 자신감과 안전의 모델이 될 수 있는 좋은 '첫 권위자'의 부재로 인한 고통을 자주 당한다. 이것을 생각해 보면, 이들의 대처전략은 강하고 보호해 주는 자애로운 아버지상의 부재에 대한 보상이라고 볼 수 있다.

잭은 3형제 중 맏이였습니다. 그의 어머니는 그가 태어날 때부터 편두통으로 고통을 받았습니다. 그녀는 주중에는 잘 대처하였지만 매주 금요일에는 심신을 약화시키는 편두통에 시달렸습니다. 그 당시에는 그 통증을 줄일 수 있는 약이 없었기에 그녀는 엄마로서의 역할을 하지 못했고, 5유형인 아버지는 집에 거의 없었습니다. 역할을 할 수 없는 어머니와 아버지의 부재로 인해 그는 불확실한 삶을 살았고 권위적 인물에 의지할 수 없었습니다. 이러한 상황에서 의지할 수 있는 사람은 오직 자신뿐이기 때문에 독립적이어야 한다고 생각했습니다.

그의 어머니는 공포에 순응적이었고, 세상은 안전하지 못하다는 신념을 내면화하였습니다. 안전에 초점을 두는 어머니의 불안은 잭이 근본적인 두려움을 갖는 데 기여했습니다. 아버지는 강함의 모델이 되지 못하였고, 어머니가 아버지를 다른 사람 앞에서 질책할 때 아버지가 자신을 위해 맞서지 않는 것에 화가 났습니다. 어머니가 아버지에게 굴욕적으로 대해서 미칠 것 같았고, 수동적인 아버지에게 진절머리가 났습니다. 그는 부모님의 갈등을 목격하는 고통에서 탈피하기 위해 독립적이고 강한 사람이 되려는 충동과 그들로부터 벗어나는 방식으로 스스로를 책망했습니다.

잭은 스스로 권위가 있어야 한다는 것을 일찍 깨달았습니다. 자신의 인생에서 강한 권위를 진정으로 원했고 찾으면서도, 권위에 매우 까다롭게 굴면서 방심하지 않았고, 잠재적 권위가 있는 인물이나 다른 인간관계에서도 그들의 행동에서 모순을 찾고자 했습니다. 그의 인생을 통틀어 그가 깊이 존경하는 권위 있는 인물은 겨우 몇 명뿐이었는데, 다른 사람을 의지할 수 없는 환경에서 자라왔기 때문입니다. 신뢰할 수 있는 훌륭한 권위자나 사람들을 찾았으나 결국 그들이 자신을 실망시키거나 신뢰할 만한 사람이 아님을 계속 예측했습니다. 심지어 친구관계에서조차 항상 결말이 좋지 않을 것이라고 생각했습니다. 그의 아내는 그가 안심하고 경계하지 않는 유일한 사람이었습니다.

## 6유형의 주요 방어기제 투사와 분열

6유형의 주요한 방어기제는 투사projection이다. 내사introjection의 경우처럼, 어떤 사람의 심리적 보호 장치로써 투사를 할 때 자신과 세상 사이의 심리적 경계는 사라진다. 그들이 '투사'를 할 때는 무의식적으로 자신의 내면에서 시작된 어떤 감정이나 생각을 외부의 누군가로부터 왔다거나 그 외부인의 감정이나 생각으로 느낀다.

심리학자 낸시 맥윌리암스Nancy McWilliams가 설명했듯이, '투사는 내면에 있는 것을 외부에서 들어오는 것으로 오해하는 과정이다. 성숙한 형태의 투사는 공감을 위한 기본이 되고, 악의적인 형태의 투사는 위험한 오해를 낳게 된다.'[10] 위협을 감지하는 성향이 있는 6유형은 그 감정이 외부 세계에서, 때로는 다른 사람 때문에 발생한 것이라고 상상하며 내면의 감정을 무의식적으로 밖으로 투사해버리거나 '그것을 제거해' 버림으로써 그들의 내적 두려움에서 자신을 심리적으로 방어한다. 예를 들어, 만약 자신에 대해 불안전하거나 판단을 받는다고 느끼면 그는 다른 사람이 자신을 판단하고 있다고 상상할 수도 있다. 두려움이 외부에 있는 어떤 사람으로부터 오는 것이라고 느낌으로써, 그는 자신의 판단 또는 불안전의 고통을 피할 수 있고, 특별한 방식으로 다른 사람을 관련시켜 내부 판단의 고통을 관리하거나 통제한다.

4유형이 외부의 위협을 관리하기 위해 내사라는 방어기제를 사용하여 원인이 자기 내면에 있다고 느낌으로써 상황을 더 잘 통제하려는 것과 같이, 6유형은 어떤 사람으로부터 기인한 것이라고 여김으로써 두려움과 자기의심과 같은 불편한 감정을 다루고 있다. 그들의 내면에서 인정하고 싶지 않은 감정, 동기, 생각들을 다른 사람들에게 귀인 시킴으로써, 6유형은 그것을 자신의 내적 경험에서 몰아내고 내면의 안전감을 느낀다. 만약 다른 사람이 그들에게 나쁜 감정을 경험하도록 한다면 편하게 그들을 떠나거나 좋게 대한다. 왜냐하면 이들에게는 내면에서 올라오는 나쁜 감정을 관리하는 것이 좀 더 어렵거나 위협적이라고 생각하기 때문이다. 투사는 6유형이 자신의 느낌과 생각에서 오는 비난과 위협의 근거를 외부에 둠으로써 그러한 감정에서 빠져나갈 수 있게 해 준다. 이런 방식으로 자신의 불편한 감정은 다른 사람으로부터 기인한 것이라고 믿게 된다.

투사가 방어기제로 작용되어 내면의 위협적인 느낌을 누그러뜨린다 해도, 그것은 또한 많은 문제의 원인이 될 수 있다. 맥윌리암스가 언급한 것처럼, '투사의 태도는 그들이 투사한 대상을 심각하게 왜곡하거나 투사된 것이 자신의 일부가 아닌 극히 부정적인 부분으로 구성되어 있기에, 예측한 대로 모든 종류의 어려움이 뒤따른다. 상대방은 오해를 받은 것에 분개하며, 6유형이 비판하고 시기하며 괴롭힌 것에 보복을 할 수도 있다.'[10] 두려움과 내면에서 일어나는 생각을 다른 사람에게 투사하는 습관이 의심과 편집증적인 감정과 행동으로 실제로 나타날 수 있다. 왜냐하면 습관적으로 자신의 두려움과 불편한 감정을 다른 사람에게 전가할 때, 무의식적으로 상대방을 의심하고 불신할 이유를 만들어내게 되고, 상대를 위험하며 위협적으로 변할 수 있는 대상으로 간주하기 때문이다.

투사에 덧붙여, 6유형은 두 번째 주요 방어기제인 분열splitting을 사용한다. 분열은 유년기 초기에 시작되고, 선과 악이라는 기준으로 대상을 인식하고자 하는 유아의 욕구와 관련이 있다. 아이가 선과 악의 속성이 한 사람 안에서나 한 경험에서 공존할 수 있다는 사실을 이해하는 능력(추후 발달단계에서 양가감정이라 함)이 생기기 전에 분열이 발달하여 불안을 줄이고 자부심을 유지하기 위해서 방어적으로 작동한다.[12]

우리는 개인 차원과 집단 차원에서 분열의 증거를 볼 수 있는데, 어떤 사람이 한 개인이나 집단을 전적으로 나쁘다거나 전적으로 좋다고 할 때가 그런 경우이다. 이것은 정치에서 한쪽 편이 그들의 반대자를 악마로 묘사할 때나 전쟁에서 적을 완전히 악한 자로 지각할 때 분열이 발생한다. 개인의 마음에서, 사람은 누가 선한 자이고 누가 악한 자인가를 선별하여 분열을 사용하는데 이는 두려움을 덜 느끼기 위해서이다. 그들은 더 쉽게 대처하기 위해 명확한 방식 안에서 두려움의 근원이나 악이 어디에 있음을 알려고 한다. 만약 자기 자신을 악으로, 다른 사람을 선으로 본다면 당신은 더 나아지려고 노력할 수 있으며, 자신을 보호하기 위해 다른 사람에게 의지할 수 있다. 만약 자신을 선으로, 다른 사람을 악으로 본다면 그는 자부심을 유지할 수 있고 자신 내면의 긍정적 자원을 사용하여 외부에서 기인한 구체적 위협으로부터 자신을 보호할 수 있을 것이다.

분열은 대부분의 6유형이 상당한 정도의 죄책감과 자책, 그리고 어쨌든 자신이 나쁘다는 확고한 신념을 가지는 것에 대한 심리적인 근거가 된다. 반면 6유형은 그들이 싫어하거나 믿기 어려운 다른 사람들을 전적으로 나쁘게도 볼 수 있는데, 심지어 그 사람이 객관적으로 보아 '좋은 면'과 '나쁜 면' 둘 다를 갖고 있는 사람일 때에도 그렇게 된다.

## 6유형의 주의초점

6유형은 위험에 대처하기 위한 방어의 기본으로써, 발생할 수 있는 일을 상상으로 정교화하고 잠재적인 위협에 선택적으로 주의를 두는 습관을 기반으로 세상에 존재하는 방식을 계발한다. 그들은 복잡한 것에 대해 경계를 취하고, 상황과 사람들의 다양한 측면을 지각하고 이해하는 데에 자신의 분석적인 사고의 초점을 맞춘다. 또한 자기 자신과 다른 사람, 외부 세계의 데이터에 대해 의심하고 문제 제기하는 데에 중심을 둔다. 의심에 대한 구체적인 초점은 하위유형별로 다르다.

세상이 잠재적인 위험으로 가득하다고 느끼기에 안전에 대한 욕구로 6유형은 자신을 둘러싼 환경에서 (또는 자신의 머릿속에서) 자신의 안전에 위험한 신호가 될 수 있는 부정적인 데이터에 초점을 맞춘다. 그들은 다른 사람을 처음으로 만날 때 경계하고 불신하는 경향이 있어서, 그들의 의도를 읽어낼 수 있을 때까지 다른 사람의 동기에 대해 의문을 제기한다. 다른 사람들은 경험과 증거를 통하여 6유형의 신뢰를 얻을 때까지 관찰을 당한다. 탐색 그 자체에 집중한 나머지 어떤 상황 속에서 '부정적' 데이터를 인식하고 직관적으로 위험 요소를 찾다 보면 때때로 그들은 결국 스스로 위험 요소를 만들어내기도 한다.

만약 6유형이 인지한 무엇인가가 의심을 불러일으킨다면, 그들의 생각은 곧 최악의 시나리오를 만드는 쪽으로 갈 수 있다. 일반적으로 그들은 문제를 포착하는 자신의 레이더를 매우 신뢰하고, 어떤 일이 일어날 것이며 어떤 준비가 필요한지를 결정하기 위해 환경 속에서 작은 양의 정보를 잡아내는 자신의 직관적인 능력 또한 매우 신뢰하는 경향이 있다. 어떤 때에는 이런 방식으로 주의를 기울이는 습관은 정확하고 통찰력 있게 상황을 읽어 내거나 일이 어떻게 진행되는지에 대한 깊고 직관적인 이해를 하게 한다. 한편 그들은 발생하는 일에 대한 두려움을 기반으로 수집한 객관적 데이터를 사용해 간극을 채울 수 있다. 달리 말해, 그들은 자신도 모르는 사이에 무의식적으로 자신의 두려움에 근거한, 상상력으로 팽창된 사고를 투사하여 아무것도 없는 상황에서도 위협을 만든다.

6유형은 권위에 초점을 두는 경향이 있어서 자신의 행동을 안내해 줄 훌륭한 권위를 찾거나 권좌에 있는 사람들을 의심의 눈으로 바라보는 경향이 있다. 그들은 종종 권력을 휘두르는 사람에 대해 미심쩍어하며, 그들이 권력을 제대로 사용하는지에 대해 의혹을 제기한다. 또한 자연스럽게 약자와 약자가 되는 원인에 긍정적인 초점을 기울이는데, 이는 그들 스스로가 다른 사람을 지배하고 압제하려 하는 권위적 인물에게 상처받고 위협받는 느낌이 어떤 것인지 잘 이해하기 때문이다.

'선의의 비판자' 또는 반대 입장을 취하는 것은 주의초점을 두는 방식의 또 다른 측면이다. 6유형은 전형적으로 강한 의견을 표명하는 사람에 대해 문제를 제기하거나 반대한다. 그들은 진상을 파악하는 방법으로 대안이나 반대 입장에 초점을 두는 습관이 있어서, 이슈를 복잡하게 더 구체화하거나 이미 기각되거나 무시된 의견을 다시 꺼내들어 도전하고 사람들을 시험한다. 지속적으로 문제를 제기하거나 모든 것을 분석하면서 스스로를 더 안전하게 느끼는데, 이는 그들이 더 많은 데이터를 모아 확신을 얻고 거듭 확인하는 과정에 있기 때문이다. 그들은 논쟁을 할 때 허점을 찾으려 하는데, 이는 상대방이 믿을 만하다는 것을 증명하도록 (또는 그들의 깊은 의도를 드러내도록) 압박을 가하거나 진상을 파악하기 위해서이다. 선의의 비판자의 역할을 취하고 뭔가 잘못될 수도 있다는 것을 미리 알아채는 습관은 그들을 훌륭한 해결사로 만들어주는데, 실제로 업무 현장에서 종종 그런 역할을 하고 있다.

다른 성격 유형은 6유형이 의심이 많고 피해 망상적이며 비관적이고 부정적인 토대 위에 살고 있는 것처럼 볼 수 있다. 그러나 이들은 대체로 자기 스스로를 비관적이지 않다고 생각한다. 오히려 그들은 각 상황을 분석하고 잘못될지도 모르는 일을 가늠해 봄으로써 최상의 시나리오를 완성하려고 한다는 점에서 스스로를 현실적이며 심지어 이상적인 사람으로 지각하는 경향이 있다.

## 6유형의 감정적 격정 **두려움**

두려움은 모든 동물의 생존을 보장하는 보편적인 핵심 감정이며, 6유형의 성격을 형성하는 정서적 격정이다. 두려움은 다양한 형태를 취할 수 있고 어느 정도는 의식할 수 있는 감정이다. 그것은 미지에 대한 두려움의 형태를 취할 수도 있고, 행복을 잠재적으로 위협하는 것에 불안해하고 과도하게 걱정하는 것의 원인이 되기도 하며, 한편으로는 자기의심이나 반신반의의 느낌일 수도 있다. 두려움은 자아개념과 관련된 죄책감과 수치심으로 경험될 수도 있고, 누군가가 자신을 해하거나 신뢰할 수 없다는 신념으로 표면화될 수도 있다. 두려움은 끊임없이 올라오고 사람을 마비시킬 수 있으며 안전과 통제를 유지하기 위해 규칙과 질서에 복종하는 동기가 될 수 있다. 또한 두려울 때 공격하려는 충동에서 나온, 공격성에 대한 강력한 반작용으로 나타날 수도 있다.

두려움과 밀접하게 관련된 불안 또한 6유형 성격의 주요 특징이다. 불안은 '위험이 예상되어 발생하는 우려, 긴장, 거북함'이다.[13] 두려움은 의식적으로 감지할 수 있는 외부의 위협이나 위험에 대한 정서적 반응인 반면에, 불안은 주로 '정신 내부에서 기원'한다.[14] 즉, 불안은 알 수 없고 인지되지 않은 위협에 대한 반응으로 우리 머릿속에서 만들어진 것이다.

때때로 불안은 임박한 위험이 분명하게 보이지 않을 때조차 나타나는데, 이는 불안이 종종 두려움 그 자체에 대한 공포, 또는 상상하거나 희미하게 감지하는 어떤 것에서 기인하기 때문이다. 이들의 불안은 계속 상상이 되지만 위협을 중단시킬 수 있는 위험 앞에 얼어붙은 경계경보라고 나란호는 비유한다.[15] 그들은 공포를 느끼는 시나리오를 상상하거나 위험에 처하거나 위협받는 것을 예상할 때 두려움에 관련된 불안을 느끼는 경향이 있다. 때때로 불안은 사회적 상황과 연결될 수 있다. 6유형은 다른 사람들로부터 비판, 비난 또는 위협을 받을 때 두려움을 느낄 수 있다. 사회적 상황과 관련하여 그들의 주저함과 불편함은 자기의심 또는 다른 사람의 동기나 판단을 수상하게 여기는 습관과 관련되어 있다. 불안에 직면해서 의심하거나 우유부단하게 행동하는 것은 그들의 불안을 가중시킬 수 있고, 그로 인해 그들의 불안 경향은 주기적이고 자기강화가 되기에 깨뜨리기 어려워질 수 있다.

두려움과 불안은 이런 정서적 경험과 대처하려는 6유형의 내면 노력이고 위협에 직면하여 살아남기 위해 설계된 패턴에 따른 방어 체계인 것이다. 그 위협이 압도적인 것으로 느껴지든 아니면 희미하게 감지되든 간에 그렇다.

## 6유형의 인지적 오류
### 세상은 위험한 곳이라고 생각해
### 내가 편집증이 있다고 해서 나를 공격하러 오는 사람이 없다는 것은 아니다

우리 모두는 자신의 신념, 감정과 행동에 영향을 주는 습관적인 사고방식에 묶여 있고, 이것은 전체적인 시각을 만들어내는 정신적 모델이 더 이상 효과를 보지 못하게 된 이후에도 계속된다.[16] 격정이 성격의 감정적 동기를 형성하는 반면, '인지적 고착'이나 '인지적 오류'는 성격의 사고 과정을 사로잡는 패턴이다.

외부에서 볼 때, 전형적으로 이들을 몰아가는 생각과 신념은 과도하게 부정적일 수 있다. 그러나 이런 생각과 신념은 그들에게 발생할 수 있는 문제에 대처하기 위해 준비하거나 전략을 세우는 것이 현명한 방법처럼 보이고, 그들에게 (틀릴 가능성이 있는) 통제의 감각을 제공해 준다. 이들의 핵심 신념은 위협과 위험을 감지하고 관리하는 데에 필요한 주제들을 반영하고 있다. 즉, 세상에서의 진짜 위험에 직면하여 안전을 창출하고 안정을 찾게 해 준다. 두려움으로 인해 활성화된 상상을 통해 형성된 불안을 대처하게 해 준다.

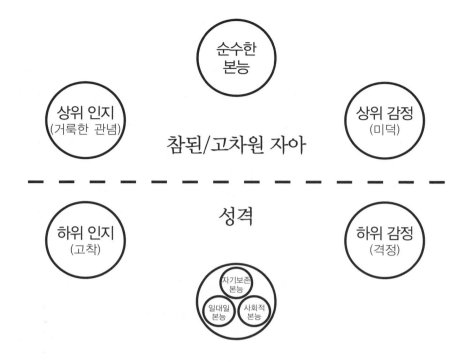

두려움의 격정을 지지하도록 6유형은 아래와 같은 심리적 구조화 원칙들을 핵심 신념으로 붙잡고 있다.

- 세상은 위험한 곳이며, 안전하게 있으려면 경계 태세를 갖추고 문제의 신호를 알고 있어야 한다.
- 발생할 수 있는 최악의 상황을 상상하면 그것에 대비할 수 있다. 그로 인해 자신을 최대한 보호하거나 최악의 상황을 사전에 피할 수 있다.
- 무엇이 잘못될 수 있는지 예측하거나 예상해서 실수하거나 다치거나 안 좋은 상황에 갇혀버리는 것에서 보호할 수 있다.
- 임박한 재앙은 언제라도 터질 수 있고, 만약 준비가 되지 않는다면 그것을 미리 방지하지 못하거나 닥쳤을 때 대처하지 못할 것이다.
- 불확실한 세상에서 확실한 것을 찾고 정보를 수집하는 것은 안전함을 더 느끼기 위한 한 가지 방법이다.

- 항상 의심할 만한 여지가 있기 때문에 무엇이나 어떤 사람도 완전하게 신뢰하기가 어렵다.
- 사람들이 당신을 어떤 식으로 위협하고 다치게 하며 이용해 먹을지에 대하여 경계를 취하는 것이 좋다. 불시에 당하지 않고 스스로를 보호할 수 없는 일이 생기지 않도록 하기 위함이다.
- 공포 순응: 내가 다른 사람에게 쉽게 상처받는 방식에 초점을 맞춤으로써 나는 나의 연약함을 최소화할 수 있게 조치를 취할 수 있다.
- 공포 대항: 인생을 헤쳐 나가며 겪어야만 할 도전들에 집중함으로써 나는 사전대책을 강구한 상태로 강하고 단호하게 그런 어려움들을 극복하는 방법을 생각할 수 있다.

위기를 관리하고 위험에 대비해야 한다는 6유형의 집착은 성인기에 불확실하고 두려운 환경을 통제하여 안전을 유지하는 방법을 사용함에도 불구하고, 실제로 그것은 더 많은 불안과 스트레스로 느껴질 수 있다. 따라서 그들에게는 확신을 느끼거나 충분히 안전하다고 느끼는 일은 결코 가능해 보이지 않을 수 있다.


## 6유형의 함정
**당신이 어떤 것이 잘못될 거라고 예상한다면, 보통 그렇게 된다**
**위험은 당신이 찾고 있는 곳에 있다**

각각의 유형이 그러하듯이 6유형에게도 인지적 고착은 성격 패턴을 맴돌게 한다. 이것은 성격의 한계로는 해결할 수 없는 내재된 함정을 보여준다. 그들의 인생 전략과 주의초점을 고려할 때, 이들은 위협적인 세상에서 안전을 확보하도록 디자인된 그들의 습관과 이러한 방어적인 전술이 실제로는 불안, 두려움, 불안정에 그들을 가두고 있다는 사실 사이에서 갈등을 경험하게 된다.

6유형의 핵심 신념은 그들의 두려움에 대한 끊임없는 초점과 그와 연관된 상상이 위협에 대한 인식을 줄여주는 것이 아니라 더욱 심각하게 영향을 줄 수 있기에 그들이 위험한 세상을 만들게 된다. 뭔가 잘못될 수도 있다는 생각에 대한 과도한 초점은 자기 파괴와 자기 실행적 예언으로 이끌 수 있다. 이는 마음속에 두려운 시나리오를 만들어 내고 그것이 두려움을 현실화시키는 결코 바라지 않았던 결과를 가져올 수 있다. 우리의 현실이 우리의 신념과 지각에 의해 형성되는 경향이 있기 때문에 그들은 자신도 모르게 두려움에서 빠져 나오려고 고안된 정신활동을 통하여 더욱 많은 위험을 만들어낼 수 있다.

## 6유형의 대표적 특징

### 1. 과잉경계

6유형의 과잉경계는 그들의 불안과 밀접한 관계가 있다. 의식적이든 무의식적이든 핵심적인 특성으로서의 두려움은 6유형에게 종종 위험이나 위협 또는 어떤 일이 잘못될 수 있다는 신호에 대해 '경계태세를 갖추도록' 동기부여를 한다. 태생적으로 의혹과 지나친 조심으로, 6유형의 성향은 숨겨진 위험을 드러낼지도 모르는 단서에 과잉경계하는 경향이 있다. 나란호가 '만성적인 각성 상태'라고 묘사한 의미는, 지속적으로 확실하지 않은 상태를 줄이기 위해 데이터를 수집하고, 놀랄 만한 부정적인 일로부터 스스로를 보호하는 방식으로, 위험의 잠재성이 있는 현실을 해석하는 방법이다.

지속적으로 문제들의 신호와 다른 부정적인 데이터를 주시함으로써 6유형은 습관적인 방어 행동으로 연결된다. 끊임없는 경계 태세에 있다는 것은 최악의 사태가 일어날 것을 상상하는 경향을 가진 사람들을 말한다. 항상 고도로 경계하는 상태는 우리가 위험한 세상에 살고 있다는 신념의 당연한 결과이다. 이러한 신념은 종종 고통스러운 경험에 의해 뒷받침된다. 심리적 외상 후 스트레스 장애를 겪고 있는 사람들이 자신이 실제로 겪었던 일을 반복해서 경험할까 봐 과잉경계와 불안 상태로 남아있을 수 있다. 그와 마찬가지로 6유형은 그들이 과거에 겪었던 일이 다시 일어날지도 모른다는 두려움에 근거한 경계초점을 유지하려고 한다.

## 2. 이론적인 성향

두려움은 무엇을 하고 어떻게 해야 할지에 대한 확신 부족에 기여한다. 따라서 6유형은 결정의 토대가 될 양질의 데이터를 계속 찾고, 그 데이터를 사고 속에서 처리하며, 무엇을 해야 할 지에 대해 최선의 결정을 내리는 방법으로 논리, 이성, 합리성 등을 적용한다.

나란호가 언급했듯이, 6유형은 '지적인 유형일 뿐만 아니라 이성에 전념하는 가장 논리적인 유형이기도 하다.' '문제를 해결하도록 답을 찾는 욕구로 인해 6유형은 최고의 질문자이고 그렇기에 잠재적인 철학자이기도 하다.'[70] 6유형은 지성의 왕국에 살고 있는데, 그에게 지성은 문제를 해결하는 방법일 뿐 아니라 안전하게 느끼려는 시도에서 '문제를 찾아내는' 방법이기도 하다.

이론적인 것에 초점을 두는 경향은 6유형이 두려움과 우유부단함에 대해 정신적으로 싸우는 것이다. 즉, 그것은 두려움으로 인한 망설임의 결과를 보여준다. 6유형은 사고과정 그 자체가 과도한 사고와 추상에서 안전을 찾고자 하지만 때때로 그 집착에 사로잡혀 있을 수도 있다. 그래서 더 논리를 생각하고 적용하며, 그렇게 해서 나온 결론에 또 문제제기를 하고, 이는 필연적으로 더 깊은 사고와 추론으로 가게 되는 끝없는 순환에 갇히게 된다. 그러므로 6유형은 추상과 이론으로 도피하지만, 이런 경향은 세상에서 행동하는 것을 막는 함정이 된다.

## 3. 권력에 대한 지향

권력에 대한 지향은 가장 구별되는 6유형의 특성 중에 하나이다. 대체로 어린 시절에 경험했던 권위적 인물인 부모에 대한 반항으로 이들은 권력에 대한 특정한 태도를 가지는데, 이 태도는 세 가지 하위유형에 따라 다르다. 이들은 계급이 있는 사회에 살고 있으며, 그들은 권위를 사랑함과 동시에 증오하는데, 이는 어린 시절 부모를 사랑함과 동시에 같은 부모에 의해 통제 당하거나 벌을 받았거나 하였던 경험을 반영한다.

나란호는 부모의 권위 원형을 어떤 식으로 경험하였는가에 따라 권위 이슈에서 뚜렷하게 구별되는 6유형의 세 가지 유형을 구조화했다고 요약하였다.

공격적인 6유형(일대일), 순종적인 6유형(사회적), 그리고 다정한 6유형(자기보존)의 안전 전략이 공통적으로 갖고 있는 것은 그들의 권위에 대한 경험이다. 우리는 6유형의 두려움은 근원적으로 부모의 권위와 벌의 위협, 즉 권위를 휘두르는 부모, 대체로 아버지에 의해 발생된다고 말할 수 있다. 원래 이 두려움이 다정함Self-Preservation, 복종Social이나 반항One to one의 형태로 부모를 향해 갔었던 것처럼, 이제 그는 권위를 부여 받은 누군가를 만날 때는 계속하여 똑같이 행동하고 느끼게 된다.[18]

자기보존 6유형(권력에 드러내놓고 대항하지 못할 수도 있는)을 포함하여, 대부분의 6유형은 반권위주의 감정을 느낀다고 말한다. 대체로 이들은 권위적 인물에 관련하여 의심, 의문과 불신을 경험한다고 묘사하며, 몇몇 6유형은 종종 권력에 저항하거나 대항할 수도 있다. 물론, 이러한 권력에 대한 회의는 강점일 수 있다. 몇몇 권력자들은 자애롭지 않을 수 있기에 이들이 부당한 권력에 대항하는 큰 용기를 보여줄 수 있다. 그러나 다른 면에서 이런 특징이 부정적으로 작용하여 피해망상을 나타낼 수도 있거나, 어떤 권위도 심지어 좋은 의도를 가진 권위 또한 받아들일 수 없는 성격이 될 수도 있다. 앞으로 발생할 일에 대해 의문을 갖는 경향과 천성적인 권위를 가진 자에 대한 불신 때문에, 6유형의 신뢰 테스트를 통과할 수 있는 권위자는 그의 인생에서 거의 없을지도 모른다.

### 4. 의심과 양가감정

'의심하는 마음'을 갖는 것은 6유형의 주요 성격이다. 이들의 타고난 사고방식은 거의 모든 것에 대해 의심하고 질문하는 경향이 있다. 이러한 방식은 다른 사람의 의도에 대한 불안 및 사람과 생각을 시험하고 정신적으로 평가함으로 안전하다고 느끼고자 하는 욕구를 반영한다. 자신과 남을 모두 의심하는 경향이 있기에 위협 신호에 대해 경계태세를 취하는 이들의 대처전략은 안전을 추구하려는 시도의 한 방편으로 진실이 무엇인가를 의심하는 습관에 의존하고 있다. 이러한 방식으로 이들은 끊임없는 자기의심을 통하여 스스로 틀렸음을 입증하게 되고, 의구심을 표현함으로써 다른 사람을 의심하는 것으로 보이게 되는데, 다른 사람을 의심하기보다는 자기 자신을 더 많이 의심하는 하위유형이 있다.

나란호는 의심에 빠진 6유형의 상황을 '그는 자기 자신을 의심하고, 그가 의심한 것을 의심한다. 그는 다른 사람에 대해 의구심이 있고 그것이 실수일까 봐 두려워한다. 당연히 이런 이중적 관점의 결과는 행동방침을 선택하는 것에 관한 만성적인 불확실성으로 귀결되며 자연히 불안으로 이어진다.'[19]라고 말했다. 자기 자신과 다른 사람에 대해 '고발하는 조사관'의 태도 이면을 살펴보면, 성격에서 의심의 역할은 그의 관점과 관련된 불확실성을 반영하는데, 즉 그는 자기 자신을 무효화하면서 개인적으로 괴로워하는 동시에, '고발하는 조사관'임을 입증함으로써 실속 없이 자신을 거창하다고 느낄 수도 있다.

양가감정과 우유부단함은 의심에서 자연스럽게 뻗어 나온 것인데, 이는 결국 양가감정에서 벗어날 수 있는 능력도 없고 모호함을 명확하게 할 수 없는 무능으로 이끈다. 나란호가 지적한 것처럼, 애매모호함은 6유형에게 불안을 초래한다는 사실에도 불구하고, 그들은 모든 성격유형 중에 가장 드러나게 양가감정을 가진다. 양가감정은 이들에게 있어 어린 시절부터의 화두이다. 즉, 어린 시절 권위에 대해 사랑함과 동시에 두려워했다면, 그것은 엄청난 양가감정으로 유도될 수 있는 것이다. 그러므로 의심과 양가감정은 다른 사람을 기쁘게 하는 것과 그들에게 반항하는, 또는 그들을 존경하고 무효화하는 사이에서 6유형의 지속적인 내적 갈등을 반영한다.

## 5. 반대 사고(비주류의 사고)

의심의 또 다른 표현이자 확실성에 대한 탐색은 6유형의 반대적인 사고의 습관에서도 눈에 띈다. 이러한 특징은 그 상황에서 우세한 의견이 무엇이든 거기에 반대하는 목소리를 높이는 성향으로 드러난다. 올바른 답을 찾고 상대방의 지배력을 경솔하게 받아들이는 것을 막기 위한 방편으로, 이들은 어떤 진술이나 의견을 들었을 때, 종종 자동적으로 그 반대편에서 주장한다. 이러한 이유로 이들은 때때로 악마의 변호인, 즉 일부러 반대의견을 말하는 사람 또는 비주류로 반대의견을 가진 사람이라고 불린다.

6유형에게는 다른 사람의 관점을 즉시 받아들이는 것이 위험하다고 느낄 수 있어서, 반대적인 생각을 하는 그들의 습관이 방어 전략이 된다. 이는 다른 사람의 잘못된 생각을 성급히 받아들이는 것을 막는 방식이다. 어떤 논쟁의 반대의견을 즉각적으로 논할 수 있음으로써, 반대적인 사고와 연관된 이들의 성향은 자신에게 군림하려는 방법으로 설득하려 애쓰는 다른 사람들에게 맞설 수 있게 해 준다.

의견에 반대하는 성향은 또한 일종의 시나리오를 만들어내는데, 이 시나리오에서는 의심(그리고 잠재적으로는 무의식적 두려움)가는 것이 무엇인지, 그리고 진실이 무엇인지에 대해 즉시 논의하는 것을 통하여 조사하려는 동기가 강제적으로 생긴다. 지배를 피하고 올바른 답을 찾는 방식으로 의견에 반대하는 6유형은, 그들이 위험해질 수도 있는 방법으로 쉽게 넘어가거나 위험의 영향을 받지 않을 것이라고 느낀다.

이와 같은 사고는 6유형 성격의 타고난 지성과 논리를 강조한다. 만약 당신이 이론적이고 추상적인 것을 지향한다면, 매우 쉽게 반대 입장에서 자연스럽게 논쟁을 일으킬 수 있다. 그러나 의심과 같이 반대적인 사고와 연관되는 경향은 결국 끝없이 밀고 당기는 토론에서 지게 되는 이유일 수 있다. 그리고 이런 식의 생각은 한 관점이 다른 관점을 쉽게 압도하는 것을 미연에 방지하는 데 유용한 반면, 종종 확신을 만들어내지 못하고 그저 더 심한 논쟁으로만 이끈다.

## 6. 자기 실행적 예언

6유형은 두려움에 뿌리를 둔 투사의 주요 방어기제와 습관 때문에 자기 실행적 예언의 경향이 나타난다. 이것은 다음과 같이 작용한다. 이들은 자신에 대한 두려움, 즉 본인은 너무 약하다거나 사람들이 자신을 좋아하지 않는다는 위협적인 느낌을 경험하고, 그 느낌에서 오는 고통이나 두려움에서 자신을 보호하기 위해 무의식적으로 그것을 다른 사람에게 투사한다. 그래서 스스로를 의심하고, 자신의 부족함에 대한 두려운 느낌과 그에 따르는 부정적인 자기평가를 다른 사람에게 투사한다. 투사당하는 상대방, 즉 6유형에 대해 전혀 부정적으로 느끼지 않았던 사람은 6유형이 자신에게 위협적인 감정과 부정적인 생각을 갖고 있다고 인식하게 되면서 그것을 기반으로 6유형에게 부정적인 감정을 갖게 된다. 이런 과정을 통해 6유형은 초기감정을 실제로 경험하는 결과를 맞게 되는데 상대방에게는 사실이 아니었던 그 초기감정이 진짜가 되면서 그렇게 예언은 성취된다.

이러한 방식으로, 6유형 성격의 두려움과 불안이라는 특성은 사실상 문제를 일으키며, 애초에는 존재하지도 않았던 부정적인 상황을 만들어내는 효과가 있다. 이들의 두려움과 자기의심(그리고 일대일 6유형의 경우에는 공격성)이 다른 사람과 외부환경에 끼치는 영향은 사실상 6유형의 두려움에 근거한 의심과 예측이 성취되게 하는 이유가 될 수 있다.

## 6유형의 그림자

6유형의 다른 많은 관점에서와 같이 무엇이 그림자로 격하되는가 하는 것은 어떤 하위유형인지에 따라서, 또 같은 하위유형일지라도 두려움과 불안을 다루는 선호 전략에 따라서 다양하다.

하지만 일반적으로 6유형은 그들의 두려움과 생각, 그리고 어떻게 위협을 다룰 것인가에 대해 걱정하는 데에 초점을 두고, 이 때문에 그들 자신의 용기, 믿음, 힘, 그리고 자신감을 그들의 그림자 속에 남겨둘 수도 있다. 세상에 통제력을 행사하는 방식으로 무엇인가 잘못될지도 모른다는 상상에 사로잡혀있다는 것은 그들이 항상 자신의 권한, 강점과 능력을 인지하지 못한다는 것을 의미한다(자기보존 6유형에게는 특히 이러한 내용이 사실이다).

심지어 불안으로부터 도피하고 두려워하는 감정을 깨닫지 못할 수도 있는 공포대항 6유형은 단지 겉보기에만 자신감 있고 용기 있는 모습일 수도 있다. 나란호는 6유형의 용기는 '무기를 갖는' 용기이며, 상황이 괜찮다는 깊은 자신감에서 비롯된 것이 아니라고 설명한다. 일대일 6유형이 겁을 주며 강하게 보일 필요가 있기 때문에 그들의 연약함과 두려움은 그림자 속에 있을 수 있다. 이는 자기의심에 사로잡혀 있고 의식적으로 매우 연약하다고 느끼고 그로 인해 자신의 힘, 자신감 또는 공격성에 관해 맹점을 가지고 있을 수 있는 자기보존 6유형과 매우 대조된다. 사회적 6유형은 시스템이 주는 권위에 복종하는 것에 초점을 두다보니 의심을 하지 않고 권위에 대한 양가감정을 가지지 않을 수 있다.

첫 번째 방어선으로 생각과 분석에 의지하고 주로 머리를 사용하며 사는 것은 어떤 6유형에게는 직감력과 더불어 많은 감정들이 그림자의 일부가 될 수 있음을 의미한다. 논리와 합리에 근거하여, 문제들을 자기 나름의 방식으로 생각하려고 애쓰는 습관은 그들이 자신의 진실한 감정과 직감적인(또는 본능적) '지혜'를 소유하지 않았다는 것을 의미할 수 있다. 자기보존 6유형은 자신들의 공격적인 감정을 의식하는 것조차 회피할지도 모른다. 사회적 6유형은 스스로 불신이나 감상적 느낌에 빠져 살지 않을 수 있으며, 일대일 6유형은 그들의 그림자 속에 보다 더 부드러운 감정을 가지고 있을 수도 있다.

본성적으로 회의적인 6유형은 신뢰와 믿음을 위한 그들의 내적 용량을 그다지 인식하지 못할 수도 있고, 그 대신 사람들이 말하는 것을 의식적으로 의심하고 시험하며 질문하는 것을 선호할 수 있는데, 이는 사람이나 생각에 대하여 그릇된 믿음을 갖게 되는 것을 막기 위함이다.

6유형이 다른 사람들에게 투사하는 것이 무엇이든 간에 무의식적으로 그림자의 일부분이 될 수 있다. 종종 그들이 자신의 힘을 스스로 소유하는 대신에 다른 사람에게 투사하곤 한다. 나란호는 자책과 죄책감은 이들의 주요 특징이라고 설명하는데, 이는 자기 자신을 나쁘게 만드는 내적 습관(아마도 권위를 위협함으로써 자신이 나쁜 사람이라고 느껴지는 것처럼)이 두려움을 조장하는 그들의 불안에 기인한다는 점에서 그러하다.[20] 그들은 '나쁘다는' 기저에 깔린 상태에서 나타나는 결과를 실행에 옮기는 것일 수도 있으며 어쨌든 그런 일을 당할 만하니까 그들에게 나쁜 일이 발생할 것이라고 두려워한다. 이런 종류의 죄책감과 자신의 생각을 반대하는 성향이 어디까지 몰고 갈지 깨닫지 못한 채 그러한 행동을 하는 것이다.

또한 6유형은 어떤 일이 발생할지에 대한 자신의 상상이 두려움을 어떠한 방식으로 부채질하는가에 대해 전혀 모를 수 있다. 위험과 위기를 인지할 때 이들은 종종 겉으로 보이는 것만을 믿고, 그것을 부추기는 두려움이 무엇이든 간에 그것이 현실적이며 증거가 있다고 추정한다. 그러나 그들은 파국이나 실제로 존재하지도 않는 위협을 보는 것에 자신들의 상상력이 얼마나 활동적인지 온전히 보지 못할 수도 있다. 유사하게, 두려움이 특정한 행동 방식으로 현실을 인식하도록 만드는데, 현실이 아닌 것을 현실로 지각하게 만드는 그 행동 방식을 통해 더 많은 두려움을 조장하는 피드백 회로를 스스로 만들고 있다는 것 자체도 그들은 보지 못할 수 있다.

# 6유형 격정의 그림자
## 단테의 지하세계에서 나타나는 의심

두려움(분노처럼)은 어떤 측면에서는 매우 적절한 인간의 기본적인 감정의 반응이다. 그래서 두려움 그 자체는 단테의 지옥에서 별개의 죄로 처벌되지는 않는다. 그러나 지하세계에서 6유형 성격의 그림자는 진짜처럼 들리는 방식으로 두려움의 격정을 벌한다.

그 지옥의 현관 (또는 입구)에서는 너무 두려워하여 그 어떤 것에도 진정으로 충실하지 못하며 강박적으로 의심하는 사람을 벌한다.

> 나는 급하게 앞으로 가는 무리를 보았는데, 그들은 태도를 정할 수 없는 것처럼 방향을 잃은 채 혼란스러워했다. 그런데 그 뒤에는 짓눌린 영혼의 열차가 계속해서 이어졌고, 그 수가 너무 많아 끝도 없다는 것이 놀라웠다. 이 불쌍한 영혼들, 한 번도 진정으로 살아보지 못한 그들은 벌거벗겨지고 그들 주위를 맴도는 벌과 말벌들에게 쏘이고 또 쏘였다.[21]

6유형 그림자의 반영인 의심은 연약함의 위험을 무릅쓰려는 충동과 그것을 그저 안고 가려는 날카로운 두려움 사이에 잡혀있다. 6유형은 믿거나 행동하고 싶어 하는 습관과 그러지 않을 이유를 찾는 습관의 덫에 영원히 걸려있다. 단테의 지하세계에서 이러한 우유부단함은 극단적으로 표현된다. 끊임없는 찌름은 이제 이런 그들로 하여금 하염없이 깃발을 쫓게 하며, 이는 무의미한 충성을 표현한다. 결국 그들은 그들의 의심을 극복하고 삶에 우뚝 서는 데에 전적으로 실패하고 만다는 것을 상징한다.

# 6유형의 세 가지 하위유형

6유형의 세 가지 하위유형은 불안과 관련하여 두려움이라는 격정을 다루는 데 있어서 제각각 서로 다른 접근법을 보여준다. 자기보존 6유형은 보호의 욕구를 느껴서 사람들과 연결을 함으로써 두려움을 다룬다. 사회적 6유형은 규칙과 참고사항들을 기반으로 권위자에게 잘못된 행동을 할까봐 염려하면서 사회적인 두려움에 대처한다. 그리고 일대일 6유형은 자신의 연약함을 부인하고 권위에 대항하여 맞서 싸우면서 두려움을 다룬다.

나란호는 세 가지 하위유형의 성격들 간 차이에서 특히 6유형이 눈에 띌 만큼 다르다는 것을 관찰했다. 사실 6유형에는 다른 그 어떤 유형보다 '한 가지 성격이라고 말하기 어려운'[22] 점이 있다고 말한다. 모두 불안을 다루는 어린 시절 경험을 공유하고 있다. 자기보존 6유형은 '상호간 보호협정을 형성하고자 하는 욕구'를 통해서, 사회적 6유형은 '이성이나 이념 또는 다른 권위적인 기준으로 인생 문제에 대한 해답을 찾으려는 바람'을 통해, 그리고 일대일 6유형은 '다른 사람들에게 겁을 주고, 더 크게 되고 싶은 욕망'을 통해서 대처한다.[23] 세 가지의 각자 다른 본능과 그에 따르는 두려움을 다루는 방식의 결과로, 세 가지 6유형의 하위유형 성격들은 '에너지의 온도'를 달리한다. 자기보존 6유형은 따뜻하고, 사회적 6유형은 차가우며, 일대일 6유형은 뜨겁다.

## 자기보존 6유형 `따뜻함`

자기보존 6유형의 성격에서 두려움은 불안정으로 나타나고 생존과 연관된 두려움을 가지고 있다. 자신이 보호받지 못한다는 두려움으로 인해, 타인들과의 관계형성과 우정을 쌓음으로써 보호욕구를 부채질하게 된다. 이들은 하위유형 중에서도 가장 두려움을 많이 느낀다.

세상을 위험하다고 인식하기에, 자기보존 6유형은 친밀한 연결과 동맹을 구하며 이를 위해 그들은 좋은 협력자들이 그러하듯 다정하고, 신뢰할 만하며, 협조적인 사람이 되기 위해 애쓴다. 나란호가 분명히 말했듯이, '자신을 충분히 믿지 않기 때문에, 그들은 외부의 지원 없이는 외롭고 무능하다고 느낀다.'[24] 그들은 가족에게 수용되기를 바라고, 적이 없는 따뜻하고 안전한 곳에 있는 것을 원한다. 또한 보호를 위해 '이상적인 다른 사람'을 찾으며, 분리불안과 같은 문제도 가질 수 있다. 마치 엄마 품에 안겨 있는 아이와 같이 이들은 자신의 관심사와 생존에 대해 방어할 자신감이 없다.

이들은 보호라는 안정을 구함으로써 불안을 벗어나려고 하기 때문에 다른 사람에게 의지하게 된다. 그리고 분리의 두려움에 대한 보상으로 따뜻하고 친밀한 기질로 나타난다. 그래서 이들의 욕구는 우정이나 따뜻함으로 나타나기에 6유형 중에 가장 따뜻한 하위유형이 된 것이다. 또한 좋은 분위기 속에 있고 싶어 하기에 대체로 상냥한 기질을 소유하고 있다. 그들은 관계 안에서 친밀하고 신뢰의 유대를 찾고자 하며, 특히 자신과 가까운 사람을 실망시키는 것을 두려워한다. 따뜻한 사람이 되는 것은 주위 사람들을 자신에게 우호적으로 만들어 공격받지 않게 하려는 방식이다.

자기보존 6유형은 화, 공격성, 도발과 대립 등을 두려워한다. 다른 사람들의 공격성을 무서워한다는 것은 그들 자신의 공격성을 밖으로 분출할 수 없다는 것을 의미한다. 나란호가 6유형을 묘사할 때 설명한 것처럼, 다른 사람들이 당신을 좋아하게 만든다는 것은 좋은 사람이 되는 것이고, 좋은 사람이 된다는 것은 화내지 않는 것을 의미한다. 나란호는 '의지하고자 하는 욕구에서 기인하여 스스로 공격성을 금기하는 것은 다른 사람들의 공격성 앞에서 이들을 무력화하고, 외부의 지원에 대한 욕구와 불완전을 강화한다.'[25]고 주장했다.

이들의 성격에는 머뭇거림, 망설임, 우유부단함 그리고 질문을 많이 하지만 답을 하지는 못하며 자신을 의심하고 자신의 의심을 다시 의심한다.[26] 불확신을 감지하지만, 만족스러운 확실성을 찾지 못하기 때문에, 그들은 의사결정을 하는 데 어려움을 겪는다. 그들은 세상을 모호함, 즉 '흑백'이라기보다는 '회색'인 것처럼 본다. 이들은 의심과 모호함을 떨쳐버리지 못한다. 그들의 근원적인 불안정의 느낌과 질문하고 의심하는 습관 때문에, 그들은 결코 준비되었다거나 할 수 있다고 느끼지 못한다. 그들은 또한 수많은 비난과 죄의식을 느끼고, 심지어는 다른 사람들의 비난을 예상하고 느낀다.

이들에게는 따뜻함, 부드러움, 평온함, 평화로움의 외부 현실과 두려움, 죄책감, 괴로움, 고통의 내면 현실 두 가지가 존재한다. 그들의 머리와 가슴은 분리되어 있어서 외부에서 보기에 가슴 중심으로 볼 수 있지만, 내면에서는 머리 중심으로 생각을 한다.

세 가지 하위유형 중 가장 공포를 많이 느끼는 유형으로 회피적인 이들은 사랑을 보호와 동일시하고, 사랑을 찾을 때는 내적 불안감에 대한 보상으로 안전의 원천을 찾는다. 이들은 의지할 강한 사람을 찾기 원하고 과도하게 우호적이며 외부 공격을 방지하기 위한 방법으로 뭔가를 준다. 그들에게 부족하다고 여기는 강함을 느끼고자, 그들은 강한 사람의 보호나 보살핌을 끌어들인다. 또 다른 강력한 존재는 그들이 더 안전하게 느낄 수 있도록 도와준다.

그러므로 자기보존 6유형은 따뜻하고 친근하며 다른 사람과의 관계를 향상시키는 데 에너지와 주의를 둔다는 점에서 2유형과 비슷해 보일 수 있다. 자기보존 6유형은 2유형처럼 연결을 구축하고자 다른 사람들의 요구에 부응하고 애정을 갖고 이끄는 경향이 있다. 그러나 2유형과는 다르게 그들의 깊은 의도는 안전하고자 하기 위함이지, 인정받고 자신감을 얻기 위한 것은 아니다.

나는 주택소유자들의 연합이 운영하는 작은 공동체에 살고 있습니다. 처음에는 이웃 간 갈등을 줄이고 더 안전할 수 있도록 규정과 규칙을 만드는 것에 대해 우리가 그룹으로 함께 해서 안심이 되었습니다. 그들 각자와 편안한 관계를 만들고 집을 설립하는 지점까지 왔습니다. 그곳 이사회 일원이 되기를 자처하였고, 심지어는 우리 공동체의 가치와 비전에 관하여 전체그룹과 함께 일하면서 나의 전문지식을 제공하기도 했습니다.

시간이 흘러, 그 운영원칙을 준수하는 것이 느슨해지고 시행은 선택적이거나 존재하지 않는 것을 보았습니다. 4년 전에 한 이웃이 나의 권한을 침해한 상황이 발생하였고, 나도 모르는 사이에 이사회는 그 이웃의 편에 서게 되었습니다. 한 번의 치명타로, 내가 조심스럽게 만들어온 동맹자들은 위험한 적이 되었고, 나 자신과 나의 관심사를 보호하려 방책을 들먹이는 것은 두려웠기에 무방비상태가 되었습니다.

그들의 배신에 대한 충격과 분노 때문에 죄의식, 부끄러움, 불안감이 순식간에 생겼습니다. 그 정도가 너무나 심하여 나는 더 이상 주택소유자 미팅에 참여할 수가 없었고 이웃과 말할 수도 없었으며 심지어 공격을 당할까 두려워 집주위도 돌아다닐 수 없었습니다. 내 마음 속에서 유령과 하는 대화에 사로잡혀 그들과 싸워 이긴 것 같은 그런 대화를 하거나, 할 용기만 있다면 하고야 말 복수를 위해 이 사람들에게 무슨 말을 하고 어떤 행동을 할지를 생각하게 되었습니다. 겉으로는 친절하게 대하려고 애를 썼지만, 속으로 두렵고 그들이 경멸스러웠습니다. 이러한 마음속의 불화는 나를 지치게 했고 내가 지금 원하는 것은 그저 집을 팔고 이 곳과 이 사람들을 떠나는 것뿐입니다.

## 사회적 6유형 의무

자기 자신에 대한 신뢰가 약하거나 다른 사람에 대한 신뢰가 부족한 사회적 6유형은 참조를 얻기 위해 사람이 아닌 '추상적인 이성'이나 '구체적인 이념'에 의지하여, 두려움의 격정과 그와 관련된 불안을 다룬다. 그들은 권위자를 의존하거나 이성, 규칙, 합리적 사고의 '권위'에 의존함으로써 안전함을 얻는다.

이차조가 사회적 6유형에 명명한 이름은 '의무'이다. 이것은 그들이 의무를 수행(비록 가끔씩은 그러기도 하지만) 한다는 뜻이 아니라, '자신의 의무가 무엇인가'에 초점을 둔다는 의미이다. 또한 이들이 불안에 대처할 때, 고수하고 있는 권위가 무엇이든 간에 그것과 관련된 지침을 참고한다. 그리고 기준이 무엇인지 아는 것, 게임의 규칙을 준수하는 것에 초점을 둔다. 그들은 모든 참고사항인 방침이 무엇인지, 좋은 사람은 누구이며, 나쁜 사람은 누구인지를 알고 싶은 욕구를 느낀다.

의식적 또는 무의식적으로, 이들은 권위자들의 반감을 사는 것을 두려워하고 권위자가 결정한 옳은 것을 이행하는 것이 안전해지는 방법이라는 것을 믿는다. 그리고 무엇이 옳은 것인지 안다는 것은 당신이 어떻게 생각하고 행동해야 할지를 말해주는 명확한 규칙을 갖고 있다는 것을 의미한다. 이러한 경향은 어떻게 살아야 할지 모를 때 즉, 직관도 믿지 못하고 당신을 안내해줄 인간적인 삶의 감각도 믿을 수 없을 때는 매우 지적이 될 수밖에 없기 때문에 철학적인 마인드를 계발하는 효과가 있다. 그러나 이러한 의무감은 또한 인생을 구조화하는 한 방법이 된다. 누군가가 당신에게 규칙을 주고, 당신은 그것을 따른다는 식이다.

전형적으로 6유형이 따르는 시스템에 대한 안내지침은 일종의 최초의 권위로 부모 중 한 사람, 대체로 아버지에 대한 대체 권위가 된다. 그들은 실제 아버지에게는 반항하였을 수도 있고 실망했을 수도 있지만, 삶에서 안전을 얻는 방법으로 훌륭한 권위를 찾는다. 권위(권위에 관련된 규칙들)에 대한 완전한 굴복과 순종은 그들이 이 세상에서 안전하다고 느끼도록 만들어준다. 그러나 나란호가 지적하듯 잘못된 권력자를 선택하는 것은 그들에게 문제가 될 수 있다. 이들은 '누가 옳은 사람인지를 믿는 대신에, 마치 자신이 옳은 것처럼 말하는 사람, 그들을 믿게 하는 특별한 재주가 있는 사람을 믿는 경향이 있다.'[27]

사회적 6유형은 흔히 공포 순응과 공포 대항의 표현들이 혼합되어 나타나며 침착한 성격이다. 이들은 안전을 추구하는 방식으로 신중하게 행동하는 법을 정확히 알아낸다. 또한 모든 것이 잘못되어 간다고 믿으며 미리 예상하여 불안해하는 면이 많다. 그래서 자신의 불안을 대처하는 방법으로 규칙을 정확히 따르는 일에 매달린다. 그들은 정신이 맑고 만사가 명확한 범주 안에 있을 때 가장 안전하다고 느끼고, 조직 규정을 지키는 일에 또는 그 규정에 근거하여 행하는 유능한 방법에 전념하는 훌륭한 보이 스카우트와 걸 스카우트이다.

사회적 6유형은 자기보존 6유형보다 강한 성격이고 좀 더 확신을 가지고 행동한다. 자기보존 6유형은 확신할 수 없기 때문에 주저하며 불안정한 사람이다. 사회적 6유형은 확신할 수 없다는 것과 연관된 불안정에 대항하여, 너무 확신하는 사람들이다. 그들은 극한 상황에서 '진실로 믿는 사람들'이나 광신도가 될 수 있다. 공포 대항 일대일 6유형에게 있어서는 강한 입장을 표현할 때 두려움은 권위에 대한 반대로 나타나지만, 사회적 6유형에게 있어서는 두려움을 가지고 있는 것이 아니라 의심하는 것이다.[28] 사회적 6유형은 또한 매우 이상적일 수 있는데, 높은 이상을 고수하면서 삶을 조직한다. 이는 안전하게 느끼는 방법으로 이념을 철저하게 지키고 사물의 특정한 관점을 고수하는 성격이다.

양가감정에 휩싸여서 결정하지 못하는 자기보존 6유형과는 대조적으로, 사회적 6유형은 애매모호한 것에 대해 참지 못한다. 그들은 양가감정을 두려워하며 불확실한 것에 대해 잘 참아내지 못하는데, 이는 그들에게 있어서 불확실함은 곧 불안과 같기 때문이다. 결과적으로 그들은 정밀함을 사랑하게 되며, 회색보다는 오히려 흑백으로 사물을 바라본다.

사회적 6유형은 준법정신이 있고 입법자와 같은 마음을 가지고 있으며 확실한 범주를 좋아한다. 문화적으로 독일 사람들은 이러한 유형의 좋은 예라고 할 수 있는데, 그들은 정확성, 질서, 효율성을 좋아한다. 또한 의무감이 강하고, 권위를 이상화하고, 일반화된 의무감으로 법률 준수, 외부 권위에 의해 정의된 의무를 완수하기 위한 헌신, 규칙을 따르고 문서와 제도에 가치를 부여하는 성향, 그리고 강직함과 체계성을 보여준다. 이들은 실수하는 것을 두려워하고 확실한 것을 갈망하며 예의를 바르게 갖춰서 다른 사람이 자신에게 말을 걸어주기를 원한다. 그렇게 함으로써 그 사람이 뭔가를 잘 아는 사람이고 옳은 사람이라고 느끼게 된다.[29] 그들은 고도로 지적인 성향을 가지고 있으며, 그들의 사고패턴은 도표와 순서도의 형태를 취한다.

이러한 6유형은 그다지 즉흥적이지 않고 오히려 대본을 따르는 삶을 산다. 머릿속에 너무 많은 것이 있기 때문에, 그들은 자신의 본능이나 직관과는 많이 닿아 있지 않다. 그들은 수줍어하는 경향과 사교적인 능력이 적고 사물이나 사람에 의해 감동받는 일이 드물다. 그들은 제한되지 않은 동물적 본능이나 일대일 취향과 관련된 경험에 대해 불편하게 느낄 수 있다. 이들은 통제하려 하며 짜증을 잘 내고 판단하며 자기를 비판하는 경향이 있다. 그들은 스스로에게 많은 것을 요구하고, 모든 것이 그들의 규정과 안목에 따라야 한다고 주장할 수도 있다. 다른 사람들은 그들이 매우 형식적으로 행동하는 것으로 보일 수 있기에 차갑거나 냉정한 사람이라고 받아들일 수 있다.

사회적 6유형은 1유형, 특히 자기보존 1유형과 공통적인 성격을 많이 가지고 있을 수 있다. 1유형과 같이 규정을 준수하고 통제하며 비판적이고 열심히 일하며 시간을 지키고 정확하며 책임감이 있는 성향이 있다. 그러나 1유형은 그들의 내적 기준에 따른 감각에 의해 자신감 있는 방식으로 안내되는 반면, 실수하는 것에 대한 6유형의 두려움은 외부 권위와 어려움을 겪게 되는 것에 더 관계가 있다.

사회적 6유형의 명확성과 효율성에 대한 사랑은 또한 3유형과 닮았다고 할 수 있다. 그러나 이러한 6유형의 주요 동기는 참고할 만한 권위를 얻음으로써 불안을 회피하는 것이며, 목표를 달성하고 효율성을 통해 멋있어 보이기 위함은 아니다.

사회적
6유형

A. H.

성인이 된 후, 나의 가장 행복했던 순간들은 어떻게 살아야 할지에 관한 시스템을 마련해 나 자신을 다듬은 후에 왔습니다. 내가 갈증을 느꼈을 때 켄 윌버Ken Wilber의 책을 접했고, 모든 것이 마침내 이해가 되었기 때문에 명확성과 평화 속에서 편안하게 느낀다는 것을 알게 되었습니다. 다른 사물들이 서로서로 어떻게 관련되어 있는가에 대한 나의 혼란은 갑자기 사라졌습니다. 내가 믿을 수 있는 시스템이 바로 여기 있었습니다. 같은 일이 몇 년 전에도 일어났었는데, 나의 체지방이 25%에 달하고 있다는 것을 확인하고 충격받았던 때였습니다. 나는 즉시 어떻게 개선할지를 조사했습니다. 믿을 만한 식습관과 운동요법을 발견하자마자 나는 그것을 꽉 붙잡았습니다. 두 경우 모두, 단지 따라야 하는 규칙이 아니라 실제로 나에게 목표와 편안함을 가져다 준 규칙이었습니다.

이 이야기의 다른 면은 어떻게 하면 신체적으로 안전을 유지하는지에 대한 내적 규칙을 가지게 되었는데 다른 사람들이 규칙을 따르지 않는다는 사실에 화가 났습니다. 아내가 갓난 아들을 안고 문을 지나갈 때마다 "아기 머리 조심해!"라고 얼마나 여러 번 이야기했는지 말할 수가 없을 정도입니다. 그런 상황에서 내 몸의 위협반응은 상단 기어로 올라갑니다. 위험을 인지할 뿐 아니라, 나는 누군가가 그것을 피할 수 있는 규칙을 따르지 않고 있음도 보입니다. 바로 그 순간이, 괜찮은 사람인 내가 비열해지고 심지어 냉정해지는 순간입니다.

## 일대일 6유형 강함/아름다움 역유형

역유형인 일대일 6유형은 강함과 위협의 자세를 취함으로써 가장 크게 두려움에 맞서는 공포 대항이다. 적극적으로 두려움을 느끼는 대신에 이들은 두려워할 때 최선의 방어는 최고의 공격이라는 내적 믿음을 가지고 있다. 나란호가 설명했듯이, 잠재적인 위험에 직면하게 되면 이들의 불안은 기술과 준비성에 의해 가라앉는다. 그래서 종종 용기 있게 보이며 심지어는 사나워 보이기까지 한다. 그들은 단호하게 그리고 더더욱 공격적으로 위험에 대항하는데 이는 두려움을 부인하고(때로는 무의식적으로) 맞서 싸우는 그들의 방식이다.

두려움의 감정을 어느 정도까지 부인하는 것을 통하여, 이들은 강한 지위로부터 오는 위협에 맞선다. 그러므로 그들은 강함을 추구하고, 강한 지위를 확보하려는 열정을 가진다. 그리고 강한 성품만 아니라, 누군가 다른 사람을 두렵게 할 힘도 있다. 즉, 그들은 멀리 떨어진 적이라도 사로잡을 만큼 충분히 강한 자세를 취하고 싶어 한다. 이들은 약하고 싶지 않다는 마음에서 나오는 강력한 힘을 보여주며, 스스로 약한 모습을 허락하지 않는다.

일대일 6유형의 강점은 종종 신체에서 나오는 데 이러한 신체적인 강점을 스포츠나 운동을 통해 계발해서 근육을 키우고 자신의 몸이 강하다고 느끼도록 만든다. 그리고 분노나 다른 충동들을 풀어주는 것과 관련된 혼란스러운 감정을 느끼는 것보다는 내면의 강함에 대한 감각을 지키도록 자신을 훈련하는 방법으로 자신의 몸에 대해 눈에 띄는 통제력을 갖고 있다.

이들은 인내의 측면에서 강해지기를 추구하기에 피로, 억압, 굴욕, 및 고통에 직면하여 거침없이 느끼고자 한다. (이런 면에서, 그들은 자기보존 4유형과 닮았을 수도 있다) 그들에게 강함은 때때로 독립적이라는 환상, 그리고 어려움에도 '다치지 않고' 남아있을 수 있다는 감각과 직접적으로 연결되기도 한다. 또한 내부에 어느 정도 '스스로 나쁘다'는 느낌을 가지고 있을 수 있으며, 그들의 강함은 자신에 대한 내부의 공격에서 자신을 보호한다.

일대일 6유형은 강해지고자 할 뿐만 아니라 위협하는 욕구도 있다. 나란호가 제안했듯이, 이러한 위협의 표현은 그 성격의 핵심적인 본질이다. 만약 그들이 강해 보이면 그들은 공격받지 않을 것이다. 이러한 하위유형에 대한 이차조의 제목인 '강함/아름다움'은 본래 남성에게서의 '강함'과 여성에게서의 '아름다움'을 의미하는 것이라고 나란호가 설명하기는 했지만, 이들의 남녀 모두에게 있어서 아름다움이 힘의 원천이라는 것이 사실일 수도 있다.

이러한 성격은 누구라도 위험한 존재가 될 수 있다는 생각을 하면서 다니기에 속임을 당하거나, 조종당하거나, 이용당하거나, 공격받지 않기 위해 할 수 있는 모든 것을 한다. 만약 당신이 이렇게 생각하고 느끼는 사람이라면, 당신은 강해지도록 준비해야 하고 저항을 극복할 필요가 있다. 이들은 힘과 위협적으로 누군가를 겁주어 쫓아버리고 맞서며 반대하도록 준비한다.

일대일 6유형은 그들이 언제든지 어떤 사람에게도 폭력적일 수 있다는 인상을 주지만, 그들에게 두려움이 없다는 것을 의미하지는 않는다. 그것은 공격이 다가올 것이라는 예측에서 오는 두려움에서 벗어나는 것이다. 여기에는 어떤 사람이라도 나를 위협하는 존재로 변할 수 있다는 위험에 대해 다소 피해망상적인 상상이 있다. 이들은 대체로 두려워하는 모습이 보이지 않기 때문에 외부에서 보는 성격은 '두려워한다고' 말하기 힘들다.

위협에서 한발 물러서는 자기보존 6유형과는 대조적으로 공포 대항인 일대일 6유형은 위험한 상황에 다가가고 위험을 피하거나 숨기보다는 정면에서 맞서는 것으로 안전함을 느끼는 경향이 있다. 그들은 자신과 다른 사람들에게 자신은 두려움의 피해자가 아니라고 설득시킨다. 두려움은 체계적으로 제거되어야 하는 감정이라는 사실에 그들은 수긍한다.

힘으로 위협하려는 그들의 노력으로 공격적임에도 불구하고, 일대일 6유형은 자신의 공격적인 면을 인식하지 못하는 경향이 있고, 공격성 또는 적어도 공격성의 강도를 인지하지 못할 수도 있다. 그들의 공격성은 대부분 사회 영역에서 표현되며 사적인 삶에서 대체로 가까운 사람들과는 일정 수준의 신뢰를 쌓아 올릴 필요가 있기 때문에 그 정도로 표현되지 않는다. 또한 그들의 공격성은 자신의 두려움과 단절되어 있고, 성관계를 할 때는 사랑이나 친밀한 감정과 연결되지 않는 경향이 있다.

이들이 위험(또는 인지된 위험)에 정기적으로 맞서게 된다는 사실은 가끔 반역자, 무모한 사람, 위험을 무릅쓰는 사람, 아드레날린 중독자 또는 문제아의 모습을 보여준다. 몇몇 경우에서는 그들은 과대망상의 경향이 있거나 '영웅 콤플렉스'를 가질 수도 있다. 그들 자신의 방식으로 그들은 '멋진 사람'이 되어 다른 사람들이 자신을 좋지 않게 보는 시선을 피하고자 한다. 그들은 즉흥적이면서도 자신들이 그렇지 않다는 환상을 갖고 있을 수도 있다.

일대일 6유형은 항상 의견에 반대하고 논박하는 입장에서 논쟁을 하는 기질을 가지고 있다. '최상의' 또는 '최악의' 시나리오로 생각하는 대신에, 그들은 반대 시나리오의 측면에서 생각한다. 만약 흐름이, 다른 사람들은 최악인 것에 초점을 두는 쪽으로 간다면 일대일 6유형은 최선에 주의를 기울일 것이고, 모든 사람들이 최선에 주의를 집중하면 그들은 최악에 대해 주장할 것이다.

그들이 확신 있게 주장하는 것처럼 보이지만 어느 길을 선택할 것인가 의심하고 선택들 가운데 사로잡힌 채로, 오랫동안 생각 안에서 의심을 품고 있을 수 있다. 그들은 안전하다고 느끼는 통제를 받아들임으로 사실에 의거하고 실용적인 이념을 선호하고 오직 한 가지 사실이 있다고 종종 믿는다. 그들은 실수하는 것과 그 실수의 결과를 두려워한다.

일대일 6유형은 8유형처럼 보일 수 있다. 왜냐하면 두 유형 모두 공격성, 강함과 강력한 힘을 보여줄 수 있기 때문이다. 그러나 두려움이 없어 보이는 8유형과는 대조적으로 일대일 6유형은 그들이 의식적으로 두려움을 느끼지 않거나 두려워 보이지 않을 때조차도 근본적인 두려움이 동기가 된다. 또한 8유형은 명령하는 것을 좋아하지만, 일대일 6유형은 종종 문제를 야기함으로써 명령을 방해하는 것을 좋아한다. 일대일 6유형은 또한 행동 지향적이고 재빠르게 움직이며 주장하고 근면하다는 점에서 3유형처럼 보일 수도 있다. 하지만 3유형과는 다르게 그들은 좀 더 편집증적인 환상을 가지고 있으며, 그들의 주장은 목표를 성취하고 달성하여 멋있어 보이기 위한 욕구라기보다는 오히려 두려움에 근거하고 있다.

> **일대일 6유형**
> **리처드**
>
> 나에게 세상은 위험한 곳이고 그로 인해 끊임없는 경계를 유지합니다. 나를 둘러싼 사람들과 세상 속에서 불일치를 찾고 살피는 것은 계속 진행 중이고 결코 끝이 없는 과제이며, 외부 세상을 다루는 일은 결과적으로 나를 지치게 합니다.
>
> 공적인 행사는 특히 힘듭니다. 며칠 전 저녁에 부부 20~30쌍이 참석한 파티에 아내와 함께 갔는데 모든 사람들이 재미있고 축하하는 분위기였습니다. 내 아내는 우리 주위에 있는 새로운 사람들에게 쉽게 다가가고 연결되는 반면, 나는 최소한 한 시간 정도는 다른 사람과 내 주위에 세 발짝 '금지구역'을 유지하고 있다는 것을 알아차렸습니다.

나는 불확실하고 위협 가능한 상황을 다루는 나의 자동적이고 무의식적인 접근이 오히려 나 자신을 잠재적인 위협의 존재로 만들고 있었음을 깨달았습니다. 물론 나는 실제적으로 사람들을 위협하지는 않았지만, 내가 가지고 있는 에너지나 아우라가 나도 모르게 그러한 나를 만들고 있었습니다. 내가 그런 상태일 때 다른 사람이 나를 어떤 식으로 느끼는지 때로 궁금합니다. 나는 말을 잘하지 않으며 꽤 금욕적이고 비판적이며 지켜보고 신체적으로도 경직되어 있습니다. 나는 내면에서 순간적 인식에 용수철처럼 행동할 준비가 되어 있음을 알고 있습니다. 최근에 코칭을 통해서 내가 공격적이고 주장한다는 것을 알게 되었고, 편협하게 두려움(그리고 두려움의 잠재적인 징조)을 짓누르는 것이 내게 얼마나 중요한 일이었는가를 깨달았습니다.

# 6유형을 위한 성장작업
## 개인적 성장경로 그리기

궁극적으로 6유형이 내면작업을 하면서 자기인식이 더욱 깊어지면, 두려움을 줄이려는 시도를 통하여 두려움을 강화했던 함정에서 벗어나는 방법을 배운다. 믿음과 용기를 체득하게 되고, 그들이 어떻게 자기 실행적 예언을 만들어내고 있는지에 대해 알아차리게 된다. 그리고 스스로 자신을 좀 더 신뢰하게 되고, 다른 사람에게 투사하는 것이 아니라 자기 자신의 힘과 권위를 소유하게 된다.

우리 모두가 습관적인 성격 패턴에서 깨어나기 위해서는 자신을 관찰하려는 의식적인 노력, 관찰한 것의 의미와 근원을 성찰하며, 자동적인 경향을 역행시키기 위해 적극적인 작업을 지속적으로 노력해야 한다. 6유형에게 있어서 이러한 과정은 두려움과 불안에 대처하는 자신의 방법을 관찰하는 것을 포함하고 있다. 무섭다고 느껴질 때 행동하는 방식(그리고 그들의 행동이면의 동기)을 탐색하는 것, 믿음과 신뢰와 용기를 계발하고자 적극적인 노력을 하는 것이 바로 그것이다.

이제 6유형의 성격적 특성과 족쇄에서 벗어나서 자신의 유형 및 하위유형이 가진 높은 가능성을 구현할 수 있는 방안들에 대해 살펴보고자 한다.

**자기관찰**
## 작동 중인 성격을 관찰함으로써 동일시에서 벗어나기

자기 관찰은 매일의 삶에서 자신이 무엇을 생각하고 느끼며 행동하는지 새로운 시각으로 볼 수 있도록 하는, 일종의 내적 거리두기이다. 6유형이 일상 속에서 반복되는 자신의 생각, 느낌, 행동들을 기록하면서 다음과 같은 핵심 패턴을 고려해야 한다.

### 1. 위험한 세상에서 주시하고 의심하며 시험하고 질문하여 안전과 통제에 대한 감각을 얻고자 노력함

위험을 살피고 감지하는 당신의 성향을 관찰해 보라. 당신의 행동, 에너지, 다른 사람과 관계 맺는 방식의 측면에서 이 성향은 당신에게 어떻게 나타나고 있는가? 당신은 어떤 종류의 사물을 주시하고 있는가? 이러한 작동이 당신을 이완시키고 안전하다고 느끼는 데 도움을 주는 대신에 '사서 고생을 하는' 스트레스 촉진제로 혹시 작용하지는 않는가? 당신의 의심하는 마음이 작동하는 것을 관찰하고 수반되는 사고의 패턴을 알아차려라. 당신 자신과 다른 사람에게 질문하는 당신의 습관을 적어보아라. 이런 질문이 당신이 행동하는 데 도움을 주는가? 아니면 얼마나 당신을 저해하는가? 당신이 다른 사람들을 시험할 수도 있는 방식을 주목하라. 이러한 경향이 당신을 명확하게 하는 데 도와주는가, 또는 당신이 다른 이들과 연결되는 것을 막는 장벽이 되는가? 만일 당신이 반복적인 패턴에 사로잡혀 있다면 당신의 사고를 시험해 보고 이러한 정신적 고리를 벗어나는 것이 왜 어렵게 느껴지는지 탐색해보라.

## 2. 다른 사람들, 특히 권력자들에게 두려움, 불안, 힘을 투사하기

투사는 당신 스스로 보기가 어려운 활동일 수 있지만 당신의 두려움과 내면의 힘을 단절하고 있는 장면을 알아차리려고 노력해 보아라. 당신의 두려움이 외부의 근원에서 비롯되었다고 상상한 것이 언제인가? 다시 말해서, 언제 당신은 불안을 투사할 사람들과 상황을 찾아서 당신 자신의 감정과 이유 때문이 아니라 그들 때문이라고 스스로를 확신시키려고 하는가? 당신은 당신 문제의 원인이 무엇 때문에 다른 사람에게 있다고 생각하면서 살고 있는가? 그리고 그 생각들은 당신 내면의 불안감이 당신을 방해하는 방법으로써 어떤 나쁜 행동을 한다고 생각하고 있는가? 당신이 어떻게 느끼고, 생각하며, 권위적인 인물과 어떻게 관계하고 있는지에 대해 주의를 집중해 보라. 당신은 무엇 때문에 당신의 두려움과 당신이 소유하지 못한 힘을 그들에게 투사하고 있는가? 그리고 이런 투사가 어떻게 당신의 생각에 영향을 끼치고 있는가? 그래서 무슨 일이 일어나고 있는가?

## 3. 두려움을 의식적으로 다루는 대신, 다른 여러 방식으로 행동하기

우리의 행동을 부추기는 감정에 대해 의식하지 못하면, 그 감정을 느꼈을 때 힘들어지는 것을 피하기 위해 감정을 느끼지 않고 바로 행동하는 경향이 있다. 이것은 우리가 눈으로 보고 다루는 방식 이면의 실제 동기를 인식하지 못하기에 문제를 야기할 수 있다. 6유형은 그들이 상황을 확대해서 과장하거나, 최악의 시나리오를 만들거나, 다른 사람들의 의도에 관해서 부정적 상상을 하거나, 우유부단해지거나, 행동을 취할 수 없거나, 일을 미룰 때에 두려움에 기반하여 행동할 수 있다. 당신이 6유형이라면, 행동의 동기가 되는 두려움과 불안을 당신이 어떻게 보고 있는가, 그리고 두려움을 온전히 경험하기보다는 무의식적으로 행동을 하고 있다는 신호를 어떻게 찾아내는가를 인식하여 알아차리는 일은 당신에게 매우 중요할 것이다. 만약 당신이 두려움이나 불안을 느낀다면 그것이 어떠한 형태로 나타나든지 기록해보라. 만약 당신이 두려움이나 불안을 잘 느끼지 못한다면, 그것은 당신이 다른 방식 즉, 억제, 회피, 상상하거나 편집증적인 환상, 투사, 과잉분석이나 과잉지식화의 방식으로 표현하고 있음을 말해준다는 사실을 알아차리라.

## 자기이해의 확장을 위한 자료 수집

6유형이 이러한 것들을 관찰할 때 성장경로로 나아가기 위한 다음 단계는 이러한 패턴을 더 잘 이해하는 것이다. 이런 패턴이 생기는 이유는 무엇인가? 어디에서부터 왔는가? 어떤 목적을 갖고 있는가? 이러한 패턴은 어떤 면에서 당신을 오히려 곤란하게 만드는가? 종종, 습관의 근본적인 원인을 들여다보는 것만으로도 충분히 패턴을 깨고 나올 수 있다. 습관이 아주 깊이 뿌리내린 경우에도 그 속에 들어있는 방어기제의 원인을 파악함으로써 비슷한 패턴에서 벗어날 실마리를 얻을 수 있다.

다음과 같은 질문을 고려할 때, 6유형이 비슷하게 빠지는 패턴의 근원, 작동방식, 결과에 대한 통찰력을 가질 수 있을 것이다.

### 1. 이러한 패턴이 생겨난 원인과 이유는 무엇인가?
#### 이러한 습관적인 패턴들이 6유형에게 어떠한 도움을 주는가?

이들이 가진 방어 패턴의 근원을 이해하고, 대처전략으로써 그 패턴들이 어떻게 작동하는지 이해하면, 6유형은 그들이 살면서 안전감을 얻으려고 작동시키는 두려움과 불안에 대한 대처전략이 무엇인지 더 잘 알아차릴 수 있다. 만약 6유형이 자신의 어린 시절의 이야기를 할 수 있고 두려움에 대처하는 습관적인 방식을 어떻게, 그리고 왜 발달시키게 되었는지를 이해할 수 있다면, 그들은 스스로에게 좀 더 연민을 가질 수 있을 것이다. 두려움에 대면하는 방식으로써 통제를 할 수 있게 도와주는 습관적 패턴을 점검해보는 것은 과잉경계, 의심, 과잉분석, 편집증과 같은 성향들이 어떠한 방식으로 발달이 되어 두려움, 위험, 위협을 다룰 때 사용하는 대처전략들을 지지할 수 있게 되었는지에 대한 통찰을 얻게 해준다.

### 2. 고통스러운 감정에서 자신을 보호하기 위해 어떤 패턴들이 고안되었는가?

우리 모두에게 있어서 성격은 고통스러운 감정에서 우리를 보호하기 위하여 작동하는 것이며, 이는 심리학자 카렌 호니가 언급한 '근본적 두려움' 즉, 기본욕구가 충족되지 못한 감정적 스트레스에 대한 집착을 포함한다. 반어적으로 무서운 세상에서 어느 정도 조절능력을 얻기 위해 6유형이 사용하는 전략들은 두려움과 불안이라는 감정에 가면을 씌우고 그것들을 더 악화시킬 수 있다. 그런 전략들이 이들로 하여금 계속하여 위협에 집중하게 할 뿐 공격을 막아내는 데에는 대체로 성공하지 못하기 때문이며, 더욱이 질문하고 의심하는 습관은 일종의 악순환을 일으킨다. 6유형의 하위유형에 따라, 몇몇 전형적인 패턴은 화, 슬픔, 죄책감 또는 외로움의 감정에 대한 보호 장치의 역할을 할 수도 있다. 특히 이들은 공격성을 금해야 한다고 느낄 수 있으며, 이러한 방어적인 습관들이 분노하기 어려운 성향을 강화시킬 수도 있다. 그들이 두려움에 초점을 맞추는 것은 또한 죄책감이나 수치의 감정을 회피하는 방식일 수 있는데, 이는 어린 시절 자신은 보호받을 가치가 없다고 느꼈던 결과이며, 6유형은 더 깊은 수준에서 이러한 감정을 느끼는 경향이 있다.

## 3. 내가 왜 이런 행동을 하는가?

### 내 속에서 6유형의 패턴이 어떤 식으로 작동하는가?

이들의 패턴이 현재에 어떻게 작동하고 있는지 성찰함으로써 6유형의 세 하위유형은 그들의 방어적인 패턴이 일상생활에서, 그리고 지금 이 순간에, 어떻게 생겨나는지를 더 잘 인지하기 시작할 것이다. 만약 그들이 자신의 안전을 느끼는 방식으로써 의심하거나, 질문하거나, 불신하거나 의혹을 갖는 것에 걸려있는 장면을 의식적으로 잡아낼 수 있다면, 그들은 위험을 줄이고 위협을 다루려는 의도에서 때때로 자멸로 스스로를 몰고 가는 더 깊은 동기에서 깨어날 수 있다. 문제와 위험에 대응하고자 하는 자신의 노력을 통해, 오히려 불안함이 증가될 수도 있다는 것을 알아채는 것은 6유형에게 있어 놀랄 만한 일이다. 과잉경계, 비주류의 생각, 반항적인 태도, 심지어 편집증 같은 악순환의 패턴을 일으키는 동기가 무엇인지 정확히 이해함으로써, 이들은 유용한 자기이해가 가능해진다.


## 4. 이러한 패턴의 맹점은 무엇인가?

### 6유형으로 하여금 그러한 맹점을 보지 못하게 하는 것은 무엇인가?

자기이해를 진정으로 명료하게 하기 위해서, 자신의 성격 프로그램이 상황을 몰아갈 때 '보지 못하고 있는 것'이 무엇인지 알아차리는 것이 중요하다. 6유형의 맹점은 하위유형에 따라 다르지만, 그들의 방어기제 때문에 내내 숨겨져 있던 경험의 영역, 즉 참된 본성과 두려움, 불안, 공격성의 근원과 같은 것을 더 의식할 수 있도록 스스로를 계발하기 시작한다면 성장하는 데 도움을 줄 수 있다. 이들은 두려움의 정도와 그 두려움 뒤에 숨은 이유를 스스로 볼 수 없도록 막아버리는 경향이 있는데, 이는 그 두려움이 불안을 강화시킬 수 있기 때문이다. 공포대항 패턴을 갖고 기저에 깔린 두려움에 반응하는 6유형은, 더 연약한 자신의 감정과 두려움을 못 볼 수 있다. 역으로, 공포순응의 6유형은 공격성, 힘, 권위 등을 소유하거나 대면하기를 회피할 것이다. 자신의 힘을 다른 사람에게 투사하려고 하기 때문에, 6유형은 무의식적으로 끊어버린 자신의 힘과 자신감을 알아차리고 되찾는 것이 도움이 될 수 있다.

## 5. 이러한 습관의 결과나 영향은 무엇인가?

### 이러한 습관은 내게 어떠한 걸림돌이 되는가?

의심, 질문, 자기비난과 불안전이 잠재적으로 순환되고 있기 때문에, 두려움과 불안에 대처하고자 하는 6유형의 노력은 종종 자기파멸이 되고 만다. 만일 당신이 확신 속에서 안전을 찾고자 하는 욕구 때문에 모든 것을 의심하고 질문할 수밖에 없다면, 그리고 심지어 자신의 의심에 대해서도 의심한다면, 질문을 중지하고 확신할 수 있는 어떤 것에 대해 분명한 감각을 갖는 것은 사실상 어려울 수도 있다. 또한 그런 경우가 아니라면, 모호함과 의심이라는 불안함과 대치하는 방식으로 너무 확신하게 되는 6유형은 너무 빨리, 너무 온전하게, 또는 너무 잘못된 권력과 연합을 형성할 수도 있다. 확신하지 못하고 연약하거나, 너무 쉽게 권위적인 시스템이나 사람의 유혹에 넘어가거나, 위협을 물리칠 수단으로 너무 공격적이고 위협적으로 되는 것, 이 모두가 문제를 해결하기보다는 더 많은 문제를 일으키는 패턴이다. 다른 사람에게 두려움을 투사하고 최악의 시나리오라는 머릿속 그림을 만들어내는 것은, 결국 자기 실행적 예언으로 이끌게 되어, 6유형이 찾고자 하는 안전을 손상시킬 수 있다.

---

자기계발

## 보다 높은 의식을 지향하기

자신의 성격유형에서 깨어나기 원하는 사람은 다음과 같은 작업을 필요로 한다. 자신이 하는 모든 것들에 대해 보다 많은 의식과 주의를 기울여야 한다. 즉, 보다 의식적으로 그리고 보다 선택적으로 생각하고, 느끼고, 행동해야 한다. 자신의 습관적 행동들을 관찰함으로써 그러한 습관적 행동의 원인, 과정, 결과에 대해 어느 정도 알게 된 후에 6유형이 실천해야 할 것들에 대해 제시해보고자 한다.

이 부분은 다음과 같이 세 가지 영역으로 나뉘는데, 각각 에니어그램 시스템과 연계된 세 가지 성장 과정에 해당한다.

1) '자기관찰' 영역에서 설명한 것처럼, 자신의 습관과 자동 반응을 벗어나기 위해 실천해야 할 사항
2) 성장의 지도로 에니어그램 화살을 사용하는 방법
3) 해당 유형의 격정(악덕)을 이해하고, 의식적으로 그 반대인 해독제의 역할을 하는 더 높은 수준에 있는 유형의 '미덕'을 향해 나아가는 방법

## 6유형의 대표적인 세 가지 습관과 여기서 벗어나기 위한 실천사항

### 1. 주시하고 의심하며 시험하고 질문하여 위험한 세상에서 안전과 통제에 대한 감각을 얻고자 노력함

#### 1) 불확실성은 인생의 필연적인 부분이라는 것을 인식하라

1유형은 불완전함이 인간사에 내재하는 것임을 받아들임으로써 유익을 얻듯이, 6유형은 불확실성이 삶의 일부분임을 수용함으로써 스스로를 도울 수 있다. 6유형은 매우 분석적 사고를 가지고 있어서, 모든 모호성을 근절하는 것은 불가능하거나 불가능에 가까울 것이라 생각한다. 즉, 6유형이 잘 알듯이 현실세계의 본질 또한 철저히 상황에 달려있다는 것이다. 따라서 이상적인 확실성을 얻고자 하는 노력은 가장 허망한 일이 될 수 있다.

어떤 것이 사실이라는 증거를 찾으면서 스스로가 끊임없는 질문의 순환에 빠지도록 내버려 두는 대신, 그러한 탐색 자체가 당신이 겁먹고 있다는 사실을 알게 해주고 있다는 것을 기억하라. 거듭되는 정신적 테스트 대신, 자신을 머리(계속해서 생각하는 일)로부터 나오게 하여, 조금 떨어져 당신이 지금 무엇을 하고 있는지 주시해 보라. 당신의 가슴

을 들여다보고 지금 무엇을 느끼며, 감정적으로는 무엇이 필요한지 스스로에게 물어보라. 당신의 직감이 말해주는 것에 귀를 기울이라. 확실성을 찾는 것은 당신을 어디에도 데려다 줄 수 없다는 사실과, 그렇기 때문에 의식적으로 당신의 관심을 헛된 소용돌이에서 옮기는 것이 중요하다는 사실을 스스로 명심하라.

### 2) 구하는 것은 얻게 된다는 것을 기억하라

어떤 면에서 위험 신호를 경계하여 주시하는 습관은 어디에서든지 위험을 보게끔 만들 수도 있다. 세상을 볼 때, 우리가 사용하는 렌즈를 통하여 우리의 현실을 만들어내는 만큼, 6유형은 문제를 찾고 있기 때문에 어려움을 얻게 될 것이다. 이들이 세상을 문제투성이라는 측면으로 보는데, 이는 그들의 마음이 습관적으로 고쳐야 할 문제들을 찾기 때문이다. 그러므로 그들은 인생에서 위협과 문제들을 찾는 것에 고착되어 있는 순간을 스스로 알아차리고, 의식적으로 좀 더 긍정적인 데이터 쪽으로 관심을 옮기고자 노력하는 것이 중요할 수 있다. 6유형은 스스로를 현실주의자로 생각하는 반면, 다른 사람들은 그들을 비관주의자로 볼 수 있다. 그 이유는 풀어야 할 문제를 찾아내는 그들의 패턴이 그들로 하여금 오로지 부정적인 것에만 초점을 맞추고 있는 것처럼 보이게 하기 때문이다. 유리잔이 절반은 비어있다고 생각하는 대신에 (또는 유리잔에 나 있는 구멍을 찾으려고 노력하는 대신에), 절반은 채워져 있음을 볼 수 있도록 노력하라.

### 3) 생각하는 것에서 나와 행동하라

6유형은 지극히 사고에 기반하며 지적이다. 그들은 최악의 것을 생각하고 상상하며, 최악의 경우가 발생하면 어떻게 할까를 계획하면서 두려움과 불안을 만들어낸다. 그들의 머릿속에는 두려움으로 인한 부정적인 예측들이 자리잡고 있는데, 심지어 좋은 일이 기대되는 상황에서도 부정적인 생각의 틀로 바라본다.

그래서 미리 준비하고자 하는 생각, 불안, 그리고 부정적인 순환에 맞서는 한 가지 방법은 생각에서 완전히 나와 몸에 집중하는 것이다. 신체 운동은 당신으로 하여금 몸의 '현재 순간'의 경험에 당신의 자각을 붙들어 맬 수 있게 도와주며, 실제로는 일어나지 않는 즉, 당신을 걸려 넘어지게 만드는 정신 활동으로부터 옮겨갈 수 있게 해 준다. 규칙적으로 운동하기로 마음을 먹고, 의식적으로 복식호흡을 하라. 그리고 장 중심에 관심을 두어 그 모든 생각의 균형을 잡을 수 있도록 하기 위해서, 당신의 다른(머리 이외의) 부분들도 건드려야 할 필요가 있음을 스스로 명심하라.

## 2. 다른 사람들, 특히 권력자들에게 두려움, 불안, 힘을 투사하기

### 1) 직관과 투사의 차이를 구별하라

6유형은 천성적으로 직관력이 있으면서 습관적으로 투사하는 사람들이다. 따라서 내적으로 아는 것을 바탕으로 한 정보와 그들이 스스로 단절하고 다른 사람 탓으로 돌리려는 것에 바탕을 둔 정보 간의 차이를 구별하는 것은 이들에게 중요한 일이다. 6유형은 위협적인 요인이나 감정이 생기면, 그것을 방어적으로 다루거나 분리하는 방식으로 투사한다.

이들이 투사를 직관으로 착각할 때, 그들은 다른 사람의 행동이나 말하는 것을 안다고 생각할 수 있지만, 실제로는 그렇지 않다. 자기 자신의 감정 때문에 다른 사람을 무의식적으로 탓함으로써, 그들은 스스로의 맹점에 대해 인지하지 못한 상태로 남아있게 된다. 또한 감정을 단절한 상태와 더불어 편집증으로 발전할 수도 있는 성향을 갖고 있기 때문에 다른 사람과의 관계를 멀어지게 만든다.

그래서 6유형은 지속적으로 그들 스스로 내면을 확인하고 '이것이 내가 직관적으로 알고 있는 것인가, 아니면 내가 투사하고 있는 것인가?'라고 질문하는 것이 중요하다. 그런 후에 그들은 가능한 한 객관적으로 증거를 시험할 필요를 느낄 것이고, 여전히 결정하기가 어렵다면, 믿을 만한 사람에게 부탁하여 증거를 판독하는 데 조언을 부탁할 수도 있을 것이다. 다른 사람이 당신한테 화나 있거나 당신을 심판하고 있다고 생각한다면, 당신이 전체 이야기를 지어내기 전에 그들에게 직접적으로 물어보라.

### 2) 당신이 무엇을 투사하든지 의식적으로 그 감정은 내 것임을 단언하라

6유형이 두려움, 힘, 그리고 다른 감정을 사람에게 투사할 때 맞설 수 있는 방법은, 다른 사람에 대해 자신이 갖는 생각을 알아차리고, 그 생각들이 어떻게 자신의 단절된 감정, 경험, 자질들을 반영하는지 살펴보는 것이다. 누군가에 대해 과장된 판단, 불안 또는 속상함을 가지고 있다면, 그들이 무엇을 했는지에 대해 당신이 지어내고 있는 이야기를 검토해 보라. 무엇 때문에 상대는 위험하고 당신은 결백한지 설명하는 방식으로, 당신이 그들에게 투사하고 있는 이유를 생각해 보라. 그게 아니라면, 언제 당신의 힘을 다른 사람에게 투사하고 있는지, 언제 스스로를 힘이 없는 존재로 보게 되는지를 인식하라. 당신이 외부에서 영웅이나 위협을 찾는 방식으로 당신 자신의 힘을 과소평가하고 있을 수 있음을 생각하라.

### 3) 권위에 대해 좀 더 자각하도록 노력하라

나란호가 지적했듯이, 6유형의 세 가지 하위유형 성격은 권위문제를 가지고 있다. 그들은 권위를 원하면서 믿지 않고, 사랑하면서 경멸하기에 계층과 권위에 따른 관계는 이들에게 있어서 자신의 방어적 습관을 인식할 수 있게 하는 중요한 분야이다. 그들은 권위와의 관계에서 유발된 감정과 생각에 깊은 관심을 갖기를 원하고, 좀 더 믿으려고 노력하거나(증거가 그것을 보장할 때) 또는 자기만의 독립성, 힘, 지혜를 갖고자 노력할 것이다. 이것은 6유형이 의식적인 성장의 길을 따라 갈 수 있게 하며, 나아가 좀 더 본성적으로 힘이 있는 '참나무 자아'가 될 수 있도록 도와준다. 그러나 이는 오직 자기 자신의 불안전함에 대한 보상으로 그들이 외부 권위에 과잉 의존함을 드러내는 것을 삼가할 때만 가능하며, 또한 자신이 소유한 힘, 연약함, 그리고 연약해질 수 있음에서 오는 힘을 가질 때에만 가능하다.

## 3. 두려움을 의식적으로 다루는 대신, 다른 여러 방식으로 행동하기

### 1) 두려움에 대한 반응으로 '투쟁', '회피', 그리고 '얼어붙음'을 인식하라

두려움이 생겨날 때나 두려움에 대한 당신의 구체적인 반응을 볼 수 있게 된다면, 당신이 언제 두려움을 느끼는지, 두려움에 대한 반작용으로 무엇을 하는 경향이 있는지 알 수 있다. 그리고 두려워질 때 어떤 반응을 할지에 대해, 더 의식적으로 선택할 수 있는지에 대해 더 선명한 감각을 발달시킬 수 있을 것이다. 만약 두려움이 나타나는 특정 방식에 대해 명확성, 여유, 연민을 좀 더 만들어낼 수 있다면, 당신은 의식적으로 두려운 경험들을 다루면서도 훨씬 편안하게 지낼 수 있을 것이다. 당신이 도망가든 숨든, 규칙에 대해 과도하게 생각하고 과잉 의존하여 마비되든, 반항하든 간에, 어떻게 두려움이 당신의 삶속에서 나타나는 지에 대하여 점점 더 많이 의식하게 되는 것은 가치 있는 일이다. 또한 어떻게 두려움이 당신의 생각, 느낌 및 행동을 몰아가는지 정확히 알 수 있는 단서를 읽어내는 능력을 계발하는 것도 의미 있는 일이다.

### 2) 두려움을 느끼고 다루는 법을 배우고 두려움을 놓아주라

두려움을 안고 작업하는 것은 6유형의 성장과정의 일부분이다. 당신의 두려움이 어떻게 올라오는지(또는 외면되는지)를 관찰하고 살피는 것, 나아가 두려움과 당신의 관계, 그리고 그 결과를 살펴보는 것은 당신의 성격이 어떻게 작동하고 있는지를 살피는 데에 열쇠가 된다. 두려움을 느낄 때, 그 증거를 찾아보라. 무언가 정말로(객관적으로) 발생하고 있는가? 당신의 우려가 부적절한지 또는 현실을 제대로 반영하지 않고 그저 머릿속에서 만들어진 것인지를 정직하게 평가하는 것은 당신에게 중요할 것이다. 두려움이 어떻게 올라오는지 인식하게 됨에 따라, 당신은 더 의식적으로 두려움을 조사하고 탐구하며 다루고 진정시킬 수 있을 것이다.

몇몇 6유형은 두려움에 관한 뚜렷한 경험을 해본 적이 없다고 생각할 수도 있다. 이런 분들은 아마 화나는 감정에 대해서 더 잘 의식할 수 있을 것이다. 또는 자신을 몰아가는 것이 두려움임을 이해하지 못한 상태로 두려움에서 시작된 어떤 행동을 하는 방식으로 의식할 수도 있다. 그들은 어떠한 감정이 자신의 행동을 그렇게 몰아가는지도 잘 모른 채, 무언가에 관하여 열심히 일하고 있거나 무언가에 대하여 불안해하며, 또는 무언가에 관해 공격적으로 움직이고 있을 수도 있다. 이런 상황에서, 6유형은 적극적인 노력, 공격성, 반항적인 감정의 이면을 들여다보는 것이 중요하다. 이는 드러나는 것들의 기저에 깔린 두려움, 즉 그들이 정반대로 행동함으로써 오히려 회피하고 있는 그 두려움을 나타내는 것이기 때문이다. 그리고 이러한 반응들을 이해하고 관리하기 위해 작업하는 것이 중요하다.

### 3) 두려움에 맞서도록 좀 더 믿음을 가져라

두려움은 무엇인가 잘못될 것 같은 예감인 것처럼, 신뢰는 두려움을 떨쳐버리고 만사가 대체로 잘될 것이라고 믿을 수 있는 능력이다. 당신이 자신의 머리에서 나와서 자신의 장이나 가슴으로 들어갈 수 있다면, 생각만 분석하는 당신의 관심을 다른 것으로 바꿀 수 있다. 즉, 생각하는 상태에서 벗어나 감정으로 가거나, 직관적으로 알아차리는 상태로 바뀔 수 있다는 뜻이며, 그렇게 하는 것은 확실한 것을 찾고자 하는 지적인 탐색에 의존하는 습관을 깰 수 있게 해 준다.

## 6유형의 화살표를 이용한 성장경로

제 1장에서 이미 화살표의 '내면 흐름' 모델을 소개하였는데, 이것은 에니어그램 도형 내의 역동적 움직임의 한 측면을 나타낸다. 각 유형들은 '스트레스를 통한 성장' 지점과 '아이-가슴-안전' 지점으로 연결되며, 화살표는 각 유형을 위한 성장경로를 보여준다.

\* 각 유형에서 화살표를 따라 나아가는 방향은 '스트레스-성장' 발달의 경로이다.

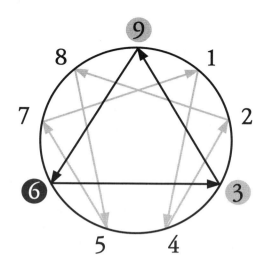

이 과정은 성격유형이 제시하는 구체적인 도전과제를 보여준다.

* 각 유형에서 화살표를 받는 방향은 '아이-가슴' 지점으로 어린 시절부터 지속된
  이슈와 과제를 나타낸다. 단절되어 온 부분을 의식적으로 인정하면 과거에 해결
  하지 못한 일에 붙잡혀 있지 않고 벗어나 앞으로 나갈 수 있다. 이러한 '아이-가
  슴' 지점은 우리가 무의식적으로 억압한 안전의 특성을 표현하며, 이 특성은 가끔
  스트레스의 상황이나 안전을 필요로 하는 시기에는 위안을 얻기 위해 물러나기도
  하지만, 의식적으로 통합해야만 하는 특성이다.

**6유형이 3유형으로 나아감**

## 성장과 확장을 위해 3유형의 '스트레스-성장' 지점을 의식적으로 사용하기

6유형에게 내면 흐름 성장 과정은 3유형에 구현되어 있는 도전과 직접 접촉할 수
있도록 해준다. 그 도전은 두려움을 극복하고, 행동을 취하며, 결과를 이루어내기 위
한 지원책으로 목표와 관계를 사용하는 능력을 계발하는 것이다. 극한 압박 상황에서,
6유형은 정신없이 행동하거나 안절부절 함으로써 3유형의 '부정적인 면'을 방어적으

로 행동할 수 있다. 하지만 의식적인 방식으로 3유형을 사용해서 생산성, 정직과 소망 등 3유형의 긍정적인 특성을 구현하고자 함으로써, 6유형은 그들을 붙들어 매는 두려움에 맞설 수 있다. 두려움과 과잉분석으로 마비되는 경향이 있음을 고려할 때, 6유형은 3유형을 사용하여 두려움과 불안에서 자신 목표의 가치로 관심을 돌릴 수 있다. 그리고 그들이 한 훌륭한 일로 다른 사람에게 감동을 주는 것 등의 긍정적인 면에 중점을 두고 성취에 있어서의 진정한 자긍심에 초점을 맞출 수 있다. 두려움에 집착하는 것은 6유형의 행복을 극도로 위협하기 때문에, 3유형이 느끼는 자연스러운 동기를 사용하는 법을 배워야 한다. 아무 행동도 하지 않거나 우유부단한 태도에 사로잡힌 그들의 습관에 맞서기 위해 목표를 향해 움직이고 성취하도록 하는 것은 그들에게 도움이 된다.

의식적으로 이런 방식으로 일하는 6유형은 건강한 3유형이 가지고 있는 자존감, 감정 조절 능력, 그리고 결과 지향을 사용할 수 있다. 3유형의 긍정적인 측면은 솔직한 자기표현, 만사가 효과적인 방식으로 돌아가도록 돕는 활동의 즐거움, 자신의 순수한 노력에 대해 보상받을 수 있다는 희망적인 기대에 기반을 두고 있다. 3유형의 이런 측면은 만사가 잘못될 수도 있다는 생각과 그로 인해 삶에서 행동하는 힘이 약해질 수 있는 6유형이 균형을 잡을 수 있도록 도와준다. 3유형과 관련된 더 높은 능력인 추진력, 근면하고 희망적인 세계관, 인지에 대한 건강한 욕구에 적극적으로 집중함으로써, 6유형은 불안, 의심, 그리고 남의 시선을 한 몸에 받으면 표적이 될지도 모른다는 두려움 때문에 스스로를 갉아먹는 자신의 성향과 맞설 수 있다. 외부의 위험을 탐지하고 내적 불안과 싸우느라 에너지를 소비하는 대신에 스스로를 세상 속에서 표현하는 능력을 키우는 데 노력할 수 있다. 두려움과 의심을 소망과 자신감으로 균형 잡을 수 있고, 적극적인 방식으로 사회에 생산적으로 기여할 수 있도록 하는 데에 자신의 에너지를 쓸 수 있다.

## '아이-가슴' 지점을 의식적으로 사용하여

### 어린 시절의 이슈들을 다루고 앞으로 나아갈 수 있도록 안전감을 찾기

6유형 성장의 길은 그들이 다른 사람과 관계할 때 긴장을 풀고 나쁜 일이 일어나거나 위협들에 대한 걱정 없이 흘러가는 대로 삶을 살아갈 수 있는 능력이다. 6유형은 다른 사람과의 연결은 위협적이고 극도로 힘이 드는 일이며, 예측할 수 없고, 공허하며, 헛되기 때문에 다른 사람과의 연결을 통해 내적인 지지를 얻을 수 없다. 다른 사람과 관계 속에서 어울리면서 안락함을 얻는 대신, 6유형은 대체로 사람들로부터 떨어져 스스로를 위험한 사람으로부터 보호하거나 자립적으로 안전을 구해야만 했을 것이다. 9유형이 스스로 말하는 것처럼 다른 사람을 쉽게 신뢰하는 반면, 많은 6유형은 어릴 때에 이러한 호의를 누리지 못했고, 그래서 그들은 불신에 고착되어 살아왔으며, 더불어 생존 전략으로 의심에 걸려 살아왔던 것이다.

6유형은 9유형의 '아이-가슴' 지점으로 돌아가 안전한 누군가와 어울리면서 편안한 장소에 숨어들어가거나 다른 사람과의 관계 안에 피신함으로써 안전감을 얻을 수 있다. 산드라 메이트리는 모든 6유형의 마음속에는 '보살핌 아래 머무르면서 세상에 나가 직면하고 싶어 하지 않는, 오로지 안락함과 즐거움만을 원하는'[30] 게으른 9유형 성향의 아이가 있다고 설명한다. 그러므로 9유형은 6유형이 위험한 세상에서 안전함을 얻기 위해 뒤로 물러나 있는 곳이고, 그와 동시에 스트레스 상황에서 무기력으로 인해 힘들 때 안전하고 편안한 장소일 수 있다. 6유형이 9유형의 낮은 측면으로 흘러가면서 생존을 위해 억눌러야 했던 9유형의 품성을 의식적으로 통합해야 한다. 그렇지 않으면 6유형이 불안하기 때문에 삶에서 물러나 무너지게 되면서 무기력, 타성, 다른 사람과의 무의식적인 융합으로 갈 수 있다.

의식적인 탐색으로 잘살기 위해서 6유형은 '9유형으로 이동'을 통해 위험을 주시하는 것과 자신을 지지해주는 관계들의 안전함 속에서 긴장을 풀 수 있는 것 사이에서 건강한 균형을 세울 수 있다. 6유형은 이러한 '아이-가슴'의 속성에 집중하여, 그들에게 필요했지만, 어린 시절의 관계를 통해 충분히 얻지 못하였던 것이 무엇인지 이해할 수 있다. 생존하기 위해 계발했어야 했던 두려움과 불신을 완화하는 방법으로 그러한 것들을 모색할 수 있다. 그러므로 '9유형으로 이동하기'는 다른 사람의 안건과 의지를 병합하면서 자신의 잃어버린 편안한 마음을 회복하는 방법일 수 있다. 그리고 6유형으로 하여금 다른 사람에 대해 경계태세를 취하는 대신, 관계 속에서 더욱 편안함을 얻을 수 있게 해 줄 수 있다. 이러한 방식으로 9유형을 참고하여 사람들을 밀어내어 위협을 막아보려는 자신의 욕구에 대해 다룰 수 있고, 더 깊이 다른 사람의 관점으로 들여다보는 것을 배울 수 있다. 만약 그들이 9유형의 건강한 관점을 다시 통합할 수 있다면, 그들은 3유형을 향해 진전된 모습으로 나아가려는 것을 방해하는 두려움에 근거한 습관들로부터 자유로워질 수 있을 것이다.

다른 사람을 신뢰하고 편안해 하는 9유형의 타고난 성품과 재결합함으로써, 6유형은 경계를 풀고 느긋한 시간을 가져도 좋다는 사실을 의식적으로 떠올릴 수 있다. 정신을 차린 상태를 유지하여 상처받지 않고자 스스로를 보호하려는 욕구 대신, 다른 사람에 대해 마음을 열고 삶에 대하여 다른 사람의 관점과 접근법을 갖게 되면 감사의 마음을 가꾸는 능력을 회복할 수 있다. 이러한 방법으로, 6유형은 더 깊은 존재감 그리고 다른 사람과의 연결을 통해서 안전을 찾는 능력과 다른 사람의 숨겨진 의도를 찾는 두려움 사이에서 균형을 잡는다.

## 악덕에서 미덕으로
## 두려움에 접근하고 용기를 목표로 하여 나아가기

악덕에서 미덕으로 개선되는 과정은 에니어그램 지도가 크게 기여할 수 있는 한 부분으로, 각 유형이 시도해 볼 수 있는 더 높은 자각상태로의 '수직' 성장의 길을 보여준다. 6유형의 경우 '악덕(또는 격정)'은 두려움이고, 반대인 미덕은 용기이다. 이러한 '악덕에서 미덕으로의 전환'이 전해주는 성장 이론은, 우리의 격정이 어떤 기능을 하는지 더 많이 자각하고 고차원의 미덕을 구현하고자 내면작업을 할수록, 우리의 무의식적인 습관과 유형에서 오는 고착된 패턴으로부터 더욱 자유로워져서 우리의 더 높은 측면 즉, '참나무 자아'를 향해 발전할 수 있다는 것이다.

두려움에 대한 경험이 더 익숙해지고, 두려움을 더 인식하거나 깨닫게 되는 능력을 계발하면, 두려움에 대한 해독제인 미덕을 실행하고자 노력함으로써 그들의 내면작업을 더 심화할 수 있다. 6유형의 경우 용기의 미덕은 이들이 더 상위의 능력을 의식적으로 드러낼 때 달성할 수 있는 상태이다.

용기는 세상에 내재한 위험들에 대해서 깨어있는 방법인 동시에, 위험에 직면했을 때 본성적으로 자신감에 접근할 수 있는 방법이다. 이러한 더 높은 미덕은, 해소해 보려고 사용했던 우리의 지식으로 인해 더욱 강화되고 깊어진 두려움과 불안을 직면할 수 있게 해주는 능력을 아우르고 있다.

용기는 또한 우리가 우리자신에게 주는 내적 지지를 나타낸다. 그것은 바로 우리가 에고의 방어기제를 놓아버리고 성격의 좁고 제한적인 (도토리껍질) 구조를 넘어서서 성장하는 것을 말한다. 이차조는 용기를 '존재에 관한 개인의 책임에 대한 인식'이라고 정의하였는데, 그것은 마치 스스로를 지키려는 몸의 자연스러운 움직임과 같은 것이다.[30] 용기는 생각, 경계, 또는 공격성을 요구하지 않는다. 오히려 그것은 우리가 스스로를 돌볼 수 있음을 내적으로 아는 깊은 원천에서 나오는 것이다.

6유형으로서 용기가 있다는 것은 당신이 자신 있게 외부 위험과 대면할 수 있음과 또한 내면을 공개하고 탐험할 수 있음을 의미한다. 마이트리가 지적했듯이, 무의식의 강력한 끌어당김(9유형의 표식)때문에 인간으로서 할 수 있는 가장 어려운 것 중에 하나는 우리의 내적 현실에 집중하는 것이다. 그래서 용기는 안락함에 머물고 싶고 우리가 느낄 수 있는 고통이나 두려움은 무엇이든 피하고 싶은 계속되는 유혹에도 불구하고, 무슨 수를 써서라도 우리 안에 무슨 일이 일어나고 있는지 관심을 가질 때, 우리 안에 자라나는 품성을 의미한다. 우리가 스스로에게 잠든 상태가 되는 것은 너무도 쉽고, 우리 자신을 알아가는 과정에 계속해서 매달려 있는 것은 너무도 힘이 드는 일이기 때문에 우리는 우리자신에 대해 자각하고 깨어있는 상태를 유지할 용기를 가져야만 하는 것이다. 특별히 깨어 있음이라는 것은 고통에 맞닥뜨리는 것을 반드시 포함하고 있기 때문에 더욱 그렇다. 심지어 당신이 유년시절에 취했던 성격 때문에, 살아남으려고 잠들어 머물러야만 했던 (그리고 그림자로 밀쳐버린) 두려움과 그 외의 모든 고통스럽고 무서운 감정들을 용기를 통해 다시 느낄지라도, 용기란 당신이 진정 누구인지, 어떤 사람이 되고 싶은지를 알고자 하는 의지를 갖는 것을 의미한다.

우리 모두는 계속 잠자고 싶어 하는 타성과 보호적인 방어를 내려놓는 것에 대한 두려움을 느낀다. 그러나 우리 모두는 일찍이 우리가 한쪽 구석에 밀어 놓았던 깊은 고통과 두려움에 깨어 있으려고 노력하는 용기를 가져야 한다. 좀 더 용기 있게 되는 것은 6유형에게(그리고 우리 모두에게) 두려움과 고통에 직면하도록 해주고 우리가 진정 자랄 수 있도록 정면으로 부딪힐 수 있게 해준다. 6유형의 미덕은 자신 있게 인생에 대해 깊이 관여할 수 있도록 절실히 느껴지는 능력이다. 그래서 6유형 용기의 미덕은 우리 안에 내재하는 진정한 내적 자원과 우리가 계발하여 소유할 수 있는 모델 둘 다를 반영한다. 이는 우리가 제한된 성격과 연관된 보호적인 방어기제를 놓아버리고자 노력할 때 가능하다. C. S. 루이스가 말한 것처럼, '용기는 단순히 여러 미덕들 중에 한 가지가 아니라 시험의 순간에 보여 지는 모든 미덕의 실질적인 형태'[32]인 것이다.

## 6유형이 악덕에서 미덕으로 성장하기 위한 하위유형별 작업

자신의 격정을 관찰하고 해독제를 찾는 작업은 각 하위유형에 따라 다르게 나타난다. 의식적인 자기 내면작업의 길은 '의지, 훈련, 은혜'라는 말로 그 특징을 설명할 수 있다.[33] 즉, 성격 패턴에서 벗어나려는 '의지', 성장을 위한 노력의 '훈련', 그리고 의식적, 긍정적 방식으로 미덕을 실현하기 위해 작업할 때 찾아오는 '은혜'인 것이다. 나란호는 각 하위유형이 성장을 위해 애쓰고 노력해야 하는 측면들이 각각 다르게 나타난다고 말한다. 이러한 통찰은 에니어그램의 각 하위유형을 이해하는 데 크게 유익하다.

### 자기보존 6유형

자기보존 6유형은 애매모호하게 있는 대신에 직접적으로 말함으로써, 두려움에서 용기로 가는 여정을 시작할 수 있다. 질문하느라 길을 잃은 채 머물러 있지 말고 결정을 내려야 하며, 다른 사람의 지지와 보호를 구하기보다는 자신의 필요를 채우기 위해 불굴의 용기를 가져야 한다. 또한 의식적이고 건설적인 방법으로 당신의 공격성에 목소리를 부여함으로써 용기를 실현하는 쪽으로 작업할 수 있다. 자신의 공격성과 자신감을 더 적극적으로 끌어낼 수 있다는 것을 배우기 위해 위험을 감수하라. 스스로에게 도전하여 항상 착하고 유순해야 한다는 강박을 깨뜨리고, 화나는 것을 표현할 수 있게 연습하라. 당신이 진정으로 생각하고 있는 것이 무엇인지 분명하게 말할 수 있는 용기를 가지며, 특히 다른 사람들이 찬성하지 않을지도 모른다는 두려움이 있을 때 더욱 그렇게 하라. 압박에 대한 반응이 아니라, 당신의 힘과 강함에 더욱 연결되어 있는 침착한 자신감에서 시작하여, 당신의 의견과 좋아하는 것을 이야기하라. 겁내지 말고 '나쁜' 사람이 되며, 화를 내고 사과하거나 의심하지 말며, 네가 어떤 사람인지를 더 많이 표현하라. 다른 사람에게 당신의 힘과 권력을 투사하지 말고, 이 세상에서 그것을 소유할 용기를 가지라. 다른 사람에게 지지를 기대하기보다는 스스로 더 자신감을 가질 수 있는 그런 긍정적인 품성을 많이 소유하라. 어떠한 방식으로든 이 세상에서 스스로를 지탱할 용기를 당신은 이미 가지고 있다는 것을 믿어라. 당신이 강하다는 느낌을 더 의식적으로 가지려고 노력하고 의도적으로 신뢰하라.

## 사회적 6유형

사회적 6유형이 두려움을 벗고 용기를 얻을 수 있는 지름길은, 그들의 의무가 무엇인지 생각하지 말고 오히려 그들 자신이 갖고 있는 직관, 본능, 전반적인 삶에 보다 더 의도적으로 자신을 연결하는 것이다. 당신이 지적 능력으로 살아온 삶은 당신을 지금의 모습으로 밖에 만들지 못하였음을 인식하라. 당신의 머리는 당신이 어떻게 온전히 살아야 하는지 말해주는 장기만은 아니다. 약간의 긴장을 풀고 모든 규칙과 참조 사항들을 잊어버리게 내버려 두라. 당신의 사고체계, 의무가 무엇인가에 대한 생각, 명확한 범주들을 놓아버리는 법을 배우고 당신이 스스로 권위가 되는 능력을 계발한다면 용기를 향해 성장할 수 있을 것이다. 부모 대신으로 당신이 의지하는, 사람이 아닌 권위인 이념 또는 심지어는 '합리성' 그 자체를 당신이 어떤 방식으로 만들고 있는지 탐구해 보라. 그 대신 당신 스스로의 권위를 용기 내어 소유해 보라. 당신을 실망시킨 아버지상을 당신이 어떤 식으로 보상하고 있는지 깨닫고 더욱 자각하여, 삶에서 당신을 인도하는 권위로 당신이 사용하고 있는 것이 무엇이든 너무 과하게 의존하지 말라. 지적인 지도의 안내를 받지 말고 오히려 본능에 의지해 행동하라. 모든 측면에서 당신의 힘과 만족감에 연결되는 것이 당신의 더 높은 능력을 나타내는 왕도임을 기억하고, 의무보다는 즐거움을 추구할 용기를 가지라.

## 일대일 6유형

일대일 6유형은 어떻게 하면 좀 더 연약할 수 있는지를 배움으로써 두려움에서 용기로 가는 길을 여행한다. 이들은 가끔 스스로가 용기 있다고 느낄 수도 있을 것이다. 그러나 공격성이나 두려움에서 온 '강함'을 진정한 용기로 착각하지 마라. 나란호가 말한 것처럼, 이들의 용기는 무기를 가지고 있다는 용기이다. 당신의 무기를 내려놓고 진정한 강함, 진정한 힘, 진정한 용기의 근원인 당신의 연약한 감정을 두드리는 것을 배우라. 강함이 어떻게 당신의 두려움과 다른 연약한 감정을 가리고 있는지를 알아차리라. 그리고 두려움을 억누른 채 겉으로 강해 보이는 능력 안으로 도망 다니지 말고, 연약한 감정과 계속 만나도록 노력하라. 더 많은 사람들과 더 자주 스스럼없이 지낼 수 있는 용기를 가지도록 노력하라. 거리낌 없이 양가감정 없이 또 너무 예의를 차리지 말고 즐겁게 느낄 수 있도록 스스로를 풀어주라. 자유와 독립을 잃는다는 두려움이 어떤 방식으로 당신이 사람들을 쫓아버리게 하는지 알아차리라. 그리고 더 연약한 감정을 갖고 사람들을 더욱 믿으려고 노력하라. 본능, 직관과 좀 더 부드러운 감정으로 인도될 수 있도록 스스로를 풀어주어 당신이 스스로에게 관계하는 방식을 확장시키고 스스로를 다른 사람에게 열어두라. 당신이 항상 그렇게도 강해야 하고 경계해야만 했던 것은 아니라는 사실을 이해하고 받아들임으로써, 당신을 '도토리' 자아의 딱딱한 껍질 속에 계속하여 가두어 둔 그 두려움에서 벗어날 수 있다는 사실을 인식하라.

## 결론

6유형은 안전하게 느끼고 싶은 욕구로부터 발원된, 외부 세계와 다른 사람에게서 자신을 지키는 방식으로 나타난다. 이들의 성장의 길은 두려움과 두려움의 모든 표면적 현상을 용기와 의도적인 강함으로 바꿀 수 있는지를, 그리하여 더 견고한 안전감을 얻어 우리에게 가능한 수준까지 깨어남의 작업을 할 수 있는지를 보여준다. 6유형의 각 하위유형 속에서 분명한 특성을 이해하게 된다. 이 특성은, 우리가 두려움에서 벗어나 잠들어 있던 능력이 깨어나면 우리 내면 안팎에서 우리를 두렵게 하던 것들을 직면하는 용기가 생겨나고 그러할 때 어떤 일이 가능해지는지를 알게 해주는데, 이는 자기관찰, 자기계발, 자기이해의 연금술을 통해서 가능하다.

# 제7장
## 5유형의 원형: 유형, 하위유형, 성장경로

홀로 여행하는 자가 가장 빨리 여행한다.
— 루야드 키플링Rudyard Kipling

나는 고독만큼 다정한 친구를 본 적이 없다.
— 헨리 데이비드 써로우Henry David Thoreau

이해한다는 것은 일종의 황홀감이다.
— 칼 세이건Carl Sagan

5유형은 생각에 잠겨 내면세계 속에서 도피처를 찾음으로써 감정을 분리하는 사람의 원형을 보여준다. 이는 외부로부터 침범당하거나 무시되거나 혹은 불가항력적인 세상으로부터 사생활이나 자유를 지킬 수 있는 방법이다. 이 원형의 핵심적 충동은 욕구를 최소화하고, 자원을 효율적으로 활용함으로써 외부의 요구를 제한하고 통제함으로써 안전함을 찾는 것이다. 이들에서는 인간의 자연스러운 타인에 대한 욕구대신에 지식을 갈구하고자 한다. 그리하여 사회적 관계대신에 정보와 견고한 경계선을 구축하여 내적 지원이 이루어질 수 있도록 한다.

5유형의 원형의 주요 특성은 융의 '내향성'에서 찾아 볼 수 있다. 융의 심리학에서 언급한 '내향적 사람'의 성격 유형에서 나타나는 일반적인 태도를 말한다. 융 분석심리학자인 준 싱어June Singer는 내향적 사람은 '주로 자신이 지각한 것을 이해하고자 한다'라고 말하였다.[1] 내향적 사람이 초점을 맞추는 것은 주로 '자기 자신의 존재' 즉, 이것이 모든 관심의 중심이다. 외부 사람들은 내향적 사람에게 영향을 미치기 때문에 중요할 따름이다. 그리고 내향적인 사람의 자기 자신에 대한 관심은 자신을 둘러싼 객관적인 주변 환경의 영향력에 의하여 압도되는 것을 막아준다.[2] 내향적 사람은 안전성이란 자기 위치를 견고히 함으로써, 외부의 불평에 대항하여 자신을 방어한다.[3] 나란호가 말하기를, 내향성은 '외부로부터 벗어나 내면을 향한 움직임, 그리고 내면 경험에 대한 민감성'이라고 하였다.[4]

5유형은 다른 모든 것들로부터 분리되고 단절된 존재로 보는 경향이 있다. 이것이 우리로 하여금 움츠리고 생존을 위한 그 무엇이라도 움켜잡을 필요성을 느끼도록 만드는 것이고 그것을 나타내는 사람의 원형이다.[5] 그런데 이러한 경향으로 인하여 우리는 모두 우리의 에고와 동일시한다. 그리고 상호 연결된 전체의 한 부분이라기보다는 단절된 개인이라고 믿으며, 이러한 믿음은 자신을 유지하기 위하여 필요한 것들에 애착을 느끼도록 만든다.

5유형의 원형은 일상생활에서 동정을 살피는 타인들의 시선이나 감정적 요구로부터 벗어나서 홀로 시간을 가지거나, 휴식을 취하거나 혹은 '재충전' 할 필요성을 느낄 때 나타난다. 또한 참여보다는 관찰하고, 주기적으로 피난처로 도피하고자 하는 우리의 모습에서 볼 수 있다. 이들은 사회적이고 감정적인 삶의 혹독함보다는 지성의 상대적 안전성을 더 선호하는 모델을 제시한다. 또한 지식을 가장 안전하고 만족스러운 힘의 형태로 인식한다. 갈등, 어려움, 혹은 상처받은 감정 등에도 불구하고 이러한 입장은 물러섬과 거리 둠을 최고의 전략으로 생각한다.

나란호는 인생의 갈등에 대한 해결책으로써 '체념'을 선호하는 사람에 대한 심리학자 카렌 호니의 설명을 제시하였다. 즉, '사회에서 일어나고 있는 일에 신경을 쓰지 않고 관심도 없다'는 태도를 유지함으로써 내적 평온을 찾는 사람을 뜻한다.[6] 타인에게 다가가거나 반대하는 것이 불편한 이들은 사랑과 공격의 '내적 전쟁터'로부터 빠져나와 보다 적은 것에 안주하려고 물러섬으로써 자신이 원하는 것을 얻으려는 투쟁을 포기한다. 그리고 이러한 특성이 '삶과 성장을 움츠리도록 만들고 제한하며 단축시키는' 내적 과정을 잠재적으로 주도한다.[7]

5유형은 분석적인 사고를 하고, 자신의 지적인 관심을 추구하기 위하여 많은 시간을 보낸다. 또한 특정분야에서 상당한 지식과 전문성을 소유하기도 한다. 이들은 자동적으로 감정과 분리되기 때문에 어떤 이유나 상황에 대하여 합리적이고 객관적인 분석을 하는 데 매우 능숙하다. 이러한 습관으로 인하여 위기상황에서도 침착하고, 인간관계에서의 경계의 중요성을 잘 인지하기 때문에, 타인의 경계와 자신감에도 가치를 부여하고 존중해준다. 이들은 대체로 친밀한 친구들을 많이 갖고 있지는 않지만, 관계를 맺는 사람들에게는 매우 진실하고 신뢰가 깊은 질적으로 높은 우정을 맺는다. 5유형이 근엄하고 말수가 적은 것은 당연하며, 자신들이 하는 일은 최소한으로 표현하고 매우 실속이 있다. 이러한 모습은 자신들의 자원을 최대한 활용하고자 하는 의도와 제한된 공급 속에서도 무엇인가를 얻어낼 수 있는 능력을 보여준다.

그러나 모든 원형적인 성격유형에서와 마찬가지로, 5유형의 재능과 강점은 또한 이들의 '치명적인 결함' 혹은 '아킬레스건'이 되기도 한다. 이들은 타인들로부터 자신을 고립시킬 수 있고, 관계에서 감정을 억제할 수 있고, 사회적 상황에서 분리되거나 물러날 수 있다. 5유형은 객관적 분석에는 유능한 반면, 타인들과 연결되기 힘들 정도로 지나치게 분석적이고 감정적이지 않다. 이들은 침착하게 처신하지만 자신들을 감정적으로 표현하지는 못한다. 또한 너무 많고 지나치게 엄격한 경계를 만들거나 무관심해보이거나 혹은 다가가기 어려울 수도 있다. 이들은 사회적 접촉으로 인하여 자신의 에너지가 고갈될지도 모른다는 두려움 때문에, 사회적 상호행동에서 물러서려고 한다. 그러나 이들이 타인과 자신의 감정에 대하여 보다 더 개방성을 가지고 시간과 공간에 대한 자신들의 욕구의 균형을 맞추는 법을 배울 수 있다면, 건전한 분리의 가치에 대한 존중과 지혜롭고 사려 깊은 방식으로 참여할 수 있는 능력을 모두 보여주는 진실된 친구나 파트너가 될 수 있을 것이다.

---

## 호메로스의 작품, 『오디세이아』에 나오는 5유형
### 헤르메스와 키르케

헤르메스와 키르케는 5유형과 연관된 성격들을 보여준다. 먼저, 이들은 비밀스러운 지식을 보호하고 사용한다. 헤르메스는 신들의 메신저역할을 하면서 신들의 비밀을 지키는 책임을 지고 있다. 그는 신들이 제공하는 경계와 보호의 상징이기도 하다. 헤르메스는 원하기만 한다면 비밀스러운 것을 밝은 빛으로 끌어내는 힘을 가지고 있다(오늘날 밀폐된 장소를 '기밀로 봉인되었다'hermetically고 하며, 이런 문자적 내용 뒤의 의미를 알아내는 과정을 해석학 hermeneutics이라고 한다).[8]

키르케는 '매'를 의미하며, 멀리서 주의 깊게 바라보는 날카로운 눈을 가진 관찰자의 이미지를 연상시킨다. 그녀는 마술봉과 신비의 약을 사용하는 신비스러운 마법사이다. 키르케는 이 세상에 있는 모든 여행경로와 위험들에 대하여 그 어떤 인간보다 더 잘 알고 있다. '만약에 그녀가 원하기만 하면, 그리고 누군가 그녀에게 접근하는 방법을 알기만 한다면, 그녀는 모든 탐구자들에게 앞으로 펼쳐질 경로에 대하여 권위 있는 안내를 할 수 있는 지혜로운 존재이다.'[9]

키르케는 숲속의 깊숙한 협곡에 숨겨진 궁궐에 산다. 그녀는 자신이 수집한 동물들에 둘러싸여 있지만, 인간 친구는 없었다. 오디세우스의 정찰대는 그녀가 노래하고 베를 짜고 있을 때 들이 닥쳤는데, 그녀는 그들을 들어오라고 하였다. 그리고 그들을 탐욕스러운 식욕의 상징인 돼지로 바꾸어버렸다. 그럼으로써 잃거나 다 없어질까 봐 두려워하는 공포 때문에 자신들이 가진 것에 매달리고 게걸스럽게 먹어 치우는 모습을 통하여 인간의 굶주림과 갈망의 모습을 부각시켰다.

오디세우스는 부하들을 찾아 다녔다. 그리고 헤르메스의 도움을 받아 키르케의 묘약에 대항하여 몸속에 보호막을 만들어서 키르케의 지혜를 앞질러나갔다. 키르케는 진정으로 경악하였다. 아마도 그녀에게도 이런 일이 처음이었을 것이다.

나는 아연실색하였다. 당신이 내 약을 마셨다. 그런데 당신이 마법에 빠지지 않을 수 있다니! 일단 내 묘약이 입술을 적시고 목구멍으로 넘어가버린다면 어떤 사내도 버티어 내지 못하였는데, 당신의 속에는 마술에 걸리지 않는 마음을 가진 것 같다![10]

또 다시 헤르메스의 도움으로, 오디세우스는 탐욕스러운 돼지로 봉인시키려 했던 키르케의 함정에 빠지지 않을 수 있었다. 오디세우스는 키르케로부터 앞으로는 자신에게 또 다시 함정을 파지 않을 것이라는 약속을 받아냈다. 마법사인 키르케는 그런 약속을 하고 오디세우스의 정찰대를 다시 인간으로 회복시켜주었다. 그리고 그녀는 오디세우스가 하데스Hades의 지하영토를 통하여 고향으로 돌아가기 위하여 필요한 비밀스러운 지식을 알려주기 시작하였다.

5유형의 성향에서 볼 수 있듯이, 헤르메스와 키르케는 비밀스러운 지식을 자기만이 간직하고 있는 존재들이다. 그들은 자신들의 신중한 지혜를 전략적으로 나누어주었다. 그리고 지적으로 받을 만한 가치가 있는 자들에게만 그렇게 하였다. 헤르메스는 오디세우스에게 탐욕에 유혹되지 않는 방법을 가르쳐주었고, 키르케는 오디세우스가 탐욕의 함정에 대항할 수 있는 능력을 보여주자, 지하세계에 대한 많은 정보를 주면서 안내를 해주었다. 상징적으로 이제 오디세우스는 두 가지 서로 다른 공포의 경험 즉, 크고 무시무시한 괴물에 대한 공포, 탐욕, 함정, 그리고 비밀의 필요성에 의하여 야기된 공포를 통과하게 되었다. 그것은 곧 자신의 지하영토에 들어갈 준비가 된 것을 의미한다.

# 5유형의 성격 구조

　머리 중심에 속하는 5유형은 두려움이라는 핵심 감정과 안전에 대한 염려와 연결된다. 머리 중심에 속하는 세 가지 유형들(5, 6, 7)의 성격은 두려움에 대한 어린 시절 경험에 대한 반응에 의하여 형성된다.

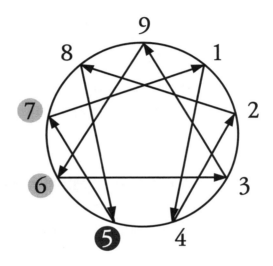

　이들의 대표적 특성은 주로 환경으로부터 얻는 자료를 생각하고 분석하는 것 즉, 정신적 기능을 통하여 외부 세계로부터의 정보를 처리하는 것이다. 7유형은 자극적이고 즐거운 경험을 통하여 과도한 보상을 받으면서 두려움과 불안을 회피하고자 한다. 6유형은 어린 시절에 경험했던 두려움에 직면하게 되면, 주의를 살피고, 경계하고 의혹을 가지고 전략적으로 된다. 그러나 5유형은 내성적이 되고, 타인들로부터 벽을 쌓아 분리하고 자신의 내적 자원을 보호하고 효율적으로 운영하는 데 초점을 둔다. 5유형은 두려움이 발생하게 되는 상황을 회피하는 데 능숙하다.

5유형은 다른 어떤 유형보다 더 '사고 속에서 산다.' 이들은 생각하고 지식을 축적할 때 편안함을 느낀다. 5유형은 겉으로는 감상적이지 않은 듯이 보이지만, 내면은 매우 예민하다. 그리고 외부 세계로부터 자신들에게 부여된 요구에 영향을 받지 않도록 두터운 경계선을 설치함으로써 예민한 자신의 내적 핵심을 보호한다. 또한 타인으로부터 자동적으로 물러남으로써, 자신의 내적 삶을 보호하고, 필요한 경우에는 타인들로부터 감정적 회피를 통하여 환경에 적응하면서 어린 시절의 불안을 처리해낸다.


## 5유형의 어린 시절 대처전략


전형적으로 5유형은 생존을 위하여 타인을 필요로 했을 때, 그들로부터 종종 방치되거나 압도된 어린 시절 경험이 있다고 한다. 돌보는 사람들은 5유형의 필요에 반응하지 않아서, 5유형은 힘이나 애교로는 어떠한 것도 얻을 수 없다는 사실을 배우게 되었다.[11] 어쩔 수 없이 결핍 속에서 살 수밖에 없기 때문에, 이들은 자신의 빈약한 자원들을 유지하는 법을 배우게 되었다.


자신들의 요구를 제공하지 못하는 세상에 대처하고 보호받기 위하여서, 그리고 어린 시절 상처받은 자아감을 방어하기 위하여 자신의 내면으로 움추려 든다. 타인들은 위협적이거나 나를 박탈하는 존재라는 사실을 알고는 타인과의 관계가 제공하는 생존 지원을 근본적으로 포기하고, 그 대신 지식이나 지적인 관심에서 만족감을 얻고자 한다. 다른 유형들은 타인들의 인정이나 보살핌을 통하여 안락함을 추구하고자 하는 등 외부에 관심을 가지면서 대처하는 반면, 5유형은 자족하고, 자신이 소유하고 있다고 믿는 얼마 안 되는 내적 자원을 보호하기 위하여 타인과 관계를 맺는 것에서 물러난다.

타인에 대한 필요성과 의존적 관계에 놓이는 것을 회피하기 위하여, 5유형은 자신들의 요구를 최소화하고 단순한 존재 방식을 채택한다. 따라서 제한된 자원을 내놓지 않으려 하고, 시간, 에너지, 정보, 그리고 물질적인 것에 '탐욕적'이 되거나 비축하려는 사고방식을 가지게 된다. 이들은 때로는 금욕적이거나 최소의 삶의 형태에 대하여 자랑스러워하기도 한다.

그리고 모든 대처방안들이 얼마나 애정적 요구와 관련된 결핍 혹은 상처에 적응하기 위한 욕구에서 시작되는가에 따라서, 5유형은 자신에게 집중하고 애정과 지지의 원천으로서의 타인과의 관계를 포기한다. 이와 같은 방식으로 5유형의 전략은 희소모델에 기반을 둔다. 이들은 필요한 것이 부족함에도 불구하고, 무의식적으로 외부에 많은 것을 요구하지 않기로 결심하고, 내적으로 자신의 요구를 줄이고, 내적 자원을 보존한다. 어린 시절의 결핍 혹은 침범에 대한 해결책으로써의 내향성과 독립성을 향한 움직임은 노력, 에너지, 그리고 자원을 경제적으로 사용하는 데 집중할 뿐만 아니라 자신의 내적 삶을 단단히 붙잡고자 하는 모습을 보인다.

이러한 방어적인 전략은 자연스럽게 5유형으로 하여금 타인들로부터 거리를 두는 습관을 갖도록 한다. 그리하여 이들은 냉담하고 무정한 사람이 된다. 그러나 이들은 보기보다는 내적으로 훨씬 더 민감하다. 이들의 대처전략은 다양한 관계 혹은 관계의 필요성으로부터 거리를 두게 할 뿐만 아니라 자기 자신의 감정에서도 자신을 분리시킨다. 왜냐하면 자신이 감정을 느끼게 되면, 타인에게 손을 내밀게 될지도 모르기 때문이다. 5유형은 삶에 대한 강제적 회피를 통하여 스스로 '세상에 간섭하지 않고' 자기 자신으로부터도 거리를 둔다.[12]

아주 어렸을 때부터, 나는 타인들보다 나만의 고독을 좋아했습니다. 가끔 책을 읽거나 혼자서 판타지 게임을 하면서 즐겁게 지냈습니다. 형제들이나 다른 아이들과 노는 것보다는 어떤 사물들이 어떻게 작동하는가를 알아내는 것이 내게는 더욱 중요했습니다. 실제로 세상에 관한 엄청난 정보가 담긴 백과사전이나 책들을 읽는 것이 더 재미있었습니다. 주변 사람들은 나를 총명한 아이라고 여겼고, 혼자 있는 것이 더 편하였습니다. 어린 시절 몇 안 되는 친구들은 모두 나와 지적인 관심을 공유하였던 또 다른 '외톨이'들이었습니다.

9살이었을 때 친한 친구들과 사고게임thinking game을 했던 기억이 납니다. 우리는 주변 사람들을 분석해보았습니다. 그들을 색깔, 동물, 유명인, 그리고 일반적인 원형 등의 기준으로 나누고, 우리의 이론을 시험해보기 위하여 질문지를 만들었습니다. 그리고 우리끼리만 소통하기 위하여 이 질문지를 암호로 된 메시지의 우리만의 비밀 언어를 만들었습니다.

내 자신에 관해 이야기하기를 좋아하지 않습니다. 타인에게 질문하고 주의 깊게 경청을 해주면, 그들의 관심을 나의 사적인 감정이나 내적 세계로부터 돌려 버릴 수 있다는 것을 알게 되었습니다. 어떤 차원에서는 내 자신이 부적절하다는 느낌이 들기도 하지만, 좀 더 깊은 차원으로 들어가면, 가능한 지키고자 하는 나의 정체성의 소중한 부분이 있었습니다. 한 번은 부모님과 함께 쇼핑을 갔었습니다. 항상 내가 필요한 것을 대단하게 생각하지 않고, 부모님에게 부담이 되지 않도록 하기 위하여 가장 비싸지 않은 것을 골랐습니다. 어머니가 준 사탕들을 내 장롱위의 유리병에 넣어 두고 먹지 않았습니다.

## 5유형의 주요 방어기제 격리

심리학자인 낸시 맥윌리암스Nancy McWilliams는 격리isolation란 느낌과 앎을 서로 고립시킴으로써, 불안이나 다른 고통스러운 마음의 상태를 해결하고자 하는 방어기제라고 정의하였다.[13] 격리를 방어기제로 사용하는 경우, 사람들은 무의식적으로 생각과 결부된 감정을 생각 그자체로부터 단절시키게 된다. 5유형은 감정보다는 생각을 더 편안하게 느낀다. 그러므로 어떤 상황에서 자동적으로 정신적이거나 사고적인 부분에 더 초점을 두게 되고, 자신들이 생각하고 있는 것과 관련된 감정들을 무의식적인 것으로 만들어버린다. 자신의 감정 알아차림을 방어적으로 축소시킴으로써, 이들은 곤란한 감정을 경험하는 것으로부터 보호받고, 타인을 지원해야 할 잠재적으로 위험한 필요성을 제한할 수도 있다.

다른 방어기제들과 마찬가지로 격리라는 방어기제에도 긍정적인 측면이 있다. 격리는 감정을 경험하는 것이 안 좋은 상황, 즉 외과의사가 수술할 때 자신의 감정으로부터 거리를 둘 필요가 있을 때, 혹은 군 장군이 전쟁의 공포에 압도당하지 않고 전략을 짤 필요가 있는 경우 등에서는 가치가 있다. 그러나 격리는 5유형을 감정을 느끼지 못하는 무능함으로 이끌 수도 있는데, 특히 생각하는 것을 과대평가하고 감정을 과소평가할 때 더욱 그렇다. 또한 실제로 감정을 느끼지 않으면서, 감정에 대하여 이야기하는 등 감정을 지적으로 분석한다.

5유형은 슬픔이나 두려움 혹은 고독함 같은 고통스러운 감정들을 느껴야만 하는 자신을 보호하기 위하여 이러한 감정들을 불러일으킬 것 같은 사람들로부터 물러서고, 자신의 생각을 감정으로부터 분리하며, 자신을 자신의 사고기능과 일치시킨다.

## 5유형의 주의초점

어린 시절의 경험과 그에 대한 대처전략이 주어진 상태에서 5유형은 내적자원과 프라이버시에 대한 외부로부터의 잠재적인 침입들을 잘 다루는 데 주의를 집중한다. 이러한 측면은 일반적으로 참여보다는 관찰하는 입장, 그리고 삶의 감정 혹은 장(신체적)보다는 정신적 수준에 더 관심을 갖게 만든다.

5유형은 내적으로 욕구를 최소화하고, 분석하고 생각하는 데 초점을 둔다. 또한 에너지와 자원을 보존하고 신중하게 사용하는 데 주의를 기울인다. 내가 알고 있는 어느 5유형은 에너지에 대한 자신의 느낌을 가스탱크에 비유하였다. 아침에 일어나면 그는 자신의 '가스탱크'에 하루 종일 유지해야만 하는 일정량의 에너지가 있다는 느낌을 받는다고 하였다. 가스가 떨어지지 않기 위하여, 그러나 어쩌면 떨어질 지도 모른다는 두려움을 정기적으로 느끼면서, 그는 언제, 누군가, 혹은 무엇인가가 자신의 에너지 공급을 지나치게 소모시킬 위험이 있는가를 알아차리는 데 전문가가 되었다. 자신의 에너지 자원을 무리하게 혹사시킬 사람이나 활동이라고 진단되면, 그러한 위협을 피하거나 아니면 중화시킬 자세를 취한다.

5유형은 지식체계를 좋아한다. 프로젝트, 취미, 혹은 자신의 관심과 관련된 특정한 연구 분야를 생각하면서 시간을 보낸다. '아는 것이 힘이다'(그러므로 잠재적으로 안정적 형태이다)라는 생각에 집착하는 방식으로, 5유형은 자신이 알고 싶은 특정 주제뿐만 아니라 주변 사람이나 주변에서 일어나는 일들에 관한 모든 지식이나 정보에 대하여 통달하고자 한다.

5유형은 내적 자원과 사적 공간에 대한 침범이나 위협을 제한하는 데 주의를 기울이면서, 자신의 내면 보호에 집중한다. 이들은 뜻밖의 일을 좋아하지 않는다. 그리고 타인의 감정이나 정서를 다루어야 하는 상황에 처하기를 싫어한다. 2유형이나 9유형들은 자신과 타인사이의 경계선 만들기를 어려워하는 반면, 5유형은 경계를 만들고 유지하는 데 전혀 문제가 없다. 사실, 오히려 그 반대로 너무 많은 경계를 가지고 있다는 것이 문제이다. 무엇보다도 이들은 자신이 자신의 경계를 통제할 수 있는가를 알고자 한다. 또한 혼자 있고 싶을 때, 타인들이 침범하거나 침해하는 상황에 처할 필요가 없다는 것을 알고자 한다.

특징적으로 내향적인 5유형은 자신이 어떤 특정한 인물과 관계를 맺기를 원하는지 혹은 그렇지 않은지를 아주 재빨리 알아챈다. 그리고 타인들과 상호작용을 할 때 아주 적은 것에서 많은 것을 얻어 낼 수 있다. 이들은 현존할 수 있으며, 사교적으로 타인과 진지하게 관계를 맺지만, 아주 제한된 측면에서만 그렇게 한다. 게다가 이들은 매우 선택적이다. 왜냐하면, 이들은 사회적 상호작용에 자신들이 쏟는 에너지가 정말로 자신이 좋아하고 신뢰하는 사람들에게만 제한되기를 원하는데, 이는 자신의 선택에 대한 시간적 제한 때문이기도 하다.

## 5유형의 감정적 격정 탐욕

5유형의 격정은 탐욕, 혹은 욕심이다. 그러나 이 개념을 5유형의 성격에 적용할 때에는 욕심이란 단어에 대한 상식적인 이해한 것처럼 반드시 돈이나 큰 재산, 혹은 물질적인 것을 축적하고자 하는 욕망만을 의미하는 것은 아니다. 5유형에게 탐욕의 핵심 동기는 타인으로부터 많은 것을 얻지 못했던 어린 시절의 경험을 통하여 자신들이 가진 것을 고수하고자 하는 의미이다.

이들은 충분한 사랑이나 돌봄, 혹은 반응을 어릴 때부터 받지 못했기 때문에 소모되는 것을 두려워하는 것은 당연하다. 그러므로 빈곤에 대한 방어적 기대를 가지게 되고, 이러한 빈곤 사고방식 때문에 자신의 욕구를 줄이고 타인에게 베풀지 않으려고 한다.

이들은 '자신의 것이라고 느끼는 그 작은 것을 주게 되면, 자신에게는 아무것도 남겨지지 않을 것이라고 느낀다.'[14)]

내가 들었던 5유형의 가슴 아픈 이야기는 이러한 상황을 잘 보여준다. 어떤 한 남자와 이제는 헤어진 부인과의 문제에 관한 이야기였는데, 주로 결혼생활에서 남편이 자신의 감정과 애정을 부인에게 표현하지 않는다는 것이었다. 부인은 4유형이라고 하였다. 만약에 감정이란 것이 돈이었더라면, 그녀는 아마도 백만장자가 되었을 것이고, 자기는 그저 동전 몇 푼만 있었을 것이라고 하였다. 그가 가지고 있던 10원 중에서 6원을 부인에게 주었을 때(이것도 그에게는 큰 돈이겠지만) 그녀는 그것을 하찮은 것으로 여겼다는 것이다.

5유형의 탐욕이란 손에서 놓아버리면 재앙처럼 소진되어 버릴 것이라는 잠재적이고 무의식적인 공상에 휩싸인 나머지, 두려움에 가득 찬 채로 시간, 공간, 그리고 에너지를 움켜쥐려는 것임을 알 수 있다. 자신이 가진 것은 아무리 작더라도 비축하려는 욕망의 뒤에는 충분한 생존자원을 얻지 못하였던 근원에 이르는 빈곤에 대한 깊은 두려움이 도사리고 있다.[15)] 동시에 이들은 너무 많거나, 혹은 너무 부담되는 관여로 인하여 자신이 과중하게 방해받을지도 모른다는 두려움도 가지고 있다.

이러한 탐욕의 영향아래서, 5유형은 타인이 자신을 공허하게 만들지 못하도록 자신 속으로 움추려들면서, 표현을 최소화하고 수축된다. 이들은 충분히 갖지 못하여 부족하거나 혹은 스스로 휴대하기에 너무나 많은 것을 가지게 되는 것을 두려워한다. 우리는 5유형이 뒤로 물러서거나 혹은 홀로 있거나 혹은 아예 참여하지 않는 모습을 볼 수도 있다. 그 결과, 5유형을 냉정하고 감정이 없고 거만하다고 판단할 수도 있다. 그러나 이렇게 뒤로 물러나서 감추려는 습관 뒤에는 자신이 생존에 필요한 것을 충분히 가질 수 없다는 두려움이 있다.

5유형의 대처전략은 에너지 측면에서 볼 때, 비싼 대가를 치룰 수도 있는 상호작용들을 최소화하는 방식으로 탐욕에 중점을 둔다. 이들은 자신들이 에너지를 보존하고 소중한 자원을 비축할 수 있다고 믿는다. 따라서 잠재적 과잉 자원들(돈이나 물질적인 것들)을 더 많이 욕심스럽게 가지려는 탐욕이라는 개념에 대한 일반적인 이해와는 달리, 5유형의 탐욕이란 격정은 자신이 가지고 있다고 여겨지지만 결국 소진해버릴 위험에 있거나 혹은 상실할 것 같다고 느끼는 최소한의 자원들을 움켜쥐는 모습인 것이다.

어떤 격정들은 지나치게 강렬하게 타인을 향하는 성격을 갖도록 하는데, 탐욕이란 격정은 타인들로부터 멀리 벗어나도록 자극한다. 탐욕은 5유형으로 하여금 견고한 경계를 세우고, 타인들로부터 멀리 하거나, 아니면 자신이 소진될지도 모를 상황을 피하도록 유도한다. 간섭이나 침범을 받지 않고 외부요구에 종속되지 않고자 하는 이들의 욕구가 격정이 되는 것이다. 그리고 다른 사람들은 밖에서 찾는 것을 자신의 내면에서 찾도록 만든다.[16]

## 5유형의 인지적 오류
**대인 접촉은 풍요롭기보다는 소진시킨다**

우리는 모두 자신의 믿음, 감정, 그리고 행동들에 영향을 미치는 습관적인 사고방식에 갇혀있다. 그리고 우리의 전반적인 시각을 형성하는 정신적 모델이 더 이상 정확하지 않다는 사실 이후에도 여전히 유지된다.[17] 격정이 성격의 감정적 동기들을 형성하는 반면, '인지적 고착' 혹은 '인지적 오류'는 성격의 정신적 사고과정을 여전히 사로잡는다.

5유형의 핵심 신념은 고립, 감정적 억제, 에너지의 절제, 지식의 가치, 그리고 부족함과 같은 주제들 속에 나타난다. 이러한 믿음들은 다음과 같은 일반적인 생각들을 둘러싸고 강화시키고 구성하는 규칙으로 작동한다. 즉, 침범하고 무반응적인 세상에서 당신은 자신 내면으로 물러나고, 마음속에 피난처를 가지고 외부와의 상호작용에 통제력을 행사할 수 있어야 한다. 그렇지 않으면 당신은 완전히 소진될 것이라는 생각이 든다.

탐욕의 격정을 지지하기 위하여, 5유형은 아래의 핵심 신념을 심리적 구성 규칙으로 지킨다.[18]

□ 사람들은 나의 개인적인 안락함을 침범하고 위협적이다.
□ 세상은 당신이 필요한 것을 항상 제공해주지는 않는다. 그러므로 자급자족하는 방법을 찾는 것이 좋다.
□ 다른 사람들은 내가 주고자 하는 것보다 더 많은 것을 나에게서 원한다.
□ 나는 견고한 경계선을 만들고, 개인적 공간을 유지함으로써 나의 시간과 에너지를 보호해야만 한다. 그렇지 않으면, 다른 사람들이 나를 소진시킬 것이다.

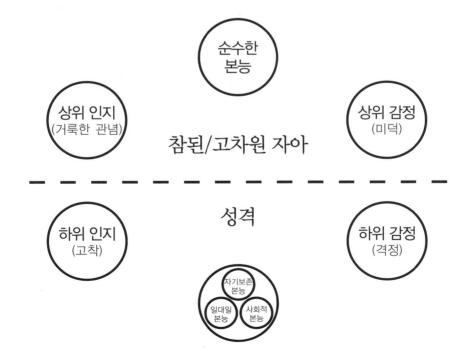

- 다른 사람들이 나에게 바라는 감정적 요구들은 나의 내적 자원을 고갈시킬 것이므로 피해야만 한다.
- 만약에 내가 사람들과 관계를 맺는다면, 그들은 내가 주는 것보다 더 많은 것을 기대하고 요구할 것이다. 나와 맞지 않는 사람들과 너무 많은 관계를 맺는다면 완전히 소진되는 위험에 처할 것이다.
- 타인에게 관여하는 것은 나에게는 너무나 무거운 짐이다. 그저 가볍게 여행하듯이 지내는 것이 최고다.
- 나는 나의 요구나 욕망들을 타인들과 타협해야 할 때 무능해진다. 그리고 그들은 어쨌든 귀를 기울이지 않는다. 그러므로 가장 안전한 행동방식은 물러서는 것이다.
- 전반적으로, 타인들로부터의 분리는 다른 선택 방안보다 더 편안한 느낌이 든다.
- 내가 홀로 있거나 혹은 다른 사람들의 앞에 서있지 않을 때, 나는 나의 감정을 느끼기에 더 편하고 안전하다.
- 아는 것은 힘이다
- 지식은 관찰, 조사, 그리고 자료수집 및 분류 과정을 통하여 가장 잘 획득할 수 있다.

너무나 많은 것을 원하는 세상에 대하여 5유형은 자신은 현재 진행 중이고, 관여되고 연결된 방법으로는 현존하기에 적절한 준비가 되어 있지 않다고 믿는다. 따라서 타인들과의 접촉을 피하는 것이 좋다는 것이다. 타인의 요구를 잠재적인 소모로 보고, 관계로부터 물러설 수 있는 지혜에 초점을 맞춤으로써, 이들은 지속적으로 자신의 믿음을 확인한다. 즉, 내적소진의 위협에 대한 가장 좋고 안전한 해결책은 관찰하고, 감정으로부터 분리되고, 에너지를 축적하고 개인적 공간을 보호하기 위하여 경계를 유지하는 것이라는 신념이다.

## 5유형의 함정
**결핍은 결핍을 낳는다**
**고갈의 두려움은 그 자체로 고갈된다**

각 유형마다 인지적 고착이 분명히 다르게 나타난다. 5유형의 경우에는 성격의 순환을 만드는데, 그것은 성격의 한계들이 해결할 수 없는 내재적인 '덫'을 보여준다.

5유형의 핵심 신념은 그들을 결핍의 세상에 고착시켜버린다. 왜냐하면 이러한 자기 제한적인 생각들로 인하여 자신의 내포된 가설의 허위를 인식하기 위한 필요작업을 하고자 하는 동기가 약화되기 때문이다. 이러한 고착의 흔들림 아래 그들의 생각은 세상이 풍요함을 제공하며, 특히 당신이 그럴 것이라고 믿는다면 더욱 그렇다.

외부 세계와의 감정적 접촉이 도움을 주는 것이라고 믿는다면, 다른 사람들과 생활해야 한다는 위험에 대하여 개방적이 될 것이다. 그러나 풍성함과 외부적 지지의 가능성을 믿지 않으므로, 5유형은 안전하다고 느끼도록 만드는 정신적 패턴에 고착되어 머무르는 것이다. 5유형은 잠재적으로 생존자원이 되는 타인과의 관계로부터 자신을 단절시킴으로써, 사회적 접촉에 의하여 자신의 내적 자원이 단지 소진되는 것이 아니라 새로워지고 생기를 찾을 수 있다는 사실을 알지 못한다. 이들은 박탈에 대한 반응으로 무엇인가를 보충을 하지 않고, 자신을 단절시키는 삶의 전략에 고착됨으로써 자신에게 더욱 박탈감을 가지게 된다.

## 5유형의 대표적 특징

### 1. 사고 중심성

5유형의 '인지적 고착'은 대부분 시간을 '머릿속에서 살고 있다'는 것을 의미한다. 이들은 주로 사고기능을 통하여 세상과 관계를 맺고, 매우 지적인 경향을 보인다. 사고에 초점을 둔다는 것은 적극적이고 자연스럽게 삶에 참여하기보다는 관찰하고 숙고하는 모습이다. 그러므로 나란호는 5유형이 사고하면서 추구하는 만족을 '독서를 통한 삶의 대체'로 비유하였다.[19] 이들의 사고 성향으로 인하여 진정한 힘은 지적인 지식을 얻는 데 있다는 생각이 더욱 강조된다. 강렬한 사고 행위는 이들로 하여금 결코 충분하다고 느끼지 않기 때문에 더 많이 할 필요가 있다고 생각하는 삶에 대한 준비를 하는 데 도움이 된다.

사고를 하는 것은 5유형에게는 아주 편안하다. 왜냐하면 사고할 때 숨을 수 있기 때문이다. 대부분의 사람들은 타인들이 무엇을 생각하고 있는가를 알 수 없지만, 강렬한 감정을 느낄 때는 종종 알 수 있고, 원하든 원하지 않던 간에 우리의 감정을 타인들과 공유하게 된다. 5유형이 감정과 행동을 억제하고 인지를 강조하는 것은 그들이 삶의 관찰자로써의 생각에 사로잡혀 있음을 보여 준다. 즉, 삶이나 관계를 위하여 무엇인가를 드러낼 필요 없이 어떤 일이 일어나고 있고 무엇을 의미하는가를 자신의 머릿속에서 알아내고자 한다. 5유형도 감정을 경험하고 표현하기는 하지만 쉽지 않기에 생각하는 것에 의지함으로써 안락한 지대에 머무를 수 있다.

5유형의 사고는 사물들을 분석하고, 상호작용을 위한 준비, 그리고 사고의 분류와 조직에 집중하는 경향을 보인다. 또한 이들은 사고하는 것에 매력을 느낀다. 왜냐하면 사고하는 것은 유능한 사람으로 보일 것이고, 그러면 뒤로 숨어서 자신에 대하여 너무 많은 것을 드러내지 않으면서 자신의 가치를 소통할 수 있는 방법이 될 수 있기 때문이다. 나란호는 5유형은 '구체성은 피하고 추상 속에 머무른다.'는 사실을 강조하였다.[19]

이러한 구체성을 피하는 것은 자신의 숨김을 유지하는 방법이라고 하였다. 즉, 이들은 감정적 애착, 동기, 그리고 그러한 지각들 이면의 가치들의 더 심오한 것들을 반대하지 않고도 세상에 대한 자신들의 느낌을 보여 줄 수 있다.

5유형은 지식의 기법과 체계에 이끌려서, 자료를 수집하거나 자신의 지식을 이용하여 무엇인가를 알아내려고 할 때 가장 편안하게 느낀다. 또한 정보를 수집하고 조직하는데 관심이 있기 때문에, 과학이나 기술적 분야 혹은 특성화된 지식에 높은 흥미를 보이는 경우가 많다. 이들에게 타인과 관계를 형성하는 가장 쉬운 방법 중에 하나는 자신의 전문성을 보여주고 덜 위협적인 관계에 관여하는 등 지식과 전문성을 공유하는 행동을 통해서다.

### 2. 감정적 분리와 무감정성

5유형은 자동적이고 무의식적으로 감정과 분리된다. 종종 결핍 혹은 침범을 겪었던 어린 시절 경험에서 형성된 이러한 습관은 다양한 5유형의 방어적 구조를 보여준다. 감정적 분리는 불편한 감정들과 이런 감정들을 느껴야 하는 에너지 비용을 피하도록 만든다. 즉, 감정들은 시간과 공간을 통하여 사람들과 연결되는 경향이 있으므로 홀로 머물고 타인들로부터 떨어져 있는 것, 그리고 관계 맺고자 하는 욕구를 억제하는 것 등이다. 감정에서 분리하는 습관은 이들로 하여금 감정의 부담, 자기 자신의 욕구에 대한 깨달음, 그리고 '원하지 않는' 관계 등을 피하는 데 도움을 준다.

5유형은 감정으로부터 의식적인 차단을 하는 것이 아니라는 점을 기억하는 것이 중요하다. 오히려 이들은 감정을 자동적으로 놓아버리거나, 보다 일반화된 감정에 대한 알아차림의 결핍, 혹은 무의식적인 감정 유발에 개입하는 경험을 한다.[20] 이들의 의식적 경험에서 더욱 돋보이는 것은 과도한 감정적 부담에서 안전거리를 유지하고 자율성과 통제력을 유지하고자 하는 욕구이다.

자신의 감정에 몰입하지 못하는 5유형은 다른 사람들의 강력한 감정을 허용하는 것을 참지 못한다. 이러한 특성이 이들로 하여금 냉정하고, 무감정적이며, 공감하지 못하는 사람처럼 보이도록 한다. 그러나 이와 같은 명백한 공감 결핍은 의도적이나 무시하는 성향이 아니라 단순히 5유형의 방어적 입장을 보여줄 뿐이다. 대부분의 5유형이 표현하는 감정 결핍은 숨겨지고, 방해받지 않고, 내적 자원을 다루고, 대인관계에서 안전거리를 유지하고 싶은 깊은 욕구를 반영하는 것이다.

### 3. 빠져드는 것의 두려움

아마도 침범받았거나 자신의 경계선이 무시된 느낌의 어린 시절의 트라우마 경험의 결과로써, 5유형은 전형적으로 빠져들거나 접수되어 버리거나 혹은 어쨌든 타인에 의하여 이용될 가능성에 대한 두려움을 느낀다. 이것은 흔히 의식적인 두려움으로 마치 타인에게 의지하는 것에 대한 두려움이다. 이러한 두려움 때문에 5유형은 타인과 관계를 맺기를 피한다. 이들에게 일어나는 불안은 어쩌면 그저 막연하게 경험하는 식이다. 이러한 불안은 자신이 가진 것을 움켜쥐도록 만들고, 자신의 독립성을 유지하는 데 필요한 사적인 것, 그리고 혼자만의 시간을 확보함으로써 강력한 경계를 유지하도록 한다. 나란호가 설명하였듯이, 관계로 인하여 자신의 선호와 진정한 표현으로부터의 소외감이 생기는 정도에 따라 내적 스트레스와 거기에서 회복하고자 하는 욕구, 즉 홀로 있는 가운데 다시 자신을 찾을 욕구가 생긴다.[20]

### 4. 자율성과 자급자족

5유형은 자율성의 욕구를 가지고 있으며, 또한 자율성을 이상화한다.[22] 다른 사람들로부터 거리를 두기 원하는 자신을 확인하고 합리화하는 방식으로써 이들은 자급자족을 매우 소중하게 여긴다. 5유형의 자급자족에 대한 애착은 다른 사람들에게서 물러서는 대처전략과 관련된 이들의 가치체계와도 연결된다. 만약에 자기 자신을 고립시키고자 한다면, 외부로부터의 자원공급 없이 일을 할 수 있거나 아니면 스스로 그것들을 비축할 필요성을 느낀다. 자신의 욕망을 충족하기 위하여 타인들과의 관계를 포기하는 사람들처럼, 5유형은 스스로 자신의 자원을 구축해야 할 필요성을 가지고 있다.

　자율성을 필요로 하고 거기에 가치를 둠으로써, 이들은 소진의 위협을 감소시키기 위하여 사람과의 관계를 맺을 때 거리를 두는 자신만의 독특한 대처전략을 가동하고, 가장 안락하고 매력적이라고 생각되는 삶의 방식을 이론적으로 지지하고자 한다. 5유형은 홀로 있는 것은 좋은 일이라고 믿는다. 왜냐하면 홀로 있게 되면, 타인에게 의지하거나 지나치게 관여하지 않고 스스로 그럭저럭 살아갈 수 있기 때문이다. 나란호는 이것이 헤르만 헤세의 글에서 싯달타가 말한 '나는 생각할 수 있다, 나는 기다릴 수 있다, 나는 단식할 수 있다'라는 삶의 철학이라고 지적하였다. 흔히 불교는 '5유형'의 영성적 경로인 무애착 상태의 높은 목표(5유형의 고차원적 '미덕')에 초점을 두고, 머리를 기반으로 한 실행의 특징을 가진 종교라는 말을 하기 때문에, 젊은 붓다 싯달타가 이렇게 말한 것은 아주 당연하다.

## 5. 과민증

　5유형이 외부 세계와 분리되고 아무런 감정이 없는 듯이 보이지만, 실은 방어적 구조를 통하여 보호하고자 하는 깊은 내적 민감성을 반영한다. 이들의 감정적 분리는 자신이 감정적 고통에 너무나 취약하기 때문에 고통으로부터 자신을 보호할 필요성에서 발생한 것이다.

　감정에서 자동적으로 분리하려는 5유형의 습관은 고독감, 두려움, 상처, 무기력, 그리고 공허함 등의 고통의 경험에 대항하여 자신을 보호하려는 기능에 화답하는 것이다. 이들은 이러한 감정들을 일상생활에서 의식적으로 느끼거나 인지하지는 않는다. 그러나 이들의 방어 구조는 이러한 감정들과 감정에 대한 두려움에 반응하면서 발전한다. 나란호에 의하면, 내적 보존과 미니멀리즘을 추구하는 5유형은 결핍감에 대한 내적 민감성을 조성한다. 왜냐하면 자신이 가득 차 있고 든든하다고 느끼는 사람은 공허하

게 느끼는 사람보다 더 많은 고통을 견디어내기 때문이다.[20]

5유형은 대체로 드러내지는 않지만 타인들에게 매우 민감하기도 하다. 뒤로 물러서는 경향을 보이는 이들은 타인의 고통을 느껴야만 하는 상황을 피하려는 욕구에 대한 일종의 방어기제로 볼 수 있다. 이들의 과민성의 측면에서 보면, 타인의 고통에 공감하는 일은 위압적이고 잠재적으로 소진되기 때문이다. 5유형은 사생활과 보호에 신경 쓰는 자신의 입장에서 공간에 대한 타인의 욕구에도 신경을 쓰기 때문에 공간에 대하여 즉각적으로 경계선을 수용하는 과민성을 보여준다.

5유형은 감정 안에서 살지 않기 때문에 감정적 고통의 효과에 더욱 취약할 수 있다. 이들은 자신의 감정에 대한 아량이나 편안함을 가져 본 적이 없으므로, 힘든 감정을 어떻게 다루어야 할지 모른다. 겉으로 보이는 이들의 무감각성은 강렬한 감정을 대할 때 이들이 필요로 하는 더 큰 보호를 나타내는 것으로 볼 수도 있다.

## 5유형의 그림자

5유형은 자신의 감정, 사랑이나 사람과 관계 맺기 욕구, 풍부한 자원의 가능성, 자기 자신의 힘, 공격성, 그리고 강인함에 대한 욕구와 관련하여 몇 가지 맹점들을 안고 있다. 감정의 분리를 위하여 에너지를 보존하기 위하여, 그리고 자기 경계선을 보호하고 타인과의 안전거리를 유지하려는 5유형의 전략 속에는, 이들이 습관적으로 자신의 감정과 타인들로부터 격리되려고 관계 맺기나 연결의 잠재력이 이들의 그림자 속에 숨겨져 있다. 5유형은 감정이나 감정표현을 위한 자신의 능력 계발을 포기할 정도로 자신의 감정적 삶을 과소평가한다. 이들은 깊은 차원에서는 감정적으로 민감할 지도 모르지만, 감정을 표현하는 것이 안전하다고 느끼지 못하고, 자신의 수용력에 대한 믿음을 포기한다.

5유형은 자율적이고 자급자족이 될 때, 그리고 타인과 외부 지원을 위한 자기의 욕구와 접촉하기를 피할 수 있을 때, 가장 안전하다고 느낀다. 이러한 모습은 의식적으로 피한다는 인식 대신에, 자신이 그저 너무 많은 사람들과 친밀하게 지내기 싫을 뿐이라고 생각한다. 그리하여 타인들과 연결되지 않도록 혹은 아주 몇몇 친밀한 관계만을 유지하면서 물러서는 것일 뿐이라고 믿는다. 이것이 안전하고 편안하다고 느끼므로, 사람에 대한 자신의 제한된 욕구에 도전하려는 동기도 느끼지 못한다. 인간관계가 주는 생존자원에 대한 욕구는 맹점으로 남기 때문에, 이들은 다른 사람들처럼 자신들이 지지받고자하는 필요성이 있다는 것을 항상 인지하지 못할 수도 있다.

대다수의 5유형은 자신들도 사랑을 하거나 사람과 관계 맺기를 원한다고 하면서도, 대부분은 견고한 경계선을 유지하려고 한다. 이들은 소진될 것을 예상하고, 자신의 에너지를 희소한 소모품으로만 인지하고 있다는 사실을 알지 못한다. 방어적 '자아 시스템'이 이들로 하여금 내면의 빈곤을 믿게 하고, 자신을 장벽으로 둘러쌓아 아주 작은 것으로 생활하게 한다. 풍부한 에너지를 가질 수 있는 이들의 잠재력은 이들의 그림자에 존재한다. 이들이 보지 못하는 진리는 외부로부터 더 많은 지지와 돌봄과 배려를 허용한다면, 더 많은 내적자원과 에너지의 더 큰 원천을 만들 수 있는 능력이 있다. 자신의 내적 희소성에 대한 믿음은 이들에게 성인기의 풍성함이라는 더 큰 가능성을 막아 버린다.

갈등은 5유형으로 하여금 자신이 가지고 있지 않다고 믿는 에너지를 소모하도록 강요하고 위협한다. 그리하여 이들은 갈등을 피하고, 드러내지 않고 살며시 사라진다. 이들은 경계를 만드는 데 견뎌낼 수 있는 중요한 힘을 끌어 올 수 있는 반면에, 이들의 내적 결핍감은 건강한 공격성, 진정한 강점, 그리고 자신의 힘에 눈을 뜰 수 없게 한다.

나란호는 5유형들이 '타인들과 과도하게 친밀한 방식으로 관계를 맺는 능력이 없기 때문에 많이 고통스러워할 것이다'라고 말하였다.[24] 내향적이고, 사적이고, 무감정인 이들은 타인에게는 사랑에 관심이 없는 것처럼 보일 수 있다. 그리고 자신이 다른 사람보다 덜 사랑스럽다고 생각하기도 한다. 홀로 있을 때 가장 안전하다고 느끼면서, 타인으로부터 사랑을 받고자 하는 5유형의 욕구는 타인과 연결되거나 타인에게 의지하려는 필요성을 최소화하려는 습관 때문에 꺾여 버린다. 타인에 대한 무관심은 자신이 충분히 주지 않는다고 믿도록 만들기 때문에 이들은 보통 자신이 사랑을 받을 가치가 있다고 믿지 않는다.[25]

5유형이 자신의 한계를 인정할 때, 자신이 타인과 깊은 방식으로 관계를 맺는 데 관심이 없다는 사실을 경험하게 된다. 그리고 이것이 이들의 현실이 되는 것이다. 적극적으로 사랑을 표현하고, 사랑을 받는 능력의 한계는 단지 5유형의 조건화된 성격일 뿐, 이들의 진정한 자아가 아니다. 그러나 5유형이 사랑과 친밀함에 대한 자신들의 능력이 부족하다고 믿는 한, 사랑하고 사랑받을 진정한 능력은 이들의 그림자 속에 숨겨진 채로 머물게 될 것이다.

## 5유형 격정의 그림자
### 단테의 지하세계에서 나타나는 탐욕

5유형의 격정은 '탐욕'이라는 고전적 의미에서 나타나는 내면의 비축 형태이다. 그것은 욕심스럽게 물질적 부와 자원을 모으고 유지하려는 고착된 모습이다. 물론 5유형의 입장에서는 단순히 소진의 두려움으로 움츠리는 것을 의미하기는 한다. 인페르노 2장에서 단테는 서로 상반된 두 쪽이 2인승 자전거를 타는 벌을 받는 모습을 그리면서 자원에 목메는 것은 궁극적으로는 헛된 것임을 보여주었다. 탐욕을 보여준 인색한 자들(교황과 추기경)과 절제 없이 낭비한 자들이 서로 밀쳐내는 고통스러운 벌을 받으면서 영원한 순환 바퀴 위에서 저주받고 있었다.

양쪽에서 소리를 질러대면서, 가슴을 압박하면서 엄청난 무게를 계속 돌리고 있다. 그리고 서로 마주치고 충돌하게 되면, 서로 다른 쪽으로 밀어버린다. 한쪽에서는 '왜 인색하게 쌓아 두는 거야?' 하면 다른 쪽에서는 '왜 낭비하는 거야?' 하고 소리쳐댄다.

그들에게서 아름다운 세상을 빼앗고 이 요란한 싸움에 가두어 둔 것은 바로 분탕질과 인색함이었다. 나는 그런 모습을 묘사하는 데 선택의 말을 낭비하지 않겠다.[26]

단테의 지하세계에 나오는 인색함의 본질적인 죄악과 그에 대한 벌은 탐욕이란 격정의 어두운 면을 보여준다. 우리가 소진의 위험에만 초점을 맞추면 물질적인 부는 엄청난 부담이 된다는 것을 시적으로 표현하였다.[27] 버질Virgil은 어느 누구도 사람들에게 다가오는 운의 독재에 맞설 수 없다고 하였다. 이 말은 탐욕스러운 자들이 저지른 실수는 '운명' 혹은 삶은 생존할 정도의 자원을 가져다 둔다는 사실을 이해하지 못했다는 데 있다. 즉, 우리는 그토록 움켜쥐면서 자연의 순리를 거스릴 필요가 없다는 의미이다.[28]

단테는 5유형의 속성을 더 묘사하였는데 인색한 자들을 '인지하지 못하는' 사람들로 표현했다. 가령, 순례자는 부에 대한 관심 때문에 삶속에서는 구별하기 어렵게 만들었기에 이러한 죄인들을 인지하지 못한다고 하였다. 즉, 단테는 개인에게 미치는 탐욕의 그림자 효과를 이야기하였다. 움켜쥐고, 안으로 숨기기만 함으로써 결국은 가벼운 것이 아닌 더욱 무거워지기만 하는 짐을 지게 되고, 타인들의 세계에서 자신이 보여 지거나 관계를 맺는 것이 불가능하게 되어 버린다는 것이다.

# 5유형의 세 가지 하위유형

5유형의 격정은 탐욕이다. 5유형의 세 가지 하위유형들은 욕구와 타인과의 관계를 최소화하기 위하여 나타내는 것들이다. 자기보존 5유형의 탐욕은 경계를 세우고 유지하는 것이다. 사회적 5유형은 집단이나 아이디어와 관련하여 구체적인 이상을 고수하는 탐욕을 보여준다. 일대일 5유형의 탐욕은 가치가 있다고 생각하는 파트너와의 신뢰의 경험을 추구하고 낭만적인 이상형을 표현하는 형태로 나타난다.

4유형이나 6유형 등과 비교해보면, 이 5유형의 세 가지 하위유형들은 상대적으로 서로 유사한 편이다. 이 세 가지 본능적 하위유형을 들여다보면, 나란호가 설명하였듯이, 모든 5유형은 동일한 색채를 띠며, 매우 유사하여 따로 분리하여 이야기하기 좀 어렵다. 4유형의 경우에는 보다 강렬하게 분명히 갈라진다. 그리고 분별하기 쉬운 차이점들과 특성들로 나뉜다. 이에 반하여 5유형들은 특징적인 표현들이 거의 유사하다. 그럼에도 이 세 가지 하위유형은 차이가 있다. 나란호에 의하면 자기보존 5유형과 사회적 5유형은 자신들의 감정으로부터 더욱 멀리 떨어져 있는 반면, 일대일 5유형은 보다 강렬하고, 낭만적이며, 내적으로 민감한 편이라고 한다.

## 자기보존 5유형 **은신처**

자기보존 5유형은 5유형 중에서 가장 '5유형'답다. 이들은 숨겨지고자 하거나 은신처를 가지려는 격정을 통하여 탐욕을 보여준다. 즉, 성벽 뒤에 숨거나 보호받을 수 있도록 성곽에 둘러쌓고자 하는 이들의 욕구를 의미한다. 심리적으로, 때로는 물리적으로도 이들은 세상이나 타인들로부터 자신을 보호하기 위하여 두툼한 벽을 쌓는다.

자기보존 5유형은 명확하게 정의된 경계선을 만들고자 한다. 이러한 성격유형은 고립과 내향성의 원형을 가장 명확히 보여준다. 이들은 세상에서 길을 잃은 것 같은 느낌을 피하기 위하여, 자신이 통제할 수 있는 경계선 뒤로 숨을 수 있으며 자신이 물러 설 수 있는 안전한 장소를 가지고 있다는 사실을 잘 알고자 하는 욕구가 있다. 은신처를 찾는 데 초점을 두면서, 이들은 성벽 안에서 생존하는 법을 배운다. 그리고 모든 것을 이 성벽 안에 집어넣어 세상으로 나가는 모험 따위는 할 필요가 없도록 한다. 이들에게 외부세상은 적대적이고, 부적합하며 잔인한 곳으로 여겨진다.

명백한 경계를 보호하고자 하는 욕구와 관련하여 자기보존 5유형은 외부적 충격이나 경악의 한계로부터 자유로울 수 있는 생존방법에 많은 관심을 보인다. 이들은 비록 뒤로 물러서고 감추거나 혹은 침묵을 지키는 방식으로 분노에 대하여 수동적 대응을 하기는 하지만, 조심해야만 한다는 생각을 가지고 있으며 분노를 표현하는 데 어려움을 겪는다.

자기보존 5유형의 숨겨짐에 대한 욕구 때문에 이들은 자기표현에서 어려움을 겪게 된다. 이들은 5유형의 세 가지 하위유형 중에 가장 비소통적이다. 숨겨짐에 대한 이들의 격정은 비밀활동을 하는 데서도 나타난다. 이들은 자신들의 행동이 경계태세를 유지하려는 자신의 능력과 타협하지 않도록 비밀스럽게 행동한다.

이러한 태도의 문제점은 특히 극단적으로 치달을 때, 벽으로 둘러싸인 삶이란 정말로 기본적 인간적 욕구를 가지거나 충족시키는 것과 양립될 수 없다는 점이다. 자기보존 5유형은 5유형 중에 가장 내향적이다. 그리고 욕구나 소망을 체념하는 것이 자연스럽게 자리 잡으면서, 아주 작은 것으로도 그럭저럭 살아나가고자 한다. 특히 사람과의 관계가 제공하는 감정적 지지에 대해서는 더욱 그렇다. 이들은 어떤 욕구일지라도 타인에게 의존적이 될 우려가 있다고 믿기 때문에 자신의 욕구나 소망을 제한한다. 따라서 욕구들은 특정한 관심이나 활동으로 승화되거나 혹은 의식으로부터 지워진다. 그리고 적은 것을 가지고 살아간다. 즉, 아주 적은 자원을 가지고, 아주 적게 혹은 겨우 살아갈 수 있는 수준으로 그럭저럭 생활한다.

나란호는 설명하기를, 보통 사람들은 '나는 저것을 원한다.'라고 욕구를 표현하고 자신이 원하는 것을 얻기 위하여 무엇인가를 하지만, 5유형은 요청이나 선택을 할 수도 없다. 이들은 자신들이 얻을 수 있는 것들을 보존하는 데에만 의존해야 한다.[29]

이러한 자기보존 5유형의 특성들은 프란츠 카프카(아마도 자기보존 5유형일 것이다)의 작품 중 특히 『성』castle과 『내 머리 속의 엄청난 세계』라는 책, 그리고 주인공이 체념의 달인인 「굶주린 예술가」라는 이야기 속에 잘 나타나 있다.

타인과의 관계에서 자기보존 5유형은 기대하거나 의존적 관계 맺기를 피한다. 이들은 갈등을 피하며, 이러한 갈등회피가 사람들로부터 분리되는 또 다른 방식이다. 그러나 전형적으로 어떤 장소나 사람들에게 강렬한 애착을 경험하기도 한다. 이들은 갈등을 방지하고 타인과의 접촉을 다루기 위하여 타인의 시야에 들어오지 않도록 하는 데 매우 능숙하다.

내가 아는 자기보존 5유형은 겉으로는 상당히 사교적인 것처럼 보인다. 그녀는 다른 사람들이 상호작용하는 것을 주의 깊게 보고 있다가 그와 유사한 방식으로 상호작용을 한다. 자신이 관찰한 것을 모방하고, 자신에게 기대되는 것을 위장하는 적응력을 가지고 있다. 즉, 일종의 위장으로 만들어 적응하는 능력을 사용한다. 사람들이 자신을 특별하게 속내를 드러내지 않는 사람으로 보지 않는 한, 그들이 자신의 경계선에 도전하지 않을 것이라고 그녀는 판단한 것이다. 그러나 자기보존 5유형이 타인에게 맞추느라고 에너지를 소비해야만 한다는 생각이 들면, 이러한 적응욕구로 인하여 분노를 느끼게 된다.

자기보존 5유형은 때로는 자신의 삶에서 신뢰할 만한 몇몇 사람과 감정을 공유하기도 하지만, 특히 공격성을 보이지 않도록 억제한다. 그들은 자신의 분노를 내보이는 경우가 거의 없다. 그러나 그들에게는 내적 민감성과 방어적 구조, 혹은 사회적 방패의 진정한 표현인 따스함과 유머가 있다. 이런 측면 때문에 사회적 상호작용을 할 때는 딱히 관계를 주도하기보다는 단순히 살펴보거나 맞춰주면서 유대감이 이루어지므로 그저 피상적인 친구와 같은 느낌을 준다. 자기보존 5유형은 가장 5유형답기 때문에 다른 유형으로 오해받을 확률은 거의 없다.

**자기보존**
**5유형**
스테이시

나는 종종 남의 말을 잘 들어주는 사람이라는 말을 듣습니다. 그런데 사실은 내가 적절한 질문을 잘하는 사람이라는 것입니다. 나에게 더 깊은 관계를 갖도록 요구되는 주제로부터 안전거리를 유지함과 동시에 다른 사람들이 이야기하도록 해주는 것입니다. 대부분의 상황에서 내 자신에 대하여 이야기하는 것을 좋아하지 않고, 이런 점에서 나를 압박하려는 사람들은 못마땅한 느낌을 받을 것입니다. 그러나 친밀하고 신뢰할 만한 모임의 친구들과는 매우 깊게 공유합니다. 이들은 내가 감정의 세계를 통하여 나의 길을 찾기 위하여 내가 추구하고자 하는 관점과 관심 있는 행동들을 하는 사람들입니다.

나는 거의 부탁을 하지 않습니다. 도움이 필요한 친구들을 돕는 일은 행복하지만, 도움을 주고받는 상호적인 관계는 나를 숨 막히게 합니다. 내 삶이 다른 사람들로부터 거의 도움 받을 필요가 없도록 조직적이고 잘 다져지도록 매우 열심히 일합니다. 아주 극단적인 상황에서만 도움을 요청하고, 도움을 받으면 신세진 빚을 되돌려 주기 위하여 즉시 감사 선물을 사서 보냅니다. 일반적으로, 다른 사람들에 의하여 내가 필요로 된다는 느낌은 상대방이 지나치게 필요성을 느낀다는 것처럼 생각됩니다.

나에게 가장 평화로운 순간은 나의 의무들을 최소화하고, 독립적이고 편안하게 나의 스케줄대로 할 수 있을 때입니다. 내 자신에 의한 시간은 나를 원기 회복시킵니다. 그리고 특히 집에서 보내는 시간은 에너지를 회복하는 시간입니다. 방해받거나 예상치 못한 손님들을 맞이하는 것은 어렵습니다. 제가 처음 이사 왔을 때, 이웃 중 한 명이 끊임없이 이웃의 여성들이 모이는 북 클럽에 들어오라고 하였습니다. 솔직하게 말하자면, 마치 자기와 함께 가출하여 서커스단에 가자는 것 같았습니다. 그녀의 제안은 그럴 정도로 이상하고 불쾌하였습니다. 지금도 주변에 그녀가 있으면 몸을 숨깁니다.

## 사회적 5유형 토템

사회적 5유형에게 탐욕이란 격정은 지식과 관련되어 있다. 그들에게는 지식에 대한 격정이 직접적인 인간관계로부터 얻을 수 있는 것을 보상해주기 때문에 사람과의 관계가 가져다주는 영양분을 필요로 하지 않는다. 그들은 마치 마음을 통해 필요한 모든 것을 찾을 수 있는 직관력을 가진 것처럼 보인다. 그들에게 있어서는 사람이나 감정 유지의 필요성이 지식을 향한 갈망으로 대치된 셈이다.

이러한 하위유형에 주어진 명칭은 '토템'이다. '토템'은 그들의 '초이상형'의 필요성에 대한 이야기를 나누거나 지적 가치, 관심, 그리고 이상을 공유하는 사람들과의 관계에 대한 필요성을 보여준다. 토템의 이미지는 인간이라기보다는 마치 높이와 특성을 지닌 만들어놓은 어떤 대상과 같다. 그들은 일상생활에서 보통 사람들과 관계를 갖지 않는다. 그들의 이상을 공유하는 이상화된 전문가, 즉 그들이 본 것을 공유하는 가치와 지식에 근거한 뛰어난 특성을 보여 준다고 생각하는 사람들, 그러면서도 어느 정도 거리를 유지하는 사람들과 관계를 맺는다. 내가 알고 있는 한 5유형이 말하기를 자신은 자신의 관심과 가치를 공유하는 '사람들을 수집하고' 있다고 하였다.

사회적 5유형에게 탐욕이란 특별한 무엇인가와 연결시킴으로써 의미를 제공하고, 그들의 삶을 증진시킬 수 있는 궁극적인 이상형을 향한 탐욕스러운 추구의 형태로 나타난다. 이들의 격정은 현재 여기에 있는 것이 아니라, 근본적이고, 숭고하며, 비범한 것을 향한 욕구이다. 공유된 이상형을 근거로 맺어진 관계들에 대한 이러한 욕구의 선상에서, 높은 가치를 향해 위를 쳐다보는 경향이 있다. 나란호에 따르면, 그들은 그저 별만 바라볼 뿐, 지구상에서의 삶에는 거의 관심이 없다는 것이다.

우상파괴자인 일대일 5유형과 대조적으로, 사회적 5유형은 특히 자신의 이상형을 특별한 방식으로 표현하는 사람들을 숭배한다. 그들은 초가치를 추구하고 고수하므로 평범한 일상이나 평범한 사람들을 업신여길 수 있다. 그들은 마음의 삶에 더욱 주목하고, 일상생활에서 만나는 사람들보다 비범함을 보여주는 멀리 있는 사람들이 더 매력적이고 흥미롭게 느낀다.

사회적 5유형은 삶의 궁극적 의미를 추구한다. 궁극적인 의미를 찾지 못한다면 모든 것은 의미가 없다는 근원적이고 잠재적으로 무의식적인 생각으로 인하여 동기부여를 받는다. 비범함을 찾고자 하는 이러한 충동은 비범함과 무의미함 사이의 양극성을 폄훼한다. 그들은 세상은 무의미하다는 두려운 생각을 피하기 위하여 의미를 찾고자 하지만, 의미를 찾는 과정에서 지나치게 삶의 정수인 비범함을 추구하므로 일상생활에는 관심이 없게 된다. 이들은 이상형과 일상생활 사이의 간극을 알게 되고, 궁극적인 의미를 갈구하면서 자신을 불태워버린다. 탐욕을 위한 사회적 본능에 의하여 동기화된 이들의 평범한 일상적인 자아는 의미를 추구하는 자신의 충동을 만족시키기에는 충분한 가치를 갖지 못한다고 생각한다.

그들은 의미를 추구하는 과정에서 연민, 공감, 그리고 사람들이 일상생활에서 어떻게 상호 소통하는가하는 실질적인 것을 보지 못하고 회피하기 때문에, 실제로는 진정한 영성적 성취와는 반대 방식으로 영성적이거나 이상주의적으로 된다. 이러한 경향은 흔히 '영성적 회피'의 원형을 보여준다. 즉, 성장하고 발전하는 데 필요한 감정적이고 심리적인 작업을 피하고, 높은 이상형 혹은 가치를 둔 지식 체계를 찾고 헌신하는 것이다. 그들은 그들의 자아를 초월하고 있다고 믿지만, 그들의 영성적 가치 혹은 실천을 고수하는 것은 자신들이 이상화한 '더 높은' 지적 체계에 대한 일상적인 감정적 현실로부터 도피하는 그들만의 방식이다. 어떠한 유형이라도 영성적으로 회피할 수 있다. 그러나 사회적 5유형은 이것을 방어적 전략으로 사용한다.

사회적 5유형은 느끼지 않으려고 한다. 그들은 신비스럽고 접근하기 어렵거나 재미있고 지적인 것에 몰두한다. 그들은 전문가와 같은 자세로 몸을 숨기고, 자신의 지적능력을 통하여 전지전능한 능력을 가진 듯이 느낀다. 이들은 자신의 높은 가치와 이상 때문에 다른 사람들보다 우월하다는 상상을 할 수도 있다. 비록 의도적으로 그런 면을 보이는 것은 아니지만, 그들은 인정과 명망을 추구한다. 즉, 중요한 누군가가 되기를 원하고, 그들이 숭배하는 사람들과 함께 동맹을 맺음으로써 이러한 욕구를 성취하고자 한다.

사회적 5유형은 상당히 외향적이며, 흥미로운 생각이나 흥미로운 사람을 보면 들뜨고 흥분한다는 점에서 7유형처럼 보일 수 있다. 사회적 5유형은 좀 더 사회적이고 참여한다는 점에서 다른 5유형보다는 좀더 '밖으로 나와' 있다. 사회적 5유형은 7유형보다 속마음을 덜 드러내 보이고, 사리사욕을 덜 추구하며, 그리고 덜 감정적이라는 점에서 다르다.

**사회적 5유형 — 스코트**

　에니어그램 모임에 처음 참석하였을 때, 저는 7유형이라고 생각하였습니다. 왜냐하면 전 매우 사교적이고 사람들과 쉽게 접촉한다고 여기였기 때문입니다. 그러나 좀 더 깊이 생각을 해보니, 내가 만나는 사람들은 구체적인 주제에 대한 '전문가' 혹은 나의 관심을 공유하는 사람들이었다는 사실을 깨달았습니다. 지적 기반에 의하여 친구를 선택하고, 함께 보내는 시간은 주로 생각을 공유하는 데 초점을 두었습니다. 제가 7유형이 아니라 5유형이란 것을 알게 되었는데, 그 이유는 제가 사람들을 분류하고, 보이지 않는 비밀스러움으로 다른 사람과의 사이에 장벽을 설치한다는 것을 알았기 때문입니다. 다른 사람들이 저를 탐색하는 것을 피하기 위해 오히려 그들에게 많은 질문을 하였습니다. 종종 '내가 누구지? 나의 내면에 있는 이 신비함은 무엇인가?'라고 궁금해 하였습니다.

　어린 시절 '작동방법'이라는 백과사전과 '목격자'라는 책을 재미로 읽었습니다. 저에게는 내면의 환상 세계가 내 자신 밖의 일상적인 세상보다 더 크게 들어왔습니다. 가족들과 함께 휴가 여행을 떠나던 긴 여정 속에서도 저는 거대한 동물상과 이집트의 건축물로 도시를 재건설하는 상상을 하였습니다. 그리고 가족들이 모두 해변으로 나가도 그저 책을 읽고 싶었습니다.

　저는 항상 세상을 크게 변화시키기를 원하였습니다. 그 세상이 실용적인가 혹은 현실적인가에는 상관없이 내가 상상했던 이상적인 세계로 말입니다.

351

우주를 전체적으로 이해하기 위해 형이상학, 점성학, 그리고 다른 신비스러운 영성적 체계를 연구하였습니다. 그리고 제가 연구한 새로운 주제들이 삶의 의미를 찾는 데 사용되는 퍼즐의 새로운 한 조각을 제공할 수 있기를 희망하였습니다. 많은 내면 작업과정을 통하여, 결국 진정하고 의미 있는 유일한 경험은 현재 이 순간이라는 사실을 깨닫게 되었습니다.

## 일대일 5유형 자신감 역유형

일대일 5유형에서 탐욕은 가장 완벽하고, 안전하고, 이상적인 통합 경험 욕구를 만족시키는 연결을 찾는 과정에서 나타난다. 그들은 인간관계 맺기에서 다른 5유형들과 마찬가지로 어색함과 내향성을 보이기 때문에, 겉으로는 다른 두 5유형처럼 보일지 모른다. 그러나 일대일 5유형은 일대일 관계 혹은 친밀한 관계에 특별한 가치를 둔다.

이들은 그들이 깊게 연결할 수 있는 특별한 사람 즉, 때로는 아직 찾지 못했거나 찾을 수 없는 사람을 찾으려는 격정을 보인다. 또한 사회적 5유형과 마찬가지로 높은 이상형을 찾지만, 사랑의 범주에서 찾는다는 점이 다르다. 이들은 높은 차원의 완벽한 사랑을 찾고자 하는 욕구를 가지고 있다. 사회적 5유형이 비범함을 추구하듯이, 일대일 5유형이 추구하는 관계 맺기의 이상형은 매우 높은 기준을 요구한다. 이들은 인간관계에서 신성의 경험과 같은 궁극적인 신비한 통합을 추구한다. 그리고 좋은 친구 혹은 정신적 지주를 추구하기도 한다.

사회적 5유형과 자기보존 5유형은 자신의 감정으로부터 좀 더 물러나있는 반면에, 일대일 5유형의 감정은 강렬하고, 낭만적이며, 매우 민감하다. 이들은 고통을 더 잘 느끼므로, 4유형과 유사하게 보이고 표면적 욕구를 더 많이 드러낸다. 이런 점에서 5유형

352

의 역유형이라고 한다. 그러나 겉으로 볼 때는 완전히 명확하지는 않다. 당신이 그들의 낭만적인 부분을 건드려 낭만적인 감정을 고무시키기 전까지 그들은 다른 5유형과 매우 유사하다.

일대일 5유형은 속마음을 드러내지 않고 과묵하게 보이는 반면, 상당히 낭만적인 요동치는 내적 삶을 가지고 있다. 일대일 5유형인 예술가로는 쇼팽을 들 수 있다. 나란호는 쇼팽은 가장 낭만적인 클래식 작곡가라고 하였다. 이러한 예술가들은 예술적 작품을 통해 극도의 감정 표현을 드러내지만, 일상생활에서는 다양한 방식으로 타인들과 단절된다.[30)]

일대일 5유형은 무조건적 사랑을 찾으려는 관념, 이론, 그리고 이상적 환상으로 가득 찬 내적 세계에 살고 있다. 그들은 관계 맺기의 궁극적이거나 이상적인 경험으로써 연인들 사이의 사랑과 같은 것을 추구한다. 그러나 그들이 추구하는 것은 인간세상에서 존재하지 않는 이상적인 관계 형성일 뿐이다.

신뢰는 일대일 5유형에게 가장 기본적인 이슈이다. 나란호는 이 하위유형에 '자신감'이란 이름을 붙였다. 이 자신감이란 개념은 타인을 신뢰하는 능력과 관련된 특별한 의미를 가지고 있고, 당신이 모든 비밀을 털어 놓아도 신뢰할 수 있는 파트너(혹은 친구)를 의미한다. 자신감은 5유형의 내면 깊은 곳까지 매우 낭만적으로 만드는 일종의 이상이다. 그들은 삶의 의미의 근원으로써 사랑과 인간관계의 이상적 형태를 추구한다.

일대일 5유형이 추구하는 높은 수준의 관계 맺기의 기준은 너무나 정확하여서 당신이 그들과 관계를 맺게 된다면, 일관성 있게 그들의 시험을 통과하기는 매우 어렵다. 일대일 5유형은 타인에 대한 신뢰 욕구가 너무나 커서 쉽게 만족되지 않으며, 따라서 그들의 관계에는 많은 시련이 있을 수 있고 좌절하기 쉽다.

5유형들은 사적인 경향이 있다. 그러나 일대일 5유형은 만약에 자신의 결점에도 불구하고 진정한 사랑에 대한 믿음을 가질 수 있는 사람을 찾을 수 있는 적절한 환경에서는 친밀함에 대한 욕구가 매우 크게 나타난다. 이들은 파트너와 완벽하게 투명해지려는 욕구를 보인다. 그리고 자신의 파트너도 완벽하게 모든 것을 보여주기를 원한다. 그런데 이와 같은 신뢰와 친밀함의 이상형은 찾아내기 쉽지 않다. 그러므로 일대일 5유형은 관계를 맺고자 하는 상대방에게 매우 까다롭다. 그리고 상대방도 결국 한 인간이라는 사실을 발견했을 때 좌절해버린다. 파트너의 투명함과 개방성이 자신의 기대에 맞지 않는다면 좌절하고, 타인으로부터 상처를 받을지도 모른다는 두려움 때문에 자신을 고립시켜 버린다.

어떤 5유형은 말하기를, 자신이 궁극적인 관계를 추구하는 것은 단지 연인이나 삶의 동반자와의 관계에만 해당되는 것이 아니라고 하였다. 어떤 5유형은 '감정적 엉킴'이라는 개념과 관련하여, 나는 많은 사람들과 궁극적인 관계를 맺고자 하지만, '한 번에 한 사람씩'이라고 하였다. 지나친 감정적 강렬함을 가지고도 이들은 보호받는다고 느끼지만, 믿을 만한 몇몇 사람들과의 친밀함에 대한 깊은 욕구도 가지고 있다. 이들 중 한 명은 자신은 누군가와 화학적 반응이 일어나듯이 '손발이 잘 맞는' 경험을 할 때 진심으로 고마워한다고 하였다. 그리고 이런 느낌을 받을 때는 거기에 푹 빠지게 된다고 하였다.

비록 일대일 5유형이 4유형처럼 보일수도 있지만, 여전히 5유형다운 면이 있기 때문에 4유형으로 오해받지는 않는다. 일대일 5유형이 역유형이고, 친밀함의 이상형을 드러내고자 하지만, 5유형의 모든 하위유형들은 뒤로 물러서고자 하는 욕구가 있기 때문에, 이들도 다른 두 하위유형들과의 차이를 알아차리는 것은 어렵다. 그러나 이들은 안전과 궁극적인 사랑을 줄 수 있는 특별한 관계를 찾고자 하는 욕구를 가지고 있다.

　30대 초반 육체노동을 시작하였을 때, 내 자신의 감정에 완전히 다가갈 수 있었습니다. 그러한 감정들은 지금도 여전히 그렇기는 하지만 때때로 매우 혼란스러워서 어쩔 줄을 몰랐습니다. 연민과 같은 '좀 더 부드러운' 감정들은 더욱 그러하였으며, 때로는 눈물이 솟구치기도 하였습니다. 그리고 길가의 노숙자를 보듯이 아주 단순한 상황조차도 촉발계기가 되어서 내면을 들여다보고자 하였습니다. 성인 시절에는 움츠리고자 하는 저와 남편, 나의 (감정적, 신체적, 지적, 그리고 재정적인) 자원들, 단지 나의 친밀한 파트너뿐만 아니라 거의 모든 곳에 손을 내밀어 관계 맺고자 하는 강력한 충동들과의 끊임없는 긴장의 연속이었습니다.

　그렇게 손을 내밀었던 것은 태아기부터 존재했을 것 같은 실존적이고 정신적인 구멍을 채우려는 시도였습니다. 그러한 공허한 감정을 피하기 위하여 다른 사람들과 관계 맺기를 추구하였습니다. 이 하위유형의 명칭인 자신감은 다른 사람, 혹은 일대일을 기반으로 한 많은 사람들과 유대감을 형성하는 것에 관한 것이었습니다. 예를 들어, 어떤 모임에서 이야기를 해야 할 때면, 겉으로는 모임 전체에게 이야기를 하는 것 같지만, 실은 집중할 수 있는 어떤 한 사람을 찾습니다. 관계 맺기는 가장 두려운 것이긴 하지만, 동시에 가장 필요한 것이었습니다.

　저는 에니어그램 패널모임에서 다른 5유형과 다르다는 이야기를 들었습니다. 저는 지나치게 화려하고, 튀고, 내적 모습과 그 속에 살고 있는 악마에 관하여 기꺼이 이야기하려고 하였으니까요. 그것은 사실입니다. 그것은 저의 젊은 시절에는 신체적인 속임수였습니다. 그러나 이제는 단지 존재하기 위한 방식이 되었습니다. 유년기 배경 속으로 사라지고자 하는 욕구는 거짓된 희망이었고, 사라질 수 없기 때문에 정말로 현재 내 자신으로 존재하는 것이 낫다는 것을 알게 되었습니다.

일대일 5유형에 대해서 가장 이해될 필요가 있는 부분은 우리가 기본적인 것에 대해 인색함을 감추고 보여 주지 않으려는 것과 하위유형의 본능적인 에너지에 의하여 손을 내밀어 관계를 맺고자 하는 욕구 사이에 끊임없이 갈등하고 있다는 점입니다. 이러한 긴장감 뒤에는 일상생활 속에서 감정들을 알아차리도록 허용할 때까지 바깥세상과 5유형에게 숨겨져 있는 정서적 감수성이 도사리고 있습니다.

# 5유형을 위한 성장작업
## 개인적 성장경로 그리기

궁극적으로, 5유형은 내면 작업을 통하여 더욱 자각하게 되면, 타인들과의 감정적 연결을 할 수 있는 생존자원에 대하여 담을 쌓는 함정에서 벗어나는 것을 배우게 될 것이다. 부족함에 대한 내적 감각을 더욱 강화하고, 자신의 감정에 더 강한 연결고리를 만들고, 자신의 풍부함을 믿는 방법을 배우고, 타인으로부터 더 많은 사랑과 지지를 받도록 자신을 개방하는 방식을 통해서 함정을 벗어날 수 있을 것이다.

습관적인 성격 유형을 자각하는 것은 우리 자신을 관찰하고, 관찰한 것의 의미와 원천을 반영하고, 자동화된 성향에 대항하기 위하여 적극적인 작업을 하는 등 현재 진행적이고 의식적인 노력을 하는 것이다. 5유형에게는 이러한 과정이 바로 그들 자신의 내적 소모를 지속시키는 방법들을 관찰하는 것이다. 즉, 경계를 확립하고, 타인들과의 접촉을 제한함으로써, 안정감을 유지하는 방법을 발굴하는 것, 그리고 사회적 상호작용 내에서 자신들의 안전지대를 확장해나가려는 적극적인 노력 등이다. 이들에게 특히 중요한 것은 내적결핍에 대한 자신들의 믿음에 도전하는 법을 배우고, 외부로부터 더 많은 생존자원을 받아들이도록 개방적이 되고, 자신을 좀 더 느끼고 표현함으로써 내적 생존감과 활력을 얻을 수 있도록 하는 것이다.

이제 5유형의 성격적 특성과 족쇄에서 벗어나서 자신의 유형 및 하위유형이 가진 높은 가능성을 구현할 수 있는 방안들에 대해 살펴보고자 한다.

**자기관찰**

## 작동 중인 성격을 관찰함으로써 동일시에서 벗어나기

자기 관찰은 매일의 삶에서 자신이 무엇을 생각하고 느끼며 행동하는지 새로운 시각으로 볼 수 있도록 하는, 일종의 내적 거리두기이다. 5유형이 일상 속에서 반복되는 자신의 생각, 느낌, 행동들을 기록하면서 다음과 같은 핵심 패턴을 고려해야 한다.

### 1. 결핍감과 소모의 두려움으로 인한 내적 자원 비축과 보류하기

시간, 에너지, 그리고 다른 자원들이 부족하다는 가정 때문에 나타나는 당신의 성향을 관찰해보라. 당신은 이런 생각들의 근거에 대하여 어떻게 생각하고 있는가? 어떤 일을 하거나 사람들과 상호작용할 만큼 충분한 에너지가 없다고 느끼는 생각들 때문에 생기는 근심들에 주목해보라. 어떠한 경험들이 당신의 에너지 수준을 고정시키는가에 주목해보라. 그리고 시간, 자원들, 혹은 사적 공간을 비축하였던 자신의 방식을 관찰해 보라. 자신이나 타인들로부터의 자신에게 조언하기를 보류한 적이 있는지, 어떻게 그런 일을 하였는지, 그리고 그런 행동을 하였을 때 당신은 어떤 생각을 하고 느꼈는가에 주목해 보라.

## 2. 감정들과 감정적 생활로부터의 분리

만약 당신이 자신의 감정으로부터 분리되는 일이 어떻게 발생하는가를 알아차릴 수 있다면 그 방식을 관찰해보라. 무엇인가를 느꼈을 텐데도 실제로는 느끼지 못했던 상황을 기억해보라. 자신의 감정들로부터 분리하는 행동을 하는 자신, 그리고 감정의 소용돌이를 일으키는 사물이나 사람으로부터 자신을 분리시키는 모습을 볼 수 있는가? 다른 사람들을 관찰할 때와 마찬가지로 관심을 갖고, 감정이나 민감함에 대한 내적 영역을 안전한 거리를 두고 떨어져서 관찰해보라. 특별히 더 많이 느끼는 감정이 있는가? 자신이 홀로 있을 수 있게 될 때까지 감정을 늦추는 자신의 모습에 주목해보라. 타인 앞에서 더 편안하게 느껴지는 특정한 감정들이 있는가? 특히 자신의 감정들을 느끼지 않고 타인들의 감정을 수용하거나 경험하기를 회피하면서 자신을 합리화하는 방법들에 주목해보라.

## 3. 과도한 경계, 통제의 필요성, 외부 요구에 대한 두려움으로 인하여 타인들과 거리두기

당신이 사람들과의 경계를 짓는 다양한 방법들을 관찰하라. 어떻게 이런 일들이 일어나는가, 그리고 경계를 짓도록 자극하는 감정들이 무엇인가를 관찰하라. 당신이 상황을 통제하고자 하는 방법과 통제를 확립하고자 하는 당신의 노력 이면에는 어떠한 생각들이 도사리고 있는가를 관찰해보라. 당신은 언제 다른 사람들과 거리를 두며, 어떻게 거리를 두는가에 주목해보라. 좀 더 거리를 두고자 하는 사람들이 있는가? 당신이 이러한 선택을 하는 근거는 무엇인가? 특정 상황에서 특정한 사람들과 상호작용하는 생각을 하게 되면 느껴지는 두려움, 혹은 그런 두려움을 피하기 위한 생각들에 주목해 보라.

# 자기이해의 확장을 위한 자료 수집

5유형이 자신에게서 이러한 패턴을 관찰하게 될 때, 다음 단계는 이러한 패턴을 더 깊이 이해하는 것이다. 왜 이런 패턴이 존재하는가? 어디에서 기인되었는가? 그리고 어떤 목적이 있는가? 어떻게 이런 패턴이 당신에게 도움을 주려는 데 문제를 일으키게 하는가? 때로는 습관의 근원적인 원인을 아는 것이 패턴을 깨뜨리는 방법이기도 하다. 그리고 더 견고하게 굳어진 습관들을 들여다보고, 방어책으로 작동하는 방식과 그 이유를 알아내는 것이 궁극적으로 습관들을 내려놓을 수 있는 첫 걸음이 되기도 한다.

5유형이 자신에게 물어볼 수 있는 질문들을 탐색하고, 이러한 패턴의 근원, 작동, 그리고 결과에 대하여 더 많은 직관을 가질 수 있는 답변을 살펴보고자 한다.

### 1. 이러한 패턴이 생겨난 원인과 이유는 무엇인가?
#### 이러한 습관적인 패턴들이 5유형에게 어떠한 도움을 주는가?

원래 5유형은 호기심이 많지만, 때로는 자신의 성격에 대한 방어책으로써 스스로를 제한하는 방식들에는 그다지 호기심을 보이지 않는다. 습관적 패턴으로 인하여 많은 고통을 겪는 다른 에니어그램 유형들과는 달리, 5유형은 자신들의 방어적인 자세가 자신을 안전하고 통제적으로 느끼게 만들기 때문에 상대적으로 편안함을 느낀다. 또한 이렇게 하면 타인의 어려운 감정들로부터 멀리 떨어질 수 있고 두려움을 느껴야만 하는 상황으로부터 피할 수 있기 때문이다. 그러나 5유형 성격은 자신과 타인과의 관계를 과감하게 축소시키는 계약을 맺은 것 같은 입장을 보이는데, 이것이 그들의 성장 능력을 억압하게 된다. 이들이 자신과 자신의 삶을 더 깊숙이 들여다보는 것, 즉, 자신의 생각과 행동 패턴들이 자신이 소중하게 여기는 민감성을 보호하기 위해서 합법적으로 요구하기 위해 자신의 생각과 행동 패턴이 현재 어떠한 과도적인 반응을 보이는지 알아차리는 것은 매우 유용하고 스스로에게도 생동감을 불러일으킬 것이다.

처음에는 '문제를 일으키려는 것'처럼 보일 수도 있지만, 어떻게 그토록 많은 보호를 우선적으로 요구하게 되었던가를 탐색함으로써 자신만의 '도토리 껍질' 속에 숨어서 일상생활로부터 자신을 단절시키는 방법을 알아차리게 될 것이다.

### 2. 고통스러운 감정에서 자신을 보호하기 위해 어떤 패턴들이 고안되었는가?

성격이란 모든 사람들에게 있어서 고통스러운 감정들로부터 우리를 보호하기 위하여 형성된다. 이것은 카렌 허니가 말한 기본 욕구들이 충족되지 못할 것 같은 정서적 스트레스에 집착된 상태인 '기본적 불안'과 일치한다. 5유형은 스트레스 경험에 대항하기 위하여 고통스러운 감정들로부터 분리되고 머릿속에서 안식을 찾으려는 전략을 사용한다. 피할 수도 있는 고통스러운 감정들을 알아보려는 이들의 대처전략 목표와는 어긋나지만, 자신의 감정에 얽매이지 않음으로써 자신들이 놓친 것을 탐구할 수 있게 된다. 이런 모습은 5유형으로 하여금 삶에서 더 많은 의미, 풍부함, 그리고 만족감을 찾을 수 있도록 잠재적 도움을 주기도 한다. 이들은 처음에는 생각하다가 결국에는 서서히 습관적으로 단절하던 감정들을 향하여 움직임으로써, 자신의 감정적인 활력과 진정한 에너지를 얻을 수 있는 방식으로 다시 연결될 수 있다. 자신이 그렇게 될 수 있다는 것을 알기 위하여, 자신의 내면에 숨겨져 있는지 몰랐던 두려움, 슬픔, 그리고 분노 앞에 자신을 드러내야만 한다.

### 3. 내가 왜 이런 행동을 하는가?
#### 내 속에서 5유형의 패턴이 어떤 식으로 작동하는가?

5유형 패턴들이 일상생활에서 하나의 보호 장치로써 지금 이 순간 작동하는 이유와 방식을 이해함으로써, 자신들이 어떻게 경계를 유지하고, 안전하면서도 방해받지 않고, 삶의 감정적 부분에 얽히는 것을 피할 수 있을 것인가를 잘 알아차릴 수 있다. 5유형은 자신들의 패턴 이면의 더 깊은 동기들을 다시 살펴보는 일에 상처 받지 않는다. 이들이 일상생활에 깊숙이 관여하는 것으로부터 자신을 보호하는 이유에 대하여 습관적으로 질문을 던지는 행동은 자신에게 이득이 되지 않는 방식일지도 모르는 뒤로 물러서는 방법에 대하여 더 많은 자기 나름의 지식을 계발해내도록 만든다. 그들이 안전을 유지하기 위하여 어떻게 감정적 얽힘과 외부 요구들을 피하는가를 관찰해보면, 이러한 습관들이 어떻게 그들의 성장을 저해하는지를 살펴볼 수 있다. 5유형의 고착이 바람직하다고 합리화하는 것이 바로 고착의 일부이다. 그리고 이들이 합리화에 대하여 적어도 자신에게 정직해지는 것은 매우 중요하며, 정직해짐으로써 자신이 변화하기를 원하는지 아닌지 의식적으로 선택할 수 있게 될 것이다.

### 4. 이러한 패턴의 맹점은 무엇인가?
#### 5유형으로 하여금 그러한 맹점을 보지 못하게 하는 것은 무엇인가?

5유형은 제한되고 안전한 자신의 '도토리 껍질'속에 있는 한 아무런 걱정이 없다. 이러한 모습은 무 반응적이거나 고갈된 세상에서 욕구와 민감성의 고통으로부터 자신을 보호하기 위한 성벽이라는 점에서 이해할 수 있다. 그러나 적어도 그들이 놓치고 있는 것이 무엇인가를 생각해보는 것이 중요한 일이다. 거리두기 해결법은 자신의 힘과 활력과의 연결에 내재된 감정과 가능성들의 가치를 보지 못하게 만든다. 체념에서 오는 안정감은 5유형으로 하여금 좋은 사람들과 좀 더 접촉을 한다면 삶이 얼마나 더 좋아질 것인가를 알 수 없도록 막는다. 성장하기 위하여, 선택을 할지 말지의 여부는 자신에게 달려 있다. 그러나 우리가 어떤 생각을 하고, 어떤 방어책들이 숨으려고 하는가를 완전히 이해하는 것은 우리 자신의 몫이다. 5유형인 당신이 견고한 자신의 방어책에 보다 개방적이 되고 도전의 위험을 감수할 수 있다면, 당신의 삶은 얼마나 더 좋아질 것인가?

### 5. 이러한 습관의 결과나 영향은 무엇인가?
#### 이러한 습관은 내게 어떠한 걸림돌이 되는가?

5유형의 함정은 결핍감과 소모의 삶을 살아내는 과정에서, 자원 결핍의 경험, 빈곤에 처할 위협 등을 더욱 강화시킨다는 점이다. 자신을 훌륭한 장벽으로 삼아 '거리두기'를 활용하는 것 같은 5유형의 대처전략은 편안한 고립감을 이끌어 낼 수 있는 반면,[31]

동시에 항시 상존하는 위반 혹은 침범에 대한 두려움을 강화하기도 한다. 나란호가 말한 '과장될 정도로 소극적이거나 표현을 하지 않거나 냉정한 기질의 취약성과 무기력'[32] 때문에 5유형은 무력하고 불안정한 느낌을 갖게 된다. 이들이 자신의 방어적 패턴의 작동방법을 완전히 탐색한다면, 더 깊은 수준에서 자신들과 재연결 할 수 있는 길이 열릴 것이다. 이것은 또한 그들로 하여금 안전하게 느낄 수 있는 유일한 방법인 움츠려 들어야만 하는 함정에서 벗어나도록 할 것이다.

**자기계발**
## 보다 높은 의식을 지향하기

깨어나고자 하는 우리 모두에게 있어서, 성격유형에 기반한 지식을 바탕으로 하는 작업의 다음 단계는 우리가 더 많은 선택과 알아차림을 통하여 생각하고, 느끼며, 행동하는 모든 일에 더 의식적인 노력을 기울이는 것이다. 본장에서는 5유형의 주요 패턴을 관찰하고, 패턴의 근원, 작동, 그리고 그 결과들을 탐색한 이후에 '무엇을 할 것인가?'에 관한 몇 가지 사항들을 제시하고자 한다.

이 마지막 부분은 세 부분으로 나뉘는데, 각각 에니어그램 시스템과 연계된 세 가지 다른 성장 과정들에 해당된다.

1) '자기관찰' 영역에서 설명한 것처럼, 자신의 습관과 자동 반응을 벗어나기 위해 실천해야 할 사항
2) 성장의 지도로 에니어그램 화살을 사용하는 방법
3) 해당 유형의 격정(악덕)을 이해하고, 의식적으로 그 반대인 해독제의 역할을 하는 더 높은 수준에 있는 유형의 '미덕'을 향해 나아가는 방법

## 5유형의 대표적인 세 가지 습관과 여기서 벗어나기 위한 실천사항

### 1. 결핍 인지와 소모의 두려움으로 인한 내적자원 비축과 움켜쥐기

#### 1) 결핍에 대한 잘못된 신념에 도전하라

5유형은 그들이 충분한 생존자원을 갖고 있지 않다는 잘못된 신념에 과감히 도전해 볼 수 있다면 많은 것을 얻을 수 있다. 어린 시절의 핵심적인 고통의 경험들 때문에 시간, 공간, 그리고 에너지가 자신에게 제한된 것처럼 보일 뿐이라는 사실을 인지하라. 현실적으로는 당신은 자신이 가지고 있다고 믿는 만큼, 혹은 가지도록 허용될 만큼의 풍부한 자원들을 가지고 있다. 그리고 다른 사람들과 더 많은 관계를 맺는 일은 당신의 지지 자원을 확장하는 것이기 때문에, 실제로는 활용 가능한 자원들을 증가시키는 셈이다. 자신이 풍요함 속에 있다는 신념을 스스로 되새기는 일은 자신이 많이 갖고 있지 못하다는 잘못된 생각에 점차 가까이 접근하여 긍정적인 순환과정을 만들어낸다.

#### 2) 결핍은 또 다른 결핍을 불러온다는 점을 스스로에게 상기시켜라

우리가 믿는 것이 우리의 현실을 구성한다는 말은 요즈음에는 거의 진실로 여겨진다. 당신이 희소한 자원을 끝까지 움켜쥐고 있다는 시각에서 모든 것을 바라보는 렌즈를 끼고 세상을 관찰하는 것은 그저 자신의 결핍 경험을 확대시킬 뿐이다. 즉, 생존을 위하여 움켜쥐어야만 하는 것에 초점을 맞추는 것은 불충분함에 대한 신념과 현실을 영구화시킬 뿐이다. 결핍이라는 당신의 사고방식은 아주 적은 수입으로 간신히 살아가야만 한다는 사고모델에 당신을 가두어 버린다.

### 3) 외부에서 자신을 채울 수 있는 직접적인 방법을 찾아라

5유형이 성장경로에 들어서기는 쉽지 않을 것이다. 왜냐하면 더 많은 감정들을 느끼고, 당신 자신을 공유하며, 좀 더 의도적으로 다른 사람들에게 다가서려는 노력을 하는 것은 5유형의 본질에 역행하기 때문이다. 그러나 나란호가 지적하였듯이, '삶의 관찰자가 되는 것은 생활하고 있지 않다는 느낌을 자연스럽게 가지게 될 것이고, 이러한 느낌은 경험의 욕구를 자극하게 될 것이다.'[33] 삶 속에서 더 많은 것을 경험하고자 하는 어떤 욕구라도 볼륨을 올려 보라. 그리고 당신을 살찌우고 삶을 증진시켜주는 세상 경험을 하는 방법을 찾기 위하여 위험을 무릅쓰는 자신을 지지하라. 마사지를 받거나 누군가가 저녁에 당신에게 외식을 시켜주거나 당신이 신뢰하는 누군가와 좀 더 자신을 공유하는 등 외부 세상에 참여하는 재미있는 방법들을 더 많이 찾을 수 있도록 자신을 허락하라.

## 2. 감정들과 감정적 삶에서의 분리

### 1) 감정으로부터 분리하려는 자신의 선택을 좀 더 알아차려라

자신의 감정과 더욱 연결되고 타인과 공감할 수 있는 첫 걸음은 스스로 자신의 감정에서 분리되거나 혹은 감정을 느끼기를 중단하는 순간을 알아차리는 일이다. 그리고 실제로 감정을 경험하기보다는 머릿속으로만 생각하고 있는 순간이 언제인가를 인지하라. 내면 작업을 하는 초기단계에서 감정에 관하여 생각해보는 것은 중요할지 모른다. 그러나 차이점을 알아차려야 한다는 사실을 기억하라. 당신이 논리적으로는 어떤 느낌을 가졌다는 영감을 받았을 때, 언제 감정의 공백을 알게 되었는가에 주목하라. 그리고 감정의 미묘한 징후들을 잡아내기 위하여 마음을 열고, 민감해지려는 의도를 가지고, 자신의 몸에 관심을 가지도록 해보라. 신체적 운동을 하는 것은 머리에서 벗어나서 가슴과 몸속으로 들어갈 수 있는 중요한 방법이다.

## 2) 좀 더 많은 감정들을 좀 더 자주 느끼도록 노력하라

자신의 방어적 성격에도 불구하고, 타인과 더 완전히 연결되고자 갈망하는 5유형을 위해서, 성장이란 삶에 재장착하려는 지속적인 노력, 그리고 좀 더 규칙적으로 감정을 느끼고 표현하려는 연습 등을 수반한다. 진정한 욕구와 감정이 드러나도록 허락하고, 그에 대하여 자신을 열어 놓는 것은 지금까지 습관적으로 회피해왔던 자신의 일부를 깨닫도록 만든다. 혼자 있을 때 자신의 감정을 느끼려는 시도로 출발하여, 타인과 함께 있을 때 자신의 감정에 주목하려는 노력으로 넓혀 나가보라. 그리고 신뢰하는 사람과 함께 자신의 감정에 대하여 더 많은 이야기를 나누어보라.

## 3) 감정의 기복과 감정적 연결을 살펴보도록 하라

비록 처음에는 뭔가 있을 것이라고 완전히 믿지 않는다할지라도, 당신의 감정들과 연결된 모든 긍정적 측면들을 스스로에게 상기시켜라. 만약 누군가와 감정적으로 연결되었던 긍정적인 경험이 있다면, 불쾌한 생각들이 떠오를 때 기억하기 위하여 당신의 마음의 맨 앞쪽에 이 긍정적 경험을 놓아 보아라. 그리고 자신의 감정을 드러낼 때 다가오는 관계적 가능성에 대하여, 보다 긍정적인 시각을 향한 아무리 작은 발걸음이라 할지라도 괜찮다는 것을 알고, 감정적 연결을 축하하라.

## 3. 과중한 경계, 통제의 필요성, 외부 요구에 대한 두려움으로 인한 타인과의 거리두기

### 1) 잘못된 것이 없다는 생각은 당신의 고착이라는 사실을 인정하라

5유형은 자신의 성격적 고착에 의하여 상당히 제한된다는 사실에도 불구하고 자신이 하는 일을 아주 잘해내기 때문에 잠자리에 들 수 있다. 견고하게 쌓아놓은 성벽 뒤에서 안전하게 살아온 5유형에게는 고칠 것이 없다고 보여 질 수 있다. 이들은 자신의 성격 안에 있을 때, 전형적으로 편안한 통제를 느끼게 된다. 그들은 요구가 많고 과장된 감정을 표현하는 사람들을 피하는 데 능숙하다. 즉, 경계 유지하기에 탁월하고, 삶을 통제하는 방법을 알고 있으므로, 자신의 두려운 감정을 피할 수 있다. 내가 에니어그램을 가르칠 때 사용하는 방법인 관찰자들의 패널을 주관하였을 때, 자신들의 프로그래밍이 성장을 위하여 벗어나야 하는 바로 그 무엇이라는 사실을 분명하게 증언할 수 있는 5유형은 찾아보기 어려웠다. 훌륭한 방어적 장벽 체계를 통한 안전함과 통제를 알아차리는 것은 5유형의 전략에 내재된 문제들을 알아내는 첫 걸음이라고 하겠다.

### 2) 거리두기와 장벽 쌓기를 유발하는 두려움과 교감하라

비록 5유형은 에니어그램에서 볼 때 뭔가 숨기기 때문에 '두려움 타입'이라고 하지만, 실제로 그들은 두려움과 크게 관련은 없다. 5유형인 나란호는 지적하기를, 5유형은 두려움을 크게 숨기지 않기 때문에 두려움을 느끼는 6유형과는 달리, 오히려 두려움을 느끼게 될 상황 자체를 피하는 데 능숙하다. 만약 그들이 자신들을 그토록 숨기지 않고 두려움과 마주한다면, 두려움의 경험을 모두 피하고자 사용해 왔던 방어책의 강직함을 줄일 수 있을 것이다.

### 3) 자신의 내면으로 움추리는 대신 좀 더 삶속으로 들어가라

비록 이렇게 하는 것이 5유형 성격 프로그램에 반대이기는 하지만, 성장하기 위하여서는 좀 더 삶속으로 들어가고, 내면에서 더 깊은 에너지 자원을 찾아야만 하며, 자신 속에 깊숙이 숨어 있지 말고 감정들과 재연결해야만 한다. 만약 자신으로부터 거리를 두고자 하는 자동적 방어 충동이 생긴다면, 첫 번째 단계로써, 그저 조용히 머무르고 습관적으로 단절되지 않는 실험을 해보라. 당신이 어떻게 그리고 언제 움추려 드는가에 주목해보라. 그리고 잠시 그대로 있어보라. 관계 속에서, 갈등 상황에서, 혹은 당신의 직장생활 등 어디서든 간에 사람들에게 다가가고 삶의 흐름에 더 들어가는 선택의 가능성을 실천해보라. 과감하게 외부 세계를 신뢰하기를 배우는 것은 자신을 활기차게 만들 수 있는 크고 멋진 발걸음이라는 것을 스스로에게 상기시켜라.

## 5유형의 화살표를 이용한 성장경로

제 1장에서 이미 화살표의 '내면 흐름' 모델을 소개하였는데, 이것은 에니어그램 도형 내의 역동적 움직임의 한 측면을 나타낸다. 각 유형들은 '스트레스를 통한 성장' 지점과 '아이-가슴-안전' 지점으로 연결되며, 화살표는 각 유형을 위한 성장경로를 보여준다.

＊ 각 유형에서 화살표를 따라 나아가는 방향은 '스트레스-성장' 발달의 경로이다. 이 과정은 성격유형이 제시하는 구체적인 도전과제를 보여준다.
＊ 각 유형에서 화살표를 받는 방향은 '아이-가슴' 지점으로 어린 시절부터 지속된 이슈와 과제를 나타낸다. 단절되어 온 부분을 의식적으로 인정하면 과거에 해결하지 못한 일에 붙잡혀 있지 않고 벗어나 앞으로 나갈 수 있다. 이러한 '아이-가슴' 지점은 우리가 무의식적으로 억압한 안전의 특성을 표현하며, 이 특성은 가끔 스트레스의 상황이나 안전을 필요로 하는 시기에는 위안을 얻기 위해 물러나기도 하지만, 의식적으로 통합해야만 하는 특성이다.

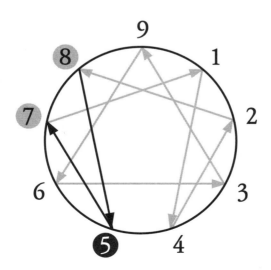

## 성장과 확장을 위해 7유형의 '스트레스-성장' 지점을 의식적으로 사용하기

5유형의 내면 흐름 성장경로는 7유형에 포함된 도전과 직접적으로 연결된다. 즉, 외부 세계와 보다 더 직접적인 상호작용 기법으로써 경솔함, 진지한 지적관심, 혁신적 생각, 그리고 창의적인 선택 등이 있다. 5유형들이 7유형 원형의 장점들을 의식적으로 상상해보면, 어떻게 자신이 일부러 눈에 띄지 않으려고 하지 않으면서도 타인들과 더 완벽하게 관계를 맺을 수 있는가를 알게 된다. 5유형은 스트레스를 받을 때 7유형으로 향하여 불안 섞인 웃음이나 정신없이 이야기해대는 사회적 상황 속에서 자신들의 초조함을 표현하는 반면, 7유형의 긍정적 측면을 의식적으로 실현시켜 긴장을 해소하는 작업을 할 수 있다. 5유형은 사교적인 상황에서 느끼게 되는 불안감을 줄이기 위하여 유머, 농담, 그리고 지적 호기심등을 의도적으로 사용하여 타인과의 공유 능력을 확장 시킬 수 있다.

이렇게 의식적 작업을 하는 5유형은 건강한 7유형이 사용하는 기법들을 잘 활용할 수 있다. 즉, 창의적인 사고와 타인과의 더 깊은 상호작용을 위하여 보이는 관심 등이 있다. 7유형은 잠재적 불안 한가운데에서조차 상황을 다룰 수 있는 다양한 방식을 활용하여 여러 가지 선택사항들을 만들어내는 능력이 있다. 연결고리를 찾아내고 열정적으로 아이디어를 교환하는 정신적 습관들은 다른 사람들과 좀 더 공유함으로써 안전지대의 확장을 추구하는 5유형에게 좋은 모델을 제공할 수 있을 것이다. 자신의 감정과 아이디어를 다른 사람과 연결하고자 할 때, 빠르고 민첩한 7유형의 사고방식은 5유형으로 하여금 자신의 생각과 감정을 외부 세계와 연결하는 방법을 찾을 수 있도록 도움을 줄 수 있다.

## '아이-가슴' 지점을 의식적으로 사용하여

### 어린 시절의 이슈들을 다루고 앞으로 나아갈 수 있도록 안전감을 찾기

5유형을 위한 성장의 길은 세상에서 좀 더 활발하고, 좀 더 겁이 없고, 그리고 좀 더 강하게 연결되어 있는 그들의 능력을 되찾으라고 요구한다. 8유형처럼 자신의 주장을 펴고, 필요한 경계의 강화를 위하여 더 많은 자유를 허용하고자 하는 5유형에게는 편안한 장소가 될 수도 있다. 8유형 원형은 5유형의 어린 시절에 효과적이지 않았던 것을 보여주기도 한다. 5유형은 자신들이 필요한 것을 얻기 위하여 직선적으로 행동하고자 하였던 어린 시절의 충동, 즉 8유형다운 자기주장 전략이 눈에 띄지 못하였거나 지지받지 못하였을지도 모른다. 그러나 8유형의 경험은 어린 시절 이후 자신을 보호하고, 장벽을 세우고, 상대방을 밀어 내는 등 강력한 행동을 할 때, 자유로움을 느낄 수 있는 편안함의 장소로 계속 남게 될 것이다.

의식적으로 방향을 잡게 된다면, 5유형은 발전적으로 '8유형을 향하여' 나갈 수 있다. 움츠림과 세상으로 나아가는 것 사이의 건강한 균형을 다시 정립할 수 있다. 5유형은 세상과 잘 지내기 위하여 억눌러야만 했던 것, 그리고 7유형을 향한 자신의 성장 과정을 지지하기 위한 유용한 재 통합에 대한 이해를 위하여 이러한 아이-가슴의 질적이고 고차원의 지혜를 사용할 수 있다.

이와 같은 깨달음을 가지고 8유형으로 향하는 것은 5유형이 자신의 힘과 권위 감각의 상실을 다시 찾을 수 있고 두려움을 다루고, 자신의 감정에 집중하고 타인과의 상호작용에서 더 많은 힘을 느낄 수 있는 방법이다. 5유형은 8유형이 분노를 생산적으로 표현하고, 큰 일들을 만들어내고, 사람들에게 긍정적인 영향력을 끼치는 주장을 할 수 있는 재능들을 의식적으로 살펴봄으로써 스스로 자기작업과 확장을 할 수 있게 될 것이다. 항상 안전한 거리를 두고 무슨 일이 일어나고 있는가를 살펴보고 행동을 하기 전에

369

생각을 하는 대신에, 세상에 나아가 좀 더 결단력 있는 행동을 할 수 있다.

8유형의 속성을 다시 종합해봄으로써, 5유형은 당신의 권한을 소유하고, 당신 자신을 조금 더 힘 있게 표현하고, 경계를 만들고 다른 사람들과 조금 더 자신을 공유함으로써 동반되는 취약함에 개방적이 되는 강인함을 사용하는 것이 괜찮다는 것을 그들 자신에게 의식적으로 상기시킬 수 있다. 이러한 8유형 능력을 사용함으로써, 5유형은 자신이 감추어 두었던 어린 시절의 상처들을 치유할 수 있고, 스스로를 더 힘 있게 표현하고, 7유형의 이상주의, 긍정주의, 그리고 확장 가능성 등을 더욱 구현시킬 수 있는 여러 가지 도전들을 지지할 수 있는 자신의 권위를 현실적으로 느낄 수 있다.

## 악덕에서 미덕으로
### 탐욕에서 벗어나 무애착을 추구하기

악덕에서 미덕으로 변화하는 여정은 에니어그램 지도가 크게 기여할 수 있는 한 부분으로, 각 유형이 시도해 볼 수 있는 더 높은 자각상태로의 '수직' 성장의 길을 보여준다. 5유형의 경우, 악덕(격정)은 탐욕이고, 그 반대인 미덕은 무애착이다. 이러한 '악덕에서 미덕으로의 전환'이 전해주는 성장이론은 격정이 우리의 성격 속에서 어떻게 작동하는지 더 많이 자각하고, 상위의 미덕을 구현하고자 의식적인 작업을 많이 하면 할수록, 우리 유형의 무의식적인 습관과 고착된 패턴에서 자유로워지고, '더 높은 차원'을 향하여 발전해 나갈 수 있다는 것을 보여준다.

5유형의 작업은 탐욕의 경험을 잘 알아차리고 의식화를 함에 따라, 탐욕이란 격정의 해독제인 미덕을 작동시키고자 노력하면 발전해 나갈 수 있다. 이 경우 무애착이란 미덕은 이들이 의식적으로 보여주는 높은 수용능력을 통하여 도달할 수 있다.

무애착은 안전을 위하여 무엇을 느껴야 하는가를 알아내려고 하지 말고, 삶의 자연스러운 흐름에 따라 더 깊은 경험을 향하여 개방되는 상태이다. 5유형에게 무애착의 미덕은 어떤 일이 일어날 것인가를 미리 통제하지 않고, 앞으로 나아가기 전에 자신의 방식이 안전할 것이라는 확신을 갖도록 영감을 가져다준다. 무애착은 5유형이 시간, 공간, 그리고 에너지를 움켜쥐고 비축하는 모습을 다시 탐색해보고, 결핍에 대한 자신의 믿음에 도전해보도록 요구한다. 소중한 자원들에 대한 통제를 통하여 두려움에 대처하려는 5유형의 심층적 불안은 무엇인가 움켜쥐고 뒤로 감추는 습관에서 드러난다. 소모의 두려움에 직면하고, 그 속에서 작업을 하면서, 삶이 자신을 지지하지 않을 것이라는 잘못된 기대감을 통하여 알게 되는 더 높은 목표를 향해 작업을 할 수 있게 될 것이다. 그렇게 되면, 5유형으로 하여금 세상에서 완전히 홀로 생존하기 위하여 필요하다고 생각했던 것들에 대한 애착을 놓아 버릴 수 있게 될 것이다.

무애착을 구현시키는 작업은 애착의 의미를 인지하고, 자신이 어디에 애착 되어있는가를 살펴보고, 도토리 껍질 같은 자신의 성격의 생존에 필요하다고 생각되는 것들을 놓아주려는 신념을 가진다는 의미이다. 산드라 마이트리에 의하면, 5유형이 성장을 위하여 놓아버리기를 배워야만 하는 '애착'이란 우리가 흔히 생각하는 타인과 더 깊은 연결고리를 형성하는 '애착'이 아니라, 오히려 그 반대인 연결고리의 결핍을 인지한다는 측면에서 '사물에 집착된' 감각을 의미한다고 하였다.[34] 무애착의 지침으로써, 마이트리는 애착으로 인하여 어쩔 수 없이 겪게 되는 고통으로부터 우리자신을 자유롭게 하는 방법으로 소유, 믿음, 그리고 궁극적으로 현실을 통제하려는 우리의 에고의 요구들에 대한 애착들을 직시하고 놓아버리라는 불교의 가르침을 강조한다. 5유형이 무애착의 상태에 도달할 수 있는 길은 정확하게 이런 방식인 것이다. 이들이 공급에 대한 통제의 필요성과 안전에 관한 자신의 아이디어와 전제들에 집착하는 것을 깨달았을 때 비로소 이들은 삶을 있는 그대로 더욱 깊게 수용하는 문을 열 수 있을 것이다. 5유형이 이렇게 할 수 있을 때, 통제와 움켜쥘 필요성을 놓아 버리고 활발하게 세상에 참여할 수 있도록 마음을 열 수 있을 것이다.

5유형이 애착, 고립감에 대한 자신의 신념, 통제의 필요성을 의식적으로 놓아버리면, 자연과 타인과의 더 크고 상호 연결된 세상에서 풍성함을 누릴 수 있게 될 것이다.

## 5유형이 악덕에서 미덕으로 성장하기 위한 하위유형별 작업

자신의 격정을 관찰하고 해독제를 찾는 작업은 각 하위유형에 따라 다르게 나타난다. 의식적인 자기 내면작업의 길은 '의지, 훈련, 은혜'[30]라는 말로 그 특징을 설명할 수 있다. 즉, 성격 패턴에서 벗어나려는 '의지', 성장을 위한 노력의 '훈련', 그리고 의식적, 긍정적 방식으로 미덕을 실현하기 위해 작업할 때 찾아오는 '은혜'인 것이다. 나란호가 각 하위유형이 성장을 위해 애쓰고 노력해야 하는 측면들이 각각 다르게 나타난다고 말한다. 이러한 통찰은 에니어그램의 각 하위유형을 이해하는 데 크게 유익하다.

### 자기보존 5유형

이들은 경계선과 연결의 장애물을 좀 더 자주 느슨하게 놓아 버리는 위험을 무릅써서라도, 그리고 심지어 두려움 혹은 불안으로 향하는 문을 여는 길이라고 할지라도 타인들과 좀 더 감정을 공유하고자 노력하면서 탐욕으로부터 무애착의 여정을 떠날 수 있다. 이러한 의미 있는 작업을 하면서 인간관계나 세상에 대하여 가능하거나 바람직한 것이라고 생각하는 자신의 믿음들이 자신의 성장을 위한 인식이나 지지를 어떻게 방해 해왔는가를 깨닫게 될 것이다. 체념에 고착되기보다는, 오히려 자신의 주변에 그렇게 높은 장벽이 필요하다고 느끼지 않는다면, 성장하고 확장하여 상상할 수 있는 모든 가능한 방법들에 대한 자신의 느낌에 과감히 도전할 수 있다. 더 많은 사람들을 더 깊게, 그리고 더 자주 마주하도록 자신을 개방한다 할지라도, 여전히 자신의 삶에서 건강한 통제력을 유지할 수 있다는 사실을 스스로에게 상기시켜라. 당신이 '자그마한 생명체'일 수도 있다는 것에 자신을 깨워라. 그리고 자신이 괜찮다고 느끼기 위하여 스스로를 좀 더 작게 만들 필요는 없다는 사실을 깨달아라. 당신이 자신의 장벽 밖에서 더 많은 시간을 보낼 수 있다면, 세상과 자신의 재능을 공유할 수 있는 다양한 방법들을 볼 수 있도록 마음을 열어보라.

## 사회적 5유형

이들은 지식과 정보로부터 현실의 사람들과 감정적 관여를 더 할 수 있도록 관심을 넓힘으로써, 탐욕으로부터 무애착을 향한 여정을 할 수 있다. 매일매일 일어나는 일에 관심을 갖기보다 높은 이상만을 헌신적으로 추구하고, 실제로 자신을 타인으로부터 폐쇄되도록 만드는 순간에 주목해보라. 당신이 전문가들이나 소규모의 개인집단(어느 정도 거리가 있는 집단)을 지나치게 이상화하였을 때, 현재의 즉각적인 상황에서 사람들과 직접적인 상호작용의 위험을 감수하는 대신에, 간접적으로 만나 인간관계적 요구들을 얻으려고 하는 순간을 인지하라. 더 많은 당신의 감정과 더 많은 타인에 대한 육감을 의식적으로 공유하고, 공유된 아이디어를 통해서만 연결되고자 하는 자신의 모습에 주목하고, 이러한 모습과 반대로 작업을 해보라. 특정한 가치와 이상들을 통하여 의미를 만들어내고 무의미성의 더 깊은 두려움을 피하려고 노력했었던 방식을 살펴보라. 즉, 이러한 무애착을 놓아버리는 과정의 첫 걸음으로서 자신의 두려움을 완전히 경험하도록 도전해보라는 것이다. 삶이 안겨주는 풍요로운 경험들을 수용하는 데 초점을 맞추고 확장함으로써 일상생활의 즐거움과 인간적인 광범위한 표현들에 대하여 고마움을 가져라.

## 일대일 5유형

이들은 친밀함을 피하기 위하여 다른 사람에게 높은 기준을 정하려는 자신을 살펴보고 자기작업을 통하여 탐욕에서 무애착으로의 여정을 갈 수 있다. 다른 사람을 시험해보거나, 혹은 자신의 두려움을 피하고 노출시키지 않으려고 불가능한 관계 맺기 기준을 고집하는 자신을 알아차려라. 심지어 자신이 갈망하면서도 접촉하기를 포기하는 모습에 주목하라. 당신이 바라는 친밀한 관계를 성취하기 위하여 작업해보라. 사랑의 이상형에 대한 애착이 아니라, 당신의 삶속에서 타인에게 자신의 진정한 감정을 과감하게 표현해보라. 당신 스스로에게 더 깊은 관계와 감정에 대한 진정한 표현을 솔직하게 드러냄으로써 오는 두려움을 느끼도록 자신을 허락하고, 그러한 두려움을 가지고 작업을 하라. 타인과 연결된다는 것은 어떤 것일 것이라는 미리 예측된 자신의 생각을 놓아 버리고, 타인과의 접촉이 그저 자연스럽게 일어나도록 허용하라. 자신이 삶에 경이감을 갖도록 하고, 깊은 낭만적 감정과 욕구의 아름다움을 더욱 자주, 그리고 더욱 다양한 방식으로 소통하라.

## 결론

5유형은 안전과 통제를 위하여 세상과의 접촉으로부터 자신을 차단하는 방식을 보여준다. 5유형의 성장경로는 우리가 누구인가에 대하여 더 많이 공유하고, 자신과 다른 사람이 더 깊이 연결되기 위하여 두려움에 대한 공포와 의지 속으로 움추려 들려는 충동을 변형시키는 방법을 알려준다. 5유형의 각 하위유형을 보면, 우리가 고립되고 수축된 채로 머물고자 하는 두려움에 가득 찬 욕구를 우리가 누구인가, 어떻게 될 것인가와 연결될 수 있는 완전히 깨어있는 능력으로 바꿀 수 있을 때 가능한 것이 무엇인가를 가르쳐준다. 그리하여 자기관찰, 자기발전, 그리고 자기인지의 연금술을 통하여 삶의 흐름 속에 더욱 깊숙이 관여할 수 있게 될 것이다.

# 제8장
# 4유형의 원형: 유형, 하위유형, 성장경로

사람들은 자신의 문제점들만을 헤아리기 좋아한다.
하지만 자신의 행복은 따져보지 않는다.

– 표도르 도스토예프스키Fyodor Dostoyevsky

나는 참을 수 없이 불행해졌을 때,
비로소 내 자신에 대한 진정한 감정을 가지게 된다.

– 프란츠 카프카Franz Kafka

슬픔은 당신에게 기쁨을 준비하게 만든다.
슬픔은 새로운 기쁨이 들어갈 공간을 마련하기 위하여
당신 집안의 모든 것을 격하게 쓸어낸다.

– 루미Rumi

4유형은 놓쳐 버린 것에 대한 결핍과 갈망의 내적 감각을 경험하면서도 만족감을 주는 것을 허용할 수 없는 사람의 원형이다. 이러한 4유형의 욕구는 온전함과 연결을 다시 얻기 위한 단계로써 결핍된 것에 집중한다. 그러나 그들은 결함 있는 자아 경험에 지나치게 집중함으로써, 성취를 방해하는 내면의 부족함을 확신하게 된다. 이것은 결핍에 대하여 이해할 수 있을 정도의 좌절감을 가져오는 반면, 좌절되고 결핍된 상태에 대한 과장된 동일시는 성취될 수 있는 것들조차 받아들일 수 없게 만든다.

4유형의 원형은 융이 말한 '성격의 열등한 부분'[1]인 '그림자'라는 개념에서 찾을 수 있다. 3유형은 페르소나 혹은 세상에 보여주는 우리의 '공공의 면모' 속에서 강조하고 싶은 긍정적인 면과 과장되게 동일시한다. 이에 반하여, 4유형은 다른 사람들이 보지 못하는 우리 자신들의 열등한 부분을 과도하게 동일시한다. 비록 4유형이 표면적으로 자신을 가치 있게 여기는 방법으로 결핍감을 '특별함' 혹은 '독특함'으로 바꾸어 버리지만, 그럼에도 불구하고 그들은 이상적인 자신의 모습보다는 결핍된 자아와 동일시한다.

또한 자신의 예술적 표현을 위하여 고통을 받는 비극적인 예술가의 원형으로도 나타난다. 특히 진정한 예술을 통하여 사람들에게 영감을 주고, 감동시키고, 통합시키는 방식으로 감정들의 가치에 대한 이상적 비전을 제시한다.

그림자에 대한 4유형의 공명은 경험의 보다 깊은 감정적 차원을 이해하고, 다른 유형들은 느끼거나 거의 인식하지 못하는 어두운 감정들 속에서도 아름다움을 알아보는 천부적인 재능을 가지고 있다. 이들은 다른 사람들이 다루고자 하지 않는 진정한 감정의 이슈들을 끌어내기 때문에, 자신이 타인들에게 위험하다고 느낀다.

그러므로 4유형은 우리 모두가 가지고 있는 느낌, 즉 현재 자신의 존재에 대하여 만족하지 못하는 모습의 원형이다. 우리 모두는 자신의 결함에 실망하고, 자신의 삶속의 결핍된 부분에 슬퍼하고 갈망한다. 우리는 원하는 사랑을 얻기 위하여 어떻게 되어야만 한다고 믿는 이상적인 모습이 아닐 때 부적절한 느낌에 직면하면서 실망하게 된다. 그러므로 이러한 원형은 우리 모두가 '열등 콤플렉스'를 가지고 있다는 것을 보여주고, 이러한 콤플렉스로 인하여 자신에 대하여 좋은 감정을 느끼고 외부로부터 좋은 것을 취하기 어렵도록 만든다.

4유형의 타고난 강점들은 정서적 민감성과 정서적 깊이에 대한 커다란 수용성, 정서적 차원에서 사람들 사이에 어떤 일이 일어나고 있는가를 알아차리는 능력, 미적인 감각과 창의성에 대한 타고난 느낌, 그리고 이상적이고 낭만적인 감수성 등이다. 이들은 상대적으로 강렬한 감정을 두려워하지 않으며, 진정한 감정 표현에 가치를 두고, 타인들이 고통스러워할 때 돌봄과 존중, 그리고 감수성을 가지고 지지해 준다. 이들 은 공감 능력이 뛰어나고, 다른 유형이 습관적으로 회피하는 고통스러운 감정들 속에서 아름다움과 힘을 찾아낸다.

4유형의 '초인적 힘'은 태어나면서부터 감정적으로 직관적이라는 점이다. 이들은 자신의 감정적 영역과 정기적으로 만나는 것은 자신으로 하여금 강렬한 감정에 머물며, 타인들로 하여금 감정을 느끼고 수용할 수 있도록 편안함과 힘을 부여해준다. 비록 4유형이 모두 예술가라거나, 모든 예술가가 4유형이라고 생각할 수는 없지만, 삶속에서 시적인 면을 바라보고 반응하며, 일상적인 경험들을 창의적이고 때로는 초월적인 방식으로 보고 소통할 수 있도록 다른 사람들에게 예술적 충동성을 보여준다.

그러나 이러한 모든 원형적 성격에도 불구하고, 4유형의 재능과 강점은 그들의 '치명적 결함' 혹은 '아킬레스건'이기도 하다. 더 깊은 고통이나 다른 고통을 회피하기 위한 방법으로써, 고통과 괴로움에 과도하게 초점을 맞춘다. 감정적 민감성이란 재능을 가지고 있지만, 객관적으로 생각하거나 행동을 취하는 데 방해가 될 정도로 자신의 감정에 매달린다. 그들은 부족한 것을 너무나 명백히 볼 수 있기 때문에 긍정적이거나 희망적인 것을 보지 못하고 놓쳐 버려서 때로는 자신에게 손해를 끼치기도 한다. 그러나 그들이 사랑에 대한 깊은 욕구에서 헤어나는 방식으로써 고통에 머물거나 극적인 자신의 감정에서 깨어날 수 있을 때에는 깊은 감정적 진실에서 나오는 특별한 지혜를 표현할 수 있다.

## 호메로스의 작품, 『오디세이아』에 나오는 4유형
## 하데스와 세이레네스

오디세우스는 여신 키르케에게 고향으로 돌아가는 여정에 도움을 줄 수 있는지 묻자, 키르케는 말하기를 하데스에 가서 안내를 더 잘해줄 수 있는 티레시아스라는 요정을 만나려면 피의 의식을 치러야만 한다고 했다. 앞을 못 보는 예언자인 티레시아스는 오디세우스의 피의 희생의 답례로 좋던 나쁘던 간에 그의 모든 미래를 말해주었다.

> 영광스러운 오디세우스여, 당신이 원하는 것은 달콤한 귀향이겠지만, 신은 그 여정을 어렵게 만들 것이다. … 그렇다 할지라도 당신이 여전히 돌아가고자 하는 바람을 가지고 있다면, 엄청난 고통을 겪은 후에 돌아갈 수 있을 것이다. 죽음은 당신이 겪었던 전쟁과 같은 방식은 아니지만 바다로부터 다가올 것이다. 그리고 당신은 늙고 노쇠한 채 고향에 도달할 것이다. 당신 주변의 모든 백성들은 번성할 것이다.[2]

오디세우스는 죽음의 땅의 많은 요정들로부터도 이야기를 들었는데, 그들의 공통된 메시지는 삶 속에서 자신의 선택에 대하여 늘어놓는 장황한 후회와 여전히 살아남은 자들에 대한 이야기였다. 그러므로 하데스는 '어쩌면 우리 모두가 언젠가 운명적으로 가게 되는 곳'이지만, 인간의 삶에서 갈망과 후회의 역할에 대한 메시지를 전달한다. 우리의 내적 슬픔의 공간을 직면하지 않고 '상실과 좌절된 꿈의 아픈 감정'[3] 주변에서만 서성인다면, 스스로 만든 '하데스'의 땅에 잠재적으로 갇히게 된다. 이렇게 지하 세계를 방문한 이후, 오디세우스는 고향으로 돌아가는 여정에서 앞으로 발을 내딛기 위하여, 평화롭게 놓아 버려야만 하는 자신의 그림자인 프시케에 대한 열망과 이루지 못한 갈망을 상징하는 과거의 요정들과 이야기를 나누면서 좀 더 주의 깊게 삶을 선택할 수 있었다.[4]

다음 목적지는 열망의 본질을 보여준다. 하데스를 떠난 후, 오디세우스와 그 일행은 세이레네스의 섬으로 갔다. 세이레네스들은 각 개인이 가진 독특한 괴로움을 느낄 수 있다. 그들은 아름다운 노래로 여행자들을 유혹하여 집으로 돌아갈 생각을 하지 않도록 만들고, 자신에게 다가오는 모든 사람들의 넋을 잃게 만든다. 그들은 오디세우스가 트로이 전쟁에서 겪었던 모든 아픔을 알고 있다면서 노래를 불러 주었다. 그리고 진정으로 가슴깊이 경청을 한다면, 그에게 지혜를 주겠다고 약속했다. 그들은 오디세우스의 고통 속에 깔린 의미를 드러내 보여주려고 한 것이다. '어떤 노래가 이보다 더 달콤할 수 있을 것인가? 이 노래를 듣기 위하여 죽음도 불사하지 않을 사람이 누가 있겠는가?'[54]

오디세우스는 세이레네스의 노래를 듣고 인간의 열망과 유혹의 깊이를 알아보기 위하여 자발적으로 개인적 결정을 내렸다. 그는 자신이 이러한 유혹에 맞닥뜨릴 것이라는 사실을 미리 알았다. 그리고 그들의 아름다운 노래가 바위에 부딪혔다가 메아리쳐 돌아와서 선원들을 죽음으로 이끌 것을 알고 있었다. 그는 먼저 선원들의 귀를 틀어막아 보호하였다. 그리고 그들에게 자신을 돛대에 묶고 이 위험한 해역을 통과할 때까지 아무리 애원을 해도 무시하라고 지시하였다.

이렇게 주의 깊고 세심한 계획만이 이런 경험을 하려는 저항할 수 없는 자신의 갈망으로부터 오디세우스를 구원하였다. 그렇지 않았더라면, 불가해한 감정적 깊이를 탐색하려는 유혹이 흔히 그렇듯이 총체적인 자기 파괴로 끝났을 것이다.

하데스와 세이레네스는 4유형의 고통과 지혜를 반영하는 오디세우스의 여정의 어두운 통로들이다. 갈망, 질투, 그리고 후회는 결코 빠져나갈 수 없는 매혹적인 감정이다. 그러나 이러한 감정들은 우리가 그것을 받아들일 수 있는 충분한 용기가 있다면, 우리 자신의 욕구나 고통들에 대한 꾸밈없는 소박한 진리를 안겨주기도 한다. 그리고 이러한 중요한 감정들에 직면하는 것은 진정한 자아로 돌아가는 귀향길의 중요한 부분이 된다.

# 4유형의 성격 구조

에니어그램 상징의 오른쪽 아래에 위치한 4유형은 슬픔 혹은 비통함의 핵심 감정과 관련된 '가슴 중심에 기반을 둔다.' 2유형은 슬픔에 갈등하고, 3유형은 습관적으로 슬픔을 무감각하게 만들어서 목표에 방해되지 않도록 하는 반면, 4유형은 슬픔이나 비통함에 지나친 애착을 보인다. 세 가지 가슴 중심은 자신이 타인의 눈에 어떻게 보일 것인가 하는 이미지에 대한 관심이 핵심이라는 점을 공유하기도 한다. 이러한 세 가지 유형은 '보여지고자' 무언가를 만들어내려는 잠재적 욕구가 있으면서, 동시에 타인으로부터 인지되거나 인정받기 위하여 이루고자 하는 이상형의 기준에 따라 각각 다른 '이미지'를 보여준다.

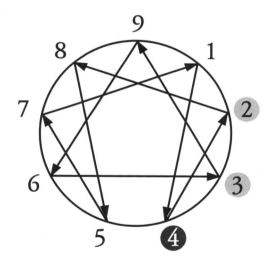

가슴 중심의 핵심 감정인 슬픔은 자신이 누군가에 대한 확신이 없고, 필요한 사랑이나 인정을 받기 위하여 특정한 이미지를 만들어내면서 나타난 사랑받지 못한다는 감정, 그리고 진정한 자아와의 접촉 상실로 인한 비통함을 나타낸다. 이들 중심은 내면을 알아주고, 인정받고 사랑받고자 하는 충족되지 못한 욕구들과 관련된 핵심 이슈들을

가지고 있다. 이들의 대처전략은 각각 다르지만, 기본적으로 자신이 추구하지만 현재의 자신의 모습으로는 얻을 수 없다고 생각하거나 두려워하면서도 원하는 사랑의 대체로써 타인으로부터 인정을 받는 것이다. 2유형은 호감이 가고 남을 기쁘게 해주는 이미지를, 그리고 3유형은 성취와 성공의 이미지를 만들어내려는 반면, 4유형은 독특하고 특별한 모습으로 자신을 표현한다.

모든 유형들 중에서 4유형은 감정을 경험하는 데 가장 편안해 하는 유형이다. 이들은 진정한 감정에 기반을 둔 타인과의 연결에 가치를 둔다. 4유형의 감정과 연결된 관계는 일차적이고 매우 복잡하다. 왜냐하면, 4유형의 대처전략은 다른 사람들의 경험에 대항하는 보호막으로써 특정 감정에 매달리기 때문이다. 나란호가 지적하였듯이, 3유형은 이상화된 이미지로 자신을 나타내지만, 4유형은 '이상화된 이미지에 어울리지 못하고 항상 도달할 수 없는 것을 성취하고자 하는'[66] 심리적 측면을 보인다. '가슴 중심'의 일부로써, 그리고 3유형은 그중의 '핵심'으로써, 4유형은 타인들로부터 주목받고 사랑받기를 원하면서 3유형의 허영의 격정을 각색하여 보여준다. 그러나 타인으로부터 부러움을 사고자 하는 4유형의 욕구는 '결핍과 무가치'라는 감정 때문에 실패감으로 이어진다.[7]

## 4유형의 어린 시절 대처전략

대부분의 4유형은 어린 시절 사랑을 상실한 경험이 있거나 상실했던 것과 같은 느낌을 받은 적이 있다고 한다. 어린 시절 4유형은 어떤 일들을 시작할 때 처음에는 잘 진행되지만, 어느 시점에 가면 일종의 유기 혹은 결핍을 경험하게 되었다. 이러한 상실을 이해하고, 그런 상황에서 어느 정도의 통제력을 가지기 위하여 무의식적으로 자신이 그런 결과를 야기했다고 믿게 되었다. 그러나 현실적으로는 결코 그렇지 않음에도 불구하고, 이러한 신념은 4유형의 어린아이에게 자신의 노력을 통하여 상실된 것을 다시 찾기 위하여 무엇인가를 할 수 있다는 느낌을 준다. 심지어 자신속의 무엇인가가 거절을 야기 시켰다는 잘못된 인식은 되살릴 수 없는 결핍에 대한 내적 느낌으로 지속된다.

이러한 상실감의 고통을 다루기 위해, 4유형은 잃어버린 것에 집중하고 갈망하는 전략을 채택하였고, 동시에 그것을 설명하고 통제하는 방법으로써 그들 자신을 '나쁜' 사람으로 표현한다. 그들은 잃어버린 것을 보충하거나 뒤집을 수 있는 이상화된 특별한 사랑 관계를 맺는 꿈을 꾼다. 그러나 자신이 상실한 것을 되찾는 데 무력함을 느낄 수밖에 없기 때문에 빼앗긴 감정에 대한 자연스러운 반응으로써, 그리고 다시 실망하지 않으려는 방어로써 종종 비통, 우울함, 그리고 수치심에 갇혀버린다. 그리하여 그들은 그토록 갈망하는 사랑을 받기위해 완전히 개방하는 것이 어렵고 거의 불가능하게 된다.

상실한 귀중한 것에 대한 기억은 4유형으로 하여금 과거에 머무르게 하고, 한때 자신이 소유하였던 것에 대하여 지속적으로 슬픔을 느끼도록 만든다. 나란호가 설명하였듯이 금방 잊고 포기하는 사람들과는 달리 4유형은 '잃어버린 낙원'[86]에 대하여 민감하게 느낀다.

그러므로 4유형은 사랑의 가능성에 자신을 열어 보이기를 방어하는 방식으로써, 자신은 사랑받기에 '충분히 좋은 사람이 아니다'라고 결론짓는다. 왜냐하면 사랑에 대한 희망을 품는 일은 어린 시절의 상실에 대한 재경험, 또한 그러한 경험으로 인한 자신의 무가치함에 대한 확신과 같은 최악의 고통으로 그들을 내몰기 때문이다. 즉, 자신은 근본적으로 사랑받을 만하지 않으며, 필요하고 갈망하는 사랑을 결코 얻을 수 없을 것이라는 신념으로 인한 슬픔과 수치심으로부터 자신을 보호하기 위하여 절망과 우울의 고통스러운 감정 속에서 살아간다.

이와 동시에 결국 자신의 가치를 입증하는 이상형, 인정, 그리고 특별한 사랑을 갈망하지 않을 수 없다. 자신의 부족함에 대한 내적 느낌을 보완할 수 있는 이상화된 사랑의 연결고리를 추구하는 것은 어린 시절 자신의 부적합성 때문에 상실의 경험을 하게 되었다는 신념으로 인한 수치심을 가라앉혀 준다. 그러나 마음을 가라앉히기 위하여 사랑받는 자신을 상상한다 할지라도, 실제는 사랑받을 가치가 없다고 확신하기 때문에 현실에서 사랑을 받아 보려는 시도조차 하지 않는다. 그들은 다가갈 수 없는 사람들을 찾아 다니면서, 관계를 맺는 과정에서 '밀고 당기기' 패턴에 들어간다. 즉, 환상 속에서 완벽한 파트너를 이상화하고 그들을 좇는다. 그러나 이러한 현실이 지나치게 따분하거나 결점 투성임을 알게 되면 실재와의 연결 가능성을 거절한다.

자신이 특별하거나 우월하다는 확신을 가지면서도 절망과 우울감에 대한 지나친 동일시는 그들로 하여금 자신만의 특정한 방어적 함정에서 벗어나 진정한 방식을 찾을 수 없도록 만든다. 적극적으로 진정한 사랑을 바라는 모험을 하고, 그것을 받아들일 수 있도록 마음을 열어야 한다. 4유형은 필요한 사랑과 수용을 갈망하는 반면, 거짓된 성격으로 인하여 찾고자 하는 것을 얻을 수 없다는 사실을 확고히 믿기 때문에, 습관적으로 자신들의 사랑에 대한 추구를 시도하지 않는다.

모든 에니어그램 성격 유형들은 어린 시절 원하는 것을 얻지 못했던 고통에 대한 반복적 경험에 대한 두려움 때문에 자신이 필요로 하는 것을 얻기 위한 방어적 장애물들을 보여준다. 이들은 자신에 대하여 부정적인 신념을 가지고, 상실이나 유기와 관련된 감정들과 지나치게 동일시하면서, 만족스러운 돌봄의 관계를 형성할 수 있는 가능성으로부터 스스로를 차단시킨다. 자신의 모습 그대로 사랑받을 가능성을 허용한다는 것은 마치 더 많은 상실과 수치심의 경험들을 불러일으키는 위험한 구조와 같다고 느낀다.

4유형이 아닌 사람들에게는 이들의 대처전략이 반직관적으로 보일 수 있다, 왜냐하면 자신에 대한 좋지 않은 감정을 피하는 방법으로 자신을 좋지 않게 생각하는 방식에 의존하기 때문이다. 나란호가 지적하였듯이, 이것은 '고통을 통한 행복 찾기' 전략이다. 고통 속에 숨어서 고통을 겪고자 하는 욕구를 가지고 자신이 정말로 원하는 것을 가질 수 없다는 잘못된, 그러나 매우 방어적인 믿음을 가지고 정말로 원하는 것을 받아들이기 위하여 마음을 여는 내면 작업을 하려고 하지 않는다.

## 4유형
### 그레이스

안전과 소유에 대한 최초의 치명적 상실은 아기 때부터 일어났습니다. 태어난 지 10일째 되던 날, 젖을 먹다가 갑자기 무언가를 빨아들인 듯이 파랗게 질려서 거의 죽을 뻔 했습니다. 저는 급히 병원으로 이송되어 중환자실에서 밤을 보내게 되었습니다.

7명중 다섯째인 제가 2살 반 정도였을 때 쌍둥이 동생들이 태어났습니다. 그때까지 저는 아들 4명을 낳은 후에 태어난 첫 딸로써 많은 사랑과 주목을 받았습니다. 저는 쌍둥이 동생을 안고 침대모서리에 앉아 있는 어머니의 사진을 가지고 있습니다. 그 사진 속에는 제가 어머니 옆에서 서있었는데, 제 모습은 일그러진 표정에 혼란스럽고 상처받은 시선으로 필사적으로 엄마를 올려다보는 모습이 있었습니다. 어머니는 카메라를 향해 억지웃음을 보이면서 저에게는 등을 돌렸습니다.

어머니는 쌍둥이 동생을 돌봐야 하기 때문에 저에게 신경을 쓰기에는 너무나 바빴습니다. 저의 좋은 날은 이렇게 끝이 났습니다. 저는 더 이상 어머니의 사랑과 애정의 대상이 아니었습니다. 부모님의 관심을 받기 위해 6형제들이 다투고 부모님도 이런 상황에 압도당하고 정신없는 상황에서, 저는 일찍이 감성과 욕구들을 억제하는 법을 배우게 되었습니다. 저는 겉으로는 자립적이고 주장이 강한 것처럼 보였습니다. 그러나 내적으로는 고통스러울 정도로 불안하고 수치심을 느꼈습니다. 저는 무덤덤하게 지내려고 노력하였고, 혼란 속에서 나의 여린 마음을 보호하고 나의 목소리가 들릴 수 있도록 불안과 분노를 이용해야만 하였습니다.

## 4유형의 주요 방어기제 내사

내사introjection는 4유형의 주요 방어 기법인데, 자신을 보호하기 위하여 심리적 고통을 내면화하는 방어이다. 심리학자 낸시 맥윌리엄스는 '내사는 외부의 것이 마치 내면에서 나오는 것으로 오해하는 과정이다'.[97] 내사는 6유형의 주요 방어기제인 투사의 정반대 기법이다.

내사는 어떤 사람이 다른 사람을 송두리째 '삼키고' 동일시함으로써 하나의 방어기제로 작동한다. 당신이 누군가를 '내사'하면, 당신 속에서 그 사람을 받아들이게 된다. 그 사람이 당신에게 어떤 모습으로 나타나든 간에 당신의 정체성의 일부가 된다. 내사를 통하여 상대방과 그들의 행동이나 의미하는 것은 무엇이든지 조절할 수 있다는 느낌을 갖게 된다. 예를 들어 만약에 어떤 중요한 사람이 당신을 비판할 때 당신이 그 사람을 자신에게 내사하였다면, 당신은 그 사람의 비판을 자신의 내면에서 나오는 소리로 생각할 것이다. 그리고 여전히 비판을 받고 있는 동안에는 그에 대하여 무언가를 할 수 있다는 환상 혹은 통제력을 느끼게 될 것이다. 이러한 비판은 외부에서 왔으나 이제는 내부에서 제기되면서 비판에 종속되거나 수동적인 희생물이 되는 것이 아니라 자신이 비판을 다룰 수 있다는 느낌을 갖게 된다.

385

이러한 일상적인 무의식적인 과정을 통한 호소는 모든 상호작용에 대한 통제력을 행사하고자 하는 묵시적인 욕구이다. 만약 우리가 비판을 받아 왔다면 투입 기제를 통하여 그러한 비판에 책임을 지거나 더 나지려고 노력할 수 있을 것이다.

이러한 방어가 어떻게 작동하는가를 알았을 때, 우리가 행한 모든 것에 대한 통찰력을 얻을 수 있다. 즉, 어린 시절부터 우리에게 행해지고 경험되었던 것들을 받아들이고 그것들을 우리 자신에게 행하게 되는 것이다. 만약 당신이 비판을 받았다면, 당신은 자신을 비판하게 될 것이다. 만약 당신의 욕구가 충족되지 않았다면, 당신은 자신의 욕구를 무시해버릴 것이다. 이것은 4유형에게는 내면으로부터의 고통을 지속적으로 경험할 수밖에 없다는 것을 의미한다. 그것을 받아들이고, 해결하려면서 유사한 방식으로 또다시 상처를 받지 않도록 자신을 보호하고자 노력하는 것이다.

## 4유형의 주의초점

4유형은 자신의 내적 경험과 감정, 다른 사람의 감정, 그리고 대인 관계의 연결과 단절에 주의를 기울이고 초점을 맞춘다. 한번은 4유형 여성에게 자기 자신 혹은 타인들 중에 누구에게 더 주의를 기울이는가를 물어보았더니, '사람과 사람 간의 공간'이라고 대답하였다. 결국 이들은 타인보다는 자신의 기준을 더 생각하고 타인과 이루어지는 관계보다는 자신의 내면 경험에 더 주의 집중한다는 의미이다. 동시에 4유형은 자연스럽게 자신의 연결, 그리고 그 밑에 깔린 감정 상태에 대한 인식 혹은 자신의 관계의 위치에 조율한다.

근본적으로, 4유형은 그들이 느끼는 것에 대하여 생각하고 표현하는 데 초점을 맞춘다. 또한 다른 사람들이 자신에 관하여 어떻게 생각하고 느끼는가, 그리고 그들이 자신의 주변 사람들과 진정한 연결을 맺는지의 여부에도 초점을 맞춘다. 이들은 폭넓은 감정을 느끼고 인지할 수 있는 타고난 재능을 가지고 있는 반면, 때로는 자신의 감정에 지나치게 초점을 맞추고 특히 상실감, 갈망, 슬픔, 우울함 혹은 절망 같은 편협한 감정에 빠져 방향을 잃어버리는 경향도 있다. 자신이 느끼고 있는 것에 많은 주의를 기울이면서 자신의 감정과 과도하게 동일시하게 되고, 이런 식으로 몰입하게 되면 자신의 다른 경험에 주의를 기울이기 어렵게 된다.

다른 사람과의 관계에서, 4유형은 자신을 세상에 맞지 않거나 독특하고 특별한 존재로 느끼는 경향이 있다. 그들이 맞지 않는 방식에 초점을 두기 때문에 자신이 부정적으로 평가받고 부족함이 있다는 환상을 갖게 된다. 또한 특별함에 초점을 두는 것은 중요한 사람들로부터 자신의 독특한 자질에 대한 칭찬을 이끌어내려는 환상을 하게 된다.

그리고 4유형은 주어진 상황에서 누락된 것에 초점을 맞추는 경향도 있다. 이들은 직장, 강의, 혹은 사교모임 같은 특별한 상황이나 관계 속에서 자동적으로 이상적이라고 생각되는 것에 초점을 맞추며 더 나은 상황으로 만들 수 있는데, 누락된 점들 혹은 잘 작동되기 위하여 부족한 구체적인 무엇인가에 집중한다.

때때로 4유형은 외부 세계 혹은 자신의 내면세계에 갇힌다. 그들은 외부와 내면세계를 오가는 것이 어렵다는 것을 알게 되었다. 종종 다른 사람과 자신을 비교하면서, 자신에게는 없는데 다른 사람이 가지고 있는 것을 생각하고 결핍되었다고 상상하는 것에 초점을 맞추면서(때로는 이러한 인식이 다른 사람 탓이라고 돌리면서), 시기심에 사로잡힌다. 다른 한편으로는 내면 상태에 고정되거나 혹은 특별한 감정과 과도하게 동일시하기도 한다. 그렇게 되면 경험의 다른 측면 특히 긍정적 감정이나 관점으로 주의를 돌리기 어렵게 된다.

이러한 맥락에서, 4유형은 때로는 '만약 외부 환경이 내가 필요로 하는 것을 내게 줄 수 있다면, 모든 것은 훨씬 좋아질 것이다'라는 생각을 한다. 불만의 감정에 직면해서 자신이 주관할 수 있다는 의지가 부족하다. 그들이 자신의 노력이나 의지를 통하여 자신의 감정이나 세상을 변화시키는 것은 매우 어려울지도 모른다. 그리고 무엇이 작동되지 않는가에 초점을 맞추는 경향이 있는 반면, 행동을 취하기는 어려워한다. 비록 행동을 취하는 것이 그들을 인질로 잡고 있는 주의집중으로부터 탈출할 수 있는 길이라고 할지라도 그렇다.

드라마를 만들어내는 것도 4유형이 고통스러운 감정적 진실로부터 벗어나는 방식이며, 자신이 느끼는 것이 잘못되어 가고 있다는 것을 과장하는 방식이다. 그들은 단조롭거나 평범하게 보이는 것에 집중할 수 없기 때문에 드라마를 만들기도 한다. 즉, 자신을 우울하게 만들거나 평범하고 결핍된 느낌을 주는 단조로운 일상적 삶을 증폭시키기 위하여 자신의 감정 상태나 일상적 경험에 드라마적 요소를 불어 넣는다. 이런 이유 때문에 다른 사람들은 4유형이 지나치게 드라마틱하다고 생각하게 된다.

마지막으로, 이들은 과거에 집중하는 경향이 있다. 오래된 상처 혹은 실망한 경험을 반복적으로 상기시키면서, 지금 보이는 것은 현재로써 차선의 상태라고 말하면서, 자신의 삶의 중요한 순간에 머무르고자 한다. 4유형의 나의 친구는 자신이 프로 골퍼가 되고자 하는 기회를 부모님이 빼앗아 갔던 것이 자신의 삶에 얼마나 부정적인 영향을 미쳤는가에 대하여 반복해서 이야기하였다. 만약 그의 삶의 상황이 달라졌더라면, 혹은 누군가가 그의 발목을 붙잡지만 않았다면 모든 삶이 훨씬 더 나아졌을 것이라고 믿으면서 위안을 찾거나 자신의 노력이 부족했다는 생각에서 벗어나려고 했다.

## 4유형의 감정적 격정 시기

시기는 4유형의 격정이다. 시기는 가치가 있고 필요로 하는 것은 자신의 손 밖에 있으며, 구하기 어렵다는 생각을 하는 성격에서 기인한다. 시기는 개인적 결핍감, 즉 '내가 원하는 것을 나는 가지고 있지 못하지만 다른 사람은 가지고 있다'는 신념에서 나온다. 또한 '다른 사람에게는 쉽게 다가오지만, 나에게는 그렇지 않다'고 인지한다.

자신을 다른 사람과 비교하는 이러한 경향은 4유형의 결핍과 수치심으로 인한 고통스러운 느낌 때문이다. 나란호에 의하면, 4유형의 시기의 감정적 상태는 어린 시절 좌절과 결핍에 대한 이해할 수 있는 반응이기는 하지만, 결국 자아 좌절 요소로 끝나버린다고 지적하였다. 왜냐하면 시기가 낳는 강력한 '사랑에 대한 갈망은 지속적인 내적 결핍과 나쁘다는 느낌에 결코 응답하지 못하고 오히려 더 많은 좌절과 고통만을 자아내기 때문이다'.[108]

이러한 시기심은 한편으로는 사랑과 인정에 대한 갈망을 낳고, 다른 한편으로는 욕구에 대한 수치감과 사랑의 가치를 느끼지 못하게 만든다. 이들의 내면 결핍은 그들 외부에 있는 무엇인가 좋은 것을 추구하고 얻어내어야만 한다는 생각, 그리고 자신이 어딘가 모자라기 때문에 필요로 하는 것을 얻을 자격이 없다거나 얻어 낼 수 없다는 신념 때문에 그러한 생각을 더욱 강하게 하는 고통의 순환 고리를 만들어버린다. 그러므로 시기는 4유형으로 하여금 자신이 가지지 않은 것에 집중하게 만들고, 이러한 집중은 그들의 결핍감을 더욱 촉발시켜서 결국은 시기심이 더욱 파고들게 만든다.

시기에 대한 4유형의 특별한 경험과 표현은 하위유형에 따라 다르다. 사회적 4유형은 타인에게 시기심을 적극적으로 보이면서 결핍감과 수치심 속에 머문다. 자기보존 4유형은 자신에게 결핍되었다고 보이는 것은 무엇이나 맹렬히 추구하고, 시기심을 부정한다. 그리고 일대일 4유형은 경쟁적이고 자신이 우월하다는 것을 증명하려는 노력으로 시기심을 표현한다.


## 4유형의 인지적 오류
### 나는 지금까지 경험해 보지 못한 사랑을 꿈꾼다

우리 모두는 우리의 신념, 감정, 그리고 행동에 영향을 주는 습관적인 사고방식에 갇혀 있다. 우리의 총체적 관점을 만들어내는 정신적 모델이 더 이상 정확하지 않음에도 불구하고 이런 현상은 지속된다.[119] 격정은 성격의 감정적 동기부여를 형성하는 반면, '인지적 고착'은 성격의 사고 과정을 사로잡는다.

4유형의 인지적 오류는 자신을 사랑할 만한 가치가 있도록 만드는 중요한 자질이 자신에게는 부족하다는 잠재적인 신념에 바탕을 둔다. 이들은 자신에게 결함이 있기 때문에 거절되거나 버려지게 되는 개인적 결핍, 그리고 불가피성과 연관된 신념과 생각에 매여 있다. 성격 구성의 원리로 작동하는 이러한 신념들은 4유형의 경험과 기대를 구조화한다.

만약에 당신이 타인에게 매력적이고 인정받고 사랑받을 가치가 있도록 만드는 중요한 특성들이 결핍되었다고 믿는다면, 사랑받기 위하여 자신을 열어 보이다가 거절이나 버림받을 위험을 무릅쓰기 원하지 않을 것은 논리적으로 당연하다. 타인들이 당신을 거절하거나 버림받게 만들 것이라는 예측을 한다면, 즉 부정적인 결과를 예정한다면, 당신은 결국 자신의 부정적인 기대를 확인하는 외부적 현실을 만들어버리게 되는 것이다.[10]

시기라는 격정의 성격을 갖는 4유형의 특징적 주요 신념과 몇 가지 가설을 제시하고자 한다.

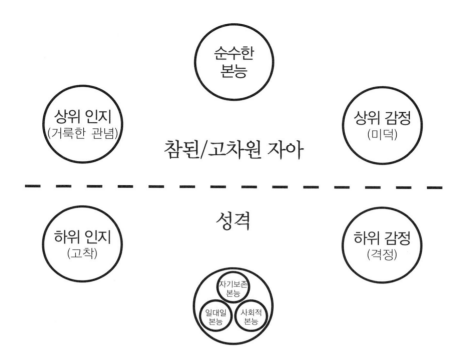

□ 나는 좋음의 필수적 자질이 결핍되어 있으므로 어쩔 수 없이 타인으로부터 거절받거나 내버려질 것이다.

□ 나는 과거에 사랑하고 필요로 했던 누군가의 사랑을 상실하였기 때문에, 틀림없이 나에게 근본적으로 뭔가 잘못이 있다.

□ 다른 사람들은 내가 원하는 것을 가졌지만, 내게는 뭔가 잘못이 있기 때문에 그것을 가질 수 없다.

□ 내가 원하는 것은 빠져나가고, 내가 가질 수 있는 것은 따분하고 뭔가 본질이 결핍된 것 같다. 지금 여기에 있는 것은 일상적이고 따분한 것이다. 내가 가장 원하는 것은 이상적이고 멀리 있을 뿐이다.

□ 만약 누군가가 나를 사랑하거나 함께 있기를 원한다면, 그들에게 뭔가 잘못된 것이 있음에 틀림없다.

□ 나의 강렬함은 나를 특별하게 만든다.

□ 내가 가장 원하는 것은 사랑이지만, 나의 경험이 증명하듯이, 나는 사랑스럽지 않기 때문에 내가 원하는 것을 가질 수 없다.

□ 나에게는 다른 사람들이 나를 진심으로 사랑해주도록 만드는 몇 가지 기본적인 속성들이 부족하다. 그러나 내가 얼마나 특별한지를 알아주는 이상적인 사람을 찾을 수 있다면, 어쩌면 내가 갈망하는 것을 진정으로 경험할 수 있을 것이다.

□ 나는 특별하지만, 다른 사람들은 그것을 알지 못한다.

□ 아무도 나를 이해하지 못한다. 나는 오해받을 운명을 타고 태어났다.

□ 나는 독특하고 특별하거나 혹은 부족하기 때문에 결코 맞춰지지 않는다. 마치 어디에도 속하지 않은 느낌이다.

□ 나는 결국 대부분의 사람들이 나를 버릴 것이라고 예측한다.

이런 전형적인 신념들, 그리고 반복되는 생각들은 자신이 가장 원하는 것을 가질 수 없다는 4유형의 신념을 더욱 공고히 지속시킨다. 그들은 전형적으로 자기 거부적인 사고들에 대하여 다양한 취향을 보인다. 자신의 내적 결핍에 대한 신념은 절망, 우울함, 낙담 등과 같은 감정들을 지속시킨다. 이러한 신념들이 전제되었을 때, 4유형은 자신이 잘못되었다는 것을 입증할 사랑을 찾으면서도 자신이 옳았다는 것이 입증되었을 때는 사랑에 마음을 열지 않는 것은 당연한 일이다.


## 4유형의 함정
**시기는 자신이 가질 수 없는 무엇인가에 대한 갈망을 촉진시킨다**

각 유형에서 분명히 드러나듯이, 4유형의 인지적 고착은 성격을 고리 속에 가둔다. 그것은 성격의 한계가 해결할 수 없는 내재적 '함정'을 의미한다.

나란호는 4유형에서의 '사랑은 자애심의 결핍, 강력한 만성적 자기 거부와 좌절 상황'이라고 하였다.[13] 그러나 4유형이 자신의 가치와 특별함의 증거를 궁극적으로 제공할 것이라는 환상에 고무되어, 원래 상실했던 것을 다시 얻으려는 방식으로 사랑을 추구하는 반면, 결핍에 대한 견고한 신념은 그들로 하여금 보완할 수 있다고 생각하는 사랑을 받아들이는 것을 허용하지 않는다.

4유형은 역설적으로 '고통을 통해 행복을 추구하고',[11] 원하는 행복을 얻지 못할 것이라는 두려움에 대항하는 방어책으로써 고통을 자아내는 다양한 방법의 함정에 빠진다. 그리고 사랑과 이해를 갈망하면서도 자신을 무가치하다고 거부하고, 자신이 얻은 사랑을 무효화시키고, 드라마를 만들고 건강한 관계에 대한 장애물로 고통스러워하고, 자신이 버려지기 전에 적극적으로 먼저 버리려고 한다.

## 4유형의 대표적 특징

### 1. 열등한 자아상

시기심이 4유형이 열등한 자아상을 가지는 경향에 대하여 어떻게 설정하는가는 이미 명백하게 보았다. 좋은 것은 외부에 존재한다는 신념은 4유형이 자신에게 중요하고 긍정적인 속성이나 자질이 결핍되어 있다고 보는 것을 의미한다. 원래부터 있었지만 자신으로부터 위축된 어떤 것의 좋음 혹은 만족감은 내적으로는 무가치한 느낌을 남긴다는 것이다.

이러한 신념은 실제 환경에 반응하면서 4유형의 어린 시절부터 발달된다. 그것들은 또한 상황이 더 나아지게 바뀔 것이라는 희망과는 반대로 일종의 보호 장치로써 자신의 삶 속에서 진화되기도 한다. 열등한 자아상은 자신의 부족함에 대한 새롭고 놀라운 폭로를 감추어주기 때문에 성격 내면에서 일종의 보호망으로 작동한다. 당신이 이미 스스로 가치가 없다고 믿는다면, 또 다른 거절이나 좌절로 인한 예기치 않고 고통스러운 경험에 대면하게 되지 않을 것이기 때문이다.

## 2. 고통에 대한 초점

나란호에 의하면 4유형에게는 '고통의 욕구'가 있다고 하였다. 자신의 고통을 통하여 사랑을 얻어 내거나 유혹할 수 있을 것이라는 희망을 가진 4유형의 패턴은 자학적 경향을 보이거나 무의식적으로 고통의 경험 쪽으로 향하게 된다.

4유형의 고통에 대한 초점은 성격상 몇 가지 목표를 이룰 수 있다. 나란호의 지적처럼, 그것은 고통을 통하여 자신의 감정의 깊이와 독특한 감수성을 인정해줄 부모나 다른 중요한 사람의 관심과 연민을 끌어 낼 수 있을 것이라는 무의식적인 희망을 나타낸다. 이러한 희망은 누군가 4유형이 고통 받는 것을 이해할 수 있다면, 그들은 특별한 이해와 인정으로 보답 받을 수 있을 것이라는 사실이다.

또한 만약에 당신이 고통의 독특한 근원에 초점을 맞추었다면, 고통을 회피하거나 고통의 더 깊은 근원으로부터 탈피할 수 있다는 점에서 방어기제로 기능할 수 있다. 그리고 당신이 이미 희망이 없는 상태라면, 좋지 않은 소식으로 인하여 절망하거나 충격받지 않을 것이다. 이것은 방어 방식으로서의 우울함이다. 당신이 특정 상황에서 이해받지 못하여 좋지 않은 감정에 사로잡혀 있다면, 더 심층적인 부적합함이나 삶에서의 사랑의 결핍에 주목하거나 고통스러워하지는 않을 것이다.

고통은 깊이 느끼고 고통을 참아내고 고통을 겪으면서 편안함을 갖는 4유형의 독특한 능력의 표현이기도 하다. 자신의 예술이나 짝사랑을 향한 비극적 추구에 대한 낭만적 시를 쓰는 고통을 겪는 예술가의 원형은 고통의 경험으로부터 아름답고 특별한 무엇인가를 만들어낸다. 그리고 직접 고통을 겪거나 예술을 통하여 고통을 표현하는 능력은 보상받거나 가치를 부여받는다.

## 3. 감정적 민감성과 공감 능력

2유형과 더불어 4유형은 에니어그램 성격 중에서 가장 감정적이다. 그러나 4유형은 2유형보다 더욱 내성적이고 지적이다. 또한 4유형은 증오나 분노를 포함한 폭 넓은 감정들을 편안하게 느끼는 반면, 2유형은 타인을 불쾌하게 만들지 않으려는 지속적인 욕구로 인하여 이러한 감정들을 억누른다.

4유형은 감정적 강렬함과 진실성에 가치를 둔다. 그들은 감정을 깊이 느끼며, 다른 유형들보다 우울함이나 슬픔 같은 감정들을 비교적 편안하게 받아들인다. 4유형의 관점에서 보면, 감정은 자신에 대한 경험의 내재적인 깊이와 진실함을 나타내며, 매우 특별하고 독특하게 자신임을 반영하기 때문에 진정한 감정들을 부정해서는 안 된다고 생각한다.

에니어그램의 다른 어떤 유형보다도 4유형은 공감이란 재능을 가지고 있다. 따라서 그들은 정서적 지지를 원하는 사람들에게 훌륭한 치료사이자 친구가 될 수 있다. 침울해져 있을 때 '밝은 면을 보라'고 재촉하는 다른 성격유형들과는 달리, 4유형은 슬픔이나 고통 같은 어두운 감정들에 머물 수 있는 경험과 정서적 용기를 가지고 있다. 물론 4유형도 가끔은 방어하기 위하여 자신의 감정 느끼기를 회피하기는 하지만, 기쁨에서 격렬한 분노, 두려움, 슬픔에 이르기까지 폭넓은 모든 감정에 대하여 아주 자연스럽게 편안해 한다. 자신의 감정을 깊은 단계서 느낄 수 있는 그들의 능력은 타인의 강렬한 감정의 경험에 익숙하고 이해를 잘한다.

또한 사회적 상호작용의 감정적 차원에도 채널을 잘 맞춘다. 즉, 그들은 사물의 표면아래의 더 깊은 감정 차원에서 어떤 일이 일어나고 있는가를 직관적으로 알아내는 천부적인 능력을 갖고 있다.

## 4. 미적 감수성

4유형은 주어진 상황에 대한 심미적 자질과 가능성을 볼 수 있는 타고난 능력을 가지고 있다. 그들의 감정 기반적인 기질, 그리고 감정적 진실을 소통하려는 방식으로써의 예술적 과정에 익숙하기 때문에, 4유형은 어떠한 것에 내재되어 있는 아름다움을 쉽게 본다. 4유형의 원형은 고통속의 아름다움을 볼 수 있는 고통 받는 예술가들과 닮았고, 예술적 창조를 통해 깊은 감정을 표현하기 위해 비극적이고 낭만적인 감각을 사용한다.

## 5. 밀고 당기는 관계 패턴

전형적으로 4유형은 관계 속에서 '밀고 당기는' 패턴을 잘 보여준다. 사랑하는 대상이 멀리 있으면, 그 대상을 이상화하고, 긍정적인 측면을 강조하며, 사랑하는 대상을 기쁘게 해주며, 함께 있기를 갈망한다. 그러나 그 대상이 가까이 다가오면, 즉, 지금 순간 일상적인 친밀한 관계를 맺게 되면, 그 대상에게서 부족한 점이나 바람직하지 않은 것 심지어는 도저히 참을 수 없는 것들을 강조하면서 밀쳐 내고자 한다. 이러한 관계 패턴의 일부인 '밀어내기'는 버림받거나 거절당할지도 모른다는 두려움에 근거하여 먼저 버리거나 거절하는 표현이다. 그들의 '당기기' 관계 패턴은 가질 수 없거나 멀리 있어서 갈망하는 것을 이상화하려는 경향을 보여주는데, 이런 이유 때문에 파트너에 대한 직접적인 혐오감을 경험하게 된다. 그리고 4유형의 친밀하고자 하는 진정한 욕구, 그러나 실제로 자신에게 가까이 오면 위험할 것 같은 욕구를 표현하기도 한다.

이러한 역동성은 4유형이 관계 속에서 깊은 양면성을 느끼는 이유를 잘 설명해준다. 그들은 상대를 인정하고 사랑하며 가까이 다가가기를 원하지만, 동시에 상대의 부족한 점이나 결점 등을 날카롭게 인지하기 때문에 그들을 완전히 받아들이기 어렵다.

## 4유형의 그림자

4유형의 성격 자체가 그림자의 원형이다. 4유형은 전형적으로 다른 유형들이 회피하거나 알아채기를 거부하는 감정적 경험들에 주의를 집중한다. 그들은 대부분의 사람들이 부정하거나 회피하기를 원하는 분노, 절망, 두려움, 슬픔, 수치심 같은 감정들을 적극적으로 느끼고, 심지어는 그러한 감정들 속에서 편안함을 느낀다.

다른 성격 유형과 대조적으로, 4유형의 긍정적인 측면과 속성은 그들의 개인적 그림자의 큰 부분을 보여준다. 그들이 무의식을 가볍게 생각하고, 소유하거나 보지 않는 것은 그들 자신에게 좋은 일이다.

4유형이 직면한 주요 도전 중 하나는 상황 속에서 놓치거나 부족한 것에 주의 집중하는 경향 때문에 그들은 만족하고 현재로도 '충분히 좋다'는 것을 받아들이는 전환을 할 수 없게 만드는 부정적 고리에 갇히게 한다는 점이다. 또한 성장과 긍정적 변화를 위한 능력, 천부적인 사랑스러움, 아름다움, 그리고 힘과 같은 자신의 긍정적인 능력들을 인식하거나 알아차리지 못한다. 그리고 과거와 미래에만 주의 집중하기 때문에, 당장 현재의 삶에서 긍정적 측면을 보려고 하지 않거나 활용하지 못하는 경향이 있다.

4유형의 격정인 시기도 역시 '좋은' 것은 모두 외부에 있다는 환상을 만들어낸다는 점에서 4유형의 그림자 속에서 작동하게 된다. 4유형들은 시기심을 의식적으로 느끼기도 하지만, 부정과 절망의 악순환의 고리에 가두어 버리도록 만드는 4유형의 성격 속에서 무의시적으로도 작동한다. 나란호는 4유형의 시기심의 무의식적인 행위를 '과대 욕구'라고 표현하였다. 사랑에 대한 4유형의 채울 수 없는 욕구 혹은 굶주림은 자신의 생존에 필요한 사랑을 빼앗겼다는 내면의 깊은 느낌과 자신들이 그러한 사랑을 받거나 누리기에 '충분하지' 않다는 무의식적인 두려움에서 나온다.[12]

시기라는 격정은 4유형에게는 명확하여 그다지 '그림자'적이지 않다. 그럼에도 불구하고, 시기는 그들에게 의식적이고 해결하기 어려운 무의식적 갈등을 빚어낸다. 즉, 외부로부터의 사랑과 연결에 대한 강렬한 욕구, 그리고 자신들이 필요로 하고 가장 원하는 것을 수용할 수 없도록 만드는 수치심과 내적 결핍감과의 갈등을 만들어낸다. 4유형이 형편없는 자아상을 가지고 고통에 초점을 맞추는 경향은 그들이 필요로 하는 것, 그리고 그것을 얻을 것이라는 환상에 몰입되어 있으면서도 원하는 것을 얻을 수 없을 것이라고 자신을 가두어 버리는 무의식적인 방식을 보여준다.

자신이 사랑의 가치가 있고 다른 사람들과 마찬가지로 사랑받을 만하다는 사실을 보려고 하지 않고, 그런 생각을 하지도 않으며, 의식하지도 않는 방식, 즉 4유형의 '긍정적' 그림자는 자신이 꿈꾸는 사랑의 연결에 온전히 참여하도록 만드는 자신의 일부분에 다가갈 수 있는 기회를 놓친다.

자신이 가치가 없다는 그들의 신념은 내재된 사랑스러움과 사랑할 수 있는 능력을 소유하고 행하는 데 무의식적인 장벽이 된다. 그 결과, 다른 사람들은 인정하고자 하지 않는 어두운 감정과 현실 부분인 거대한 집단의 그림자를 무의식적으로 가지고 자신의 가족이나 집단의 그림자 측면을 받아들인다. 따라서 자신을 긍정적으로 볼 수 없는 무능함을 더욱 강화시킨다.

4유형은 실제로 나빠서가 아니라, 슬픔이나 고통과 같은 감정들에 매우 민감하기 때문에, 그림자의 무의식적 투사의 좋은 표적이 된다. 그들은 다른 사람들이 보거나 갖기를 원하지 않는 부정적인 측면이나 목소리를 알아차리지 않을 수 없기 때문이다. 이런 이유로 인해서, 이들은 종종 가족 내에서 '확인된 환자'가 된다. 그리고 이러한 모든 역동은 4유형의 방어를 더욱 견고히 하며, 이렇게 함으로써 보여지고 사랑받는 위험스러운 전망에 노출되는 자신들의 긍정적 측면을 회피하는 방식으로 그들의 '나쁜 면' 뒤에 숨는다.

## 4유형 격정의 그림자
## 단테의 지하세계에서 나타나는 시기

4유형의 격정인 시기의 어두운 면은 경쟁, 우월성, 슬픔, 그리고 경멸에 더욱 초점을 맞춘다. 이 시기는 단순히 원하는 것이 아니라 결핍된 것에 근거하여 고통의 필요성과 삶의 비전, 그리고 타인에 대항하여 어떻게 쌓아 올려 갈 것인가를 반영하는 깊은 우울 감이다. 단테의 인페르노에서 사람들은 그들의 행위에 대하여 심판을 받는다. 그곳에서 사람들은 자신의 '애통함'에 빠지고 스스로를 죽임으로써 지탄으로부터 탈출하고자 하지만, 자연의 질서를 거스른데 대한 벌을 받는 '자살한 사람들'에 대한 단테의 묘사 속에서 시기의 어두운 측면을 볼 수 있다.

이런 식으로 절망에 항복한 영혼들은 검은 지하세계 숲에서 열매를 맺지 못하는 나무로 된다. 이러한 나무들은 오직 부정적으로 묘사되는데, 나뭇가지에는 가시만이 있을 뿐이다. 반인반조인 하피는 그 나무들의 가지를 부러뜨림으로써 '고통, 그리고 고통의 배출수단'[13]으로 그들을 괴롭힌다. 이러한 상처들은 내면의 함정에 빠진 영혼으로부터 동정을 구하면서 피를 흘린다. 한 망령은 시기에 가득 찬 모략 때문에 자살하였다는 사실을 인정하였다.

불륜의 눈길로 케사르의 집을 계속 살피던 창녀, 인류의 원상회복, 법정의 특정한 악행 등은 나를 반대하는 모든 사람의 심장에 불을 질렀다. 그리고 이것들은 불길에 휩싸였고, 아우구스투스도 불길에 휩싸이게 만들면서 나의 행복한 명예들은 슬픈 애통함으로 변하였다. 죽음이 나를 이 모든 비난으로부터 자유롭게 해줄 것이라고 믿으면서 경멸에 찬 만족감에 찬 나의 마음은 부당한 일을 하도록 만들고, 그저… 당신들 중에 누군가가 다시 세상으로 돌아 갈 수 있게 된다면, 시기심이 불러온 타격에 의하여 지금 이곳에 잘려진 체 있는 나에 대한 기억을 되살려주기를.[14]

4유형의 그림자와 같이, 자살자들은 그들 자신의 고통을 최대화시킴으로써 스스로에게 폭력을 가한다. 이러한 마음은 자신의 삶을 마감함으로써 사람들의 호감을 되찾아

보려는 행동을 통하여 '비난에 가득 찬 만족감'[15]을 얻고자 하는 것이었다. 타인의 눈에 나쁘게 보이는 것에 대항하려고 불행에 몸을 던진 사람들은 이 세상에서 자신의 육신의 존엄성을 부정하였기 때문에 육신과 분리된 존재가 되었으며, 정서적으로 황폐하고 고통을 받으며 함정에 빠졌다. 비극적으로, 지하세계에서는 이러한 음영들이 자신 내면의 시기심을 볼 수 없다.

# 4유형의 세 가지 하위유형

4유형의 격정은 시기이다. 이들은 모든 시기에 따른 고통에 대하여 과장하여 주목하기는 하지만 각 하위 유형에 따라 다소 다르다. 4유형의 고통은 다른 사람들과 비교하고 부족함을 느끼며, 자신 밖에 있는 무엇인가가 더 좋고 더 이상적이라는 생각 때문에 시기하고 내적 결핍을 경험하게 되는 데에서 나온다. 자기보존 4유형은 고통을 내면화하고 어느 정도 부정하거나 억누른다. 사회적 4유형은 고통 속에 너무 깊이 들어가 소매 깃에 고통을 달고 산다. 일대일 4유형은 고통스러운 열등감을 없애거나 방어하기 위하여 타인에게 투사한다.

나란호는 9가지 성격 유형 중에 4유형의 하위유형간의 차이가 가장 크다고 하였다. 4유형의 하위유형들은 매우 다르기 때문에, 다른 하위유형들보다 더욱 분화되어 있는 것처럼 보인다.

나란호에 의하면, 4유형에서는 시기의 격정이 그들이 느끼는 특정한 고통의 충동적 욕구를 느끼는 상황을 만들어내기 위하여 인간의 세 가지 근원적 본능과 결합된다고 하였다. 4유형의 하위유형들은 고통과 관련된 각기 다른 욕구에 의하여 동기부여 된

400

다. 즉, 사회적 4유형은 고통을 보이며, 자기보존 4유형은 장기적 고통을 겪으며, 일대일 4유형은 타인을 고통스럽게 만든다.

## 자기보존 4유형 불굴 역유형

자기보존 4유형은 역유형이므로 4유형으로 알아차리기 어렵다. 다른 하위유형들과 마찬가지로 시기를 경험하기는 하지만, 다른 하위유형들보다 시기심이나 고통에 관하여 타인에게 이야기를 덜 한다. 이들은 자신의 고통을 말하는 대신에 움츠리지 않고 고통을 견디어내는 것을 배운다는 점에서 '장기적 고통'을 감수한다고 하겠다. 그리고 자신의 고통과 직면하여 더욱 인내심이 크고 강하다.

이들에게는 시기가 없는 듯이 보인다. 시기를 느끼거나 표현하는 대신에 자신에게 부족하지만 타인에게 있는 것을 얻기 위하여 열심히 일한다. 행동하는 데 방해되게 자신의 갈망 속에서 주변을 두리번거리는 대신에, 상실된 것을 얻을 수 있다는 느낌을 주는 '멀리 있는 것들'을 얻기 위하여 노력한다. 그러나 그 어떤 것을 얻든 간에 결코 충분하다고 느끼지는 못한다.

이들은 민감성, 고통, 수치, 시기 등을 깊이 느끼며, 느낄 능력이 있음에도 불구하고 그것들과 소통하지는 않는다. 그들은 불평 없이 많은 것을 삼키는 법을 배운다. 그들에게는 인내는 미덕이며, 자기희생에 대하여 비록 많은 이야기를 하지 않아도, 알아주고 인정받게 될 것을 희망하고 기대한다.

자기보존 4유형은 이것이 사랑과 인정을 가져다주리라는 무의식적인 희망 속에서 고통의 욕구를 느낀다. 그러나 다른 하위유형들과는 달리 이들은 침묵 속에서 고통을 겪는다. 아무런 불만 없이 기꺼이 고통을 겪고자 하는 것은 구원을 추구하고 사랑을 얻고자 하는 그들만의 방식이다. 그러므로 이들은 어려움을 말하지 않는다. 그리고 다른 사람들이 이런 모습을 보고 감탄하며, 그들의 욕구가 충족되도록 도와 줄 것이라는 희망을 가지고, 그 어려움들을 강인하게 만드는 미덕을 가지고 있다.

나란호가 설명하듯이, 다른 두 가지 하위유형들은 좌절에 너무나 민감하다. 그들은 지나치게 고통을 받거나 혹은 자신의 고통의 보상으로 상대방을 지나치게 고통스럽게 만든다. 자기보존 4유형은 좌절을 내면화하고 참아내는 능력을 상당히 계발시키면서 또 다른 극단으로 가기 때문에 역유형이다. 그들은 좌절에 대하여 저항하는 것을 미덕으로 여긴다.

자기보존 4유형은 자신에게 많은 것을 요구한다. 그들은 인내하려는 강한 욕구를 가지고 있으므로 욕구 없이 지내는 능력을 계발한다. 또한 자신을 힘든 상황에 처하게 만들고 스스로를 시험하고 도전한다. 내가 아는 이 유형의 사람은 '자신을 불구덩이로 던져 버린다'고 말하였다. 이들은 노력하려는 열정을 가지고 있고, 치열한 활동에 참여하고 때로는 압박을 받으며 긴장된 듯이 보인다. 그들의 활동 수준이 느려지면 고통을 느끼고, 생존을 위하여 필요한 것을 성취하려는 노력이 그들을 어느 곳에도 데려다 주지 못할지라도 노력하기 위하여 강박적으로 된다. 때로는 자신에게 가하는 스트레스나 압박이 없이 살아가는 방법을 모르는 것처럼 보이고 연약함 속에서 살아가는 것을 자신에게 허용하지 않는다.

역유형인 자기보존 3유형이 성공한 것처럼 보이기를 원하지만, 허영을 밖으로 보이는 것은 존경받을 가치를 떨어뜨린다고 여기기에 자신이 한 일에 대하여 겸손함을 보이듯이, 자기보존 4유형은 자신의 고통을 내면화하고 다른 4유형들보다 자신이 원하는 것을 더욱 자연스럽게 얻고자 노력한다.

이들은 공감하고 보살피는 기질을 가진 인도주의적인 경향이 있고, 다른 사람들을 위해서 저항하고, 결핍되거나 갖지 못한 자 그리고 불의의 희생자들에 대하여 민감한 사람들이다. 이것은 자신의 고통을 밖으로 투사하고 자신의 고통 대신에 타인의 고통을 통하여 드러내는 그들만의 방식이다. 그들은 타인의 고통을 돌보거나 '세상의 고통'을 완화시키고자 하므로 정작 자신의 고통은 온전히 다루지 못한다.

다른 두 가지 하위유형은 매우 극적인 반면, 자기보존 유형은 감성적인 멜로드라마라기보다는 자기학대적이다. 이 유형에게 마조히즘은 사랑을 얻기 위한 에고 또는 성격적 전략이다. 이들은 중요한 방식으로 자신을 평가절하하는데, 이것 때문에 그들이 갈망하는 안정과 사랑을 얻기 위한 모든 노력을 더욱 힘들게 한다. 인내에 대한 그들의 집착은 외부에서는 자학적이지만, 실은 강하고 굽히지 않음으로써 사랑과 인정을 받아내려는 욕구로부터 나오는 것이다. 이것의 동기는 어린애처럼 불평이나 질문을 하지 말고 그저 착한 소년 소녀가 되는 것이라고 생각하는 부모를 위한 욕구로부터 기인된다.

이들은 자신에게 저항함으로써 자신을 입증할 필요성을 자학적인 방식으로 연기한다. 필요하고 원하는 것을 얻기 위하여 노력하지만, 동시에 그들 자신에게 저항하며 무의적으로 행동하게 된다. 또한 충동적이기는 하지만, 인정을 받기 위하여 자신의 충동을 통제하고 억제할 것이다. 그들은 행복하기를 원하지만, 행복 주변의 무의식적인 금기를 경험하게 되며, 문제를 다루고 개선하기보다는 현재 일어나고 있는 일에 대한 두려움에 더 많은 에너지를 쏟는다. 그리하여 습관적으로 자신이 원하는 것을 성취하는데 필요한 행동들을 미루고 나서는, 그렇게 한 자신에 대하여 비난한다. 결국 실패할 것이라고 알고 있는 방법과 장소에서 추구하고 노력하는데 지쳐버린다. 그리고 노력과 평가절하의 순환이 계속된다고 확신한다. 그들은 야망에 가득 차 있지만, 자기 자신의 야망을 부정하고 저항한다.

4유형은 자신이 수반하는 고통 혹은 위험에 아랑곳없이, 사랑을 얻는 방법으로써 더 큰 인내력을 요구하는 활동을 향하여 나아간다. 이러한 모습을 과거에는 '무모함'이라고 불렀지만, 최근에는 '불굴'이라고 한다.

자기보존 4유형은 1유형이나 3유형을 닮았다. 자율성, 자급자족, 그리고 열심히 행동하기를 강조하는 이들의 모습은 1유형처럼 보인다. 그러나 이들은 비록 자신의 감정을 항상 표현하지는 않지만, 1유형보다 더 폭넓게 감정의 고저를 느낀다. 또한 안정감을 얻기 위하여 열심히 일하고도 불안해 한다는 점에서 특히 자기보존 3유형처럼 보일 수도 있다. 그러나 3유형과는 달리 이들은 일을 할 때 방향성을 잃거나 의도치 않게 자신의 노력을 좌절시키는데, 3유형은 자신이 하고자 하는 것을 성취시킨다. 그리고 3유형보다 더 많이 자신의 감정을 느낀다.

흥미롭게도, 자기보존 4유형은 자신의 욕구를 가볍게 표현하기 때문에 정반대인 7유형처럼 보이기도 한다. 모든 인내와 노력에도 불구하고, 그들은 종종 7유형의 넘치는 에너지를 보여준다. 그리고 언제나 힘든 일들을 해야 하는 것으로부터 도피방식으로 재미와 장난에 대한 욕구도 있다. 따라서 어떤 4유형들은 그다지 우울해보이지 않으며, 좀더 '밝고' 가볍게 보이기도 한다. 그러나 이들은 자신의 감정에 더욱 가까이 접근한다는 점에서 7유형과 구별된다.

**자기보존 4유형 — 마시**

제 삶의 많은 부분에서 저의 진솔한 감정들은 묻혀있었기 때문에 느끼기가 어려웠습니다. 제가 성장하면서, 제 감정을 표현하는 것이 허용되지 않았습니다. 저의 어린 시절부터 내면화된 문구는 '그저 잘 참아내고 잘 넘겨라'였습니다. 그리고 항상 마치 올바르게 일하는 방법을 아는 유일한 사람처럼 완고한 면을 가지고 있었습니다. 저의 동료들은 저의 완벽에 대한 욕구 때문에 1유형이라고 생각하곤 했습니다. 그리고 때로는 시기심이라는 격정과 의미 있는 방식으로 연결하기가 정말로 어려웠습니다. 그러나 어느 날 제가 부러워하던 사람을 생각하면서, 그와 대조적으로 제가 얼마나 부족한가라는 생각을 하고, '너는 충분하지 못하다'는 내면의 목소리를 듣게 되었고, 그 때 4유형이라고 알게 되었습니다. 그 때 정말로 시기심이 물어 뜯겨지는 느낌을 받았습니다. 흔히 4유형에 관해서 말하는 크고 격렬한 감정의 소용돌이가 아닌 자그마한 충동과 흔들림이 있기는 하지만, 이제 제가 좀 더 자유롭게 감정을 표현합니다.

비록 수 년 동안 명상을 하였지만, 일상생활에서 여유를 갖고 차분해지기는 여전히 쉽지 않습니다. 무슨 일인가를 하지 않거나 실행하지 않는 것은 시간을 허비하는 것처럼 보입니다. 나의 감정을 느끼는 지금 순간에도 저는 그런 감정들을 가지고 무엇을 할 수 있는가를 알아내고자 하는 내 자신을 봅니다. 내가 하는 어떠한 일이든 정말로 잘해냄으로써 제 자신을 입증하고자 하였고, 열심히 일하는 것에 대한 보상을 받는 복 받은 사람이라는 것을 증명하고 싶어서 항상 성공하고자 열심히 일하도록 내 자신을 압박합니다.

나는 나의 행동으로 보여줌으로써 자기보존 4유형의 이전 명칭인 무모함 또는 불굴의 이면의 생각을 알 수 있습니다. '자기보존'의 반대 방식으로, 좋은 물건과 타인을 돕는 데 돈 쓰기를 좋아하였으며, 때로는 내가 버는 것보다 더 많이 쓰기도 하였습니다. 어머니는 저에게 돈이 나무에서 자라는 것으로 생각한다고 말씀하시곤 하였습니다. 돈이 항상 그곳에 있을 것이라는 무모한 생각을 하였고, 그래서 사랑하는 것에 돈을 사용하면 왜 안 되는가? 라는 생각을 하였습니다. 저는 끝까지 잘 생각해보지 않고 성급하게 결정을 내리는 경향이 있었습니다. 가령, 한 달 만에 18년 동안 있었던 직장을 떠났고, 20년간의 결혼생활을 끝냈습니다. 물론 그 결과는 상당히 힘든 세월이었지만, 적어도 나의 감정들을 느끼기 시작하였습니다!

## 사회적 4유형 수치

사회적 4유형은 감정적으로 과도할 정도로 민감하고 무엇인가를 깊이 느끼고 대부분의 사람보다 더 고통스러워한다. 이들에게는 고통 속의 자신의 모습이 목격되어지고 보여지고자 하는 욕구가 있다. 만약 그들의 고통이 충분히 인지되거나 이해된다면, 그들의 실패와 결핍은 용서되고 무조건적으로 사랑받을 것이라는 희망을 갖고있다.

나란호에 의하면, 사회적 4유형은 지나치게 비통해하고, 자신을 종종 희생자로 몰아넣는 사람들이라고 하였다. 다른 사람들의 연민을 불러일으키기 위하여 자신의 고통과 희생을 널리 알릴 때는 마치 자기방해적인 사람으로 보인다. 또한 고통의 원인에 지나치게 매달려서 자신을 손상시킨다.

이러한 4유형에게 시기는 자신이 원하는 것을 다른 사람들은 가지고 있다는 감정과 같은 끊임없는 고통의 원천을 제공함으로써 수치와 고통에 초점을 맞추도록 가속화시킨다. 그러나 자신의 고통이 자신을 독특하고 특별하게 만드는 것이라고 믿기에 고통을 통하여 타인을 유혹하는 방식을 택한다.

고통과 감성에 빠져 지내는 4유형의 동기는 고통이 천국으로 가는 가장 빠른 길이라는 생각 때문인 것 같다. 어머니의 손길을 끌어내려고 우는 어린애처럼, 행복에 이르는 길은 눈물을 통한 것이라고 생각한다. 변화로 가는 여정은 어려움을 요구한다는 말은 맞기는 하지만, 이러한 생각은 타인의 도움을 끌어내는 방식으로 불만족의 표현을 정당화하는 데 사용된다. 사회적 4유형은 고통에 대하여 무엇인가를 행하는 대신에 고통에 대한 애착을 합리화시키고, 자신의 욕구를 타인들에 의하여 채워지도록 만드는 데 지나치게 의존하고 있다. 만약 당신이 고통스러움 속에서 욕구의 강렬함을 전달하게 된다면, 누군가는 마침내 도움의 손길을 주고 그러한 욕구를 이루어줄 것이라고 생각한다.

　시기는 자기보존 4유형에게는 원하는 것을 얻기 위해 행동하도록 동기부여를 해주는 반면에, 사회적 4유형에게는 자신의 정서적 불만족과 내면 결핍에 집중하도록 한다. 사회적 4유형은 시의 달콤한 슬픔, 우울한 음악에서의 풍부한 의미와 고통스러운 아름다움과 같이 고통 속에서 안락함과 친숙함을 느낀다. 그리고 자신의 고통은 어쨌든 보상받을 수 있을 것이라는 무의식적인 희망을 품는다.

　그러나 사회적 4유형의 핵심 이슈는 단순히 고통만이 아니다. 그들의 핵심 이슈는 열등감이다. 이들에게는 자기비하, 자기질책, 자신에게 저항하기, 그리고 자기 약화에 대한 욕구들이 있다. 이들의 시기는 자신을 다른 사람들과 비교한 후, 결국 자신을 가장 낮은 위치로 밀어 넣어 버리는 격정으로 나타난다. '나에게는 뭔가 잘못되었다'라는 극단적인 생각과 주장에 사람들은 놀라게 된다. 자아상을 형편없는 것으로 생각하고 그러한 이미지를 스스로 굳힌다. 또한 자해 행위도 많이 저지르고 종종 자신을 과소평가하고 타인과 비교해서 자신은 언제나 '덜' 하다고 생각한다.

　나란호가 지적하였듯이, 사회적 4유형은 다른 사람들이 '당신은 자신에게 무슨 문제가 있다고 생각하는데 왜 그런가?' 라는 물음을 던지도록 상대방의 반응을 이끌어 내려고 한다. 이들은 유능하고, 매력적이고, 지적임에도 불구하고, 자신이 여전히 고통과 결핍에 처해있다고 믿는다.

　사회적 4유형은 자신의 필요와 욕구에 수치심을 느끼는 경향이 있으며, 욕구의 경험은 다른 사람들보다 더욱 죄책감과 연관되어 있다. 이들은 어떠한 소망을 해도 죄의식을 느낀다. 수치심은 질투, 시기, 증오, 그리고 경쟁과 같은 강력하고 어두운 감정들에 내적 초점을 맞추도록 만든다. 고통을 표현하는 방법 외에는 자신의 욕구를 표현하기에 너무나 수줍어한다. 그리고 자신의 욕구들이 충족될 수 있는 자격을 갖추었다고 느끼지 못한다. 그러나 동시에 세상은 자신에게 '대항'하거나 '어느 누구도 내가 원하거나 필요로 하는 것을 주지 않는다'라고 믿는다.

사회적 4유형은 다른 사람들과 비교하고 자신이 부족하다는 것을 발견할 뿐만 아니라, 마치 자신이 부족하다는 것을 보여줌으로써 타인으로부터 자신이 필요로 하는 것을 요구할 수 있고, 일대일 4유형처럼 타인들과 경쟁하지도 않는다. 그러나 마음속으로는 인정받기 위한 경쟁, 독특하고 특별하고자 함, 그리고 일등자리를 차지하고 싶은 마음과 같은 대체로 무의식적인 격렬한 경쟁심을 느낀다. 그러나 이런 것들은 일대일 4유형보다는 사회적 4유형에서 더욱 숨겨져 있고 미묘하다.

사회적 4유형은 자신을 돌봐 주고, 필요한 것을 충족시켜주는 누군가를 유혹하는 방법으로 반복하여 과거의 고통을 탐색한다. 우리 모두가 그렇듯이, 자신의 요구를 죄스럽게 생각하지만, 자신에게 맞서는 것에 더욱 날카로운 고통을 느낀다.

이들은 자신이 '감정적' 사고에 빠져 있다고 생각하는 경향이 있다. 그리하여 행동을 취하는 것이 좋음에도 불구하고, 그 어떤 행동을 할 수 없을 정도로 강렬한 감정에 갇혀서 동일시한다. 그들은 다른 사람들에게 관대하고 무엇인가를 해주려고 한다. 그러나 자신의 삶에 대하여서는 책임을 지지 않고 문제들에 대한 해결책을 찾기 위하여 무엇인가를 하지 않고 자신을 분산시켜 버린다.

이들은 공개석상에서는 분노나 증오 같은 '눈살을 찌푸리는' 감정들을 억누르고, 친절하고, 친근하며, 부드러운 듯이 보인다. 그러나 개인적으로는 자신이 사회적 상황 속에 묻어두었던 감정들을 표현하고 공격적이 된다. 일반적으로, 그들은 주변 사람들에게 표현하기보다는 자신의 독을 삼키려고 한다. 그리고 전형적으로 집단이나 사회 속에서 자신의 자리를 찾기 힘들어한다. 이러한 면에서 자신을 부적합하다고 생각하지만, 동시에 수치심을 확인하기 위하여 거절 상황을 만들어내기도 한다. 그들은 자신을 희생자로, 그리고 타인을 '가해자'로 인식한다. 그리고 자신의 행동이나 공격성에 항상 책임지지 않는다.

사회적 4유형은 다른 하위유형들보다는 유형을 알기 쉽다. 자신의 삶에서 부족하거나 잘못된 것에 초점을 맞춘다는 점에서 6유형같이 보이기도 한다. 그러나 '일반적인 사람'과 동일시하는 6유형과는 대조적으로, 그들은 특별하고 싶은 욕구가 있다. 그리고 두려움보다는 슬픔, 고통, 그리고 수치심과 연관된 감정들을 느끼는 데 더 많은 시간을 보낸다.

저는 살아오면서 줄곧 '과민'하다는 말을 들었고 항상 쉽게 상처를 받았습니다. 3살 혹은 4살의 어린 나이였을 때도 종종 엄청난 오해를 받거나 버림받았다는 느낌을 가졌습니다. 4살이었을 때, 가족들이 저를 돌보지 않고 그토록 상처를 준 것이 도대체 무엇 때문인가를 알아내려고 방에서 머리를 쥐어박으면서 울었던 일을 기억합니다. 그리고는 제에게 뭔가 문제가 있으며, 그것을 문제 삼지 않겠다고 믿게 되었습니다. 이런 경험들은 나의 인생의 상당한 부분에 대한 근본적 신념으로 남게 되었습니다.

다르다는 느낌, 오해, 그리고 절망감 등은 저의 지속적인 동반자였고 마치 집처럼 편안하게 느껴졌습니다. 시간이 흐르면서, 나의 아픔과 고통에 매력과 애착을 갖게 되었습니다. 왜냐하면 그것이 가장 현실적으로 느껴지는 것이고, 또한 내 자신이나 나를 둘러 싼 이 세상에 무엇인가 정말로 잘못되었다는 만연된 느낌과 잘 공명되기 때문이었습니다. 나의 고통을 경험하는 것은 내 자신과 좀 더 연결 된 느낌을 주고, 그러한 느낌은 단절되고 오해받는 느낌의 고통을 완화시켜주었습니다. 그리고 어두운 감정이 몰려 올 때, 저의 충동은 그런 감정과 함께 시간을 보내면서 밑바닥까지 내려갔습니다. 사람들이 저에게 기운을 내고, 운동을 하거나 혹은 재미있는 영화를 보러가자고 하면, 더욱 화가 나고 오해를 받는다고 느꼈습니다. 우울은 항상 내가 좋아하는 감정이었습니다. 그것 자체로 편안할 뿐만 아니라, 나의 깊은 부분, 나의 창의성, 그리고 집처럼 편안한 느낌의 장소를 만들어주었습니다.

나의 삶의 많은 부분에서 받은 엄청난 긍정적인 피드백에도 불구하고, 여전히 매일매일 형편없는 자아상과 씨름을 합니다. 나의 친구들, 사랑하는 사람들, 그리고 동료들은 그들이 나를 보는 것과 내가 내 자신을 보는 것 사이의 차이를 알고는 항상 충격을 받습니다. 학생시절에 매우 좋은 성적과 칭찬 가득한 코멘트가 쓰여 진 시험지와 리포트를 받을 때면 놀랐습니다. 그리고 창의적이거나 전문적인 공동 작업을 할 때, 다른 사람들로부터 진정한 긍정적 피드백을 듣고는 놀랐습니다. 어떤 분야에서 나의 작업의 질을 평가하는 나의 지표는 '훨씬 더 잘할 수 있었을 텐데' 라는 쪽으로 매우 편향되어 있습니다. 그리고는 '불쌍한 나, 깨어진 기준을 갖고 있네. 내가 그것을 고칠 수 있도록 도와줄 수 있니?'하는 말로 되돌아옵니다.

## 일대일 4유형 경쟁

일대일 4유형에서 내면의 감정적 동기는 시기이고, 시기는 경쟁으로 나타난다. 시기와 관련된 고통을 누르기 위한 방법으로 경쟁심을 느낄 정도로 의식적으로 시기심을 느끼지 않는다. 만약 자신보다 더 많은 것을 가진 것 같은 다른 사람과 대항하여 경쟁을 하고 이긴다면, 그들은 자신에 대하여 훨씬 좋은 느낌을 가질 수 있다.

일대일 4유형은 최고가 되는 것은 좋다고 믿는다. 대부분의 사람들은 다른 사람들에게 좋은 이미지를 보여주기를 원하지만, 이들은 이미지 관리나 타인의 호감에 크게 신경 쓰지 않고, 우월한 편이 더 낫다고 여긴다. 그들은 매우 경쟁적이며, 경쟁에 대한 강한 집중은 자신들이 최고라는 것을 적극적으로 보여주는 모습을 보인다.

그들은 성공에 대하여 '전부 혹은 아무것도 아니다'라는 신념을 가지고 있다. 즉 성공이 전부 자신의 것이 아니라면, 자기에게는 아무것도 없다는 것이다. 이러한 패턴은 성공하려는 그들의 노력이 과도해지면서 증오의 감정을 자아낸다.

일대일 4유형은 속으로는 열등감을 느끼면서도 겉으로는 종종 오만하다. 오해받는 고통에도 불구하고 오만한 태도는 인정받는 수단인 과잉보상으로 행해진다. 그들은 '선택된' 집단의 일부가 되기를 좋아 하고, 타인에 대한 배려의 결핍으로 인한 상처감에 대한 배타적 권한이 있다는 생각을 하는 것 같다. 어떠한 비난이나 책망도 모욕이나 무자격으로 인지된다.

그들의 시기에 가득 찬 분노는 무의식적인 본능적 충동의 표현을 지배하고, 깊은 본능적 동기는 시기로 인한 고통 겪기를 거부하는 것이다. 타인에게 의존하여 자신의 욕구를 충족시키기 위하여 책임감을 투사하고, 자신의 업적과 비교하여 타인의 업적을 최소화함으로써 고통을 감소시키려는 욕구이다.

일대일 4유형은 자신들이 고통을 겪기 때문에 일종의 보상이 필요하다고 느끼기 때문에 '다른 사람이 고통스럽도록' 만든다. 그들은 고통을 거부하거나 최소화하기 위한 무의식적 방법으로 다른 사람에게 상처를 주거나 벌을 주려고 한다. 나란호는 이러한 모습을 '상처를 받은 사람이 상처를 준다'고 하였다. 고통의 외면화는 자신의 내적 열등감을 완화시키는 데 도움이 된다. 따라서 고통에 대한 그들의 태도는 고통을 거부하는 것으로 이해될 수 있다. 이런 모습은 그들의 욕구가 입증되고 충족되도록 적극적으로 주장하는 것에서도 나타난다. 그들은 분노를 보이면서 요구하고, 수치심에 가득차기보다는 아무런 수치심 없이 자신의 욕구를 표현하는 데 목소리를 낸다. 즉, 그들의 욕구와 관련된 어떠한 수치심에도 저항하고 반기를 든다. 그들은 '끽끽 소리 내는 바퀴가 기름을 얻을 수 있다'라는 인생철학을 따른다.

사람들이 일대일 4유형은 요구하는 것이 많다는 것을 알게 될 때, 결국 거부와 분노의 패턴으로 이어지게 된다. 이들은 다른 사람들이 자신의 욕구를 충족시켜 주지 않으면 화를 낸다. 그러나 지나친 그들의 요구 성향은 사람들로 하여금 회피하거나 거부하도록 만들며, 그들은 이렇게 거절당한 것에 화를 낸다. 그리하여 거절은 저항을 부르고, 저항은 또 거절을 낳게 만드는 악순환의 고리 속에 갇히게 된다.

일대일 4유형은 다른 하위유형보다 공격적이고 화를 잘 낸다. 나란호는 슬픈 사회적 4유형과 비교하여 이들을 분노에 찬 4유형이라고 하였다. 이들은 고통을 방어하기 위하여 화를 내기 때문에, 무의식적으로 고통을 분노로 바꾸게 되면 더 이상 고통을 느낄 필요가 없게 되는 것이다.

그들은 자신의 숨겨진 고통을 거부하거나 최소화하는 방법으로써 다른 사람에게 상처를 주거나 징벌하고자 한다. 그리고 자신의 결핍이나 좌절을 타인의 탓으로 돌리는 것을 정당화시킨다. 이는 고통 속에서의 자신의 역할을 주위로 분산시키고 도움과 이해를 청하는 애원의 방식이다.

나란호는 에니어그램 유형들 중에서 4유형이 가장 분노가 많은 유형이라고 하였다. 그들은 깊은 차원에서 열등감을 느낄 때 힘을 얻거나 주장하는 방식으로써 시기심에 가득 찬 분노를 표현하며, 이는 상황을 자신에게 유리하게 만드는 방법이다. 이런 종류의 분노는 프랑스 혁명이면에 있던 충동, 즉 '나는 부자를 시기하므로 혁명을 일으킬 것이다'라는 충동과 같다. 실제로 이들은 매우 충동적이며 즉각적으로 무엇인가를 원하고 좌절에 대한 인내력은 거의 없다.

나란호는 이들을 '경쟁'이라고, 이차조는 '증오'라고 불렀다. 이들은 증오에 가득 차고 경쟁적이기는 하지만, 이들이 표현하는 증오와 경쟁은 고통과 부족함을 외부로 투사하고자 하는 깊은 내면 욕구를 나타내는 것이라는 점을 기억하는 것이 중요하다. 일대일 4유형이 느끼는 고통스러운 시기심은 자신의 욕구들은 수치스럽지 않다고 확신하기 위하여 그리고 다른 사람과 비교해볼 때 자신이 좀 더 낫다고 느끼기 위하여, 분노에 바람으로, '나는 내가 필요한 것을 가져야만 한다'는 생각에 동기부여를 하는 것이다. 그들의 경쟁심과 분노는 자신이 느끼는 아픔에 대항한 보상과 방어이다.

일대일 4유형은 감정적 강렬함을 좋아하고 필요로 한다. 강렬함이 없다면, 모든 것은 견딜 수 없이 따분하고 지루하게 보인다. 이들이 누군가의 사랑을 원할 때에는 자신이 필요한 것을 직설적으로 요구한다. 그리고 그것을 가지려는 노력으로 자신을 독특하고 매력적으로 보이게 만들어 '특별한' 존재가 된다. 가슴에 기반한 감정적 기질과 일대일 본능에 의한 타고난 강렬함과 더불어, 그들은 관계 속에 더 많이 있고 이용 가능한 경향이 있다. 왜냐하면 그들은 분노, 요구, 경쟁, 오만함, 그리고 상대적으로 다른 사람들을 억제할 수 있는 많은 요인들을 부정하거나 회피하지 않으며, 항상 사랑받아야 하기 때문이다. 그러나 때로는 그들이 친절함과 너그러움을 거짓됨이나 진정성이 없는 것과 혼동하기 때문에 사랑스러운 태도를 유지하는 것은 어렵기도 하다.

일대일 4유형은 8유형이나 일대일 2유형과 혼동되기 쉽다. 8유형처럼 분노에 쉽게 접근하지만, 종종 느끼는 폭넓은 감정의 범주 측면에서는 8유형과 다르다. 나란호에 의하면, 8유형은 분노를 종종 표현할 필요가 없지만, 4유형은 빈번하게 오해받거나 시기심을 느끼므로 더욱 자주 분노를 표현한다. 그들은 또한 '공격적이고 유혹적'인 일대일 2유형처럼 보일 수도 있는데, 그 이유는 이 두 유형 모두 관계에서 공격적이고 유혹적이기 때문이다. 그러나 일대일 2유형은 다른 사람들을 즐겁게 하는 데 더욱 관심이 있다.

　그토록 복잡한 온라인 검사에 의하면, 나는 8유형 혹은 3
유형이라고 나옵니다. 그러나 나 스스로 일대일 4유형이라
는 것을 잘 알고 있습니다. 세상에서 가장 좋은 저의 친구이자
5유형인 누나가 언제가 에니어그램 워크숍에 갔었는데, 일대일 4유형의 설명
중에 '적대감'이란 단어에 밑줄을 그으면서, 자신 있게 말하기를, '너는 적대
감에 대한 작업을 해야만 해' 하고 말해주었습니다. 누나는 나의 모든 삶을 알
고 있고, 믿을 만한 조언자이기 때문에, 그녀의 피드백에 귀를 기울여야만 했
습니다. 물론, 나도 그녀의 삶에서 보여 주어야만 한다고 생각되는 작업에 관
하여 제안할 것이 있습니다.

　나는 개인적으로 상처받은 무엇인가를 느끼는 대신에 종종 화를 냅니다. 직
장생활에서는 내 자신을 평범하거나 약간 못하다는 느낌 대신에, 종종 경쟁,
공격, 혹은 적대감을 가지게 됩니다. 과민하거나 불평하는 사회적 4유형의 설
명들과는 관계가 없습니다. 너무나 많은 시간을 불편하게 보내기보다는 오히
려 직접적으로 위협을 느끼는 나의 적이나 적이라고 생각되는 사람을 뒤쫓습
니다. 또한 나는 욕구의 대상을 직접적으로 따라 다니는 편인데, 많은 것들
이 있습니다. 직업적으로나 개인적으로 최상에 있어야만 한다는 점에서 마
치 3유형이나 8유형으로 보일 수 있습니다. 친절하기보다는 직접적이고 솔직
한 나를 자랑스럽게 생각하지만, 나는 8유형이 아니라는 사실을 압니다. 나
의 주의초점과 아킬레스건은 분명히 시기심이기 때문입니다. 시기심은 내
가 원하는 것을 추구하거나, 때로는 내가 얻지 못한 것을 가진 사람을 쓰러뜨
릴 수 있도록 힘을 줍니다. 또한 성취하기보다는 그저 유일한 존재가 되는 것
을 더 자랑스러워하기 때문에 3유형도 아니라는 사실을 압니다. 위협을 느끼
면 오만해지거나 심지어 적대적이 되는 것을 인정합니다. 이런 일이 개인이나
직장 관계에서 항상 도움이 되지는 않는데, 이러한 반응이 슬프게 만듭니다.

하지만 다행스럽게도 나는 부드러운 감정에 머무르고, 나의 취약성을 경험하고, 멋진 파트너와 함께 있고 많은 사람들 중의 한 사람으로서의 가치를 알게 되었습니다.

# 4유형을 위한 성장작업
## 개인적 성장경로 그리기

궁극적으로, 4유형이 자신에 대한 작업을 통하여 더욱 자각하게 되면서, 그들은 단순히 부족한 것이 아니라 자신 속의 좋은 것을 찾아내면서, 사랑할 수 있는 자신의 능력을 과감히 믿고 갈망하던 사랑과 이해를 받아들일 수 있도록 개방하는 방식으로, 자신의 가치를 증명하기 위하여 사랑을 찾지만 결국 차단되는 함정을 회피하는 방법을 배우게 된다.

우리 모두에게 해당되는데, 습관적인 성격 패턴을 깨닫는 것은 자신을 관찰하는 끊임없는 의식적인 노력, 관찰한 것의 의미와 원인에 대한 숙고, 그리고 자동적으로 반응하는 경향을 돌이키기 위하여 적극적으로 작업하는 것이다. 4유형에게 이 과정은 그들이 원하는 사랑에 대한 방어를 정당화하기 위해 그들 자신을 평가절하하는 방식을 관찰하는 것과 시기, 수치심, 열등감 등에 갇히게 되는 방식들을 찾아내는 것, 그리고 그들에게 가능한 좋은 것들에 자신을 개방하도록 허용하는 방식으로써 현재 긍정적인 것을 보려는 적극적인 노력들이 포함된다. 결핍에 대한 신념을 중단하고, 행복을 이루기 위하여 어떻게 자신의 노력을 좌절시켰는가를 이해하고, 진정으로 원하는 것에 마음을 열고 자신의 감정적 방어를 딛고 올라서기를 배우는 것이 특히 중요하다.

이제 4유형의 성격적 특성과 족쇄에서 벗어나서 자신의 유형 및 하위유형이 가진 높은 가능성을 구현할 수 있는 방안들에 대해 살펴보고자 한다.

자기관찰
## 작동 중인 성격을 관찰함으로써 동일시에서 벗어나기

자기 관찰은 신선한 시각과 적절한 거리를 두고 일상생활에서 자신이 생각하고, 느끼고, 행동하는 것을 정말로 관찰할 수 있는 내적 공간을 충분히 만드는 것이다. 4유형이 생각하고, 느끼고, 행동하는 것에 주목하면 다음과 같은 핵심 패턴을 알게 될 것이다.

### 1. 버려질 것을 예측하면서 타인이나 사랑, 그리고 좋은 것에서 자신을 차단시킬 정도로 자신의 결함에 대한 강한 신념에 갇혀있는 것

강렬한 자기비판, 그리고 심지어 자기혐오에 빠지는 경향이 있음을 관찰하라. 당신 자신에 대하여 어떤 생각과 신념을 가지고 있는가? 평소 자신에 관하여 자신에게 어떤 말을 하는가? 당신 자신과 당신의 가치에 대한 부정적 신념을 가지고 그것을 지속시키는 방법들에 주목하라. 자기비판과 자기비하를 하고 있다면, 그것은 어떤 모습이고, 언제, 어떤 식으로 일어났는지 알아차려라. 당신의 결함과 평가절하에 초점을 맞추거나 칭찬과 긍정적인 피드백을 하찮게 여기고 묵살하는 모습을 관찰하라. 자신에 대한 당신 자신의 부정적 시각을 바탕으로 자신에 대한 부정적 감정을 자아내고 자신의 결점이나 부족함으로 인지하는 경우를 찾아보라. 자신의 부적절함에 대한 깊은 신념을 방어적으로 보상하기 위하여 자신을 특별하거나 독특하거나 우월하다고 생각하고 있지 않은지에 주목하라. 어쩌면 이것은 전환되지 않고, 단지 왔다 갔다 하는 패턴에 불과하고, 결국은 그저 자신의 무가치함에 대한 숨겨진 신념을 강화시킬 뿐이라는 사실을 알아차려라.

## 2. 다양한 감정에 매달려서 자신의 성장과 확장에서 주의를 분산시키는 것

당신이 누구인가에 관한 부정적 생각을 통하여 자신에게 고통을 주고 그 고통의 원인을 드러내기 위하여 행동하지 않도록 고통 속에 머무는 방식들을 관찰하라. 당신이 방어책으로써 우울을 이용하고 있는지, 그리고 더 깊은 고통을 피하기 위한 방법으로써 절망에 초점을 맞추거나, 희망이나 긍정적 시각을 갖기 위한 그 어떤 일도 하지 않는 것을 관찰하라. 당신의 슬픔에 매달려있을 때 회피하는 것이 무엇인가 찾아보아라. 내적 공허함을 회피하거나 삶의 현실과 투쟁하는 방식으로 감정을 확대하거나 드라마를 쓰려는 경향이 있는가에 주목하라. 현재 일어나고 있는 일들을 지루하거나 따분한 것으로 평가절하하면서 회피하지 않는가를 알아차려라.

## 3. 어떤 것도 측정하지 않고, 어떤 것도 취할 수 없을 정도로 부족한 것에만
초점 맞추기

어떤 상황에서도 부족한 것에만 습관적으로 주의를 두고 있지 않는가를 관찰하라. 이런 면이 일을 개선하는 데 도움이 되는가를 관찰하라. 그리고 지금 일어나고 있는 것에서 이득을 보거나 일어나고 있는 것을 무시하거나 평가절하하기 위한 핑계로 작동하고 있는지 혹은 자신의 현실에 건설적으로 참여하기를 피하는 방식으로써 기능하고 있는가를 알아차려라. 이것을 사람들에게 적용시키고 양면성을 만들어내고 타인의 결점을 강조함으로써 자신과 거리를 두거나 잠재적인 소통을 좌절시키는 방식들을 관찰하라. 충분히 좋지 않은 것을 강조하면서 양면성에 갇혀 있지 않은지 바라보라. 현재 일어나고 있는 것을 평가절하하는 방식으로 과거에만 집중하는지 관찰하라. 당신의 관계 속에 나타나는 밀고 당기기 패턴을 알아차려라. 그리고 왜 밀고 당기는가에 관하여 생각해보라. 당신이 어떤 상황의 좋은 부분을 받아들이지 않을 정도로 부족한 것에 고착되어서 '목욕탕 욕조의 물과 함께 아기를 내던지는 것이 아닌지'를 살펴보라.

# 자기이해의 확장을 위한 자료 수집

4유형이 자신 속에서 이러한 패턴들을 관찰할 수 있다면, 에니어그램 성장경로의 다음 단계는 이러한 패턴들을 좀 더 이해하는 것이다. 이러한 패턴들이 왜 존재하는가? 어디에서 왔는가? 어떤 목적이 있는가? 그리고 실제로는 당신에게 도움을 주려고 하지만 결국 어떻게 당신을 곤란하게 만드는가? 이따금 습관의 근원적 원인을 아는 것, 즉 그것이 왜 존재하며 무엇을 하도록 고안되었는가를 알게 되면, 당신은 패턴을 깨고 나올 수 있다. 좀 더 굳어진 습관인 경우라면, 그것들이 어떻게 그리고 왜 방어책으로 작동하는가를 아는 것이 결국 그것들을 놓을 수 있는 첫 단계이다.

이제 이러한 패턴들의 원인, 작동, 그리고 결과들에 대한 더 많은 통찰을 하기 위하여 4유형이 스스로에게 던지는 질문들, 그리고 그들이 생각할 수 있는 가능한 답변들이 여기 있다.

### 1. 이러한 패턴이 생겨난 원인과 이유는 무엇인가?
### 이러한 습관적인 패턴들이 4유형에게 어떠한 도움을 주는가?

4유형의 방어 패턴의 원인과 원인들의 대처전략으로 어떻게 작동하는지 이해할 때, 어떻게 그들이 원하는 사랑을 얻을 수 있는 자신의 능력을 약화시키는가를 깨닫는 기회를 가진다. 그들이 어린 시절 이야기를 하고 자신에 대한 부정적 감정과 동일시하며, 특정 감정에 매달리고 부족한 것에 초점을 맞추는 것이 그들로 하여금 도움을 주는 대처 방법을 찾을 수 있다면, 자신에 대하여 더 많은 연민을 가지게 되고, 이러한 패턴들이 그들을 보호하기 위하여 어떻게 작동하는지 알게 될 것이다. 처음부터 왜 이런 패턴이 생겼으며 어떻게 이 패턴들이 방어책이 되면서, 동시에 그들을 '도토리 껍질'속에 가두게 되었는가에 대한 통찰력을 갖는다면, 4유형은 자신들의 가설에 도전하고 자신과 그들을 가두었던 제한된 관점을 넘어서 성장할 수 있는 보다 확장된 능력을 위한 포장도로를 만들 수 있다.

## 2. 고통스러운 감정에서 자신을 보호하기 위해 어떤 패턴들이 고안되었는가?

4유형에게는 이러한 질문들에 답변하는 것은 자신이 다른 사람들을 회피하거나 부정하기 위하여 어떻게 감정들과 지나치게 동일시하는가를 보는 것과 같은 의미이다. 절망과 우울감에 매달리거나 과도하게 빠지는 것이 자신에게 친숙한 감정적 공간에서 자신을 유지하는 방법이며 동시에 필요로 하는 사랑을 얻지 못하는 고통에 대한 심층적 경험과 직면하기를 회피하는 방법인지를 스스로에게 물어 보는 일은 중요하다. 만약 절망과 슬픔 속에서 그저 서성거리는 것이 방어책이라면, 실제로 감정들에서 당신을 방어하는 이러한 감정들은 무엇인가? 이러한 깊은 감정들을 알고 느낄 수 있는 용기를 가지는 것은 우울과 갈망의 고리에 갇힌 감정들과 과도한 방어적 동일시로부터 4유형들을 자유롭게 해줄 수 있다. 만약 당신 특정한 감정을 높이거나 보다 근본적 차원에서 느끼는 것으로부터 자신을 분산시키고자 드라마를 쓴다면, 더 깊은 곳에서는 어떤 일이 일어나고 있을까? 이러한 방식으로 4유형의 감정적 영역을 살펴보는 것은 그들이 특정 감정을 타인에 대항하는 방어책으로 사용하는 잠재적으로 교묘한 속임수 같은 방식을 깨달을 수 있도록 도와줄 수 있는 중요한 길이다.

## 3. 내가 왜 이런 행동을 하는가?
### 내 속에서 4유형의 패턴이 어떤 식으로 작동하는가?

이러한 패턴들이 작동하는 방법을 심사숙고해 보면, 4유형의 하위 유형들은 일상생활, 그리고 지금 이 순간에 자신들의 방어 패턴이 어떻게 수면으로 올라오는지를 깨닫게 된다. 만약 4유형들이 무엇이 작동하지 않는지, 그리고 어떻게 그들이 판단하지 않는지에 의식적으로 초점을 맞추어 본다면, 그들은 사랑과 수용에 대하여 개방하지 않고 합리화하고 있는 방법들을 더 알아차리게 될 것이다. 왜 그들이 양면적 가치에 갇혀 있는가 하는 이유를 캐낼 수 있다면, 그들이 시기심에 가득차서 부족함으로 인식하는 것을 적극적으로 받아들이지 않는 패턴에 고착시키는 보다 깊은 방어적 동기를 깨닫게

419

될 수 있다. 그들이 갈망하는 이해와 인정을 얻는 데 자신들이 어떻게 장벽을 쌓고 있는가, 그리고 이것이 어떻게 얻고자 하는 것에 대하여 절망감을 느끼게 만드는가를 4유형들이 현실적으로 아는 것은 매우 중요하다.

## 4. 이러한 패턴의 맹점은 무엇인가?

### 4유형으로 하여금 그러한 맹점을 보지 못하게 하는 것은 무엇인가?

진정으로 자기 인식을 높이기 위해서, 4유형은 그들의 성격을 드라마틱하게 표현할 때 보지 못하는 것들을 반복적으로 자신에게 상기시키는 것이 중요하다. 이들은 자신, 다른 사람, 그리고 자신에게 다가오는 좋은 것들 속에서도 부족한 점에만 지나치게 신경을 쓴다. 그리하여 습관적으로 부족하지 않은 모든 것들, 자신과 타인에게 내재된 가치와 좋은 것을 보기를 회피한다. 만약 당신의 아름다움, 선함, 그리고 힘이 되는 것이 있다면, 당신이 필요로 하고 원하는 것을 얻기 위한 행동을 취하기 위하여 자신에 대한 자신감과 신념을 어떻게 가질 수 있겠는가? 만약 다른 사람들의 잠재력을 인정하지 못하고, 그들의 좋은 점에 신뢰를 보내거나 비록 완전하지는 않지만 당신을 사랑하려는 그들의 노력을 알아 줄 수 없다면, 다른 사람이 당신에게 주고자 하는 좋은 것들을 어떻게 받아들일 수 있겠는가? 없는 것에 초점을 맞춘다면, 결국 있는 모든 것들도 보지 못하게 된다.

## 5. 이러한 습관의 결과나 영향은 무엇인가?

### 이러한 습관은 내게 어떠한 걸림돌이 되는가?

4유형의 대처전략의 모순은 자신이 원하는 것을 완벽하고 영원히 멀리 있는 것으로 이상화하면서, 일상생활에서 원하는 것을 얻기를 스스로 단절시키는 것이다. 자신의 부적절함에 머물면서, 원하는 것을 얻기에 충분하지 않다는 사실을 확신하고 무의식적으로 얻는 것을 방해한다. 즉 당신의 신념이 당신의 현실을 만들게 되는 것이다. 특정 감정들을 과도하게 동일시함으로써 자신이 필요로 하고 원하는 것을 얻기 위한 행동을 취하거나 그런 행동이 가능할 것이라는 신념에서 자신을 분산시킨다. 비록 당신이 정확히 자신이 원하는 것에 주의를 기울이고, 그것을 얻을 수 있는 방법들을 환상 속에서 꿈꾼다할지라도, 실제로 그것을 얻는 데 필요한 이상적인 조건에 관한 당신의 신념은 현실에 존재하지 않을 수 있다. 그 결과 당신이 원하는 것을 갈망하기 위하여 많은 에너지를 집중한다 할지라도, 당신은 무의식적으로 그러나 적극적으로 자신의 노력을 좌절시키고 원하는 것을 얻는 걸 스스로 방해한다.

자기계발
## 보다 높은 의식을 지향하기

깨어나고자 하는 우리 모두에게 있어서, 성격유형에 기반한 지식을 바탕으로 하는 작업의 다음 단계는 우리가 더 많은 선택과 알아차림을 통하여 생각하고, 느끼며, 행동하는 모든 일에 더 의식적인 노력을 기울이는 것이다. 본 방에서는 4유형의 핵심패턴을 관찰하고, 패턴의 근원, 작동, 그리고 그 결과들을 탐색한 이후에 '무엇을 할 것인가?'에 관한 몇 가지 사항들을 제시하고자 한다.

이 마지막 부분은 세 부분으로 나뉘는데, 각각에서는 에니어그램 시스템과 연결된 세 개의 다른 성장과정들에 해당된다.

1) '자기관찰' 영역에서 설명한 것처럼, 자신의 습관과 자동 반응을 벗어나기 위해 실천해야 할 사항
2) 성장의 지도로 에니어그램 화살을 사용하는 방법
3) 해당 유형의 격정(악덕)을 이해하고, 의식적으로 그 반대인 해독제의 역할을 하는 더 높은 수준에 있는 유형의 '미덕'을 향해 나아가는 방법

## 4유형의 대표적인 세 가지 습관과 여기서 벗어나기 위한 실천사항

### 1. 버려질 것을 예측하면서 타인이나 사랑, 그리고 좋은 것에서 자신을 차단시킬 정도로 자신의 결함에 대한 강한 신념에 갇혀 있는 것

#### 1) 당신의 열등함에 대한 흔들리지 않는 신념에 도전하라

4유형은 시기, 욕구, 열등감, 그리고 수치의 악순환의 고리를 깨닫게 되어야만 자기강화와 자기좌절을 하는 사고, 감정, 그리고 행동의 방어적 패턴에서 벗어날 수 있다. 이들이 자신의 열등감을 그토록 강하게 믿는 한, 자신의 선함과 사랑스러움의 근원적인 진실을 깨닫거나 받아들일 수 없다. 이러한 신념을 알아차리고 탐색하고, 적극적으로 도전함으로써, 4유형은 그것이 거짓된 신념이라는 사실을 깨닫고 자신의 패턴의 반대편에 있는 그들 자신의 우월성이 아니라, 그들 자신의 '충분히 좋음' 속에 있다고 믿을 수 있다. 자신의 부족함을 가능한 증거들과 의식적으로 비교하고 긍정적 증거를 고려해보는 도전을 함으로써, 자신의 신념의 허위성을 깨닫고 진정한 가치를 갖기 위하여 자신에 대한 시각을 확장할 수 있다. 당신이 좋은 모든 방식에 초점을 맞추면서 수치심에 도전하라.

#### 2) 자애의 노력을 통하여 자기비하를 거스를 수 있도록 적극적인 작업을 하라

4유형의 성장을 위한 또 다른 측면은 자신을 받아들이는 법을 배우고, 자신의 부족함을 인지하는 것 때문에 몰아치지 않는 것을 배우는 것이다. 자신 속에서 인정받기를 갈망하는 것을 서서히 배우고, 자신이 진정으로 어떤 사람인가에 감사하고, 가치가 없거나 나쁘다는 생각을 끊임없이 강조하는 것을 그만두는 방법을 서서히 배워나가는 것은 이들에게는 결정적이다. 자신이 원하는 사랑을 얻지 못한다고 느끼는 이들의 만성적 좌절의 가장 큰 부분은 자신을 사랑하지 않기 때문이다. 이러한 자애의 결핍이 4유형의 총체적 방어 고리를 계속 돌아가게 만든다. 자신에 관한 긍정적인 모든 것들에 주목하고 받아들이는 데 적극적으로 노력하라.

### 3) 시기, 경쟁, 그리고 자학적 행동들을 위험신호로써 인지하라

4유형은 다른 사람과 비교하고는 자신이 부족하다고 생각하는 경향이 있다. 그리고 각 하위유형에 따라서 자신을 입증하기 위하여 자학적인 노력을 하거나, 부적절한 감정에 빠져 버리거나 혹은 공격적으로 경쟁적이 된다. 4유형은 성장의 여정에서 이러한 행동들이 과도한 자기비판과 자기비하라는 것을 알아차리고 결핍감의 실질적인 '치료'는 자애와 자아수용이라는 것을 깨닫는 것이 매우 중요하다. 자신의 부적절함이란 가설에 근거한 행동들을 언제 하는가에 주목하고, 자신을 인정하고 자신을 돌보기 위하여 적극적으로 작업하라. 때로는 의식적으로 주의와 행동들을 전환하면, 궁극적으로 당신의 신념과 감정적인 태도들을 바꾸는 데 도움이 될 것이다.

## 2. 다양한 감정들에 매달려서 자신의 성장과 확장에서 주의를 분산시키는 것

### 1) 자신의 감정에 과도하게 동일시하는 대신에 감정을 관찰하고 받아들여라

감정들에 매달려서 과도하게 동일시하지 말고 자신의 감정을 의식적으로 확인하고 수용하라. 어린 시절부터 감정을 보이는 것을 수치스럽게 생각해 왔던 이들에게는 과거에 다른 사람들이 그런 감정에 어떻게 반응하였는지와는 상관없이 감정은 유효하고 중요하다는 것을 자신에게 지속적으로 상기시켜야 한다. 특히 절망, 슬픔, 혹은 후회와 같은 특정 감정들에 갇혔을 때를 의식적으로 바라보라. 그리고 이것이 어떻게 진정한 상실을 겪어내고 슬퍼하며, 그 반대쪽으로 가기를 회피하는 방법인가를 인지하라. 자신의 감정을 가지고 그것을 겪으면서, 감정들이 주는 정보에 귀를 기울인 후, 그저 지나가도록 내버려 두라. 가장 중요한 것은 당신의 감정 속에서 방황하는 행동이 당신이 취하는 행동에서 어떻게 당신을 보호하거나 실제로 당신이 필요한 것을 얻을 수 있도록 손을 뻗치게 되는가를 인식하라. 그런 것들을 충분히 느낀 후에는, 비록 감정들 자체가 합당하다 할지라도 놓아 버릴 수 있는 선택을 하라. 당신의 관심을 감정에서 생각이나 행동 실행으로 의식적으로 전환하는 것은 당신의 감정에 비생산적으로 고착되는 것을 회피할 수 있도록 도와줄 것이다.

### 2) 드라마를 쓰고 강렬함을 만들어내고자 하는 당신의 욕구를 알아차리고, 그에 대항하여 작업하라

지루함이나 공허함 같은 특정 경험들을 회피하기 위하여 일들을 더욱 증폭시키는 순간을 알아차려라. 그리고 비록 그것이 처음에는 평범하고 재미없다고 느껴질지라도 과감하게 '지금, 여기'를 받아들이고 가치를 두는 도전을 하라. 당신이 인정하고 싶지 않은 감정과 현실들로부터 자신을 분산시키기 위하여 감정을 고조시키고 있다면, 회피하고 있는 감정과 경험들과 함께 있는 것만이 방어적 감정적 위치에 갇혀 있는 것에서 나올 수 있는 깊이란 것을 알아차리고 그렇게 하도록 하라. '지금, 여기'에서 좋은 것, 기쁜 것에 의식적으로 초점을 맞춤으로써, 그리고 회피해왔던 고통들을 통하여 그것들을 다룰 수 있는 당신의 능력을 확인하는 방법으로써, 당신의 현재 경험을 받아들이는 당신 자신을 지지하라.

### 3) 삶과 가능성들에 대한 개방에 반하는 방어책으로써, 절망, 고통, 그리고 갈망을 바라보는 방법을 배워라

4유형은 절망, 실망, 그리고 갈망 같은 익숙한 감정들 속에서 편안함을 찾는 경향이 있다. 그리고 이러한 감정들에 대한 접근은 일종의 중독과 같다. 그토록 갈망하는 사랑과 인정을 얻기 위한 방법을 찾지 못한다는 사실을 깨닫고, 그들의 성격적인 함정을 깨뜨리고 나와야 하는 것이 정말 필요하다. 절망에 초점을 맞추듯이 희망에 초점을 맞추는 것은 가능하고 쉬운 일이다. 또한 당신을 고통스럽게 하는 것 대신에 행복하게 해주는 것에 초점을 맞추는 것도 마찬가지이다. 그리고 특별한 감정에 초점을 맞추기를 멈추고, 현재 가능한 긍정적 옵션들을 볼 수만 있다면, 당신에게 다가 올 사랑과 연결의 모든 가능성에 관심을 돌려라.

## 3. 어떤 것도 측정하지 않고, 어떤 것도 취할 수 없을 정도로 부족한 것에만 초점 맞추기

### 1) 가능한 것에 당신의 욕구들을 맞추어라

나란호는 시기를 '과도한 욕구'라고 하였다. 4유형의 욕구는 어린 시절 고통스러운 좌절의 경험으로부터 생겨났고, '기대할 수 있는 것 이상'[16]으로 요구하기 때문에 과도한 것이다. 완벽한 것 혹은 타인에 대한 비현실적인 기대를 하는 것은 원하는 사랑을 얻는 데 개방적이 아니고 방어하는 방식이다. 진정으로 만족스러운 것보다 조금 덜한 것에 안주하지 않고, 절망에 방어하는 방식으로 얻을 수 있는 것 이상을 요구하고 있는 자신을 주목하라. 그리고 당신의 기대와 요구를 조정하는 실험을 해보라. 당신이 좋은 것에서 결점을 찾느라고 바쁘기 때문에 그것을 인정하기를 회피하는 순간을 주목하라. 그리고 만족스럽고 '충분히 좋을 수 있는' 모든 것을 볼 수 있도록 도전하라.

### 2) 당신의 이상주의를 자신과 다른 사람들에게 내재된 가치를 보는 데 적용하라

이상적인 것을 얻는 것만이 가능할 것이라고 상상하는 대신에 당신이 정말로 필요한 것은 멀리 떨어진 당신 자신과 다른 사람들에게 내재된 가치를 깨달으면서 자신을 지지하는 것이다. 무엇인가가 당신을 위해 가지고 있는 가치는 어떻게 당신이 그것의 긍정적 측면을 인지하는가에 달려 있다는 사실을 적극적으로 상기시켜라. 만약 당신이 놓친 것에 초점을 맞추고 이상화한다면, 영원히 불만족스러울 것이다. 그러나 당신이 모든 것에서, 심지어 매일 속에서 이상적인 것을 볼 수 있다면, 당신은 일상적인 경험 속에서도 선물을 발견하고 받게 될 것이다.

### 3) 당신의 주의를 긍정적인 면을 볼 수 있도록 적극적으로 바꾸라

모든 것에서 즉, 당신 자신이나 다른 사람들 그리고 삶에서 긍정적인 것을 찾는 지속적인 연습을 하라. 당신이 좌절을 정당화하기 위하여 부족함에 초점을 맞출 때에는 현재 일어나고 있는 모든 좋은 것의 목록을 작성하고, 그것들을 받아들이고 그것들을 향하여 움직이려는 당신의 모습을 지지하라. 원하는 사랑과 이해를 얻기 위하여 당신은 불가능성에 머무르는 것보다는 어떻게 그것이 가능할까 하는 데 관심을 돌릴 수 있는 용기를 가져야만 한다.

## 4유형의 화살표를 이용한 성장경로

제1장에서 에니어그램의 틀 속에서의 역동적 움직임의 차원을 정의하는 화살표로 구성된 내면 흐름 모델을 소개하였다. 핵심 유형사이에서의 연결과 흐름은 '스트레스-성장' 지점, 그리고 그것의 '아이-가슴-안전' 지점을 상징으로 기술한 하나의 성장경로이다. 화살표들은 각 유형을 위한 하나의 성장경로를 제시하는 것으로 볼 수 있다.

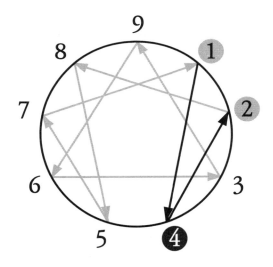

＊각 유형에서 나가는 화살은 발전의 경로이다. 화살이 향하는 '스트레스-성장' 지점은 핵심 성격의 좁은 초점을 확대시키기에 완벽하게 적절하고 구체적인 도전들을 나타낸다.

\* '아이-가슴' 지점으로부터 각 유형으로 들어오는 화살은 어린 시절부터 의식적으로 인정받고 소유되어야만 하는 문제와 이슈들을 나타낸다. 그리하여 과거로부터 미해결된 문제들로 인하여 방해받지 않고 앞으로 나아갈 수 있도록 한다. 이 '아이-가슴' 지점은 무의식적으로 억압되고, 때로는 스트레스를 받을 때 다시 돌아오기로 하는 안전함을 나타내는데, 이제는 앞으로 더 나아갈 수 있는 방향을 제시하고 우리가 의식적으로 소유할 수 있는 안전함을 나타낸다.

**4유형이 2유형으로 나아감**

## 성장과 확장을 위해 2유형의 '스트레스-성장' 지점을 의식적으로 사용하기

4유형의 내면 흐름 성장경로는 2유형에 포함된 도전과 직접적으로 연결된다. 즉 자기기준과 타인기준 사이의 균형, 자신의 욕구 충족과 타인의 욕구 충족, 그리고 진정한 자신이 되는 것과 타인에게 적응하는 것 사이의 균형을 잡는 것이 필요하다. 스트레스 상황에서 4유형은 2유형을 향하여 억제되고 방어적이 되며, 어쩔 수 없이 호감을 얻기 위한 노력을 함으로써, 혹은 타인의 사랑이나 인정을 사려고 자신이 필요로 하는 것을 포기함으로써 2유형의 낮은 단계를 연출하게 된다. 그러나 4유형이 2유형의 '스트레스-성장' 기회에 구현된 도전들을 의식적으로 다룰 수 있게 되면, 그들은 자신의 자기도취, 강렬한 감정, 그리고 고립에서 탈피하기 위하여 2유형의 높은 측면을 활용할 수 있고, 자신이 진정으로 누구인가를 표현할 수 있는 창의적 방식을 찾아내서 타인과 관계를 맺을 때 자신을 개방할 수 있게 된다.

이와 같이 의식적으로 작업하는 4유형은 건강한 2유형이 사용하는 기법들을 사용할 준비가 되어 있다. 즉, 타인의 욕구와 선호성에 대한 민감성, 관계 속에서 가능한 것에 대한 긍정적 시각, 그리고 타인의 감정과 요구의 측면에서의 감정과 필요성들을 의식적으로 다루는 기법 등을 사용할 수 있게 된다. 다른 사람들을 기쁘게 하려는 2유형의 입장은 4유형으로 하여금 자신의 의미와 타인의 가치에 대한 시각을 확대하는 방식으로 타인에게 더욱 적응하고 지지하는 법을 배우도록 도움을 준다. 4유형은 내적 감정세계에서 길을 잃고 방황할 수 있다. 그러나 다른 사람들을 보살피기 위하여 조금 더 접근함으로써, 그들의 성장을 위하여 이러한 경향을 완화시킬 수 있다. 다른 사람들에게 지지와 이해를 제공하는 방법을 찾는 것은 4유형의 결핍에 대한 내적 경험, 또는 특정한 분위기나 감정적 반응을 지나치게 강조하는 것을 균형 잡도록 만드는 좋은 방법이다. 다른 사람에게 봉사하는 태도를 의식적으로 구현하는 것은 자신에게서 항상 보아 왔거나 가치를 두지 않았던 낙관주의, 너그러움, 그리고 쾌활함 같은 4유형의 기질을 강조할 수 있다. 자기기준과 타인기준의 의식적인 균형, 그리고 어두운 감정에 머무르는 능력과 다시 밝아질 수 있는 능력의 균형을 통하여 그들이 실제로 누구인지에 대한 보다 충만하고 전체적인 감각을 구현하는 방법으로 2유형 지점을 활용하고, '도토리'속의 자아에 대한 자기비하 경향에 대항하여 작업할 수 있다.

**4유형이 1유형으로 돌아감**

### '아이-가슴' 지점을 의식적으로 사용하여
#### 어린 시절의 이슈들을 다루고 앞으로 나아갈 수 있도록 안전감을 찾기

4유형을 위한 성장의 길은 그들 자신을 평가절하하고 질타하는 것보다 오히려 더 자신을 지지하는 방법인 자기평가, 자기훈련, 그리고 구조화를 함으로써, 그들의 능력을 되찾기를 요구한다. 어린 시절에 4유형은 자신의 이상적인 것을 사용하는 타고난 능력을 경시하고, 자신에 대하여 좋게 느끼도록 행동하는 방법으로써 규칙을 따르고 생산적이어야만 했을지도 모른다. 어린 시절의 상실이나 결핍에 대한 반응의 결과로, 전형적으로 4유형은 결점 투성이의 자아상과 뭔가 있을지도 모르는 것을 갈망하는 경험 속으로 도피하였다. 그리고 그런 상황이 4유형으로 하여금 자신의 가치를 입증하기 위하여 열심히 노력하는 데 초점을 맞추는 것을 방해하였다. 엄청난 상실감과 깊은 결핍감에 대처해야만 하였기 때문에 인정을 받기 위하여 착한 사람이 되려는 전략은 효과가 없었을 것이다.

4유형은 절망 혹은 우울함의 감정에 매달림으로써 대처하고 일어나지 않을 것이라고 믿는 것들에 대하여 희망을 가지기를 피하는 경향이 있다. 이렇게 함으로써 그들은 열심히 일해서 발생한 것을 통제할 수 있는 자신의 능력에 대한 실질적인 생각과 신념을 실행할 수 있는 적극적인 능력인 1유형의 기질을 포기해야만 한다. 그들은 상실이나 결핍의 특정 경험과 대처하는 데 초점을 두어야 하기 때문에 일상 기준과 규칙을 따르면서 자신에 대한 구조화를 제공할 수 없었을지도 모른다.

4유형은 2유형을 향한 성장과정에서 필요로 하는 지지를 얻기 위하여 자신의 생각을 드러내기 위한 행동을 하면서, 1유형의 힘을 의식적으로 끌어당길 수도 있다. 감정을 통제하거나 억누르는 것이 아니라 그들 자신이나 혹은 주변의 환경을 적극적으로 개선함으로써 더욱 완벽주의자가 되는 것은 4유형에게 통제와 성취감을 안겨줄 수 있다. 예를 들어, 내가 아는 어떤 4유형은 일을 하지 않을 때는 쉬기 위하여 정원에서 일하기를 좋아한다. 그가 심어 놓은 채소는 완벽하게 줄이 맞추어져 있고, 정원은 너무나 아름다웠다. 정원에서 일하는 것은 그에게 여유를 주고 감정을 자제하도록 하고, 타고난 창의성을 표현하도록 하는 구조화된 행동을 제공해 준다.

규칙적 패턴과 반복되는 일은 4유형으로 하여금 분위기의 기복으로 방황하는 삶 속에서 평화와 자제를 찾을 수 있도록 해준다. 자신이나 다른 사람들을 향상시키기 위하여 열심히 일할 수 있는 능력을 통합시킴으로써, 4유형은 행동하고 더욱 힘 있고 자신감을 가질 수 있다. 그 결과, 과거에 상실했던 무엇인가를 추구하면서 자신을 붙잡는 대신에 자신의 성장과 발전을 지지해줄 수 있다.

## 악덕에서 미덕으로
## 시기를 벗어나 평정을 추구하기

악덕에서 미덕으로 성장하는 여정은 에니어그램 지도가 크게 기여할 수 있는 한 부분으로, 각 유형이 시도해 볼 수 있는 더 높은 자각상태로의 '수직' 성장의 길을 보여준다. 4유형의 경우 악덕 혹은 격정은 시기이며, 그 반대인 미덕은 평정이다. 이러한 '악덕에서 미덕으로의 전환'이 전해주는 성장이론은 격정이 우리의 성격 속에서 어떻게 작동하는지 더 많이 자각하고, 상위의 미덕을 구현하고자 의식적인 작업을 많이 하면 할수록, 우리 유형의 무의식적인 습관과 고착된 패턴에서 더욱 자유로워지고 '더 높은 차원'을 향하여 발전해 나갈 수 있다는 것을 보여준다.

4유형이 시기를 경험하는 데 익숙해지고, 그것을 더욱 의식할 수 있는 능력을 발전시킴에 따라, 시기라는 격정의 '해독제'인 미덕을 행하는 데 초점을 맞추어 더 많은 작업을 할 수 있게 된다. 4유형의 경우, 평정의 미덕은 4유형이 의식적으로 그들의 높은 능력을 보여줌으로써 이를 수 있는 상태를 나타낸다.

평정은 감정적 삶을 살기도 하고, 특정 감정의 경험으로 과도하게 소진된 상태의 위나 아래, 혹은 밀고 당기는 하나의 존재 방식이다. 4유형이 평정한 상태일 때는 자신들의 감정을 느끼지만 고통 때문에 소진되지는 않는다. 그들은 자신을 버리지 않고도 특정 감정들을 스쳐가도록 놓아 줄 수 있다. 즉, 자신을 잃지 않고도 중요한 감정에 집중할 수 있다. 평정은 고차원 자아의 일부인 내면 관찰자의 지혜와 무심함을 가지고 건강한 거리를 두면서 감정을 바라보는 방식이다.

산드라 마이트리는 평정을 '모든 것이 시야에 들어온다'[2017]고 할 정도로 사물의 큰 그림을 볼 수 있는 능력이라고 하였다. 또한 '평정'은 글자 그대로 '균형 잡힌 마음'을 의미하며, 자신과 타인에 대한 균형 잡힌 시각으로 특징지을 수 있는 '감정적 균형'상태라고 하였다. 그리고 이것은 우리의 삶과 현실의 변화하는 환경을 통하여 마음을 여는 것을 배우게 됨에 따라 점차 발전된다고 하였다.[218]

시기가 당신이 필요한데 부족한 것을 다른 사람들이 가지고 있다는 인식에 기초한 감정적 반응 상태라면, 평정은 우리 자신이나 다른 사람들 그리고 삶 전체에 대한 보다 큰 시각에 근거한 개방과 수용의 장소이다. 4유형으로써 평정을 구현하는 것은 강렬하고 기복이 심한 감정을 초월하는 것을 배웠다는 의미이다. 이는 상실과 결핍의 성격에 따른 고통의 경험에 근거한다. 평정을 구현하는 것은 감정적 진실을 반영하는 방법에 당신의 감정에 가치를 부여하는 것을 의미한다. 그러나 그런 감정들에 휩쓸리지 않도록, 그리고 당신이 누구인가, 어떤 능력을 가지고 있는가를 바라보는 당신의 시각을 왜곡시키지 않도록 자신감과 이해력을 가지는 것이다. 평정은 큰 그림, 모든 감정들에 대한 가치, 특정 감정이나 결핍감으로부터 거리를 두는 것의 중요성, 풍부함의 경험으로 마음을 열도록 허용하는 것에 관심을 두기 때문에 끝없는 시기의 갈망에 대한 해독제이다.

시기가 불러일으키는 고통스러운 감정이 어떻게 악순환 속으로 몰아넣는가를 알 수 있도록 만드는 '악덕에서 미덕'으로의 작업을 하게 되면, 평정에 대한 더 넓은 시각은 그들에게 깨달음을 주어서 자신의 근원적인 선함을 알게 하고, 모든 감정들은 모두 가치가 있다는 것을 깨닫게 하고, 그들의 근본적인 전체성을 생생하게 이해할 수 있도록 만든다.

## 4유형이 악덕에서 미덕으로 성장하기 위한 하위유형별 작업

자신의 격정을 관찰하고 해독제를 찾는 작업은 각 하위유형에 따라 다르게 나타난다. 의식적인 자기 내면작업의 길은 '의지, 훈련, 은혜'[19]라는 말로 그 특징을 설명할 수 있다. 즉, 성격 패턴에서 벗어나려는 '의지', 성장을 위한 노력의 '훈련', 그리고 의식적, 긍정적 방식으로 미덕을 실현하기 위해 작업할 때 찾아오는 '은혜'인 것이다. 나란호가 각 하위유형이 성장을 위해 애쓰고 노력해야 하는 측면들이 각각 다르게 나타난다고 말한다. 이러한 통찰은 에니어그램의 각 하위유형을 이해하는 데 크게 유익하다.

### 자기보존 4유형

자기보존 4유형은 시기에서 평정으로 가는 여정에서 감정을 누그러뜨리고 다른 사람들과 공유함으로써 더 많은 내적, 외적 지지의 자원을 자신에게 허용하도록 할 수 있다. 시기는 이들로 하여금 스스로 그것을 해야만 한다고 믿도록 만든다. 그러나 타인에게 적극적인 도움을 청함으로써, 숨 쉬고 여유를 가질 수 있는 공간을 갖게 된다. 그리고 의식적으로 평정을 구현함으로써, 내면에 평화의 공간을 만들어내고 고통을 견디며 놓아버릴 수 있게 된다. 그리하여 더 많이 자신의 나약함과 더불어 살도록 하고 치유될 필요가 있는 것을 치유하게 된다. 이들은 자신을 입증하기 위한 노력하는 대신에 더 많은 밝음, 재미, 그리고 기쁨을 허용함으로써 시기를 적극적으로 놓아버릴 수 있다. 조용히 고통의 필요성을 넘어서서 모든 것을 더 단단하게 만드는 것은 자신을 더 수월하게 만들고 단순히 견디어 내는 당신의 능력만이 아니라 당신의 존재를 온전히 받아들이도록 허용한다.

### 사회적 4유형

사회적 4유형은 열등감을 완화하고 긍정적으로 자신감을 증진시키는 작업을 통하여 시기에서 평정으로 갈 수 있다. 그렇게 되면 자기 판단과 부정적 자기인식을 누그러 뜨리는 작업, 그리고 자신과 자신의 삶에서의 긍정적인 면을 과감하게 깨닫고 시기에 가득 찬 비교나 수치심에 갇히지 않도록 도움이 될 것이다. 평정을 보여주는 것은 자신의 모든 감정들에 동등한 가치를 두고, 자신의 감정과 과도한 동일시를 하지 않는 것이다. 고통을 통하여 유혹하는 대신에 자기연민을 가지고 화를 내거나 직접적으로 소망이나 감정을 표현하는 것도 괜찮다고 생각하도록 도움을 줄 것이다. 무엇보다도 당신의 모든 감정을 고려하고, 의식적으로 전체 상황을 분석하고, 당신의 감정적 고통에 너무 빠져버리는 대신에 필요로 하고 원하는 것을 얻기 위하여 행동을 취함으로써 평정을 구현하는 당신 자신을 지지할 수 있게 될 것이다.

## 일대일 4유형

일대일 4유형은 자신의 고통을 외면하거나 타인에게 투사하지 않고 그대로 자신에게 머물 수 있는 능력을 강화시킴으로써, 시기에서 평정으로의 여정을 할 수 있다. 이들은 시기, 분노, 슬픔, 그리고 취약하다는 감정을 느끼던 느끼지 않던 간에 자신의 모든 감정들을 동등하게 가치 있게 바라봄으로써 성장할 수 있다. 당신의 부드러운 감정들도 당신의 경쟁적인 충동들과 마찬가지로 중요한 고려대상이다. 평정이란 당신이 최고이거나 다른 사람보다 더 우수하지 않을지라도 당신의 존재를 인정하는 것을 의미한다. 어느 누구도 가치 있기 위하여 최고임을 입증할 필요는 없다. 우리는 모두 내재적으로 충분히 훌륭하다. 당신이 경험하거나 무의식으로 격하시켰던 깊은 고통의 감정에 대한 중요한 단서로써 분노, 좌절, 그리고 조급함을 스스로 볼 수 있도록 하라. 자신의 모든 감정들을 경험하고, 그것이 모두 누군가에 대한 감정적 진실의 중요한 반영이라는 사실을 스스로 기억함으로써, 자신과 타인에게 더 많은 연민을 가질 수 있게 되며, 주변의 사람들로부터 사랑과 인정을 받는 데 더욱 개방될 수 있다.

## 결론

    4유형의 원형은 사랑받기 위하여 특별한 무엇이 되어야만 할 것을 요구하는 세상에서 상실에 대한 통제나 방어하는 방법으로서 우리가 자신의 결함에 초점을 맞추고 스스로 불완전하다고 느낄 때 모두 내버려질 것을 두려워하는 모습이다. 4유형의 성장경로는 우리의 갈망과 고통을 어떻게 내재되어 있는 사랑받을 만함에 대한 자신감으로 변형시킴으로써, 우리가 누구인가 그리고 무엇을 할 수 있는가에 대한 완전한 경험에 이르도록 깨닫는 방법을 보여준다. 4유형의 하위유형에 있어서 평정이 우리의 감정적 본질과 근본적인 온전함에 가치를 둘 수 있는 방법을 가르쳐 주는 특별한 특성을 볼 수 있다. 그리하여 자기관찰, 자기이해, 자기발전, 그리고 자기수용의 통합을 통하여 우리 자신을 더욱 성장시킨다.

# 제9장
## 3유형의 원형: 유형, 하위유형, 성장경로

우리에게 진정한 벌을 내릴 수 있는 유일한 거짓말은
자신에게 하는 거짓말이다.

– 비디아다르 수라지프라사드 나이폴V. S. Naipaul

3유형은 열심히 일하고 외모를 잘 가꿈으로써 다른 사람에게 존경을 얻고, 자신의
가치와 성공의 이미지를 만들어내는 사람의 원형이다. 이런 방식은, 성취와 매력에 대
해 보상하고 눈에 보이는 것들을 강조하는 세상에서 방어적인 보호 기능을 한다.

이 원형은 융의 '페르소나'의 개념으로 개인의 '적응 시스템 또는 그가 세계를 다루
는 방식이며' 배우가 연기할 때 쓰는 가면을 나타내는 말이다.[1] 페르소나는 자신이 사
회적으로 어떻게 보이는지를 인식한다는 의미이며 우리가 수행하는 역할이나 다른 사
람에게 보여주는 '외적인 자아개념의 모습'을 표현한다.[2] 페르소나는 외적이며, 공동체
적인 현실에서 그 모습과 기능을 취한다.

3유형은 내면 자아와 사회적 환경 사이를 중재하고, 이 세상에서 살아남기 위해 보
여주는 공적 얼굴로서 우리 모두가 가지고 있는 성격의 원형이다. 이는 좋은 모습만을
보여주며 자신을 보호하고 적극적으로 알리기 위해서 사회적 가면을 쓰려는 욕구이다.
이들은 인정이나 승인을 얻기 위해 사회의 이상적인 가치와 지위, 훌륭하게 보이는 것
을 우선시하는 태도를 취한다.

이들은 자신이 만들어낸 사회적 가면과 어울리지 않는 '진정한 자신'의 모습을 덮어버리거나 억제하려고 필사적으로 노력한다. 그로 인해 다른 사람에게 보이려고 만들어낸 이미지를 방해하는 깊은 감정과 만나지 못하는 경향이 있다. 그래서 페르소나와 과도하게 동일시하면서 자신이 진정으로 누구인가를 잘 알지 못한다.

3유형의 모습은 '시장'의 가치를 강조하는 미국문화에서 찾아볼 수 있다. 기업들은 이익을 극대화하기 위해 즉, 이윤과 업무에 우선순위를 두기 때문에 많은 고객을 확보할 수 있도록 포장과 광고에 신경을 쓰고, 제품을 판매하고 경쟁하는 환경 속에서 '이기는 것'에 초점을 둔다. 열심히 일해서 신분이 상승하고 '무일푼에서 부자'가 된 이야기처럼 판에 박힌 성공의 상징물들(집, 좋은 차, 별장)을 구입함으로써 입증해 보이는 '아메리칸 드림'도 3유형의 핵심 주제를 반영하고 있다. 미국의 대중매체는 사물의 피상적인 매력만 강조하고 사물의 깊이는 종종 생략해 버린다.

이와 같이 3유형의 원형은 경쟁과 이기는 것을 강조하는 사회 및 사회적 상호작용의 핵심요소인 마케팅과 영업에 매진하는 상업주의에서도 볼 수 있다. 즉 기업들이 인기, 수익, 최고라고 인정받는 성공을 얻기 위해 경쟁하고 힘들게 노력하는 모습에서 많이 나타난다.[3]

3유형은 열심히 일하고 좋은 인상을 주는 방법을 알고 있다. 그들은 매우 유능하고 효율적으로 일하기 때문에 많은 노력이 요구되는 일도 쉽게 하는 것처럼 보인다. 자신에게 동기를 부여하기 위해서 목표를 세우는 일이 능숙하며, 그 목표를 성취하는 데 수완이 있고 생산적이다. 또한 다른 사람에게 자신을 어떻게 보여줘야 할지 알고 있으며, 어떤 상황에서든지 요구하는 이미지에 자신을 잘 맞춘다. 그들의 특별한 '초 강점'은 목표에 다다를 수 있는 가장 빠른 지름길을 찾아내서 일을 성사시키는 능력이다. 일이 진행되는 동안 줄곧 좋은 이미지를 유지하며 방해물을 치워버린다. 그리고 성공과 유능함의 이미지를 물씬 풍기면서 목표 달성에 필요한 과업을 완성하고 근면하게 일함으로써 자신의 성공을 확신한다.

3유형의 재능과 강점은 또한 치명적인 결함이나 아킬레스건이 되기도 한다. 이들은 너무 과하게 일을 해서 탈진하고, 목표를 성취하기 위해 선택한 페르소나에서 벗어나지 못해 진정한 자신을 알지 못한다. 그리고 일이 끝날 때까지는 다른 사람에게 둔감하거나 무정하다. 그러나 업무와 성과에 대한 집중과 더불어 자신의 진정한 욕구와 감정에도 초점을 두면서 균형을 이룰 수 있다면, 창의적인 목표를 현실화하는 기술과 자신이 누구인지에 대한 깊은 알아차림이 한데 어우러져서 자신과 다른 사람의 삶을 향상시키는 긍정적인 결과를 얻을 수 있을 것이다.

## 호메로스의 작품, 『오디세이아』에 나오는 3유형
## 스킬라와 카리브디스를 통과하면서 트리나키아에 상륙

여신 키르케는 오디세우스에게 세이레네스를 통과한 후에 좁은 뱃길을 따라 항해하게 될 것이라고 말하였다. 그리고 6개의 머리가 달린 스킬라가 6명의 선원을 해칠 것임을 알고 있었던 키르케는 오디세우스에게 이 위험한 해협을 가능한 빨리 효율적으로 통과하라고 충고한다.

오디세우스는 그의 선원들과 이타카로 돌아가기 위해 분투하는 과정에서 리더십이 요구되는 많은 상황에 직면하게 된다. 여정의 중심이 되는 이 상황에서 목표 달성에만 집중하는 외골수적인 오디세우스의 모습과 불법적으로 힘을 잡은 자의 처참한 결과를 보게 된다.

오디세우스는 스킬라(머리 6개가 달린 흉악한 괴물)와 카리브디스(피할 수 없는 죽음의 소용돌이)라는 두 가지의 끔찍한 장애물들 사이로 배를 조심스럽게 운항해야 한다는 것을 알고 있다.

그는 이 장애물을 피할 수 없었기 때문에 현실적으로 위험하지만 항로를 바꾸지 않고 장애물을 정면으로 똑바로 지나가겠다는 목표를 두었다. 그는 스킬라에 대해 선원들에게 말하지 않기로 했는데, 그 이유는 항로를 유지하면서 소용돌이에 걸려 배가 완전히 파괴되는 것을 피하기 위해서는 적어도 6명의 선원들이 희생되어야 한다는 것을 알고 있었기 때문이다.

오디세우스는 이러한 상황에 적합한 인물이다. 그는 자신의 목표를 향해 효율적이며 지속적으로 헤치고 나가야 한다는 것을 알고 있고, 정보를 통제하며 중대한 결정을 내릴 수 있는 힘이 있다. 그의 선원들은 그 위기의 순간에 명령을 따르는 데 주저하지 않았고 비록 6명의 선원은 죽었지만 나머지 모두는 살아남았다.

트리나키아 섬에 도달했을 때 오디세우스는 선원들에게 풀을 뜯고 있는 살찐 소를 잡아먹지 말라는 강한 경고를 내렸다. 그 소는 '모든 것을 보고 듣는' 태양신 헬리오스의 재산이었기 때문이다.[4]

선원들은 음식이 떨어질 때까지는 그 명령을 준수한다. 그 후 오디세우스가 잠이 들자, 그의 부사령관인 에우리로코스가 굶어죽느니 차라리 바다의 신에게 죽임을 당하는 것이 낫겠다며 선원들을 설득한다. 그들은 태양신만이 가지고 있는 특권과 힘을 그들 자신이 가졌다고 여기며 헬리오스의 소를 잡아서 연회를 열었다.

오디세우스가 잠에서 깨어났을 때는 이미 너무 늦었다. 오디세우스가 바람이 잔잔해졌을 때 부하들에게 바다로 나오라고 명령을 한다. 제우스는 지체 없이 배와 선원을 파괴하고 오디세우스 혼자만 살려두었다.

이 이야기는 3유형 성격의 힘과 위험을 상징한다. 오디세우스가 보여준 진정한 리더십은 끔찍한 상황에서도 최대한 많은 사람을 구했다. 그러나 그가 없는 상황에서 부하들은 3유형처럼 행동하다가 실제로 가지고 있지 않은 힘을 가진 것처럼 착각해서 죽음을 자초하고 말았다.

# 3유형 성격 구조

'가슴기반' 또는 '감정기반'의 유형들 중 하나인 3유형의 성격 구조는 슬픔 혹은 비통의 감정과 연관된다. 3유형은 자신의 특유한 이미지를 만드는 데 초점을 두며, 주로 정서적 공감을 통해 타인과 관계를 맺는다. 이들의 '감정'은 다른 사람들과 연결되고자 하며, 정서적인 유대 관계 속에서 상대의 상황을 잘 읽어낼 수 있는 능력을 만들어준다. 가슴 중심들의 중요한 관심은 관계이기 때문에 사랑이나 타인의 인정을 얻기 위해 필요한 이미지를 잘 알아차린다.

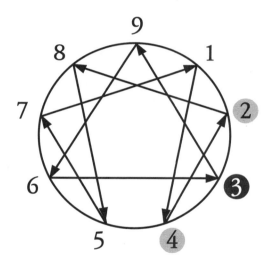

가슴 중심 유형 중, 4유형은 비통에 지나치게 매달리고 2유형은 자신의 슬픔 때문에 갈등하고 있는 반면, 3유형은 자신의 목표를 달성하는 데 방해가 되지 않도록 습관적으로 감정을 마비시켜 비통을 충분히 느끼지 못한다.

가슴 중심 유형의 슬픔은, 존재 자체로 사랑받지 못한다는 느낌과 자신들이 원하는 사랑을 얻기 위해 자신의 진정한 존재를 부인하고 특별한 이미지를 만들어서 자신의 참 자아를 잃은 것에 대한 비통함을 반영한다. 가슴 중심 유형 모두의 핵심 주제는 자신이 누구인지 모른다는 것과, 타인에게 받아들여지며 사랑받아야 한다는 욕구가 충족되지 않은 것과 관련이 있다. 그들 각각의 대처전략은 세 가지로 뚜렷하게 구별된다. 이 전략은 유형별로 각자가 추구하는 사랑을 대체하는 방식으로 다른 사람들의 인정을 얻도록 설계되었지만 그 이면에는 그것을 얻을 수 없다는 두려움도 존재한다. 이 전략에 따라 2유형은 사랑스럽고 기쁘게 해주는 이미지를 얻으려고 애를 쓰고, 4유형은 독특하고 특별한 사람으로 보이려 하며, 3유형은 성취와 성공의 이미지를 만들어 낸다.

3유형에게는 일을 성취하고 좋은 인상을 주는 것이 생존과 행복으로 이어지는 길처럼 느껴진다. 그들은 가슴 지능을 사용하여 다른 사람이 감탄할 만한 것을 자동적으로 알아차리고 그렇게 자신을 만든다. 업무를 잘 수행하고 목표를 달성하며 일반적인 기준으로 보았을 때 성공이라고 할 수 있는 세련된 이미지를 구축하면서 다른 사람들에게 자신의 가치를 증명해 보인다.

## 3유형의 어린 시절 대처전략

3유형은 어렸을 때부터 자신이 행한 일 때문에 사랑받고 있다는 메시지를 받았다고 말한다. 아이의 특별한 성취에 대해 부모가 좋은 의도를 가지고 은근히 또는 대놓고 칭찬을 하면, 이 아이는 다른 사람의 지지, 인정 및 찬사를 얻는 길은 성과를 거두고 과제를 성공적으로 수행하는 것이라고 믿는다. 이들은 개인으로서 자신의 존재가 아닌 자신이 하는 일에 따라 사랑받는다는 느낌을 발달시킨다. 이것은 부모의 기대와 전통적인 성취기준의 이상에 부합하는 대처전략을 채택하게 한다. 따라서 존경받고자 하는 욕구는 '진정한 자신'의 모습으로 인정받기보다는 오히려 뭔가를 성취했을 때 칭찬받았던 어린 시절의 경험에서 나온 것이다.

위의 경우와 달리 3유형의 아이들이 원하는 관심을 받지 못하면, 사람들의 관심을 끌고자 하는 동기를 느끼고 다른 사람들에게 깊은 인상을 심어주기 위해 자신을 돋보이고 주목할 수 있는 행동을 한다. 이들은 무시당하는 것을 피하기 위해 엄청난 노력을 쏟아부어 성공에 이른다. 예를 들어, 어렸을 때 부모의 지지나 보호가 부족했던 일부 3유형은 생존하기 위해 행동하는 법을 배운다. 특히 전형적인 남성성(능동적, 보호적, 생산적)의 원형인 아버지를 잃었다면, 그 간극을 채우기 위해 최고의 능력자가 될 필요성을 느낄 수 있다.

사랑을 얻기 위해서 어떤 방식으로든 자신이 존중받을 만한 사람임을 입증해야 한다는 인식을 하면, 다른 사람이 가치 있게 여기는 것에 자신을 동일시하면서 생존 전략으로 발전시킨다. 또한 다른 사람들이 좋아하고 존경하며 성공했다고 여기는 것에 대해 민감한 레이더나 안테나를 가지고 있다. 그래서 다른 사람이 성공과 성취와 연관시키고 있는 것이 무엇이든지 그것을 하고 있거나 가지고 있는 사람으로 변한다. 다른 사람들이 필요로 하고 좋아하는 것을 알아내고 그에 맞춰 행동하는 2유형의 전략과 유사하게 3유형은 능력 있고 매력적이며 높은 지위의 이미지에 맞게 모습을 변화시킨다. 따라서 3유형은 목표를 달성하고 좋은 인상을 심어주는 것뿐만 아니라 뛰어난 경쟁력을 갖는 것과 이기는 것에 중점을 둔다.

어렸을 때 주목받지 못했거나 성과가 인정과 관련이 있다는 인식을 하게 됨으로써 자극을 받은 3유형의 전략은 성과에 초점을 두고 고통스러운 감정을 방어하기 위해 노력한다. 따라서 이들은 '행함'을 '감정'보다 우선시한다. '감정'은 행함의 장애가 될 수 있기에 회피하고 '행함'은 다른 사람들에게 원하는 반응을 이끌어냄으로 여기에 집중하다보면 '존재'는 맹점이 된다. 당연히 이것은 3유형을 '존재로서의 사람'이 아니라 '행동하는 사람'으로 이끈다.[5]

그래서 이들은 자신의 이미지와 일을 동일시함으로써 무조건적인 사랑을 제공하지 않는 세상에 대처한다. 자신이 만든 이미지와 자신은 동일하다고 보며, 자신의 일이 자신이라고 믿는다. 그들이 통제할 수 있는 것이 이미지와 일로 나타나기 때문에, 3유형은 다른 사람들이 존경하는 이미지에 맞추려고 노력한다. 또한 무슨 수를 써서라도 실패는 피하고 사회적 통념에 맞는 성공에 도달하고 인정받기 위해 열심히 일한다.

어머니는 내가 참 착한 아기였다고 말씀하시곤 했습니다. 어머니가 오빠를 쫓아다니느라 나를 아기놀이 울타리에 몇 시간 동안 두어도 잘 놀았습니다. 어렸음에도 불구하고 저는 그게 자랑스러웠습니다. 다른 사람들이 어머니의 행동에 얼마나 충격을 받았는지 알게 된 후에야 비로소 이런 '자부심'이 잘못되었다는 것을 깨달았습니다. 나는 관심 받지 못하고 있다는 두려움과 상호의존이 심한 엄마의 간섭을 받지 않고 사는 나의 능력에 대한 안전감 사이에서 늘 오락가락 했습니다. 오빠는 20대 초반에 정신분열증 진단을 받았고 29살에 자살을 했습니다. 나는 종종 오빠 뒤에 가려져서 이미지를 관리할 필요가 없었음을 느끼곤 했습니다. 당시 어머니에게 관심을 받지 못하고 나 자신만을 위해 행동할 수 있었던 삶이 오히려 나를 살렸습니다. 그 당시 정신과의사들은 대놓고 어머니를 탓했습니다. 그래서 어머니는 엄청난 죄책감에 시달리셨습니다. 나는 부지런하고 믿을 만한 모습을 통해 내 걱정은 하지 말라고 어머니를 안심시켜 드렸습니다. 그러다보니 집안에 일이 생기면 항상 내가 나서야했습니다. 무슨 일이 생기면 네 자녀들 중 셋째인 내 전화벨이 제일 먼저 울립니다. 나는 95세 아버지께서 수술 후 집으로 돌아오는 것을 도와드리고 방금 돌아왔습니다. 내 남동생과 언니는 나보다 먼저 그곳에 와있었습니다. 아버님의 친구분이 나에게 '네가 오니 일이 제대로 되는구나'라고 말씀하셨습니다.

자기보존 3유형으로서 나는 무엇이 행해져야 하는지와 어떻게 효율적으로 그것을 해야 하는지 본능적으로 압니다. 사람들이 나에게 일을 떠맡기도록 기대감을 준 장본인이 바로 나라는 것을 인정하기가 아주 어려웠습니다. 그래서 최근 몇 년 동안 나는 한 걸음 물러서는 흥미로운 경험을 하고 있습니다. 일에 뛰어들기 전에 스스로 이런 질문을 해 봅니다. '이거 꼭 해야만 하는 일일까?' '지금 당장 해야 되는 일인가?' '내가 꼭 해야 되는 일인가?' 필요하지도 않은 일들을 그동안 내가 얼마나 많이 '행했었는지' 보는 것은 놀라운 일이었습니다.

몇 년간 '나는 괜찮아'를 입에 달고 살았습니다. 나는 좋은 인상을 보여주려 한다는 3유형에 관한 설명에 항상 발끈했었습니다. 자기보존 3유형은 그들이 모든 것을 가지고 있는 것처럼 보이기를 원하지만 의식적으로는 그런 이미지를 원하지 않는다고 합니다. 즉 '허영을 가지고 있지 않다는 허영'을 가지고 있는 것입니다. 나는 나의 본질을 발견했다는 것을 알았습니다. 나는 그게 사실이라는 것을 알았지만 기쁘지는 않았습니다. 최근에 발목을 다쳐서 다른 사람의 도움을 받을 때 나의 반응을 살피고 관찰할 기회가 있었습니다. 본능적으로 '나는 괜찮아'라는 마음이 올라와서 의식적으로 그것에 대응해야 했습니다.

내가 직면했던 또 다른 도전은 내 감정을 느끼고 인식하는 것입니다. 자주 농담으로 '3유형은 감정을 있는 그대로 수용하지 않고, 느긋해지는 것을 좋아하지 않는다.'라고 말했습니다. 룻 젠들러J. Ruth Gendler의 「특성」Qualities이라는 책에서 놀라운 발견을 했습니다. 그는 이 책에서 수많은 감정을 마치 사람처럼 묘사했습니다. 이 책은 내가 엄마를 걱정시키지 않으려고 회피했던 영역에 접근할 수 있도록 도와주었습니다. 그리고 오빠를 잃은 감정에 진실하게 다가갈 수 있는 문을 열어주었습니다. 내가 그냥 지나쳐 버렸던 다른 감정까지 느낄 수 있도록 길을 잘 다듬어주었습니다. 이제는 괜찮지 않은 것이 괜찮습니다.

## 3유형의 주요 방어기제 동일시

3유형이 일찍부터 대처해온 전략과 관련된 방어기제는 동일시identification이다. 특정한 이미지나 모델을 찾아서 맞추고 동일시하며, 다른 사람들이 가치 있게 여기는 사람이 됨으로써 3유형은 인정의 욕구를 충족시키려 노력한다. 존재로는 사랑받지 못하는 고통을 방어하기 위해 매력적인 이미지를 만들고 이로 인해 자신이 누구인지에 대한 전체적인 이미지를 잘못 취하기 시작한다. 그들은 자신에게 반응하는 사람들을 통제하기 위해 만든 이미지와 지나치게 동일시한다. 이 과정 속에서 그들 자신이 그 이미지와 같지 않다는 사실을 잊을 수도 있다. 그들의 모습은, 인간이 성격과 동일시되면 존재 자체가 페르소나 이상이라는 것을 깨닫지 못하게 되는 원형을 보여준다.

'동일시'는 방어기제로 정확히 어떻게 작동하는가? 누군가와 동일시하거나 모델링하는 것은 일반적이고 정상적인 것처럼 보일 수 있어서 동일시가 심리적 방어로 여겨지는 것조차도 이상하게 생각할 수 있다. 어떤 종류의 동일시는 방어적인 요소가 거의 없다는 것이 사실이지만, 많은 경우는 불안, 비통, 수치심 또는 기타 고통스러운 느낌을 피하고 싶은 욕구에 의해 동일시가 작동한다. 동일시는 또한 불안정한 자아개념을 지탱하거나 자존감을 일으킬 수 있는 방법이 될 수 있다.[6]

어릴 적에 우리는 사랑이 의도적으로(일부는 무의식적이기도 하지만), 조건부로 허용된다는 것을 경험한다. 이러한 어린 시절의 경험과 관련된 고통스러운 감정에 대한 방어로써 동일시가 작동되어 다른 사람이나 이상화된 특정 부류의 사람들처럼 되려고 한다. 다른 사람의 특성이나 다른 사람들이 존경하는 이미지를 채택함으로써 당신의 존재가 드러나지 못하거나 사랑받지 못한 것에 대한 두려움 속에서 자라나는 힘든 감정의 어려움을 줄일 수 있다.

일반적으로 3유형은 정확히 무엇과 동일시하는가? 나란호는 '3유형은 다른 사람들의 기대에 대한 반응으로 구축된 이상적인 자아상과 동일시'한다고 설명한다.[7] 이는 종종 부모가 중요하게 여기는 이상적인 특성을 맞추기 위한 방어적인 노력으로 시작된다. 자신이 깊은 인상을 남기고 싶은 사람이 중요하다고 여기는 모습 즉, 그들이 감탄하고 존중하고 싶은 사람으로 자신을 수동적으로 변화시킨다. 3유형은 인정받기 위해 다른 사람들이 귀중한 것으로 여기는 특징을 알아차리고 채택하여 외부의 모델과 일치하도록 노력한다.

## 3유형의 주의초점

3유형은 사랑과 인정이 성과에 달려 있다는 메시지에 사로잡혀 있다. 그 결과 이들은 목표와 업무를 달성하고 다른 사람들의 눈에 성공적인 이미지를 창출하는 데 집중한다. 업무와 목표가 무엇이든지 마치 레이저 빔처럼 초점을 맞출 수 있는 이들의 능력은 사회적으로 성공하거나 가치 있는 사람이 되는 데 도움을 주고 높은 수준의 성공을 거둘 수 있게 한다. 그러나 그 과정에서 자신의 감정과 진정한 자아개념이 희생되는데, 그것은 자신의 이미지와 별개로 자신이 누구인지에 대해서는 주의를 두지 않기 때문이다. 그들은 주로 다른 주제에 초점을 맞추기 때문에 자신의 내면에서 일어나고 있는 일에 많은 관심을 기울이지 않는다.

3유형은 목표를 달성하기 위해 해야 할 일에 너무 집중하기 때문에 원하는 결과를 향해 나아가는 것을 막는 장애물을 과도하게 의식하는 경향이 있다. 내가 아는 어떤 3유형은 자신이 장애물의 잠재적인 가능성에 대해서 재빠르게 경계를 세우는 경향을 가지고 있다고 말했다. 3유형은 목표에 이르는 길에 예리하게 초점을 맞추고 있기 때문에 자동적으로 목표를 향해 나아가고 그것을 더디게 만드는 모든 환경적인 요소를 다룬다.

3유형의 경우, 휴가 및 여가 시간도 해야 할 일의 관점에서 짜여 진다. 빈번하게 리스트를 작성하는 이들은 성취해야 할 과제, 생산해야 할 결과, 시간을 채울 수 있는 방법 등의 측면에서 삶을 조직화하는 데 주의가 집중된다(예: 활동의 틈 사이로 감정이 드러나는 것을 피할 수 있도록). 과업이 성취 된 후 목록에서 완료된 것을 확인하는 것은 이들에게 대단한 만족을 준다.

이들은 다양한 활동에 주의를 기울이는 데 능숙하기 때문에 멀티태스킹이 된다. 그들은 시간 낭비 없이 가능한 가장 신속하고 효율적인 방법으로 작업을 끝내고 최대한 많은 작업을 수행한다. 한 번에 빠른 속도로 여러 가지 일을 할 수 있는 쉬운 방법을 찾을 수 있다고 말한다.

또한 그들은 주의초점을 '대중'에게 둔다. 타고난 실행자인 이들은 다른 사람들에게 초점을 맞추고 자신의 프레젠테이션에 사람들이 어떻게 반응하는가를 통해 인정을 받으려고 자신의 관심과 노력을 기울인다. 나란호는 3유형을 '마케팅 지향'이라고 묘사한다. 훌륭한 마케터는 대상 고객의 가치와 욕구를 알아낸 다음 잠재 고객의 반응을 기반으로 프레젠테이션하기 때문이다. 이들을 '카멜레온'이라고 특징짓는 이유이기도 하다. 이들은 모든 상황과 맥락에서 누군가에게 어떻게 보여야 하는지에 대한 완벽한 모델과 자신을 매치하는 자동적인 능력을 가지고 있다. 이런 방법으로 페르소나를 만드는 3유형의 재주는 에고를 보호하고 유용한 '도토리 껍질'을 만드는 방식이지만 궁극적으로 껍질을 깨고 나오지 못한다면 스스로를 제한하게 된다.

## 3유형의 감정적 격정 허영

3유형의 격정은 허영이다. 허영은 '다른 사람의 시각에 따라 살아가는 것'이며,[8] 타인에게 감탄을 불러일으키고 '다른 사람이 기대하는 경험이나 환상에 맞추어' 살아가기 위해 거짓 이미지를 보여주도록 동기를 부여한다.[9] 따라서 허영은 3유형이 무의식적으로 '진정한 자아'가 아닌 외부에서 다른 사람들이 기대하는 상상의 이미지로 대체되어 살게 한다.

여기서 허영이란 보편적으로 수용되는 기준에 근거해서, '성적 매력을 계발하거나 성공과 성취를 통해 주목을 끌고 빛나고자 하는' 충동이다.[10] 이것은 많은 노력을 필요로 하므로, 이들은 행동 지향적이며 일을 잘 수행하기 위해 애를 쓴다. 또한 이들은 '박수갈채를 받고 드러내기를 좋아하고 연기하는 재주'를 가지고 있다.[11] 겉으로 보이는 것에 중점을 둔 허영에 좌우될 때, 3유형은 '내면을 성찰하는 능력을 거의 없고',[12] '자기 자신과 함께 존재하는 자신만의 시간을 남겨두지 않은 채' 항상 무언가를 행하고 있다.[13]

초기 기독교 묵상의 전통에서 우리가 에니어그램에서 발견한 것과 동일하게 격정에 대해 표현한 것을 볼 수 있다. 허영은 허영심Vainglory이라 불리며 '사회적 만남에 대한 환상을 가지고 부지런함을 과시하며 진실과 상반되고 특권을 갈망하며, 최고라는 타이틀과 찬양받는 것의 노예가 되는 것이다'라고 표현되어 있다.[14]

3유형의 허영은 긍정적인 인상 즉 지위, 자질, 매력과 같은 전통적인 가치들을 잘 구현해내어 다른 사람에게 인정받도록 설계된 특정 이미지를 보여주려는 욕구이다. 이런 이미지의 계발을 통해 만족을 얻으려는 성격의 욕구가 있다. 이들은 겉모습을 통해 삶을 살아가기 때문에 다른 사람의 관점에서 자신이 어떻게 보이는지에 대해 끊임없이 사로잡히게 된다. 그들은 자신을 멋지게 포장하고, 사람들이 존경하고 감탄할 만한 사람으로 자신을 알리면서 스스로 마케팅하고, 역할을 잘 수행하거나 그 일부분을 연기하는 데 능숙해진다.

## 3유형의 인지적 오류
### 다른 사람이 보기에 내가 이렇게 좋아보이는데, 감정이 무슨 필요가 있나?
### 내가 하는 것이 곧 나이다

우리는 모두 신념, 감정 및 행동에 영향을 주는 습관적인 사고방식에 갇혀 있다. 이러한 사고방식은 전반적인 시각을 만들어내는 우리의 정신적 모델이 더 이상 정확하지 않은 이후에도 계속된다.[15] 격정은 성격의 감정적 동기를 형성하는 반면, '인지적 고착' 또는 '인지적 오류'는 성격의 사고 과정을 사로잡는 패턴이다.

3유형의 인지적 고착은 기만이다. 3유형의 사고를 형성하는 핵심 원리는 대중들에게 알리기 위한 이미지를 만드는 데 따르는 '자기위조'를 의미한다. 성격의 정상적인 기능으로 3유형은 자신이 누구인지에 대해 세상에 '거짓말'을 하지만 대부분 의도적으로 하지는 않는다. 대신에 이들의 사고 과정은 핵심 감정의 동기와 마찬가지로 사람들에게 깊은 인상을 심어 주기 위해서 작동된다.

따라서 3유형이 특정 이미지를 만들어 외부 세계에 보여줄 때, 대부분 자기기만에 걸려 있다. 그들은 자동적이고 무의식적으로 사람들이 반응하는 방식에 영향을 주기 위해 거짓으로 표현하고, 거짓 이미지가 실제 자신이라고 종종 믿는다. 또한 내면의 자신이 누구인가와 좋은 인상을 남기기 위해 조작한 이미지 사이에 차이가 있다는 것을 의식적으로 알아차리지 못할 수도 있다. 3유형의 기만은 내면 깊은 수준에서 일어나는 속임수이기에, 우리가 일반적으로 생각하는 '기만'이 아니다. 그들은 사람에게 긍정적인 밝은 면을 보여야만 한다는 욕구가 너무 강해서 실제 자신이 누구인지에 대해서 스스로 거짓말을 한다.

이러한 기만이나 자기위조의 정신적 상태와 관련된 3유형의 핵심 신념, 가정assumptions 및 사고thoughts에는 자신들의 전략을 지지하는 생각들과 합리화가 포함된다.

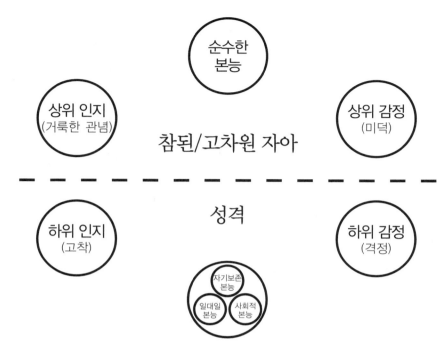

이들의 핵심전략은 이미지를 유지하면서 생산성을 높이고 효율적으로 일을 완성하는 것이다. 3유형의 사고와 감정, 행동의 습관적인 패턴을 만드는 정신적 기본 구조나 핵심 신념은 다음과 같다.

- 사람들은 성공과 업적에 대해 감탄하고 존경한다. 다른 사람들에게 존경을 얻으려면 성공하고 성취해야 한다.
- 당신이 높은 지위를 얻으면, 당신은 사회적인 관점에서 가치 있는 사람이다.
- 특별한 목표를 성취하기 위해 열심히 일하는 것은 내가 하는 일을 통제하고 나를 성공시킨다.
- 일을 완수하고 생산적으로 일하는 것이 나의 행복을 지원한다.
- 목표를 설정하는 것은 조직적으로 일하고 일을 완수하며 성공을 달성하는 중요한 방법이다.
- 특정한 목표를 달성하는 것은 노력에 달려있다. 나는 목표를 달성하기 위해서는 무엇이든지 열심히 일하고 그 길에 있는 어떤 장애물도 제거한다.
- 이미지와 외모는 중요하다.

□ 내가 어떻게 보이고 무엇을 했는지가 타인이 나를 어떻게 생각하고 느끼는지 말해
준다.
□ 사람들이 당신을 좋게 생각할 수 있도록 모든 상황에 맞는 이미지를 갖는 것이 중요
하다.
□ 감정은 일을 완수하는 것만큼 중요하지 않다. 감정은 일을 처리하는 데 방해가 되고
시간 낭비일 수 있다.

이런 3유형의 신념과 반복적인 사고들은 사회적으로 능숙하게 자기표현을 하고 지
속하게 한다. 이러한 표현은 사람들에게 긍정적인 관심을 불러일으키기 위해 그들이
고안한 것이다. 이들이 이러한 정신적 상태를 더욱 강하게 고수하면, 즉 '최면상태'에
있으면 성격과 동일시하는 것을 멈추고, 자신의 진실한 감정을 느끼고 생각을 하면서
본질로 돌아가는 것이 훨씬 더 어려울 수 있다.

### 3유형의 함정

**나는 성공한 이미지를 가지고 있고,
나 자신의 진짜 모습보다 그 이미지를 더 좋아한다**

각 유형이 명확하게 구별되듯이, 3유형의 인지적 고착은 성격이 제자리를 맴돌게
한다. 그것은 성격의 한계는 해결할 수 없다는 본질적인 '함정'을 보여준다.

3유형이 사랑을 얻기 위해 이미지를 만들 때 실제 사랑받는 대상은 그 이미지일 뿐,
반드시 그 뒤에 있는 사람 자체가 될 필요는 없다. 이것은 그들이 존재 자체로는 사랑
받을 수 없다는(따라서 사랑을 얻기 위해 이미지를 만들어야 한다는) 3유형의 신념을 강화시킨다.

그들은 다른 사람들의 눈에 긍정적으로 보이기 위해 가치 있는 이미지와 동일시한
다. 그러나 원하는 감사나 사랑을 받기 위해서 자신의 '본성'을 인식하지 않는다. 또한

모든 일을 할 때 일하기 편하도록 자신의 감정을 분리시킨다. 그래서 이들은 자신의 감정 경험에 기반을 두고 있지 않기에, 자신의 모든 노력을 통해 얻은 사람들과 진정한 관계를 맺을 수 없다. 열심히 일하고 잘 보이고자 하는 욕구 때문에 자신이 아닌 다른 사람으로 살면서 자신이 진정으로 누구인지를 잃어버리게 된다. 또한 다른 사람들과 긍정적인 관계를 맺기 위해 필요한 모습의 사람이 되려고 한다. 그러나 자신의 실제가 아닌, 가치 있다고 여겨지는 이미지로 살아가기 때문에 진정한 사랑과 연결되지 못하는 경우가 많다.

## 3유형의 대표적 특징

### 1. 타인지향

다른 사람들이 보기에 3유형은 자신의 이익을 얻고, 사람들에게 매력적으로 보이기 위해 자신을 어떻게 나타낼지도 알며, 목표 설정을 잘하고 그것을 달성하며, 자신의 개인적 갈망을 쉽게 나타내 보이기 때문에 자기지향적이라고 생각하기 쉽다.

그러나 평균 의식수준에서 3유형의 성격은 청중에게 인정받는 것을 중심으로 형성된다. 대중 소비를 위한 이미지를 만드는 전략은 타인의 관심을 끄는 욕구를 기반으로 하고 청중을 정확히 읽는 능력이 있으며 타인이 가치가 있다고 느끼는 것을 반영하거나 그렇게 여겨지는 사람이 된다. 따라서 똑똑한 마케팅 전문가와 같이, 다른 사람이 감탄하는 것에 대한 신중한 평가를 바탕으로 일을 하고 타인에게 좋은 인상을 남기기 위해 외모를 가꾼다.

### 2. 성취

3유형은 성취 성향을 가지고 있다. 즉, 사회적으로나 문화적으로 성공한 사람이라는 개념을 기반으로 목표를 설정하고 그것을 달성하기 위해 열심히 노력하는 성취가라는 의미다. 성취에 초점을 두는 것은 이들이 시간 낭비 없이 가능한 한 많은 일을 할 수 있도록 효율성에 가치를 부여하고 빠른 속도로 움직이는 것을 뜻한다. 이들은 성취하려는 욕구가 너무 강렬해서 일에 중독될 수 있고, 그들이 하는 모든 것에서 휴가를 내거나 멈추거나 속도를 늦추는 것은 어렵다.

성취를 위한 3유형만의 공식이 있다. 외부 세계에서 자신의 능력을 억제하는 습관적인 패턴을 가진 다른 성격 유형과는 달리, 3유형의 대처전략은 서구문화에서 생산적이고 좋은 방식으로 볼 수 있는 것에 더 일치한다. 그들의 목표와 과업 지향성, 긴 시간 동안 열심히 일하고자 하는 의지, 강렬한 야망, 원하는 것이 무엇이든 성취하는 능력이 있다고 여기는 낙관주의, 이러한 것들이 일반적으로 3유형이 목표 달성에 성공하게 하는 전략이다.

### 3. 성공에 대한 초점

3유형은 주어진 문화나 상황에서 성공을 구성하는 요소, 특히 성공에 대한 외적 신호를 자연스럽게 이해한다. '당신이 성공하기 위해 필요한 것이 무엇인지 안다면, 왜 그것을 당장 수행하지 않는가? 그리고 물질적인 성취에 대한 열매와 더불어 다른 사람들의 찬사를 즐기지 않는가?'라는 시각이 그들에게는 일반적이다. 그들은 '성공'을 구성하는 요소와 그것을 성취하는 데 필요한 일을 하고자 하는 의지와 추진력에 대한 예리한 눈을 가지고 있다. 그것은 종종 3유형이 문화적 맥락이 무엇이든 성공한 사람으로 여겨지도록 만든다.

3유형은 성공을 보장하기 위해서 A지점과 B지점 간의 최단경로(목표)를 설정하며 가능한 가장 효율적인 방법으로 거기에 도달하는 데 필요한 모든 것을 수행한다. 이들은 '목표를 달성하고 성공하기 위해 일하는데 실패나 어중간한 방법을 왜 없애지 않는가? 목표를 성취할 수 있는 방법을 찾았는데 왜 설정한 목표를 달성하지 못하는가?' 라고 생각한다.

## 4. 경쟁적이고 이기려는 욕구

성취하려는 동력의 일부로써, 3유형은 경쟁적일 수 있으며 어떤 대가를 치르더라도 이기고 싶어 한다. 또한 일을 끝내기 위해서 힘을 행사해야 한다는 믿음이 지배적이다. 실용적이고 실제적인 3유형은 특정한 성취를 목표로 삼고 그것을 실현하는 데 필요한 일을 하는 전문가이다. 이것은 이기기 위해 뛰고, 많은 에너지와 노력을 쏟아 붓는 것을 의미한다. 이기기를 원하기 때문에, 이기지 못하는 활동에는 쉽게 관여하지 않는다고 말하는 경우도 많다.

## 5. 이미지의 조작과 자기기만

3유형은 공적인 장소에서 관중의 찬사를 받고 성공할 수 있는 이미지를 조작하는 것이 너무 뛰어나서 자신의 이미지와 성취를 넘어서서 자기 자신을 깊이 보는 것이 어려울 수 있다. 이들은 다른 사람들이 매력적이라고 생각하는 것을 자동적으로 알고 그들 그림에 부합할 수 있는 완벽한 페르소나를 만든다. 직장에서나 운동할 때나 밤에 외출을 할 때 그 상황에 맞는 의상을 입고 모든 설정마다 완벽한 이미지를 만드는 데 월등하다. 또한 외모의 중요성을 알고 다른 사람들이 원하거나 기대하는 것이 무엇인지 이해하는 데 생각과 에너지를 쏟는다.

그러나 이렇게 함으로써 그들은(무의식적으로) 자신이 실제로 누구인지에 대해 다른 사람뿐 아니라 스스로도 기만한다. 올바른 이미지(거짓된 표현을 지지하기 위해 자신의 감정과 단절)를 유지하기 위해서만 강력하게 주의초점을 맞추다 보면, 언제 이미지를 보여주는 것을 멈추고 자신의 모습을 보여야 하는지 혼란스럽게 된다. 그들이 고착에 사로 잡혀있을 때는 자신이 현실적으로 누구인지(감정, 욕구, 원하는 것, 선호하는 것)와 다른 사람들에게 영향을 주기 위해 만든 겉모습을 혼동한다. 이런 성격과 연관된 기만은 결점 또는 부적절한 것으로 판단되거나 실패할 수 있는 진정한 자아를 대신한 거짓된 가면을 만드는 것과 관련이 있다.

매력적이고 성공한 사업가인 친구가 한번은 진지하게 '내가 하는 일이 바로 나야'라고 내게 말했다. 나는 그녀가 3유형임을 알고 있었기에 그녀와 논쟁하기로 생각했다. 나는 '아니. 너는 그렇지 않아'(나는 그녀가 자신이 여기는 것 이상이라고 생각하기에)라고 말했다. 우리는 몇 번 이렇게 옥신각신하다가 그녀와 언쟁하는 것을 그만두기로 했다. 그러나 나중에 나는 슬프다고 느꼈는데 그 이유는 그녀가 그렇게 생각하는 데에는 합당한 이유가 있고 '그녀가 하는 일이 그녀다' 혹은, 그녀가 그렇게 믿고 싶어 하는 이유가 있음을 알고 있었다. 그녀는 월등히 좋은 직장이 있고 경제적으로 풍족하며 선택한 경력에서 아주 뛰어나 보였다. 그녀가 자신이 일에서 거둔 성공을 자신과 동일하게 여기는 이유가 이해는 되지만 그녀의 경력이 아무리 화려하다고 해도 그녀는 그 무엇보다 훨씬 더 귀한 존재이다.

## 3유형의 그림자

3유형의 타고난 강점은 성공하는 것이 무엇을 의미하는지에 대한 서구사회의 생각과 일치하기에, 다른 사람들의 눈에는 그들에게 내적인 문제가 없는 것처럼 보일 수도 있다. 그러나 이들이 가져야 할 가장 거대한 도전은 그들의 진정한 자아와 이미지, 역할, 직업 간의 차이를 인식하는 것이다. 왜냐하면 그들은 '진정한 자아'로 존재하는 것에 대한 맹점을 가지고 있기 때문이다. 그들은 자신의 이미지를 너무 믿는 경향이 있기 때문에 자신의 이미지와 진정한 자아가 하나이며 똑같은 것이라고 생각한다.

이들이 자신의 이미지를 진정한 자아로 믿고 있는 한, 진정한 감정과 욕구에 따라 실제적으로 행동할 수 없다. 참 자아의 진정성을 가지고 살려면 자신만의 감정을 가져야만 하며 대중에게 보이는 이미지가 자신과 같지 않다는 것을 알아차려야만 한다.

3유형의 다른 그림자 요소는 자신이 감정적으로 어떻게 느끼는지 모른다는 것이다.

이들은 일을 해내기 위해 습관적으로 자신의 감정을 차단하기 때문에 실제 감정을 느끼는 것을 회피한다. 또한 감정을 피하는 대처전략에 의지하기 때문에 감정이 드러나는 공간을 만들면 어떤 일이 벌어질지 두려워하게 된다. 특히, 바쁘고 성공적이라면 자신의 감정을 느낄 필요가 없다고 여길 수도 있다. 그래서 어떤 것에 대해 정서적으로 반응하는 감정 전체가 그들의 그림자가 될 수 있다. 이것은 종종 감정을 갖는 것이 '너무 많은 시간'을 소비하거나 '생산적이지 않다'는 합리화에 의해 강화된다.

행하는 것으로 인해 자신의 '존재'가 그림자의 한 요소가 됨을 알아차리는 것은 3유형에게 아주 중요하다. 이들이 속도를 늦추고 단지 존재하는 것만 허용하는 것은 매우 어려울 수 있다. 그들은 항상 무언가 일하는 것에 익숙해 있기 때문에 '그냥 존재하기'를 상상하는 것조차도 힘들 수 있다. 아무것도 하지 않고 그냥 가만히 앉아 있으면 불편하거나 불안감을 느낄 수 있다. 어떤 3유형은 생산과 활동을 '계속 전진하는 쪽으로' 지향하고 있기 때문에 단지 '존재하기'의 의미를 짐작하는 것이 어려울 수 있다.

그들은 보통 자신의 존재와 내면의 감정 세계가 연결되어 있지 않기 때문에 그들 자신과 연결하기가 어렵고 본향에 있지 않는 것처럼 느낄 수 있다. 또한 다른 사람이 긍정적이고 가치 있다고 보는 것에 따라 자신을 꾸미는 데 많은 관심과 에너지를 쏟지만, 결국 자신의 자아개념에 관해서 공허함을 경험하게 된다. 그들의 의식적인 노력의 대부분은 타인이 성공으로 보는 것을 탐지하고 그것으로부터 얻어낸 이미지에 연결되는 방향으로 나아간다. 그래서 자신의 참된 자아를 발견하는 것은 맹점으로 남는다.

이와 관련하여 3유형은 자신의 취약함을 볼 수 없다는 맹점을 가지고 있다. 그들은 이기기 위해 경쟁에 초점을 두기 때문에 실패는 그들을 견딜 수 없게 만든다. 또한 성공을 추구하고 실패를 방지하는 방법에 많은 관심을 쏟기에 불안정, 손실, 실패에 대해 의식적으로 경험할 여지가 없다. 그리고 일반적으로 그들은 실패한 경험이 별로 없어서 그것은 충격적일 수 있다.

## 3유형 격정의 그림자
## 단테의 지하세계에서 나타나는 허영과 기만

　3유형의 격정은 허영이다. 허영은 다른 사람의 관심과 인정을 받으려고 '다른 사람의 눈에 맞춰 사는 것'이다. 허영은 다른 사람에게 어떻게 보일 것인지에 대한 판타지를 키운다. 정신적 고착인 기만과 허영은 밀접한 관계가 있다. 3유형 성격의 격정인 허영이라는 어두운 면은 기만을 통해서 다른 사람에게 존경을 불러일으키는 거짓이미지를 보여주도록 발달되었다.

　마지막 구덩이에 이르기 전에 단테는 지하세계 최후의 순환인 인페르노의 깊은 곳인 '사기꾼' 영역에서 거짓말쟁이를 만난다. 이 죄인들은 타인을 기만하면서 자기 스스로 연금술사, 흉내 내는 자, 위조하는 자, 전략적인 거짓말쟁이로 만든다. 아수라장인 인페르노 속에서 거짓말쟁이들의 형벌은 다른 곳과는 달리 외부보다는 내적 고통에 있다. '죄인'을 만들어내는 단테의 시적인 방법은 그가 묘사하고 있는 특정한 무의식적 이슈의 핵심 문제를 일관성 있게 드러낸다. 자기 자신을 속이는 것과 관련된 형벌은 죄인의 외모를 혐오스럽게 만든다. 연금술사 모두는 나병 환자이고 흉내를 내는 사람은 미친 사람이다. 너무 많은 액체를 마셔 몸이 붓는 위조자들은 움직일 수조차 없고, 악명 높은 거짓말쟁이에게는 지속적으로 타고 있는 열기로 인해 악취가 난다. 단테는 자신이 아닌 다른 것으로 자신을 보여준 사기의 부정적인 결과를 상징적으로 표현함으로써 허영과 기만의 어두운 면들의 극치를 보여준다. 기만적인 외적 모습을 위해 참된 자아의 진실과 미덕을 방치하면 내면은 분명히 부패하게 된다. 이런 방식으로 단테는 우리가 누구인가에 대해 진실하지 못한 어두운 면에 관하여 우리에게 극적으로 경고하고 있다.

# 3유형의 세 가지 하위유형

3유형의 격정은 허영이다. 세 가지로 구별된 하위유형은 성취하려는 욕구와 성공한 이미지를 유지하면서 허영을 표현하는 각기 다른 방식을 보인다. 자기보존 3유형은 좋은 사람이 되려고 노력함으로써 허영을 부리지 않고 안전을 중시하며 효율적이고 일중독자가 된다. 사회적 3유형은 세련된 이미지를 만들고 영향력이 있으며 사회적 영역에서 인정받기 원하므로 자신을 홍보하는 것으로 허영을 표현한다. 일대일 3유형은 타인들에게 매력적으로 보이며 그들의 마음을 사로잡고 지지하며 그들이 성취하도록 도와주고 기쁨을 주면서도 카리스마가 있다.

3유형의 하위유형들은 뚜렷하게 구별된다. 자기보존 3유형은 주목받는 것에 덜 집중하고 가능한 최고의 방법으로 열심히 일하는 것에 더 집중한다. 사회적 3유형은 다른 3유형보다 무대 위에 서는 것을 좋아하고 성과에 대한 인정을 갈망한다. 일대일 3유형은 자신의 성취보다는 자신의 삶에서 중요한 사람을 지지하고 홍보해준다. 그들은 자신이 로맨틱하게 여겨지는 파트너의 마음을 사로잡음으로써 관심받기를 원한다.

## 자기보존 3유형 안전 역유형

이차조에 이어 나란호는 이 하위유형을 '안전'이라고 부른다. 이들은 물질적이고 재정적인 자원으로 안전감을 얻기 위해 열심히 일하며 일을 효율적으로 하는 방법과 자기 자신과 다른 사람을 어떻게 돌봐야 하는지를 알고 있다. 또한 자급자족하기 위해 안전에 대한 관심을 나타낸다.

이들은 어린 시절에 충분한 보호를 받지 못하고 자원을 갖지 못한 경우가 종종 있다. 이런 경험으로 인해, 적극적이고 효율적으로 일하는 사람이 되는 법을 배웠고, 타인의 도움 없이 스스로 돌보는 것을 지향하게 되었다. 그리고 안전이 위협받게 되면 자율성에 더 초점을 맞춘다.

안전에 대한 집착은 다른 사람에게도 확장될 수 있다. 이들은 안전에 대한 감각을 가지고 있기에 조언을 구할 수 있을 만큼 믿음직하다. 또한 겉으로 보기에는 차분하고 조직적이며 모든 것을 다 가지고 있는 것 같지만 내면에는 불안이 있다. 그들은 문제를 해결하기 위해 자기주장을 하며 고차원적인 방식으로 일을 완수하는데 능숙하고 뛰어나며 일을 하는 동안에는 스트레스를 받는 모습을 보이지 않는다. 보통 재정적으로 안전하고 생산성이 높으며 자기관리를 잘하지만, 자신이 갈망하는 안전을 성취하기 위해 노력해야 한다는 근원적인 불안감을 느낀다고 말한다.

자기보존 3유형은 자신이 하는 일이 무엇이든 질적으로 이상적인 모델이 되기를 갈구한다. 그들이 하고 있는 어떤 역할도 최고의 본보기가 되기를 원해서 가장 좋은 부모, 가장 좋은 파트너, 가장 좋은 근로자 등이 되기를 바란다. 이들은 좋게 보이고 싶을 뿐 아니라 진정으로 좋은 사람이 되고자 한다. 그들 자신은 허영이 없다는 생각으로 다른 사람의 존경심을 고취시키면서 안전을 확보한다. 또한 가능한 최고의 방식으로 일을 해내기 원하고 잘 해내기 때문에 존경받기를 원한다. 단지 사람들에게 매력적으로 보이는 좋은 이미지를 갖기 원할 뿐 아니라 그 이미지에 맞게 살고 싶어 한다. 그러한 '모델'을 자신에게 적용하려는 성향은 자신 고유의 감정을 잊어버리게 만드는 동기가 된다.

일을 수행할 때 완벽한 모델을 따른다는 것은 도덕적인 사람이라는 의미이고, 도덕적인 사람이라는 것은 허영이 없다는 것을 암시한다. 이런 의미로 그들은 '허영을 가지고 있지 않다는 허영을 가지고 있다'[16] 즉 이들은 타인의 눈에 성공적이고 매력적으로 보이길 원하면서도 자신이 이런 것을 원한다는 것을 사람들이 모르기를 바란다. 그들은 자신들이 좋은 이미지를 원하고 그것을 위해 노력하고 있다는 것을 다른 사람에게 들키지 않길 바란다. 자기보존 3유형 중의 어떤 사람은 자신이 사람들에게 좋은 이미지로 찬사받고 싶어 한다는 것을 인식하고 있지만 일반적으로 숨기고 싶어 한다. 그러나 어떤 자기보존 3유형은 다른 사람의 인정을 원하는 것이 잘못되었거나 깊이가 없다고 확신하고 스스로에게도 이러한 욕구를 인정하지 않는다. 이들은 완벽한 사람이 되길 원하기 때문에 도덕적으로 허영을 용납하지 않는다.

이들은 허영의 존재를 부정하기 때문에 3유형의 역유형이며, 3유형처럼 보이지 않을 수 있다. 다른 3유형처럼 허영이 동기가 되지만, 허영을 다소 부정하기에 허영의 에너지와 반대 형태를 취하는 성격을 가지고 있다. 그래서 자기보존과 안전을 향한 기본적인 본능의 움직임과 주목을 받기 위한 허영의 욕망은 자연스럽게 반대가 된다. 자신의 성취를 공개적으로 자랑하는 사회적 3유형과는 다르게 자기보존의 3유형은 긍정적인 특성과 높은 지위의 자격증에 대해 말하는 것을 피한다. 왜냐하면 다른 사람이 자신을 성공한 사람으로 알아봐주기를 원하면서도 자신의 장점을 홍보하는 것은 예의가 아니라고 믿고 있기 때문이다. 그들은 겸손하거나 겸손한 척하는 것 중 하나일 것이다.

기만이라는 정신적 측면에서 볼 때, 이들은 자신들이 진실을 말하려고 노력하고 있기 때문에 기만적이지 않다고 생각한다. 이들의 기만은 더 무의식적인 수준에서 올라온다. 이들이 자신의 진정한 동기를 알게 될 때, 자신의 이미지에 근거한 이유를 자신의 실제 감정과 신념으로 종종 혼동한다.

자기보존 3유형은 강한 일 중독 성향을 보이고, 안전을 확보하기 위해서 열심히 일하며, 자신의 삶을 통제하고 있다는 느낌과 자립적이어야 한다는 강박을 가지고 있다. 그들은 모든 일을 가능하게 만들어야 한다는 책임감을 느끼며 심지어 전능하다는 느낌을 가질 수도 있다. 통제에 대한 욕구와 내면에 있는 불안과 더불어, 도움이 필요하거나 자율성을 잃어버릴 때 공포를 경험할 수 있다.

이들이 가진 안전에 대한 욕구는 관심과 흥미를 실질적이고 유용한 것으로 제한하여 삶을 지나치게 단순화시킨다. 이들 개개인은 자신의 주위에 있는 모든 사람이 좋은 상태에 있을 수 있도록, 자신이 모든 상황을 해결할 수 있는지에 대해 알고자 하는 욕구가 있다. 이들은 약점을 보이지 않고 '내가 더 잘 할 수 있기 때문에 내가 모든 것을 해야만 한다'고 생각할 수 있다. 자신의 통제를 넘어선다고 느끼는 상황에서는 혼돈스럽고 마음의 길을 잃으며 그로 인해 얼어붙게 될 수 있다. 통제를 회복하기 위한 노력의 일환으로 주어진 상황에 해를 끼칠 수 있다. 이들은 3유형 가운데서 가장 경직되어 있다.

일, 효율성, 안전에 아주 많은 에너지를 쏟기에 이들은 다른 사람과 깊은 관계를 형성하기 위한 정신적, 감정적 공간이 부족할 수 있다. 인간관계를 유지하기 위해 노력한다 할지라도 깊은 연결을 하기가 어렵다. 특히 자기 인식이 덜한 자기보존 3유형은 표면적인 관계만 맺는다. 이들은 자신의 감정을 느끼는 것은 시간 낭비라고 여길 수 있고, 그로 인해 친밀한 관계를 연결하는 능력을 억제하게 된다. 이들의 감정이 '진정한 자아'에 닿았을 때 진실한 관계가 형성된다.

자기보존 3유형은 3유형으로 인식되기 어렵다. 이들은 1유형이나 6유형으로 쉽게 혼동될 수 있다. 이들은 1유형처럼 엄격하고 책임감 있으며 자립적이고 그들이 하는 모든 일에 있어서 미덕의 모델이 되고자 한다. 1유형과 구별된 점은 이들은 빠른 속도로 일을 진행하고 이미지를 만드는 데 관심이 많다(자신이 알아차리지 못한다고 해도)는 것이다. 또한 완벽한 모델이 무엇인가에 대해서 내면 기준의 옳고 그름을 따르는 것(1유형)이 아니라 사회적으로 합의된 판단을 따른다. 3유형은 기본적으로 이미지를 중시하고 불안정에 대한 반응으로 열심히 일하는 반면, 6유형은 보호받기 위해 다른 방식을 찾는다. 3유형은 정체성에 대해서 질문을 할 수는 있지만 6유형만큼 많은 의심과 질문을 품지 않아 그로 인해 생산성을 떨어뜨리지는 않는다.

460

　　나는 항상 성취하는 사람입니다. 유치원 때에도 해야 할 일을 일찍 끝내고 다른 아이를 도와주는 과제를 맡았습니다. 1학년 때 나를 자랑스러워하는 부모님에게 학교 상담사는 완벽한 숙제와 모범적인 행동에 대한 나의 고집이 나중에는 불안을 일으키는 요인이 될 수 있다고 설명했습니다. 전반적으로 나는 내 커리어에 있어 굉장히 열심히 일했고 지금은 포춘FORTUNE 500대 기업의 중역입니다. 화가 난 남편으로 인해 나는 감정적인 탈진으로 결혼과 이혼을 두 번 했습니다. 결혼생활 3년에서 5년 동안 완벽한 아내로 살았습니다. 나는 내가 연약해보이거나 다른 사람을 의지하는 것이 불편합니다. 또한 어려운 도전을 하고 겨루는 것을 잘하며 과도한 책임감과 공정함, 관대함을 위해 분투합니다. 비록 이런 특성들로 인해 찬사받기를 갈망하지만 겉으로는 외형적인 것에 신경 쓰는 것처럼 보이는 것을 피하며 실제로도 좋은 인품을 가지고 싶습니다. 처음 에니어그램을 공부했을 때 내가 이미지를 의식하는 3유형일 수 있다는 의견을 거부했고 나 자신을 6유형이라고 했으며 심지어 한번은 에니어그램 모임에서 6유형 모델로 '연기'했습니다. 지금의 나의 목표는 연약함(vs 극심한 자율성)과 고요함(vs 과도하게 행함)으로 균형을 잡는 것입니다.

## 사회적 3유형 명성

사회적 3유형은 사람에게 영향력을 끼치며 돋보이고 싶은 욕구가 있다. 이들은 전 세계의 사람 앞에서 빛나고 싶어 하는 욕망을 드러내며 허영을 보여준다. 무대 위에 있는 것을 즐기며 가장 허영심이 많고 가장 카멜레온 같은 사람이다.

이 하위유형에 주어진 명칭은 '명성'인데, 이는 모든 사람의 감탄과 찬사를 받고 싶은 욕구를 반영한다. 이들은 다른 두 하위유형보다 더 인정받는 것을 좋아하고, 인정 욕구가 있어서 앞에 나섬으로써 주목을 받는 경향이 있다. 어린 시절 이들에게는 무언가를 '보여주는 것'과 '일을 하는 데 필요한 능력을 입증하여 사랑을 얻는 것'과 '좋게 보이는 것'이 절대적으로 중요했다. 덕분에 이들은 일반적으로 부모로부터 인정과 지지를 받았을 것이다.

사회적 3유형은 사회적으로 뛰어나고 사람과 대화하는 방법 및 사회에서 출세하는 법을 잘 안다. 또한 최대의 이익을 얻기 위해 조심스럽게 말을 잘 가다듬고 상황에 맞는 인상을 주기 위해서 분위기를 살펴보며 자신이 원하는 것을 얻고 목표에 도달한다. 무엇을 정확하게 '성공'으로 여기는지는 개인적인 상황과 개인사에 따라 달라질 수 있지만 결국 그들의 목적은 사회적 성공이다. 어떤 사람은 지능이 높은 것으로, 높은 문화적 수준을 누리는 것으로, 또는 높은 수준의 수업을 받는 것으로 통해 증명하고 어떤 사람은 학위나 타이틀, 어떤 사람은 사회적 지위의 물질적 상징인 좋은 집, 비싼 자가용, 명품 옷 또는 값비싼 시계 등으로 나타낸다.

사회적 3유형은 경쟁과 이기는 것에 매우 신경을 쓰고 가장 경쟁적이며 자기들이 갖든 못 갖든 권력에 집중한다. 그들은 요구하고 권위적인 경향이 있지만, 이런 특성들은 원활하고 점잖으며 유머러스한 겉모습 뒤에 숨겨져 있을 수 있다. 그리고 목표를 달성하는 데 도움이 되는지 방해가 되는지를 기준으로 사람을 본다. 또한 자신이 통제할 수 있는가 없는가를 기준으로 사물을 보고 삶에서 당황하는 일이 생기는 것을 원하지 않는다.

이들은 3유형 중 가장 공격적이고 강하며 주장하는 성격을 소유하고 있다. 자신의 감정에 무감각해지기 쉽기 때문에 지나치게 차가워질 수도 있다.

이들은 기업가 정신을 가지고 있고, 일을 하는 데 있어서 특히 외적으로 보이는 면에 관해서는 할 수 있는 최선을 다하고자 하는 열정을 갖고 있다. 특히 무엇을 판매할 것인가와 무엇이 좋아 보이는가, 그리고 그것을 잘 반영하는 것이 무엇인가의 관점에서 무엇이 최선인지를 생각한다. 그룹을 위해 하는 일들 또한 자신의 성공적인 이미지를 위한 일이기도 하고 좋은 의도나 선한 행동보다는 이미지나 돈을 버는 것이 더 중요할 수 있다. 지금 시대의 기업은 무엇보다 돈을 중요하게 여기는데 이것은 회사의 목표에 도달하고 최종 결과를 향상시키기 위한 효율적인 방법을 찾고자 하는 사회적 3유형의 관심을 반영한다. 넓은 의미에서 그것은 다른 사람에게는 파괴적인 결과가 나올 수도 있고 아닐 수도 있다.

이들은 자신이 가고자 하는 곳으로 그룹을 이끄는 데 있어 대단한 자신감을 가지고 있다. 만일 리더가 집단을 잘 이끌지 못해, 효율적이고 성공적인 방식으로 회의를 진행하지 못하면 좌절감을 느끼고 자신이 리더를 맡고 싶은 욕구를 느낀다. 이들은 일을 하면서 자신이 상황의 중심이 되는 자체를 즐긴다.

사회적 3유형은 이미지를 만드는 재능이 잘 계발되어 있고 자신(또는 홍보하고 싶은 상품)을 파는 강력한 능력을 가지고 있다. 나란호에 따르면 이들은 너무 좋게 보여서 거의 흠이 없는 것처럼 느껴진다고 한다. 자신의 올바른 이미지를 만들어내는 데 월등해서 결함을 찾기가 어렵다. 정말 좋아 보이고 너무 일을 잘하는 것처럼 보인 나머지 무슨 문제가 있거나 처리되지 못한 일이 있다는 느낌을 주지 않는다.

그러나 이들은 자신에 대해 과도하게 말하면 불안함을 느낀다. 자신에 대해 표현하는 것이 무가치하다고 생각하며 그렇게 하면 연약해지는 느낌을 받는다. 또한 좋은 인상을 만드는 것을 아주 중요한 가치로 두기 때문에 비판을 받으면 엄청난 좌절을 느끼지만 그것을 드러내지 않는다. 이 때문에 사람들과 거리를 두는 것이 필요하다고 느낄수 있다. 그것 때문에 마음을 여는 것과 그들의 이미지대로 살아가는 것을 내려놓는 것이 어려울 수 있다. 좋게 보이려는 강한 욕구는 자신의 진실한 감정, 참 자아와의 연결과 알아차림을 가로막을 수 있다.

사회적 3유형은 특히 다른 많은 에니어그램 책에서 설명하는 3유형의 특징을 잘 보여주며 여러 방면에서 가장 명백한 3유형이기 때문에 이들이 다른 유형과 혼동되는 일은 거의 없다.

**사회적 3유형**
윌리엄

나는 어렸을 때 할머니와 함께 살았고 나이가 많은 형들과 어울렸습니다. 나는 명예로운 모습으로 그들에게 받아들여지기를 원했습니다. 형들은 미식축구에서 편을 가를 때마다 첫 번째로 나를 선택했습니다. 어느 날 이웃과의 치열한 게임 중에 나는 쿼터백을 맡았습니다. 두 번의 기술로 뒤바꾸는 패스를 지시했습니다. 원래 제 역할은 사촌인 로버트가 맡은 자리로 공을 주는 것이었지만 패스를 하는 척하다가 볼을 아래로 돌리면서 뛰기 시작했습니다. 한 선수가 나를 쫓아왔지만 내가 조금 더 빨랐습니다. 그가 나에게 가까이 왔을 때 나는 이미 터치다운을 했습니다. 그 때 '참 끝내주게 잘한다!'라는 어떤 한 사람의 소리를 들었습니다. 나는 내가 미식축구를 잘 해낼 수 있음을 알았기에 빠져들 수 있었습니다. 형들의 칭찬이 내가 듣고 싶었던 것이라는 확신과 함께 나를 특별하게 느끼도록 만들었습니다. 그 날 이후 사회적으로나 운동으로 내가 최고의 정상에 오르고 싶어 한다는 것을 알았습니다.

나는 미식축구를 계속 월등하게 잘했고 결국 NFL에서 프로선수로 뛰게 되었습니다. 사람들이 나에게 러닝 백으로서 매 게임에 어떻게 임하는지 자주 질문했습니다. 저는 어떤 팀과 게임을 한다고 해도 아무렇게나 할 수 없고 완전히 그 게임에 최선을 다하든지 아니면 아예 하지 말아야 한다고 대답했습니다. 어떤 사람은 내면에 있는 불굴의 힘이나 본능에 따라 운동을 한다고 하고 또 다른 사람은 의지로 해낸다고 하지만 나는 가슴으로 한다고 말합니다. 게임에서 승리하고 계속해서 다시 하도록 하는 것은 어려운 일임을 알지만 언제든 그것을 할 준비가 되어있었습니다. 풋볼을 통해 '대단한 사람'이라는 존재가 되고 싶은 열망이 컸습니다. 거대한 이미지의 한 부분이 되고 성과를 얻으며 큰 무대에서 성공을 이루는 것이 나의 원동력이 되었습니다. 몇 년이 지난 후에 에니어그램을 배우고 코칭을 통해 많이 변화되었습니다. 나는 진정으로 자신을 수용하는 것이 내가 하는 일이나 내가 다른 사람에게 보이는 이미지로 가능하지 않음을 알아차렸습니다. 그것은 내면작업을 통해서만 가능합니다.

## 일대일 3유형 카리스마

일대일 3유형의 목표는 경제적 부나 명성보다는 성적인 매력이나 아름다움 중 하나에 관심이 있다. 이들은 일에서 사업적 경영이 중요하듯이 매력적이거나 아름다움을 추구하는 데 경쟁적이다. 허영을 부정(3유형 자기보존)하거나 받아들이는(3유형 사회적) 입장 사이에 있다. 매력적인 이미지를 만들고 자신에게 중요한 사람을 승진시키는 일에 힘을 다한다.

이들은 상냥한 사람이고 수줍어하며 사회적 3유형만큼 외향적이지는 않다. 특별히 자신에 대해 말하는 것에는 더욱 그렇다. 자기 자신을 홍보하는 것은 어려운 일이어서 종종 자신이 지지하는 다른 사람에게 집중한다.

그들은 다른 3유형처럼 세계적 수준의 성공을 이룰 만한 능력을 갖고 있고 근면하지만, 외부 세상에서 목표를 성취하는 데 강한 욕구를 느끼지 못한다. 왜냐하면 그들의 관심은 스스로를 매력적으로 만들거나 다른 사람을 더욱 기쁘게 하여 사랑을 얻는 데 있기 때문이다. 또한 주위에 있는 사람이 행복하고 성공한 것을 자신의 성취라고 본다.

이차조는 이 유형을 '남성성/여성성'이라 명명했지만 나란호는 이 유형들이 할리우드 스타일의 남성성과 여성성이 아니며 또는 성적 매력이 넘치는 것도 아니라고 설명한다. 이들은 사람으로서 매력을 가지는 것에 더 관심이 있다. 그리고 때로는 고전적인 남성성과 여성성의 방식으로 매력을 발산함으로써 다른 사람을 기쁘게 해준다. 3유형은 원래 가슴 중심이지만 일대일 3유형의 기쁨은 감정의 연결이나 성적 유혹이 아니라, 정신적 연결이나 열렬한 지지를 통해서 나타날 수 있다. 이들은 '개인적인 매력'의 자질을 통해서 타인의 감탄을 받고자 하기에 나란호는 이들의 명칭을 '카리스마'로 변경했다.[17]

일대일 3유형은 관계 안에서 성취를 한다. 다른 사람에게 잘 맞추고 도와주며 사람을 지지하는 데 열심이고 특정한 사람을 승진시키는 데 많은 에너지를 쏟는다. 의욕적이고 근면하지만 그것은 특정한 사람에게 좋게 보이도록 하기 위함이다. 또한 자신의 지위와 성취에 초점을 두고 있지 않기에 3유형으로 보이지 않을 수도 있다. 이들에게는 자신이 매력적으로 보이는 것보다 다른 사람을 지지하는 것이 더 중요한데, 자신은 이미 충분히 아름다워서 사랑받기 위해 성취할 필요가 없다고 여기기 때문이다. 자신은 매력적이어서 인정이나 사랑을 가져다주는 즐거움을 누리고 있기에 전형적인 성취가가 될 필요가 없는 것이다.

이들은 다른 사람을 기쁘게 하는 데 많은 에너지를 쏟는다. 사람을 실망시키는 것에 대한 두려움으로 대립을 피하고 자신을 정당화하기 위해 해명한다. 이들은 '이상적인 파트너'에 대한 상상을 할 수 있으며 파트너를 자신이 원하는 모습으로 변화시키기를 원한다. 이들은 '매력적인 왕자'(또는 매력적인 공주)를 기다리는 것과 평생 행복하게 살 것이라는 환상을 가지고 있다.

이들은 가족의식 또는 팀 정신을 가지고 있다. 가정에서 혹은 직장에서 가족이나 팀원을 위해 무엇이 좋은지 관심을 가지며 이런 방면에서 누군가에게 탁월한 이미지로 보일 수도 있다.

이들은 다른 사람에게 매력적으로 보이는 것에 온전히 의존하기 때문에 사랑받기 위해서는 좋게 행동하거나 완벽해야만 한다고 생각한다. 자신의 사랑스러움 즉, 자신이 갖고자 열망하는 '최고의 애인' 또는 '완벽한 남편/아내'라는 이미지를 증명하기 위해 도움을 많이 주는 경향이 있다.

일대일 3유형의 목표이자 성취는 특정한 사람과 사랑을 이루는 것이다. 이렇게 되기 위해서 자신을 잘 생기고 예쁘며 매력적인 이미지로 만들려는 열정을 가지고 있다. 그들은 로맨틱하게 사람들의 마음을 끌고 그들에게 매력적으로 보이고 인정받기 원하는 절실한 욕구가 있는데 그것은 아마 자신의 아버지나 어머니로부터 관심과 칭찬을 받지 못했기 때문일 수도 있다.

이들은 참된 자아와 감정에서 단절이 있을 수 있고 자기 자신, 다른 사람과 진정으로 만나지 못하는 데, 이것은 감정적, 성적, 신체적 측면의 단절이다. 어느 일대일 3유형은 자신에 대해 마치 '점심 먹으러 나가고 없습니다.'라는 안내문을 붙여 놓은 것 같다고 말했는데, 이것이 이들의 단면이다. 이들은 일반적으로 텅 빈 공간 같은 공허감을 경험한다. 이는 자아 개념이나 정체성이 분명하지 못해서 오는 공허한 감정을 경험하는 것이다. 그래서 일대일 3유형은 진정으로 존재하고 느끼며 표현하는 데 있어서 어려움을 겪는다. 뛰어나게 매력적일 수 있지만 또한 낮은 자존감을 가질 수도 있고 자기 자신을 사랑하지 못할 수도 있다. 이런 상황에 직면해서 다른 사람에게 좋게 보이는 방법으로써 자신의 강점을 숨기고 현실에 안주하고 사랑스럽게 보이는 '밝은 얼굴로 겉치장' 할 수도 있다.

일대일 3유형은 3유형 중 가장 감정적이기에 감정을 표현하는 것을 자주 볼 수 있다. 이들은 사회적 3유형이 쓰고 있는 것과 같은 사회적 가면을 사용하지 않으며 내면에는 깊은 슬픔이 있다. 또한 어린 시절에 종종 어려움을 겪었으며 그러한 과거의 상처를 축소하고 만회하려고 하거나 혹은 잊어버리는 방식으로 자기 자신과 '단절'했을 수도 있다. 감정적인 고통과 슬픔을 느끼는 것에 대한 엄청난 두려움으로 인하여 자신의 깊은 감정의 경험에서 단절하는 법을 습득했다. 또한 '완벽하게 좋은 사람'이라는 존재에 대한 가면이 무너질 수 있기 때문에 비판받는 것을 큰 위협으로 받아들인다.

이들은 마치 2유형이나 7유형으로 보일 수 있다. 호감을 사고 매력적으로 보이는 것을 통해 다른 사람과 연결되는 것을 추구하기에 2유형처럼 보일 수 있다. 그러나 2유형과 다른 점은, 이미지를 카멜레온처럼 바꾸는 것, 자존심 강해서 스스로를 고취시키며, 겉으로 보이는 신체적 매력의 특정한 이미지에 더 관심을 두고, 감정적 필요를 충족시키는 것에는 관심이 적다는 점이다. 이들은 다른 사람을 지지하는 데 있어 열정적이고 긍정적인 경향으로 인해 우수한 치어리더가 될 수 있고 7유형으로 오해받을 수 있다. 그러나 7유형은 기본적으로 자기지향적인 반면에 3유형은 어떤 사람이 되어야 하는가를 결정하는 데 있어서 타인을 기준으로 삼는다. 3유형은 자기 자신과 단절되어 있지만 7유형은 보통 자신의 욕구와 필요를 알고 있다.

제가 기억하는 한, 저는 항상 다른 사람의 관심을 끌려는
의도를 가지고 무엇인가를 했습니다. 약간 수줍어하면서
도 사람을 매료시키는 것이 쉬웠고 말을 하지 않으면서도 다른
사람의 눈길을 끄는 법을 배웠습니다. 아르헨티나에는 치어리더가 없지만 만
약 있었다면 확실히 했을 것입니다. 저는 카리스마가 있고 사랑스러우며 사람
을 기쁘게 하고 열정적이며 그리고 무엇보다도 모든 사람이 가까이하고 싶은,
흥미롭고 호감이 가는 사람이 되려고 노력했습니다.

내 모든 삶 속에서 다른 사람의 거울에 비추어진 저 자신을 보고 있었던 것
임을 인정합니다. 저에게 매우 분명했던 한 가지는 아무도 추한 사람을 좋아
하지 않는다는 것입니다. 어렸을 때 귀여우며 예쁘다는 소리를 듣곤 했습니
다. 마치 부모님이 세상에 보여주는 인형 같았습니다. 하지만 시간이 지나면
서 부모님은 자신들의 문제와 세 자녀 때문에 정신이 없어 저에게 관심을 갖
지 않았는데 특히 엄마가 그랬습니다. 그때부터 주목받지 못하는 것에 대해
극단적으로 참을 수 없게 되었습니다. 다른 사람 비위를 맞추고 호감을 얻기
위해 전전긍긍했으며 누구든지 저에게 좋은 말을 해주는 사람에게 '저 자신을
주었습니다.' 여러 차례 이용당하는 관계를 맺고 있었지만 제가 당하고 있다
는 것을 알아차리지는 못했습니다.

따라서 저에 대해 아름다운 것만을 보여주고 다른 사람이 추하다고 여길 만
한 것들은 숨기는 것에 전문가가 되었습니다. 이것은 제 자신을 소외시키고
할리우드 스타가 되었다는 상상 속에 살도록 이끌었습니다. 그와 동시에 끊
임없이 외부에 초점을 맞추다 보니 내면에 공허감이 가득했고 저는 갈수록 제
안의 공백을 견디기 힘들었습니다. 외부에서 내면을 바라보면 저는 무엇을 느
끼는지 전혀 알지 못한 채 스스로 완전히 분리되어 있었습니다. 외면적으로는
매력적이고 유혹적이며 달콤하지만 내적으로 보면 (또한 친밀한 관계에서

도) 차갑고 무정하며 공감하는 것이 아주 부족했습니다.

'이상'적인 파트너를 찾는 것은 강박이 되었습니다. 성공, 이미지, 일, 그리고 3유형이 전형적으로 관심 있는 다른 모든 것을 중요하게 생각했지만 만일 이런 것을 나눌 사람이 없다면 그 모든 것은 아무런 의미가 없었습니다. 사랑이 모든 것의 해답이라는 생각으로 자신을 속였습니다.

저의 영적 여정을 시작할 때 제가 직면했던 두 가지 큰 문제는 제 삶의 무의미함과, 신체적·감정적·정신적 단절로 인해 어린 시절에 내가 고통 받았던 사실에 대해 느끼지 못하는 것이었습니다. 마치 겉은 설탕을 입혀 장식되고 안은 완전히 텅 비어있는 싸구려 부활절 달걀과 같다고 느끼는 것은 너무나 고통스러운 일이었습니다.

# 3유형을 위한 성장작업
## 개인적 성장경로 그리기

궁극적으로 3유형이 자기 자신에 대하여 작업을 하고 자기인식이 더욱 깊어지면 그들이 진정 원하는 사랑으로부터 자신을 단절시키는 함정에서 벗어날 수 있다. 그리고 속도를 늦춤으로 진정한 감정과 만나고 '존재'함으로써 나타날 수 있는 연약함을 위한 공간을 만들고 진정한 자아와 닿는 것을 배운다.

우리 모두는 습관적인 성격 패턴에서 깨어나기 위해 의식적으로 자신을 관찰하고 관찰한 것의 근원과 의미를 성찰하며, 자동적인 경향을 역행시키기 위해서 적극적인 작업을 지속적으로 해야 한다. 3유형 성격 패턴이 사회적 가치와 일치하기 때문에, 때로는 내면작업에 대한 필요성을 알아차리는 것이 어려울 수 있다. 그 이미지가 자신의 가치를 나타내고 모든 사람을 설득하는 데 성공적이기 때문에 이들은 자신이 키워온 이미지가 성장을 막았다는 것을 인식하지 못할 수도 있다. 이러한 이유로, 에니어그램은 성격의 표면적 매력으로부터 제한된 본성까지 간파하는 중요한 도구이다.

3유형의 성장작업은 감정을 피하기 위해 더욱 더 행동하려는 방식을 관찰하는 것이다. 이 성장작업은 페르소나 뒤에 가려진 진정한 자신과 연결되지 못하고 이미지를 통해서 삶을 사는 방식을 탐구하는 것이다. 또한 보여주고자 하는 인상에서 분리되어, 자신이 진실로 생각하고 느끼는 것이 무엇인지에 다가가기 위해 적극적으로 노력하는 것을 포함한다. 그들에게는 자신의 진실한 감정과 만나고, 행함과 존재의 균형을 잡는 것과 만들어낸 이미지가 아닌 진정한 자신으로 인해 감사할 줄 아는 것이 특히 중요하다.

이제 3유형의 성격적 특성과 족쇄에서 벗어나서 자신의 유형 및 하위유형이 가진 높은 가능성을 구현할 수 있는 방안들에 대해 살펴보고자 한다.

**자기관찰**
## 작동 중인 성격을 관찰함으로써 동일시에서 벗어나기

자기 관찰은 매일의 삶에서 자신이 무엇을 생각하고 느끼며 행동하는지 새로운 시각으로 볼 수 있도록 하는, 일종의 내적 거리두기이다. 3유형이 일상 속에서 반복되는 자신의 생각, 느낌, 행동들을 기록하면서 다음과 같은 핵심 패턴을 고려해야 한다.

## 1. 업무, 목표, 성취에 초점을 두고 열심히 일함

당신이 인생에서 다른 요소들은 배제하고 업무와 목표에 우선순위를 얼마나 두는지 관찰하라. 일상을 통해서 무엇을 가장 중요하게 여기는지를 알아차리고 '해야 할 일의 목록'에 집착하는지를 관찰하라. 목표를 달성하기 위해서 애쓰는지와 당신의 길 앞에 놓인 장애물을 치우려고 무엇을 하는지 보라. 경쟁적인 성향을 관찰하고 최고가 되기 위해서 어떤 길을 가는지와 이기는 것이 얼마나 중요한지에 대해서 스스로에게 솔직해지라. 일상생활에서 성취를 위해 어떤 역할을 하는지와 목표를 달성하기 위해서 무엇을 하고 있는지를 관찰하라.

## 2. 다른 사람에게 깊은 인상을 주려고 특정 이미지를 만들고 유지함

당신에게 적합한 이미지를 만들기 위해 청중 속에서 단서를 얻으려는 방식을 관찰하라. 당신에게 관심이 필요할 때와 그것이 무엇에 관한 것인지를 알아차려라. 특별한 이미지를 만들기 위해 사용하는 전략을 주의해서 보라. 어떤 종류의 일을 생각하는가? 당신을 돋보이도록 관리하기 위해서 하고 있는 것들은 무엇인가? 다른 사람이 당신에게 기대하는 이미지에 부합하도록(자신이 실제로 하고 있거나 생각하는 것과 다른 방식으로 자신을 표현) 스스로를 어떻게 왜곡하는가? 당신의 이미지가 다른 사람에게 긍정적인 반응을 얻는 데 성공했을 때 어떻게 느끼는지 관찰하라.

## 3. 감정을 피하기 위해 멈추지 않고 행동함

속도를 늦추지 않고 계속 움직이려고 애쓰는 당신의 방법과 작업의 속도를 관찰하라. 일하는 속도를 높이고 '행함'을 강화시켰을 때 무슨 일이 발생하는지를 주시하라. 매 순간 감정이 표면으로 드러나는 것을 회피하기 위해서 무엇을 하는지 알아차려라. 의도하지 않은 공백이 생겼을 때 어떤 불안을 느끼는지 알아차려라. 속도를 늦추고 감정이 올라왔을 때 무엇을 느끼고 어떻게 반응하는지 주목하라. 감정이 올라올 때 자신의 내면에서 무슨 일이 일어나는지 관찰하라. 그것이 무엇과 비슷한가? 만약 깊은 감정을 표현하는 것을 용납하지 않았다면 어떻게 그 감정을 억제했는지 그리고 그 감정을 궁지에 몰아넣도록 만든 동기가 무엇인지 주목하라.

## 자기이해의 확장을 위한 자료 수집

3유형이 이러한 것들을 관찰할 때 성장경로로 나아가기 위한 다음 단계는 이러한 패턴을 더 잘 이해하는 것이다. 이런 패턴이 생기는 이유는 무엇인가? 어디에서부터 왔는가? 어떤 목적을 갖고 있는가? 이러한 패턴은 어떤 면에서 당신을 오히려 곤란하게 만드는가? 종종, 습관의 근본적인 원인을 들여다보는 것만으로도 충분히 패턴을 깨고 나올 수 있다. 습관이 아주 깊이 뿌리내린 경우에도 그 속에 들어있는 방어기제의 원인을 파악함으로써 비슷한 패턴에서 벗어날 실마리를 얻을 수 있다.

다음과 같은 질문을 고려할 때, 3유형이 비슷하게 빠지는 패턴의 근원, 작동방식, 결과에 대한 통찰력을 가질 수 있을 것이다.

### 1. 이러한 패턴이 생겨난 원인과 이유는 무엇인가?
#### 이러한 습관적인 패턴들이 3유형에게 어떠한 도움을 주는가?

3유형의 방어적인 패턴의 출처, 근거, 원인과 그것이 대처전략으로써 어떻게 작동하는지를 이해하게 되면, 존경과 이목을 끄는 특정한 이미지를 만들고 유지하기 위해 열심히 일하는 이유와 방법을 더 잘 알 수 있다. 만일 3유형이 자신의 어린 시절을 이야기할 수 있고 자신의 이미지를 만들고 관리하는 이유를 찾는다면, 아마도 자신이 원하는 이미지의 적극적인 실행을 통해서 자신의 가치를 증명할 수 있을 것이다. 그들은 자신의 더 깊은 욕구를 채우기 위해서 이런 패턴을 사용하는 것을 알아차리고 자기 자신에 대해서 보다 깊은 연민을 가질 수 있다. 자신이 열심히 일하고 좋게 보이도록 분투하는 이유에 대한 통찰을 얻게 되면, 그것이 어떻게 자신을 보호하기 위해 작동하는지를 볼 수 있다. 또한 이러한 통찰은 자신의 도토리 껍질이 정말 반짝 반짝 빛나고 매력적으로 보인다 할지라도 제한된 '도토리 자아'라는 함정에 빠져있다는 것을 볼 수 있게 도와준다.

### 2. 고통스러운 감정에서 자신을 보호하기 위해 어떤 패턴들이 고안되었는가?

우리 모두에게 있어서 성격은 고통스러운 감정에서 우리를 보호하기 위하여 작동하는 것이며, 이는 심리학자 카렌 호니가 언급한 '근본적 두려움' 즉, 기본욕구가 충족되지 못한 감정적 스트레스에 대한 집착을 포함한다. 3유형은 열심히 일하고 목표를 달성하는 능력에 방해가 되지 않도록 고통스러운 감정에 대해 무감각하거나 회피하는 전략을 취한다. 어떤 3유형은 성급함이나 분노를 제외하고는 다른 감정을 잘 느끼지 못할 수도 있다. 관심을 받고자 하는 욕구와 그것을 얻지 못하는 것과 관련된 힘든 감정, 자신이 누구인지에 대해 긍정적인 방식으로 보지 않고, 사랑을 얻는 것에만 지속적으로 초점을 두고 행동하면서 편리하게 피해갈 수 있다. 그들은 '적절한' 감정만을 인정하고 표현함으로써 자신이 불충분하다는 느낌이나 외로움과 관련된 어떤 감정도 의식적으로 주의를 두지 않는다. 바람직한 자기 이미지로 살아감으로써 처음부터 인상적이고 자신의 방어 패턴에 동기를 부여했던 고통스러운 감정과 자기 자신의 깊은 부분과의 진정한 만남을 회피한다.

### 3. 내가 왜 이런 행동을 하는가?
### 내 속에서 3유형의 패턴이 어떤 식으로 작동하는가?

자기관찰을 통해 3유형은 일상과 특히 현재의 순간에 생기는 방어적 패턴이 어떻게, 왜 발생하는지를 더 잘 알 수 있게 된다. 이들은 자신의 감정에서 벗어나기 위해 빠른 속도로 행동하고 자신의 겉모습을 유지하기 위해 자신이 누구인지에 대해서는 거짓으로 행동한다. 이것을 의식적으로 알아차릴 수 있다면, 이러한 패턴이 작동할 때와 성격이 방어적인 성향을 보일 때 생각의 초점이 어디에 있는지 돌아볼 수 있다. 만일 그들이 인정과 존경에 대한 근본적인 욕구에 다가갈 수 있다면, 좋게 보이고 효율적이 되려는 습관이 어떻게 자신을 '도토리 자아'로 제한된 목표에 계속 초점을 두게 하는지 알 수 있다. 도토리 자아는 사회적 합의에 근거한 자신의 긍정적인 감각 유지를 통해서 안전을 유지한다.

### 4. 이러한 패턴의 맹점은 무엇인가?

#### 3유형으로 하여금 그러한 맹점을 보지 못하게 하는 것은 무엇인가?

자기성찰 과정의 한 부분으로 3유형은 자신의 성격이 프로그래밍 된 상태로 나타날 때 자신이 보지 못하는 것에 대해 상기시키는 것이 중요하다. 3유형이 강박에 사로 잡혀 있을 때, 자신의 진정한 모습을 보지 못하게 주의를 다른 곳으로 돌린다. 그것은 실제로 더 많은 사랑과 존경을 받을 가치, 자신의 감정, 자신의 연약함, 타인과의 진정한 연결을 맺고자 하는 자신의 욕구에 내재된 가치를 적극적으로 보지 못한다. 아마도 이들의 방어적인 패턴이 서구문화의 가치와 완벽하게 일치하기 때문에, 가장 존경받는 이미지에 맞추고 그 이미지를 획득함으로써 자신을 입증하려는 전략의 결함을 보는 것이 어려울 수 있다. 그들은 자신의 직업의식과 이미지 관리의 효율성에 눈이 멀어서 자신의 진정한 아름다움과 힘을 완전히 놓칠 수 있다.

### 5. 이러한 습관의 결과나 영향은 무엇인가?

#### 이러한 습관은 내게 어떠한 걸림돌이 되는가?

3유형 전략의 역설은 자신이 열심히 일하고 인위적인 외모를 통해 타인들의 인정을 얻으려는 노력이 실제로는 깊은 인상을 주고자 하는 사람들과 거리를 두게 한다는 사실이다. 자신의 성취를 향한 질주와 타인에게 좋게 보이려 하는 것이 오히려 자신에 관한 진정한 진실과 더불어 내재된 선함을 표현하지 못하게 한다는 사실을 아는 것은 3유형에게 큰 깨달음이 될 수 있다. 사회적 관점에서 옳게 보이는 열심히 일하기, 높은 지위 얻기, 매력적인 외모 갖추기 등의 방어패턴이 실제로 그들이 진정으로 원하는 깊은 감사를 받지 못하도록 어떻게 방해하는지 인지함으로써 성장할 수 있다. 그들은 진짜 자신이 누구인지 느끼는 대로 살지 않음으로써, 자신을 도토리 껍질의 표면적 매력이라는 함정에 스스로를 빠뜨리고, 자신이 참나무로 자랄 수 있는 것을 모두 가로막는다. 그리고 그들은 사회적으로 승인된 전략의 효율성을 확신하기에 자신이 무엇을 놓치는지조차 알지 못할 수 있다.

자기계발
## 보다 높은 의식을 지향하기

자신의 성격유형에서 깨어나기 원하는 사람은 다음과 같은 작업을 필요로 한다. 자신이 하는 모든 것들에 대해 보다 많은 의식과 주의를 기울여야 한다. 즉, 보다 의식적으로 그리고 보다 선택적으로 생각하고, 느끼고, 행동해야 한다. 자신의 습관적 행동들을 관찰함으로써 그러한 습관적 행동의 원인, 과정, 결과에 대해 어느 정도 알게 된 후에 3유형이 실천해야 할 것들에 대해 제시해보고자 한다.

이 부분은 다음과 같이 세 가지 영역으로 나뉘는데, 각각 에니어그램 시스템과 연계된 세 가지 성장 과정에 해당한다.

1) '자기관찰' 영역에서 설명한 것처럼, 자신의 습관과 자동 반응을 벗어나기 위해 실천해야 할 사항
2) 성장의 지도로 에니어그램 화살을 사용하는 방법
3) 해당 유형의 격정(악덕)을 이해하고, 의식적으로 그 반대인 해독제의 역할을 하는 더 높은 수준에 있는 유형의 '미덕'을 향해 나아가는 방법

## 3유형의 대표적인 세 가지 습관과 여기서 벗어나기 위한 실천사항

### 1. 업무, 목표, 성취에 초점을 두고 열심히 일함

#### 1) 실패를 자신의 경험으로 수용하라

성공하고 이김으로써 사랑을 얻으려 하는 3유형에게 실패는 그들의 대처전략을 약화시키는 것이므로 받아들이기 힘들다. 당신이 실패할 경우 생길 수 있는 일에 대해 당신이 어떻게 느끼고, 어떤 생각을 하며, 무엇을 할지 더 면밀히 숙고하기 위한 공간을 만들도록 하라. 해결 방법을 찾으려는 노력을 경계하고 실제로 실패의 가능성이 당신에게 어떤 의미인지를 알아보라. 당신이 실패를 경험한다면 스스로에게 연민을 가지고 그것을 나쁜 것이 아닌 자신의 연약함을 느낄 수 있는 기회로 여기라. 그리고 실패를 피하기 위해 지나치게 많은 에너지를 쏟고 있음을 알아차리라. 실패에 대하여 당신이 가지는 감정을 보다 더 의식적으로 느끼도록 노력하라.

#### 2) 성공에 대한 정의를 재구성해보라

당신이 성공이라고 여기는 것들에 대해 의문을 가져보라. 당신이 성취하거나 외적으로 보이는 성공에 대한 물질적 상징이 아니라 당신의 존재 그 자체의 모습으로 사랑받을 수 있다는 생각에 마음을 열어놓으라. 당신이 이기려고 경쟁하거나 긍정적인 관심을 끌려는 수단으로 성취하려고 할 때 자신이 진정으로 원하는 것이 무엇인지 깊이 생각해보라. 보다 깊은 성공의 의미가 당신의 사랑과 인정에 대한 욕구의 측면에서 어떤 의미인지 생각해보고 자신을 그 방향으로 나아가도록 허락하라. '가치'의 더 진실하고 만족스러운 모습은 지위나 세상적인 성취가 아니라 진솔성을 통해 이루어진다는 것을 알아차려야 한다.

#### 3) 목표를 향해서 질주할 때 무엇을 놓치는지 알아차리라

3유형이 중요한 목표에 집중할 때는 마치 레이저가 원하는 표적을 맞추는 것처럼 초점을 맞출 수 있다. 이것은 여러 면에서 강점이 될 수 있지만, 자신의 내면세계에서 일어나는 일들이 진행 과정을 방해할 수 있듯이 자신의 삶에서 중요한 부분에 주의를 기울이지 못하게 할 수도 있다.

## 2. 다른 사람에게 깊은 인상을 주려고 특정 이미지를 만들며 유지함

### 1) 당신의 정체성을 왜 다른 사람의 가치에 두는지 의문을 가져보라

나란호에 따르면 3유형은 정체성 문제로 힘들어한다. 그들은 자신의 역할과 눈에 보이는 특성 너머에 있는 자신의 존재에 대해 잘 알지 못한다고 느낄 수 있다. 그들은 다른 사람을 기쁘게 하는 것과 효율적으로 행하는 것 외에는 자신이 원하는 것을 잘 모를 수 있다.[18] 자신이 누구인지 잘 알지 못하는 것에 대해 크게 신경 쓰지 않을 수도 있지만, 방어적 패턴은 내면의 존재를 인정받기 위해 외부 탐색을 시작하게 된다. 따라서 그들이 외부의 이상적인 이미지에 근거하여 정체성을 만드는 방식을 점검하는 것은 도움이 될 수 있다. 또한 자신의 공적 얼굴을 어떻게 디자인 할지 결정하는 원칙으로써 특별한 가치와 특성을 어떻게 사용하는지 의식적으로 질문하는 것도 필요하다.

### 2) 이미지에 대한 동기부여와 실제 필요 및 욕구를 위한 동기부여의 차이점을 구별하라

당신이 이미지를 위해 행동하는 때를 더 잘 알아차림으로써 실제 자신의 마음을 정확히 파악하고 확고히 하라. '내가 진정으로 원해서 이것을 하는가? 아니면 내 이미지를 돋보이게 하는 데 도움이 될 거라 생각하기 때문인가?'를 자기 스스로에게 정기적으로 질문하라. 특히 자신이 스스로 생각하는 이미지와 다를 경우, 자신의 진실한 감정, 필요, 욕구를 점점 더 알아차리게 되면 진정으로 자신을 받아들이고 수용해주는 지지가 필요할 것이다. 자신의 감정을 느낄 수 있는 위험을 감수하고 자신이 누구인지에 대해 더 많이 표현할 때 스스로를 더 인식하게 된다.

478

### 3) 당신의 이미지로부터 분리된 당신의 존재를 발견하라

3유형은 자신의 이미지 계발을 위해 너무 많은 주의와 에너지를 쏟기 때문에 자신의 이미지와 자신의 온전한 본모습이 동일하지 않다는 것을 깨닫기가 어려울 수 있다. 당신의 이미지와 진정한 당신의 차이를 확실하게 분별하는 연습을 하라. '만일 나의 이미지가 내가 아니라면 나는 누구인가'를 질문하고 대답하는 작업을 해보라. 진정한 자신을 더 분명히 드러내기 위해서 인생에서 성공을 포기할 필요는 없다는 것을 자신에게 알려주라. 당신은 세상과 자신의 깊은 내면 양쪽 모두에서 제대로 해낼 수 있다. 사회적 가면의 보호 없이 자기 자신을 보여준다면, 자신이 세상에 받아들여지지 않을 수 있다는 두려움이 있는지 생각해보라. 감정, 욕구 및 연약함 등을 통해 진정한 자신을 찾을 수 있으며 약점으로 생각할 수 있는 것이 강점의 원천이 될 수 있음을 기억하라. 당신이 자신의 진실한 감정의 힘과 진정한 자신을 드러내려는 의지를 받아들일 때 당신의 '참나무 자아'는 풍요로워진다.

진정한 자신으로 존재함으로써 사랑과 수용을 받을 수 있음을 기억하라. 이미지를 만드는 것으로 사랑을 얻고 있다고 생각할지 모르지만 사람들은 당신의 길을 막고 있는 매력적인 구조물이 아니라 진정한 당신을 느끼고 사랑하기를 원한다.

## 3. 감정을 피하기 위해 멈추지 않고 행동함

### 1) 와해될 때까지 기다리지 말고 성장의 욕구에 대해 자신에게 경고하라

많은 경우에 3유형은 좌절이나 큰 실패를 경험하기 전까지는 내면작업의 필요성을 인식하지 못한다. 이렇듯 쉬지 않고 일하는 습관으로 인해 슬픔이나 외로움에 대한 깊은 감정이 예기치 못한 우울증 형태로 나타날 수 있다. 결국 자신이 완전히 소진되면, 허무하다는 느낌이나 신체적인 질병의 형태로 나타날 수 있다. 때로는 어떤 객관적인 문제가 발생했는데 자신의 감정으로는 접근할 수 없는 상태가 되기도 한다. 당신이 우울, 탈진, 또는 무딘 감정과 관련된 스트레스를 이미 느끼고 있다면, 이런 증상이 발생하기 전에 당신이 초점을 두고 있는 모든 것에 주목하고 확실하게 문제를 제기하라. 당신의 이미지가 당신이 곤경에 처해 있다는 사실을 숨기기 때문에 당신이 필요로 하는 것이 무엇인지 다른 사람은 잘 알 수가 없다. 그렇기에 다른 사람의 도움을 요청하는 모험을 하라.

### 2) 자신의 감정을 되찾고 가치 있게 여기라

어떤 감정은 회피하고 어떤 감정은 회피하지 않는지 알아차려라. 자신의 감정이 느껴지지 않을 때 그것에 호기심을 가져라. 당신은 왜 감정을 회피하는가? 만약 자신의 감정을 환영한다면 어떤 느낌이 들까? 감정이 위협을 받을 때 일의 속도를 높이고 있는지 알아차려라. 의식적으로 자신의 감정을 온전히 만나고 느끼며 경험하기 위한 시간과 공간을 허락하라. 이때 나타나는 두려움과 불안을 알아차리고 그것을 잘 통과하기 위해 어떤 지지가 필요한지 찾아보라. 거짓 자아로 성공했다는 사실과 다른 사람을 위해 존재한다는 만성적인 불만으로 인해 당신이 느끼는 외로움을 주의 깊게 관찰하라.[19] 그것이 실패의 두려움이든 노출의 두려움이든 혹은 거절의 두려움이든 그 두려움이 당신을 어떻게 몰고 가는지 보기 위해 마음을 열어보라.

### 3) '존재'하며 머무는 능력을 키우라

3유형의 경우, 느끼고 '존재'하기 위한 능력을 계발하는 것은 진정한 자아와 연결되는 더 큰 과정의 일부분이다. 명상을 하거나 그냥 앉아서 창밖을 바라보며 아무것도 하지 않으려고 노력하면서 자신에게 도전해보라. 만일 이것이 어렵다면 그것이 얼마나 어려운지를 느껴보고 왜 그렇게 어려운지 생각해보라. 진정한 자신은 당신이 얼마나 많은 일을 하는지에 따라 측정되거나 평가되어져서는 안 된다는 것을 상기시켜라. 더 존재로 머무르고 덜 행동하는 것이 훨씬 더 중요하다. 왜냐하면 이것을 통해 당신이 진정한 참나무 자아에 접근할 수 있기 때문이다.

## 3유형의 화살표를 이용한 성장경로

제 1장에서 이미 화살표의 '내면 흐름' 모델을 소개하였는데, 이것은 에니어그램 도형 내의 역동적 움직임의 한 측면을 나타낸다. 각 유형들은 '스트레스를 통한 성장' 지점과 '아이-가슴-안전' 지점으로 연결되며, 화살표는 각 유형을 위한 성장경로를 보여준다.

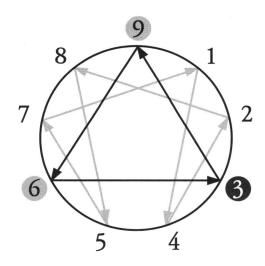

* 각 유형에서 화살표를 따라 나아가는 방향은 '스트레스-성장' 발달의 경로이다. 이 과정은 성격유형이 제시하는 구체적인 도전과제를 보여준다.
* 각 유형에서 화살표를 받는 방향은 '아이-가슴' 지점으로 어린 시절부터 지속된 이슈와 과제를 나타낸다. 단절되어 온 부분을 의식적으로 인정하면 과거에 해결하지 못한 일에 붙잡혀 있지 않고 벗어나 앞으로 나갈 수 있다. 이러한 '아이-가슴' 지점은 우리가 무의식적으로 억압한 안전의 특성을 표현하며, 이 특성은 가끔 스트레스의 상황이나 안전을 필요로 하는 시기에는 위안을 얻기 위해 물러나기도 하지만, 의식적으로 통합해야만 하는 특성이다.

## 성장과 확장을 위해 9유형의 '스트레스-성장' 지점을 의식적으로 사용하기

3유형을 위한 성장의 길은 9유형이 가지고 있는 도전들과 직접적으로 관련이 있다. 그 성장의 길은 행동하지 않고 존재에 머무르며, 업무와 목표뿐만 아니라 사람을 우선순위에 두며 자기 자신을 잃지 않고 사람들과 연결되는 것이다. 3유형이 9유형으로 움직이는 것은 어려울 수 있지만, 무너지는 지점까지 일하면서 스트레스를 받는 상황이 되면 무의식적으로 9유형으로 간다. 그러나 의식적으로 3유형은 몸에 더 머물고, 업무를 완료할 때 다양한 관점을 포함하며, 느긋해지고 주의초점을 넓히는 것을 배움으로써 9유형을 성장의 길로 삼을 수 있다. 9유형이 특별히 잘하는 것은 '흐름을 따르는 것'인 반면, 3유형은 흐름을 지시하는 편이며 목표를 향한 과정을 통제하지 못하면 행복하지 않다. 3유형은 9유형의 성장 지점을 사용하여 특정한 방식과 속도로 일을 진행시키기 위해 통제하려고 하는 욕구를 의식적으로 내려놓을 수 있고 더 많은 부분에서 다른 사람들을 따르는 것을 용납할 수 있게 된다.

3유형이 의식적으로 이런 방법으로 작업을 하게 되면 건강한 9유형의 도구를 사용할 수 있다. 그것은 업무를 잘 수행하기 위해서도 중요한 요소이다. 상대를 포용하고 합의를 따르며, 타인이 이끄는 대로 따라갈 수 있고, 항상 관심의 중심이 될 필요가 없으며, 자신의 노력을 지시하는 길잡이로서의 직관적인 감각을 느끼게 되는 것이다. '올바른 행동'을 취하는 9유형의 자각 능력은 다른 사람들의 관점을 깊이 이해하는 것과 자신의 직감을 통해 앞으로 나아가는 것에 기반을 둔다. 그것은 더 폭넓은 범위의 의견을 고려해보지 않은 채 목표를 향해 앞으로 돌진하는 3유형의 성향에 균형을 잡아준다. 9유형의 수동적인 태도는 3유형이 일반적으로 취하는 적극적인 접근 방식에 유용할 수 있다. 그리고 9유형이 긴장을 풀고 존재 자체로 머무는 것은 3유형이 행동하는 것을 늦추고 위험을 감수하는 방법을 배우도록 돕는다.

'아이-가슴' 지점을 의식적으로 사용하여

　　　어린 시절의 이슈들을 다루고 앞으로 나아갈 수 있도록 안전감을 찾기

　　3유형의 성장은 목표에 이르는 길을 신중하게 고려해 보도록 속도를 늦추는 방식으로 자신의 두려움을 직면할 수 있는 능력을 되찾는 것이다. 초기 보호의 결핍에 대한 반응으로 3유형은 대체로 행동하는 자가 되었고 심지어 안전하기 위해 자신의 불안을 묻어버리도록 요구했다. 어린 시절 3유형은 두려움을 느낄 만한 사치를 누릴 수 없다고 생각하고 무언가를 성취하기 위해 적극적으로 대처했다. 6유형으로의 의식적인 귀환은 두려움과 염려를 느끼도록 허용하는 것으로 3유형이 속도를 늦추는 데 도움이 될 수 있다. 잠재적인 위협과 문제를 되돌아보기 위해 잠시 멈추면 자신의 감정과 직관에 집중할 수 있는 더 많은 공간을 만들 수 있다. 이러한 이유 때문에 '6유형으로 회귀'는 3유형이 평상시보다 자신의 계획에 대해 더 많은 측면을 생각할 수 있는 건강한 방법이된다.

　　의식적으로 길을 찾는 3유형은 6유형으로의 이동을 통해 앞으로 나아갈 때와 성찰을 위해 잠시 멈추는 사이에서 다시 건강하게 균형을 잡을 수 있다. 그들은 너무 빠르게 앞으로 나아가기 전에 건강한 범주의 질문을 의식적으로 끼워 넣을 수 있고 일반적으로 행동하는 것보다 더 심오한 수준에서 어떤 일이 일어나는지 확실히 가늠할 수 있다. 그들이 두려워하는 것에 초점을 맞추는 것은 자신의 내면 깊숙한 곳에 있는 감정에 다가가기 위한 방법이 될 수 있다.

　　또한 다른 사람에게 지원받는 것을 허용하는 기회로 강조될 수 있다. 만약 자신을 항상 관리해야 하는 사람으로 여기지 않고 6유형의 건강한 점을 사용해 다른 사람을 더 신뢰하여 누군가에게 문제를 해결할 수 있게 자리를 내 준다면 더 휴식할 수 있다. 질문과 자기 의심은 종종 자신감의 이미지 뒤에 숨어있는 연약함에 대해 마음을 열 수 있

483

는 통로가 되어 3유형에게 도움이 될 수 있다.[20] 6유형으로 움직이는 것에 대한 자각을 향상시키려는 이러한 노력들은 자신을 보다 잘 이해할 수 있는 기반이 되며 3유형이 6유형의 건강한 모습을 향해 나아가도록 잘 준비시켜준다.

## 악덕에서 미덕으로
### 허영에서 벗어나 소망을 추구하기

악덕에서 미덕으로 변화하는 여정은 에니어그램의 핵심적인 기여 중 하나이며 각 유형이 도달할 수 있는 더 높은 수준의 인식에 이르는 '수직' 성장의 길을 보여준다. 3유형의 경우 악덕(격정)은 허영이고 그 반대인 미덕은 소망이다. 이 '악덕에서 미덕으로의 전환'이라는 성장 이론은 격정이 성격 내에서 어떻게 작용하는지 깨닫고, 그 반대인 상위의 미덕을 구현하기 위해 의식적인 작업을 많이 하면 할수록, 각 유형의 무의식적인 습관과 고착된 패턴에서 벗어나 '참나무 자아'를 향해 나아갈 수 있다는 사실을 알려준다.

3유형의 작업은 다양한 형태의 허영이 자신 성격의 패턴과 주의초점을 형성하는 데 어떤 역할을 하는지 점점 더 인식하도록 하는 것에 중점을 둔다. 허영에 대한 경험이 더 익숙해지고 일상생활에서 그것을 더 인식하게 되면, 허영의 격정에 대한 '해독제'인 자신의 미덕을 행하는 데 초점을 맞추어 더 많은 노력을 할 수 있다. 3유형의 경우 소망의 미덕은 존재의 상태를 나타낸다. 이는 자신의 더 높은 수용력을 의식적으로 나타냄으로써 얻을 수 있는 것이다.

소망은 모든 것이 괜찮을 것이며 모든 일들이 잘 해결될 것이라고 믿는 상태이다. 그것은 낙관적인 경험으로, '존재로서의 삶이 우리에게 선물하는 것에 대해 기쁘게 열려있고 신뢰하며 받아들이는 태도'이다.[21] 단테의 『신곡』 '천국'편에서, 순례자는 소망을 확신하면서 한 걸음 더 나아간다. 여기서 그가 말한 소망이란 '미래의 축복에 대한 확신'을 암시한다.[22] 소망은 만사를 밀어 붙여서 결과를 보려는 에고의 욕구를 내려놓고, 좋은 일들이 일어날 것이라고 아는 것과 믿는 것이다.

더 나아가 영적 스승이며 작가인 알마스A. H. Almaas는 소망이란 '현실이 우리의 자율적인 상상과는 독립적으로 실현된다는 것에 대한 자각'이라고 설명한다.[23] 일이 일어나는 방식을 통제하고 남들에게 보이는 방식을 관리하면서 허영이 작동하는 것을 3유형이 알아차릴 때, 그들은 일의 흐름을 통제하여 성취하고 타인들에게 깊은 인상을 주려는 자신의 욕구에 맞서 내면작업을 시작할 수 있고 소망의 경험을 통해 긴장을 풀 수 있다. 이것은 자신의 삶이 그 자체로 펼쳐진다는 사실 즉, 삶을 애써 몰아가거나 그렇게 많이 '뭔가를 해야 할' 필요가 없음을 이해하기 시작했다는 의미이다. 허영이 작동하게 되면 자신의 관심사를 고조시키는 방법을 알고 있지만, 내면적으로 만사가 자신들의 뜻대로 순조롭게 이루어지지 않는다는 것도 안다.[24] 그들이 소망이라는 미덕의 진정한 의미를 이해할 때, 이전처럼 열심히 일하던 것을 멈추고 긴장을 풀 수 있게 될 것이다. 낙관적인 감정을 일으키는 소망을 가지고 상황의 자연스러운 흐름을 수용한다면, 자신이 원하는 바가 성취된다는 것을 믿게 될 것이다.

3유형이 소망을 실현한다는 것은 통제하고 싶은 욕구, 구체적인 결과에 초점을 맞추려는 욕구 및 자신이 어떤 사람인지에 대해 다른 사람의 시각을 관리하려는 욕구를 내려놓을 수 있음을 의미한다. 또한 그것은 우리는 볼 수 없고 이해할 수도 없는 창조적인 힘에 의해 일이 이루어짐을 당신이 알고 앞으로 일어날 일에 대해 열린 시각을 가지고 잘 받아들이게 된다는 뜻이다. 우리가 소망을 가지게 된다면, 최선의 방법이라고 생각하는 에고의 선입견에 따라 행동을 취하기보다는 상황의 흐름과 조화를 이룰 수 있다. 또한 우리는 끊임없이 노력하는 것에서 휴식을 취할 수 있으며, 그렇게 해도 결국 일은 성취될 것이다. 소망은 허영에 대한 해독제이다. 왜냐하면 허영이 성격의 욕구를 충족시키기 위해 사건을 통제하려고 애쓰는 반면, 소망은 우리로 하여금 더 높은 관점에서 바라볼 수 있게 해줌으로써 모든 것이 잘 될 것이라고 신뢰를 주기 때문이다.

## 3유형이 악덕에서 미덕으로 성장하기 위한 하위유형별 작업

자신의 격정을 관찰하고 해독제를 찾는 작업은 각 하위유형에 따라 다르게 나타난다. 의식적인 자기 내면작업의 길은 '의지, 훈련, 은혜'라는 말로 그 특징을 설명할 수 있다.[20] 즉, 성격 패턴에서 벗어나려는 '의지', 성장을 위한 노력의 '훈련', 그리고 의식적, 긍정적 방식으로 미덕을 실현하기 위해 작업할 때 찾아오는 '은혜'인 것이다. 나란호가 각 하위유형이 성장을 위해 애쓰고 노력해야 하는 측면들이 각각 다르게 나타난다고 말한다. 이러한 통찰은 에니어그램의 각 하위유형을 이해하는 데 크게 유익하다.

### 자기보존 3유형

자기보존 3유형은 '해야 할 목록'이 무엇이든 그대로 하기보다는 그 이상을 경험할 수 있는 여지를 두고 속도를 늦춤으로써 허영에서 소망에 이르는 길을 여행할 수 있다. 그들은 자신이 느낄 수 있는 여유를 가지고, 그 감정을 표현함으로써 소망을 목표로 나아갈 수 있으며, 내적 경험의 리듬을 두드릴 수 있다. 또한 더 깊은 감정과 관계를 위한 공간을 허락하지 않으려고 합리화하는 순간을 알아차리는 것이 중요하다. 자기 자신에게만 의지하고 열심히 일하는 것이 아니라, 타인과의 깊은 유대 관계를 통해 안전을 얻도록 하라. 자신이 모든 것에 대해 책임지지 않아도 된다는 것을 깨달으라. 자신이 모든 것을 혼자 하거나 독립적으로 열심히 일하는 것과 반대로, 상호 신뢰의 공통된 감정을 나누면서 안전을 확보하라. 당신의 불안은 당신이 해결되지 않은 욕구와 더 깊은 감정을 가지고 있음을 나타내는 신호임을 알라. 더 열심히 일하는 대신에 자신의 진정한 목소리에 귀 기울이고 자신을 돌보고 휴식을 취하라. 당신이 혼자 일을 해나갈 필요가 없는 미래의 행복에 대한 소망 안에서 피난처를 찾으라. 가만히 존재로 머무는 것을 허용하여 연약함을 경험하고 진정한 자아에 대해 더 많이 알 수 있는 여지를 남겨두라.

## 사회적 3유형

사회적 3유형은 좌절, 실패, 자신의 연약함의 경험을 의식적으로 사용하여 자신이 진정 어떤 사람인가에 대한 인식을 넓혀 허영에서 소망으로 가는 길을 여행할 수 있다. 그들이 자신의 현재 모습을 그대로 받아들이고 다른 사람들이 그들의 가치를 알아 볼 수 있다는 신뢰를 배우고, 인정받고자 하는 노력을 하지 않을 때, 앞으로 일어날 일에 대하여 통제하고 싶은 욕구를 내려놓고 소망으로 인도될 수 있다. 소망을 목표로 나아간다는 것은 당신의 모습이 탄로가 나거나 당신이 겪을지도 모를 거절에 대한 두려움에 도전한다는 것을 의미한다. 또한 당신이 사회적 가면으로 만들어진 당신의 모습보다 훨씬 더 깊고 풍부하다는 것을 알게 된다는 뜻이다. 진정한 감정을 더 많이 표현하는 것은 이들에게는 소망의 행동이다. 왜냐하면 상상 속에서 이상화된 자신을 내려놓고 자신의 진짜 모습을 과연 다른 사람들이 사랑할 수 있을지 보는 것은 너무도 힘들고 어렵기 때문이다. 같은 맥락에서, 이들이 실패와 좌절을 더 깊은 삶의 경험으로 받아들이고 참 자아가 느낀 경험으로 수용하는 것이 매우 중요하다.

## 일대일 3유형

일대일 3유형은 실제 인물이나 상상속의 파트너를 위한 삶이 아니라 자기 자신을 위해 사는 법을 배움으로써 허영에서 소망으로 가는 길을 걸어 갈 수 있다. 이들은 진정한 자아를 더 많이 알고 경험함으로써 소망을 향해 나아간다. 또한 아름답고 열정적인 친구이며 지지자이지만, 역설적이게도 다른 사람들에게 하는 것처럼 자신을 사랑하거나 지지하지 않는다. 이들은 다른 사람들에게 관대하게 베풀었던 사랑과 믿음을 자기 자신에게 동일하게 실행하는 법을 배움으로써 소망을 향해 나아갈 수 있다. '진정한 자아'를 찾기 위한 집중적인 탐색을 시작하여 정체성을 발견하고 그것이 자신을 올바른 방향으로 이끌어 갈 것이라는 믿음을 가지는 것이 소망이다. 의식적으로 당신이 잘 지원하고 있는 사람들과 감정을 공유하라. 그리고 소망이 당신이 바라는 깊은 관계를 구축하는 방향으로 당신을 인도할 것임을 알기를 바란다.

## 결론

3유형은 사회적으로 수용 가능한 이미지에 대해서만 보상하는 이 세상에서, 우리가 참 자아라고 착각하는 페르소나에 초점을 맞추고 동일시하는 방식을 나타낸다. 3유형의 성장 경로는 허영을 소망으로 변화시키는 방법을 보여준다. 그것은 당신이 굉장히 매력적이든지 사회적으로 훌륭하든지에 상관없이 '도토리 껍질'처럼 참된 자신을 억압하는 성격의 속박에서 벗어남을 배우는 것이 중요하다는 사실을 보여준다. 이처럼 소망을 통해 깨어나는 3유형의 성장은 외부의 껍질을 떨쳐버리고, 마음을 열어 진정한 감정을 만나며, '참나무 자아'가 되는 방향으로 우리를 안내한다. 3유형의 하위유형에서 우리는 자기관찰, 자기계발, 자기인식의 연금술을 통해 존재로서 살아가고, 다른 사람들의 눈에 어떻게 보이는지 관리하고자 하는 욕구를 내려놓도록 허영을 소망으로 변화시킬 수 있을 때, 과연 무엇이 가능한가를 보여주는 성격적 특성을 발견하게 되는 것이다.

# 제10장
## 2유형의 원형: 유형, 하위유형, 성장경로

> 겸손이란 당신 자신에 대하여 덜 생각하는 것이 아니라,
> 타인이나 다른 가치 있는 것을 더 많이 생각하는 것이다.
>
> — C. S. 루이스

2유형은 애정을 얻어 내려고 상대방을 기쁘게 해주려는 사람의 원형을 보여준다. 유혹이나 전략적 도움주기와 같은 간접 방식으로 다른 사람의 인정을 얻고자 하는 욕구는 감정적이거나 물질적인 지원을 자연스럽게 얻을 수 있는 하나의 방식이다. 이러한 전략은 중요한 사람에게 욕구를 충족시키기 위하여 직접적인 요청을 하였을 때 거절당하는 고통으로부터 자신을 방어하면서도, 동시에 상대가 자신을 돌보게 하는 방식이기도 하다.

2유형은 물론 남성이나 여성 모두에게 다 적용된다. 그러나 2유형의 원형은 융의 개념인 아니마anima로써, 내면적 여성성을 더 반영한다. 융은 아니마를 '화려하고, 소유욕이 강하며, 감상적이고 감정 기복이 있는 유혹적인 여성'[1]과 같은 존재로 설명한다. 위대한 어머니 혹은 위대한 여신의 원형과 같은 원형적인 여성의 원리는 전지전능하고, 생명력을 제공하는 신과 같은 여성으로 표현되고, 따스함, 민감성, 부드러움, 감정적 민감성, 그리고 타인에 대한 개방성의 여성적인 속성을 보여준다.[2]

2유형 원형의 요소는 친밀한 사람들에게 감정적 통제력을 행사하는 것인데, 피상적

으로는 이타적인 '유대인 어머니'의 캐릭터에서도 찾아볼 수 있다. 또한 2유형은 타인을 중독시켜 점차적으로 거기에 빠지게 만드는 고전적인 '상호의존적' 인간의 대표적 패턴이기도 하다. 그들에게 준다는 것은 다른 면에서 보면, 이타적인 도움의 형태는 아니다. 그들은 자신이 가치를 두고, 무의식적으로 상대방의 욕구를 충족시키고자 하는 사람들로부터 자신이 필요로 할 때 자기가치를 발견한다. 그들의 도움이란 때로는 실제 도움보다 더 많은 약속을 하는 상호 돌봄의 약속을 통하여 욕구충족이 되는 전략적 방법인 것이다.[3]

그러므로 2유형은 우리 모두 속에 있는 우리자신에 대한 확장 혹은 이상화된 시각, 그리고 타인을 우리처럼 만들 수 있는 능력의 원형을 보여준다. 자기권력 강화 혹은 자기확장을 추구하는 경향은 바로 이들의 모습을 뒷받침해준다. 이들은 때로는 경계가 없고 지나칠 정도로 관대하고, 도움을 주며, 매력적이고 지지를 보낸다. 이들의 거짓된 자아는 매력적이고 유혹적인 겉모습을 통하여 타인과 긍정적인 관계를 추구한다.

이 거짓된 자아는 생존 지원을 제공하는 사람들과 긍정적인 감정적 정렬을 만들어 맞추려고 한다. 그리고 일단 친밀한 관계가 이루어지면, 그러한 인간적 고리는 필요 시에 자원으로 사용된다. 2유형은 자신의 안녕을 지원받기 위하여 타인들로부터 무엇인가를 원할 때 '식초보다는 꿀로 더 많은 파리를 잡을 수 있다'라는 생각을 한다. 즉, 당장의 매력과 도움은 미래에 도움을 요청하기 위한 좋은 기초 작업을 제공한다는 것이다.

2유형의 자연스러운 강점은 타인의 말을 경청하고, 그들의 감정에 공감하고 요구를 충족시키는 진실한 능력이다. 이들은 대부분 명랑하고, 낙관적이며, 따스하고, 매우 친절하다. 이들은 라포를 형성하기 위하여 아주 자연스럽게 긍정적 소통 기술을 사용한다. 또한 아주 외교적이며, 사람들이 잘 들을 수 있는 방식으로 메시지를 전달하는 데 능숙하다. 2유형의 독특한 '초능력'은 아주 훌륭한 친구가 될 수 있고, 때로는 오랫동안 사랑받는 사람들을 돌보고 지지할 수 있다는 점이다. 그리고 충동적이고 에너지가 많으며, 유능하기 때문에 많은 일들을 해내며, 특히 타인들에게 인상적인 방식으로 잘해낸다.

다른 성격 원형과 마찬가지로, 2유형의 재능과 강점은 또한 '치명적인 결점' 혹은 '아킬레스건'이 된다. 타인을 위하여 '어떤 일이라도 할 수 있는' 충분한 힘이 있는 것처럼 보이려는 그들의 모습은 곧 자아팽창으로 이어진다. 이러한 자아팽창은 2유형의 격정인 일종의 교만이다. 나중에 알게 되겠지만, 이 교만으로 인하여 유혹을 불러일으키는 바로 그 욕구에 대하여 부정하는 2유형의 모습이 감추어진다. 그 결과 그들은 자신의 욕구를 부정하고 자신들의 진정한 감정에 대한 정확한 느낌을 상실하게 된다.

2유형은 낙관적이고, 친절하며 진정으로 타인에게 도움을 주는 유형이다. 그러나 때로는 타인을 기쁘게 하기 위하여 모습을 바꾸는 데 지나치게 치중하는 방식으로 행동한다. 예를 들면, 2유형은 마치 다른 사람들도 자신처럼 비판에 민감할 것이라는 상상을 할 수 밖에 없다. 그리하여 타인에게 상처를 줄지도 모른다는 두려움 때문에 진실을 달콤하게 위장하거나 숨기기도 한다. 또한 2유형의 명랑함은 때로는 슬픔, 원망, 혹은 실망을 숨기는 과대한 보상으로 작용하기 때문에 허위로 느껴지기도 한다.

이 원형을 온전히 이해하기 위하여서는, 남을 기쁘게 해주려는 특성, 그리고 아름답고 매력적이지만 위험한 팜므파탈과 유사한 특성 등의 어두운 면을 이해하는 것이 중요하다. 2유형이 제공하는 도움과 지원은 비록 그들이 숨겨진 동기를 항상 깨닫지는 못하지만, 대부분 전략적 도움이다. 상호보완성이 바로 이러한 생존전략의 핵심이다. 2유형은 일반적으로 '내가 당신을 돌봐주면, 당신도 나를 돌봐줄 것이다'라는 무언의 전제하에서 움직인다.

## 호메로스의 작품, 『오디세이아』에 나오는 2유형
## 칼립소

『오디세이아』의 시작 장면을 보면, 오디세우스는 칼립소 섬에서 오도 가도 못하게 되었다. 그곳은 그가 고향에 도착하기 전에 방문했던 마지막 두 번째 장소이다. 그런데 그의 이야기를 듣고 보니 이 섬이 트로이전쟁 이후 오디세우스가 고향으로 돌아가는 여행에서 방문한 8번째 장소였다는 사실을 알게 되었다.

호메로스는 칼립소를 '빛나는 여신', '여왕의 님프' 그리고 '여신들 사이에서의 빛'으로 묘사하였다.[4] 그녀는 아름답고 우아한 여성이고 전형적인 양육자이다. 그녀는 오디세우스를 소중히 보살폈고, 가장 좋은 음식을 주었고, 필요한 모든 것을 제공하였다. 오디세우스는 아내인 페넬로페가 있는 고향으로 가기를 원했지만, 칼립소는 오디세우스와 결혼해서 자신과 같이 불멸의 존재로 만들고자 하였다.

제우스가 오디세우스를 집으로 돌려 보내주라고 명령할 때까지, 칼립소는 그를 천국과 같은 그녀의 섬에 붙잡아 두고, 오감을 만족시키는 모든 즐거움을 제공하였다. 그녀의 목표는 고향으로 돌아가고자 하는 오디세우스의 꿈을 포기하도록 유혹하는 것이었다. 그녀의 지원과 환대는 대단하였지만, 동시에 오디세우스를 감옥에 가두는 것과 마찬가지였다. 오디세우스가 불멸의 여신을 가질 수 있었는데도 어떻게 언젠가는 죽음을 맞이하여야 할 인간 아내에게 돌아가기를 원할 수 있었을까? 오디세우스는 칼립소의 집에서 왕으로 군림하고 불멸의 존재가 될 수 있음에도 불구하고, 왜 그는 집으로 돌아가기 위하여 겪어야만 하는 그 많은 어려움을 참아 내고자 하였을까? 칼립소는 오디세우스를 통제하고, 영원히 소유하고자 하였다.[5] 그러나 이러한 관계에서 칼립소의 가장 중요한 동기는 상대방에 대한 진정한 관심이 아닌 자기 자신을 위한 것이었기 때문에, 그녀는 자신이 진정으로 필요로 하는 것을 얻을 수 없었다.

마침내 오디세우스에게 떠나도록 허락하였을 때, 칼립소는 2유형의 지고한 면을 보여주었다. 오디세우스가 자신을 떠나려는 상황을 이해하면서, 그의 여행 준비를 도와주었다. 어떠한 조건도 없이, 그리고 자신의 요구에 상대가 반응하지 않을 것을 알면서도, 그녀는 마침내 보다 더 진실 된 방식으로 오디세우스를 사랑할 수 있었다.

# 2유형의 성격구조

'가슴기반' 또는 '감정기반'의 유형들 중에 하나인 2유형의 성격구조는 슬픔 혹은 비통의 감정과 연관이 있다. 2유형은 자신에 대한 구체적 이미지를 만들어내는 데 초점을 둔다. 가슴 중심들은(2, 3, 4) 주로 정서적 공감을 통하여 타인과 관계를 맺는다. 이들이 공유하는 '감정'은 타인들과 연결되기 위하여 욕구를 고조시키고, 정서적, 관계적 수준에서 상호간의 상황을 잘 읽어낼 수 있는 능력을 만들어준다. 가슴 중심들의 중요한 관심은 관계이기 때문에 사랑이나 타인의 인정을 얻기 위해 필요한 이미지를 잘 알아차린다.

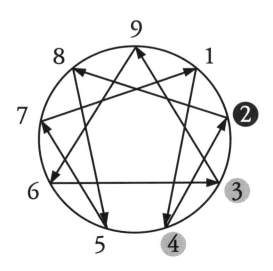

4유형은 비통에 지나치게 매달리는 반면, 3유형은 비통을 과소평가하고, 2유형은 자신의 슬픔 때문에 갈등한다.

가슴 중심의 핵심 감정인 슬픔은 진정한 자신의 모습에 대하여 사랑받지 못하고 있다는 느낌과 자신의 진정한 자아와의 접촉을 상실하고 있다는 것에 대한 비통함이다. 그들은 진정한 자신은 버리고, 자신이 필요로 하는 사랑(혹은 인정)을 얻기 위하여 특별한 이미지를 만들어낸다. 세 가지 가슴 중심은 모두 마음 깊이 보여지고, 수용되며, 자신의 모습에 대해 사랑을 받고자 하는 충족되지 못한 욕구와 관련된 핵심 이슈들을 가지고 있다. 자신이 추구하는 사랑, 그러나 현재 자신의 모습으로는 얻을 수 없다는 두려움을 대체하고자 타인의 인정을 얻으려고 하고, 이를 위하여 각각 다른 대처전략을 사용한다. 3유형은 성취와 성공의 이미지를 만들어내고, 4유형은 자신을 독특하고 특별한 존재로, 그리고 2유형은 남들이 좋아할 만하고 친절한 이미지를 보이고자 한다.

삶에서 자신에게 중요한 사람들을 기쁘게 만드는 것은 2유형들에게는 주변의 사람들을 적극적으로, 그리고 (생각하지 않고도) 자동적으로 '읽어'내는 '가슴 지능'을 사용하고, 그들의 분위기, 욕구, 그리고 선호를 인지한 것에 맞추는 2유형에게는 생존과 성공으로 가는 길과 같다.[6] 2유형은 타인의 욕구를 충족시키고 그들의 감정을 수용함으로써, 그들에게 맞추고 관계를 맺는 과정에서 자신에게 중요한 사람들의 안녕을 돕기 위하여 긍정적 관계를 만들고자 한다.

2유형은 '베푸는 사람' 혹은 '돕는 사람'이라고 불리지만, 그저 누구에게나 지속적으로 혹은 무조건적으로 '도움'을 제공하지는 않는다. 그들에게는 타인이 자신에게 빚을 지도록 만들기 위하여 전략적으로 주는 무의식적인 습관이 종종 나타난다. 2유형이 타인에게 베풀고 싶은 느낌이 드는 것은 당연하다. 그리고 때로는 그들은 정말로 진심으로, 그리고 직접적으로 그렇게 한다고 믿는다. 그러나 이 성격의 패턴은 유혹, 자기팽창, 그리고 자기이익을 계산하면서 베푼다. 그들의 자기인식은 아무런 대가를 기대하지 않고 단순히 도움을 주려는 욕구보다는 그들의 베푸는 것이 얼마나 자기가 인지한 가치, 사랑받음에 관한 불안정을 반영하는지를 인식하고자 한다.

이러한 불안정성과 '얻기 위하여 베푸는 것'의 역동성을 이해하게 되면 우리는 2유형 성격의 핵심에 있는 슬픔과 만날 수 있다 이러한 슬픔은 자신들이 현재 그대로의 모습으로는 사랑받지 못하고 타인을 위하여 무엇인가를 해야만 한다는 2유형의 생각에서 기인된다.

칼립소처럼, 2유형은 타인의 욕구를 맞춰주기 위하여 그들을 유혹하려는 자신의 힘을 겸손하게 포기함으로써, 이러한 패턴으로부터 자신을 자유롭게 할 수 있다. 그렇게 되었을 때, 2유형은 진정한 관용의 우아함을 보여주고, 자신들이 알고자 갈망하던 사랑을 받을 수 있는 가능성으로 열리게 된다.


## 2유형의 어린 시절 대처전략

2유형의 원형적 이야기는 결정적으로 충족되지 못한 아주 어린 시절의 경험에서 시작될 수 있다. 가령, 기본적인 사랑과 돌봄을 제공하는 데 실패한 경험이 있는 부족한 또는 압도적인 양육자로부터 비롯될 수 있다. 이러한 실패는 모든 기본 욕구들 중에서도 특히 인정받고 무조건적인 사랑을 받고자 하는 초기 감정적 욕구를 포함한다.

충족되지 않은 욕구의 경험을 가진 2유형은 자신의 욕구가 타인들에게는 너무 과도하므로 현재 그대로의 모습으로는 사랑받을 수 없다는 생각을 기본적으로 가지고 타인들에게 적응한다. 따라서 타인들의 욕구에 맞추어 자신의 욕구를 억제하는 생존전략을 만들어낸다. 2유형이 타인들에게 초지원적이 되는 이유는 자신의 언급되지 않은 욕구들을 타인들이 서로 채워줄 수 있는 동기를 유발시킬 수 있을 것으로 기대하기 때문이다.

2유형 전체의 성격은 욕구를 인정해야만 하는 굴욕감에 대응적인 전략적 방어처럼 보인다. 어린 시절 경험에서 자신들의 욕구가 '너무 지나치다'는 생각은 그들로 하여금 자신의 욕구가 무시되었기 때문에, 자신은 사랑이나 돌봄의 가치가 없다는 결론을 잠재적으로 내리도록 만든다. 그리하여 욕구충족에 대한 거절은 만족되지 못하였던 욕구들로 인한 초기의 심리적 고통을 떠올리게 한다. 그리고 이러한 거절은 자신의 이미지가 무가치하다는 것을 확신해주기 때문에 이들에게는 굴욕으로 여겨진다.

이러한 초기 시나리오는 2유형이 자신들의 욕구를 간접적으로 충족시키려는 무의식적인 전략을 발전시키도록 한다. 그리하여 자신의 욕구들(그리고 그들의 '자아')이 직접적으로 거절되는 고통스러운 경험을 피할 수 있도록 한다. 한편, 욕구를 충족시켜 달라고 요청하는 일은 2유형에게는 거의 생각할 수 없다. 왜냐하면 그것은 또 다른 거절을 불러올 것이라고 확신하기 때문이다. 이들은 이러한 욕구 억제는 충족되지 않은 욕구에 대한 내면적 압력을 감소시키고, 타인들이 주변에 머물 수 있도록 자신의 욕구는 하찮은 것으로 만들어버린다. 따라서 2유형은 '내가 관계를 맺기를 원하는 이 사람은 화를 내는 사람을 좋아하지 않을 것이니, 나는 화를 내지 않을 것이다' 라거나 '내가 돌봐야 할 부모님은 슬픈 사람은 싫어하므로, 나는 내 슬픔을 없애버릴 거야' 라고 생각한다. 타인들의 인정이나 애정을 얻기 위하여 그들이 원하는 모습이 됨으로써, 2유형은 외부로부터 주의 깊게 숨겨진 자신들의 욕구를 충족시키기 위하여 (원컨대 간접적으로) 긍정적 관계의 개인적인 네트워크를 만들어나간다.

이러한 초기 대처전략은 2유형을 보호하지만, 상당한 비용을 치르게 한다. 2유형의 낙관적이고 친절한 겉모습 뒤에는 때로는 자신은 사랑받을 만하지 않다는 신념으로 인한 깊은 슬픔이 있다. 이것 때문에 2유형은 타인들이 자신을 좋아하도록 확신하기 위하여 자신의 일부분을 버리게 되는 불행한 입장에 놓이게 된다. 욕구를 억제하는 이러한 습관은 2유형으로 하여금 정상적이거나 거슬리지 않게 타인에 대한 의존에 민감하거나 심지어는 의존하기 싫어하도록 만든다. 그러나 사랑이나 인정을 받기 위하여 타인에게 아첨하고 지지하는 것이 습관화됨에 따라서, 2유형은 점차적으로 잠재적인 거절의 위험에 더욱더 방어적으로 되고 타인으로부터 진실한 사랑을 받고 자신을 개방하는 것이 점점 더 어렵게 된다.

저는 외동아들이었으며, 친가 쪽으로 하나뿐인 손자였습니다. 어릴 때 저희 부모님은 하루 종일 일을 하셨기 때문에 조부모님께서 저를 많이 돌봐주셨습니다. 제가 태어나고 2년 후에 우리 가족은 더 나은 경제적 기회를 찾아서 해외로 나가게 되었습니다. 친가 쪽 친인척들을 남겨 두고 그리스로 옮기게 되었습니다. 그리고 7년 후 다시 미국으로 돌아올 때는 2살 때부터 9살 때까지 저를 길러주신 외가 쪽의 친인척들을 두고 떠나야만 했습니다.

저는 특별히 충족되지 않는 욕구에 대한 고통을 의식적으로 느낀 기억은 없습니다. 다만 저를 돌봐 줄 부모님은 주변에 없었고, 서로 다른 양가 조부모 손에 맡겨졌습니다. 10살도 채 되지 않았을 때 서로 다른 두 양육자들이 저를 돌본 것이 저에게 가장 큰 영향을 끼쳤습니다. 제가 외동아들이며 하나뿐인 손자였기 때문에 많은 관심을 받기도 하였지만, 한편으로는 부모님이 주변에 없었고 내가 의지하던 사람들과 두 번이나 헤어져야만 했던 경험 때문에 거절 당하거나 내버려 진 느낌을 받기도 하였습니다.

저희 어머니는 상당히 비판적인 1유형이고, 아버지는 매우 방어적인 8유형입니다. 저는 어릴 때부터 사람들을 기쁘게 해주는 전략을 사용하였습니다.

가령, 주저하지 않고 노래하기 같은 일입니다. 실은 지금도 그렇게 하고 있습니다. 이런 행동은 제가 관심의 중심에 있고, 무시당하지 않으며, 타인들과 어떤 식으로든지 연결된다는 점을 확신시켜주었습니다(또한 쟁점이 되는 최근의 정치적 논쟁들로부터 사람들의 주의를 분산시키는 저의 방식이기도 합니다). 저는 겉으로 행복한 모습을 보였고, 8유형의 아버지에게 어머니가 주신 가르침을 바탕으로 저의 화를 다스리는 법을 배웠습니다. 하지만 '화를 누그러뜨리는 방법'이라는 이러한 충고는 저의 부정적 감정들을 숨기거나 억누르는 원인이 되었습니다. 부정적 감정을 표현하지 않는 것은 또한 '이웃들이 어떻게 생각할 것인가'를 염려하는 할머니에 의하여 더욱 강화되었습니다.

주로 어른들 주변에서 키워진 외동으로서, 저는 독립적이고 자급자족하도록 자랐습니다. 초등학교 시절, 저는 항상 다른 급우들에게 주려고 여분의 준비물을 가져갔습니다. 다른 나라에서 자랐고 외국 엑센트가 섞인 말을 하는 전학생이었기 때문에, 저는 종종 이방인처럼 느껴졌습니다. 그래서 준비물이 필요한 아이들에게 선물을 주면서 그들과 친해지려고 했습니다. 저는 주류 문화에 순응하기를 원하였기 때문에, 외국에 살면서 습득한 영국식 말투를 재빨리 버렸습니다.

친절하고, 도와주고, 아량을 베푸는 일은 제가 모든 사람과 잘 지내고 그들이 저를 좋아하게끔 만드는 유일한 방법이었습니다. 저는 동성연애자임을 숨겼습니다. 왜냐하면 동성연애자이면서도 여전히 사랑받고 받아들여지고 있는 어떠한 역할 모델도 없었기 때문입니다. 저는 부모님과 함께 살면서(여전히 그들이 필요하였고) 거절당할지 모른다는 두려움 속에서 부모님의 집을 떠나서 그들에게 갈 수 있을 때를 기다리고 있습니다.

## 2유형의 주요 방어기제 `억압`

고통스러울 때 마취제는 효과가 있다.[7] 2유형의 주요 방어기제는 억압Repression이다. 억압은 심리적 마취제처럼 작동한다. 억압은 구체적 인지 혹은 감정들을 무의식에 넣어 버린다. 이렇게 되면 한 사람의 정신을 고통의 깊은 원천으로부터 절연시킴으로써, 그의 성격이 그 사람을 기능할 수 있도록 유지시킨다. 억압은 상처가 만져지지 않게 두지만, 본인은 그것을 참아낼 수 있다. 그런데 불행하게도 이 과정에서 단순히 고통이나 굴욕만이 아니라 다른 감정들까지도 마취되어 버린다.

2유형은 중요한 타인과의 관계 맺기에 방해되는 감정들을 습관적으로 억압한다. 예를 들어 2유형은 때때로 자신의 분노를 억압하는데, 사랑받는 사람들로부터 안 좋고 즉각적인 불인정으로부터 단절할 수 있다고 믿기 때문이다.

달리 말하자면, 자신들이 느끼고 생각하고 있는 것과 중요한 사람과의 관계 맺기에 보여줄 필요가 있다고 믿는 것 사이의 내적인 갈등을 경험하면, 그 관계를 보호하기 위하여 자신의 진짜 생각이나 감정을 억압한다. 이러한 습관 때문에 특히 힘든 상황에서 위선적이거나 허위적인 것처럼 느껴질 수도 있다.

억압은 충족되지 않은 초기 욕구의 고통으로부터 2유형을 자동적으로 마취시키는 방어기제이다. 또한 억압은 표현하기에는 너무나 자존심이 강한 욕구나 욕망들을 타인들이 충족시켜줄 것이라는 희망 속에서 슬픔, 분노, 그리고 질투와 같은 유쾌하지 않은 감정들을 시야에서 없애버리는 메커니즘이기도 하다. 그러나 억압된 것은 어쩔 수없이 새어 나오기 마련이다. 따라서 이들은 자신의 버려진 욕구들이 자신의 성격의 '사각지대'(혹은 그림자)가 되기 때문에 자신은 관찰할 수 없지만, 그런 욕구들이 새어 나온 것을 관찰할 수 있는 사람들에게는 종종 '요구쟁이'로 인식된다.

## 2유형의 주의초점

2유형은 실제로 그렇게 하고자 '결심'하지 않아도, 주요한 인물과의 관계에 주의를 집중하게 된다. 그들은 사람을 '읽는 경향'이 있으며, 자동적으로 사람들의 욕구나 감정에 주의를 기울인다. 또한 습관적으로 자신이 생각하기를 다른 사람들이 좋아할 것이라는 것을 중심으로 표현하는 데 초점을 두기에, 상황에 따라 모습을 바꾸는 사람이다. 그들이 바꾸는 모습은 자신들이 맞추고 싶은 사람들을 읽어서 수집된 자료에 의존한다. 가령, 2유형이 친해지고 싶은 어떤 사람이 야구를 좋아한다면, 자신도 역시 야구를 좋아한다는 사실을 강조할 것이다. 그리고 심지어는 야구세계에서 무슨 일이 일어나고 있는가를 조사해 볼 수도 있다.

에너지는 주의가 가는 곳으로 집중하기 마련이므로, 2유형은 타인의 욕구를 맞추고 자신의 욕구는 억제하는 데 많은 에너지를 쓰게 된다. 이들이 보여주는 타인을 향한 외부에 대한 초점 때문에 이들의 주의초점은 자신의 내면 경험(감정, 욕구, 욕망 등)과 자기 자신의 '자아감'으로부터 멀어지도록 한다. 그들은 자기 자신의 감정, 욕구, 그리고 선호도에 대하여 분명하게 느끼지 못하지만, 타인의 감정, 욕구, 그리고 선호도는 쉽게 읽어 내고 잘 맞춘다.

2유형은 비록 중요한 사람들과의 긍정적인 관계를 우선순위로 하지만, '가장 친밀한' 관계에서는 현존하지 못하게 된다. 그들의 초점은 타인을 위하여 무엇인가를 하고, 아직 유혹되지 않은 사람을 유혹하는 데 있을 뿐이며, 자신이 누구인가 그리고 자신의 삶과 관계의 경험에 현존하지는 않는다. 그러므로 역설적으로 사람들이 이 '베푸는 사람'과 진정한 개인적 접촉을 하려고 할 때에는 이들이 어딘가에 정신이 팔려 있거나 연결이 되지 않는다. 그들은 관계를 성취하는 데 많은 시간과 에너지를 쏟지만, 종종 스스로 관계를 유지하기 위하여 현존하는 위험부담을 가질 수는 없다고 느낀다.

2유형이 베푸는 모든 아량과 서비스가 전략적이라고 가정하는 것은 오류이다. 그러나 이와 같이 이들이 의식적으로 친구를 얻고 영향력을 발휘하기 위하여 헌신하는 주의력을 간과할 수는 없다. 때로는 간접적으로 변명이나 창의적인 재편성 등의 조작을 통하여 자신이 원하는 것을 얻어내는 법을 아주 잘 찾아낸다. 또한 가끔은 아주 힘이 센 우두머리같이 행동하기도 한다. 특히 스트레스를 받을 때, 은밀히 무엇인가를 작동하고 있을 때, 혹은 그들 주변 상황이 안전할 때 더욱 그렇다.

## 2유형의 감정적 격정 교만

교만은 2유형의 격정으로 특별한 감정적 자극이다. 여기서 '교만'은 우리가 어떤 일을 잘해 냈을 때 느끼는 '자부심'과 같이 우리 자신에 관하여 느끼는 건강하고 좋은 감정을 의미하는 것은 아니다. 오히려 치명적인 7가지 죄악 중에 하나인 자기 팽창의 거짓된 자부심이라고 하겠다. 나란호는 교만이란 격정을 '자아상의 확대를 위한 격정'으로 기술하였다.[8] 격정으로써의 교만은 자신이 정확하게 다른 사람들이 원하거나 필요로 하는 무엇이 되도록 자신을 치켜세우려는 무의식적인 욕구이다. 산드라 마이트리는 '우리의 교만은 진정한 우리의 모습으로써 우리 자신을 직접적으로 인지하기보다는 자신에게 가치를 두고 이상화된 자아상을 어떻게 바라보고 싶은가에 에너지를 쏟고 있는 가에 달려 있다'[9]고 하였다.

만약에 당신이 2유형이라면, 스스로에게 교만을 느끼는 것이 처음에는 매우 힘이 들 것이다. 이들은 '교만의 체계'가 상승과 하강의 양방향으로 작동하는 것을 보고 자신의 유형을 알아내기는 어렵다. 가끔 2유형은 자아상을 치켜세우거나 혹은 자신이 감당해낼 수 있는 것 이상을 떠맡고 있다는 사실을 의식하는 것보다, 불안함과 인정받기(결코 충분히 받지 못한 인정)를 더욱 의식한다.

상승 측면에서 보면, 2유형은 자신들이 모든 사람의 욕구를 충족시킬 수 있다고 믿으며 자부심에 가득 차 있다. 결과적으로 다른 사람을 행복하게 만들기 위하여 점점 더 많은 책임을 떠맡는다. 심지어 자신이 부담되고 소진되는 느낌을 받으면서까지도 그렇게 한다. 그들은 '아니오'라는 말로 다른 사람을 실망시키기보다는 자신이 일을 좀 더 하는 것이 더 쉽다고 생각하는 경향이 있다. 이들은 자기 자신의 욕구는 아닐지라도(심지어는 자신의 욕구는 무시하면서) 많은 욕구를 충족시킬 수 있다고 스스로 다짐하면서 자신감을 쌓아간다.

시간이 흐르면서, 2유형은 모든 사람의 욕구를 충족시킬 수 있을 것이라고 상상하는 자신의 능력에서 느끼게 되는 힘 속에 숨겨진 교만, 그리고 자신은 의식적 욕구가 없다는 우월감 등을 인식하게 된다. 이들에게서 교만은 독립으로, 자신에게 의존하도록 조종하는 바로 그 사람들에게 의존할 필요가 없다는 환상 속에서 힘의 느낌으로 나타난다.

2유형이 교만으로 가득 차서 부풀려져 있을 때에는 자신을 초능력자로 인식하며, 무엇이라도 준비되어 있고, 다룰 수 있다고 생각한다. 이러한 교만으로 가득 찬 없어서는 안 될 존재라는 비전은 타인이 바라보는 자신보다 실제로 자신은 정말로 형편없다는 두려움에 대한 보상을 하기 위하여 더 많은 무엇인가가 되어야 할 생존전략을 보인다.

자아상을 매력적이거나 없어서는 안 될 존재라는 환상으로 치켜세우는 경향 때문에 2유형은 결국 이러한 부풀려진, 거짓 자아와 일치되지 않는 현실에 직면하게 된다. '위로 올라가는 것은 내려올 수밖에 없기' 때문에, 결과적으로 하강세가 오게 되며, 이 경우 2유형의 축소된 이미지는 타인의 눈에 지나치게 결점 투성이고, 완전히 부적절하며, 매력이 없는 축소된 존재로 받아들인다. 비판, 거부, 노출, 혹은 실패 등이 가득차고 상승된 2유형의 교만에 구멍을 내게 되면, 이들은 부풀렸거나 강화된 자신의 모습을 즐겨

왔었던 것에 당황하게 된다.

무의식적인 2유형에게는 이러한 후회덕분에 억압을 통하여 패턴 이면에 도사리고 있던 교만을 침몰시키고 상승의 다음 사이클을 위하여 재설정할 수 있게 된다.

## 2유형의 인지적 오류
**얻기 위해서는 주어야만 한다**
**사람들은 매정하게도 좋아할 만한 사람만을 좋아한다**

제1장에서 성격에는 세 가지 지능 중심이 있다는 논의를 하였다. 우리는 모두 자신의 신념, 감정 및 행동에 영향을 주는 습관적인 사고방식에 갇혀있다. 이러한 습관적 사고방식은 전반적인 시각을 만들어내는 정신적 모델이 더 이상 정확하지 않은 이후에도 계속된다. 격정은 성격의 정서적 동기를 형성하는 반면, '인지적 오류'는 성격의 사고과정을 사로잡는 패턴이다.[10)]

2유형의 인지적 오류는 다른 사람들이 자신을 좋아하도록 유혹할 수 있다는 근본적인 가정에 있다. 정반대로, 그들은 자기 자신의 욕구와 욕망에 초점을 맞추는 것은 '이기적'이라고 생각한다. 자신의 욕구를 알지 못하였던 어린 시절의 환경, 즉 타인의 욕구에 초점 맞추기를 처음 배웠던 환경에서 벗어난 이후로, 이들은 타인의 욕구에 반응하는 것은 좋은 일이고, 자신의 욕구를 표현하는 것은 나쁜 일이라는 신념을 가지고 왔던 것이다.

이러한 습관적인 사고방식은 삶의 초기에 형성되며 변화하기 어렵다. 그리고 성장하는 자아를 위하여 필수적인 보호적 기능을 한다. 그러나 도토리 껍질이 도토리의 성장을 방해하듯이, 2유형은 심지어는 다르게 행동해야만 한다는 증거들이 있음에도 불구하고, 이러한 습관적인 사고 패턴의 한계 속에 머무르면서 성장을 방해한다.

2유형 성격의 특징적인 핵심 신념과 전제가 있다. 이러한 신념과 전제들은 2유형으로 하여금 자신들이 타인들에 대한 지원을 통하여 자신의 가치를 얻기 위하여 열심히 노력하지 않는다면 결코 사랑받지 못할 것이라는 전제에 이르게 만드는 다양한 인지적 오류를 보여 준다.

- □ 나는 현재의 모습으로는 사랑받을 만하지 않다.
- □ 나는 타인의 욕구에 맞추고 타인이 원하는 사람이 되어 나와 관계를 맺도록 유혹하는 과정을 통해서만 애정과 돌봄을 얻을 수 있을 뿐이다.
- □ 만약에 내가 나의 진정한 감정, 욕망, 그리고 욕구(나의 사랑받을 만하지 않은 진정한 자아)를 표현한다면, 나는 거절당하고 굴욕당할 것이다.
- □ 나는 다른 사람들이 가지고 있는 만큼의 많은 욕구를 가지고 있지 않다.

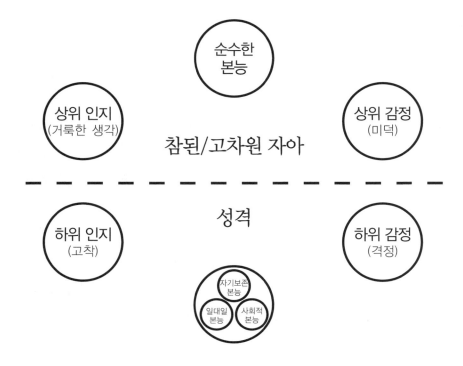

□ 내 자신은 많은 욕구를 가지고 있지 않기 때문에, 다른 사람의 욕구를 충족시키기 위하여 나의 욕구를 희생하는 것은 어떠한 욕구나 욕망을 주장하는 것보다 더 쉽다.

□ 갈등은 나쁜 감정과 거부, 그리고 관계를 망칠 위험을 야기 시킨다. 따라서 반드시 피해야만 한다.

□ 나는 사람들이 나를 좋아하도록 만드는 방법을 안다. 사람들이 나를 좋아하도록 만드는 나의 능력은 나의 생존과 안녕을 보장해준다.

□ 대부분의 사람들은 그들에게 아첨하고 그들의 욕구를 충족시켜주며 행복해 하는 사람들을 좋아한다.

□ 대부분의 사람들은 문제를 일으키거나 부정, 강한 감정, 혹은 어떤 의견을 표현함으로써 갈등을 일으키는 요구사항이 많은 사람들을 싫어한다.

□ 당신이 타인에게 베풀 때, 그들은 당신에게 뭔가를 되돌려 줄 의무가 있다.

이와 같은 2유형의 공통적인 신념과 반복되는 생각들은 타인의 긍정적인 감정을 최대화하고 부정적인 의견이나 반응은 최소화하는 자기표현을 만들어내는 모습을 조장하고 지속시킨다.


## 2유형의 함정
### 나는 약간 나답지 않음으로써 사람들이 나를 좋아하도록 만든다

2유형의 인지적 고착은 각 하위유형에 따라 매우 다르기 때문에 성격을 쳇바퀴 돌듯이 제자리걸음하도록 만든다. 그것은 성격의 한계들이 해결할 수 없는 내재적인 '함정'이다.

이 함정은 2유형에게 '나는 약간 나 같지 않음으로써 사람들이 나를 좋아하도록 만든다'는 진퇴양난의 상황으로 요약될 수 있다. 이들은 다른 사람이 자신을 좋아하도록 만들려고 하기 때문에, 어쩔 수 없이 자신이 진정 누구인가 하는 물음과의 접촉은 잃게 된다. 그들은 타인들이 좋아하고, 감탄하고 매력적임을 알게 될 것이라고 믿는 그 무엇이 되기 위하여, 자신의 욕구, 감정, 그리고 독특하고 가치 있는 한 개인으로써 진정한 자신의 본질은 버리게 된다. 2유형은 그토록 원하는 진정한 사랑·대신에 타인들이 인정한다고 순간적으로 치켜세워주는 것을 택함으로써 자신을 함정에 빠트린다. 그들은 다른 사람이 원하는 사람으로 바뀌면서 자아에 대한 자기 나름의 감각을 상실하고, 그와 더불어 관계 속에서 현존하고 돌봄받을 능력을 상실한다.

2유형은 습관적으로 특정인과의 긍정적인 라포를 아주 쉽게 형성하기 위하여, 자신의 표현들을 잘 만들어낸다. 그러나 이런 과정에서 그들은 진정한 자기 모습, 진정한 자기감정, 그리고 진정으로 자신이 원하는 것에 혼돈을 겪는다. 이처럼 그들은 타인에게 매력적으로 보이기 위하여 모습을 바꾸는 악순환에 갇히게 된다. 그리고 자아의 약화된 느낌을 지지하기 위하여, 외부로부터 더 많은 지원과 인정을 필요로 하게 된다. 그들이 이러한 함정에서 빠져나올 수 있는 길은 오로지 과감하게 자신이 누구인가를 찾아내고, 모든 사람이 자신을 좋아하도록 만들려는 욕구를 버리는 모험을 감행하는 것이다.

## 2유형의 대표적 특징

### 1. 필요불가피성을 만들어내기 위한 전략적 도움

2유형은 때로는 무의식적으로 그들이 무엇인가 대가로 받을 것이란 기대를 하면서 선택적으로 자신을 내준다.

그들이 받을 수 있는 가장 자아 만족적인 칭찬 중 하나는 그들이 없으면 안 된다는 것이다. 그리고 타인에게 필요해질 때 가장 안전하게 느끼므로, 타인들이 자신을 필요로 하는 상황을 주기적으로 만들어낸다.

## 2. 유혹

2유형은 자신이 원하는 것을 직접 요구하기에는 어려움을 느낀다. 그러므로 간접적인 매력과 외면적 아량이라는 통로를 통하여 필요한 것을 얻는 방식을 사용하여 타인을 유혹한다. 유혹은 2유형에게는 사랑이나 승인을 직접적으로 요구하지 않으면서 추구할 수 있는 방식으로 발전한다. 나란호는 유혹은 에로티즘일 뿐만 아니라, 2유형의 경우에는 더 중요하게 '실제보다 제공할 것이 더 많은 듯이 보이는 것'이라는 의미라고 하였다. 그들은 누군가를 끌어들이기 위하여 약속할 필요가 있는 것은 무엇이나 약속하면서 상대방을 유혹하지만, 실제로 실행을 하지 못하기도 한다. 그러므로 이들이 필요하게 되는 것을 좋아하기는 하지만, 반드시 자신이 제공하는 것을 끝까지 완수해야만 하는 것을 원하지는 않는다. 나란호가 지적하였듯이 2유형은 현재를 살아가는 경향이 있지만, 건강한 '현재 중심적'인 방식이 아니라 속임수로써의 현재를 살아간다. 왜냐하면 그들은 자신의 행동의 미래 결과를 생각하고자 하지 않고, 과거의 관여도 기억하고자 하지 않기 때문이다.[11]

## 3. 감성과 감정적 민감성

2유형은 원래부터 감정적으로 민감하지만, 감정의 외부적 발현인 감성과 투쟁한다. 때때로 억압을 통하여 부정적인 감정을 피하기도 하지만, 더 이상 억압할 수 없을 때는 스스로 압도되어 버린다. 이들은 감정적으로 보이지 않기를 원할 때 오히려 겉으로는 감정적이 된다.

나란호가 설명하였듯이 '이들의 감정 표현에는 부드럽든지 혹은 공격적이든지 간에 언제나 과도한 부분이 있다. 그들의 열정은 지나치게 열광적이고, 분노의 주먹은 타인을 지나치게 조종하는 경향이 있다'[12] 필요한 사랑을 얻지 못하여 감추어진 슬픈 감정에 대한 과도한 보상방식으로써 불가능할 정도로 명랑하게 보이거나, 혹은 타인이 자신이 필요로 하는 것을 주지 않을 때는 지나치게 분개한다.

어떤 2유형이 이러한 공공연한 감성을 가지고 있는가는 개인적 차이가 있지만, 모든 2유형은 감정을 느끼는 뛰어난 능력을 가지고 있다. 때로는 자신이 누구인가 혹은 어떤 사람인가(그들은 어떻게 해서든지 지지를 받기 위하여 변하고자 한다)에 대한 불안에 대하여 괜찮지 않다는 막연한 느낌 때문에 고통스러워한다.

2유형은 비판을 받거나 상처나 거절을 인지하였을 때 특히 감정적으로 민감해진다. 그들의 안녕은 타인들이 자신에 대하여 어떻게 느끼는가에 달려 있기 때문에 아무리 작은 메시지일지라도 누군가 자신을 싫어한다는 메시지는 치명적으로 느낀다. 실제로 사적인 일이 아니어도 사적으로 받아들이는 경향이 있다. 이러한 경향은 타인들이 그들을 솔직하게 대하기 어렵게 만든다. 또한 자신에 대한 타인의 부정적인 견해를 마치 누군가의 긍정적인 관심을 얻는 작업에서 실패한 것처럼 너무나 가슴 깊이 크게 받아들인다.

### 4. 낭만주의

4유형과 마찬가지로, 아마도 2유형도 에니어그램 중에 낭만주의자일 것이다. 사랑에 대한 그들의 깊은 욕구는 낭만적 만족감의 원천으로써의 관계에 초점을 두면서, 그들에게 모든 낭만적인 것과 관련된 친밀성을 안겨준다. 이러한 친밀성에는 멋진 사랑 이야기이거나, 낭만적 파트너와의 충만한 경험에 대한 환상, 혹은 낭만적 감정을 불러일으키는 시 혹은 음악 등이 포함된다.

### 5. 쾌락주의와 보상적 탐닉

나란호가 주장하였듯이, 에니어그램 유형 중에서 2유형은 가장 쾌락주의적이다.[13] 그들의 다른 특성들과 마찬가지로, 쾌락주의는 2유형이 어린 시절 경험하였던 사랑과 지지에 대한 충족되지 못한 욕구로부터 기인한다. 이들에게 쾌락주의란 적극적으로 즐거움을 추구하고 기분 좋은 것을 '취하는 것'이다. 이들은 자신의 무의식적인 욕구 충족과 깊은 결핍감정에 대한 보상을 위하여 이런 방식으로 즐거움을 추구한다. 좋은 시간을 가지고, 즐거운 활동에 몰두하며, 일반적으로 모든 것에 지나치게 탐닉하는 것은 진실로 필요한 것이 무엇인가를 찾아보려는 작업을 할 필요도 없이 그저 좋은 기분을 가지고자 하는 이들의 욕망을 반영한다.

2유형의 사랑받고자 하는 깊은 욕구는 즐거운 경험과 감각적인 만족을 추구하는 것으로 대치되고 억압된다.

## 2유형의 그림자

2유형은 자신의 행복을 타인과의 관계 맺기에 두기 때문에, 그러한 관계 속에는 많은 맹점을 갖게 된다. 이들은 건강한 관계에서의 자유와 만남의 균형을 위한 경계의 필요성을 종종 인식하지 못한다. 가령, 2유형은 다른 사람의 요청에 '아니요' 라고 거절할 수도 있으며, 때로는 다른 사람을 돕기 위하여 자원하지 않는 것이 최고의 방법인 경우도 있다는 사실을 깨닫지 못한다.

무의식적으로 행동하는 2유형은 사랑에 대한 충족되지 못한 심층적 욕구를 인식하지 못하고, 이러한 노력이 결국 타인의 애정을 얻을 수 있을 것이라고 기대하면서 의무적으로 도움을 준다. 이러한 방식이 때로는 긍정적인 상호관계의 가장 좋은 길은 아니라는 사실을 그들은 알지 못한다. 최악의 경우에 2유형은 과잉 도움을 주면서, '단지 도움을 주려고 했다거나' 혹은 '관계를 유지하고자 했다'고 믿고 있지만, 이러한 과잉도움이 타인에게는 불편하고, 그들 자신에게도 부담이 될 수도 있다.

특히 '얻기 위하여 베푸는' 2유형의 패턴은 그 자체가 맹점이 되기 때문에, 궁극적으로 타인이 자신에게 되돌려 주지 않으면 스스로 소진되어 화를 낸다. 이러한 분노의 직접적 원인으로는 2유형의 진정한 욕구가 자신의 그림자 속에 있으며 억압되어 의식에서 피해있다는 사실이다. 이러한 분노는 소극적 혹은 때로는 적극적으로 종종 출현한다. 이는 2유형의 충족되지 못한 욕구들이 호혜성에 대하여 언급되지 않고 그들의 무의식적인 기대감과 갈등을 일으키기 때문이다. 그리고 이러한 분노 자체가 갈등이나 분리의 위협을 피하고자 하는 2유형의 욕구로 인하여 억압되기 때문에, 매우 비합리적이고, 놀랍고, 조작적인 공격의 발작처럼 보이는 상황으로 폭발할 때까지 분노는 표면 아래서 쌓여간다.

2유형에게 큰 맹점은 자신이 진정으로 누구인가 하는 그들의 자아감이다. 그들은 타인들이 자신에게 원하는 그런 사람이 되고자 모습 전환을 하기 때문에 때때로 자기 자신과의 만남을 상실한다. 거짓자아는 중요한 사람과 연결되려고 남들이 매력적으로 생각하지 않을 수도 있는 그토록 많은 욕구, 감정, 그리고 견해들을 억누르라고 한다. 잘 알아차리지 못하는 2유형은 자신이 누구인가, 그리고 진정으로 느끼고, 생각하고 필요로 하는 것이 무엇인가를 알기 힘들다.

2유형의 또 다른 맹점은 자아 가치에 대한 그들의 인식에 관한 것이다. 타인을 기쁘게 하는 데 필요하다고 생각하는 것에 지나치게 초점을 맞추어서 그들이 부합되지 않을 것으로 믿는 방식까지도 숙고하게 된다. 이러한 점에서 1유형과 마찬가지로, 2유형은 자신의 긍정적인 속성을 그림자 속으로 숨겨버린다. 더 깊숙이 내려가면서, 때로는 자신들이 사랑받을 만하지 않다고까지 믿기도 한다. 비록 이러한 인지와 그에 관련된 감정들도 또한 2유형의 그림자 속에 살고 있다.

2유형은 그들의 성격상 자신들의 관계를 규정지을 수 있는 많은 권력을 타인에게 주기 때문에 때로는 권력과 권위에 대한 맹점도 갖게 된다. 2유형의 자연스러운 경향은 권력의 위치에서 타인을 지원해주고, 자신이 보기에 더 많은 권력을 가진 사람들로부터 많은 외부적 인정을 요구하는 것이다. 그리하여 이들은 훌륭한 지도자가 될 수 있는 경험과 소질을 가지고 있을지라도, 그러한 역할을 추구하지는 않는다. 오히려 모든 사람이 방향 제시를 위하여 우러러보는 사람보다는 안락하고 종속적인 위치에 있기를 더 선호한다(그러나 사회적 2유형은 예외이다).

2유형 그림자 속에 있는 이 모든 맹점들은 무의식의 가장 깊은 수준까지 욕구와 감정을 밀어내려는 아주 강력한 결합인 교만의 격정과 억압의 메커니즘으로까지 거슬러 올라간다.

## 2유형 격정의 그림자
### 단테의 지하세계에서 나타나는 교만

단테의 인페르노는 2유형의 성격과 교만이라는 격정에 나타나는 그림자에 대하여 생생하고 상징적으로 묘사하고 있다. 기독교적 우주론에서 볼 때, 루시퍼가 자신의 태생적 수준이상으로 스스로를 치켜 올리고 신의 우위에 도전하였기 때문에 교만은 최초의 죄악이자 가장 근본적인 죄악이다(나란호가 표현하였듯이, 루시퍼는 유일함의 존재 속에서 감히 '나'라는 말을 한 것이다).[14] 교만은 루시퍼를 창조해낸 조물주에 대한 반란과 그 이후의 천국에서 추방을 가져왔다.

단테의 지옥의 형상을 한 깊은 원뿔모양의 구멍은 교만으로 가득 찬 천사(루시퍼)의 타락에 의해 만들어졌다. 그래서 단테의 인페르노에서, 교만은 지옥의 구조 자체를 만들어냈고, 가장 아래 영역에서 처벌되어진다.

모든 슬픔의 거대한 왕국의 왕은 그의 반쪽 가슴을 얼음위에 내 놓고…… 만약에 지금 악취가 나는 만큼 과거에 공평하였고 자신의 조물주에게 감히 경멸하듯이 이마에 팔자를 그렸다면, 그것은 모든 슬픔이 그로부터 솟아 나와야만 한다는 것은 당연하다.[15]

에니어그램 성격 지도에서 보면, 격정에는 더 좋거나 나쁜 것은 없다. 단테의 지하세계의 도덕적 지형에도 마찬가지이지만 교만은 가장 나쁜 죄악이다. 루시퍼는 교만의 상징으로써, 지옥구덩이의 가장 밑바닥의 얼음 호수에 영원히 갇힌 얼굴 3개 달린 괴물이 되었다. 성경과 고전문학에 나오는 반란을 일으킨 거인들에 의해 포위된 체, '최대의 반역자'의 입에서는 역사에 나오는 유명한 반역자들을 씹고 있다. 이러한 문학적 이미지는 교만이 만들어내는 엄청난 해악과 2유형 성격이 무의식의 그림자 속에 있는 교만이라는 격정을 유지하려는 억압의 깊이를 적절하게 묘사한다.

그런데 단테에 의하면 교만은 왜 그토록 나쁜 것인가? 교만은 교만으로 가득 찬자들로 하여금 자연 혹은 신의 의지 위에 자신의 의지를 올려놓음으로써 자연스러운 우주 질서를 전복시키고자 하기 때문이다. 마치 교만이라는 격정에 휘둘리는 2유형이 누가 누구를 좋아하고, 누가 무엇을 하는지 통제하고, 타인이나 자연의 의지 위에 자신의 의지를 올려놓는 것과 같기 때문이다.

# 2유형의 세 가지 하위유형

2유형 성격에서 교만은 자신의 욕구를 전략적으로 충족시키기 위하여 타인을 유혹할 필요성을 말한다. 2유형의 하위유형들은 각각 유혹하려는 충동적 필요성에 접근하는 방식은 다르지만, 모두 자신들이 요구하지 않아도 욕구가 충족될 수 있도록 특별한 노력을 보여준다. 교만이라는 격정은 하위유형에서 욕구가 충족되는 각기 다른 세 가지 방식을 보여준다. 즉, 간접적으로 타인의 보호와 돌봄을 통하여서(자기보존), 자신의 지식과 능력을 통하여 감탄과 존경을 얻어냄으로써(사회적), 혹은 특정인의 사랑을 얻기 위하여 매력적인 이미지를 만들고 적응하는(일대일) 방법 등이다.

자기보존 2유형은 가장 어린아이 같은 2유형이다. 사회적 2유형은 좀 더 '어른스러운 힘을 가진' 모습이고, 일대일 2유형은 자연의 힘을 가진 팜므파탈의 원형을 닮은 모습이며, 남성의 경우도 마찬가지이다. 자기보존 2유형은 놀기 좋아하고 귀여운 모습으로 상대방을 현혹한다. 사회적 2유형은 힘과 능력을 통하여 집단을 유혹한다. 일대일 2유형은 좀 더 고전적인 유혹의 방법을 사용한다. 가령, 매력과 아첨을 통하여 타인의 사랑을 구애하고, 특정인이 원하거나 필요로 하는 것을 제공함으로써 그들을 유혹한다.

## 자기보존 2유형 특권 역유형

이 '귀여운' 2유형은 어린아이처럼 타인의 이목을 끌고 애정을 얻어내면서 교만과 보호 욕구를 표현한다. 자기보존 2유형이 사용하는 무의식적 전략은 마치 어른 앞에 선 어린아이처럼 상대방을 '현혹'하는 것이다. 무의식적 욕구는 누군가 돌봐주어야 하고, 아이들은 원래 사랑받을 만하며, 태어날 때부터 애정을 받을 가치가 있으며, 대부분 어른보다 더 즉각적으로 사랑받게 된다는 의미를 보여주면서 말이다. 이들은 감정이나 자신을 표현할 때 어린아이 같은 모습을 보인다. 또한 아무리 나이가 들었다 할지라고, 젊음에 가득 차 있듯이 어리게 보인다. 일대일 2유형은 지나치게 어른스럽고, 적극적으로 유혹을 한다면, 이에 반하여 자기보존 2유형은 무의식적으로 귀엽고 어린아이 같은 욕구를 표현함으로써 사랑과 주목을 이끌어내려고 한다.

인간으로써 우리 모두는 자연스럽게 어린아이를 사랑하게 되는데, 이는 생존을 위하여 우리에게 의존해야만 하는 어린아이들을 확실히 돌보도록 하는 생물학적인 명령이다. 어린아이들은 다른 사람들을 위하여 무엇인가를 했기 때문이 아니라, 그저 존재 자체로써 사랑받을 필요가 있고, 사랑받기를 원한다. 이것이 모든 아이들의 기본적 욕구이다. 그러므로 자기보존 2유형에서 중요한 것은 이와 같은 사랑에 대한 순수하고 어린아이 같은 욕구이다. 그리하여 마치 어린아이들은 사랑이나 돌봄을 요청할 필요도 없고, 또한 이러한 요청을 직접적으로 표현할 만큼 충분히 성숙하지 않기 때문에, 그저 당연히 봐주어야 하는 작은 어린애로 남는다.

자기보존 2유형은 귀여운 어린아이의 모습을 보임으로써, 무의식적으로 사람들이 어린아이에게 보내는 사랑을 끌어낸다. 이것은 마치 어린아이의 귀여움이 사람들로 하여금 아이를 사랑하게 만들 듯이, 타인으로 하여금 자신을 좋아하고 돌보도록 만드는 방식이다. 타인을 즐겁게 해주거나 뭔가를 주는 것, 그저 사랑을 받고자 하는 마음을 표현하는 그들만의 방식이다. 즉, 자격이나 성과, 업적 때문이 아니라 그저 그 사람이기 때문에 사랑받는 방식인 것이다. 그들은 그저 존재하는 것 자체만으로 사랑받고자 한다. 이러한 자기보존 2유형 패턴은 보통 어린아이의 요구를 당연히 먼저 들어주기 때문에, 가정 내에서도 어린아이와 같은 위치를 차지하려고 한다.

자기보존 2유형의 이름인 '특권'은 이러한 성격이 제시하는 의미로 '나는 어리다. 그러므로 내가 가장 중요하다'라는 생각으로 나타난다. 자신의 욕구를 충족시키는 데 타인들이 특별히 강조해줄 것을 원하면서, 어린아이 같은 (무의식적인) 우선권을 주장하는 모습을 보인다. 이들은 자신의 중요성이 중요하다는 것을 입증하기를 원하지 않는다. 사람들의 주의초점의 중심에 있기를 원하면서도, 그에 따른 무언가를 해야만 한다는 느낌은 가지지 않는다. 이들은 자신을 보여주지 않고도 사람들의 눈에 보여 지기를 원한다.

자기보존 2유형은 누구나 좋아하는 '귀여운' 소녀 혹은 소년이 되려는 충동을 가지고 있으며, 독특하고 특별하게 느끼고자 한다. 또한 좋아하는 사람으로 남기 위하여 다른 사람들에게 매력적으로 보이거나 '자신을 주려고' 한다. 이들은 선생님의 사랑스러운 제자가 되는 데 아주 뛰어난 능력이 있다.

이들에서 교만을 찾기 쉽지는 않다. 자기보존 2유형은 2유형의 역유형이기에 2유형처럼 보이지 않는다. 2유형 성격의 흐름의 방향(유혹에 초점을 두면서)은 타인을 향하여 상승하고 나아가는 반면에, 자기보존 본능은 그들로 하여금 관계에 대한 양가감정을 더 많이 표현하도록 한다. 이들은 타인을 향하여 움직이지만 자기보호의 필요성 때문에 타인에게서 멀리하는 '역방향' 쪽으로 나간다. 이들은 부드럽고 달콤하지만 다른 하위유형들보다 더 조심스럽다.

다른 유형보다 좀 더 어린아이 같은 자기보존 2유형의 특성에서 예상할 수 있듯이 이들은 타인과의 관계에 대하여 두려움이 더 많고, 덜 신뢰하며, 더 많은 양가감정을 보인다. 또한 자신이 얼마나 두려운지 깨닫지 못하지만, 사실 2유형 모두가 감정을 억누르기는 하지만, 타인들 앞에서 자신을 보호하기 위하여 다른 2유형들보다 더 뚜렷한 필요성을 가지고 있으며, 이것이 어떤 사람들에게는 어쩌면 보이지 않는 '벽'으로 느껴질 수도 있다. 이들이 경험하는 관계에 대한 양가감정은 특히 중요하거나 친밀한 사람들과 가까운 관계를 맺을 때 혼재된 감정이나 갈등의 형태로 나타난다.

자기보존 2유형은 사랑을 얻기 위하여 타인의 욕구를 충족시키는 데 초점을 둔다. 그러나 타인과 상호작용을 할 때, 인정받지 못할 것 같은 내재된 위협과 거부를 생각하면서, 반대로 숨어 버리거나 뒤로 물러서려고 한다. 사람들의 관계 맺기는 피할 수 없고 중요하다고 느끼면서도, 다른 한편으로는 사람들과 가까워지는 것은 자신을 잃어버리거나, 판단되어지거나, 이용당하거나, 창피당하거나 혹은 거부될 가능성 때문에 위험투성이라고 느낀다.

이러한 '어린' 2유형에게서는 자기만의 중요함, 무책임, 유머, 장난 끼, 그리고 매력들이 전면에 나타난다. 그들이 자기 알아차림 작업에 들어가기 전까지는 쉽게 상처받고, 비평이나 인정받지 못한다는 생각이 조금이라도 들면 아주 민감해진다. 그들은 화가 나면, 짜증내거나 입을 삐죽거리거나 뒤로 물러서버린다. 상처를 받았다고 느끼면 뿌르퉁 하거나 분노에 차거나 유치한 비난의 모습을 보인다. 그리고 앞에 나서서 자신들이 원하거나 싫어하는 것을 직접 말하기보다는 표정을 통하여 그들의 감정을 다룬다.

의존성은 이 하위유형에서 뚜렷하게 나타나지만 보통은 무의식적이다. 다른 2유형들과 마찬가지로 이들도 자신을 타인에게 요구하거나 의존적인 사람으로 보여 지기를 원하지 않는다. 그러나 누군가가 자신들을 돌봐주기를 원하거나 아니면 사람들이 결국 자신을 돌봐줄 수밖에 없는 상황을 만들면서 무의식적으로 의존적인 패턴에 머물게 된다. 이러한 무의식적인 의존적 어린아이 모습 때문에 자기보존 2유형은 덜 자유롭다. 어린아이는 결국 완전히 자유로운 때가 거의 없는 것과 마찬가지이다. 그러므로 이들은 종종 자유롭기를 갈망하면서도 동시에 불건전하거나 무의식적인 방식으로 사람들에게 자신을 멍에로 씌워버린다.

자기보존 2유형은 매우 유능하지만 보다 깊은 차원에서는 자신에 대하여 책임지고자 하지 않는다. 자신에 대한 책임을 진다는 생각은 그들에게 불안감을 준다. 그들은 '나 자신에게 무엇을 해야 하는가?' 하고 의아해 한다. 그들은 자신들의 무지함, 순수함, 충동적으로 혹은 '그냥'이라고 표현하는 감정들로 용서받으려는 아이가 되려는 근원적인 욕구가 있다. 그러나 보다 성숙한 자기보존 2유형에서는 구조에 대한 욕구가 그들로 하여금 다른 2유형보다 더 체계적이고 조직적이도록 한다.

자기보존 2유형은 자기 멋대로이고 쾌락적이다. 그들은 자기 자신과의 만남으로부터 다른 곳으로 주의를 돌리게 하는 것은 무엇이나, 즉, 파티, 쇼핑, 음식이나 즐거운 일 등에 빠지면서 '행복감'을 얻어낸다. 그들은 감각을 추구하고 자기 방치와 내면 결핍감에서 벗어나기 위하여 즐거운 경험들을 찾는다.

이러한 2유형은 특히 관계의 초기 단계에서 사랑을 받거나 찬사를 받는 환상을 자주하고, 사람들을 이상화한다. 그들은 '충분히 좋거나' 책임져야만 할 필요가 없는 방식으로 아주 좋아 보이는 상대방에게 무의식적으로 자신의 힘을 투사시킨다. 그런데 이 것이 오히려 그들로 하여금 자기 자신의 힘을 갖거나 동등하고 진실한 접촉의 관계를 맺기 어렵게 만든다.

자기보존 2유형은 관계에 대하여 두려워하고 양가감정을 가진다는 점에서 자기보 존 6유형과 유사하게 보인다. 그러나 6유형에서는 좀 더 일반화된 두려움에 초점을 두 는 반면, 2유형의 두려움은 주로 관계 속에서의 두려움이다. 또한 사랑에 대하여 더 많 은 감정을 표현하고 갈망한다는 점에서 4유형을 닮은 듯이 보이기도 하지만, 4유형보 다는 자신들의 욕구와 감정을 더 억누르고 타인에게 더 초점을 둔다.

자기보존
2유형
벤

저는 어렸을 때부터 다른 사람들과 상호작용할 때 항상 제가 중심이라고 생각해왔습니다. 성격이 좋고 귀여웠던 저 는 다른 사람들이 저에게 주목해줄 것을 기대하였고, 그들의 지지를 받을 만하다고 느꼈습니다. 그리고 종종 그러한 인식을 당연하게 여겼습니다. 저는 오랜 시간 숙고하여 내리는 결정, 헌신, 그리고 '정착'과 같은 어른스러 운 행동들 혹은 건강한 인간의 관계를 갖기 위한 노력은 피하였습니다. 게다 가 저는 사물에 대한 결과나 비용을 크게 신경 쓰지 않았기 때문에 무의식적 으로 독립을 미루었습니다. 성인 세계에서 성인이 된다는 것, 삶의 문제에 직 면하는 것, 혼자서 스스로 모든 책임을 지는 것, 그리고 심지어 제 나이에 맞 게 성숙한 모습을 보이는 것이 상당히 어렵다고 느꼈습니다. 수년 동안, 이런 일들을 해야 한다는 생각은 마치 나의 삶의 가장 큰 혜택인 매력과 어린아이 가 가진 호감을 잃어버리는 느낌이었습니다.

## 사회적 2유형 야망

사회적 2유형은 사람들 앞에서 좋은 사람이 되는 것, 좀 더 어른 같은 리더의 유형으로 환경의 유혹자이다. 이들은 힘이 있거나 지적인 사람으로 보이며, 힘에 대한 열정을 보이고, 영향력과 장점을 보여서 자신이 영향력 있는 사람이라는 이미지를 만들어 냄으로써 교만을 표현한다.

그들은 야망이 있고, 적합한 사람을 알며, 중요한 일을 하고, 리더의 자리를 차지하고, 또한 그들의 업적에 대하여 칭찬받기 때문에 가장 확실하게 교만으로 가득 찬 하위유형이다. 이들의 교만이라는 격정은 청중을 압도하는 데 만족감을 느끼는 모습에서 나타난다.

어린아이 같은 자기보존 2유형과 과장되고 유혹적인 일대일 2유형과 비교해볼 때, 사회적 2유형은 어른다운 '힘의 2유형'이다. 즉, 자기만의 친구가 있거나 조직에서도 높은 지위에서 일하며, 자신의 분야에서 리더이다.

2유형 중에서 가장 지성적인 사회적 2유형은 자신의 교만에 힘을 실어줄 수 있는 누군가 중요한 사람이 필요하다. 그리고 중요한 사람이 되기 위하여, 신경을 더 써야만 한다. 이러한 경우 유혹이란 인상적이고, 뛰어나며, 박식한 이미지를 통하여 대규모 집단의 사람들에게 영향을 끼칠 수 있는 능력으로 나타난다.

사회적 2유형의 이름인 '야망'이란 정상을 차지하고 박식하고 힘을 가진 사람들과 친밀해지며, 자기 스스로도 힘을 행사하기 위한 격정을 말한다. 이들은 위에 우뚝 서있다는 우월성이란 격정도 가지고 있다. 그들은 존경을 받고자 하는 욕구 때문에 경쟁적이고, 때로는 타인의 감정에 무관심하거나 민감하지 않으며, 심지어는 부정하기도 한다. 또한 모든 사람이 자신과 같은 사람이 되기를 무의식적으로 원하거나, 아니면 자기보다 능력이 없거나, 자신의 우월한 재능을 부러워하기 때문에 자기와 가까워지려고 한다고 믿는다.

사회적 2유형은 집단 내에서 자신의 영향력을 확장시키고, 큰 집단이 자신에게 이득이 되는 방향으로 움직이도록 배후에서 작업하는 데 매우 유능하다. 그들은 충성과 존경이라는 전략적 도움을 줌으로써 집단이나 지역사회내의 개인들을 조종하는 방법을 알고 있다. 이 유형은 때로는 타인과 상호작용을 할 때는 '받기 위하여 베푼다' 는 전략에 거의 반의식적으로 의존한다. 거의 항상 전략적인 시각에서 아량을 베풀고, 충성과 상호관계를 확인하는 식으로 타인을 지원한다. 또한 자신의 주변 사람들에게 호의를 건네거나 베풀면서 그들에게 영향을 끼칠 수 있다고 생각하며, 그에 대한 대가와 긍정적인 관심을 약속함으로써 어떤 일들이 발생하도록 만든다.

이들은 다른 2유형들보다 약간 더 내향적이다. 또한 힘과 권위를 나타내는 대중적 이미지를 효과적으로 잘 만들어내며, 이런 이유로 청중들 앞에서는 훌륭한 연기자가 된다. 그러나 무대에서 내려 왔을 때에는 매우 사적이 되거나 혹은 그런 흔적을 제거할 필요성을 느낀다.

이들은 전능함을 추구하는 일 중독자가 될 수 있고, 열정적이고, 자신감 있고, 때로는 과잉자신감으로 인하여 광적으로 보일 수도 있다. 이 유형은 힘의 투쟁에 몰두하고, 보호자를 압도하고 조종하고자 하며, 때로는 경계에 대한 권한을 주장하기도 한다. 또한 자신의 일과 목표에 대하여 매우 긍정적이며, 어떤 일이라도 성취할 수 있다고 믿는다.

이들은 수치감, 두려움, 좌절, 배신, 질투 그리고 부러움 등의 상처받기 쉬운 감정들을 부정하는 경향이 있다. 그러나 실은 상처받지 않는 순간에도 자신이 상처받고 있다고 진심으로 믿거나, 혹은 청중들에게 효과를 내기 위하여 상처받은 모습을 쇼처럼 보이려고도 한다. 무의식적이고 불건강한 낮은 의식수준에서 보면, 사회적 2유형은 타인을 경멸하거나 타인에게 무관심하다. 그리고 스스로 인식하지는 못하지만, 타인들에게 힘과 통제력을 행사하는 위치를 차지한다. 심지어는 타인들을 돕고 있다고 믿지만, 무의식적으로 그들을 착취할 수도 있다.

사회적 2유형은 3유형이나 8유형과 유사하다. 3유형처럼 자신의 일에서 목표 지향적이고, 경쟁적이며, 성공을 만들어낸다. 또한 많은 일을 하고 집단을 이끌어 나갈 수 있는 힘 있는 사람이라는 명성을 얻는다. 그러나 2유형은 보통 자신의 목표를 성취하는 과정에서 보다 부드러운 모습, 더 상처받기 쉬운 모습, 따스함, 그리고 감정들을 더 나타낸다. 특히 그러한 표현들이 그들의 큰 목표에 도움이 된다면 더욱 그렇다. 이에 반하여, 3유형은 상처받기 쉬운 감정들을 그 정도로 표현하려고 하지는 않는다. 8유형처럼, 사회적 2유형은 힘이 있고, 영향력이 있고 타인을 보호하고, 커다란 그림을 목표로 그린다. 그러나 8유형과는 달리 이들은 상처받기 쉬운 모습을 더 많이 보인다(혹은 자신들의 이득을 위하여 그런 면을 일부러 보이기도 한다). 그리고 타인을 지원하거나 통제력을 행사하기 위하여 자신의 감정에 즉시 접근할 수 있다.

**사회적**
**2유형**
──────
**캐롤**

저는 학교에서 선생님과 친구 같은 아이였습니다. 학교에서 일어나는 일들과 학생 활동을 맡으라는 요청을 받았습니다. 저는 마치 학교의 외교관 같았습니다. 또한 어른들의 조직에도 관여하였고, 비영리기관에서 자원봉사를 하였으며, 이사회에서 가장 어린 멤버로 활동도 하였습니다.

저는 제가 맡은 일 이외의 일도 아주 부지런히 하였습니다. 그리고 영향력 있는 지도자들을 찾아보았으며, 그런 사람들을 알게 되었습니다. 제가 의식적으로 한 것은 아니었고, 그저 자연스럽게 이런 일들이 일어났습니다. 현재의 직장에 첫 출근을 하던 날, 저는 사원들의 네트워크 모임을 찾아보고, 그 즉시 두 곳에 가입하였습니다. 각 모임에서 첫 회의를 마친 후 저에게 대표 역할을 요청하였고, 저는 기쁜 마음으로 받아 들였습니다. 저는 과잉 헌신을 하는 경향이 있어서 스트레스를 많이 받습니다. 그러나 제가 중요하다고 생각하는 그룹에 들어가 사회활동을 하지 않으면, 쉽게 지루해지고 우울합니다. 저는 어딘가에 참여하려고 하며, 무엇인가 변화를 만들어내고자 합니다.

오랫동안 자기작업과 숙고를 하고 나서야, 저는 앞에 나서서 지도자들에게 영향력을 발휘하려는 무의식적 충동이 바로 저의 숨겨진 인정욕구를 반영하고 있다는 것을 깨달았습니다. 그것은 제 자신을 여러 번 돌보거나 감정을 조절하는 데 방해가 되었습니다. 요즈음 저는 무언가 스스로 만들어내고, 산책하고, 긴장을 푸거나 여유로운 시간을 가지려고 합니다. 점차적으로 좋아지고 있습니다만, 아직은 여전히 의식적인 노력을 필요로 합니다.

## 일대일 2유형 　공격적/유혹적

일대일 2유형은 특정한 사람을 유혹한다. 이들의 접근은 유혹의 고전적인 형태로써, 자신들의 욕구를 충족시키는 방식으로 타인을 유혹하려는 충동을 표현한다. 타인과 동맹을 맺거나 타인의 욕구에 불붙이는 것 같은 이러한 유혹은 매력적인 말 혹은 감정표현을 통하여 발생한다.

자기보존 2유형은 타인을 향하고자 하는 동시에 타인으로부터 멀어지고자 하는 갈등적 충동을 가진 2유형의 역유형이다. 그리고 사회적 2유형은 힘과 통제에 관심을 가진 어른스러운 유형이다. 이에 반하여 일대일 2유형은 아량과 융통성이 있고, 약간 거칠기는 하지만 행동 지향적이다. 이들은 정복의 도구로 성적인 것을 사용하여 타인을 괴롭히는 것을 두려워하지 않는다. 사회적 2유형은 교만을 느끼기 위하여 중요한 존재가 되려고 하는 반면, 일대일 2유형은 상대방의 열정적인 애착을 차지함으로써 자신의 교만을 키워나간다. 사회적 2유형이 지적이거나 전략적인 기술을 가지고 집단을 유혹하려는 목표를 달성하는 반면, 성적인 모습과 매력은 일대일 2유형이 특정인을 유혹하는 데 사용하는 중요한 무기이다.

일대일 2유형은 명백하게 고전적 의미의 유혹을 시도하려는 경향을 보이는데, 사랑, 호의 그리고 그 밖의 다른 선물을 분명히 줄 수 있을 것 같은 사람을 유혹하기 위하여 매력과 성적 측면을 활용한다. 그들은 사랑에 대한 자신들의 욕구를 거짓욕구, 변덕스러움, 그리고 상대방을 즐겁게 해주고 싶을 때 상대방에게 물어 보는 것이 아니라 그저 자신이 원하는 데로 즐겁게 해줄 수 있는 자격을 부여받았다는 느낌으로 왜곡시킨다. 그들의 유혹 이면의 목적은 삶에서 어떤 문제를 해결하거나 욕구를 충족시키기 위한 것이다. 원하는 것은 모두 줄 수 있는 누군가와 친밀한 유대감을 맺음으로써 욕구가 있지만 표현하고자 하지 않는 자신의 딜레마를 해결하려고 한다.

일대일 2유형은 유혹의 충동을 불러일으키도록 남들로부터 받으려는 욕구를 가지고 있다. 그들의 교만은 타인들이 자신이 원하는 것은 무엇이든지 주게 되도록 타인에게 매력을 불러일으키려는 충동을 작동시킨다. 비록 이러한 교만이 '사랑받는 사람'에 의하여 만족되는지는 분명하지 않을 수 있다. 일대일 4유형과 유사하게, 일대일 2유형의 전략은 아주 매력적인 모습을 보여주고, 욕구를 가지고 있다는 것에 대하여 그다지 수치스러워하지 않는다. 이러한 패턴은 자신들이 매우 매력적이고, 아량이 있기 때문에 타인들이 자신들의 욕구를 충족시키기를 원한다는 교만에 가득한 모습을 반영한다.

이들은 '위험하면서도 불가항력'적인 성적 측면이 있다는 점에서, 팜므파탈(프랑스어의 표현인데 남성에게도 해당된다) 같은 유형이다. 이와 유사하게, 이 하위유형에 붙여진 '공격적/ 유혹적'이란 말은 흡혈귀의 모습을 연상시키며, 이들은 저항할 수 없다. 아름답지만 그 아름다움의 위험한 부분을 가진 사람이며, 당신에게 권력을 휘두르고 결국은 당신은 삼켜버릴 수 있는 아름다움이다. '공격적/유혹적'이란 말은 또한 이 하위유형이 공격적 요소를 포함한 적극적이고 목적 있는 태도를 가지고 타인을 향하여 나아가는 전진적 순간을 의미하기도 한다.

일대일 2유형이 고전적인 유혹을 시도할 때에는 단도직입적이고 드라마틱하기까지 하다. 즉, 본래 섹시한 일대일 2유형의 입장에서 강력하게 대상을 목표로 열정을 퍼부으면서 상대방의 애정과 헌신을 사로잡는다. 그리고 자신이 원하는 어떤 것이라도 그것을 위하여 헌신과 아량이라는 유혹적 방법을 통하여 상대방과 안정적으로 관계를 맺고자 한다. 공격적으로 유혹적인 전략의 숨겨진 동기는 욕구를 충족시키고자 하는 것이다. 즉, 기본적으로 공수표를 얻어 내기 위한 것이기 때문에, 그들에게는 어떤 제한이 걸리거나 '아니요'라고 부정적으로 답변하는 것을 받아들이기 힘들다.

이런 방식으로, 일대일 2유형의 사랑에 대한 깊은 욕구와 유혹 욕구는 아름다움, 매력, 그리고 그들을 바람직하게 느끼도록 만들고 모든 욕구를 충족시켜 줄 것 같은 파트너를 유혹하기 위하여 애정의 언약을 이용한다. 그들은 관심, 돈 혹은 자신의 응석을 받아주기를 원한다. 그러나 그것이 무엇이든 간에 그것을 얻어 내려는 전략은 자신의 욕구와 욕망을 만족시킬 수 있는 특별한 연결고리를 만들기 위한 고전적 유혹의 방식에서 크게 벗어나지 않는다.

일대일 2유형은 마치 사랑이 유일한 감정이며 삶의 중심이고 모든 것을 정당화시키는 것처럼, 사랑이란 이름으로 자신의 행동, 말, 광기, 거칠음, 침투성, 이기심등을 정당화한다. 그들에게 사랑은 좋아하거나 요구되어지는 것과 융합된 듯이 보인다. 그리고 '사랑'은 황홀하고, 유혹하고 매력적이며, 자신이 특별한 자리를 차지할 수 있는 위치에 있도록 조종한다고 여긴다. 누군가에게 열정을 불러일으키는 것이 삶의 모든 것을 해결할 수 있는 그들만의 방식이다. 이와 더불어 '이상적 연인'이라는 자아상을 가지고 있는 것 같기도 하다.

나란호에 의하면, 매우 감정적이고 낭만적인 2유형의 성격에서 '도움'이라는 말은 '정서적 지지'라는 의미이며, 따라서 그들의 성격으로 볼 때, '도움 주는 사람'이라기보다는 '사랑하는 사람'의 의미가 더 떠오른다.[16] 이런 모습은 일대일 2유형에서 더 뚜렷하게 나타난다. 흔히 2유형을 '조력자' 혹은 '주는 사람'이라고 일컫는데, 그보다는 '사랑하는 사람'의 전형적인 성격을 나타낸다고 할 수 있다.

다른 하위유형들도 서로 유사하기는 하지만, 일대일 2유형이 가장 2유형답다. 그리고 에니어그램 서적에서 많이 언급하고 있는 '고전적' 2유형이다. 2유형은 일대일 4유형이나 일대일 3유형과 혼돈할 수도 있다. 예를 들면, '바람과 함께 사라지다'의 여주인공인 스칼렛 오하라는 3유형 혹은 4유형으로 보기도 하지만, 나란호는 일대일 2유형이라고 하였다. 나란호에 의하면, 스칼렛은 사랑의 대상인 애쉴리를 향하여 '거짓된 사랑'이라는 가면 아래 착취, 자신의 이기심을 거의 숨기지 않았다는 것이다.[17] 그리고 '욕망이 규율보다 더 중요하다'는 2유형의 성향을 잘 보여 주고 있다고 하였다.[18]

2유형의 에너지는 '튀어 오르고 내치는' 에너지와 순간을 더욱 증폭시키는 융합 적이고 본능적인 에너지가 결합되어 타인에게 향한다는 점에서 '두 배의 에너지를 가진 2 유형'으로 인식된다. 그리고 이러한 모습은 중요한 순간을 더욱 증폭시킨다. 그들은 상대방과의 관계에서, 일종의 흥분을 보이며, 마치 먹이에 다가가는 사냥꾼과 같은 의도를 품고 소통을 시도한다. 열정적이고 유혹적이며, 아량을 보이는 일대일 2유형은 전형적으로 관계가 맺어지도록 많은 에너지를 퍼부으며, 그 관계가 잘 작동되지 않았을 때에 포기하기를 매우 힘들어한다.

  저는 항상 다른 사람에게 장난스럽게 대하는 것이 어렵
지 않다고 생각하였습니다. 새로운 사람을 만나는 것을 즐
겼는데, 특히 남자들이였습니다. 만약 제 자신을 위한 것이 아니
라면, 아마 내 여자 친구들을 위해서라도 그렇게 하였을 겁니다. 그들은 제가
얼마나 쉽게 매력적인 남자에게 다가가서 대화를 하는지에 충격을 받았을 것
입니다. 저는 그들의 주의를 끌기 위해 미소와 시선, 그리고 유머를 사용하였
고, 누군가로부터 관심을 얻게 되는 순간을 알 수 있습니다. 그것은 제게는 중
독이었습니다. 정말로 아주 재빨리 알아차릴 수 있습니다. 그러나 그런 상황
이 너무 오랫동안 지속된다면, 저는 무섭거나 지루해기 시작하면서, 또 다른
정복대상자를 찾아보려고 하였습니다. 저는 저와 함께 이야기하고 있는 사람
을 기쁘게 해주려는 욕구를 가졌는데, 제가 정말로 믿는 것이 무엇인가 를 깨
닫기 위하여 잠시 멈추지도 않습니다. 그저 자연스럽게 동의하고 그들이 나를
좋아해 주기를 원하고 어떠한 갈등이라도 피하면서 마냥 즐겁게 해 주려고 하
였습니다. 주목받고자 하는 욕구, 어떻게 하더라도 호감을 받고 싶은 욕구들
이 불안장애라는 것을 내가 이해하는 데 오랜 세월이 걸렸습니다. 지금도 나
는 사람들과 맺은 관계를 사랑합니다. 그러나 이제는 그런 관계들이 그저 보
여주기식이거나 어떤 역기능적인 욕구 충족을 위한 것이 아닌 진정한 관계라
고 느끼고 있습니다.

# 2유형을 위한 성장작업
## 개인적 성장경로 그리기

궁극적으로, 인정을 받기 위하여 자신을 버리는 2유형의 함정에서 비롯되는 성장경로는 사랑을 받고자 하는 자신에 대하여 연민을 갖고, '진정한 자기'를 알아가고, 진정한 자신을 사랑하는 법을 배우는 길이다. 2유형들은 진정한 자신이 되려는 모험을 감수하고, 인정받기 위하여 지어낸 거짓된 이미지가 아니라 지금 그대로의 자신의 모습에 대하여 사랑받을 수 있도록 마음을 열어 보인다면, 당당하게 자신이 될 수 있는 자유, 타인의 욕구와 선호에 순응할 필요가 없는 자유를 깨닫게 될 것이다.

우리 모두가 습관적인 성격 패턴을 알아차리기 위해서는 자신을 관찰하려는 지속적이고 의식적인 노력이 필요하고, 관찰하는 것의 의미와 원천을 반영하고 자동적인 경향에 대응하기 위하여 적극적인 작업이 필요하다. 2유형은 이러한 모든 과정, 즉 자신들의 욕구를 끊어버리는 것, 타인에게 맞추기 위하여 모습을 전환하는 것, 모든 사람들에게 모든 것이 되고자 자아상을 치켜세우는 것, 그리고 자신이 원하는 사랑을 얻기 위하여 진정한 감정을 억제하는 모습 등을 관찰하는 것이다. 인정을 받거나 억압된 감정을 드러내고 수용하기 위한 극단적인 노력 뒤에 숨은 이유들을 탐색해보고, 자신의 욕구를 의식하기 위한 적극적인 작업을 하고 자신이 진정으로 누구인가에 대한 가치를 확인하는 일은 특히 중요하다.

이제 2유형의 성격적 특성과 족쇄에서 벗어나서 자신의 유형 및 하위유형이 가진 높은 가능성을 구현할 수 있는 방안들에 대해 살펴보고자 한다.

## 작동 중인 성격을 관찰함으로써 동일시에서 벗어나기

자기관찰은 새로운 눈과 적절한 거리를 두고, 일상생활에서 무엇을 생각하고, 느끼며, 행동하고 있는가를 진실로 관찰할 수 있는 충분한 내면 공간을 만들어내는 것이다. 2유형이 자신의 습관적인 패턴을 알아차리게 되면 다음과 같은 주요 패턴들에 주의를 할 수 있게 될 것이다.

### 1. 타인과 쉽게 연결하기 위한 방법으로 욕구 부정과 감정 누르기

존재하지 않는 것을 '관찰'하는 것은 어려운 일일 것이다. 그러나 2유형은 어떻게 자신이 욕구와 감정을 드러내기를 회피하는가를 아는 것이 중요하다. 즉 자신의 감정이나 욕구를 모르는 순간이 언제인가에 주목하고, 억누른 감정이나 욕구가 솟구치면 어떠한 일이 발생하는가를 주의 깊게 바라보라는 의미이다. 밀려오는 분노와 상처받은 감정들은 당신이 욕구를 억압하고 어떤 식으로든지 타인이 그것을 충족시켜 줄 것이라는 무의식인 기대에 대한 중요한 단서가 된다.

누군가가 '당신은 무엇을 원하세요?' 혹은 '당신 감정은 어떠세요?'하고 물었을 때, 어떤 일이 일어나는가를 관찰하라. 이런 질문을 받았을 때, 2유형은 텅 빈 백지상태 혹은 공허감을 느끼게 되는데, 시간을 가지고 자신의 감정이나 욕구를 발견하려는 의도를 가지고, 이러한 '공허함' 혹은 부재상태에 주목하라. 그리고 '자아'를 찾아내는 또 다른 질문은 '당신은 지금 어디에 있습니까?'이다.[19]

## 2. 특정인과 관계를 맺기 위한 적응, 융합, 도움 주기, 기쁨 주기 등의 모습에서 전환하기

비록 원하지 않지만 자신을 소진시켜가면서도 의무적으로 타인을 돕거나 아첨하기 시작하는 순간이 언제인가에 주목하라. 자신이 원하지 않음에도 불구하고, 타인을 기쁘게 해주는 것을 합리화하는 자신에게 주의를 기울여 보라. 자신을 낮추거나 혹은 자신의 경험을 연결하여 타인의 감정이나 타인이 좋아하는 것에 맞장구치거나 함께 하려는 경향을 관찰하라. 당신은 관계를 맺고자 하는 상대방과 다른 의견을 표현하기를 회피하고 있는가? 누군가가 당신을 비판하고 화를 내면 지나칠 정도로 신경이 쓰이는가? 타인과 상호작용할 때 자신이 인지한 실수에 관하여 생각하는 것을 멈추는 것이 어려운가?

## 3. 이상화된(부풀려진) 자신의 이미지를 유지하기 위하여 거부나 분리를 회피하는 것, 거짓말이나 허위를 통해 갈등 혹은 경계선을 회피하고 자기표현 관리하기

이러한 경향을 관찰하기 위해서는 '아니오'라고 말하고 싶을 때 '네'라고 대답하는 순간에 주목하라. 자신의 이미지를 유지하기 위하여 악의 없는 가벼운 거짓말을 하는 순간, 그리고 관계를 맺기 위하여 자신이 누구인가에 대한 거짓된 인상을 만들어내는 순간을 관찰하라. 당신이 지키고 싶지 않은 약속을 한 것, 혹은 상대방의 인정을 유도하기 위하여 거짓된 방식으로 자신을 보여주는 것을 합리화하는 방식들에 주목하라. 이러한 일들이 일어나고 있다면, 적절한 경계선을 만드는 것이 자동적인 치명적 거절과 분리, 인정받지 못함에 이르게 될 것이라고 생각하는 자신의 감추어진 가설들을 드러내는 작업을 하라.

# 자기이해의 확장을 위한 자료 수집

2유형이 자신에게서 이러한 패턴을 관찰하게 되면, 다음 단계는 이러한 패턴을 더 깊이 이해하는 것이다. 왜 이런 패턴들이 존재하는가? 어디에서 기인되었는가? 어떤 목적이 있는가? 어떻게 이런 패턴들이 당신에게 도움을 주려는 데 문제를 일으키게 하는가? 때로는 습관의 근원적 원인을 아는 것이 패턴을 깨뜨리는 방법이기도 하다. 그리고 더 견고하게 굳어진 습관들을 들여다보고, 방어책으로 작동되는 방식과 그 이유를 알아내는 것이 궁극적으로 습관들을 내려놓을 수 있는 첫 걸음이 되기도 한다.

2유형이 자신에게 던질 수 있는 질문들과 이러한 패턴의 근원, 작동, 그리고 결과들에 대하여 더 많은 직관을 갖기 위하여 탐색할 만한 답변들을 제시하고자 한다.

## 1. 이러한 패턴이 생겨난 원인과 이유는 무엇인가?
### 이러한 습관적인 패턴들이 2유형에게 어떠한 도움을 주는가?

방어적 패턴의 근원을 이해함으로써, 2유형들은 자신들의 '진정한 자아'를 어떻게 부정하고, 저버리고 제한하는가를 알 수 있는 기회를 갖게 된다. 이들이 타인에게 맞추고, 처음부터 상대에게 대응하려는 욕구를 버려야만 하는 이유를 탐색해 볼 수 있다면, 생존하기 위해서는 타인에게 순응해야만 한다고 믿었던 어린 시절의 자아에 대하여 연민을 갖게 될 것이다. 때로는 상대방이 나를 돌봐줄 수 있도록 하기 위하여, 내가 상대방을 돌보아야만 하는 경험을 갖고 있다. 그들은 자신의 욕구를 포기하면서 자신의 욕구를 충족시켜주지 않는 세상에 어떻게 대처해 나가는가를 이해함으로써, 자신이 원하는 것을 수용하고 요청하는 주장을 펼 수 있도록 한 걸음 더 나아갈 수 있다. 2유형의 감정적인 욕구를 실현시킬 수 없는 환경에서 상대방에게 무엇인가 주며, 돕고 감정을 억누르는 대처전략이 어떻게 작동하는가를 볼 수 있게 되면, 이러한 전략들은 여전히 자기제한적으로 작동하고 있다는 사실을 더욱 명백하게 알게 될 것이다.

## 2. 고통스러운 감정에서 자신을 보호하기 위해 어떤 패턴들이 고안되었는가?

유혹에 대한 2유형의 의존은 거절의 두려움과 더불어 강렬한 사랑의 욕구로부터 나온다. 이들에게는 사랑받지 못할 것 같은 느낌과 거부될 것 같은 느낌, 양쪽 다 극단적으로 고통스러운 감정이다. 타인의 인정을 추구하면서도 욕구와 감정을 억누르는 것은 이들로 하여금 자신이 진정으로 누구인가가 인지되거나 인정받지 못하는 슬픔을 회피하고자 하는 데 도움이 된다.

2유형의 방어적 패턴은 적절하게 사랑받지 못하거나 돌봄을 받지 못할 것 같은 두려움, 그리고 충분하지 못하므로 거부될 지도 모른다는 두려움에서 보호해준다. 관계 유지를 위한 이미지 관리도 역시 타인들로부터 자신이 원하는 것을 얻지 못하는 것에 대한 고통과 분노를 회피할 수 있도록 한다. 또한 자신을 지탱하는 데 필요한 타인들과의 관계를 파괴하거나 상처주지 않을 것이라는 사실을 다시 확인시켜주기 때문에, 분노억제는 이들이 안전하게 느끼도록 만든다.

2유형이 사랑에 대한 자연스러운 욕구가 어떻게 충족되지 않았는가를 알고, 방어적이고 유혹적인 패턴들이 거부의 고통을 회피하면서도 인정받기를 추구하는 전략이라는 것을 이해하게 된다면, 이러한 대처전략들이 마음 깊은 곳에서 충족되지 않은 욕구들을 어떻게 반영하는가를 알게 될 것이다. 그들이 자신의 욕구와 감정들을 인정할 수 있다면, 원하는 사랑을 찾아내는 데 보다 더 직접적이고 효과적인 방법들을 찾을 수 있을 것이다.

### 3. 내가 왜 이런 행동을 하는가?

#### 내 속에서 2유형의 패턴이 어떤 식으로 작동하는가?

방어적 패턴들이 지금 이 순간 작동하는 이유와 방식을 이해하는 것은 그러한 패턴들에 도전하고 차단시키며, 궁극적으로 그것들을 내려놓을 수 있는 가장 강력한 방법이다. 자기팽창은 대인 관계에서 힘과 편안함을 유지하는 방법이라는 것을 알면서도, 2유형은 타인과 융합하려는 데 더욱 의식적이 되고 자신들이 주려는 것 이상의 약속을 한다. '아니오'라고 하고 싶은데 '네'라고 말함으로써 자신을 속박시켜버리는 것, 실제로는 상대방에게 동의하지 않으면서도 동의하는 것처럼 하는 것, 도움을 주고 싶지 않으면서도 도움을 제공하는 행동들을 통하여, 2유형은 궁극적으로 자신이 진정한 생각을 말할 수 있도록 허용하는 알아차림과 자신감을 작동시킬 수 있을 것이다. 타인이 생각하는 것에 자기 의식적이 되고 염려하는 이유와 방식에 주목하는 것은 타인을 기쁘게 하기 위하여 자신을 변조하는 자기부정으로부터 자유로워지는 길이다.

### 4. 이러한 패턴의 맹점은 무엇인가?

#### 2유형으로 하여금 그러한 맹점을 보지 못하게 하는 것은 무엇인가?

2유형은 친밀한 관계에 대한 두려움을 회피하고자 한다. 이와 동시에 타인들이 호감을 갖도록 유혹하면서도 동시에 거절당하지 않도록 그들로부터 거리를 둔다. 2유형에게는 충족되지 않은 욕구에 대한 분노는 좋은 인상을 만들어내려는 욕구를 담아낼 수 없을 정도로 강력하게 분출될 때 비로소 맹점으로 드러난다. 타인에게 힘을 사용하려는 자기팽창과 자기확대는 불안전하고 낮은 자존감을 감춘다. 타인을 즐겁게 만들고 타인에게 맞추기 위하여 자신의 모습을 전환하게 되면, '자신이 진정으로 누구인가?'에 관하여 심각한 혼란이 일어나고, 맹점이 되어버린다. 그런데 바로 이곳에 '진정한 자아'가 있을지도 모른다.

## 5. 이러한 습관의 결과나 영향은 무엇인가?

### 이러한 습관은 내게 어떠한 걸림돌이 되는가?

깊은 인간관계를 맺고 진정한 사랑을 받는 것은 오로지 당신의 '진정한 자신'으로 살아가고 있을 때에만 가능하다. 이것이 바로 2유형이 자신의 패턴 속에 고착되어 있는 순간, 바로 이러한 점을 보기를 피하는 것이 중요한 모순점이다. 만약에 당신이 사랑을 얻기 위하여 자신이 아닌 그 누군가가 되어야만 한다면, 사랑을 얻기 위한 유혹은 궁극적으로 효과가 없을 것이다. 왜냐하면 그렇게 되면 사랑이 당신을 찾아 올 때, 당신은 거기에 없을 것이기 때문이다. 2유형은 자신이 진정으로 원하는 것이 사랑일 때에 인정을 받고 스스로를 만족시킨다. 그리고 실제로 제공할 수 있는 것보다 더 많은 것을 가지고 있는 것처럼 보이면서 상대를 유혹하면 할수록, 더욱 더 자신을 실패로 몰아넣는다.

2유형이 성찰을 시작하게 되면, 어려운 곤경에 빠진 자신을 보게 된다. 그들이 가장 원하고 두려워하는 것은 사랑과 인간관계이다. 2유형은 궁극적으로 자신이 누군가로부터 주목받고 사랑받기를 원하지만, 타인들 주변에 있는 그런 사람이 되기는 두려워한다. 그들은 자신이 요구하고, 요청하고, 원하는 사랑을 얻기 위하여 자신을 드러내면 상대방이 실망하고 자신을 거절할 것이라는 사실을 두려워한다. 그러나 그들의 가장 깊은 욕구를 충족시킬 수 있는 기회를 갖기 위해서는 만족감과 거부의 고통 모두를 과감히 극복하고 자신을 드러내야 한다.

## 보다 높은 의식을 지향하기

깨어나고자 하는 우리 모두에게 있어서 성격 유형에 기반한 지식을 바탕으로 해야 할 다음 작업단계는 우리가 더 많은 선택과 알아차림을 통하여 생각하고, 느끼며, 행동하는 모든 일에 더 의식적인 노력을 기울이는 것이다. 본 장에서는 2유형의 핵심 패턴을 관찰하고, 패턴의 근원, 작동, 그리고 그 결과들을 탐색한 이후에 '무엇을 할 것인가?'에 관한 몇 가지 사항들을 제시하고자 한다.

이 마지막 부분은 세 부분으로 나뉘는데, 각각 에니어그램 시스템과 연계된 세가지 다른 성장 과정들에 해당된다.

1) '자기관찰' 영역에서 설명한 것처럼, 자신의 습관과 자동 반응을 벗어나기 위해 실천해야 할 사항
2) 성장의 지도로 에니어그램 화살을 사용하는 방법
3) 해당 유형의 격정(악덕)을 이해하고, 의식적으로 그 반대인 해독제의 역할을 하는 더 높은 수준에 있는 유형의 '미덕'을 향해 나아가는 방법

## 2유형의 대표적인 세 가지 습관과 여기서 벗어나기 위한 실천사항

### 1. 타인과 쉽게 관계 맺기 위한 방법으로 욕구 부정과 감정 누르기

#### 1) 욕구와 감정의 존재에 대한 빈번한 탐구

자신에게 끊임없이 질문을 던지는 것이 2유형에게는 유익하다. '내가 정말로 무엇을 원하는가?' 그리고 '나는 어떻게 느끼고 있는가?' 깨어 있지 않은 2유형은 자기 감정을 가진다는 것은 자동적으로 타인으로부터 소외당하는 것을 의미한다고 믿고, 자신의 고통스러운 감정을 느끼기를 두려워한다. 무엇을 원하는지 혹은 어떤 감정을 느끼는가를 스스로에게 물었는데 해답이 나오지 않으면 당황스러울 것이다. 따라서 2유형은 의도적인 과정을 통하여 자신의 욕구와 감정들과 만날 필요가 있다. 그들은 욕구와 감정들에 대하여 현존하는 알아차림을 계발시키기 위한 첫 단계로써 '알지 못함'을 수용할 필요가 있다.

#### 2) 진정한 감정은 관계를 방해하는 것이 아니라 관계를 만들어내고 향상시킨다

2유형이 내면작업을 시작할 때, 타인이 지지하고 이해해 줄 수 있다면 많은 도움이 될 것이다. 누군가 당신의 분노를 받아준다면, 당신은 자유롭고 치유되는 느낌을 가질 수 있다. 진정한 감정을 공유하면서 타인과의 감정적인 어려움을 작업하는 것은 좋은 관계를 맺는 것이다.

#### 3) 감정과 정서적인 성장과정을 수용하는 것을 배우라

당신에게 도움이 되는 한 가지 방식은 '좋던' 혹은 '나쁘던 간에' 모든 감정은 다 의미가 있다는 점을 인식하게 되면, 자신의 감정에 대하여 더 많은 것을 느낄 수 있도록 해준다. 자신을 이해하기 위한 공간을 만들고, 자신의 감정에 대하여 좀 더 알아가고 표현하는 작업을 하라. 당신이 처음으로 분노를 느끼기 시작할 때는 공격성을 폭발적이고, 유치한 방식으로 표현할 수도 있다. 자신의 경험과는 상관없이, 그 모든 것이 감정들에 대한 혼란스러움 때문에 당신 자신을 '나쁘게' 만드는 것이 아니라, 자신의 감정을 소유하고 조절하는 법을 배우는 극히 정상적인 과정이라는 사실을 아는 것이 중요하다.

## 2. 특정인과 관계를 맺기 위한 적응, 융합, 도움 주기, 기쁨 주기 등의 모습에서 전환하기

### 1) 건강한 분리를 통하여 자신을 자유롭게 하라

이러한 패턴은 당신의 '자아'에 대한 분리된 느낌을 알아차리고 발전시키려는 의도적인 노력에 의하여 이루어질 수 있다. 이것은 적극적으로 홀로 있는 시간을 만드는 것을 의미한다. 2유형은 홀로 있을 때 자신을 찾고 자신의 무게중심을 계발시키기가 훨씬 쉽다. 타인과 함께 있을 때에도 자신의 내면에서 자신의 관심에 초점을 맞추는 연습을 하라. 당신의 관심이 타인의 주변을 맴돌고, 당신의 에너지가 '타인의 무릎에 앉아' 머물려고 하면, 다시 당신 자신에게로 관심을 가져 오라. 당신이 누군가와 융합하거나 의무적으로 관계를 맺고자 하면, 의식적으로 자신의 관심을 한 두 걸음 뒤에 두면서 강렬하게 관계를 끊고 에너지를 단절할 수 있고, 당신의 '자아'의 분리된 느낌을 다시 재위치를 찾으려는 순간을 주목하라.[20] 융합은 친밀감에 대한 두려움을 위장한다는 사실을 인식하라.

### 2) '네'에서 '아니요'로 말하고 싶을 때에는 '어쩌면'이라고 말하라

'아니요'라고 하고 싶을 때 '네' 라고 하지 말고 '어쩌면'이라는 중간 입장을 취하도록 시도해 보라. 그러면 '아니요'라고 말할 수 있는 방법을 생각할 시간을 벌게 될 것이다. 도움을 원하지 않는 진정한 경험을 찾아보고 거기에 머물러 보라. 괜찮을 것이라고 생각하고 거기에 안도감을 느끼는가에 주목해보라. 타인들은 당신 없이도 그것을 할 수 있다고 자신에게 재차 확신을 주어라.

### 3) 자신의 감정을 수용하라. 그러나 감정을 조절하고 담아내라

당신의 감정은 중요하고 의미가 있다. 진정한 자아의 표현으로써 감정의 가치를 인정하라. 그러나 이와 동시에 당신이 감정 표현을 통하여 타인에게 압력을 주는 순간에도 주목하라. 그리고 이런 순간을 감정적 조작이라고 부를 수 있어야 한다. 이것은 당신을 '나쁘게' 만드는 것이 아니라, 단지 대처전략의 일부라는 점을 인식하고, 그것에 대항하는 작업을 시도해보라. 당신 자신의 욕구와 감정을 갖도록 도전해보라. 그리고 당신의 고통을 충분히 느낄 수 있을 만큼 용감해졌을 때 자신을 진정시키는 방법을 찾아보라.

### 4) 당신의 진정한 자신으로 살면서 타인으로부터 받는 것에 문을 열어라

상호 주고받는 것에 대한 당신의 숨겨진 가설들에 주목해보면 '얻기 위하여 주는 것'과는 반대로 행동하고, 기대 없이 주는 것과 빚진 느낌 없이 받는 법을 배울 수 있을 것이다. 이렇게 되면 당신은 자유로워지고, 관계란 것이 단지 생존을 위한 실용적인 방식일 뿐이라는 인식 대신에 관계의 본연적인 가치를 위하여 관계 자체를 즐길 수 있을 것이다.

## 3. 이상화된(부풀려진) 자신의 이미지를 유지하기 위하여 거부나 분리를 회피하는 것, 거짓말이나 허위를 통해 갈등 혹은 경계선을 회피하고 자기표현 관리하기

### 1) 경계가 주는 자유에 초점을 두라

홀로 시간을 보내는 것은 2유형으로 하여금 분리가 그토록 나쁘지는 않다는 것을 깨닫게 도와준다. 홀로 있는 것이 반드시 고독으로 이어질 필요는 없다. 경계들은 사실 관계 속에서 우리 자신을 더욱 안전하게 표현할 수 있는 자유를 주고, 타인과 더 좋고 친밀한 관계를 만들 수 있음을 인식하라. 좋은 경계를 만들고 유지하는 법을 배우기 위하여 의식적으로 노력하라. '아니요'는 아주 좋은 답변임을 기억하라.

## 2) 확장과 축소 사이의 적절한 위치를 발견하라

자신에 대한 느낌을 확장시키거나 축소시키려는 경향에 주목하고 그저 자신의 모습 그대로의 안정감을 느낄 수 있도록 자신을 허용하라. 이상적인 파트너 혹은 친구에 대한 환상을 가질 때, 혹은 모든 사람에게 그 무엇이 되고자 하는 순간에 주목하라. 그리고 잠시 멈추어서 이것이 진정으로 가능하고 바람직한가를 생각해 보라. 타인에게 완전한 사람이 되거나 혹은 완전히 맞추지 않아도 괜찮으며, 오히려 그렇지 않은 것이 실제로 자유롭게 된다는 것을 인식하라.

## 3) 당신의 관계를 생동감 있게 만들고 자신에 대한 느낌을 강하게 하기 위하여 건설적인 갈등은 허용하라

갈등은 실제로 사람들을 더 친밀하게 만든다. 당신이 진정 자신의 견해와 좋아하는 것을 표현할 때, 비로소 자신의 진정한 자아를 드러냄으로써 타인들에게 더 존경받을 수 있다는 사실을 인식하라. 신뢰하는 사람들에게 당신이 정말로 생각하는 것, 특히 동의하지 않거나 도움을 주고 싶지 않을 때 이야기하는 위험을 감수하라. 당신이 사회적 상호작용을 원활하게 하기 위하여 거짓말을 하고 있는가에 주목하고 좀 더 정직해지도록 노력해보라. 당신이 줄 수 있는 것 이상을 약속하지 않도록 하라. 그리고 이것이 당신의 관계를 더욱 진정성 있고 깊게 만든다는 사실을 인식하라.

## 4) 당신의 고통을 의식적으로 직면하여 사라지도록 하라

당신이 무시당하거나 거부되는 고통을 느끼도록 허용하라. 그리고 당신은 그것을 견뎌낼 수 있다는 사실을 깨달아라. 감정적 상처를 견디어 내는 법을 배우고 두툼한 피부를 만드는 것이 결코 당신에게 상처가 중요하지 않다는 것을 의미하는 것은 아님을 깨달아라. 당신은 있는 그대로 사랑하고 수용하는 것을 배우고 타인들로부터 애정을 받는 데 개방적이 되도록 해보라. 그리고 누군가가 당신을 좋아하지 않는다면, 그것은 당신에 관한 것이라기보다는 그들 자신에 관한 경우가 더 많을 것임을 알아두라.

## 2유형의 화살표를 이용한 성장경로

제 1장에서 에니어그램 틀의 역동적 움직임을 나타내는 화살의 내면 흐름 모델을 소개하였다. 이 모델은 각 핵심유형과의 연결과 흐름, '스트레스를 통한 성장' 지점, 그리고 '아이−가슴−안전' 지점을 상징적으로 표현한 성장경로 지도이다. 다시 말하자면, 화살은 각 유형을 위한 일종의 성장과정을 보여주는 것이다.

* 중심 유형에서 나가는 화살은 더 높은 성장의 길이다. 화살이 향하는 '스트레스를 통한 성장' 혹은 '성장−스트레스' 지점은 우리의 유형과 연결된 한계들을 깨뜨리고 확장해나가기 위하여 의식적으로 조정해나가는 구체적인 도전들을 나타낸다.
* '아이−가슴' 지점으로부터 중심 유형으로 들어오는 화살은 어린 시절부터 의식적으로 인정받고 소유되어야만 하는 문제와 이슈들을 나타낸다. 그리하여 과거로부터 미해결된 문제들로 인하여 방해받지 않고 앞으로 나아갈 수 있도록 한다. 이 '아이−가슴' 지점은 무의식적으로 억압되고, 때로는 스트레스를 받을 때 다시 되돌아오기도 하는 안전함을 나타내는데, 이제는 앞으로 더 나아갈 수 있는 방향을 제시하고 우리가 의식적으로 소유할 수 있는 안전함을 나타낸다.

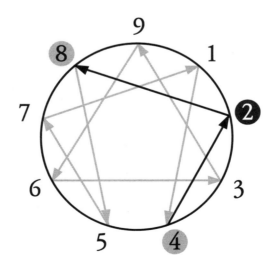

## 성장과 확장을 위해 '스트레스-성장' 지점을 의식적으로 사용하기

2유형의 내면 흐름 성장경로는 8유형에 포함된 도전과 직접적으로 연결된다. 즉, 자신의 힘과 권위를 가지고 분노에 더 접근하도록 허용하고, 갈등이나 대치를 더욱 의식적으로 다루는 것을 의미한다. 전형적으로 2유형은 겉으로 드러나지 않는 실력자가 되는 것을 더 편안해 하는 유형이다. 그러나 8유형으로 향하게 되면 더 많은 것을 주도하고 항상 반응해오던 것보다는 적극적으로 이끌고 행동하는 위험을 감수하도록 한다. 8유형으로 향하는 것이란 욕구 충족을 위하여 보다 쉽게 일을 진행하기 위한 사탕발림식의 메시지를 건네는 간접 방식이 아니라 직접적이고 자기주장을 하는 법을 배우는 것을 의미한다.

2유형, 특히 자기보존 2유형은 자신이 권위적이고, 공격적이고 필요하다면 직접적이 되는 데 편안함을 느끼는 상상을 하는 것이 어렵겠지만, 건강한 8유형의 행동을 취하는 것은 유혹이나 매력, 그리고 전략적인 도움을 통하여 은밀하게 욕구를 충족시켜왔던 2유형의 습관에는 상당히 필요한 균형감을 제공할 수 있다. 8유형의 힘과 자신감은 2유형이 자신을 가치 있게 생각하고 자신이 하는 일을 더 과감하게 하도록 만든다. 2유형은 타인을 돕고 지지하는 데에서 자신들의 진정한 힘을 찾아낼 수 있다. 이것은 정당한 힘이지만, 2유형은 정서적 지지 전략을 과도하게 사용하고 직접적으로 권위를 행사하는 힘을 과소평가한다. 2유형이 8유형의 측면을 더 많이 구현하는 데 초점을 둔다면, 그들은 타인에게 영향을 끼칠 수 있는 범주를 확장시킬 수 있다. 그리고 그것은 타인과 어떻게 상호작용할 것인가에 대하여 더 많은 자유를 허용한다. 갈등을 합법적인 상이점으로 탐색함으로써 긍정적인 접촉을 하는 방식으로 좋게 바라보는 것은 또한 타인과 감정적으로 융합하고자 하는 모습에 대응할 수 있다.

## '아이-가슴' 지점을 의식적으로 사용하여
### 어린 시절의 이슈들을 다루고 앞으로 나아갈 수 있도록 안전감을 찾기

2유형을 위한 성장의 길은 욕구와 감정을 4유형이 표현하는 것처럼 요구하라고 한다. 2유형들은 어린 시절부터 욕구와 감정이 너무 많다는 메시지를 받아왔다. 그리하여 타인에 대한 감정적 적응을 위한 대처전략으로써 관계를 유지하는 방식으로 자신의 감정을 억누르고 욕구를 저버리는 식으로 반응한다. 2유형이 4유형의 힘에 의식적으로 의지하는 것이 그들의 진정한 감정에 접근을 확장할 수 있는 길이다. 그리고 타인에 대한 불균형적인 것을 균형 잡기 위해, 자기 자신을 언급하는 건강한 능력을 되찾고 자신의 욕구를 자신 있게 수용할 수 있다.

대부분의 2유형은 자신의 욕구와 감정에 대하여 수치감을 느낀다고 한다. 그러나 감정은 중요하고, 자신의 진정한 자아를 보여주는 가치 있는 표현이라는 4유형의 입장을 받아들이는 것은 2유형에게는 매우 중요하며 치유가 될 수 있다. 타인에서 자아에게로 초점을 바꾸도록 함으로써, 2유형은 '4유형으로 향하는' 것이 자신의 진정한 감정과 욕구의 정당성을 찾고, 그리하여 자신의 내면적 앎과 자아감에 대한 연결을 강화시킨다. 2유형은 종종 자신의 욕구와 감정은 자신의 삶에서 중요한 사람들과의 관계를 위협하게 된다는 어린 시절부터 기인된 깊은 신념에 따른 잠재적 불안감을 갖고 있다. 2유형이 4유형으로 향하는 과정은 2유형으로 하여금 자신의 감정과 욕구를 존중하는 것은 긍정적인 관계를 형성하는 능력을 방해하거나 위협적이 되기보다는 오히려 지지할 수 있다는 사실에 안도하게 될 것이다.

의식적으로 방향을 잡게 된다면, 2유형은 자아에 초점을 두는 것과 타인에 초점을 두는 것, 슬픔과 상처를 표현하는 것과 가벼움을 만들어내는 것, 그리고 타인의 욕구를 충족시키는 것과 자신이 원하는 것을 요청하는 것 사이에 건강한 균형을 이루기 위하여 보다 고차원의 4유형의 지혜를 사용할 수 있다. 그들은 타인의 감정에 공감할 여지를 가지는 것이 중요하기는 하지만, 그들의 모든 감정도 또한 중요하고 가치 있다고 의식적으로 자신에게 상기시킬 수 있을 것이다.

## 악덕에서 미덕으로
## 교만을 벗어나 겸손함을 추구하기

악덕에서 미덕으로 변화하는 여정은 에니어그램 지도가 크게 기여할 수 있는 부분으로, 각 유형이 시도해 볼 수 있는 더 높은 자각 상태로의 '수직' 성장의 길을 보여 준다. 2유형의 경우 악덕(격정)은 교만이고, 그 반대인 미덕은 겸손이다. 이러한 '악덕에서 미덕으로의 전환'이 전해주는 성장 이론은 격정이 우리의 성격 속에서 어떻게 작동하는지 더 많이 자각하고, 상위의 미덕을 구현하고자 의식적인 작업을 많이 하면 할수록, 우리 유형의 무의식적인 습관과 고착된 패턴에서 더욱 자유로워지고 '더 높은 차원'을 향하여 발전해 나갈 수 있다는 것을 보여준다.

2유형의 작업은 주의초점을 형성하고 패턴화된 여러 가지 형태의 교만이라는 격정이 어떤 역할을 하는지 점점 더 인식하도록 하는 것에 중점을 둔다. 그들이 생각하고, 느끼고 행동하는 속에서 교만이 어떤 역할을 하고 있는가를 정기적으로 점검해보는 작업을 하는 것이다. 2유형이 교만에 대한 자신의 경험에 친숙해지면 질수록, 교만이라는 격정의 '해독제'인 미덕을 행동하도록 의식적인 노력을 할 수 있다. 2유형의 경우, 겸손이라는 미덕은 자신의 높은 잠재력을 의식적으로 보여줌으로써 얻을 수 있는 상태를 말한다.

겸손이란 당신이 가치가 있다는 것을 알기 위하여, 그대로의 진정한 당신 모습보다 더 좋아지려는 애착으로부터 자유로운 상태로 있는 것이다. 겸손은 당신으로 하여금 사랑받기 위하여 특별한 방식으로 인식되거나 완전하거나 우월해야 할 필요가 없이, 지금 그대로의 모습으로도 '충분히 좋은' 사람이라는 사실에 안도할 수 있도록 해준다. 겸손은 더도 덜도 아닌 정확히 지금 그대로의 모습으로 자신을 사랑하고 수용하는 법을 배우는 것을 의미한다. 2유형이 어떻게 해서든지 현재의 자신보다 나은 모습, 즉 없으면 안 되고 아무런 욕구도 없으며 타인이 원하는 것에는 자신의 모든 것을 던질 수 있는 자신을 보려는 교만에 가득 찬 욕구를 초월할 수 있을 때, 그들은 겸손이 가져다 주는 자유로움을 누릴 수 있다. 즉 그저 현재 자신이 되고, 그것으로 충분히 좋은 상태에 있게 될 것임을 아는 것이다.

내적으로 거짓된 교만은 쉽게 자신감과 혼동된다. 이것은 교만을 의식하고자 하면서 동시에 교만의 반대인 자신의 좋은 점에 대한 진정한 경험을 허용하고자 하는 2유형에게는 문제가 된다. 결국, 교만을 생존전략의 우선순위에 놓는 것은 바로 '충분히 좋지 않다' 혹은 '너무 많다'라는 초기경험 때문이다. 자기과장과 자아팽창의 경향을 보이는 것은 그들로 하여금 너무나 많은 것을 짊어지게 만들고, 자신은 다른 사람들처럼 욕구나 제한이 없다고 생각하도록 유도한다. 그러나 이러한 패턴은 2유형이 자신에 대한 이상화된 모습을 전달하지 않거나 모든 사람에게 그 모든 것이 될 수 없을 때는 어쩔 수 없이 수축, 자아비판, 그리고 부족함의 고통에 이르게 만든다.

자아팽창의 증대와 연관된 자기비판의 축소를 피하기 위하여, 2유형은 자신의 힘, 선한 의도, 자신이 행한 긍정적인 것들을 소유할 수 있는 능력인 강한 겸손이 있어야 한다. 그리고 스트레스 상황이나 타인에게 감동을 주려고 노력할 때에 자신을 어떻게 부풀리는가에 대한 알아차림을 의식적으로 키우는 것이 매우 중요하다. 성장경로에서 겸손함을 추구하는 것은 상승과 하강, 팽창과 축소를 관찰하고, 중용을 추구하며, 자신이 누구인가에 대한 진실, 자신의 한계를 인정하면서 자신의 진정한 힘을 계발시키는 것을 의미한다.

겸손이라는 미덕은 또한 우리 모두가 떠나는 큰 여정에서도 중요한 역할을 한다. 우리가 참나무 같은 진실한 자신을 향하여 성장하고자 한다면, 에고의 욕구를 내려놓고, 두려움과 고통을 겪을 수 있고, 우리를 편안하게 만드는 성격구조가 우리의 발전을 제한한다는 사실을 깨닫기 위해서는 겸손이 요구된다. 이와 같이, 겸손은 성격으로부터 성공적인 탈동일시를 구현하기 위하여 추구해야만 하는 것이다. 그리하여 우리가 그것이 우리 전부라고 믿고, 그래서 책임지고 통제하고자 한다고 믿는 거짓 자아의 좁은 시각을 넘어서 볼 수 있어야 한다.

2유형이 교만을 알아차리고 겸손을 실천하는 것은 고군분투하며 도움을 주고받는 과정을 통해서가 아니라, 그들 자신이 충분히 그들답다는 자신감 속에서 편안함을 가지고, 그들이 될 수 있는 모든 것이 되는 첫 단계로써 자신의 모습 그대로를 가치 있게 생각하도록 가르쳐준다. 겸손은 2유형이 자신에 대한 현실적인 평가를 수용함으로써, 그들의 가득 찬 잠재력을 인식하고 진정한 자신으로써 타인들과 관계를 맺을 수 있다.

## 2유형이 악덕에서 미덕으로 성장하기 위한 하위유형별 작업

자신의 격정을 관찰하고 해독제를 찾는 작업은 각 하위유형에 따라 다르게 나타난다. 의식적인 자기 내면작업의 길은 '의지, 훈련, 은혜'라는 말로 그 특징을 설명할 수 있다.[20] 즉, 성격 패턴에서 벗어나려는 '의지', 성장을 위한 노력의 '훈련', 그리고 의식적, 긍정적 방식으로 미덕을 실현하기 위해 작업할 때 찾아오는 '은혜'인 것이다. 나란호가 각 하위유형이 성장을 위해 애쓰고 노력해야 하는 측면들이 각각 다르게 나타난다고 말한다. 이러한 통찰은 에니어그램의 각 하위유형을 이해하는 데 크게 유익하다.

## 자기보존 2유형

자기보존 2유형은 교만에서 겸손으로 향한 여정에서 의존적 욕구를 더 의식하고, 관계 속에서 두려움과 애매모호함을 관찰하고 이에 대한 작업을 하며, 교만과 불신이 어떻게 방어하도록 만들고 진정한 관여와 친밀함을 방해하는가에 주목해야만 한다. 무엇보다도 성장할 수 있고 자신의 힘을 소유할 수 있는 방법을 찾도록 스스로에게 따스하게 용기를 북돋울 뿐만 아니라, 감정적인 상처에 직면할 때 더 큰 회복력을 배우는 것은 이들에게 도움이 된다. 어린아이처럼 행동하는 것은 성인기에는 아무런 소용이 없다. 그리고 다른 사람들처럼 당신의 삶에 책임질 수 있는 능력을 가지고 있으므로 당신의 권위를 가져야 한다. 자기팽창이나 욕구를 숨기는 대신에, 힘과 능력을 가진 타인들로부터 도움을 받도록 해보라. 당신 자신의 가치를 고수함으로써, 타인들로 하여금 어떤 조작이나 무의식적인 의존 없이 당신의 진정한 가치를 인정함으로써 그들이 당신에게 자유롭게 해줌을 인식하라. 당신이 타인에게 의존하기보다는 당신 내면으로부터 스스로를 지지하였을 때, 당신은 타인으로부터 사랑을 받고 간혹 겪는 거절의 고통을 견디어낼 수 있는 능력을 갖게 된다는 사실을 기억하라!

## 사회적 2유형

사회적 2유형은 힘과 인정의 욕구가 그들이 하는 일에서 어떠한 역할을 하는가를 인식하고 깨달음으로써, 교만에서 겸손으로의 여정을 걸어간다. 또한 아량에 대한 그들의 전략적 의도를 더욱 알아차림으로써, 그리고 타인과의 관계에서 더 많은 진정한 연약함과 진실함을 허용함으로써 가능하다. 그들은 어떻게 자신의 리더십이 무의식적으로 조종하고 타인보다 자신의 능력이 더 많은 것으로 보고 싶은 심층적 욕구에 반해서 작동하고 있는가를 알아차리게 되면 도움이 될 것이다. 사회적 2유형에게는 그들이 주는 것만큼 받으려고 적극적으로 노력하는 것과 지나치게 열심히 일하는 광적인 경향을 느긋하게 완화시키는 것이 중요하다. 그들은 사랑과 돌봄에 대한 깊은 욕구를 포기하는 대가로 전지전능함을 경험하게 된다. 서서히 속도를 줄이고 그들의 욕구가 직접적으로 충족되고 있음을 확신하는 것은 그들에게 과도한 일을 하는 자만으로 가득 찬 충동에 반하여 관찰하고 작업할 수 있도록 돕는다. 욕구와 상처받기 쉬운 감정에 초점을 둘 것을 기억하는 것은 2유형이 겸손함을 의식하면서 행동하도록 하는 중요한 작업이 된다.

## 일대일 2유형

일대일 2유형은 자신의 진정한 자아 측면을 적극적으로 발전시킴으로써 교만에서 겸손으로의 여정을 갈 수 있다. 즉 그들의 욕구를 충족시키기 위한 다양한 방식을 찾고, 타인과 더욱 열정적인 관계를 의식적으로 맺음으로써 가능하다. 현존과 알아차림으로 서로 주고받으며 유혹적인 에너지를 담아내고, 좋은 경계들을 유지함으로써, 타인에 대한 자신의 의도와 영향에 대하여 보다 겸손해지면서 자신의 교만을 완화시킬 수 있다. 이러한 2유형은 관계를 맺을 때 유혹하면서 자신을 조종하거나 잘못 표현하는 순간에 주목하고, 진정한 의도에 대하여 자신에게 솔직해짐으로써 겸손하게 될 수 있다. 또한 과감하게 진정한 자신의 모습으로 되는 것은 자신을 이상적인 사랑받는 대상으로 표현하는 것과는 상반되는 것이다. 당신이 사랑받거나 혹은 바람직하게 될 필요가 있다고 생각하는 모습과 같은 자아상을 근거로 하고 있는지 아니면 그렇지 않은지에 관하여 자신에게 솔직하라. 당신 자신이 되도록, 그리고 타인이 당신에게 오도록 허용하라.

## 결론

2유형은 '더 많은' 무엇이 됨으로써 정서적인 지지를 제공하여 타인을 유혹하려는 욕구에 불을 붙이는 교만의 에너지를 가지고 있다. 또한 우리를 거부하는 세상에서 자신의 자아가치를 강화하기 위하여 자신의 본연의 모습에 대한 느낌을 확장하는 방식을 보여준다. 2유형의 성장의 길은 거짓 교만이 상대를 기쁘게 해주거나 상대에게 매력적일 필요 없이, 진정한 자신의 모습의 가치에 대한 겸손한 믿음을 나타내도록 도움을 주는 에너지로 변형되는지가 강권이다. 2유형의 각 하위유형의 특성을 통하여, 자아팽창이라는 생존전략에서 벗어나서 자기관찰, 자기계발, 그리고 자기인식을 통하여 우리의 본연의 가치와 힘을 평화롭게 수용할 때, 무엇이 가능한가를 배울 수 있다.

# 제11장
## 1유형의 원형: 유형, 하위유형, 성장경로

아마도 나의 가장 나쁜 기질은
내가 옳다고 여기는 것에 대해 지나치게 열정적이라는 것이다.

– 힐러리 클린턴Hillary Clinton

실수할 수 있는 자유를 포함하지 않는다면
그것은 참된 가치가 없는 자유이다.

– 마하트마 간디Mahatma Gandhi

1유형은 선하고자 하고 바른 일을 하고자 하는 원형을 대변한다. 이것은 잘못과 실수를 벗어나서 책임 있고 덕이 있는 삶을 살고자 하는 필요를 나타낸다. 이러한 충동은 방어적 보호를 제공한다. 즉, 착한 행동은 상을 주고 나쁜 행동은 벌을 주는 세상으로 만들고자 한다.

이러한 원형은 일종의 심리적 '초자아'에 해당하는 원형이다. 초자아는 권위 있는 부모의 내적 음성과 같은 역할을 수행한다. 초자아의 내면적 힘은, 정제되지 않은 충동, 동물적 본능, 절제되지 않은 형태의 이기적인 자기주장을 완화시키는 능력이 있다.

1유형은 자기 자신의 가치를 증명하고 비난이나 실수를 피할 수 있는 방법으로서 좋은 행동의 높은 기준에 부합하고자 하는 인간 내면의 전형이라 할 수 있다. 이러한 원형적 자세는 규칙준수를 중요시하는데, 이것은 높은 질서에 호소함으로써 인지된 높은 선을 이끌어내게 된다.

이러한 노력은 규칙을 지키지 않고 자신의 유익을 추구하려는 자연스러운 충동, 본능, 감정 등을 다스리고 길들이는 것을 포함한다. 1유형은 이런 것들로 인해 질서가 깨어지거나 통제 불능이 되지 않도록 늘 긴장하게 된다. 또한 본능적 표현, 놀이, 자연발생적 리듬, 동물적 지혜의 경험들을 억제하는 경향이 있다. 이들이 나타내는 경직성, 비판, 계속되는 판단은 정의, 공정, 질서에 대한 그들의 확고한 신념과 같은 일종의 원형적 특성인 것이다.

1유형은 대체로 신뢰할 수 있고 책임감 있고 정직하고 양심적이고 성실하며 좋은 의도를 지니고 있으며 자신과 자신을 둘러싼 세계를 신실한 자세로 개선하고 싶어 한다. 이들의 탁월한 능력은 이들의 높은 통전성, 열정, 헌신에서 나타나며 이를 통해 자신의 이상을 실현하고 높은 표준을 추구해나간다. 또한 완전에 대한 타고난 직관적 감각이 있고 모든 일들의 질서에 대한 감각이 있어서 비판능력이 뛰어나다. 이들은 잘 발달된 비판능력이 있으며 자연 및 자연적 질서의 완벽에 대한 직관적 감각을 가지고 있으며 근면하고, 실제적이고, 검소한 경향이 있다. 그리고 분별력 있고 객관적이며 상황을 분석하는 능력이 탁월할 뿐 아니라 연관된 감정을 잠시 내려놓고 문제가 되는 이슈들을 명료화하는 능력이 있다. 하지만 다른 유형들과 마찬가지로 1유형 역시 그들의 장점이 또한 그들의 치명적 약점, 즉 아킬레스건이 되기도 한다. 덕목이 되는 것에만 지나치게 치중한 나머지 다음과 같은 문제들이 야기된다. 지나친 통제, 억제, 판단 등으로 인해 자신감, 균형, 내적 평안이 깨어지게 된다는 것이다. 1유형은 자신의 과도한 비판의식을 순화시킴으로써 세상을 개선해나갈 수 있는 분별력, 신뢰, 이상주의적 은사를 활용할 수 있다.

## 호메로스의 작품, 『오디세이아』에 나오는 1유형
## 스케리아 섬에 사는 파이아케스인들

　오디세우스는 많은 난관과 위협을 뚫고 나온 후에, 스케리아 섬에 사는 파이아케스인들을 만나게 된다. 파이아케스인들은 교육을 잘 받아서 바르고, 질서 있고 상식이 통하는 사람들이었다. 그들은 예의 있고 교양 있고 책임감 있으며 바른 일을 하는 사람들이었다. 그들의 왕이 사는 성은 건축학적으로 완벽했고 놋 성벽으로 둘러싸여 있었다. 그들은 전문적인 항해사들이었고 정확한 항로를 늘 지키는 사람들이었다.[1]

　파이아케스인들은 덕으로 가득 찬 사람들이었지만 이들에게도 문제점은 있었다. 무엇이든 너무 지나치면 문제가 될 수밖에 없다. 이것은 도덕성과 도덕적 판단에 있어서도 마찬가지이다. 호메로스의 기록에 의하면, 이들이 '냉혹할 정도의 도덕주의자들'이었다고 한다. 이들의 완벽주의는 우아하거나 도움이 되는 것을 넘어서 너무 장엄하고 위협적인 것이었다.[2]

　파이아케스인들은 대표적인 1유형의 사람들이다. 이들은 덕의 귀감이 되고자 최선을 다하지만, 경직되어 있고 자기 의를 추구하고 기준에 못 미치는 사람들에 대해 비판적이다. 완벽해지고자 하는 것만으로는 파이아케스인들이 변덕스러운 운명으로부터 자기 자신을 지켜낼 수가 없었다. 바다의 신, 포세이돈이 인간의 힘으로는 감당할 수 없는 엄청난 힘으로 파이아케스인들의 배를 밀어 보내 벼렸고, 그들의 재물들을 오디세우스에게로 보내 버렸기 때문이다. 포세이돈은 파이아케스인들의 배를 좌초시키고 스케리아 항구를 엄청난 크기의 산으로 막아 버렸다. 파이아케스인들은 그때 포세이돈의 분노를 감지하였고 허겁지겁 포세이돈에게 엄청난 희생제물을 바치게 되었다. 엄청난 힘을 가진 신의 분노를 달래기 위해서 그들은 예배와 기도를 계속할 수밖에 없었다.

# 1유형의 성격 구조

에니어그램의 최상단 중앙 바로 오른쪽에 위치한 1유형은 장 중심에 속한다. 1유형의 핵심 감정은 분노이고 중심된 주의는 질서, 구조, 통제에 집중되어 있다.

1유형은 장 중심이지만 판단과 기준에 대한 깊은 관심 때문에 머리 중심으로 비쳐질 수 있다. 실상, 1유형의 특성은 다음과 같은 지속적인 내적 역동을 반영한다. 즉, 자신의 몸에서 일어나는 그릇된 충동을 머리의 기능을 통해서 측정, 통제, 중단시킨다.

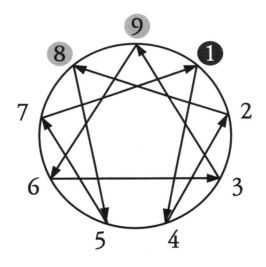

나란호는 다음과 같이 주장한다. 1유형은 지나치게 통제된 유형이거나 지나치게 교양 있는 유형이라는 것이다. 이들은 충동이 올라올 때 머리의 검열을 거치지 않고, 먼저 몸에서부터 충동이 올라온다는 것이다. 이렇게 머리의 검열과 비판을 거치지 않고 올라온 충동들에 대해서 그것을 나쁘거나 잘못된 충동이라고 판단한다는 것이다.

1유형은 자신의 충동을 억제하기 위해 무의식적으로 늘 긴장되어 있다. 그래서 이들은 종종 인상을 쓰고 있는 경우가 많다. 자신의 충동을 억제하기 위해서 흔히 자기 절제나 자기겸손의 표현을 많이 쓴다. 자기 속에서 나오는 충동이 수용하기 어려운 것일수록, 그 충동이 반동형성reaction-formation 기제를 자극하게 된다. 반동형성이란 일종의 자기방어기제이다. 즉, 자기 속에서 올라오는 충동을 감당하기 어려울 때, 그 충동과 반대되는 표현을 함으로써 그것을 억제하고 중화시키는 것이다. 이 모든 것은 무의식 속에서 작용한다. 1유형은 실수를 피하려 하고 늘 올바른 것에 고착되어 있기에, 자신의 내부에서 올라오는 충동들을 머리로 검열하고자 한다. 이것은 자연스럽고 자발적인 본능, 감정, 충동과 충돌을 일으킨다. 이러한 충돌들이 내면의 갈등을 일으킨다. 이들은 이러한 끊임없는 갈등 때문에 힘들어하는데, 그럼에도 불구하고 내면의 비판자는 끊임없이 깨어서 자신을 비판하고 고발함으로써 분노를 야기한다. 이렇게 축적된 분노는 무절제하거나 무분별한 상황을 만나게 될 때 폭발한다. 하지만 1유형은 분노나 분노의 표출이 미덕이 아님을 안다. 분노의 표출이 잘못된 것이기에 자신을 비판하고, 비판이 분노를 일으키는 끝없는 악순환을 만들어낸다. 또는 반동형성과 후회 사이의 순환을 만들기도 한다.


## 1유형의 어린 시절 대처전략


1유형은 그것이 실제적인 것이든 가상적인 것이든 간에 모든 비판에 대해 방어적이다. 모든 처벌과 수치에 대해서 잘못된 것 혹은 나쁜 것이라는 인상을 가지고 있다. 너무 어린 시절부터 무엇인가를 잘하거나 올바로 해야 한다는 심리적 부담감을 가지고 자라났다고 이야기한다. 부모나 어른들로부터 비판을 많이 받게 되면 무엇인가를 실행하기 위한 '바른 길'이 있음을 어린아이지만 늘 의식하게 된다. 바른 일을 하고 흠 없는 수행을 하게 되면 칭찬을 받게 됨으로써 이것을 계속하고자 하는 긍정성이 강화되기 마련이다.

1유형 중에 상당수는 어린 시절에 자신을 뒷받침해줄 수 있는 부모나 주위의 지원(또는 심리학적 의미로 '붙들어 줌')을 받지 못했던 경우가 많다. 가정 내에 혼돈, 불확실, 불안 등의 분위기는 아이로 하여금 자신과 나아가 자기 가족들을 위해서 필요한 질서와 구조를 만들어야 할 책임의식을 가지게 만든다. 건강한 규칙, 행동기준, 일상을 준수하는 전략은 아이에게 안전감과 내적 응집력을 제공한다. 이 아이는 모든 것들을 질서 있고 바르게 해놓은 다음에야 일종의 안녕을 느끼게 되고 조금이나마 쉴 수 있게 된다.

반면, 질서 있고 바르게 되어있지 못함으로써 받게 되는 비판과 불안은 아이로 하여금 자발적 충동 속에 내포된 위험에 대해 각성시킨다. 이런 경험들을 통해 아이는, 잘못을 범하거나 충분한 노력을 기울이지 않게 되면 부정적 평가와 함께 고통을 받게 됨을 인식하게 된다.

나란호는 다음과 같이 주장한다. 자신의 내부에 들어있는 본질적 선함에 대한 인식과 함께 외적인 많은 책임감을 어린 나이에 가지게 될 때 1유형적 성격구조가 강화된다는 것이다.[3] 너무 어린 나이에 높은 수준의 자기통제를 하다 보면 실패와 함께 좌절감을 느끼게 되기 마련이다. 이 아이는 이러한 좌절이 고통스럽기 때문에 다른 방식으로 보상을 얻고자 한다. 무의식적으로 좌절감과 분노를 억압하고 대신에 지나치게 잘 하려고 하는 노력을 하게 된다.

1유형은 자기 부모의 목소리를 자신의 내적 감시자 또는 코치로 사용하게 된다. 자신을 지나치게 몰아가는 동시에 부모의 비판을 받기 전에 모든 일을 완벽하게 하고자 하는 전략을 통해 외부의 비판과 처벌을 면할 수 있게 된다. 1유형에게 이것은 하나의 안내체계처럼 작동한다. 즉, 이들은 항상 이상적 행동기준에 따라서 살아가고자 노력한다는 것이다. 자기 자신을 보호하기 위해 형성된 내적 비판기준이 하나의 일상적 체계가 됨에 따라, 자신뿐 아니라 외부 세상에 대해서도 평가하는 기준이 되어버린다.

그는 3형제 중에 맏형이었습니다. 그의 아버지는 군인장교로 8유형이었고 베트남 전쟁 시에 비행기 조종사였습니다. 그의 어머니는 '히피' 스타일의 9유형이었습니다. 그의 부모님은 그가 어린 시절에 이혼하였고, 3형제는 아버지와 함께 살게 되었습니다. 데렉은 3형제 중 맏이로 아버지 다음의 서열을 가지고 있었습니다.

데렉이 책임져야 했던 일 중 어느 하나라도 잘못되면 데렉이 대표로 그 대가를 치러야 했습니다. 그의 어머니의 스타일은 자유분방했었지만, 데렉은 안정을 확보하기 위해서 모든 것에 책임을 져야 했습니다. 어린 시절에 과도한 책임을 떠맡은 데렉의 마음속에는 불안감이 늘 도사리고 있었습니다. 모든 것들이 '제대로' 되어 있도록 해야 했고 자신과 동생들이 일을 제대로 하도록 감독해야만 했습니다.

## 1유형의 주요 방어기제 반동형성

반동형성은 일종의 심리적 방어기제로, 내면의 충동의 위협을 제거하기 위해서 정반대의 행동을 하는 것을 의미한다. 어린 나이에 지나친 요구와 좌절에 직면하게 됨으로써 화를 내거나 저항하기보다는 1유형의 아이가 차라리 더 많은 책임을 떠맡음으로써 착한 소년, 착한 소녀가 되어버리는 것이다.[4] 착한 사람, 착한 행동을 하고자 하는 근원적 고착은, 자신의 부정적인 감정을 억압하거나 부인함으로써 긍정적인 감정에 초점을 맞추는 것으로 나타난다. 반동형성은 이처럼 어려운 내적 감정과 갈등을 해결하기 위한 수단으로 채택된 것이다. 현실보다 더 긍정적인 '좋은' 감정에 집중함으로써 부정적인 '나쁜' 감정은 무의식 속으로 들어가게 된다.

적극적 방어를 위한 반동형성의 예를 다음에서 찾아볼 수 있다. 즉, 실상은 화가 나거나 불만족스러운 상대방에게 지나치게 친절하게 대하는 자동적 반응이 그 대표적인 예이다. 질투가 생기는 상대방의 성공에 대해 상당한 열망과 칭찬을 표현하는 것도 반동형성의 한 예이다. 반동형성은 자신의 진짜 감정을 겉으로 드러내지 못하도록 만든다. 반동형성은 양가감정을 거부한다. 여기에서 말하는 양가감정은 감사하면서도 화가 난다거나, 사랑하면서도 밉거나 하는 것처럼 상반된 감정이 공존하는 것을 의미한다. 1유형은 자연스러운 양가감정보다는 그중에 긍정적인 측면에 집중하려 노력한다.[5]

이러한 반동형성은 1유형으로 하여금 자신의 감정표현이 통제되고 적절한 것이 되도록 해줌으로써 외부의 비판으로부터 보호해준다. 반동형성은 또한 1유형으로 하여금 부적절한 분노나 이기적 욕구를 통제할 수 있도록 도와준다. 자기가 판단하기에 잘못되었거나 나쁘다고 생각되는 감정 표현을 조절할 수 있도록 반동형성이 도와주기 때문이다.

## 1유형의 주의초점

가능한 한 올바로 일을 처리하고자 하는 1유형 주의초점으로 인해, 이들은 본능적으로 실수나 불완전함을 감지하고 그것을 교정하게 된다. 자신의 내적 이상을 점검하는 1유형의 습관은 옳고 그름이나 좋고 나쁨을 넘어선다. 또한 습관적으로 자신의 내적 이상에 비추어서 더 좋거나 더 나쁘거나 하는 방식으로 평가를 내린다. 이러한 충동이 본능적으로 자기 자신, 사회, 또는 대인관계를 향해 나타나는 경우, 늘 관심의 초점은 비판과 고통을 피하기 위해 완벽한 수행을 하는 것으로 나타난다.

1유형은 '완벽'으로 보이는 것에 대해 상당한 인정을 부여하게 되며, 이러한 완벽함은 이들이 올바르다고 느끼고 인지하는 것으로부터 생겨나게 된다. 이들의 초점은 종종 실망을 안게 된다. 왜냐하면 인간 삶에 있어서 완벽이라는 것은 결국 불가능한 것이기 때문이다. 하지만 모든 것들이 적절히 바른 방식으로 이루어질 때 1유형은 평화와 만족감이라는 놀라운 기쁨을 경험한다. 비록 자주 맛볼 수 있는 것은 아니지만 이러한 만족감과 기쁨 때문에 에너지를 얻고 더욱 열심히 일하게 된다. 그들이 추구하는 안정과 안녕을 위한 세부사항들이 다 합쳐져서 하나의 최적의 결과를 이루어내도록 열정적으로 일한다.

1유형의 완벽이 모든 영역에서, 그리고 모든 방식에서의 완벽은 아니다. 어떤 1유형은 자신의 외적 환경이 깨끗하게 정돈되어 있어야만 한다. 반면 다른 1유형에게는 물리적 외적 환경은 별로 문제가 되지 않는다. 사무실은 어지럽혀져 있어도 자신이 추구하는 보다 큰 주제들이 도덕적으로 윤리적으로 깨끗하게 정돈되어 있으면 상관이 없다. 예를 들면 사회정의나 윤리적 선에 있어서의 완벽을 추구한다. 이러한 초점의 차이는 본능적 수준에서 일어나는데 본능의 하위유형 즉, 자기보존, 사회적, 일대일의 강조점에 따라 달라진다.

## 1유형의 감정적 격정 분노

각 성격유형의 핵심 속에 자리 잡은 특정한 감정적 동기를 가리켜서 '격정'이라고 부른다. 1유형의 감정적 격정은 분노이지만, 이들에게 있어 분노는 특정한 방식으로 작동한다. 우리가 통상적으로 말하는 분노는 1유형보다는 8유형, 일대일 6유형, 일대일 4유형 등에서 더 많이 나타난다. 1유형에게 경험되고 표현되는 분노는 분노라기보다는 짜증, 좌절, 분개심 등에 해당하는 감정이다. 1유형들이 가장 많이 느끼는 감정은 분개심이라고 말한다. 분개심은 일이 정상대로 되지 않을 때 생겨나는 것으로, 가슴 밑바닥과 그 배경에 느껴지는 약한 수준의 분노이다. 이러한 종류의 분노는 잘 합리적으로 통제된 경우에는 짜증이나 좌절처럼 표현되기 때문에 그에 대한 책망을 면하게 된다.

하지만, 자신이 정의롭다고 생각할 경우에는 분노를 표현하는 것이 '정당한' 것으로 여겨져서 불같이 화를 낼 수도 있다.

1유형의 분노에는 다음과 같은 두 가지 원인이 있다. 첫째, 완벽을 위해 많은 노력을 했지만 스스로 완벽에 도달하지 못한 데서 오는 좌절감에서부터 생겨난다. 둘째, 자신이 생각하는 타당하고 정당한 기준에 다른 사람들이 부응하지 못할 때 생겨난다. 인생을 위한 올바른 기준을 제시해놓았지만, 자신도 그에 따라 살지 못할 뿐 아니라 주위 사람들의 잘못된 모습들이 겹쳐질 때 그의 분개심은 증폭될 수밖에 없다.

1유형이 무의식적으로 억제하고 있는 분노나 뿌루퉁함을 다른 사람들은 잘 눈치채지 못한다. 폭력적이거나 일탈적인 것은 자신의 기준에 맞지 않기 때문에 이들은 자신의 분노를 통제하려 한다.[6] 1유형은 대놓고 화를 내거나 무례하지는 않지만, 주로 긴장되어 있고 비판적이며 깐깐한 것처럼 보인다.

## 1유형의 인지적 오류
### 우리 모두는 보다 더 잘할 수 있고 또 잘해야만 한다

모든 인간의 성격은 머리-가슴-장의 세 영역에 걸쳐서 그 특성을 드러낸다는 것을 우리는 제 1장에서 다룬 바 있다. 자신의 신념, 감정, 행동에 영향을 미치는 습관적 사고방식들에 우리 모두는 갇혀 있다. 우리의 전반적 관점을 형성하는 정신적 모델이 올바르지 아니함에도 불구하고 이러한 특성은 지속된다. 이처럼 고착된 정신적 상태를 가리켜서 나란호는 '인지적 실수' 또는 '인지적 최면상태'라고 부른다. '격정'이 유형의 감정적 동기를 좌우한다면, '인지적 오류'는 유형의 사고과정을 좌우한다.

1유형들은 자기의 주요관심 대상들, 즉 그것이 자기 자신이든 자기 애착대상이든 사회 전체이든 간에 그것이 아직은 불완전하기에 계속해서 개선되어야만 한다고 확신한다. 이들은 또한 실수는 나쁜 것이고 나쁜 행동은 처벌받아야 한다고 믿는다. 이러한 확신 때문에 쉼 없이 일하고 규칙과 윤리를 지키기 위해 몰두한다. 감정적으로 이러한 확신과 사고는 이들에게 불안, 좌절, 분개심을 불러일으킨다.

예를 들어보자. 1유형의 한 여인은 아직도 자기가 부적절하고 무가치하다고 생각한다. 실상은 그녀의 인생이 여러 면에서 적절함을 넘어서 실제로 성공적인 삶을 살고 있음에도 불구하고 말이다. 그녀의 인지적 오류는 다음과 같은 것에서 찾아볼 수 있다. 실상 그녀는 윤리적으로나 성실성에서나 모든 면에서 최선을 다하고 있음에도 불구하고 자신이 좀 더 잘할 수 있고 좀 더 잘해야만 한다고 생각한다.

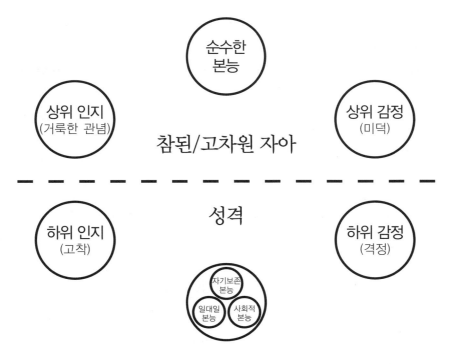

이처럼 만성화된 습관적 사고방식은 바꾸기가 매우 어렵다. 이러한 사고방식은 어린 시절에 이미 형성되었고 자아의 발달 과정 속에서 일종의 방어기제로 자리 잡게 되었기 때문이다. 우리는 도토리 껍질처럼 자신의 사고방식의 틀 속에 자신을 가둠으로써 자신의 성장을 방해하고 있다.

1유형의 신념체계와 인지적 가정의 중요 특성은 다음과 같다. 물론 1유형의 하위유형에 따라 그 초점은 다소 바뀔 수 있다. 이에 대해서는 이 장의 후반부에 가서 다루도록 하겠다.

- 비판이나 실패를 피하기 위해, 높은 행동기준에 부합하기 위해 분투해야만 한다.
- 나에게는 결점이 있고 완벽하지 않기 때문에 나는 문제 있는 사람이다.
- 나의 감정, 충동, 필요를 억제하지 않으면 부적절한 일을 말하거나 행함으로써 수치를 당하게 될 것이다.
- 나는 공정하고 올바른 사람으로 여겨지고 싶다. 내가 무언가를 자랑하게 되면 그만큼 교만해지게 된다.
- 내가 최선을 다해서 올바르게 했음에도 불구하고 그것이 잘못 되었다면 나에게는 책임이 없다.
- 세상의 상당한 부분이 개선될 수 있다. 그리고 몇몇 부분은 반드시 개선되어야만 한다.
- 완벽은 어렵다. 그것은 어려워야 한다. 완벽함은 힘들고 어렵지만 분명한 가치가 있다.
- 모든 사람들이 자기가 보기에 훌륭한 사회 규칙을 잘 지켜 행하면 세상은 훨씬 좋아질 것이다.

1유형의 이러한 신념들 때문에 그들은 세상에 대한 올바른 감각을 유지하게 된다. 하지만 세상의 결점과 문제점에 대한 과도한 주의 집중으로 인해 자기 자신에 대한 이해가 부정적으로 되기 쉽다. 세상은 결코 완벽해질 수 없기에 1유형의 노력 역시 결코 완벽해질 수 없다.

## 1유형의 함정

**완벽하지 못하다면 충분히 좋은 것이 무슨 소용이 있을까?**

1유형이 자기가 생각하는 완벽의 잣대로 비판하는 습관은 그에게 있어서 일종의 '덫'과도 같고 의식, 무의식적으로 이러한 덫 안에서 살아가고 있다. 이 덫은 1유형의 성격적 핵심 속에 들어있는 근본적 갈등을 반영한다. 이들은 자신과 상대방에게 지나치게 높은 기준을 요구함으로써 비판과 처벌을 피하려 한다. 이렇게 지나치게 높은 기준에 부합하지 못한 것에 대해 분개하면서 이러한 비현실적 순환을 계속해 나간다. 자신과 상대방의 결점을 바로 잡으려는 노력은 자신과 상대방의 결점에 대한 자기 확신을 보다 강화하게 만든다. 자신과 상대방을 완벽하게 하려는 노력 또한 자신과 상대방을 무가치한 것처럼 만드는 악순환을 되풀이할 뿐이다. 완벽한 것만을 인정하고 수용하려 한다면 '충분히 좋다'는 것을 인정하기가 대단히 어렵게 된다. '충분히 좋은 것'은 있는 그대로 모든 사람에게 충분히 좋은 것임을 수용할 수 있는 느긋함과 여유를 필요로 한다.

## 1유형의 대표적 특징

### 1. 내적 비판자

대부분의 1유형들은 자신의 내면에 그들이 행하는 모든 것들을 비판, 판단, 평가하는 내적 비판자가 들어 있다고 인정한다. 물론 다른 유형들도 그들 나름의 내적 비판자가 있음을 가끔씩 경험하지만, 1유형은 그가 깨어 있는 동안 90~100% 정도 변함없이 이러한 비판자가 활동하고 있음을 경험한다. 다른 유형들은 종종 내적 비판자의 목소리가 약해지거나 의식적으로 무시하기도 한다. 그러나 이들에게 있어서는 내적 비판자가 항상 내면의 주된 역할을 감당한다.

1유형의 내적 비판자는 단지 내적 심판관이라기보다는 그들의 내적 부모와 같은 역할을 하게 된다. 종종 내적 부모의 목소리가 자신의 부족과 실수를 나무랄 때도 있지만, "이번엔 좀 좋아졌어. 다음에도 잘해봐"라고 말하는 것을 경험하곤 한다.

## 2. 과도한 통제

1유형은 자신의 환경에 대해 통제하고 싶어 한다. 이렇게 함으로써 결과를 더욱 좋게 그리고 바르게 만들고자 하는 것이다.

다른 사람들은 1유형이 종종 융통성 없고 경직되어 있다고 느끼곤 한다. 이들은 자신의 말과 행동을 지나치게 통제하려고 하기 때문에 생겨나는 특징이다. 그리고 의식 절차, 일상, 규칙이 주는 안정성을 강화하고 싶어 하지만, 이러한 것들이 언제 어떻게 과도한 통제로 변질되는가를 인식하기가 쉽지 않다. 또한 놀기 전에 먼저 일을 해야만 한다는 신념을 가지고 있다. 그래서 놀이, 재미, 휴식을 위한 여유와 배려가 부족하기 쉽다.

1유형이 자신의 분노감정에 대해 대체로 통제를 잘 하는 편이지만, 이들은 가끔 자신이 얼마나 화가 나 있는지 모를 때가 있다. 분노의 표출은 자제하고 있지만, 자기도 모르는 사이에 그들의 좌절, 분개심, 분노심이 비언어적 방법을 통해 새어 나오게 된다. 다른 사람들이 이러한 1유형의 비언어적 분노표출을 다른 사람들이 느끼고 있다는 것을 눈치채지 못하는 경우가 종종 있다.

## 3. 유덕함

1유형은 덕 있는 행동을 하고자 노력한다. 다른 유형들이 자신의 내적 동기에 따라 나쁜 습성을 재미있어하고 즐기는 반면, 이들은 좋은 시민이 되려고 하고 올바른 일을 하고자 한다. 이것은 좋은 의도를 가진 바른 성품에 해당한다. 이것이 모든 사람을 위해 유익한 것이라고 믿기 때문에 좋은 사람이 되고 바른 일을 하려 한다.

스스로 질서를 좋아하기도 하지만 권위를 존중하면서 좋은 일을 하고 싶어 하는 이타적 노력이 자연스럽게 흘러나온다. 정해진 규칙과 이상에 기초하여 기본 원리를 고수하려는 1유형의 특성은, 유덕함을 통해 인정받고자 하는 것 그리고 분노 및 좌절에 대한 반동형성을 통해 자신을 지키려 하는 것과도 연결되어 있다.

### 4. 완벽주의와 임계점

1유형인 나의 남동생은 언젠가 완벽을 향한 자신의 열망을 표현한 적이 있었다. 어느 날 저녁, 남동생 집에서 저녁 식사를 준비하고 있었다. 파스타 소스를 만들기 위해 양파를 썰고 있었는데, 내가 썰어놓은 양파 크기와 모양이 서로 다르다고 지적하였다. 남동생의 이러한 생각과 발언은 1유형의 특성을 반영하는 것이다. 1유형은 모든 것이 완벽하지 않으면 안 좋은 일이 생긴다는 신념을 가지고 있다. 아마도 남동생은 완벽하게 썰지 않은 양파가 뭔가 문제를 일으킬지도 모른다고 염려했을지도 모른다.

완벽주의 또는 '무흠성'이 1유형의 핵심 또는 근원적 전략이라 할 수 있다. 하지만 1유형이 추구하는 완벽은 하위유형에 따라 서로 다르게 나타난다. 자기보존, 사회적 관계, 일대일 유대에 따라서 완벽함에 대한 관점과 임계점이 서로 다름을 볼 수 있다.

## 1유형의 그림자

1유형은 바른 삶, 행동, 이상 구현과 관련하여 나타나는 그림자가 곧 이들의 맹점이라 할 수 있다. 자신이 항상 옳다고 믿기 때문에 자신과 타인들에 대해 비판적이며 자신의 비판과 처벌을 정당화하며 옳은 것이라고 생각한다. 동시에 다른 사람들의 비판적 메시지에 상처받기 쉽기 때문에 비판에 민감하고, 타인의 피드백을 받는 것이 쉽지 않다.

완벽주의를 신뢰할 때 생겨나는 그림자는 완벽주의가 흔히 흑백론 사고에 빠져들기 쉽다는 것이다. 사람들은 흔히 세상에 완벽이란 것은 불가능하다고 믿기에, 완벽주의자가 제시하는 기준이 타당하지 않다고 여기고 1유형들을 과도하게 비판적이라고 생각한다.

통제되지 않은 충동이 야기하는 혼란을 막기 위해 1유형은 내적 비판자에게 의존한다. 질서와 안정을 위해 가감 없는 비판이 필요하다고 믿으며 불완전에 대한 대비책으로 이성과 합리성을 제시한다. 때로는 이러한 과도한 비판이 그들에게 불안과 우울을 초래하기도 한다. 이러한 과도한 비판의 경향성이 이들의 맹점이 된다. 이들은 자기가 가진 상당히 긍정적인 특성을 보지 못하고, 자신의 긍정적 특성마저도 자신의 단점인 것처럼 오해하곤 한다.

1유형은 누군가 부당하고 도덕적인 흠결이 있다고 느끼게 되면 그 사람의 견해와 시각도 잘못된 것으로 여기기 쉽다. 자신의 견해가 높은 도덕적 의식에 기초한 것이라고 확신할 때, 타인들이 무엇이 옳은지 알면서도 그것을 행하지 않는다고 여기기 쉽다. 이들은 세상에는 도덕적 절대 규범이란 것이 없다는 주장을 수용하기 힘들어한다. 또한 자신의 내면에 옳고 그름과 좋음과 나쁨에 대한 기준이 확고하기 때문에 그것을 포기하기 힘들어하는 것이다.

1유형은 자신의 분노를 표현함에 있어서 맹점이 있다. 이들은 종종 자신이 화가 났다는 것을 인식하지 못한다. 혹시 인식했다하더라도 그것을 인정하기 어려워한다. 더이상 참을 수 없는 상태에 도달하게 되어서야 비로소 뭔가가 표출되기 시작한다. 이들이 억지로 분노를 참거나 부인하거나 숨기려 할 때 자기도 모르게 분노가 어떤 방식으로든 새어나오기 마련이다. 꽉 다문 턱, 퉁명스러운 말, 긴장된 목소리, 몸의 경직 등을 통해 그들의 분노를 느낄 수 있다.

이들의 의로운 분노는 분노를 억누르려 함에도 불구하고 밖으로 표출될 수밖에 없는 그러한 방식의 분노이다. 의로운 분노는 1유형이 대의명분을 위해서 표출하는 분노이거나, 그것에 대해서 불의에 대한 타당한 분노를 의미한다. 이러한 분노는 이들이 객관적으로 부당한 상황이 자기 또는 타인에게 벌어지게 될 때 생겨나는 것이기에, 단순한 분노가 아닌 명분이 있는 덕성의 표출로 자신의 분노를 정당화한다. 하지만 1유형도 가끔은 자신의 그림자를 나쁜 행동을 통해 표출할 수 있다. 이것은 미덕을 향해 나아가는 것이 너무 힘겹거나 그들의 무의식에 잠재된 충동이 자신의 의식의 검열 없이 방출될 때 일어날 수 있다.

## 1유형 격정의 그림자
### 단테의 지옥에 나타나는 분노

단테의 지옥 편에 등장하는 '격노'는 자신의 삶 속에서 분노의 격정에 휘말린 자들을 의미한다. 이들에 대한 형벌은 이렇게 묘사된다. 세상 속에서 살 때 분노 속에 들어있던 그림자는 격노에 의해 완전히 사로잡히게 된다. 이들은 온통 진흙을 뒤집어쓰고 끈적끈적한 늪 속에서 분노로 가득 찬 얼굴을 하고서 짐승처럼 싸움을 벌인다.

내가 지나가면서 보니까 진흙을 뒤집어 쓴 사람들이 늪 속에서 분노로 가득 찬 얼굴을 하고서 늪 속에서 서로 싸우고 있었다. 이들은 손으로만 싸우는 것이 아니었다. 머리와 가슴과 두 발로 서로 치고받았고 이빨로 서로의 사지를 물어뜯고 있었다.[7]

물론 모든 종류의 분노들이 이런 형벌을 받는 것은 아니다. 순례자 자신도 자신의 배로 다가오는 망령에게 화를 내며 소리치고 있다. "이 저주받은 망령아. 너는 이곳에 묶여서 슬피 울지어다. 네가 얼마나 불결한지 나는 잘 알고 있다!"[8] 버질Virgil은 순례자의 이러한 분노를 정당한 것으로 칭찬한다. 못된 망령의 세상에서의 삶은 비난과 분노를 사기에 충분한 것이기 때문이다.

하지만 지나친 격노는 지옥에서 형벌을 받는다. 1유형의 그림자는 분노와 적개심이다. 이것은 항상 문제와 갈등을 유발하게 된다. 단테의 지옥 편에서 보는 것처럼 이런 격노는 그에 따른 대가를 지불한다.[9] 순례자는 이러한 분노의 그림자가 구정물 속에서 공격당하게 되는 것을 바라본다.

# 1유형의 세 가지 하위유형

세 가지 하위유형들을 보면 분노가 각각 다른 본능적 움직임을 통해 표출되는 것을 볼 수 있다. 자기보존 1유형은 자기 존재와 자기 행위를 완벽하게 하려 하고, 사회적 1유형은 '바른 방식'을 고수함으로써 스스로 완벽하다고 생각하고, 일대일 1유형은 다른 사람들을 완벽하게 만들려고 한다.

이 세 가지 하위유형들은 분노의 표현을 각각 다른 방식으로 하고 있다. 1유형의 공통 주제를 공유하면서도 각각 완벽의 다른 모습을 보여주고 있는 것이다.

이차조의 영향을 받은 나란호는 세 가지 하위유형의 주제를 다음과 같이 명명한다. 자기보존 1유형은 '염려', 사회적 1유형은 '완고함'(또는 부적응), 일대일 1유형은 '열성'이란 이름으로 각각의 성격적 주제를 표현한다. 나란호는 또한 세 하위유형을 이렇게 구별해서 설명한다. 자기보존 1유형이 진정한 완벽주의자라면, 사회적 1유형은 스스로 완벽하다고 생각하고, 일대일 1유형은 '타인을 완벽하게 하는 자'라는 것이다. 흔히 1유형을 '완벽주의자'라고 부르지만, 이것은 자기보존 1유형에 해당하는 것이고, 일대일 1유형은 오히려 '개혁자'라고 부르는 것이 더 정확한 표현이다.

564

## 자기보존 1유형 염려

1유형 중에서도 자기보존 1유형이야말로 분노를 가장 많이 억압하고 있다. 자신의 분노를 덜 위협적인 것이 되게 하기 위해서, 이들은 반동형성을 사용한다. 이러한 반동형성을 통해서 이들은 분노를 뜨거운 것이 아닌 따뜻한 것으로 변형시킨다. 이것은 놀라운 변화이다. 화가 난 사람이 자신의 분노를 변화시켜서 친절하고 좋은 의도를 가진 우호적인 사람이 되어가는 것이다. 이들은 자신의 분노에 대한 방어기제를 활용함으로써 좋은 의도를 가진 완벽주의자가 되고 규칙을 지키고 영웅적 행동을 통해서 완벽을 향해 몰두하는 것이다.

외적으로는 매우 친절하고 점잖고 예의 있는 사람이다. 스스로 완벽해지고자 하는 노력 속에서 이들은 화를 내는 것이 좋지 않다고 생각하기에 가능하면 관용, 용서, 따뜻함을 잃지 않는다. 속에서는 화가 많이 나지만 이들은 그것을 잘 조절한다. 하지만 너무 많은 압력이 쌓이게 되면 이들의 분노가 짜증, 분개, 좌절, 자기 의의 형태로 새어 나오게 된다.

자기보존 1유형에게는 염려가 많다. 이들은 미리 내다보고, 계획하고, 모든 것을 잘 관리하고자 하는 강박증이 있다. 이들은 흔히 자기 가족이 혼란스럽고 무질서한 상태에서 자기 자신이 안정감을 제공해야 하는 역할을 수행했을 가능성이 높다. 자기가 어린 나이에도 그러한 역할을 떠맡게 된다. 이 아이는 가족 중에 가장 책임감이 강한 구성원이다. 어린 나이에 통제가 어려운 요소들에 의해 생존의 위협을 느꼈기 때문에 이 아이는 많은 염려를 속에 지니고 있다. 또한 일이 잘 되어가고 있음에도 불구하고 염려하고 부산스러워하며 과도한 책임감을 지닌다.

이들은 자신이 깨어 있지 않으면 일이 잘못될 수 있다는 느낌, 그리고 생존과 관련된 안전감 이슈를 가지고 있으며 일이 잘못될까 염려하는 마음을 가지고 있다. 더 이상은 자기가 할 수 있는 일이 없다고 확신할 때 비로소 염려를 내려놓는다. 하지만 새로운 상황이 계속 전개되게 되면 그 상황을 계속해서 살피게 된다.

계속해서 염려하며 경계를 풀지 않으면 일종의 강박 증세가 생겨날 수도 있다. 사고에 있어서 집착적이 될 수 있고 행동에 있어서 강박적이 될 수 있다. 일어나고 있는 상황에 대한 통제를 필요로 하고 이러한 통제가 있어야 비로소 안심할 수 있게 된다.

이들은 진정한 완벽주의자라고 할 수 있다. 모든 것이 제대로 되어야만 스스로 만족할 수 있기 때문이다. 나란호는 이들이 그냥 일들이 저절로 굴러가도록 내버려두기 힘들어한다고 설명한다. 대신에 중요한 사항들을 점검하고 모든 것들이 제대로 되어 가는지 확인하려 한다. 이들이 모든 일을 바르게 하고 완벽하게 함으로써 안전감을 느끼게 된다.

이들의 주제를 염려로 정한 것은 염려와 근심에 대한 걱정이 있기 때문이다. 자기보존 1유형의 염려와 근심에는 세 가지 특성이 있다. 첫째, 작은 것에도 완벽하고자 함, 둘째, 불행을 예방하고자 함, 셋째, 작은 비난도 벗어나고자 함이 그렇다. 이러한 염려와 근심의 밑에는 분노가 깔려 있다. 이러한 분노가 또한 염려를 불러일으킨다. 자기보존 1유형 아이는 어린 시절에 이러한 분노를 인식하거나 표출할 수 없었다. 이것은 어린아이로서 감당하기에 너무 버거운 것이었기 때문이다. 하지만 나이가 들어감에 따라 이들은 분노를 표출하게 되고 이것이 자신의 성격을 구성하게 된다.

이들은 비판에 대해 민감하고 비난받게 될 때 분노를 쉽게 느낀다. 갈등 상황에서는 완고하고 포기하지 않으며 자신의 의를 확신하게 된다. 자신의 잘못에 대해 때로는 너무 쉽게 인정하는 경향이 있으며, 또한 다른 사람이 자신의 죄를 인정하거나 사과하면 용서해준다. 배우자는 자기보존 1유형으로부터 비판받는다고 느끼지만 또한 상대방이 매우 신뢰할 만하고 의존할 만하다고 느낀다.

자기보존 1유형은 흔히 6유형, 그중에서도 사회적 6유형과 혼동되기 쉽다. 사회적 6유형도 1유형처럼 흑백론 사고, 규정과 권위에 대한 순종을 보이며, 또한 자기보존 6유형 역시도 불안과 불안정에 대한 염려가 매우 많기 때문이다. 하지만 자기보존 1유형과 6유형 사이에는 분명한 차이가 있다. 특히 1유형의 분노 및 분노의 무의식적 작용에 주목할 필요가 있다. 6유형은 기본 성격이 분노보다는 두려움에 기반해 있을 뿐 아니라 분노에 대해 회의적이다. 자기보존 6유형은 늘 자기에게 이렇게 반문한다. "옳고 바르게 하는 것의 혜택은 모두에게 돌아감에도 불구하고, 현실을 개선하기 위해 애쓰는 사람은 왜 나 혼자일까?" 자기보존 1유형은 자신의 옳고 그름에 대한 자신의 기준에 대한 분명한 확신이 있다. 반면, 6유형은 자신의 행위가 올바른 것인가에 대해 끊임없이 의심한다.

**자기보존
1유형**

에릭

나의 모든 삶은 염려로 가득 차 있습니다. 내가 특히 염려하는 것은 다음과 같은 것입니다. 내가 해야 할 일에 최선을 다 하지 않으면 뭔가 일이 잘못될 것이라는 염려입니다. 나는 어렸을 때 매우 강박적이었습니다. 내가 깨어서 준비하지 않으면 뭔가가 잘못되고 그에 따라 벌을 받게 될 것 같았습니다. 이런 나를 부모님은 훌륭한 아이라고 칭찬했습니다. 나는 A학점을 받으려고 집착했기 때문에 늘 성적이 좋았습니다. 아버지나 어머니가 공정하지 않다고 느낄 때 나는 부모님과 논쟁을 하였습니다. 하지만 결코 일부러 반항하거나 문제를 일으키지는 않았습니다. 모든 사람이 나와 같이 비판적 소리가 내면에 있는 것은 아님을 발견하고서 놀랐습니다. 나에게는 이 내면적 소리가 바른 일을 하도록 하고 잘못된 일을 멀리 하도록 만들어주는 것이었기 때문입니다.

## 사회적 1유형 비적응성 역유형

사회적 1유형은 완벽주의자라기보다는 다른 사람들에게 바른 삶을 보여주는 예가 되고자 하는 사람이다. 이들은 완벽주의자가 되기 위해서 내적으로 염려하지 않는다. 그보다는 올바른 행실의 모범이 되고자 한다. 또한 모범을 통해서 가르치고자 하고 행동을 통해서 모델을 보이고자 한다. 이차조는 이들의 주제를 '비적응성'으로 표현하였고 나란호는 '완고함'으로 표현하였다. 이들은 '학교 선생'의 마음을 가지고 있다. 여기에서 말하는 비적응성이나 완고함은 특정한 방식의 삶을 살고자 하는 집착을 의미한다. 바른 존재, 생각, 행동을 통해서 타인과 구별되는 자신의 삶을 살고자 하는 것이다.

이들에게서 분노는 반쯤만 숨겨져 있다. 자기보존 1유형에서는 분노가 따뜻함으로 변형되어 나타난다면, 사회적 1유형에서는 분노가 차가움으로 변형되어 나타나는 경향이 있다. 사회적 1유형은 보다 냉철한 통제의 특성을 지니고 있다. 이들에게 있어서 분노는 완전히 억압되지 않는다. 진리의 지지자가 되려는 열정 역시 일종의 분노이기 때문이다. 이들에게 있어서 분노는 옳음이나 완벽함에 대한 과도한 자신감의 형태로 나타난다.

사회적 1유형은 무의식적으로 우월하고자 하는 욕구를 가지고 있다. 우월하고자 하는 의도적, 의식적 노력은 좋지 않은 태도가 될 수 있기에 이러한 욕구는 무의식적으로 나타난다. 이들의 암시적 태도는 '나는 옳고 당신은 틀리다'는 자세로 나타난다. 그리고 남들이 자기에게 더 많은 힘을 행사하고자 할 때, 오히려 그들이 잘못된 것으로 만들려는 내적 욕구를 가지고 있다. 내가 옳고 당신이 틀렸다면, 이제 상황을 통제할 수 있는 권리가 내게 더 많이 주어져 있다고 생각한다. 나의 아버지는 사회적 1유형으로서 늘 이렇게 말씀하신다. "나는 딱 한번 외에는 결코 잘못해본 적이 없다. 그 한번은 내가 잘못했다고 판단했을 때였는데, 그게 바로 착각이었다."

사회적 1유형은 어린 시절부터 감정을 억압하는 법을 배웠고 문제를 일으키지 않는 착한 아이였다. 또한 자기 실제 나이보다 스스로 나이가 더 많다고 느꼈던 일종의 애어른이었고 어렸을 때에도 자기가 아이라는 것을 종종 잊고 살았었다.

이들은 세속의 변화에 대해 의도적으로 적응하지 않으려 하는 경향이 있다. 다른 사람들이 일하는 방식을 시대에 맞게 바꾸었음에도 불구하고 여전히 자기가 옳다고 생각하는 방식으로 일을 하려고 한다. 마치, '이것은 이런 것이기 때문에, 이것을 하는 방식을 당신에게 가르쳐 줄게'와 같은 마음자세를 가지고 있다.

사회적 1유형이 교사역할을 하는 것은 놀랄 일이 아니다. 가르치는 것 못지않게 중요한 것은 말한 것을 삶으로 보여주는 것이라는 생각을 가지고 있다. 가장 좋은 가르침은 모범을 보여주는 것이라는 생각이다. 자신 스스로 남에게 우월하게 보이고 싶어 하는 욕구가 있음을 잘 알지 못한다. 그래서 주위 사람들로부터 당신은 마치 모든 것을 다 알고 있는 것처럼 행동한다는 평가를 받게 된다.

사회적 1유형은 5유형과 혼동하기 쉽다. 다른 하위유형에 비해서 사회적 1유형은 좀 더 우위에 있는 것처럼 행동하고 감정적으로 다른 사람들과 분리되어 있다. 사회적 1유형은 스스로 완벽하고 우월하다고 느끼기 때문에 대중들과 거리를 둔다. 이들은 자신이 속한 그룹과 완전히 동화되어 있지 않고 스스로 소외된 것처럼 느낀다. 사회적 1유형은 완벽한 삶을 추구하고 분노감을 더 많이 표출하는 반면, 5유형은 자원과 에너지를 가능한 한 경제적으로 아껴 쓰고자 한다.

대인관계에 있어서 사회적 1유형은 높은 기대를 가지고 있다. 이들은 타인들보다 자기 자신에 대해 자신감을 가지고 있고 자기 충족적이어서 따로 떨어져 있고 남을 필요로 하지 않는 것처럼 보인다. 배우자는 사회적 1유형에게 그들의 의견과 다른 견해도 똑같이 올바를 수 있음을 확신시키는 것은 매우 어렵다. 왜냐하면 자기 이성과 논리로 자기주장을 펼쳐 갈 것이기 때문이다. 이들은 타인의 잘못을 확신시킴으로써 타인을 지배하는 경향이 있다. 그래서 이들과 다른 의견도 여전히 정당한 것일 수 있음을 깨닫게 하기가 매우 어렵다.

사회적
1유형
프랜시스

나는 매일의 삶에 있어서 모든 것을 바르게 행하기 위해 많은 노력을 기울입니다. 다른 사람들이 바르게 행하지 않는 것을 보면 짜증이 납니다. 예를 들면, 사람들이 주차 선을 넘어서 주차하는 것이 정말 싫습니다. 그렇게 되면 내 차를 그 옆에 대기가 어렵기 때문입니다. 내 차를 주차할 때 주차선 안에 차를 넣으려고 늘 노력합니다. 이것이 올바른 주차이고 다른 사람들도 이렇게 주차를 해야 한다고 생각합니다. 모든 사람을 위한 모범을 설정하는 것이 필요합니다.

오케스트라 지휘자로서 리허설을 구체적으로 하는 것이 매우 중요합니다. 그렇게 하면 실제 공연을 할 때 상당한 자신감을 가질 수 있기 때문입니다. 이것은 마치 시험을 치기 전에 시험 준비가 잘 되어 있음을 확신하는 것과 같습니다. 내가 그 음악을 잘 알고 있고 모든 악기들의 연주를 잘 알고 있으면, 실제 연주자들에게 좋은 음악을 연주할 수 있도록 훌륭한 모범을 보여주게 됩니다.

## 일대일 1유형 열의 역유형

　자기보존 1유형이 완벽주의자이고, 사회적 1유형이 모델링을 통해서 완벽을 보여주고자 한다면, 일대일 1유형은 타인을 완벽하게 만드는 사람인 것이다. 이들은 완벽주의자이기보다는 개혁가들이며, 타인을 완벽하게 하고자 하는 욕구가 강한 대신 자기 자신을 완벽하게 하는 데에는 관심이 덜하다.

　일대일 1유형은 자신의 분노를 분명히 표현하기에 역유형인 것이다. 또한 참을성이 부족하고 자신이 원하는 것을 차지할 뿐 아니라 그러한 것을 주장할 자격이 있다고 생각한다. 타인을 개선시키고자 하는 욕구가 강하고, 이러한 욕구는 일종의 흥분, 열정, 이상주의의 형태로 나타난다. 이들의 이상주의적 성향은 다음과 같다. 사람들이 자신의 행위를 개혁해나가도록 하고 거기에서 한걸음 더 나아가 사회를 개혁하고자 하는 이상주의인 것이다. 이러한 개혁의 이상은 이들에게 힘을 주고 에너지를 주입해준다.

　일대일 1유형들의 특징은 이들이 개혁자 또는 열심당의 내면을 소유하고 있다는 것이다. 인생을 어떻게 살아야 하는지, 일을 어떻게 해야 하는지를 분명히 알고 있기 때문에 다른 사람들에게 자신의 의지를 주장할 권리가 있다고 느낀다. 마치 정복자의 마음처럼, 보다 높은 소명과 도덕률에 대한 집착 및 수사법을 통해서 타인들에게 다가간다.

　나란호에 의하면 이차조는 일대일 1유형의 성격적 주제를 '열의'라고 명명하였다. '열의'란 특별할 정도의 강력한 욕구를 의미한다. 열의는 타인들과 연합하려는 강렬함과 열기를 그 속에 담고 있는 것이다. 열의는 또한 돌봄, 헌신, 열성을 가지고 일에 임함을 의미한다.

일대일 1유형의 분노는 다음과 같은 의미를 내포한다. 자신의 욕구를 강렬함과 긴박함을 가지고 표현한다. 마치 이렇게 요구하는 것처럼 느껴진다. "나는 그것을 가져야 한다." "나는 그것을 가질 권리가 있다." "그것이 올바로 되려면 내가 그것(사회 또는 사람)을 개선시켜야만 한다."

일대일 1유형의 요구가 집합적 형태로 나타나면 일종의 '선언서' 같은 느낌으로 전달될 수 있다. 예를 들면 1800년대에 아메리칸 인디언들로부터 영토를 접수해 받는 요청서 같은 느낌을 띨 수 있다. 당시의 시대적 정서가 어떠했든지 간에, 이러한 요청서는 마치 야만인들로 가득 찬 땅을 백인들이 정당한 방식으로 접수해내는 느낌을 지니고 있다. 이러한 느낌은 또한 스페인이 남미를 정복할 때가 사용했던 이데올로기에서도 찾아볼 수 있다. 여기에 나타나는 수사법은 마치 '나는 고상하고 품위가 있어서 이것을 취할 수 있다'는 느낌을 지닌다.

일대일 1유형의 열망의 강도는 세상을 자신이 판단하기에 더 나은 방향으로 만들어가거나 다른 사람을 온전케 만들고 싶은 방향으로 표출된다. 타인들을 온전케 하고자 하는 열망은 종종 개혁적 이상주의의 비전 성취를 향해 나아간다. 하지만 1유형의 하위유형의 심리적 욕구에 의해 타인의 개선이 이루어지는 경우도 많이 있다. 일대일 1유형의 한 여인은 이렇게 말했던 적이 있다. 자기가 남편의 개선을 위해 제시한 것들을 남편이 수용하지 않으면 자기는 남편을 떠나도 온당하다는 생각이 들었다는 것이다. 자기 남편이 개선될 수 있도록 도와줌으로써 자기가 더 나은 배우자와 살 수 있도록 해야 한다는 느낌을 받았던 것이다.

서구문화는 성이나 본능에 대해 거부하는 정서를 가지고 있어서 자신의 욕구에 따라 행동하는 것은 문제가 있다고 생각한다. 성적인 욕구를 자유롭게 표출하는 것은 부적절하고 외설적이라고 느끼게 된다. 하지만 일대일 1유형은 보다 개방된 생각을 가지고 있다. 이들은 적극적이고 단호한 편이어서 자신이 원하는 것의 정당성을 지지할 수 있는 합리적 이유를 제시한다. 자기보존 1유형과 달리 일대일 1유형은 자기 자신을 문제시하지 않는다. 자기 자신보다는 상대방에게 필요하다고 여겨지는 개선을 성취하는 데 더 많은 관심을 보인다.

일대일 1유형은 복수나 대면을 두려워하지 않는다. 자기도 모르는 굉장한 분노를 지니고 있어서 가끔씩 분출하는 일종의 활화산과 같은 특성을 가지고 있다. 이들은 스스로 자기가 강한 자라고 느낀다. 이들은 강하고 단호하고 용감하다. 이들은 충동적이어서 일을 빠르게 처리한다.

일대일 1유형은 '놀이-쾌락적' 차원과 '공격-분노적' 차원을 함께 가지고 있다. 이들은 고통을 드러내어 보이기를 싫어하며 억압한다. 이들은 자기가 미처 인지하지 못한 고통으로 인해서 규칙을 지키는 동시에 어기는 일종의 이중적 삶을 산다. 즉, 기본적으로 바른 삶을 살아가고 있지만 때로는 자신의 분노와 고통을 해소하기 위해서 나쁜 일을 하기도 한다. 이러한 예를 엘리엇 스핏처Eliot Spitzer에게서 찾을 수 있다. 스핏처는 뉴욕주의 검찰총장으로서 범법자들을 처벌하는 데 앞장섰다. 사회개혁을 추진하기 위해서 증권범죄자나 윤락업 종사들을 처벌하였다. 하지만 그는 윤락녀와 지속적인 관계를 맺음으로써 인해 결국 검찰총장직을 사퇴하게 된다.

일대일 1유형의 이런 모습은 마치 8유형처럼 보일 수 있다. 일대일 1유형은 8유형처럼 힘이 있고 자기주장을 하며 강하다. 8유형이 자기 의지를 관철하기 위해 상황을 지배하는 것처럼, 일대일 1유형도 자기의 뜻을 이루기 위해 자기 비전을 강요할 수 있다. 하지만 대체로 1유형은 사교적임에 비해 8유형은 사교적이지 못하다.

일대일 1유형은 대인관계에 있어서도 강한 에너지가 느껴진다. 이들은 단호하며 자기주장이 강하고, 보다 높은 소명이나 권위로부터 주어진 임무를 수행해야 한다는 방식으로 배우자와 친구들을 개선하려 한다. 다른 사람들의 행동을 개혁하고 주어진 기준에 맞게 주위환경을 개선하는 면에서는 유능하지만, 자기 자신의 행동을 개혁하는 데에는 관심을 기울이지 않는데 그 이유는 자기 행동방식이 올바른 것이라고 생각하기 때문이다.

나의 모든 관계성은 질서를 필요로 하고, 이러한 질서는 내가 가진 도덕규범에 의해 결정됩니다. 이러한 도덕규범은 나의 내적 세계를 규정해고, 이러한 도덕규범이 훼손될 경우에는 나는 신경이 예민해지고 비판적이 되고 까다로워집니다. 과거에는 내가 다른 사람들을 개선하려고 얼마나 애쓰고 있는지 잘 몰랐습니다. 의사소통과 통찰의 교류를 통해 질서를 형성하는 것이 옳다고 생각합니다.

다른 사람들이 나보다 더 긴밀한 관계를 형성하는 것을 보면 질투가 납니다. 특히 나의 배우자가 다른 여자에게 관심을 보이게 되면 긴장이 됩니다. 나의 강렬함이 때로는 나를 놀라게 합니다. 내 주위에 있는 사람들도 이런 나를 보면서 놀라지 않을까 생각됩니다.

# 1유형을 위한 성장작업
## 개인적 성장경로 그리기

자신의 습관적 성격유형에 대한 알아차리기는 곧 다음과 같은 것들을 그 속에 포함한다. 자기 자신을 관찰하고자 하는 지속적이고도 의식적인 노력, 자신이 관찰한 내용들의 의미와 원천에 대한 성찰, 그리고 자동적 반응들을 멈추기 위한 적극적인 노력들을 포함한다. 하지만 1유형들에게 있어서 이러한 과정은 힘든 일일 수 있다. 1유형들은 평소에도 이미 자기개선과 자기 행동수정을 위해 과도한 노력을 기울이고 있기 때문이다. 이런 면에서 이들은 에니어그램에 기초한 성장전략을 활용하는 것이 중요한데, 이러한 성장전략은 '개선'에 기초한 핵심전략을 통해 1유형들이 과잉보상하는 방식들을 이미 고려하고 있다.

이제 1유형의 성격적 특성과 족쇄에서 벗어나서 자신의 유형 및 하위유형이 가진 높은 가능성을 구현할 수 있는 방안들에 대해 살펴보고자 한다.

**자기관찰**
## 작동 중인 성격을 관찰함으로써 동일시에서 벗어나기

자기 관찰은 매일의 삶에서 자신이 무엇을 생각하고 느끼며 행동하는지 새로운 시각으로 볼 수 있도록 하는, 일종의 내적 거리두기이다. 9유형이 일상 속에서 반복되는 자신의 생각, 느낌, 행동들을 기록하면서 다음과 같은 핵심 패턴을 고려해야 한다.

## 1. 모든 것을 이상적 표준에 맞춰 측정하고, '내면의 비판자'를 활용하여 자신, 타인, 외적 환경에 있어서의 완벽 추구하기

이러한 양식은 자신에 대한 끝없는 비판과 타인 판단하기 등을 포함한다. 하위유형에 따라 주된 비판의 대상이 바뀌기는 하지만, 대체로 1유형들은 덕과 바름의 기준들을 자기 내부와 외부에 공히 적용한다. 이러한 성향 때문에 꾸물대기, 흑백론적 사고, 자기 처벌적 태도와 행동과 같은 특성들이 나타난다. 꾸물대는 이유는 보다 나은 결과를 이루고 싶어서 그런 것이고, 흑백론적 사고를 하는 이유는 모든 것에는 '한 가지 분명한 답'이 있다고 믿기 때문이다. 극단적인 경우에 1유형은 완벽하지 않은 것은 가치가 없다고 생각하기도 한다. 이들은 자신의 가치를 절하하기도 하고 그에 따라 의기소침해지기도 한다. 이러한 요인은 다음과 같은 결과를 이끌어낸다. 즉, 1유형들은 자기 개선을 위한 노력, 과도한 자기비판, 그러한 비판의 관점에서 출발하는 또 다른 개선의 노력을 반복해나가는 모습으로 나타난다.

## 2. 실수를 피하기 위해 성실하게 규칙 지키기

1유형들은 구조를 좋아하기 때문에 규칙과 일상 속에서도 구조를 찾고자 한다. 하지만 지나치게 규칙에 얽매임으로써 1유형들은 종종 너무 엄격하거나 융통성이 부족한 모습을 보이게 된다. 과도한 규칙 준수로 인해 1유형들은 자기가 '단 하나밖에 없는 올바른 길'을 알고 있다고 확신하게 된다. 이러한 습관은 그들로 하여금 "내가 규칙을 잘 지키면 비난 받지 않을 거야"라는 식의 안전 및 행복에 대한 내적 확신을 유지하게 해준다. 하지만 이러한 과도한 행동이 오히려 더 많은 불안과 긴장을 유발한다는 것을 깨닫기는 쉽지 않다. 이것은 1유형들이 조심해야 할 또 다른 악순환인 것이다.

## 3. 감정, 필요, 충동의 억압 및 과잉 통제

자신의 어린 시절 경험을 반영하기라도 하듯, 1유형들은 자기 자신에게 지나치게 많은 것을 요구한다. 몸 중심의 장형들이 종종 '자기 망각'에 빠져드는 것처럼, 1유형들은 자신의 연약한 감정과 깊은 필요에 대해 인식하지 못한다. 대신에 이들은 올바른 일의 수행과 모든 것을 완벽하게 하려는 노력에 모든 에너지의 초점을 맞춘다. 1유형들은 자신이 언제 화가 나는가를 알아차릴 필요가 있다. 이렇게 함으로써 자신의 억압된 감정과 필요를 알아차릴 수 있는 실마리를 발견하기 때문이다. 당신이 1유형이라면, 위협적이거나 안 좋은 것으로 판단되는 자연스러운 충동이나 감정들을 과도하게 억압함으로써 자기 속에 긴장이 쌓이는 것을 느끼게 될 것이다. 따라서 1유형들은 자신의 깊은 필요, 충동, 감정들을 충분히 인식하고 그것들을 수용하는 것이 필요하다. 이를 통해 건강하고 적절한 본능 및 감정에 기초한 지혜를 거스르고자 하는 잘못된 노력을 인식하고 또한 멈출 수 있게 된다.

**자기탐구와 자기성찰**
## 자기이해의 확장을 위한 자료 수집

1유형이 이러한 것들을 관찰할 때 성장경로로 나아가기 위한 다음 단계는 이러한 패턴을 더 잘 이해하는 것이다. 이런 패턴이 생기는 이유는 무엇인가? 어디에서부터 왔는가? 어떤 목적을 갖고 있는가? 이러한 패턴은 어떤 면에서 당신을 오히려 곤란하게 만드는가? 종종, 습관의 근본적인 원인을 들여다보는 것만으로도 충분히 패턴을 깨고 나올 수 있다. 습관이 아주 깊이 뿌리내린 경우에도 그 속에 들어있는 방어기제의 원인을 파악함으로써 비슷한 패턴에서 벗어날 실마리를 얻을 수 있다.

다음과 같은 질문을 고려할 때, 8유형이 비슷하게 빠지는 패턴의 근원, 작동방식, 결과에 대한 통찰력을 가질 수 있을 것이다.

## 1. 이러한 패턴이 생겨난 원인과 이유는 무엇인가?
### 이러한 습관적인 패턴들이 1유형에게 어떠한 도움을 주는가?

1유형들은 자신의 방어양식의 원인을 깨달음으로써 자기 삶을 통제하는 엄한 규율의 경직성을 벗어날 기회를 얻을 수 있다. 이것은 1유형에게 야단을 맞거나 벌을 받지 않기 위한 방어기제로써 어린 시절부터 자신이 채택한 통제와 판단의 특성에 대해 이해할 수 있도록 도움을 준다. 이들은 불가능한 요구 앞에 놓였던 어린 시절의 자기에 대해 더 많은 공감을 하면 할수록 지금도 여전히 자기방어의 무거운 짐을 지고 있는 자신의 현재 모습에 대해 더 많은 공감을 할 수 있게 된다.

이들은 곤경에 빠져 있었던 어린 시절에 대한 공감과 함께 내면의 비판자가 제시하는 '당근과 채찍'의 역학을 바라볼 수 있어야 한다. 이것들은 1유형의 생존전략을 가감 없이 드러내 보여주기 때문이다. 특정 습관양식이 어떤 식으로 방어기제로 사용되는가를 보는 것은, 그러한 습관양식 속에 들어있는 이유와 근거를 들여다 볼 수 있게 해준다. 염려, 판단, 개혁은 불가 예측한 세상 속에서 자기 삶을 통제할 수 있도록 도와주는 일종의 합리적 방안인 것이다. '나쁨', '추악함', '위험함' 등의 감정들 대신에 그와 반대되는 감정들을 표현함으로써 자신을 수용적이 되게 하고 타인들의 지지를 받을 수 있게 만들고자 하는 것이다.

이러한 습관은 일종의 보호막을 제공해주기 때문에 존재의 중심 속에 깊숙이 뿌리 내리게 된다. 분명히 보호와 방어를 제공하는 그런 측면이 있지만 이러한 방어기제는 마치 도토리 껍질처럼 단단한 껍질 속에 자기 자신을 가두게 만든다는 사실을 깨달아야 한다.

## 2. 고통스러운 감정에서 자신을 보호하기 위해 어떤 패턴들이 고안되었는가?

모든 사람들에게 있어서 성격유형은 자신을 고통스러운 감정으로부터 자신을 보호하기 위해서 만든 일종의 껍질과도 같은 것이다. 이러한 고통은 카렌 호니가 '근본적 불안'이라고 명명한 것을 포함한다. 근본적 불안은 자신의 기본적 필요가 채워지지 않을까봐 불안해하는 과도한 감정적 스트레스를 의미한다. 1유형들은 '무결점'을 하나의 전략으로 사용한다. 이것은 자신을 지지해주는 일종의 구조와 같은 것이다. 이런 방식으로 1유형에게 있어서 미덕은 자기 가치 및 행복과 동의어가 된다. 따라서 이들에게 실수와 실패는 고통스러운 흠결로 경험된다.

미덕과 자기가치를 철저하게 연결시키는 1유형은 또한 이러한 연결을 유지해야만 하는 데서 발생하는 분노와 분개를 느끼게 된다. 하지만 분노는 1유형에게 나쁜 것이기에, 이들은 자신의 분노에 대해 죄책감, 염려, 고통, 후회를 느끼게 된다. 이들 중에서도 자기보존 1유형은 자기가 분노를 충분히 느끼고 경험하는 것을 두려워함을 관찰할 수 있어야 한다. 1유형에게 필요한 자기성찰은 분노, 두려움, 슬픔과 같은 나쁘거나 위협적인 감정들을 자신이 언제 어떤 방식으로 억압하는가를 살펴보아야 한다. 1유형의 마음속에서 즉각적으로 일어나는 반동형성을 깨닫는 것은, 1유형으로 하여금 자신의 방어양식을 들여다볼 수 있도록 통찰을 제공한다.

## 3. 내가 왜 이런 행동을 하는가?
### 내 속에서 1유형의 패턴이 어떤 식으로 작동하는가?

1유형들은 자기관찰을 통해 자기 내면에서 모든 것들을 '올바르게' 하기 위해서 어떠한 자동반응이 일어나는가를 발견하게 된다. 대부분의 경우에 자신의 내적 추동이 자기가 실패하거나 비판을 받게 될 때 생겨나는 고통과 연관되어 있음을 깨닫게 된다. 그 무엇보다 자신을 비난하는 습관 그리고 자신과 타인을 불완전한 존재로 보는 습관은, 자신의 존재 심연에 들어있는 미덕 추구를 위한 일종의 부정적 평가의 악순환과 같은 것이다.

1유형들이 자신의 정확성에 대해 보다 면밀히 살펴보게 될 때, 다음과 같은 것을 깨닫게 된다. 즉, 자신의 미덕과 올바름의 추구는 강력한 내적 권위 또는 '초자아'에 의해 강압적으로 이루어지고 있다는 것이다. 이러한 내적 권위 또는 부모의 음성은 하나의 초점을 가지고 있다. 기준, 규칙, 이상을 고수함으로써 자신의 안전과 행복을 지키고자 하는 것이다. 1유형들은 이러한 초자아적 고착을 자신의 본능적 초점, 즉 세 가지 하위유형에 따라 다르게 표출하며 살아가는 것이다. 자기보존은 자신을 옥죄고 처벌하기 위해, 사회적은 높은 기준을 유지하기 위해, 일대일은 타인이나 환경을 개선하기 위해 정신적, 감정적 에너지를 사용하는 것이다. 이들은 모두 자기가 설정한 기준을 만족시키지 못할 때 불안과 분노를 반복해서 느끼게 된다.

이러한 습관양식은 또한 1유형의 미덕을 향한 또 다른 측면을 보여준다. 이들의 내적 감시자는 1유형이 일을 '올바로' 하도록 최선을 다했을 때 비로소 만족을 느끼고 휴식을 취할 수 있도록 허용한다. 이처럼 이들 속에 들어있는 초자아는 1유형으로 하여금 불안과 분노를 느끼게 하는 동시에 심리적 해방과 만족을 느낄 수 있도록 하는 강력한 동기를 부여해준다.

### 4. 이러한 패턴의 맹점은 무엇인가?
#### 1유형으로 하여금 그러한 맹점을 보지 못하게 하는 것은 무엇인가?

1유형은 우리에게 다음과 같은 것을 보여준다. 스스로 부정적으로 느끼는 것뿐 아니라 심지어 긍정적인 요소들마저 부정적인 색채를 띠도록 하는 경향이 있다는 것이다. 이들은 잘못된 것에 초점을 맞춤으로써 그것들을 바로 잡고 개선시켜 나간다. 이렇게 하다 보니 자기가 잘 하는 것을 바라보고 인정하기가 어렵게 된다. 그리고 자기가 가진 긍정적 특성과 성취들을 간과, 무시, 축소하는 경향이 자기 속에 있음을 깨달음으로써 자기이해를 보다 명확히 할 수 있다. 자신의 좋은 점을 인정하고 수용함으로써 자신감과 자기사랑을 확립하지 못하면 우리는 늘 자기 방어적 모드에서 빠져 나오지 못하고 만다.

## 5. 이러한 습관의 결과나 영향은 무엇인가?

### 이러한 습관은 내게 어떠한 걸림돌이 되는가?

1유형들은 오랜 시간에 걸쳐서 자신의 성격을 관찰함으로써 다음과 같은 것을 깨닫게 된다. 즉, 자신이 하는 끝없는 판단과 통제로 인해서 자신이 계속해서 노력함에도 불구하고 계속해서 자신에게 실망하는 악순환을 되풀이함을 깨닫게 된다는 것이다. 1유형의 패턴이 이러한 악순환을 지속시킨다는 것을 깨달음으로써 변화의 실마리를 발견하게 된다. 자기가 의지해왔던 습관과 행동양식이 자신의 긴장과 부적응을 심화시켰음을 깨닫게 될 때 비로소 새로운 변화가 가능하게 된다.

자기계발
## 보다 높은 의식을 지향하기

자신의 성격유형과 관련하여 깨어나기 원하는 사람은 다음과 같은 작업을 필요로 한다. 자신이 하는 모든 것들에 대해 보다 많은 의식과 주의를 기울여야 한다. 즉, 보다 의식적으로 그리고 보다 선택적으로 생각하고, 느끼고, 행동해야 한다. 자신의 습관적 행동들을 관찰함으로써 그러한 습관적 행동의 원인, 과정, 결과에 대해 어느 정도 알게 된 후에 1유형이 실천해야 할 것들에 대해 제시해보고자 한다.

이 부분은 다음과 같이 세 가지 영역으로 나뉘는데, 각각 에니어그램 시스템과 연계된 세 가지 성장 과정에 해당한다.

1) '자기관찰' 영역에서 설명한 것처럼, 자신의 습관과 자동 반응을 벗어나기 위해 실천해야 할 사항
2) 성장의 지도로 에니어그램 화살을 사용하는 방법
3) 해당 유형의 격정(악덕)을 이해하고, 의식적으로 그 반대인 해독제의 역할을 하는 더 높은 수준에 있는 유형의 '미덕'을 향해 나아가는 방법

## 1유형의 대표적인 세 가지 습관과 여기서 벗어나기 위한 실천사항

### 1. 모든 것을 이상적 표준에 맞춰 측정하고, '내면의 비판자'를 활용하여 자신, 타인, 외적 환경에 있어서의 완벽 추구하기

#### 1) 개선의 역설Improvement Paradox을 관찰하라

1유형의 성장을 위한 첫 단계는 자기 자신을 옥죄는 것을 중지하는 것이다. 개선을 위한 끊임없는 노력은 그들을 고착시킴으로써 오히려 참된 성장을 방해한다. 이러한 주장에 대해 이들은 종종 저항하곤 한다. 왜냐하면 1유형들에게 있어서 자기 교정은 생존전략의 핵심이기 때문이다. 하지만 자기수용과 자기긍정을 확대하는 것은 발전을 위해 매우 중요하다. 그 다음 단계는 자신을 좀 더 밝게 하고 좀 더 여유를 가지며 즐거움과 재미를 위해 좀 더 많은 시간을 할애하는 것이다.

#### 2) 불완전의 완전성을 수용하라

이것을 통해 1유형은 과도한 열심과 강력한 분투로부터 벗어날 수 있다. 그것이 자기 자신이든 사회이든 간에 불완전함을 받아들이는 것은 이들에게 매우 어려운 일이다. 그들의 성격이 본래 '불완전'의 거부를 중심으로 형성되어 있기 때문이다. 1유형은 자기 자신에게 끊임없이 '불완전도 괜찮다. 불완전은 어쩔 수 없고 자연스러운 것이다. 언제나 '웬만큼 좋은 것'은 좋은 것으로 수용해야 한다.'고 되뇌어야 한다. 이렇게 함으로써 1유형은 자기 속에 들어있는 표준의 횡포로부터 자신을 해방시킬 수 있다.

#### 3) 내적 비판자를 완화시키라

1유형은 자기 내면의 심판관에게 질문, 도전, 농담 등을 함으로써 내적 비판자를 쉬게 하는 훈련을 해야 한다. 내적 심판관의 기준과 세워진 추정들을 도전함으로써, 초자아의 좁은 시각보다 더 넓은 관점을 보유하는 법을 배울 수 있다. 이를 통해 자신과 타인들을 향해 보다 따뜻한 마음을 키워나가도록 의식적 노력을 해나가야 한다.

## 2. 실수를 피하기 위한 노력의 일환으로써 규칙과 사회법을 성실하게 준수하기

### 1) 어떤 일을 수행하는 데에는 '올바른' 방법이 다양함을 이해하라

1유형은 일들을 흑백론으로 보기보다는 거기에 많은 중간지대들이 있음을 볼 수 있어야 한다. 이렇게 함으로써 일을 처리하기 위한 단 하나의 완벽한 방법이 있는 것이 아님을 깨달아야 한다. 그보다는 일을 처리하기 위한 다양한 좋은 방법들이 있음을 인식할 수 있게 된다. 규칙들이 오히려 현실과 맞지 않는 경우들도 종종 있다.

### 2) 자신에 대해 지나치게 엄격하지 않아야 한다

1유형들에게는 그들이 자신에게 얼마나 엄격한가를 주위 사람들이 알려줄 필요가 있다. 규칙을 지키고 '바르게 해야 한다'는 압박은 감당하기 어려운 것이어서 내적 긴장과 스트레스를 유발한다. 자기 스스로에 대해 얼마나 많은 통제를 하는가를 객관화시킬 수 있을 때, 비로소 자신에 대해 좀 더 느슨해질 수 있는 방안을 모색하게 된다.

### 3) 자기 스스로에 대한 더 많은 수용과 긍휼을 계발해야 한다

1유형들과 관련하여 매우 감동적인 것 하나는 그들이 얼마나 많은 노력을 하는가 하는 것이다. 자신과 타인들에 대해 덜 완강하고 더 수용적이 되기 위한 첫 단계는 자신을 위한 긍휼의 감정을 계발하는 것이다. 당신이 1유형으로서 이러한 것이 어렵다고 느낀다면, 먼저 당신이 모든 일에 얼마나 많은 노력을 기울이는가를 인정할 필요가 있다. 다른 어떤 유형들보다 좋은 사람이 되기 위해 가장 많은 열심을 낸다. 스스로 좋은 사람이 되고자 열심을 내는 나머지 자기를 힘들게 하는 잘못된 요인에 대해서조차 좋은 모습을 보이려 한다. 이 잘못된 요인 때문에 자신이 보다 균형 잡히고, 여유롭고 평화로운 삶을 살지 못하고 있음에도 말이다. 자신이 하는 일들에 쏟아 붓는 노력은 충분함을 넘어서 과도한 것임을 기억해야 한다. 통전성과 가치를 지니기 위해서 완벽해야만 하는 것은 아니다. 잘못된 것에 대한 집중을 좀 완화하고 있는 모습을 그대로 수용함으로써 그런 것들에 의해 마음이 어려워지지 않도록 해야 한다.

## 3. 감정, 필요, 충동의 억압과 과잉 통제

### 1) 즐거움과 놀이를 우선시하라

1유형은 자기가 자신을 언제, 어떻게 비판하는가를 깨달아야 할 뿐 아니라 즐거움과 놀이를 위해 더 많은 시간을 할애할 필요가 있다. 이들의 성장을 위해서 중요한 요건은 스스로 기분을 밝게 하고 이완하고 재미를 추구하는 노력을 기울이는 것이다. 다음과 같은 것들은 1유형의 성장을 위해 유익하다. 즉, 자신과 타인과 주변의 일들을 좀 덜 심각하게 대할 뿐 아니라 즐거운 활동들을 위해 더 많은 시간을 할애하는 것이 필요하다.

### 2) 더 많은 유머와 이완을 시도하라

1유형은 사실 훌륭한 유머 감각을 지니고 있다. 이것을 잘 계발하면 유머를 잘 활용할 수 있게 된다. 이들이 성숙하게 되면 더 유머러스해지고 더 편안해진다. 아마도 코메디언 제리 세인필드 역시 1유형에 속하는 사람이라고 생각된다. 상황을 밝게 만들기 위해 유머를 사용하는 것은 성장을 위한 좋은 훈련이 될 수 있다.

### 3) 긍정적 특성을 소유하고 자신의 감정을 소중히 하라

1유형은 종종 옳지 않거나 완벽하지 않은 것들이 눈에 들어오기 때문에 부정적 렌즈로 자신과 타인을 보는 경향이 있다. 따라서 이들은 다음과 같은 것들을 적극적으로 시도할 필요가 있다. 즉, 자신이나 타인이 잘하고 있는 것, 자신이 특출한 것, 그리고 자신의 능력과 재능의 긍정적 측면이 드러나는 것 등에 대해 주의를 기울일 필요가 있다. 또한 자신의 감정을 눌러놓기보다는 더 많이 표현하고 접촉하고 소유할 필요가 있다. 당신이 1유형이라면 스스로 이렇게 물어보라. "지금 나는 어떤 느낌이지?" 이렇게 함으로써 자신이 억압하고 있는 감정들을 보다 잘 느낄 수 있는 훈련을 할 수 있다.

## 1유형의 화살표를 이용한 성장경로

제 1장에서 이미 화살표의 '내면 흐름' 모델을 소개하였는데, 이것은 에니어그램 도형 내의 역동적 움직임의 한 측면을 나타낸다. 각 유형들은 '스트레스를 통한 성장' 지점과 '아이-가슴-안전' 지점으로 연결되며, 화살표는 각 유형을 위한 성장경로를 보여준다.

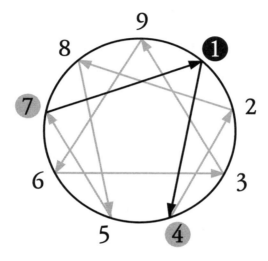

\* 각 유형에서 화살표를 따라 나아가는 방향은 '스트레스-성장' 발달의 경로이다. 이 과정은 성격유형이 제시하는 구체적인 도전과제를 보여준다.

\* 각 유형에서 화살표를 받는 방향은 '아이-가슴' 지점으로 어린 시절부터 지속된 이슈와 과제를 나타낸다. 단절되어 온 부분을 의식적으로 인정하면 과거에 해결하지 못한 일에 붙잡혀 있지 않고 벗어나 앞으로 나갈 수 있다. 이러한 '아이-가슴' 지점은 우리가 무의식적으로 억압한 안전의 특성을 표현하며, 이 특성은 가끔 스트레스의 상황이나 안전을 필요로 하는 시기에는 위안을 얻기 위해 물러나기도 하지만, 의식적으로 통합해야만 하는 특성이다.

## 성장과 확장을 위해 4유형의 '스트레스–성장' 지점을 의식적으로 사용하기

1유형의 내적 움직임은 4유형이 제시하는 도전에 직면하게 된다. 즉, 감정의 폭과 깊이, 우울과 그리움, (단지 규칙의 준수에 그치지 않는) 창의성과 자기표현을 가능케 하는 도전을 의미한다. 1유형은 4유형의 특성을 경험할 때 불편하고 고통스럽다고 말한다. 하지만 목적과 의식을 가지고 감정표현의 깊이를 탐구하는 것은 1유형에게 일종의 안도감을 준다. 이것은 1유형들로 하여금 눌러놓고 표현하지 않던 상당한 감정 에너지를 방출할 수 있도록 기회를 제공해주기 때문이다. 이러한 전환이 우울하고 우수어린 감정과의 접촉을 포함하기는 하지만 이것은 여전히 1유형에게 상당한 감정적 자유를 제공해준다. 이처럼, 4유형의 성장–스트레스 지점은 1유형으로 하여금 감정적 과잉억압을 이완시킴으로써 진정성 있는 인생을 살아갈 수 있도록 하는 성장경로를 열어준다.

이러한 작업을 통해서 1유형은 건강한 4유형이 사용하는 예술적 표현과 감정적 진정성이라는 도구를 사용할 수 있게 된다. 4유형의 심미적 감수성은 예술이 모든 감정을 활용한 개인적 표현을 어떻게 가능케 하는가를 보여준다. 또한 예술은 창의적이고 유연한 것이기에 예술가적 표현은 어떤 절대성이나 전제조건들을 넘어 설 수 있도록 해준다. 이를 위해 우선 다음과 같은 시도를 할 수 있다. 1유형은 먼저 스스로 좋다고 여기는 예술 매체를 선택하고 아무런 판단 없이 자신을 솔직하게 표현할 수 있는 시간과 공간과 허용을 필요로 한다. 시간이 지남에 따라 이런 방식의 예술표현은 점점 의식보다는 자연적 흐름에 따라 이루어지게 된다. 이러한 훈련은 1유형을 위한 최선의 방안이라 할 수 있다. 자신의 감정을 탐구하고 비판 없이 자신의 감정을 표출할 수 있도록 도와주기 때문이다.

## '아이-가슴' 지점을 의식적으로 사용하여
### 어린 시절의 이슈들을 다루고 앞으로 나아갈 수 있도록 안전감을 찾기

1유형을 위한 성장경로는 7유형의 활기 있고 자발적인 충동적 특성을 회복하도록 촉구한다. 1유형은 자신의 어린 시절 경험을 통해서 자유로운 상상과 놀이는 바람직하지 않다는 느낌을 가지게 되었다. 어른처럼 되기를 요구하거나 또는 어린 나이에 자신을 잘 통제하도록 하는 세상 속에서 1유형 아이는 종종 자신의 창의적, 자발적 특성을 억제하는 메시지를 받게 되었다. 이러한 메시지는 1유형 아이에게 자신의 충동을 억제하도록 하였던 것이다.

따라서, '7유형으로의 회귀'는 지나치게 통제된 1유형에게는 일종의 '위로하는 휴식'처럼 느껴질 수 있다. 하지만 자칫하면 이들은 1유형적인 훈련 및 진지함 그리고 7유형적인 장난 및 가벼운 반항 사이에 갇히게 될 수 있다. 알아차리기가 부족할 경우에 이들은 다음과 같은 문제를 일으킬 수 있다. 즉, 이러한 움직임을 통해서 억압된 자발성의 회복보다는 나쁜 행동 또는 자극적 행동을 통한 일시적 도피를 시도할 수 있다. 그 결과 후회와 자기 질책이 뒤따르게 된다.

성장경로를 향해 잘 나아가게 될 때, 1유형은 '7유형으로의 움직임'을 통합함으로써 책임과 이완 사이에 건강한 균형을 이룰 수 있게 된다. 1유형이 이러한 아이-안전 지점의 특성에 잘 집중함으로써 다음과 같은 것을 할 수 있게 된다. 즉, 어린 시절 주체하기 힘들었던 자신의 7유형적 특성을 억압해야 했던 필요성에 대해 인지하고 이해할 수 있게 된다는 것이다. 이제 1유형은 의식적으로 자신에게 다음과 같은 필요성을 느끼도록 해주어야 한다. 즉, 이제는 마음을 밝게 하고 재미있게 살고 즐거운 놀이들을 선택해도 된다고 스스로 안심시켜주어야 한다. 이처럼 7유형의 '개방된 가능성'이란 관점은 1유형으로 하여금 모든 것을 올바로 해야 한다는 통제적 스트레스로부터 벗어나서 자신의 주의를 의식적으로 넓혀갈 수 있는 길을 보여준다. 7유형은 우리에게 놀이와 재미를 위한 자유시간이 인생의 필수적 요소임을 가르쳐준다. 이것은 1유형으로 하여금 어린 시절에 포기했던 즐거움과 재미를 누릴 수 있는 기반을 다시금 회복할 수 있게 해준다.


## 악덕에서 미덕으로
## 분노 접촉하기와 평화 지향하기


'악덕에서 미덕으로'의 발달경로는 더 높은 수준을 향한 수직적 성장경로를 강조해주는 에니어그램 지도의 주된 공헌이다. 1유형의 경우에는 악덕 또는 유형적 격정은 분노이고, 미덕은 평온이다. '악덕에서 미덕으로의 전환'이라 부르는 성장이론의 핵심은 다음과 같은 것이다. 즉, 자기 격정이 자기 성품 속에서 작동하는 방식에 대해 알아차리고 격정의 반대되는 특성을 향해 의식적으로 움직여갈수록 자신의 무의식적 습관과 고착으로부터 자유로워짐으로써 보다 나은 쪽으로 발전해 나가게 된다는 것이다.

1유형에게 요청되는 작업은 주의초점과 성격유형 형성에 작용하는 분노의 형태가 얼마나 다양하게 나타나는가에 대해 인지하는 것을 위주로 이루어진다. 이것은 자기관찰은 물론이고 일상 속에서 경험되는 분노에 대한 지속적 탐구를 통해서 이루어진다. 이것은 1유형의 사고, 감정, 행동 속에서 분노가 어떤 역할을 하는가를 규칙적으로 성찰함으로써 수행된다.

1유형이 자신의 분노경험에 대해 익숙해지고 분노를 보다 잘 인식할 수 있게 되면, 자신의 성장을 위한 작업에 들어갈 수 있게 된다. 즉, 분노라는 격정의 해독제라 할 수 있는 자신의 미덕을 활성화시키기 위한 노력을 기울이게 된다. 1유형의 경우 평온의 미덕은, 그가 자신의 보다 높은 차원의 능력을 의식적으로 발휘함으로써 획득할 수 있는 수준에 이르는 것을 의미한다.

평온은 일을 처리하는 특정 방식에의 집착에서 벗어나는 것을 의미한다. 즉, 올바른 방식에 대한 집착에 연연해하지 않는 상태인 것이다. 평온은 참을성 있고 편안한 감정 상태를 의미한다. 즉, 온전하고 통전적인 느낌과 유사한 것이며 더 이상 바꾸거나 완벽하게 만들 필요 없는 본연의 모습 그대로의 느낌을 가리킨다. 1유형이 분노의 감정과 에너지를 다양한 방식으로 초월하기 시작할 때, 그는 비로소 편안하고 자연스러운 흐름을 따르게 된다. 그는 생명의 자연스러운 리듬과 조화를 이루게 되고, 무엇이 일어나야 한다거나 생명이 어떤 기준에 부합해야 한다는 식의 평가와 판단을 고집하지 않게 된다.

1유형이 평온을 구현한다는 것은 다음과 같은 것을 의미한다. 즉, 그가 자신의 분노에 대해 더 잘 알아차리게 되었고 분노와 관련된 심리적 주제들에 대한 작업을 마쳤다는 것이다. 그 결과 모든 것에 대해 판단하고자 하는 이전의 강박을 넘어설 수 있게 된 것이다. 평온을 이룬다는 것은 자기 내면의 안전한 공간에서 휴식을 취함을 의미한다. 이렇게 함으로써 자신의 본래적 선함에 대한 자신감을 회복하게 되고 조건화된 성격이 발산하는 분노의 열기를 넘어서게 된다. 그러므로 악덕과 미덕의 수직적 차원을 자연스레 오르내리게 된다. 이렇게 수행 작업을 함으로써 높은 의식 차원에 도달한다. 하지만 늘 깨어있기는 어렵기에 스트레스를 받게 되면 낮은 의식수준으로 내려오게 된다. 1유형은 자기 수행의 목표를 평온에 둘 뿐 아니라 분노, 비판, 판단이 작동하는 방식을 명확히 관찰함으로써 다음과 같은 성장여행을 시작하게 된다. 즉, 분노의 무의식적 활동에서 출발하여 보다 높은 의식 수준인 미덕에 기초한 삶을 점점 더 많이 경험하는 방향으로 성장여행을 시작하는 것이다.

## 1유형이 악덕에서 미덕으로 성장하기 위한 하위유형별 작업

자신의 격정을 관찰하고 해독제를 찾는 작업은 각 하위유형에 따라 다르게 나타난다. 의식적인 자기 내면작업의 길은 '의지, 훈련, 은혜'라는 말로 그 특징을 설명할 수 있다.[10] 즉, 성격 패턴에서 벗어나려는 '의지', 성장을 위한 노력의 '훈련', 그리고 의식적, 긍정적 방식으로 미덕을 실현하기 위해 작업할 때 찾아오는 '은혜'인 것이다. 나란호가 각 하위유형이 성장을 위해 애쓰고 노력해야 하는 측면들이 각각 다르게 나타난다고 말한다. 이러한 통찰은 에니어그램의 각 하위유형을 이해하는 데 크게 유익하다.

### 자기보존 1유형

자기보존 1유형은 우선 업무량을 줄이고 불안과 염려의 근원이 무엇인지 그리고 언제, 어떻게, 왜 이런 불안감이 생겨나는지를 살펴봄으로써 분노에서 평온으로의 성장여행을 할 수 있다. 자기 자신의 불완전함이나 나쁨에 대한 신념을 파헤치고 질문을 제기해야 한다. 그러한 신념은 사실이 아니다. 당신은 사실 완전히 불완전하다. 당신의 유능성과 선한 의도성을 인식함으로써 자기가 좀 더 쉴 수 있도록 자신을 허용해야 하고, 이렇게 함으로써 좀 더 쉽고 자연스럽게 일할 수 있게 될 것이다. 그 무엇보다 우선 당신이 모든 것을 다 관할해야 할 것 같은 마음을 비워야 한다. 생존에 대한 두려움과 염려는 어린 시절의 경험 때문인 것이며, 그러한 상황들은 이미 다 지나가버리고 없다. 자신의 본질적 선함을 잘 간직하며 다음과 같은 것을 주목하라. 즉, 전혀 문제가 되지 않는 것들과 관련하여 쓸데없이 자신을 비판하고 있는 자신의 모습을 바라보라. 이것은 자신의 부담만 가중시킬 뿐이다. 이제 당신의 생존이 위협받거나 처벌이 예상되는 상황은 다 지나갔음을 주목하라. 그럼에도 불구하고 여전히 그런 상황에 놓여있는 것처럼 느끼고 행동하지는 않는지 스스로 살펴보라. 좀 더 편안한 마음을 가지고 즐거움을 위한 더 많은 공간을 만들라. 고치지 않아도 될 것을 고치려 하지 말고, 다른 사람들을 친절과 존중으로 대하듯 당신 자신을 친절과 존중으로 대하라.

## 사회적 1유형

　사회적 1유형은 조건화된 성격의 세계 속에서 궁극적으로 옳거나 완벽한 방식은 없음을 기억함으로써 분노에서 평온으로의 성장여행을 할 수 있다. 이들은 다음과 같은 인식을 통해서 평온의 상태로 들어갈 수 있다. 참된 힘은 당신이 원하는 방식의 바른 행동이나 우월성으로부터 오기보다는, 최선의 길을 찾고자 하고 그것을 다른 사람들과 나누기 원하는 것 아래에 들어있는 충동욕구로부터 온다. 즉, 최선의 행동방식을 찾고자 하고, 선함 및 개선을 위한 방안을 타인에게 가르치고자 하는 당신의 참된 욕구 자체가 이미 당신이 사랑받을 만한 사람임을 보여준다. 당신이 타인을 위한 일종의 가르침을 통해 당신의 가치를 입증하지 않아도 충분하다. 진리추구를 위한 옳은 길과 좋은 길은 매우 다양하다는 것을 기억하라. 이것만 기억해도 당신이 하는 일 속에서 겸손과 편안함을 경험할 수 있다. 이것이야 말로 당신을 위한 평온의 핵심인 것이다.

## 일대일 1유형

　일대일 1유형은 다른 사람을 완벽하게 하려는 욕구 뒤에 숨은 동기를 분명히 인식함으로써 분노에서 평온으로의 성장여행을 할 수 있다. 당신의 가치는 당신이 개선과 개혁의 방안을 사람들에게 가르치는 데서 오는 것이기보다는, 보다 나은 세계를 건설하고자 하는 고상한 목표를 소유하고 있다는 것에서 비롯된다. 당신 자신의 열심의 근원에 대해 보다 분명한 인식을 할 수 있을 정도로 당신 자신의 충동과 감정들을 깊이 탐구해보라. 바른 길에 대한 당신의 사랑을 남에게 보여주기 전에 이상주의와 열정보다 먼저 당신 자신에 대한 분명한 자기이해가 우선되도록 하라. 당신의 자기 지식과 겸손은 당신이 주위 사람들과 공유하고자 하는 것을 심오하게 할 뿐 아니라 정화시킨다. 당신의 높은 이상과 그 이상 실현을 위한 당신의 에너지가 세상을 보다 좋게 만들 수 있다. 하지만 그보다 선행해야 할 것은 당신의 열정 뒤에 숨은 무의식적 동기를 보다 분명하게 인식할 수 있어야 한다.

## 결론

1유형은 사랑받기 위한 세상의 특정 기준에 부합하기 위해 자기 속에 숨어 있는 야수성을 통제하고, 분노 에너지를 미덕으로 승화시키고자 하는 특성을 대변한다. 이들의 성장경로는, 자신의 분노를 변화시켜서 이상을 실현시킬 수 있는 에너지로 변화시키는 방안을 제시한다. 1유형의 세 하위유형 속에서 우리는 다음과 같은 성격을 발견할 수 있다. 즉, 자기관찰, 자기계발, 자기지식의 연금술을 통해서 정당한 분노를 평온한 수용으로 변화시킬 수 있을 때, 과연 무엇이 가능한가를 보여주는 성격적 특성을 발견하게 되는 것이다.

# 미주

## 도입

1. 융, 수집된 작업 8, p.137, 홉케의 인용, 1989, p.13
2. 타르나스, 1991, pp.3-4
3. 미스, 2013, p.xiii

## 1장

1. 홉케, 1989, p.81
2. 나란호, 1995
3. 나란호, 1994, 마이트리 인용, 2005, p.54
4. 나란호, 1994, p.199
5. 마이트리, 2005, p.190
6. 이 책에서 말하는 27하위유형에 대한 설명은 클라우디오 나란호 에니어그램 27하위유형 성격에서 나왔다. 나란호 책들(1994, 1997, 2012) 2004, 2008 그리고 2012 워크숍, 곤잘로 모란은 나의 하위유형 특성화에 공헌했다. 그는 나란호의 2012년 하위유형 책을 번역했고 자신의 해석과 지식을 나누어 준 것을 깊이 감사한다.
7. 나란호, 워크샵, 2004, 2008
8. 산드라 마이트, 2000, p.249, 알마스(마이트 책에서 언급된), 데이비드 버크(스티븐슨 책에서 언급된, 2010, p.134-135)
9. 부조, 2003, p.63

## 2장

1. 스미스, 1992, p.vii
2. 헉슬리, 1944, p.vii
3. 부조, 2003, pp.64-65
4. 내가 참여했던 1996과 1997년 에니어그램 전문가 훈련 코스 1에서 헬렌 파마는 에니어그

램 내면 삼각형에 대한 해석의 버전을 가르쳤다.

5. 슈나이더, 1994, p.xx

6. 슈나이더, 1994, p.xxiii

7. 스키너, 2006

8. 우스펜스키, 1949, 기적을 찾아서, p.294

9. 우스펜스키, 1949, 기적을 찾아서, p.280

10. 로우러, 1982, p.21

11. 슈나이더, 1994, p.42

12. 데이비드 버크가 2010년 국제에니어그램협회 컨퍼런스에서 발표했다.

13. 슈나이더, 1994, p.42

14. 슈나이더, 1994, p.43

15. 슈나이더, 1994, p.40

16. 에니어그램에서 세 가지 '지능의 중심'은 두뇌와 상호 연관성이 있다. 1.뇌간 또는 파충류의 뇌, 2.변연계 또는 감정의 뇌, 3.대뇌 피질, 사고의 뇌.(킬렌, 2009; 르위스, 아미니, 라논, 2000)

17. 스티븐슨, 2010

18. 스티븐슨, 2010

19. 스티븐슨, 2010; 버트런드 러셀, 1945

20. 블레이크, 1997, p.27

21. 애디슨, 1998; 키니, 1999

22. 베넷, 1974, p.2

23. 니들만, 1992, p.360

24. 웨브, 1980, p.5

25. 우스펜스키, 1949, 기적을 찾아서, p.19; 우스펜스키, 1950

26. 우스펜스키, 1949, 기적을 찾아서, p.226

27. 우스펜스키, 1949, 기적을 찾아서, p.226

28. 아레카 웹사이트(www.arica.org)

29. 오스카 이차조와 인터뷰, p.91

30. 아레카 웹사이트(www.arica.org)

31. 아레카 웹사이트(www.arica.org)

32. 클라우디오 나란호, 2003년 국제에니어그램협회 컨퍼런스 연설에서

## 3장 9유형

1. 골든버그, 2005, p.17
2. 골든버그, 2005, p.18
3. 호메로스/래티모어, 1965, p.139
4. 나란호, 1994, p.258
5. 나란호, 1994, p.259
6. 마이트리, 2005, p.34
7. 나란호, 1994, p.246 에바그리우스, 2003
8. 나란호, 1994, p.246
9. 나란호, 1994, p.255
10. 나란호, 1994, p.255
11. 바그너, 2010, p.497
12. 바그너, 2010, p.510
13. 나란호, 1994, p.256
14. 나란호, 1994, p.256
15. 인페르노, VII, p.129, 단테/무사, 1971
16. 나란호, 2008 하위유형 워크숍
17. 나란호, 1994, p.260
18. 데이비드 버크, 사적 대화

## 4장 8유형

1. 호니, 1950
2. 융(리비도의 개념 CW5, 194), 골드버드가 인용, 2005, p.32
3. 칸, 2002, p.26
4. 칸, 2002, p.26
5. 나란호, 1997, p.389
6. 나란호, 1997, p.389; 칸, 2002, p.26
7. 나란호, 1995
8. 마이트리, 2005, p.53
9. 나란호, 1995, p.164
10. 호메로스/파글스, 1996, 9:306-312

11. 골든버그, 2005, p.28

12. 나란호, 1994, p.147-148

13. 나란호, 1997, p.388

14. 캐런호니(1945)나란호가 인용, 1994, p133

15. 맥 윌리엄, 1994, p.101

16. 나란호, 1994, p.127

17. 나란호, 1997, p.389

18. 마이트리, 2005, p.54

19. 나란호, 1994, p.140

20. 나란호는 이러한 고착된 정신적 상태를 인지적 오류로 설명하는 데 그것이 성격을 형성한다.

21. 나란호, 1994, p.142

22. 나란호, 1994, p.142

23. 나란호, 1994, p.142

24. 나란호, 1994, p.142

25. 이차조가 초기에는 8유형을 '강한 자아'라고 명명함. 리리와 하트, 1994, p.223

26. 나란호, 1994, p.141

27. 나란호, 1994, p.145

28. 팔머, 1988, p.319

29. 인페르노, V: 39, p.125, 단테/무사, 1971

30. 인페르노, V: 30-36, 단테/무사, 1971

31. 곤잘로 모란, 사적 대화

32. 나란호, 1990, p.127;1997, p.391

33. 나란호, 1997, p.389

34. 마이트리, 2005, p.53

35. 마이트리, 2005, p.53

36. 마이트리, 2000, p.259

37. 마이트리, 2005, p.68-69

38. 마이트리, 2005, p.68

39. 데이비드 버크, 사적 대화

## 5장 7유형

1. 홉케, 1989, p.107-108
2. 홉케, 1989, p.108
3. 마이트리, 2005, p.172
4. 호메로스/래티모어, 1965, p.152
5. 호메로스/파글스, 1996, 10:39-47
6. 나란호, 1994, p.170
7. 나란호, 1994, p.171
8. 나란호, 1994, p.171
9. 나란호, 1997, p.349
10. 나란호, 1994, p.161
11. 나란호, 1994, p.167
12. 마이트리, 2005, p.174
13. 나란호, 1994, p.161
14. 마이트리, 2005, p.175
15. 마이트리, 2005, p.176
16. 와그너, 2010; 토크, 2004
17. 마이트리, 2005, p.176
18. 나란호, 1994, p.161
19. 나란호, 1994
20. 나란호, 1994, p.162
21. 나란호, 1994, p.162
22. 나란호, 1997, p.353
23. 나란호, 1994
24. 나란호, 1997, p.353
25. 나란호, 1997, p.353
26. 나란호, 1994, p.162
27. 나란호, 1994, p.162
28. 나란호, 1994, p.162
29. 나란호, 1997, p.353
30. 인페르노, 6:34-38, 46-48, 무사, 1971
31. 인페르노, p.125, 무사, 1971

32. 골든버그, 2005

33. 엘리엇, 1943, pp.13-20

34. 마이트리, 2000

35. 마이트리, 2005, p.185

36. 마이트리, 2005, p.186

37. 나란호, 1994, p.161

38. 데이비드 버크, 사적 대화


## 6장 6유형

1. 마이트리, 2005, p.155

2. 마이트리, 2005, p.153

3. 에릭슨, 1959

4. 나란호, 1997, p.297

5. 나란호, 1995, p.151

6. 나란호, 1995, p.151

7. 호메로스/파글스, 1996, p.234

8. 골든버그, 2005, p. 56-57

9. 나란호, 1995, p.144

10. 맥윌리엄, 1994, p.107

11. 맥윌리엄, 1994, p.108

12. 맥윌리엄, 1994, p.113

13. 미국 정신과 의사 어휘, 1994

14. 미국 정신과 의사 어휘, 1994

15. 나란호, 1994, p.231

16. 이차조를 인용하면서, 나란호는 이러한 고착된 정신적 상태를 가리켜서 '인지적 오류'라고 불렀다. 이러한 인지적 오류가 곧 그 사람의 성격을 만들게 된다.

17. 나란호, 1994, p.233

18. 나란호, 1994, p.235

19. 나란호, 1994, p.238

20. 나란호, 1994, p.236-237

21. 인페르노 3:52-57, 64-66, 단테/무사, 1971.

22. 나란호, 1997, p.297

23. 나란호, 1994, p.240

24. 나란호, 1997, p.299

25. 나란호, 1997, p.299

26. 나란호, 1994

27. 나란호, 1997, p.303

28. 나란호, 1994, p.299

29. 나란호, 1995, p.152

30. 마이트리, 2000, p.255

31. 마이트리, 2005, p.162

32. C. S. 루이스, 1944. 코널리에서 인용.

33. 데이비드 버크, 사적 대화

## 7장 5유형

1. 씽어, 1972, pp.187-188

2. 씽어, 1972, p.188

3. 씽어, 1972, p.188

4. 나란호, 1994, p.71

5. 알마스, 1998; 마이트, 2005

6. 나란호, 1994, p.72

7. 캐런호니, 1950, p.260

8. 골든버그, 2005

9. 골든버그, 2005, p.68

10. 호메로스/파글스 362-365, 1996, p.240

11. 나란호, 1997

12. 나란호, 1994, p.94

13. 맥 윌리엄, 1994, p.122

14. 나란호, 1997, p.244

15. 나란호, 1994, p.66

16. 나란호, 1995, p.73

17. 나란호는 이러한 고착된 정신적 상태를 인지적 오류로 설명하는 데 그것이 성격을 형성한

다.

18. 와그너, 2010;토크, 2004

19. 나란호, 1994, p.86

20. 나란호, 1994, p.86

21. 나란호, 1994, p.85

22. 나란호, 1994, p.84

23. 나란호, 1994

24. 나란호, 1994, p.89

25. 나란호, 1995, p.123

26. 나란호, 1995, pp.123-124

27. 인페르노, Ⅶ: 25-31, 58-60, 단테/무사, 1971

28. 인페르노, Ⅶ: 25-31, 단테/무사, 1971

29. 인페르노, Ⅶ: 73-96, 단테/무사, 1971

30. 나란호, 워크숍, 2009, 2012

31. 나란호, 워크숍, 2004, 2009, 2012

32. 나란호, 1997, p.244

33. 나란호, 1997, p.245

34. 나란호, 1997, p.253

35. 마이트리, 2005, p.195

36. 데이비드 버크, 사적 대화

## 8장 4유형

1. 융, 1961, p.398

2. 호메로스/라티모어, 1965, p.170-171

3. 골든버그, 2005, p.80

4. 골든버그, 2005

5. 골든버그, 2005, pp.84-85

6. 나란호, 1994, p.97

7. 나란호, 1994, p.97

8. 나란호, 1997, p.192

9. 맥 윌리엄, 1994, p.108

10. 나란호, 1994, pp.96-97

11. 나란호는 이러한 고착된 정신적 상태를 인지적 오류로 설명하는데 그것이 성격을 형성한다.

12. 나란호, 1997, p.192

13. 나란호, 1997, p.193

14. 나란호, 1990, p.67

15. 나란호, 1994, p.111

16. 인페르노, VIII: 101-102, 단테/무사, 1971

17. 인페르노, VIII: 64-72, 76-78, 단테/무사, 1971

18. 인페르노, VIII: 70, 단테/무사, 1971

19. 나란호, 1995, p.147

20. 마이트리, 2005, p.147

21. 골드스타인과 코르노필드, 1987, p.75

22. 데이비드 버크, 사적 대화

## 9장 3유형

1. 융, 1961, p.397

2. 홉케, 1989, p.86

3. 나란호, 1995

4. 호메로스/파글스, 1996, 348줄, p.281

5. 데이드 다니엘의 워크숍에서

6. 맥윌리엄, 1994, p.135

7. 나란호, 1994, p.215

8. 나란호, 1994, p.199

9. 나란호, 1994, p.199

10. 나란호, 1997, p.134

11. 나란호, 1997, p.136

12. 나란호, 1997, p.135

13. 나란호, 1997, p.135

14. 싱크 위즈 (에브가리우스), 2003, p.64

15. 나란호는 이러한 고착된 정신적 상태를 인지적 오류로 설명하는 데 그것이 성격을 형성한

다.

16. 나란호, 워크숍, 2004, 2008, 2012

17. 모란, 2013

18. 나란호, 1994, p.215

19. 나란호, 1994

20. 부조, 2003, p.60

21. 알마스, 1998, p.268

22. 파라다이스, 단테/무사, 1984, p.297

23. 알마스, 1998, p.268

24. 나란호, 1997, p.135

25. C. S. 루이스, 1944. 코널리에서 인용.


## 10장 2유형

1. 융, CW9, 섹션422, 골든버그 인용함, 2005, p.100

2. 씽어, 1972, p.232

3. 나란호, 1997

4. 호메로스/라티모어, 1965, pp.90-94

5. 골든버그, 2005

6. 팔머, 11988

7. 씽어, 1953, p.83

8. 나란호, 1994, p.176

9. 마이트리, 2005, p.112

10. 나란호는 이러한 고착된 정신적 상태를 인지적 오류로 설명하는 데 그것이 성격을 형성한
    다.

11. 나란호, 1997, p.93, 96

12. 나란호, 1997, p.94

13. 많은 사람들이 7유형을 가장 쾌락주의자로 생각할 수 있는데, 나란호는 2유형도 7유형만
    큼 쾌락주의자라고 말했다(1997, p.100).

14. 나란호, 1994, p.174

15. 인페르노, XXXIV: 28-30, 34-36, 단테/무사, 1971

16. 나란호, 1997, p.93

17. 나란호, 1997, p.93

18. 나란호는 스칼렛은 "결코 남에게 피해를 주지 않는 마음으로 자신이 관심 있는 남자가 쓴 편지를 숨겨진 경쟁자인 그의 아내에게 읽어 줄 수 있어요."를 인용했다.(1997, p.96) 나란호는 클레오파트라, 카르멘, 엘리자베스 테일러를 일대일 2유형 성격의 좋은 예라고 했다.(1997, pp96-98)

19. 헬렌 팔머가 에니어그램 전문 프로그램 워크숍 중 명상에 대한 안내를 할 때 반복적으로 이 질문을 던졌는데, 이 질문은 매우 유익한 것이었다.

20. 헬렌 팔머가 에니어그램 전문 프로그램 워크숍에서 이러한 제안을 했는데, 나는 그 부분이 특별히 도움이 되는 제안이라고 느낀 바 있다.

21. 데이비드 버크, 사적 대화

## 11장 1유형

1. 골든버그, 2005, p113

2. 골든버그, 2005

3. 나란호, 1994

4. 나란호, 1994

5. 맥 윌리엄, 1994

6. 나란호, 1994, p.41

7. 인페르노, VII: 109-114, 단테/무사, 1971

8. 인페르노, VIII: 37-39, 단테/무사, 1971

9. 인페르노, VIII: 61-63, 단테/무사, 1971

# 참고문헌

Addison, Howard A. *The Enneagram and the Kabbalah: Reading Your Soul.* Woodstock, Vermont: Jewish Lights Publishing, 1998.

Almaas, A. H. *Facets of Unity: The Enneagram of Holy Ideas.* Berkeley, CA: Diamond Books, 1998.

Bartlett, Carolyn. *The Enneagram Field Guide: Notes on Using the Enneagram in Counseling, Therapy, and Personal Growth.* Portland, Oregon: The Enneagram Consortium, 2003.

Bennett, J. G. *The Enneagram.* Sherbourne: Coombe Springs Press, 1974.

Blake, A. G. E. *The Intelligent Enneagram.* Boston: Shambhala Publications, Inc., 1996.

Bourgeault, Cynthia. *The Wisdom Way of Knowing: Reclaiming an Ancient Tradition to Awaken the Heart.* San Francisco: Jossey-Bass, 2003.

Connolly, Cyril. *The Unquiet Grave: A Word Cycle.* New York: Curwen Press, 1944.

Dante Alighieri. *The Divine Comedy: Volume I, Inferno.* Translated by Mark Musa. New York: Penguin Books, 1971.

Dante Alighieri. *The Divine Comedy: Volume II, Purgatory.* Translated by Mark Musa. New York: Penguin Books, 1981.

Dante Alighieri. *The Divine Comedy: Volume III, Paradise.* Translated by Mark Musa. New York: Penguin Books, 1984.

Eliot, T. S. *Four Quartets.* New York: Harcourt Brace Jovanovich, 1943.

Erickson, Erik. *Identity and the Life Cycle.* New York: W. W. Norton & Company, 1959.

Evagrius Ponticus. *The Praktikos Chapters on Prayer.* Translated with an introduction and notes by John Eudes Bamberger. Trappist, Kentucky: Cistercian Publications, 1972.

Goldberg, Michael J. *Travels With Odysseus: Uncommon Wisdom from Homer's*

*Odyssey*. Tempe, AZ: Circe' s Island Press, 2005.

Goldstein, Joseph and Jack Kornfield. *Seeking the Heart of Wisdom: The Path of Insight Meditation*. Boston: Shambhala, 1987.

Homer. *The Odyssey*. Translated by Robert Fagles. New York: Penguin Press, 1996.

Homer. *The Odyssey of Homer: Translated and with an Introduction by Richmond Lattimore*. Translated by Richmond Lattimore. New York: Harper Perennial, 1965.

Hopcke, Robert H. *A Guided Tour of the Collected Works of C. G. Jung*. Boston: Shambhala Publications, Inc., 1989.

Horney, Karen. *Neurosis and Human Growth: The Struggle Toward Self-Realization*. New York: W. W. Norton & Company, 1950.

Horney, Karen. *Our Inner Conflicts: A Constructive Theory of Neurosis*. New York: W. W. Norton and Company, 1945.

Huxley, Aldous. *The Perennial Philosophy*. New York: Harper & Row, 1944.

*Interviews with Oscar Ichazo*: New York: Arica Institute Press, 1982.

Jung, C. G. *The Collected Works of C. G. Jung*. Edited by W. McGuire. Vol. 8, *The Structure and Dynamics of the Psyche*. New York: Bollingen Foundation, 1960.

Jung, C. G. *The Collected Works of C. G. Jung*. Edited by W. McGuire. Vol. 9, part 1, *The Archetypes and the Collective Unconscious*. New York: Princeton Univerity Press, 1959.

Jung, C. G. *Memories, Dreams, Reflections*, Recorded and edited by Aniela Jaffe. New York: Vintage Books, 1961.

Kahn, Michael. *Basic Freud: Psychoanalytic Thought for the 21st Century*. New York: Basic Books, 2002.

Killen, Jack. "Toward the Neurobiology of the Enneagram," *The Enneagram Journal*, 2:1 (July 2009): 40–61.

Lao Tzu. *Tao Te Ching*. Translated and interpreted by David Burke. Salisbury, Australia: Boolarong Press, 2007.

Lawlor, Robert. *Sacred Geometry: Philosophy and Practice*. London: Thames & Hudson, 1982.

Lewis, Thomas, Fari Amini, and Richard Lannon. *A General Theory of Love*. New York: Vintage Books, 2000.

Lilly, John C. and Joseph E. Hart. "The Arica Enneagram of the Personality," in *Who Am I? Personality Types for Self-Discovery*, ed. Robert Frager (New York: Jeremy P. Tarcher, 1994), 221.

Maitri, Sandra. *The Enneagram of Passions and Virtues: Finding the Way Home.* New York: Jeremy P. Tarcher/Penguin, 2005.

Maitri, Sandra. *The Spiritual Dimension of the Enneagram: Nine Faces of the Soul.* New York: Jeremy P. Tarcher/Putnam, 2000.

McWilliams, Nancy. *Psychoanalytic Diagnosis: Understanding Personality Structure in the Clinical Process.* New York: The Guilford Press, 1994.

Moran, Gonzalo. "How the Passion of Vanity Manifests in the Sexual Three," *Nine Points Magazine*, 2013 (online at ninepointsmagazine.org).

Mouravieff, Boris. *Gnosis: Study and Commentaries on the Esoteric Tradition of Eastern Orthodoxy, Book One, Exoteric Cycle.* Robertsbridge, East Sussex: Agora Books, 1989.

Myss, Carolyn. *Archetypes: Who Are You?* Carlsbad, CA: Hay House, 2013.

Naranjo, Claudio. *Character and Neurosis: An Integrative View.* Nevada City, CA: Gateways/IDHHB Inc., 1994.

Naranjo, Claudio. *The Enneagram of Society: Healing the Soul to Heal the World.* Nevada City, CA: Gateways Books and Tapes, 1995.

Naranjo, Claudio. *Ennea-type Structures: Self-Analysis for the Seeker.* Nevada City, CA: Gateways/IDHHB, Inc., 1990.

Naranjo, Claudio. *Transformation Through Insight: Enneatypes in Life, Literature, and Clinical Practice.* Prescott, AZ: Hohm Press, 1997.

Naranjo, Claudio. *27 Personajes en Busca del Ser: Experiencias de Transformacion a La Luz del Eneagrama* (2nd ed.). Barcelona: Editorial la Llave, 2012.

Needleman, Jacob. "G. I. Gurdjieff and His School," in *Modern Esoteric Spirituality*, ed. Antoine Faivre and Jacob Needleman (New York: Crossroad, 1992), 360.

Ouspensky, P. D. *In Search of the Miraculous: Fragments of an Unknown Teaching.* New York: Harcourt Brace Jovanovich, Inc., 1949.

Ouspensky, P. D. *The Psychology of Man's Possible Evolution.* New York: Vintage Books, 1950.

Palmer, Helen. *The Enneagram: Understanding Yourself and the Others in your*

*Life*. San Francisco: Harper San Francisco, 1988.

Russell, Bertrand. *The History of Western Philosophy*. New York: Simon and Schuster, 1945.

Schneider, Michael S. *A Beginner's Guide to Constructing the Universe: The Mathematical Archetypes of Nature, Art, and Science*. New York: Harper, 1994.

Shirley, John. *Gurdjieff: An Introduction to His Life and Ideas*. New York: Jeremy P. Tarcher/Penguin, 2004.

Singer, June. *Boundaries of the Soul: The Practice of Jung's Psychology*. New York: Doubleday, 1953.

Sinkewicz, Robert E. *Evagrius of Pontus: The Greek Ascetic Corpus*. Oxford: Oxford University Press, 2003.

Skinner, Stephen. *Sacred Geometry: Deciphering the Code*. New York: Sterling, 2006.

Smith, Huston. *Forgotten Truth: The Common Vision of the World's Religions*. New York: Harper One, 1976.

Smoley, Richard, and Jay Kinney. *Hidden Wisdom: A Guide to the Western Inner Traditions*. New York: Penguin/Arkana, 1999.

Stevens, Katrina. "The Enneagram: Fundamental Hieroglyph of a Universal Language," *The Enneagram Journal*, 3:1 (July 2010): 119–145.

Tarnas, Richard. *The Passion of the Western Mind: Understanding the Ideas that Have Shaped our World View*. New York: Ballantine Books, 1991.

Tolk, Lauren. "Integrating The Enneagram and Schema Therapy: Bringing the Soul Into Psychotherapy." Ph.D. diss., Wright Institute, 2004.

Wagner, Jerome. *Nine Lenses on the World: The Enneagram Perspective*. Evanston, IL: NineLens Press, 2010.

Waterfield, Robin (translator). *The Theology of Arithmetic*. (Attributed to Iamblichus). Grand Rapids, Michigan: Phanes Press, 1988.

Watts, Alan. *The Wisdom of Insecurity: A Message for an Age of Anxiety*. New York: Vintage Books, 1951.

Webb, James. *The Harmonious Circle: The Lives and Work of G. I. Gurdjieff, P. D. Ouspensky, and their Followers*. Boston: Shambhala, 1980.

## 저자

**비어트리스 체스넛(Beatrice Chestnut)**
임상심리학 석사(MA), 커뮤니케이션학 박사(Ph.D.)
미국 노스웨스턴대학교 및 스탠포드대학교 강사 역임
국제에니어그램협회(International Enneagram Association) 회장
국제에니어그램 학회지 편집장
〈저서〉『The Complete Enneagram: 27 Paths to Greater Self-Knowledge』, 『The Nine Types of Leadership』

## 역자

▌ 한국에니어그램협회 ▌ http://www.ieakorea.com/

**이규민**
장로회신학대학교 기독교교육 석좌교수 및 대외협력처장
한국기독교공동학회 사무총장
한국기독교상담심리학회 수련감독
한국에니어그램협회 상임이사 및 윤리위원장/IEA 국제인증전문가
〈저·역서〉『기독교교육과 영성: '참된 영성' 회복을 위한 기독교교육』, 『에니어그램의 영성과 교사교육』, 『개인 및 공동체 변화를 위한 카발라와 에니어그램』

**박충선**
대구대학교 교수
한국에니어그램협회 상임이사 및 IEA 국제인증전문가
〈저·역서〉『지식형성의 사회학』, 『변화하는 사회의 성 결혼 가족』, 『여성학의 실제와 적용』, 『가족과 젠더』, 『사회복지상담심리학』, 『가족복지론』, 『에니어그램을 통한 지혜로운 부모되기』, 『부모교육』

**한병복**
라파에니어그램 대표
(사)좋은교사 에니어그램코칭연구회 코치
한국에니어그램협회 상임이사 및 인증전문가
〈저·역서〉『생일 케이크를 찾아라』, 『에니어그램 코칭』, 『에니어그램 개발 가이드』, 『에니어그램 진로 경력 코칭』, 『에니어그램으로 보는 우리아이 속마음』, 『나를 찾는 에니어그램 상대를 아는 에니어그램』, 『크리스천 에니어그램』, 『에니어그램 딥 리빙』, 『에니어그램 27가지 하위유형』, 『에니어그램 MADE EASY』

# 완전한 에니어그램

| | |
|---|---|
| **초판1쇄** | 2018년 4월 28일 |
| **초판3쇄** | 2022년 3월 29일 |
| **지은이** | 비어트리스 체스넛 |
| **옮긴이** | 이규민 · 한병복 · 박충선 |
| **펴낸이** | 이정수 |
| **책임편집** | 최민서 · 신지항 |
| **펴낸곳** | 연경문화사 |
| **등록** | 1-995호 |
| **주소** | 서울시 강서구 양천로 551-24 한화비즈메트로 2차 807호 |
| **대표전화** | 02-332-3923 |
| **팩시밀리** | 02-332-3928 |
| **이메일** | ykmedia@naver.com |
| **값** | 30,000원 |
| **ISBN** | 978-89-8298-188-3 (03180) |

이 도서의 국립중앙도서관 출판예정도서목록(CIP)은 서지정보유통지원시스템 홈페이지(http://seoji.nl.go.kr)와 국가자료공동목록시스템(http://www.nl.go.kr/kolisnet)에서 이용하실 수 있습니다. (CIP제어번호 : CIP2018011982)